2025 | 全国勘察设计注册工程师
执业资格考试用书

Zhuce Daolu Gongchengshi Zhiye Zige Zhuanye Kaoshi
Mo-kao Shijuan

注册道路工程师执业资格专业考试
模考试卷

专业知识

刘江波 / 主编

刘思思　唐洪军　王皓磊　陈晶琳　刘　浪　何树芬 / 副主编

人民交通出版社

北　京

内 容 提 要

本书共三册，包括专业知识分册、案例分析分册和试题答案分册。专业知识和案例分析分册各有 9 套试卷，试题答案分册涵盖 18 套试卷解析，以帮助考生系统复习和适应考试。配有在线题库和解析（有效期一年），微信扫描封面红色二维码（刮开涂层）可免费领取数字资源。

本书适合参加注册土木工程师（道路工程）专业考试的考生使用，也可供相关工程技术人员参考。

图书在版编目（CIP）数据

2025 注册道路工程师执业资格专业考试模考试卷 / 刘江波主编. — 北京 : 人民交通出版社股份有限公司, 2025. 5. — ISBN 978-7-114-19946-2

I. U41-44

中国国家版本馆 CIP 数据核字第 20246G7A40 号

书　　名：2025 注册道路工程师执业资格专业考试模考试卷
著 作 者：刘江波
责任编辑：李　坤
责任印制：张　凯
出版发行：人民交通出版社
地　　址：（100011）北京市朝阳区安定门外外馆斜街 3 号
网　　址：http://www.ccpcl.com.cn
销售电话：（010）85285857
总 经 销：人民交通出版社发行部
经　　销：各地新华书店
印　　刷：北京建宏印刷有限公司
开　　本：889 × 1194　1/16
印　　张：43.25
字　　数：953 千
版　　次：2025 年 5 月　第 1 版
印　　次：2025 年 5 月　第 1 次印刷
书　　号：ISBN 978-7-114-19946-2
定　　价：178.00 元（含 3 册）

前　言

为帮助广大考生有效复习，人民交通出版社组织相关高校和工程单位的专家编写了一套注册道路工程师考试复习辅导用书，主要包括:《基础考试应试辅导》《基础考试复习题集》《基础考试模考试卷》和《专业考试案例一本通》《专业考试模考试卷》。

本书为《专业考试模考试卷》，分为专业知识、案例分析和试题答案三册。其中，专业知识、案例分析分册各包含 9 套试卷，试题答案分册涵盖 18 套试卷解析。特点如下:

（1）试卷依托考试大纲和考试真题进行编写，针对性和指导性强。

（2）试卷难度适中，无超纲和偏难怪题目，让考生少走弯路。

（3）试卷具有前瞻性，设置了较多新颖题型，帮助考生从容应对考试中出现的新题型。

（4）试题解答清晰详尽，明确出题点，提炼易错点和重难点，帮助考生融会贯通和举一反三。

（5）试卷不再设置选做题，与 2025 版考试大纲要求保持一致。

（6）配有在线题库和解析（有效期一年），微信扫描专业知识分册封面的红色二维码（刮开涂层）可免费领取数字资源。

本书的试题答案分册还包括以下附录: 历年知识真题在考试规范各章节分布情况和分值占比（细化到规范章节统计历年知识真题数量，并按规范和八大专业总结真题数量）、考试大纲及新旧考纲对比。

本书和《专业考试案例一本通》均由“注册道路研究室”（道研室）团队编写。团队由正高级工程师（总工程师）和教授（博士生导师）领衔，成员为设计院资深工程师和大学教师（高分通过注册道路、岩土专业考试），确保了图书内容的准确性和实用性。

在本书编写过程中，包括规范主编或编委在内的多位专家提供了指导和帮助，人民交通出版社编辑提出许多建议，并为出版付出了辛勤劳动，在此一并表示感谢!

限于编写时间和作者水平，书中难免存在不足之处，请考生提出宝贵意见，以便修订时改进。QQ 交流群：749242187；作者微信号：zhucedaolu；微信搜索“道研室”，可关注公众号或通过小程序报名参加道研室培训课程。

编者

2025 年 04 月

目　录

（模考试卷）

注册道路工程师执业资格专业考试

模考试卷（一）

专业知识

（上）

二〇XX年十一月

应考人员注意事项

1. 书写用笔：**黑色墨水笔；**

   填涂答题卡用笔：**2B 铅笔**。

2. 须用书写用笔将工作单位、姓名、准考证号填写在答题卡和试卷相应的栏目内。

3. 本试卷由 70 题组成，满分为 100 分。1～40 题为单项选择题，其中，1～27 题为公路工程试题，28～40 题为城市道路工程试题；41～70 题为多项选择题，其中，41～60 题为公路工程试题，61～70 题为城市道路工程试题。

4. 考生在作答时，必须**按题号**在**答题卡**上将相应试题所选选项对应字母用 **2B 铅笔**涂黑。

5. 在答题卡上书写与题意无关的语言，或在答题卡上作标记的，均按违纪试卷处理。

6. 考试结束时，由监考人员当面将试卷、答题卡一并收回。

7. 草稿纸由各地统一配发，考后收回。

一、单项选择题（共40题，每题1分。每题的备选项中只有一个最符合题意）

1. 下列关于公路分期修建的说法，不符合标准规范规定的是（　　）。

A. 统筹规划，分期实施

B. 高速公路整体式断面可横向分幅分期修建

C. 前期工程应在后期仍能充分利用

D. 高速公路分离式断面路段可采用分幅分期修建，先期建成的一幅按双向交通通车时，应按二级公路通车条件进行管理

2. 某一条高速公路设计速度 80km/h，采用整体式路基断面，下列关于左侧路缘带拟采用的宽度值，符合规范规定的是（　　）。

A. 0.5m　　B. 0.75m

C. 1.0m　　D. 1.5m

3. 根据《公路工程技术标准》的规定，在公路路面平整、潮湿、交通处于自由流状态下，行驶速度累计分布曲线上对应于85%分位值的速度是（　　）。

A. 设计速度　　B. 运行速度

C. 最低限制速度　　D. 最高限制速度

4. 下列关于确定一级公路基本路段车道数的主要因素，符合《公路工程技术标准》规定的是（　　）。

A. 设计速度与设计交通量　　B. 设计速度与服务水平

C. 公路功能与服务水平　　D. 设计通行能力与设计交通量

5. 某先期建成的一幅高速公路，在交通管理上拟采用的公路技术等级和最大限速符合规范规定的是（　　）。

A. 一级和 60km/h　　B. 一级和 80km/h

C. 一级和 100km/h　　D. 二级和 80km/h

6. 某关东地区设计速度为 80km/h 的一级公路，其中一曲线路段路面超高 5%，下列关于该路段拟采用的内侧硬路肩超高，符合规范规定的是（　　）。

A. 3%　　B. 4%

C. 5%　　D. 6%

7. 路基高度是公路设计中一项综合技术经济指标，在确定高速公路路基最小填土高度时，不考虑的主要因素是（　　）。

A. 通道净空高度要求　　B. 路基两侧地面积水高度

C. 设计洪水频率及其设计洪水位　　D. 中湿状态下路基临界高度

8. 公路弃土设计应根据弃方数量，结合沿线地形地质、土地情况、环保要求等，合理选择弃土场位置，并保证场地稳定，避免诱发次生地质灾害。下列公路弃土设计合理的是（　　）。

A. 向岩溶漏斗处弃土

B. 在桥梁下的沟谷中设置弃土场

C. 在斜坡路堤的下方沟谷中设置弃土场

D. 在斜坡路堤的上方沟谷中设置弃土场

9. 利用工业废渣填筑公路路堤，具有承载能力高、强度高等优点，但也有膨胀等特性，下列工业废渣路基设计中，合理的是（　　）。

A. 用已堆积半年的钢渣填筑路堤

B. 用游离氧化钙含量5%的钢渣填筑路堤

C. 用塑性指数16、烧失量25%的煤矸石填筑路堤

D. 用浸水膨胀率1.2%、压蒸粉化率3%的钢渣填筑路堤

10. 北方某高速公路土质挖方路段，下列路基地表排水设计合理的是（　　）。

A. 砂土类和碎石类土，墙身所受浮力按计算水位的100%计算

B. 节理发育的岩石地基，墙身所受浮力按计算水位的50%计算

C. 按库仑理论计算作用在墙背上的主动土压力，计算水位以下的填料重度采用天然重度

D. 计算车辆荷载作用在挡土墙墙背土上所引起的附加土体侧压力时，应划分车辆荷载等级

11. 公路沥青路面沥青结合料材料层间应设置（　　）。

A. 封层　　B. 黏层

C. 透层　　D. 结构层

12. 公路沥青路面改性沥青应力吸收层宜采用（　　）。

A. 改性沥青　　B. 橡胶沥青

C. 乳化沥青　　D. 道路石油沥青

13. 公路沥青路面改建结构验算时，计算各设计指标的力学响应量采用的是（　　）。

A. 单层弹性体系理论程序　　B. 双层弹性体系理论程序

C. 三层弹性体系理论程序　　D. 多层弹性体系理论程序

14. 公路水泥混凝土路面设计时，垫层应与路基同宽，厚度不得小于（　　）。

A. 120mm　　B. 130mm

C. 140mm　　D. 150mm

15. 公路桥梁受弯构件、偏心受拉构件及轴心受拉构件的一侧受拉钢筋的配筋百分率不应小于（　）。

A. 0.20　　B. 0.25

C. 0.30　　D. 0.35

16.《公路工程水文勘测设计规范》（JTG C30—2015）规定，桥梁跨越山前变迁河段扩散段时，桥位应选在（　）。

A. 比较稳定的宽滩河段　　B. 河槽摆动范围比较小的地段

C. 水深较浅、流速较缓河段　　D. 河湾顶部中间段

17. 公路桥梁及其引道的平、纵、横技术指标应与路线总体布设相协调，桥上纵坡不宜大于（　　）。

A. 5.0%　　B. 4.5%

C. 4.0%　　D. 3.5%

18. 公路隧道通过含瓦斯地层的地段时，含瓦斯地层的二次模筑混凝土衬砌厚度不应小于（　　）。

A. 200mm　　B. 300mm

C. 400mm　　D. 500mm

19. 公路隧道交通监控设施、紧急呼叫设施、火灾探测报警设施、中央控制管理系统的设计年度取值不应低于隧道计划通车年后（　　）。

A. 第 3 年　　　　B. 第 5 年

C. 第 8 年　　　　D. 第 10 年

20. 公路隧道洞口外连接线应与隧道洞口内线型相协调，隧道洞口内外侧一定长度范围的平、纵横线型应一致，设计速度 60km/h 时，符合规定的该范围最小长度是（　　）。

A. 30m　　　　B. 40m

C. 50m　　　　D. 60m

21. 一级公路设计服务水平采用三级时，互通式立体交叉分流区、合流区和交织区可采用的设计服务水平等级是（　　）。

A. 三级　　　　B. 四级

C. 五级　　　　D. 六级

22. 在两条高速公路相交形成的枢纽互通式立体交叉中，三岔 Y 形的主要特征在于左转弯匝道均为（　　）。

A. 右出右进半直连式　　　　B. 右出左进半直连式

C. 左出右进半直连式　　　　D. 直连式

23. 右图为某高速公路路网局部交通量分布示意图，在节点II的下列 4 个互通式立体交叉方案中，最符合主交通流方向基本车道连续性要求的一个方案是（　　）。

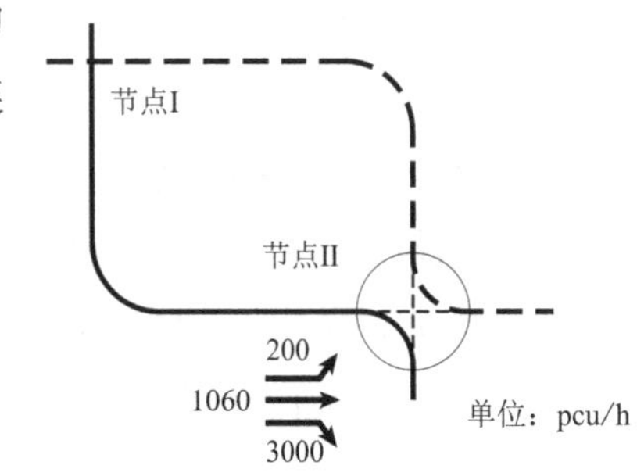

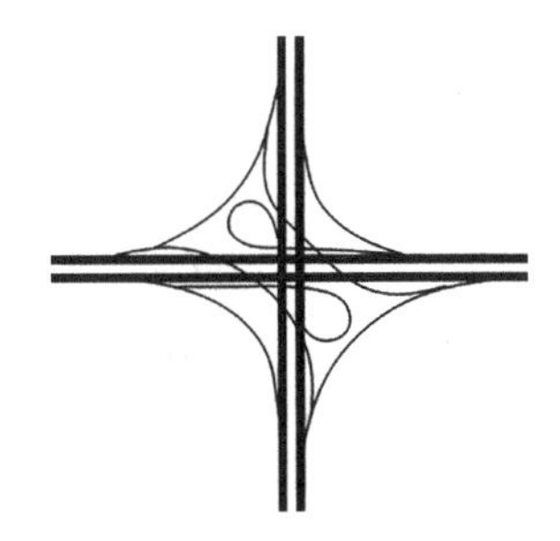

A. 方案一

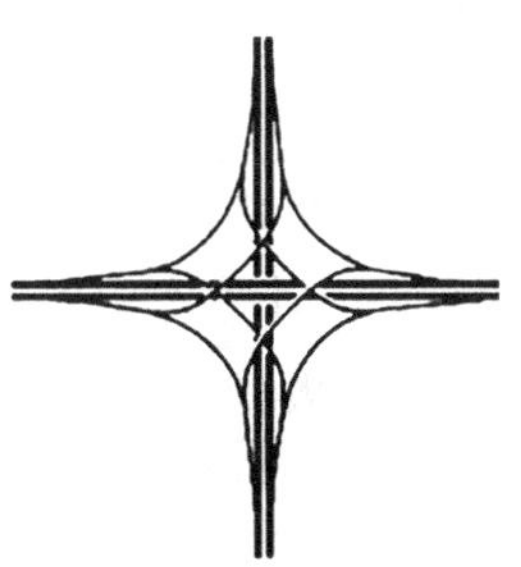

B. 方案二

C. 方案三

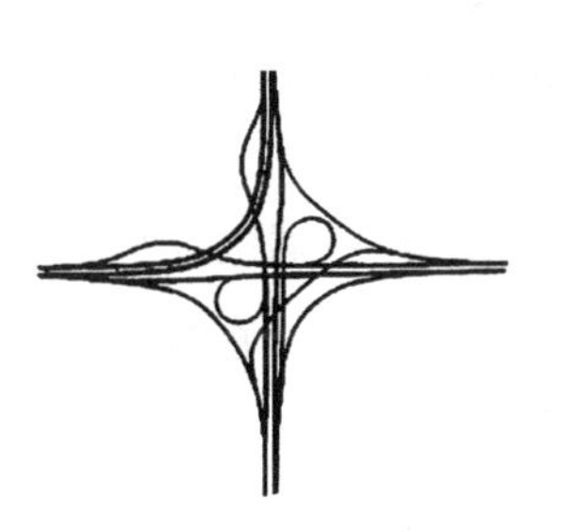

D. 方案四

24.《高速公路交通工程及沿线设施设计通用规范》（JTG D80—2006）规定，位于圆曲线半径大于 1000m、小于 2000m 的高速公路主线段，连续设置轮廓标的间距不应大于（　　）。

A. 40m　　B. 44m

C. 46m　　D. 48m

25.《高速公路交通工程及沿线设施设计通用规范》(JTG D80—2006)规定，确定服务区、停车区建设规模的主要因素是公路设计交通量、交通组成、自然环境、(　　)。

A. 气象条件　　B. 人文环境

C. 用地条件　　D. 地质条件

26. 某公路工程建设项目工程概算中，第一部分建筑安装工程费为500000万元、第二部分土地使用及拆迁补偿费为60000万元、第三部分工程建设其他费为40000万元、建设期贷款利率为20000万元，则基本预备费应为(　　)。

A. 31000万元　　B. 30000万元

C. 29000万元　　D. 25000万元

27. 根据《公路工程建设项目概算预算编制办法》，施工企业按法律、法规、规章、规程规定必须缴纳的规费除养老保险金、失业保险金、医疗保险金和住房公积金外，还包括(　　)。

A. 税金　　B. 评价(估)费

C. 管理费　　D. 工伤保险费

28. 下列关于城市道路建筑限界确定的全部要素，符合规范规定的是(　　)。

A. 设计车辆、道路最小净高、车行道宽度、侧向净宽、顶角抹角宽度

B. 道路最小净高、车行道宽度、侧向净宽、顶角抹角宽度

C. 设计车辆、道路最小净高、路面宽度、顶角抹角宽度

D. 道路最小净高、路面宽度、安全带净宽、顶角抹角宽度

29. 拟建某城市快速路，设计速度80km/h，预测远景年单向高峰小时交通量及其车型构成见下表。计算预测远景年双向高峰小时交通量(不考虑方向不均匀系数)应为(　　)。

A. 4130pcu/h　　B. 4565pcu/h

C. 8260pcu/h　　D. 9130pcu/h

车辆类型	交通量(辆/h)
小客车	3800
大型客车	180
大型货车	90
铰接车	60

30. 拟建某城市主干路，与某河道相交时，设置一座小桥，下列关于该跨河桥设计中，采用的洪水频率，符合规范规定的是(　　)。

A. 宜采用百年一遇的洪水频率设计，对特别重要的桥梁可提高到三百年一遇

B. 宜采用30年一遇的洪水频率设计，且应确保桥梁结构在百年一遇或三百年一遇洪水频率下的安全

C. 宜采用50年一遇的洪水频率设计，且应保证桥梁结构在百年一遇洪水频率下的安全

D. 可按相交河道的规划洪水频率设计，且应保证桥梁结构在百年一遇洪水频率下的安全

31. 拟建某城市主干路，设计速度为50km/h，横断面布置为两幅路形式，设置双向4条机动车道、

非机动车道和人行道，其中下穿城市广场段采用长 1200m 的隧道。一般情况下，下列关于隧道段的设计，符合规范规定的是（　　）。

A. 横断面布置与路段保持致，机动车道为双向 4 车道

B. 平纵线形在隧道洞口内外侧不小于 3s 设计速度的行程长度范围内保持一致

C. 隧道内的最大纵坡为 3.2%

D. 机动车与非机动车之间设置安全隔离设施

32. 拟建某城市主干路，设计速度为 60km/h，纵断面设计中，某变坡点一侧纵坡为−1.6%、坡长为 250m，另一侧纵坡为+1.0%、坡长为 300m，竖曲线半径为$R = 1600$m，竖曲线长度为 41.6m，下列关于纵断面设计中，不符合规范规定的是（　　）。

A. 竖曲线半径　　B. 竖曲线长度

C. 纵坡度　　D. 坡长

33. 拟建某城市主干路，设计速度为 60km/h，道路定线设计中，某平面交叉口范围内需设置圆曲线，一般情况下，下列关于交叉口设置的最小圆曲线半径值，符合规范规定的是（　　）。

A. 150m　　B. 300m

C. 400m　　D. 600m

34. 拟建某城市次干路，设计速度为 50km/h，横断面采用三幅路形式，中间一幅通行机动车，为双向 4 条车道（其中，单向一条为小客车专用车道、一条为混行车道），设置 0.6m 宽双黄线分隔对向交通，计算中间一幅机动车道的最小路面宽度应为（　　）。（取小数点后两位）

A. 14.00m　　B. 14.60m

C. 15.10m　　D. 15.60m

35. 某城市支路长大纵坡地处 1～4 温度分区，路面拟选用两层式沥青混凝土面层。已知设计基准期内一个车道上的累计当量轴次N_e为 450 万次/车道，其上面层沥青混合料的动稳定度符合规定的是（　　）。

A. ⩾1000 次　　B. ⩾1500 次

C. ⩾3000 次　　D. ⩾5000 次

36. 下列关于城市机动车（公共）停车场出入口设计的要求，符合规范规定的是（　　）。

A. 一般停车场出入口可设在主干路上

B. 停车场出入口净宽不应小于 7m

C. 停车场出入口缘石转弯曲线切点距人行天桥与人行地道口应不小于 30m

D. 一般情况下停车容量不少于 50veh 时，出入口数量不应少于 2 个

37. 某城市道路纵断面为平坡，为确保路面排水，采用锯齿形偏沟设计，已知雨水口间距为 30m，雨水口处缘石外露高度为 0.180m，分水点处缘石外露高度为 0.135m。在不考虑雨水口规格的情况下，计算锯齿形偏沟纵坡度、分水点与前一处雨水口之间的合适距离应为（　　）。（取小数点后2位）

A. 0.30%，15.00m　　B. 0.35%，12.85m

C. 0.40%，11.25m　　D. 0.45%，10.00m

38. 某城市道路中一座立交，该立交一条匝道的设计速度为 40km/h，圆曲线半径为 60m，计算该匝道最小超高横坡度应为（　　）。（取小数点后 3 位）

A. 0.020　　B. 0.030

C. 0.035　　D. 0.040

39. 下列城市道路人行天桥无障碍盲道设计的要求，符合规范规定的是（　　）。

A. 提示盲道的触感圆点高度应凸出 3mm

B. 距每段台阶与坡道的起点与终点 250～500mm 处，应设提示盲道

C. 提示盲道的宽度宜为 250～500mm

D. 桥下的三角区净空高度小于 2.5m 时，应安装防护设施，并应在防护设施外设置提示盲道

40. 某城市主干路，设计速度为 60km/h，采用梁式桥跨越轨道交通线路，该段桥梁位于平曲线范围内。下列关于该桥路侧防撞护栏的防护等级，符合规范规定的是（　　）。

A. A 级　　B. SB 级

C. SA 级　　D. SS 级

二、多项选择题（共 30 题，每题 2 分。每题的备选项中有两个或两个以上符合题意，错选、少选、多选均不得分。）

41. 某设计速度 100km/h 的一级公路，目前交通量是 1300pcu/(h · ln)，下列有关改扩建的说法，符合规范规定的是（　　）。

A. 该公路服务水平已降低接近三级服务水平下限，宜进行论证确定改扩建时机

B. 该公路满足三级服务水平，不需要改扩建论证

C. 应对该公路进行改扩建和新建方案进行比选论证

D. 该公路如果是集散公路，可不进行改扩建论证

42. 下列关于公路用地范围说法的说法，符合规范规定的是（　　）。

A. 路堤两侧排水沟边缘（无排水沟为路堤或护坡道坡脚）以外不小于 1m 范围

B. 路堑坡顶截水沟边沟（无截水沟为坡顶）以外不小于 1m 范围

C. 高速公路、一级公路用地范围至少为上述 A、B 两种情况边缘以外 4m 范围

D. 不良地质路段、特殊土地带应根据实际需要确定用地范围

43. 同一公路项目可以分段采用不同技术标准，在下列可能作为其分段依据的因素中，符合规范规定的是（　　）。

A. 路段交通量的改变　　B. 行政区域的改变

C. 沿线景观的改变　　D. 公路功能的改变

44. 下列关于公路横断面设计的说法，符合规范规定的是（　　）。

A. 高速公路和一级公路根据地形、地质条件，可选用整体式路基或分离式路基断面形式

B. 二级公路、三级公路、四级公路应选择整体式路基断面形式

C. 一级公路、二级公路不宜设置爬坡车道

D. 在戈壁、沙漠和草原等地区，高速公路和一级公路宜选择宽中央分隔带、低路基、缓边坡、宽浅边沟等形式

45. 下列关于公路扶壁式挡土墙的设计要求，符合《公路路基设计规范》（JTG D30—2015）相关规定的是（　　）。

A. 钢筋混凝土挡土墙分段长度可为 25m

B. 配置于钢筋混凝土墙中的主筋，直径不宜小于 12mm

C. 扶壁式挡土墙每个分段内宜设 3 个扶壁

D. 立壁固结于底板之上，立壁顶宽不应小于 0.20m，底板厚度不应小于 0.30m

46. 某山区二级公路在路基地表排水设计中，下列合理的规定是（　　）。

A. 路基地表排水设施设计降雨的重现期采用 10 年

B. 水环境敏感地段路基排水沟出口处设置油水分离池

C. 无护栏挖方路基两侧设置底宽 0.6m、深 0.6m 的梯形边沟，并不设盖板

D. 水流通过坡度大于 10%、水头高差大于 1.0m 的陡坡地段时，设置跌水或急流槽

47. 某新建承担特重交通的高速公路，下列关于路床设计要求正确的有（　　）。

A. 路床总厚度设计采用 0.8m

B. 路床采用砂砾填料，上路床 CBR 不小于 8%，下路床 CBR 不小于 5%

C. 路床应分层铺筑，填料最大粒径应小于 100mm，压实度不小于 96%

D. 路面采用沥青混凝土路面，路基在标准状态下路床顶面回弹模量不小于 50MPa

48. 厂拌热再生沥青混合料用于基层时，适用的交通荷载等级是（　　）。

A. 中等　　　　B. 重

C. 特重　　　　D. 极重

49. 公路沥青路面改建设计需对既有路面进行调查分析时，检测评价既有路面结构承载能力采用的仪器是（　　）。

A. 路面雷达　　　　B. 落锤式动态弯沉仪

C. 取芯机　　　　D. 其他弯沉仪

50.《公路工程水文勘测设计规范》（JTG C30—2015）规定，非岩石河床确定桥墩台基底最小埋置深度时，除应根据桥位河段具体情况，取一般冲刷和局部冲刷的不利组合叠加外，还应计入（　　）。

A. 桥下河滩最大水深　　　　B. 河床自然演变冲刷

C. 基底埋深安全值　　　　D. 总冲刷深度值

51. 关于公路工程抗震设计，下列说法符合规范要求的是（　　）。

A. 独立特大型桥梁工程，应按照有关规定，进行工程场地地震安全性评价

B. 立体交叉的跨线桥梁的抗震设防标准可低于下线工程对桥梁结构的抗震设防标准

C. 地震动峰值加速度大于或等于 0.40g 区域的高速公路的地震危险地段，可不进行工程场地地震安全性评价

D. 独立特长隧道工程，应按照有关规定，进行工程场地地震安全性评价

52. 公路桥涵设计流量计算可以采用的方法是（　　）。

A. 利用实测流量系列推算

B. 按地区经验公式及水文参数求算

C. 利用历史洪水位推算

D. 汇水面积大于 150km² 的河流，可按推理公式计算，相关参数取值采用当地编制的暴雨径流图表值

53. 公路隧道工程环境调查时，应对施工和运营中地下水流失可能造成的环境问题影响程度进行调查和预测，主要的环境问题包括（　　）等。

A. 涌泉　　　　B. 地表沉降、塌陷

C. 地面建筑物破坏　　　　D. 居民生活用水枯竭

54. 公路隧道洞口位置的选择关系到隧道的施工和运营安全，有关隧道洞口位置的确定，符合规范规定的是（　　）。

A. 隧道轴线宜与地形等高线呈大角度相交

B. 洞口位置不得设在积雪地段

C. 缓坡地段进洞时，应结合隧道进洞条件、洞外路堑设置条件等因素，综合分析确定

D. 跨沟或沿沟进洞时，应考虑水文情况，结合防护工程、排水工程，综合分析确定

55. 在下列几类公路交叉工程中，根据规范规定，必须采用立体交叉的有（　　）。

A. 高速公路与四级公路相交叉　　　　B. 一级公路与四级公路相交叉

C. 高速公路与铁路相交叉　　　　D. 一级公路与铁路相交叉

56. 在下列所示公路互通式立体交叉的几种形式中，符合规范有关高速公路出口形式一致性要求的是（　　）。

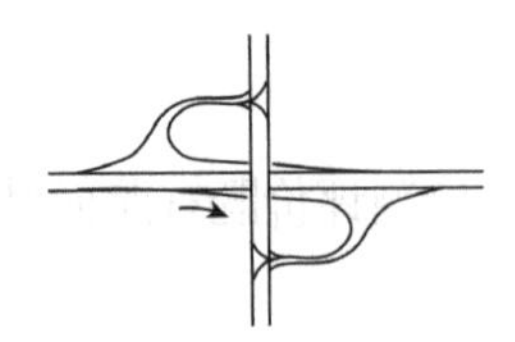

A. 形式一

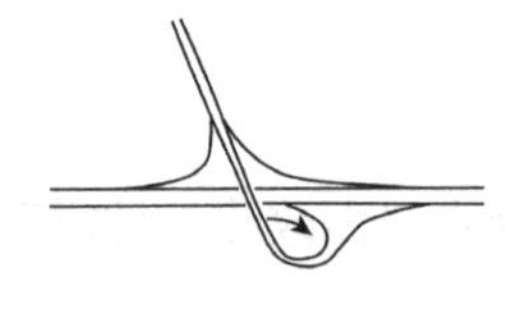

B. 形式二

C. 形式三

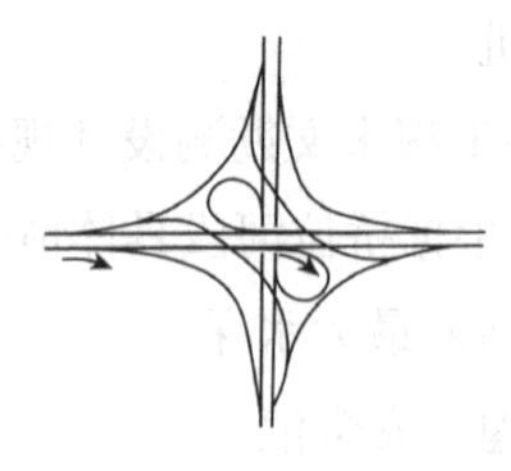

D. 形式四

57. 匝道设计速度 60km/h，设计服务水平采用四级，若仅考虑基本路段设计通行能力要求，根据公路有关规范，在下列匝道设计小时交通量中，可采用单车道的有（　　）。

A. 800pcu/h　　　　B. 1000pcu/h

C. 1200pcu/h　　　　D. 1400pcu/h

58.《高速公路交通工程及沿线设施设计通用规范》（JTG D80—2006）规定，A12 监控系统配置适用于 8 车道高速公路服务水平一、二路段，同样适用于（　　）。

A. 4 车道高速公路服务水平一、二路段　　　　B. 6 车道高速公路服务水平一、二路段

C. 4、6 车道高速公路特大桥　　　　D. 4、6 车道高速公路特长隧道

59.《公路交通安全设施设计规范》（JTGD81—2017）规定，八（HA）级桥梁护栏防护等级，常用于跨越大型饮用水水源一级保护区和高速铁路的公路桥梁，以及（　　）。

A. 特大悬索桥梁　　　　B. 公路、铁路路段

C. 饮用水水源一级保护区　　　　D. 特大斜拉桥梁

60. 根据《公路工程建设项目概算预算编制办法》的规定，下列选项中，属于企业管理费组成内容的有（　　）。

A. 临时设施费　　B. 职工探亲路费

C. 职工取暖补贴　　D. 财务费用

61. 下列关于城市道路工程防灾设计的要求，符合规范规定的是（　　）。

A. 应按国家规定工程所在地区的抗震标准进行设防

B. 城市桥梁设计应采用百年一遇的洪水频率

C. 道路应避开泥石流、滑坡、崩塌、地面沉降、塌陷、地震断裂活动等自然灾害易发区

D. 对长度大于 500m 的隧道，应拟定发生交通或火灾事故的处理预案

62. 城市道路设计中，关于沿河及浸水路段的路基边缘设计高度，除了考虑路基设计洪水频率的水位标高外，还应考虑的因素，符合规范规定的是（　　）。

A. 冰冻厚度　　B. 壅水高度

C. 安全高度　　D. 波浪侵袭高度

63. 下列关于城市道路公共交通设施的设置要求，符合规范规定的是（　　）。

A. 快速公交专用车道应布置在道路中央

B. 常规公交专用车道宜布置在最外侧车道上

C. 快速公交车站单侧停靠的站台宽度不应小于 3m

D. 常规公交车站站台宽度当条件受限时，不得小于 1.5m

64. 城市快速路平纵面设计中，下列关于视距的要求，符合规范规定的是（　　）。

A. 应满足停车视距的要求

B. 应满足会车视距的要求

C. 应满足超车视距的要求

D. 平、纵曲线可能影响行车视距路段，应进行视距验算

65. 有关城市道路互通式立交连接部的说法正确的是（　　）。

A. 平行式变速车道其行驶轨迹是一条 S 形曲线，可能导致减速车道车辆在直行主线上减速而发生追尾冲突

B. 直接式变速车道能提供驾驶员合适的直接驶离主线的行车轨迹

C. 减速车道宜采用直接式，加速车道宜采用平行式

D. 主线直行交通流量大时，在减速车道也可采用平行式

66. 下列关于城市道路与有轨电车道交叉道口的说法符合规范规定的是（　　）。

A. 交叉道口处的通视条件应符合道路与道路平面交叉的规定

B. 交叉道口处的道路线形宜为直线

C. 道口有轨电车道的轨面标高宜高于道路路面标高

D. 交叉道口信号应按有轨电车优先的原则设置

67. 城市道路横向接缝两侧板边的弯沉差为 35（0.01mm），以下说法符合规范规定的是（　　）。

A. 路面状况评价等级为优和良

B. 路面状况评价等级为中及中以下

C. 更换破碎板、修补开裂板块、脱空板灌浆，使处治后的路段代表弯沉值低于 20（0.01mm），然后加铺沥青层

D. 可采用碎石化技术将旧路面板破碎成小块或碎石，再加铺结构层

68. 下列关于城市无障碍设施中的提示盲道设置说法正确的是（　　）。

A. 行进盲道起点、终点及行进盲道转弯处应设提示盲道

B. 人行道处盲道，在坡道的上下坡边缘处应设置提示盲道

C. 人行天桥及地道出入口处一般不设置提示盲道

D. 人行天桥桥下的三角区净空高度小于 2.00m 时，应在防护设施外设置提示盲道

69. 下列关于城市直埋管线布置的说法正确的有（　　）。

A. 沿城市道路规划的工程管线应与道路中心线平行，其主干线应靠近分支管线多的一侧

B. 工程管线不宜从道路一侧转到另一侧

C. 各种工程管线不应在垂直方向上重叠直埋敷设，非直埋敷设时不受限制

D. 工程管线可布置在机动车道或绿化带下面

70. 当城市道路交通安全和管理设施等级为 A 级时，应配置系统完善的标志、标线、隔离和防护设施，下列说法正确的是（　　）。

A. 中间带必须连续设置中央分隔护栏和必需的防眩设施

B. 桥梁与深路堑路段必须设置路侧护栏

C. 分合流路段宜连续设置反光凸起路标

D. 进出口分流三角端应有醒目的提示和防撞设施

注册道路工程师执业资格专业考试

模考试卷（一）

专业知识

（下）

二〇XX年十一月

应考人员注意事项

1. 书写用笔：**黑色墨水笔；**

   填涂答题卡用笔：**2B 铅笔。**

2. 须用书写用笔将工作单位、姓名、准考证号填写在答题卡和试卷相应的栏目内。

3. 本试卷由 70 题组成，满分为 100 分。1～40 题为单项选择题，其中，1～27 题为公路工程试题，28～40 题为城市道路工程试题；41～70 题为多项选择题，其中，41～60 题为公路工程试题，61～70 题为城市道路工程试题。

4. 考生在作答时，必须**按题号**在**答题卡**上将相应试题所选选项对应字母用 **2B 铅笔**涂黑。

5. 在答题卡上书写与题意无关的语言，或在答题卡上作标记的，均按违纪试卷处理。

6. 考试结束时，由监考人员当面将试卷、答题卡一并收回。

7. 草稿纸由各地统一配发，考后收回。

一、单项选择题（共 40 题，每题 1 分。每题的备选项中只有一个最符合题意）

1. 下列关于公路技术等级与设计速度方面的描述，不符合标准规范规定的是（　　）。

A. 三级公路设计速度宜根据实际情况采用 30～40km/h

B. 集散二级公路设计速度宜根据实际情况采用 40～50km/h

C. 干线二级公路设计速度宜根据实际情况采用 60～80km/h

D. 一级公路设计速度宜根据实际情况采用 60～100km/h

2. 东北地区某一级公路、地处积雪冰冻的平原地区，设计速度采用 100km/h，下列有关该公路在穿越城镇路段设超高的最小平面圆曲线半径值，符合规范规定的是（　　）。

A. 360m　　B. 400m

C. 440m　　D. 500m

3. 某山区 4 车道一级公路，设计速度 80km/h，下列关于沿连续上坡方向载重允许最低速度，符合规范规定的是（　　）。

A. 40km/h　　B. 50km/h

C. 55km/h　　D. 60km/h

4. 某山区一级公路，设计速度 60km/h，设置了多处连续长、陡下坡路段，其中应进行安全性评价的路段是（　　）。

A. 平均坡度 2%，连续坡长 25km　　B. 平均坡度 2.5%，连续坡长 21km

C. 平均坡度 3%，相对高差 400m　　D. 平均坡度 3.5%，相对高差 300m

5. 某一级公路下穿 210kV 架空输电线路，交叉角度为 90°，符合规范规定的输电线距路面的最小垂直距离是（　　）。

A. 7.0m　　B. 8.0m

C. 9.0m　　D. 10.0m

6. 位于抗震有利地段的高速公路高路堤，在 E1 地震作用下，其抗震设防目标是（　　）。

A. 不受损坏　　B. 不需修复可正常使用

C. 经一般整修即可正常使用　　D. 经短期抢修即可恢复使用

7. 某山区二级公路高路堤设计时，采用快剪试验的地基强度指标，正常工况下，计算路堤的堤身稳定性时，最小稳定安全系数不得小于（　　）。

A. 1.20　　B. 1.25

C. 1.35　　D. 1.45

8. 南方某地年降雨量超过 1500mm，高速公路黏质土路堑边坡高度 8m，坡率 1∶1。根据《公路路基设计规范》（JTG D30—2015），合适的边坡坡面防护方案是（　　）。

A. 喷播植草防护　　B. 喷混植生防护

C. 骨架植物防护　　D. 浆砌片石护坡

9. 某新建高速公路，软土厚度 15.0m，十字板抗剪强度为 12.0kPa，一般路基路堤高度 5m，安全经济合理的地基处理方案是（　　）。

A. 沉管粒料桩　　B. 浆喷法加固土桩

C. 刚性桩复合地基　　D. 粉喷桩法加固土桩

10. 北方某高速公路土质挖方路段，下列路基地表排水设计合理的是（　　）。

A. 截水沟的水流直接引入路堑边沟之中

B. 工程所在地的冻结指数为 1500，边沟、截水沟浆砌片石采用 M7.5 砂浆、MU30 石料砌筑

C. 地下水较多的路段，为减少地下水对路床的影响，没设渗沟，采用了深度 1.5m、宽度 0.8m 的浆砌片石矩形盖板边沟

D. 挖方边坡较高、坡顶以外地表汇水面积较大时，在堑坡顶坡口 5m 以外处设置深度 0.4m、底宽 0.4m 的浆砌片石梯形截水沟

11. 公路沥青路面设计采用轴重为 100kN 的单轴-双轮组设计轴载，其两轮中心距是（　　）。

A. 299.5m　　B. 309.5m

C. 319.5m　　D. 329.5m

12. 季节性冰冻地区，高速公路沥青路面在设计使用年限内的面层低温开裂指数 CI 不大于（　　）。

A. 3　　B. 5

C. 7　　D. 9

13. 公路水泥混凝土路面路床顶面的综合回弹模量，轻交通荷载等级时不得低于（　　）。

A. 40MPa　　B. 50MPa

C. 60MPa　　D. 70MPa

14. 公路水泥混凝土路面与沥青路面相接时，应设置的过渡段不小于（　　）。

A. 3m　　B. 4m

C. 5m　　D. 6m

15. 根据《公路桥涵设计通用规范》（JTG D60—2015）规定，可变作用汽车制动力不应与下列作用同时参与组合的有（　　）。

A. 预加力　　B. 人群荷载

C. 流水压力　　D. 地震作用

16. 设计使用年限 100 年的公路桥梁钻孔灌注桩基础，II类冻融环境下混凝土保护层最小厚度是（　　）。

A. 45mm　　B. 40mm

C. 35mm　　D. 30mm

17. I类和II类环境下，公路钢筋混凝土构件和 B 类预应力混凝土构件的最大裂缝宽度计算值不应超过（　　）。

A. 0.30mm　　B. 0.25mm

C. 0.20mm　　D. 0.15mm

18. 根据公路隧道设计规范规定，二级公路隧道应设置照明的最小长度是（　　）。

A. 500m　　B. 800m

C. 1000m　　D. 1500m

19. 公路隧道采用复合式衬砌时，应在初期支护与二次衬砌之间设置防水层。防水层宜采用防水板与无纺布的组合，无纺布密度不应小于（　　）。

A. 100g/m^2　　B. 200g/m^2

C. 300g/m^2　　D. 400g/m^2

20. 某山岭高速公路隧道抗震设防应选择的类别是（　　）。

A. A 类　　B. B 类

C. C 类　　D. D 类

21. 根据规范规定，公路平面交叉可采用的交通管理方式分为（　　）。

A. 停车让行交叉、减速让行交叉和信号交叉

B. 信号交叉、无信号交叉和渠化交叉

C. 十字交叉、T 形交叉和环形交叉

D. 主路优先交叉、无优先交叉和信号交叉

22. 设计速度为 120km/h 的双向 6 车道高速公路，当相邻互通式立体交叉分别独立设置时，相互之间的最小净距是（　　）。

A. 800m　　B. 900m

C. 1000m　　D. 1200m

23. 在高速公路出口匝道的下列几种分流形式中，不符合一致性原则的是（　　）。

A. 于高速公路右侧分流　　B. 左、右侧交替分流

C. 于交叉点之前分流　　D. 采用单一的出口方式

24.《公路交通安全设施设计规范》（JTG D81—2017）规定，避险车道制动床材料宜采用具有较高滚动阻力系数、陷落度较好、不易板结和被雨水冲刷的卵（砾）石材料，材料粒径宜为（　　）。

A. 0.5～1.0cm　　B. 1.0～1.5cm

C. 2.0～4.0cm　　D. 4.5～5.5cm

25.《公路交通安全设施设计规范》（JTG D81—2017）规定，高速公路设计速度为 100km/h，中央分隔带宽度小于 2.5m 且采用整体式护栏形式时，应采用的路基护栏防护等级为（　　）。

A. 三（Am）级　　B. 四（SBm）级

C. 五（SAm）级　　D. 六（SSm）级

26. 公路工程建设项目的投资最高限额是经批准后的（　　）。

A. 设计概算　　B. 施工图预算

C. 工程结算　　D. 竣工决算

27. 根据《公路工程建设项目概算预算编制办法》的规定，下列选项中，属于定额建筑安装工程费组成内容的是（　　）。

A. 研究试验费　　B. 生产准备费

C. 工程保险费　　D. 措施费

28. 拟建某城市快速路，设计速度为 80km/h，预测远景年单向高峰小时交通量为 5040pcu/h，计算拟建道路所需的双向车道数（不考虑方向不均匀系数）应为（　　）。（结果取整数）

A. 3 条　　B. 4 条

C. 6 条　　D. 8 条

29. 位于重要地区的城市主干路某灯控平交路口，预测通过其中一方向的人行过街交通总量为 3100 人/h，假设该方向人行横道设计通行能力为 800 人/(h · m)，不考虑其他因素的干扰，符合规范规定的人行横道宽度是（　　）。（结果取整数）

A. 3m　　B. 4m

C. 5m　　D. 6m

30. 拟建某城市快速路，设计速度为 60km/h，单孔隧道横断面布置为单向 3 条机动车道（其中 1 条为小客车专用车道），隧道两侧设检修道，各宽 0.75m。计算隧道内建筑限界的最小净宽度应为（　　）。

A. 11.25m　　B. 11.50m

C. 12.75m　　D. 13.00m

31. 拟建某城市次干路，设计速度 40km/h，横断面布置为单幅路形式，双向 4 条小客车和大型车混行机动车道，采用黄实线分隔对向交通，非机动车道宽 2.5m，其中某路段圆曲线半径为 230m，计算该路段的行车道路面最小宽度应为（　　）。（取小数点后两位）

A. 19.00m　　B. 19.80m

C. 20.60m　　D. 20.80m

32. 位于积雪冰冻地区的某城市快速路，设计速度为 80km/h，线形设计中，采用的主要线形指标为：圆曲线最小半径 330m，平曲线最小长度 520m，最大纵坡度 3.4%，最小坡长 500m，最大合成坡度 6.1%，下列关于以上线形设计指标中，不符合规范规定的是（　　）。

A. 最小圆曲线半径　　B. 最大纵坡度

C. 最大合成坡度　　D. 最小坡长

33. 拟建某城市主干路采用沥青路面结构，下列关于道路交通量达到饱和状态时的道路设计年限和路面结构的设计使用年限，符合规范规定的是（　　）。

A. 10 年，10 年　　B. 15 年，10 年

C. 15 年，15 年　　D. 20 年，15 年

34. 某城市道路采用透水路面结构，下列采用的道路横坡，符合规范规定的是（　　）。

A. 1.0%～1.5%　　B. 1.0%～2.0%

C. 1.5%～2.0%　　D. 2.0%～2.5%

35. 城市道路拟建专用非机动车桥，桥面宽 6m，桥梁跨径 18m，计算该桥人群荷载（W）应为（　　）。（取小数点后 1 位）

A. 2.4kPa　　B. 3.2kPa

C. 3.8kPa　　D. 4.5kPa

36. 城市地下道路在设置平曲线及凹形竖曲线路段应保证具有足够的行车视距，按照规范规定，必须进行视距验算的是（　　）。

A. 识别视距　　B. 停车视距

C. 会车视距　　D. 超车视距

37. 拟建某城市快速路，设计速度为 100km/h，两侧设有辅路，计算辅路设计速度最大取值为（　　）。

A. 40km/h　　B. 50km/h

C. 60km/h　　D. 70km/h

38. 某城市主干路路基为粉质土，根据规范规定判断其路基是否进行处置的干湿状态分界稠度值应为（　　）。

A. 0.90　　B. 1.00

C. 1.10　　D. 1.20

39. 下列关于城市道路无障碍设计的要求，符合规范规定的是（　　）。

A. 在车道之间的分隔带设公交车站时可不考虑乘轮椅者的使用要求

B. 城市道路的人行横道，均应配置过街音响提示装置

C. 当人行天桥设置坡道有困难时，应设置无障碍电梯

D. 行进盲道的触感条底宽为 25mm

40. 按城市道路或路网的性质和监控系统特性，交通监控系统配置分级中，I级与II级的主要区别为是否设置（　　）。

A. 信息发布设施　　B. 交通控制设施

C. 紧急报警设施　　D. 交通违法事件检测记录设施

二、多项选择题（共 30 题，每题 2 分。每题的备选项中有两个或两个以上符合题意，错选、少选、多选均不得分。）

41. 公路路线线位的选择，应根据地形、地物条件，除对工程地质、水文地质、气象条件、自然灾害进行充分调查外，还应调查（　　）。

A. 筑路材料　　B. 交通组成

C. 生态环境　　D. 自然景观

42. 某山区高速公路，设计速度为 100km/h，布设了一座 600m 长的隧道，符合规范规定的该隧道纵坡是（　　）。

A. 0.2%　　B. 0.5%

C. 2.5%　　D. 5.0%

43. 某高原地区新建一级公路，设计速度 80km/h，路线走廊带海拔高度在 4251～4863m 之间，符合规范规定的设计纵坡是（　　）。

A. 2%　　B. 3%

C. 4%　　D. 5%

44. 某高速公路设计速度 80km/h，在连续上坡路段，下列关于坡度/坡长的组合运用中，符合规范规定的是（　　）。

A. 坡度 3%/坡长 1020m，接坡度 0.5%/坡长 180m，接坡度 5%/坡长 450m

B. 坡度 4%/坡长 840m，接坡度 1%/坡长 200m、接坡度 4%/坡长 500m

C. 坡度 5%/坡长 680m，接坡度 1.5%/坡长 260m，接坡度 4%/坡长 600m

D. 坡度 6%/坡长 650m，接坡度 2%/坡长 300m，接坡度 5%/坡长 650m

45. 高速公路高路堤和深路堑设计应进行稳定性计算，下列路基稳定安全系数控制标准合理的有（　　）。

A. 在非正常工况I下，采用快剪指标，高路堤其稳定安全系数采用 1.35

B. 地质条件复杂的深路堑边坡，正常工况下，边坡稳定安全系数采用 1.30

C. 在正常工况下，采用直剪的固结快剪指标，高路堤其稳定安全系数采用 1.45

D. 路堑边坡破坏后的影响区内有桥梁和高压输电塔，非正常工况I下，边坡稳定安全系数采用 1.10

46. 公路挡土墙结构设计时，应按各种设计状况可能同时产生的作用效应进行组合。下列作用或荷

载效应组合正确的有（　　）。

A. 洪水与地震力应同时考虑

B. 冻胀力、冰压力与波浪压力应同时考虑

C. 一般地区，作用在挡土墙上的力可只计算永久作用和基本可变作用

D. 浸水地区、地震动峰值加速度值为 0.2g及以上的地区、产生冻胀力的地区等，尚应计算其他可变作用和偶然作用

47. 利用挖方的石料填筑公路路基，在山区公路设计时会经常遇到。下列关于填石路基设计中，合理的方案是（　　）。

A. 不采取措施直接用软质岩石作路堤填料

B. 可用硬质岩石和中硬岩石作路床、路堤填料

C. 在填石路堤施工质量检测时，可采用孔隙率与压实沉降差联合控制

D. 采用硬质岩石填筑上路堤顶部最后一层时，每层厚度不大于 0.40m，最大粒径小于 150mm

48. 季节性冻土地区的公路沥青路面厚度不满足防冻要求时，应增设防冻层，防冻层宜采用的粒料类材料包括（　　）。

A. 粗砂　　B. 砂砾

C. 碎石　　D. 黏土

49. 基层下应设置底基层的公路水泥混凝土路面所承受的交通荷载等级是（　　）。

A. 中等　　B. 重

C. 特重　　D. 极重

50. 公路水泥混凝土路面行车道路面结构设置排水基层或垫层时，应在排水基层或垫层外侧边缘设置的是（　　）。

A. 横向集水沟　　B. 纵向集水沟

C. 不带孔集水管　　D. 带孔集水管

51. 公路桥涵结构设计时，实际不可能同时出现的作用或同时参与组合概率很小的作用，应该不考虑其参与组合。请问，汽车制动力不应同时参与组合的作用是（　　）。

A. 支座摩阻力　　B. 人群荷载

C. 流水压力　　D. 地震作用

52. 公路桥涵应进行承载能力极限状态设计的设计状况除持久状况外，还有（　　）。

A. 地震状况　　B. 短暂状况

C. 疲劳状况　　D. 偶然状况

53. 公路隧道明洞式洞门设计应符合的规定是（　　）。

A. 洞口衬砌应采用片石混凝土结构

B. 洞顶设计的回填坡面宜按自然山坡坡度回填

C. 洞顶采用土石回填时，坡率不陡于 1∶1，表面宜植草覆盖

D. 洞口段衬砌应伸出原山坡坡面或设计回填坡面不小于 500mm

54. 在进行公路隧道端墙式洞门设计时，符合规范有关规定的要求是（　　）。

A. 洞门端墙墙顶应高出墙背回填面 0.3m

B. 洞顶排水沟沟底至拱顶衬砌外缘的最小厚度不应小于 0.8m

C. 洞门墙墙身最小厚度不应小于 0.5m

D. 翼墙墙身厚度不应小于 0.3m

55. 平面交叉范围主要公路设计速度为 60km/h，在凸形竖曲线半径的下列 4 个选项中，满足引道视距要求的有（　　）。

A. 1850m　　B. 2100m

C. 2600m　　D. 2800m

56. 下列各项为单车道直接式减速车道出口渐变率，其中符合公路有关规范规定的有（　　）。

A. 1/12.5　　B. 1/15.0

C. 1/22.5　　D. 1/25.0

57.《高速公路交通工程及沿线设施设计通用规范》（JTG D80—2006）规定，高速公路路侧护栏防撞等级为 4 级（SA）时，路侧情况为车辆越出路外可能发生严重事故路段及（　　）。

A. 桥头引道段　　B. 隧道洞口接线段

C. 地形陡峭路段　　D. 高挡墙的路段

58.《高速公路交通工程及沿线设施设计通用规范》（JTG D80—2006）规定，高速公路服务区、停车区的建设规模应根据公路设计交通量、交通组成、自然环境、用地条件等因素确定。应按预测的第 20 年交通量设计的项目有（　　）。

A. 停车场建筑　　B. 用地

C. 预留、预埋等相关工程　　D. 餐饮建筑

59.《公路交通安全设施设计规范》（JTG D81—2017）规定，高速公路设计速度为 120km/h，桥梁采用整体式上部结构并安装六（SS、SSm）级桥梁护栏，该桥梁最可能是跨越了（　　）。

A. 湖泊　　B. 公路、铁路路段

C. 饮用水水源一级保护区　　D. 城市经济开发区

60. 根据《公路工程建设项目概算预算编制办法》的规定（JTG 3830—2018），概（预）算总金额包括（　　）。

A. 建筑安装工程费　　B. 生产准备费

C. 工程建设其他费用　　D. 预备费

61. 下列有关城市道路工程建设的原则，符合规范规定的是（　　）。

A. 城市道路交通工程建设应以较高的道路网络和密度形成道路交通体系，满足使用者的城市交通出行需求

B. 人行系统应设置无障碍设施

C. 当道路交通工程及其附属设施因结构或设施损坏危及人员和车辆安全时，应行政主管部门审批后限制交通并进行修复。

D. 应保护水源地、文物、古树名木

62. 下列关于城市道路过街设施的设置要求，符合规范规定的是（　　）。

A. 平面交叉口应设置行人和非机动车过街设施

B. 穿越快速路的行人过街设施，必须采用人行天桥

C. 路段内有行人横穿道路的地方，均应设置人行横道

D. 人行横道的宽度应根据行人过街数量和信号控制方案确定

63. 某两条城市主干路相交，采用灯控平面交叉口，下列关于该交叉口进出口的设计要求中，符合规范规定的是（　　）。

A. 左转专用车道长度达 90m 时，宜设两条左转专用进口车道

B. 相邻进口道设有右转专用车道时，出口道应展宽条右转专用出口车道

C. 可通过压缩较宽的中央分隔带新辟左转专用进口车道，但压缩后的中央分隔带带宽度至少应为 1.0m

D. 当设置公交停靠站时，出口道长度由出口道展宽段和展宽渐变段组成

64. 下列关于城市立交设计中集散车道的设置条件，符合规范规定的是（　　）。

A. 二个以上出入口分流端部靠得近时，可设置集散车道

B. 所需要交织长度得不到保证时，可设置集散车道

C. 通过车道交通量大，需要分离时，可设置集散车道

D. 集散车道可为单这么车道，每条车道宽度应为 3.75m

65. 城市道路平面设计中，当受地形条件限制时，下列关于半径不同的同向圆曲线可采用复曲线连接的设置条件，符合规范规定的是（　　）。

A. 设计速度大于等于 40km/h 时，半径不同的同向圆曲线连接处

B. 小圆半径大于或等于不设超高的最小圆曲线半径.

C. 小圆半径小于不设缓和曲线的最小圆曲线半径，但大圆与小圆的内移值之差小于或等于 0.1m

D. 大圆半径与小圆半径之比值小于或等于 1.5

66. 下列关于城市道路环形交叉口环道设计，不考虑信号灯控制，符合规范规定的是（　　）。

A. 环道的机动车道数宜为 2～4 条

B. 环道纵坡度不宜大于 2%

C. 中心岛上不应布设人行道

D. 环道布置为机动车与非机动车分行时，可用分隔带分隔，分隔带宽度不应小 1.5m

67. 下列关于城市道路无障碍缘石坡道的设计要求，符合规范规定的是（　　）。

A. 采用全宽式单面坡缘石坡道时，其坡度不应大于 1：20

B. 人行道在各种路口、各种出入口位置必须设置缘石坡道

C. 采用三面坡缘石坡道时，其正面坡道坡口宽度不应小于 1.0m

D. 宜优先选用全宽式单面坡缘石坡道，其宽度应与人行道宽度相同

68. 下列关于城市道路管线工程采用综合管廊敷设的适用条件，符合规范规定的是（　　）。

A. 高强度集中开发区域、重要的公共空间

B. 交通流量大或地下管线密集的城市道路

C. 道路宽度难以满足直埋多种管线的路段

D. 宜开挖的路面的地段

69. 下列关于城市道路路基回填的要求，符合规范规定的是（　　）。

A. 掘路工程中，回填路基的回填弹性模量应达到与新建道路相同的标准

B. 掘路工程中，路基回填宜选用强度高、级配良好、水稳定性好、便于获取与压实的材料

C. 管道沟槽回填时，沟槽底至管顶以上 0.8m 范围内，填料最大粒径应小于 50mm

D. 管道检查井周边回填土的压实度应符合回填路基压实度要求

70. 下列关于城市道路交通主标志的分类，符合规范规定的是（　　）。

A. 禁令和警告标志　　B. 指路和指示标志

C. 旅游区和作业区标志　　D. 车辆种类标志

注册道路工程师执业资格专业考试

模考试卷（二）

专业知识
（上）

二〇XX年十一月

应考人员注意事项

1. 书写用笔：**黑色墨水笔；**

   填涂答题卡用笔：**2B 铅笔**。

2. 须用书写用笔将工作单位、姓名、准考证号填写在答题卡和试卷相应的栏目内。

3. 本试卷由 70 题组成，满分为 100 分。1～40 题为单项选择题，其中，1～27 题为公路工程试题，28～40 题为城市道路工程试题；41～70 题为多项选择题，其中，41～60 题为公路工程试题，61～70 题为城市道路工程试题。

4. 考生在作答时，必须**按题号**在**答题卡**上将相应试题所选选项对应字母用 **2B 铅笔**涂黑。

5. 在答题卡上书写与题意无关的语言，或在答题卡上作标记的，均按违纪试卷处理。

6. 考试结束时，由监考人员当面将试卷、答题卡一并收回。

7. 草稿纸由各地统一配发，考后收回。

一、单项选择题（共40题，每题1分。每题的备选项中只有一个最符合题意）

1. 某省拟新建双向四车道一级公路，设计速度为100km/h。其中因某跨线桥桥墩设置的需要，拟局部加宽主线中央分隔带1m，受其他条件限制，只能设置中央分隔带加宽渐变过渡段，下列关于该变宽过渡段的最大渐变率，符合规范规定的是（ ）。

A. 1/50　　B. 1/100

C. 1/150　　D. 1/200

2. 南方某拟建二级公路经由城镇路段，交通组成复杂、非机动车交通量较大，下列关于该路段桥上及桥头引道纵坡的最大值，符合规范规定的是（ ）。

A. 2.0%　　B. 2.5%

C. 3.0%　　D. 4.0%

3. 交通量是公路工程勘察设计的重要依据，以下关于交通量的论述满足规范要求的是（ ）。

A. 设计小时交通量应采用年第30位小时交通量

B. 一级公路采用的设计小时交通量为单向设计小时交通量

C. 高速公路的年平均日设计交通量应在15000辆小客车以上

D. 三级公路设计小时交通量应根据预测年度的年平均日交通量、方向不均匀系数、设计小时交通量系数计算确定

4. 在公路设计中，设计车辆的车型及其外廓尺寸、载质量和动力性能等是确定公路几何参数的主要依据，根据《公路工程技术标准》，设计车辆外廓尺寸的车辆类型有（ ）。

A. 3种　　B. 4种

C. 5种　　D. 6种

5. 某设计速度为80km/h的新建高速公路，设一处隧道长约1200m。在下列该隧道路段最大纵坡的选项中，符合规范规定可采用的纵坡应小于（ ）。

A. 3.0%　　B. 4.0%

C. 5.0%　　D. 6.0%

6. 某高速公路采用设计速度80km/h，下列关于该公路两个同向圆曲线间以直线径向连接时，直线段长度的最小值符合规范规定的是（ ）。

A. 160m　　B. 320m

C. 480m　　D. 800m

7. 某一级公路挖方路段为低液限黏土，路基两侧设置浅碟形边沟，其最大流速可达1.87m/s，为防止土质边沟产生冲刷，根据规范规定，安全经济适用的边沟类型是（ ）。

A. 不加固　　B. 草皮护面

C. 干砌片石　　D. 水泥混凝土预制块铺砌

8. 某新建一级公路，填方路堤与桥头台背衔接处，为协调差异沉降，下列措施中不符合规范要求的是（ ）。

A. 采用轻质路堤方案

B. 过渡段路基的压实度不小于94%

C. 设置过渡段，过渡段采用砂砾填筑

D. 采用透水性好的粗粒料填筑，并提高路基压实度

9. 某山区一级公路，地基稳定，承载能力良好，地形地质条件复杂。其中陡坡地段的半填半挖路基，横断面设计受限，为保证路基稳定，下列路基设计方案不符合规范要求的是（　　）。

A. 桥梁　　B. 半山洞

C. 悬出路台　　D. 护脚或挡土墙

10. 某一级公路沿河段，设计洪水频率计算水位为 13.0m，壅水高度 0.5m，波浪侵袭高度 0.5m，则路基边缘高程不应低于（　　）。

A. 13.0m　　B. 14.0m

C. 14.5m　　D. 15.0m

11. 某公路位于季节性冰冻地区，某段中湿路基填料采用塑性指数小于 12 的黏质土，当地最大冰冻深度为 0.45m，根据规范规定，该公路水泥混凝土路面结构层的最小防冻厚度应为（　　）。

A. 0.3m　　B. 0.45m

C. 0.5m　　D. 可不考虑防冻厚度

12. 公路水泥混凝土路面设计时，碾压混凝土基层上应铺设沥青混凝土夹层，根据规范规定，厚度不宜小于（　　）。

A. 20mm　　B. 25mm

C. 30mm　　D. 40mm

13. 某一级公路采用水泥混凝土路面，下列关于连续配筋混凝土面层配筋设计的规定，符合规范要求的是（　　）。

A. 纵向钢筋的最大间距为 300mm

B. 横向钢筋的最大间距为 650mm

C. 横向钢筋应位于纵向钢筋之上

D. 纵向钢筋距面层顶面不应小于 90mm

14. 某夏热气候分区的高速公路沥青路面设计，验算沥青混合料层永久变形量为 5mm 时，根据规范规定，满足永久变形量需求的沥青混合料动稳定度计算值最接近的选项是（　　）。

A. 705 次/mm　　B. 765 次/mm

C. 805 次/mm　　D. 865 次/mm

15. 某高速公路中有一座 800m 跨径的斜拉桥，根据规范规定，其斜拉索的设计使用年限不应低于（　　）。

A. 15 年　　B. 20 年

C. 50 年　　D. 100 年

16. 公路桥梁位于一般环境地区，主梁采用先张法构件，构件中采用了公称直径 28mm 的预应力钢筋，根据规范要求预应力钢筋的保护层厚度不应小于（　　）。

A. 20mm　　B. 22mm

C. 25mm　　D. 28mm

17. 某公路桥梁，基础采用 1.5m 直径的钢管桩，不考虑抗锤击要求时，钢管桩壁厚符合规范规定的是（　　）。

A. 8mm　　B. 12mm

C. 14mm　　D. 20mm

18. 某三级公路沿河傍山隧道，长约 750m，洞口段为偏压 V 级围岩，洞身为Ⅲ级围岩，关于隧道衬砌设计，下列选项不符合规范规定的是（　　）。

A. 喷锚衬砌系统锚杆沿隧道周边径向布置，锚杆露头设置垫板

B. 洞口段采用偏压加强型复合式衬砌，并向洞身一般衬砌段延伸长度 5m

C. 洞身Ⅲ级围岩采用喷锚衬砌，喷射混凝土强度等级采用 C20，厚度 6cm

D. 喷锚衬砌钢筋网采用直径 6mm 的光圆钢筋，正方形网格间距 20cm，钢筋网钢筋的搭接长度 200mm

19. 根据规范规定，公路隧道涌水处理宜遵循的设计原则是（　　）。

A. 以排为主、排堵结合、综合治理　　B. 以堵为主、排堵结合、注重环保

C. 以排为主、排堵结合、注重环保　　D. 以堵为主、排堵结合、综合治理

20. 根据规范规定，山岭公路隧道系统锚杆的布置方向宜为（　　）。

A. 方便施工的方向

B. 平行于隧道轴线方向

C. 与岩体主结构面（或岩层层面）成小角度布置

D. 径向或与岩体主结构面（或岩层层面）成大角度布置

21. 公路平面交叉左转弯曲线设置条件受限时，根据规范规定，左转弯可采用 5km/h 速度时载重汽车的行迹控制设计，但其内缘曲线的最小平曲线半径应大于或等于（　　）。

A. 12.5m　　B. 15.0m

C. 20.0m　　D. 25.0m

22. 下列技术等级的公路与铁路立体交叉时，交叉范围内的公路视距不符合规范规定的是（　　）。

A. 一级公路采用停车视距　　B. 高速公路采用停车视距

C. 三级公路采用会车视距　　D. 四级公路采用停车视距

23. 根据规范规定，当设紧急停车带时，高速公路互通式立体交叉对向分隔式双车道匝道右侧硬路肩宽度不应采用（　　）

A. 3.00m　　B. 2.50m

C. 2.00m　　D. 1.50m

24. 某山岭区高速公路设计速度为 80km/h，中央分隔带宽度为 2m，采用整体式护栏形式；设计交通量中，总质量 30t 的车辆自然数所占比例为 25%。下列关于路基中央分隔带护栏防护等级的选取，符合规范规定的是（　　）。

A. SA 级　　B. SAm 级

C. SS 级　　D. SSm 级

25. 采用纵向排烟的单向交通公路隧道，根据规范规定，排烟设计的火灾烟雾最大行程在隧道内不宜大于（　　）。

A. 1000m　　B. 3000m

C. 5000m　　D. 7000m

26. 公路工程建设项目概算预算编制办法中，建筑安装工程的直接费不包括（　　）。

A. 人工费　　B. 材料费

C. 设备购置费　　　　　　　　　　　　　　D. 施工机械使用费

27. 某公路施工图设计阶段，已知建筑安装工程费 650000 万元、土地使用及拆迁补偿费 70000 万元、工程建设其他费 60000 万元，工程保险费 15000 万元，项目设计中难以预料的工程费用为（　　）。

A. 19500 万元　　　　　　　　　　　　　　B. 21600 万元

C. 23400 万元　　　　　　　　　　　　　　D. 23850 万元

28. 位于某旅游度假区重要区域的城市支路，采用单幅路横断面布置，道路两侧规划为商业地块，已知远景年高峰小时预测单向人流量为 4200 人次，两侧绿化带宽度各为 2.0m。下列关于该道路单侧路侧带的最小宽度值，符合规范规定的是（　　）。

A. 4.0m　　　　　　　　　　　　　　　　B. 4.5m

C. 5.0m　　　　　　　　　　　　　　　　D. 6.0m

29. 某位于非积雪冰冻地区的城市主干路，货运交通为主，设计速度 60km/h，某一路段位于 3%的下坡段。下列关于该段线形设计中采用的停车视距，符合规范规定的是（　　）。

A. 90m　　　　　　　　　　　　　　　　B. 85m

C. 75m　　　　　　　　　　　　　　　　D. 70m

30. 拟建某城市支路，仅允许车辆高度不超过 2.0m 的小客车通行，一般情况下，下列关于设计中采用的最小净高，符合规范规定的是（　　）。

A. 2.5m　　　　　　　　　　　　　　　　B. 3.2m

C. 3.5m　　　　　　　　　　　　　　　　D. 4.5m

31. 某城市道路淤泥质土地区，拟采用水泥搅拌桩处理控制沉降。水泥搅拌桩按等边三角形布置，桩径为 0.55m，桩距为 1.2m，桩长为 12m。已知水泥搅拌桩桩体的压缩模量为 37.0MPa，桩间土体的压缩模量为 5.0MPa，计算其复合地基压缩模量为（　　）。（取小数点后 1 位）

A. 6.1MPa　　　　　　　　　　　　　　　B. 9.6MPa

C. 10.3MPa　　　　　　　　　　　　　　D. 11.1MPa

32. 某新建城市次干路设计速度 50km/h，采用桥梁形式上跨现况快速路，桥梁全长 120m，桥面铺装面层采用水泥混凝土，下列关于该铺装面层的最小厚度符合规范规定的是（　　）。

A. 100mm　　　　　　　　　　　　　　　B. 80mm

C. 70mm　　　　　　　　　　　　　　　　D. 60mm

33. 某城市快速路上的重要桥梁，跨径组合为 8m + 16m + 8m，其桥梁结构的设计基准期和设计工作年限符合规范要求的分别是（　　）。

A. 50 年，50 年　　　　　　　　　　　　　B. 50 年，100 年

C. 100 年，50 年　　　　　　　　　　　　D. 100 年，100 年

34. 下列关于城市桥梁桥位选择的要求，不符合规范规定的是（　　）。

A. 桥位选择应避开泥石流区

B. 桥位上空不得架设高压电线

C. 桥轴线宜与主河槽的水流流向正交

D. 大桥桥位应选择河道顺直、河床稳定、地质良好的河段

35. 某设计速度为 80km/h 的城市快速路，设置一处暗埋段长度 2000m 的地下道路。下列关于该地

下道路洞口外的道路横断面、平纵线形分别与地下道路内保持一致的最小长度，符合规范规定的是（　　）。（计算结果取整）

A. 67m，67m　　B. 67m，134m

C. 134m，67m　　D. 134m，134m

36. 某城市灯控平面交叉口，其中一条为次干路，设计速度为50km/h。下列关于该交叉口验算视距三角形时，停车视距的最小长度，符合规范规定的是（　　）。

A. 25m　　B. 30m

C. 35m　　D. 60m

37. 某城市道路枢纽立交，主线设计速度均为 80km/h，其中某单车道匝道入口设置在主线纵坡为3.1%的上坡段，计算该入口处变速车道的最小长度应为（　　）。

A. 160m　　B. 210m

C. 258m　　D. 273m

38. 城市桥梁跨越城市轨道交通线路时，桥面人行道栏杆上应加设护网，下列关于护网最小高度，符合规范规定的是（　　）。

A. 1.10m　　B. 1.40m

C. 1.80m　　D. 2.00m

39. 城市道路无障碍设计中，下列关于人行道及人行横道的要求，不符合规范规定的是（　　）。

A. 人行横道宽度应满足轮椅通行需求

B. 人行横道均应配置过街音响提示装置

C. 人行道设置台阶处，应同时设置轮椅坡道

D. 人行道坡道的上下坡边缘处应设置提示盲道

40. 某城市快速路设计速度为 80km/h，设有一座长度为 50m 的跨越城市次干路的桥梁。下列关于该桥梁的路侧防撞护栏，中央分隔带防撞护栏的防护等级，符合规范规定的是（　　）。

A. SA 级、SAm 级　　B. SB 级、SBm 级

C. A 级、Am 级　　D. SS 级、SSm 级

二、多项选择题（共 30 题，每题 2 分。每题的备选项中有两个或两个以上符合题意，错选、少选、多选均不得分。）

41. 具有干线功能的一级公路，整体式断面必须设置中间带，根据规范规定，下列关于中间带宽度确定的依据有（　　）。

A. 左侧路缘带宽度　　B. 中间隔离设施宽度

C. 中央分隔带功能　　D. 内侧行车道宽度

42. 下列关于公路选线的说法，符合规范规定的有（　　）。

A. 公路改扩建工程应注重节约资源，坚持利用与改扩建相结合的原则，合理、完全利用原有工程

B. 平原区选线宜采用较高的技术指标，应避免采用长直线或小偏角平曲线

C. 山岭区选线应充分利用地形条件，合理确定垭口位置，应尽量避免高填深挖等现象

D. 沿河（溪）线选线时，应根据设计洪水位，结合地形、地质合理确定线位高程，必要时应对桥梁与路基方案进行比选论证

43. 下列关于公路功能与技术标准的说法，符合规范规定的有（　　）。

A. 高速公路和一级公路应根据公路功能、设计交通量，确定公路基本路段的道数，车道数增加时宜按双数增加

B. 应根据公路技术等级、设计交通量、沿线环境和横断面各组成部分的功能，综合确定公路路基横断面组成及宽度

C. 应根据国家和地区路网结构与规划、地区特点、交通特性和建设目标等综合分析公路在公路网中的地位和作用，论证确定公路功能

D. 各级公路可根据项目沿线地形、地质与自然条件变化，分段选用设计速度，同一设计速度的路段长度不应过短，同一公路中不同设计速度的变化不宜频繁

44. 下列关于公路超高设置的说法，符合规范规定的是（　　）。

A. 以通行中、小型客车为主的高速公路，最大超高可采用 10%

B. 二级公路接近城镇且混合交通量较大的路段，设计速度为 60km/h，最大超高值可采用 5%

C. 有中间带的公路，超高过渡应采用绕中央分隔带边缘旋转的方式，并宜增设路拱线

D. 当回旋线较长时，其超高过渡应设在回旋线的某一区段范围内

45. 做好桥涵台背与路基之间过渡段的路堤设计、施工，关于过渡段路堤设计，下列选项符合规范规定的有（　　）。

A. 过渡段路堤压实度不应小于 96%

B. 路堤过渡段长度值按两倍的路基填高度确定

C. 在渗水材料缺乏的地区，可采用粉质土直接填筑

D. 过渡段路堤填料宜采用渗水性良好的砂砾类土或泡沫轻质土

46. 某高速公路沿斜坡路段的高路堤，在分析路堤沿斜坡地基或软弱层带滑动的稳定性时，选择控制性层面代表性土样进行室内强度参数测试，下列试验方法符合规范规定的有（　　）。

A. 直剪快剪试验

B. 三轴不排水剪试验

C. 三轴固结不排水剪试验

D. 有地下水影响时采用饱水试件进行三轴不固结不排水剪试验

47. 某多雨地区的高速公路，路基填料由低透水性细粒土组成，在进行路面结构组合设计时，需设置排水基层，根据规范规定，下列材料中符合排水基层要求的有（　　）。

A. 开级配沥青稳定碎石　　B. 开级配水泥稳定碎石

C. 密级配沥青稳定碎石　　D. 密级配水泥稳定碎石

48. 为了应对混凝土因温度升高而产生的膨胀需求，公路水泥混凝土路面需设置胀缝，下列关于水泥混凝土路面横向胀缝的设计，符合规范规定的有（　　）。

A. 胀缝可设置为不设传力杆的假缝形式

B. 在临近桥梁或其他固定构造物处，应设置横向胀缝

C. 在次要道路弯道加宽段起终点断面处的横向接缝，应采用胀缝形式

D. 胀缝接缝板应选用能适应混凝土板膨胀收缩、施工时不易变形、复原率高和耐久性好的材料

49. 某山岭重丘区一级公路沥青路面，年平均降雨量 500～1000mm，交工验收时，抗滑技术指标满足规范要求的有（　　）。

A. 路段一，横向力系数 55、构造深度 0.50mm

B. 路段二，横向力系数 50、构造深度 0.50mm

C. 路段三，横向力系数 50、构造深度 0.55mm

D. 路段四，横向力系数 45、构造深度 0.55mm

50. 某公路沥青路面有一段破损严重的路段，在对该路段沥青路面补强设计时，下列说法不符合规范要求的有（　　）。

A. 既有路面结构性能不足的路段，宜采用局部性处理方式

B. 既有路面存在较多裂缝时，应采取减缓反射裂缝的措施

C. 既有路面破损严重的路段，宜采用局部性和整体性相结合的处理方式

D. 既有路面出现因内部排水不良引起的水损坏时，应改善或重置路面防排水系统

51. 计算公路桥梁的基础沉降时，以下表述符合规范规定的有（　　）。

A. 可变作用仅指汽车荷载和人群荷载

B. 考虑的永久作用包括混凝土收缩徐变、基础变位作用

C. 基础底面的作用效应应该采用正常使用极限状态下准永久荷载效应

D. 沉降计算可采用分层总和法，其沉降计算经验系数可根据地区沉降观测资料及经验确定，或按规范公式计算确定

52. 公路桥涵应按正常使用极限状态的要求，采用作用频遇组合、作用准永久组合，或作用频遇组合并考虑作用长期效应的影响，对构件的抗裂、裂缝宽度和挠度进行验算，下列选项符合规范规定的是（　　）。

A. 全预应力混凝土构件在作用频遇组合下控制的正截面受拉边缘不允许出现拉应力

B. 全预应力混凝土预制受弯构件的正截面混凝土拉应力应小于或等于 0.85 倍的扣除全部预应力损失后的预加力在构件抗裂验算边缘产生的混凝土预压应力

C. 海洋氯化物环境下采用钢丝或钢绞线的 B 类预应力混凝土构件的最大裂缝宽度限值为 0.15mm

D. 预应力混凝土受弯构件由汽车荷载（不计冲击力）和人群荷载频遇组合在梁式桥主梁产生的最大挠度不应超过计算跨径的 1/600

53. 某四车道山岭高速公路钻爆法施工隧道，长约 2100m，设计速度 80km/h，隧道两端洞口桥隧近接，其线形设计符合规范规定的有（　　）。

A. 洞口段设计为分岔隧道

B. 应设计为上、下行分向行驶的双洞隧道

C. 隧道平面线形需采用设超高的圆曲线时，其超高值不宜大于 4.0%

D. 可设计为自进口小桩号里程端至出口大桩号里程端纵坡 + 3.5%的单向坡

54. 根据规范规定，高速公路、一级公路的隧道防排水应满足规范要求的是（　　）。

A. 拱部、边墙、设备箱洞不渗水，路面无湿渍

B. 拱部、边墙、设备箱洞不滴水，路面无积水

C. 有冻害地段的隧道衬砌背后不积水，排水沟不冻结

D. 隧道模筑混凝土衬砌应满足抗渗要求，混凝土的抗渗等级不宜小于 P6

55. 根据规范规定，下列公路平面交叉间距符合最小间距要求的有（　　）。

A. 集散二级公路 320m　　B. 干线二级公路 400m

C. 集散一级公路 600m　　D. 干线一级公路 800m

56. 在下列公路互通式立体交叉匝道平面线形设计要点中，符合规范规定的有（　　）。

A. 直线与圆曲线之间宜插入回旋线

B. 不同方向的圆曲线之间宜插入回旋线

C. 超高不同的同向圆曲线之间不宜插入回旋线

D. 各曲线元长度不宜小于以设计速度行驶 3s 的行程

57. 公路隧道用电设施种类繁多，为做到用电安全、经济需对用电设施进行分类后采取不同的供电方案，下列关于用电设施负荷分级说法正确的是（　　）。

A. 应急照明设施为一级负荷　　B. 排烟风机为一级负荷

C. 消防补水水泵为二级负荷　　D. 电光标志为二级负荷

58. 关于公路隧道排烟设计，符合现行公路隧道设计规范规定的是（　　）。

A. 长度$L > 1000$m 的高速公路和一级公路隧道，长度$L > 2000$m 的二、三、四级公路隧道应设置机械排烟系统

B. 隧道排烟宜按一座隧道全线同一时间内发生 1 次火灾设计

C. 隧道内纵向设计风速不宜大于 2.0m/s

D. 隧道火灾排烟系统宜与日常运营通风系统合用

59. 公路防眩设施设置应经济合理、因地制宜，下列关于防眩设施设置的说法正确的是（　　）。

A. 中央分隔带宽度小于 9m、凹形竖曲线半径为 3000m、设计速度 100km/h 的高速公路宜设置

B. 设置有连续照明设施的路段应设置

C. 非控制出入的一级公路穿村镇路段应设置

D. 两段防眩设施中间的短距离间隙应设置

60. 根据现行《公路工程建设项目概算预算编制办法》，属于规费的项目有（　　）。

A. 工伤保险费　　B. 企业管理费

C. 住房公积金　　D. 失业保险费

61. 某城市道路设计速度为 60km/h，凸曲线前后纵坡分别为+1.5%、−2%，则下列竖曲线设计竖曲线半径极限值最小为（　　）。

A. 1100m　　B. 1200m

C. 1500m　　D. 1800

62. 某重要长途汽车站附近单侧人流量预测为 4500 人/h，其设施带宽 1.5m，则满足道路最小路侧带宽度的取值为（　　）。

A. 2.5m　　B. 3.0m

C. 4.5m　　D. 5.5m

63. 下列关于城市道路超高、加宽设计说法错误的是（　　）。

A. 设计速度为 60km/h 的道路绕中央分隔带旋转时最大超高渐变率为 1/175

B. 圆曲线上的路面加宽宜设置在圆曲线的内侧

C. 立交匝道均应设置超高

D. 当不设缓和曲线或超高缓和段时，加宽缓和段长度应按加宽侧路面边缘宽度渐变率为 1：15～1：30 计算

64. 下列关于城市道路软土地基沉降计算的技术要求，符合规范规定的有（　　）。

A. 沉降系数应根据现场沉降观测资料和当地经验确定

B. 土层深度应以其底面附加应力与自重应力之比值不大于 20%确定

C. 一定条件下，还应计入行车荷载产生的路基永久变形

D. 次干路一般路段路基容许工后沉降应不大于 50cm

65. 某城市主干路，采用沥青路面，上基层拟采用密级配沥青稳定碎石 ATB-30 混合料（公称最大粒径为 31.5mm）。下列关于该沥青稳定碎石混合料马歇尔试验配合比设计技术要求，不符合规范规定的有（　　）。

A. 马歇尔试件击实次数（双面）应为 75 次

B. 马歇尔稳定度应不小于 7.5kN

C. 流值应为 1.5～4mm

D. 沥青饱和度应为 55%～70%

66. 某城市快速路规划为城市抗震救灾通道，重要性高，该快速路上设置若干跨河及跨线桥，根据规范要求，下列桥梁在竣工后应进行荷载试验的是（　　）。

A. 总长 90m 的下承式拱桥　　B. 总长度 220m 的跨线高架桥

C. 总长度 1200m 的跨线高架桥　　D. 主跨 200m 的斜拉桥

67. 某设计速度为 80km/h 的城市地下快速路，双向 6 车道，封闭段范围内纵坡度 2.5%，沿主线行车上坡方向先后设置一处单车道入口匝道和单车道出口匝道，均采用平行式变速车道。下列关于该地下道路的出入口设计要求，不符合规范规定有（　　）。

A. 减速车道长 80m

B. 加速车道长 220m

C. 变速车道渐变段长 60m

D. 从汇流端部开始设置与主线直行车道的隔离段长 80m

68. 某平原城市道路设计速度为 50km/h，平面交叉范围内设计指标不满足规范的是（　　）。

A. 验算视距三角形时，交叉口直行车设计速度取 35km/h

B. 交叉口出口道公交停靠站的纵坡采用 3%

C. 公交停靠站宜设置在出口道

D. 交叉口范围圆曲线半径为 400m

69. 关于城市匝道说法正确的是（　　）。

A. 匝道反向曲线间的两个回旋线参数宜相等

B. 匝道平曲线内侧宜采用视距包络线作为视距界限

C. 东北地区，设计速度 60km/h 的匝道最大纵坡可设为 5%

D. 对立交桥下竖曲线进行行车视距验算，目高在凹形竖曲线宜采用 2.2m

70. 根据规范规定，可埋置在城市道路人行道下方、最小覆土深度为 0.7m 的管线有（　）。

A. 直埋电力管线　　B. 直埋热力管线

C. 排水管线　　D. 再生水管线

注册道路工程师执业资格专业考试

模考试卷（二）

专业知识

（下）

二〇XX 年十一月

应考人员注意事项

1. 书写用笔：**黑色墨水笔；**

   填涂答题卡用笔：**2B 铅笔。**

2. 须用书写用笔将工作单位、姓名、准考证号填写在答题卡和试卷相应的栏目内。

3. 本试卷由 70 题组成，满分为 100 分。1～40 题为单项选择题，其中，1～27 题为公路工程试题，28～40 题为城市道路工程试题；41～70 题为多项选择题，其中，41～60 题为公路工程试题，61～70 题为城市道路工程试题。

4. 考生在作答时，必须**按题号**在**答题卡**上将相应试题所选选项对应字母用 **2B 铅笔**涂黑。

5. 在答题卡上书写与题意无关的语言，或在答题卡上作标记的，均按违纪试卷处理。

6. 考试结束时，由监考人员当面将试卷、答题卡一并收回。

7. 草稿纸由各地统一配发，考后收回。

一、单项选择题（共 40 题，每题 1 分。每题的备选项中只有一个最符合题意）

1. 西北某省拟新建 A 县城至 B 县城公路，预测年限的年平均日设计交通量为 5500 辆小客车，在下列该公路技术等级和设计小时交通量的选项中，符合规范规定的是（　　）。

A. 二级公路，743veh/h　　B. 二级公路，963veh/h

C. 三级公路，743veh/h　　D. 三级公路，963veh/h

2. 某山区高速公路，设计速度 80km/h，为克服高差，设置了多处连续长、陡下坡的纵坡段，在下列各路段中，根据规范规定应进行交通安全性评价的路段是（　　）。

A. 平均坡度 2%，连续坡长 30km　　B. 平均坡度 2.5%，连续坡长 19km

C. 平均坡度 3%，相对高差 500m　　D. 平均坡度 3.5%，相对高差 300m

3. 某作为集散的二级公路，其中一平曲线半径为 60m、缓和曲线长度为 35m，路面加宽不考虑通行铰接列车，加宽过渡方式按直线比例。现有某工点位于距离 ZH 点 10m 的缓和曲线上，在下列该工点处路面加宽值的选项中，符合规范规定的是（　　）。

A. 0.15m　　B. 0.23m

C. 0.43m　　D. 0.86m

4. 某高速公路跨越三级公路的一座分离式立交桥，三级公路路面为沥青表面处治，考虑路面维修改造的需要，下列选项为该立交桥下净空高度最小值，其中符合规范规定的是（　　）。

A. 4.5m　　B. 4.6m

C. 4.7m　　D. 4.8m

5. 根据行业现行标准的规定，在相应设计服务水平下，公路设施通过车辆的最大小时流率即公路（　　）。

A. 设计小时交通量　　B. 最大小时交通量

C. 设计通行能力　　D. 基准通行能力

6. 对于设计速度 100km/h 的 6 车道高速公路，在下列有关两个反向圆曲线之间的直线最小长度选项中，符合规范规定的是（　　）。

A. 100m　　B. 200m

C. 400m　　D. 600m

7. 某高速公路交通荷载等级为极重，采用沥青混凝土路面，路基在平衡湿度状态下路床顶面回弹模量不应小于（　　）。

A. 50MPa　　B. 60MPa

C. 70MPa　　D. 80MPa

8. 某高速公路通过地震动峰值加速度为 0.20g地区，为保证路堤在地震作用下稳定性，合理的设计方案是（　　）。

A. 砂土路堤高度 8m，边坡坡率 1：1.5

B. 黏质土路堤高度 6m，边坡坡率 1：1.5

C. 临河浸水路堤高度 5m，黏质土填筑，边坡坡率 1：1.5

D. 岩块路堤高度 18m，上部 8m 路堤边坡坡率 1：1，下部路堤边坡坡率 1：1.3

9. 某高速公路所经区域年均降雨量为 1100mm，下列关于路基防护与支挡设计方案中，符合规范规定的是（　　）。

A. 坡率 1：0.75 的土质路堑边坡，采用锚杆挂网喷浆防护

B. 坡率 1：1 的碎石土路堑边坡，采用喷混植生防护

C. 坡率 1：1 的黏质土路堑边坡，采用 C25 水泥混凝土骨架植物防护，不设拦水带和排水槽

D. 稳定性较差的厚层黏质土路堑边坡，采用预应力锚杆加固，其锚固段设置在黏质土层中

10. 在公路挡土墙设计时，关于作用或荷载计算的规定正确的是（　　）。

A. 作用在一般地区挡土墙上的力，除计算永久作用和基本可变作用之外，尚应计算其他可变作用

B. 浸水路段、产生冻胀力的地区，冻胀力、冰压力与流水压力应同时考虑

C. 浸水挡土墙墙背为砂砾、碎石时，尚应计算墙身两侧静水压力和墙背动水压力

D. 计算车辆荷载作用在挡土墙墙背填土上所引起的附加土体侧压力时，可采用车辆荷载附加荷载强度换算为等待均布土层厚度

11. 新建高速公路沥青路面，车辆类型为 3 轴整体式货车（非双前轴），在计算车辆当量设计轴载换算系数、对无机结合料稳定层层底拉应力进行验算时，车辆后轴区间的轴组系数 c1 应取（　　）。

A. 2.1　　　　B. 2.6

C. 3.2　　　　D. 3.8

12. 下列关于公路路面结构设计标准的表述，符合规范规定的是（　　）。

A. 高速公路路面设计使用年限不应小于 30 年

B. 水泥混凝土路面以最重轴载作用下不产生极限断裂作为验算标准

C. 沥青路面的设计标准轴载为单轴-双轮组 100kN，轮胎接地压强 0.7MPa

D. 重载交通路段路面设计可以灵活选用设计轴载谱

13. 某季节性冻土地区的一级公路采用半刚性基层沥青路面结构，竣工验收时，在 4 个不同路段的 100m 调查单元内，其横向裂缝数量统计如下表。根据规范要求，下列选项中路面验收不合格的是（　　）。

选项	全幅贯穿的裂缝（条）	未全幅未贯穿的裂缝（条）	
		裂缝长度超过一个车道	裂缝长度不超过一个车道
A	2	1	2
B	2	0	5
C	0	3	8
D	1	5	2

14. 吉林某新建一级公路，位于季节性冰冻地区，当地的最大冰冻深度为 2m，其中某挖方路段路基土属于潮湿类塑性指数为 20 的黏质土，设计采用 250mm 的水泥混凝土面层，200mm 的水泥稳定碎石基层，200mm 的级配碎石底基层，需设置的最小垫层厚度为（　　）。

A. 150mm　　　　B. 250mm

C. 350mm　　　　D. 450mm

15. 公路桥梁设计时，采用的作用分类为（　　）。

A. 恒载、活载、可变荷载

B. 永久作用、可变作用、偶然作用和地震作用

C. 永久作用、汽车荷载、可变作用、疲劳荷载

D. 永久作用、可变作用、偶然作用、环境作用

16. 一般环境下，设计使用年限 100 年的公路桥梁，混凝土简支板的最外侧钢筋的混凝土保护层厚度应不小于（　　）。

A. 15mm　　B. 20mm

C. 30mm　　D. 35mm

17. 某一级公路 5 孔 20m 空心板桥，地震基本烈度 8 度，对应设计基本地震动峰值加速度 0.20g，该桥梁抗震措施设防烈度符合规范规定的是（　　）。

A. 6　　B. 7

C. 8　　D. 9

18. 某公路两车道隧道长度 1500m，隧道单洞年平均日交通量 7500pcu/d，该隧道交通工程与附属设施的配置等级应为（　　）。

A. A　　B. B

C. C　　D. D

19. 公路隧道通风标准规定，隧道空间最小换气频率不应低于（　　）。

A. 2 次/d　　B. 2 次/h

C. 3 次/d　　D. 3 次/h

20. 公路隧道复合式衬砌设计，规范规定 3 车道隧道Ⅳ围岩，隧道预留变形量取值为（　　）。

A. 50～80mm　　B. 60～120mm

C. 100～150mm　　D. 150～200mm

21. 下列几种高速公路互通式立体交叉形式中，不属于完全立体交叉型的是（　　）。

A. 三岔单喇叭形　　B. 四岔单喇叭形

C. 有集散道完全苜蓿叶形　　D. 无集散道完全苜蓿叶形

22. 平面交叉主要公路设计速度为 80km/h，且直行交通量较大，右转弯车道设计速度采用 40km/h，根据规范规定，含渐变段的右转弯减速车道全长为（　　）。

A. 110m　　B. 100m

C. 82m　　D. 50m

23. 某荒漠戈壁地区高速公路，两相邻互通式立体交叉的交叉桩号分别为 K220 + 356 和 K285 + 363，下列选项为其间设 U 形转弯设施的备选桩号，其中符合规范规定间距要求的是（　　）。

A. K235 + 135　　B. K241 + 856

C. K256 + 463　　D. K265 + 032

24. 某高速公路设计速度 100km/h，避险车道设置在条件受限制的连续下坡路段，根据现行规范，此避险车道入口识别视距应不小于（　　）。

A. 160m　　B. 200m

C. 230m　　D. 290m

25. 某设计速度 120km/h 的高速公路在纵坡 3%的下坡路段，路外路侧计算净区范围内设有上跨桥梁桥墩时，护栏防护等级应不低于（　　）。

A. 二级　　B. 三级

C. 四级　　D. 五级

26. 公路工程建设项目概算预算中的利润指施工企业完成所承包工程的盈利，按定额直接费及措施费、企业管理费之和的一定比例计算，下列关于该计算比例的取值，符合现行编制办法规定的是（　　）。

A. 7.00%　　B. 7.42%

C. 8.00%　　D. 8.42%

27. 编制公路初步设计文件，其组成部分之一是设计（　　）。

A. 估算　　B. 概算

C. 预算　　D. 决算

28. 某城市快速路设计速度 80km/h，下列关于通行能力和服务水平分析的要求，符合规范规定的是（　　）。

A. 基本路段、分合流区和交织区及互通式立体交叉的匝道宜进行通行能力分析

B. 基本路段、分合流区和交织区应采用相同的通行能力分析和服务水平

C. 基本路段车道数计算中，一条车道的设计通行能力应采用 1750pcu/h

D. 交通量换算应采用小客车为标准车型，车辆换算系数为 1.0

29. 某城市次干路设计速度 50km/h，横断面布置为单幅路形式，双向 4 条机动车道，两侧非机动车道各宽 2.5m，对向机动车道之间采用宽 0.6m 的双黄线分隔，机动车道与非机动车道之间采用底座 0.5m 的立柱式隔离护栏，计算该段道路的车行道路面最小宽度应为（　　）。（取小数点后两位）

A. 19.00m　　B. 20.60m

C. 21.10m　　D. 21.60m

30. 某城市次干路拟采用沥青路面结构，关于路面结构设计使用年限、路基顶面设计回弹模量采用的最小值，下列符合规范规定的是（　　）。

A. 15 年、20MPa　　B. 15 年、30MPa

C. 20 年、20MPa　　D. 20 年、30MPa

31. 某城市支路设计速度为 40km/h，横断面布置为 4.5m（人行道含栏杆宽度 0.5m）+ 12.0m（车行道）+ 4.5m（人行道含栏杆宽度 0.5m），其跨径为 18m 的跨河桥，拟采用桥梁形式，计算该桥人群荷载（W）应为（　　）。（取小数点后 1 位）

A. 2.4kPa　　B. 3.2kPa

C. 3.5kPa　　D. 3.6kPa

32. 某城市次干路设计速度 40km/h，关于平面交叉口视距三角形范围内采用的停车视距，下列符合规范规定的是（　　）。

A. 40m　　B. 30m

C. 25m　　D. 20m

33. 某城市主干路港湾式公交停靠站采用直接式布置，不考虑其他因素影响，下列关于该公交停靠站的车道宽度和站台宽度的最小值，符合规范规定的是（　　）。

A. 2.75m、1.50m　　B. 3.00m、1.50m

C. 3.00m、2.00m　　D. 3.50m、2.00m

34. 下列关于城市的道路互通式立交区辅助车道的设计要求，符合规范规定的是（　　）。

A. 立交区域的公交车站处应设置辅助车道

B. 设置双车道匝道的分、合流处应设置辅助车道

C. 辅助车道与主路车道之间应设置分隔设施

D. 辅助车道的宽度应采用 3.5m

35. 某城市快速路位于IV_3自然区划地区，其路基土质类别为黏质土，按照地下水位计算得出路基相对高度H为 1.48m，不考虑地表积水影响，判断该路基干湿类型应为（　　）。

A. 干燥　　B. 中湿

C. 潮湿　　D. 过湿

36. 下列关于城市道路盲道的设计要求，不符合规范规定的是（　　）。

A. 行进盲道的宽度宜为 250mm～500mm

B. 提示盲道的宽度应大于行进盲道的宽度

C. 当人行道中设有盲道系统时，应与公交车站的盲道相连接

D. 人行天桥及地道出入口处应设置提示盲道

37. 某城市主干路设计速度为 50km/h，双向 6 条机动车道，中间带设置 1.1m 高的分隔护栏，路段设有一处人行过街横道，该断口处两端分隔护栏最大高度及最小长度的取值，符合规范规定的是（　　）。

A. 0.7m、40m　　B. 0.7m、60m

C. 0.9m、40m　　D. 0.9m、60m

38. 下列关于城市的道路交通标志及支撑结构的设置要求，符合规范规定的是（　　）。

A. 路侧的标志支撑结构边缘至车行道路面边缘的侧向距离应大于或等于 0.25m

B. 路面上方的标志板及支撑结构下缘至路面的高度应与道路的最小净高一致

C. 人行道路侧的柱式标志板下缘距路面的高度应大于 1.5m

D. 车行道上方的标志板面应与车行道中心线角度为 10°

39. 某城市地下道路设计速度 60km/h，封闭段长 2000m，其中设置一处入口，计算该入口处主线汇流鼻端前的最小识别视距应为（　　）。

A. 70m　　B. 85m

C. 105m　　D. 140m

40. 下列关于城市道路人行天桥的设计要求，符合规范规定的是（　　）。

A. 桥面净宽不应小于 3.5m

B. 每端梯道或坡道的净宽度之和应与桥面的净宽度一致

C. 手推自行车的坡道坡度不宜大于 1∶2

D. 必须设置桥下限高的交通标志

二、多项选择题（共 30 题，每题 2 分。每题的备选项中有两个或两个以上符合题意，错选、少选、多选均不得分。）

41. 某高速公路改扩建项目，设计速度由原 100km/h 提高到 120km/h，在下列关于该公路改扩建的要求中，符合规范规定的是（　　）。

A. 应做交通安全评价

B. 应做交通组织设计

C. 改扩建时机宜在服务水平降低到三级之前

D. 局部路段设计速度可维持 100km/h，但其长度不应大于 15km

42. 在下列有关公路总体设计的要求中，符合规范规定的是（　）。

A. 高速公路和一级公路应根据公路功能、设计交通量，确定公路基本路段的车道数，车道数增加时宜按双数增加

B. 各级公路可根据项目沿线地形、地质与自然条件变化，分段选用设计速度，同一设计速度路段长度不宜大于 15km

C. 高速公路整体式路基路段，不得采用分期分幅的建设方式；高速公路和一级公路分离式路基路段经论证可采用分期分幅的建设方式

D. 高速公路和一级公路应根据沿线地形、地质等条件，选用整体式路基断面形式或分离式路基断面形式

43. 在下列关于公路隧道及其洞口两端路线平、纵、横的设计要求中，符合规范规定的是（　）。

A. 隧道洞口内侧大于 3s 设计速度行程长度与洞口外侧小于 3s 设计速度行程长度范围内的平、纵线型必须一致

B. 洞口外相接路段应设置距洞口不小于 3s 设计速度行程长度，且不小于 50m 的过渡段，以保持横断面过渡的顺适

C. 隧道内的纵坡应小于 2%，洞口内纵坡应大于 0.1%

D. 隧道内的纵坡应小于 3%，短于 100m 的隧道可不受此限

44. 某高速公路地处积雪冰冻地区，采用设计速度 100km/h、双向 4 车道的标准，在下列关于该公路平面设计的说法中，符合规范规定的是（　）。

A. 同向圆曲线之间直线长度不小于 600m

B. 圆曲线最小半径一般值为 1000m

C. 超高旋转轴位于中线时，超高渐变率范围为 1/330～1/225

D. 中间带设置护栏或防眩设施时，应对可能存在视距不良的路段进行视距检验

45. 某高速公路深路堑边坡上部为厚度 8m 低液限黏土，边坡下部为裂隙较发育的砂岩，地下水位埋深 5m。进行正常工况下深路堑边坡稳定性计算时，岩土体强度参数确定原则应包括（　）。

A. 地下水位以上的土采用原状土样直剪快剪或三轴不固结不排水剪抗剪强度指标

B. 土质边坡按水土分算原则计算时，地下水位以下的土宜采用土的有效抗剪强度指标

C. 砂岩岩体内摩擦角可由岩块内摩擦角标准值按折减系数 0.85～0.90 的乘积确定 5

D. 土质边坡按水土合算原则计算时，地下水位以下的土宜采用三轴试验不固结不排水抗剪强度指标

46. 公路陡坡路堤设计应计算路堤沿斜坡地基的稳定性，当陡坡路堤稳定性不足时，宜采取的路基稳定性保证措施有（　）。

A. 填石路堤

B. 设置支挡结构物

C. 泡沫轻质土作为路堤填料

D. 改善基底条件，进行地基处理

47. 公路路基排水系统总体设计内容应包括（　）。

A. 确定排水设计原则

B. 排水设施水力计算

C. 完成排水系统布置图

D. 划分排水段落，分段确定沿线路基排水方案和排水路线

48. 下列关于公路挡土墙基础设计和稳定性计算要求中，符合规范规定的是（　　）。

A. 挡土墙基底压应力不应大于基底的容许承载力

B. 土质地基时，挡土墙基底合力的偏心距不应小于$B/6$

C. 设置于覆盖土层下为倾斜基岩地基及斜坡上的挡土墙，应对挡土墙地基及填土的整体稳定性进行验算，其稳定性系数不应小于 1.25

D. 挡土墙稳定性计算包括抗滑稳定性计算和抗倾覆稳定性计算，永久作用或荷载与基本可变作用或荷载组合时，抗滑动和抗倾覆的稳定系数均不应小于 1.3

49. 某连续配筋混凝土面层与水泥混凝土路面连接时，可采用的连接方式有（　　）。

A. 设置不小于 3m 的过渡段

B. 采用宽翼缘工字钢梁锚固连接

C. 采用钢筋混凝土地梁锚固连接

D. 设置长 6～10m 的钢筋混凝土面层过渡板

50. 某公路改扩建项目，既有路面因排水不良出现大量松散、剥离、坑洞等病害，针对此种损坏形式，在加铺设计时，下列更为有效的整治措施有（　　）。

A. 对局部破损位置进行处治后加铺

B. 对既有路面病害层位铣刨后加铺一层或多层沥青混合料

C. 加铺层与既有路面之间设置黏层或封层

D. 改善或重置路面防排水系统

51. 公路沥青路面结构层包括（　　）。

A. 面层　　B. 基层

C. 底基层　　D. 黏层

52. 某一 16m 跨径钢筋混凝土公路桥梁按持久状况正常使用极限状况计算分析时，应按规定的作用组合对构件的指标进行验算，并使各项计算值不超过规范的相应限值，规范规定的指标包括（　　）。

A. 应力　　B. 承载能力

C. 裂缝宽度　　D. 挠度

53. 某公路桥梁设计使用年限为 100 年，位于盐结晶环境，环境作用等级 V-D，其下部结构桥墩拟采用钢筋混凝土，该桥墩混凝土强度等级可采用（　　）。

A. C45　　B. C40

C. C35　　D. C30

54. 关于高地应力区公路隧道设计，符合现行公路隧道设计规范的有（　　）。

A. 根据不同的地应力选择不同的开挖方式

B. 高地应力处治应以防为主，防治结合

C. 隧道轴线与最大主应力方向水平投影夹角宜小于 30°

D. 隧道衬砌断面应采用近似圆形断面

55. 关于公路隧道改建，符合现行公路隧道设计规范规定的是（　　）。

A. 隧道改建应按现行《公路工程技术标准》执行；当技术和经济条件限制时，可采用原有技术标准

B. 既有隧道土建结构在能保证通行能力和运营安全的前提下，应尽可能利用，不宜改变既有结构和衬砌背后的排水系统

C. 改建后，隧道设计行车速度与隧道前后路段设计行车速度差不应大于 20km/h

D. 隧道改扩建设计应包含施工组织设计

56. 对于设计速度为 60km/h 的二级公路，平面交叉分隔设置右转弯车道时，在右转弯车道路面内缘圆曲线最小半径的下列各选项中，不符合规范规定的有（　　）。

A. 25m　　B. 30m

C. 45m　　D. 60m

57. 当合流前公路主线为 3 车道、匝道为 2 车道时，在合流后的主线车道数的下列各选项中，符合车道平衡原则的有（　　）。

A. 3 车道　　B. 4 车道

C. 5 车道　　D. 6 车道

58. 高速公路单喇叭形互通式立体交叉匝道设计速度拟采用 40km/h，下列为左转弯匝道交通量的 4 种分布情况，如果仅考虑交通量因素，其中宜选用 A 型单喇叭形的有（　　）。

A. 出、入口匝道交通量分别为 1020pcu/h 和 368pcu/h

B. 出、入口匝道交通量分别为 396pcu/h 和 1035pcu/h

C. 出、入口匝道交通量分别为 350pcu/h 和 352pcu/h

D. 出、入口匝道交通量分别为 320pcu/h 和 1132pcu/h

59. 交通工程与附属设施应根据交通量进行总体设计、分期实施，下面关于其配置等级说法符合现行规范的是（　　）。

A. 收费系统机电设备可按开通后的第 10 年交通量配置

B. 公路隧道交通监控设施的设计年度取值不应低于隧道计划通车年后第 5 年

C. 公路隧道消防灭火设施设计年度取值不应低于隧道计划通车年后第 10 年

D. 收费广场用地、站房房屋、站房区用地设计交通量按预测的第 20 年交通量

60. 公路工程建设项目中专项评价（估）费，是指依据国家法律、法规规定进行评价（评估）、咨询，按规定应支付的费用，请根据现行编制办法判断：下列关于专项评价（评估）费用组成选项中，符合规范规定的是（　　）。

A. 环境影响评价费　　B. 水土保持评估费

C. 地震安全性评价费　　D. 地质勘察报告评价费

61. 城市道路路面可分为面层、基层和垫层，下列基层的要求符合规范规定的是（　　）。

A. 应满足强度的要求　　B. 应满足扩散荷载的能力

C. 应满足低温抗裂性的要求　　D. 应满足水稳定性的要求

62. 下列关于城市整体式高架快速路的设计要求，符合规范规定的是（　　）。

A. 主路单向机动车车道数不应少于 2 条

B. 主路上下行车道间应设置中间防撞设施

C. 车行道两侧应设置检修道

D. 出入口处应设置变速车道

63. 下列关于城市道路与轨道交通线路交叉，必须设置立体交叉，符合规范规定的是（　　）。

A. 快速路与轨道交通线路交叉　　　　B. 主干路与行驶有轨电车的道路交叉

C. 次干路与城市轨道交通交叉　　　　D. 支路与高速铁路、客运专线交叉

64. 某城市快速路设计速度 80km/h，主路采用高架桥形式，地面辅路布置在高架桥两侧，辅路平面交叉口处设置匝道进出高架道路，该路口左转交通量较大，该处出、入口匝道的布设要求，下列符合规范规定的有（　　）。

A. 出口匝道布置在靠近平面交叉口进口道左转车道与直行车道之间

B. 出口匝道端部离下游平交路口停止线的距离为 100m

C. 入口匝道布置在靠近左转车来向与直行车来向之间

D. 入口匝道端部离下游平交路口停止线的距离为 80m

65. 新建某城市道路沿线分布有较为深厚的淤泥质黏土层，采用真空联合堆载预压法进行软土地基处理，下列采用的工程措施符合规范规定的有（　　）。

A. 预压期选用 3 个月

B. 在地基中设置塑料排水板

C. 真空预压密封膜下的真空度选取 75kPa

D. 桥头引道先施工桥梁桩基和承台，再预压处理

66. 某城市公共停车场现况为水泥混凝土路面，采用水泥混凝土加铺层改造。经路面损坏状况调查评定，旧水泥混凝土路面断板率为 9%，平均错台量为 7mm，接缝传荷能力系数为 52%。该水泥混凝土路面加铺层的结构设计，下列符合规范规定的有（　　）。

A. 采用分离式混凝土加铺层

B. 加铺层采用普通混凝土厚度为 150mm

C. 旧混凝土路面与加铺层之间设置细粒式沥青混合料隔离层厚度为 30mm

D. 加铺层的接缝形式和位置与旧混凝土面层的接缝完全对齐

67. 新建某城市支路，该地区冰冻深度为 0.60m，道路下敷设的工程管线覆土深度行合规范规定的有（　　）。

A. 人行道下给水管线埋深 0.7m　　　　B. 人行道下燃气管线埋深 0.7m

C. 机动车道下直埋热力管线埋深 0.7m　　　　D. 机动车道下再生水管管线埋深 0.7m

68. 下列关于城市道路防撞护栏需要进行过渡段设计，符合规范规定的有（　　）。

A. 桥梁段设有防撞护栏，相邻路基段未设防撞护栏

B. 桥梁段与路基段的防撞护栏防护等级或结构形式不同

C. 与隧道洞口衔接的桥梁段或路基段

D. 快速路的小桥、通道与路基衔接段

69. 新建某城市快速路设计速度为 60km/h，双向 4 条机动车道，设置长为 1200m 的地下道路，该地下道路横断面的布置中，符合规范规定的有（　　）。

A. 同孔内布置双向机动车道，中央设防撞护栏隔离

B. 一条机动车道宽度为 3.5m

C. 设置检修道宽度为 0.75m

D. 行车方向的右侧设置应急车道宽度为 3m

70. 新建某城市主干路设计速度为 50km/h，跨越水深为 3m 的河道桥梁全长 60m，临空高度 5m，桥面车行道宽度为 21m，两侧人行道各宽 3m。下列关于该桥上路缘石和护栏的设置，符合规范规定的有（　　）。

A. 车行道与人行道之间设置路缘石，高度为 40cm

B. 机动车道与非机动车道之间设置分隔护栏

C. 人行道外侧设置路缘石高度为 40cm

D. 人行道临空侧设置人行道栏杆高 110cm

注册道路工程师执业资格专业考试

模考试卷（三）

专业知识

（上）

二〇XX年十一月

应考人员注意事项

1. 书写用笔：**黑色墨水笔；**

   填涂答题卡用笔：**2B 铅笔。**

2. 须用书写用笔将工作单位、姓名、准考证号填写在答题卡和试卷相应的栏目内。

3. 本试卷由 70 题组成，满分为 100 分。1～40 题为单项选择题，其中，1～27 题为公路工程试题，28～40 题为城市道路工程试题；41～70 题为多项选择题，其中，41～60 题为公路工程试题，61～70 题为城市道路工程试题。

4. 考生在作答时，必须**按题号**在**答题卡**上将相应试题所选选项对应字母用 **2B 铅笔**涂黑。

5. 在答题卡上书写与题意无关的语言，或在答题卡上作标记的，均按违纪试卷处理。

6. 考试结束时，由监考人员当面将试卷、答题卡一并收回。

7. 草稿纸由各地统一配发，考后收回。

一、单项选择题（共 40 题，每题 1 分。每题的备选项中只有一个最符合题意）

1. 某拟建高速公路，采用设计速度 100km/h、双向 6 车道标准，整体式路基。下列关于该项目部分技术指标采用，不符合规范规定的是（　　）。

A. 下穿二级公路时，项目净高取 5.00m　　B. 右侧硬路肩宽度取 3.00m

C. 停车视距取 110m　　D. 车道宽度取 3.75m

2. 某高速公路设计速度为 120km/h，一般整体式路基断面宽度为 26.0m，下列关于正常情况下该公路一般路段的中央分隔带宽度，符合规范规定的是（　　）。

A. 2m　　B. 2.5m

C. 3m　　D. 3.5m

3. 公路平、纵面线形的组合设计应当保持线形的连续、均衡，下列关于线形组合设计的说法，符合规范规定的是（　　）。

A. 平、竖曲线的组合线形应严格相互对应

B. 长的平曲线内宜包含多个短的竖曲线

C. 宜将凹形竖曲线底部或凸形竖曲线顶部与反向平曲线拐点对应重合

D. 不宜在长直线上设置陡坡或曲线长度短、半径小的凹型竖曲线

4. 某拟建山岭区高速公路，采用设计速度 100km/h、双向 4 车道的标准。其中某路段因受地形陡峻及其他特殊情况等的限制，采用了连续长大纵坡的设计，下列关于该路段纵坡（坡度/坡长）的组合使用，符合规范规定的是（　　）。

A. 坡度 3%/坡长 1120m，接坡度 0.5%/坡长 280m，接坡度 5%/坡长 450m

B. 坡度 3%/坡长 800m，接坡度 0.6%/坡长 400m，接坡度 4%/坡长 500m

C. 坡度 5%/坡长 680m，接坡度 1.5%/坡长 260m，接坡度 4%/坡长 700m

D. 坡度 5%/坡长 550m，接坡度 2%/坡长 300m，接被度 5%/坡长 650m

5. 下列关于公路与管线交叉技术要求的说法，符合规范规定的是（　　）。

A. 有毒有害、易燃易爆、高压等管线设施不宜利用公路桥梁跨越河流

B. 公路与油气输送管道相交时，交叉的锐角不应小于 45°

C. 油气输送管道与各级公路相交叉且采用下穿方式时，应设置地下通道（涵）或套管

D. 输送有毒有害、易燃易爆物质的管线穿（跨）越河流时，管线距桥梁的距离应不小于 50m

6. 在公路路线平面设计中圆曲线半径取值是涉及行车安全的重要指标，下列关于圆曲线极限最小半径取值的主要依据，符合规范规定的是（　　）。

A. 公路功能和技术等级　　B. 设计速度和最大超高值

C. 设计速度和最大纵坡值　　D. 最大超高值和最大纵坡值

7. 某公路路堑边坡排水设计时，应根据地下水类型，含水层埋藏深度等条件及对环境的影响，采取不同的排水工程措施。下列所采取的工程措施错误的是（　　）。

A. 暗沟　　B. 渗沟

C. 仰斜式排水孔　　D. 喷射混凝土封闭

8. 公路路基根据湿度来源可分为潮湿、中湿、干燥等三类，下面关于路基湿度说法正确的是（　　）。

A. 潮湿类路基由地下水或地表长期积水水位升降所控制

B. 中湿类路基主要受气候因素所控制

C. 干燥类路基不受任何因素所控制

D. 路基湿度类型无法确定

9. 某拟建二级公路，采用水泥混凝土路面，交通荷载等级为特重，路基在平衡湿度状态下路床顶面综合回弹模量不应小于（　　）。

A. 50MPa　　B. 60MPa

C. 70MPa　　D. 80MPa

10. 某一级公路拟采用填石路基，下列岩石可直接用于公路路床填筑的是（　　）。

A. 泥岩　　B. 凝灰岩

C. 白云岩　　D. 绢云母片岩

11. 某拟建一级公路水泥混凝土路面，位于年平均降雨量为 700mm 地区，在交工验收时，平交口路段路面刻槽构造深度满足要求的是（　　）。

A. 0.5mm　　B. 0.6mm

C. 0.7mm　　D. 0.9mm

12. 某季节性冻土地区既有二级公路，采用沥青路面结构，经统计 4 个不同路段 100m 调查单元的横向裂缝条数，数据如下表。根据规范要求，下列选项中路面低温开裂指标不合格的路段是（　　）。

路段	贯穿全幅的裂缝数量（条）	未贯穿全幅的裂缝（条）	
		长度超过一个车道宽度的裂缝数量	长度未超过一个车道宽度的裂缝数量
A	2	1	5
B	1	0	3
C	0	12	0
D	1	3	6

13. 某高速公路改扩建工程，旧水泥混凝土路面的损坏状况和接缝传荷能力评定等级为次等以上，拟采用沥青混凝土加铺方案，沥青加铺层最小厚度宜不小于（　　）。

A. 30mm　　B. 60mm

C. 80mm　　D. 100mm

14. 某跨河桥梁调查得到桥址区洪水流量 39 项连续系列，其中某实测洪水流量按递减次序排列的序位为 20，则该洪水流量的经验频率为（　　）。

A. 10%　　B. 30%

C. 50%　　D. 80%

15. 某高速公路空心板桥，计算跨径L_0为 20m，设计采用公路-I级汽车荷载，上部结构计算时，车道荷载的均布荷载标准值q_k和集中荷载P_k分别为（　　）。

A. 10.5kN/m，300kN　　B. 10.5kN/m，270kN

C. 10.5kN/m，360kN　　D. 10.5kN/m，260kN

16. 计算某公路桥梁桥台基础使用阶段时，在作用标准值最不利组合下的抗倾覆稳定，其最小稳定安全系数限值为（　　）。

A. 1.0　　B. 1.1

C. 1.2　　D. 1.3

17. 公路隧道衬砌设计中，根据《公路隧道设计规范》规定，C25 喷射混凝土轴心抗压强度设计值是（　　）。

A. 9.6MPa　　B. 11.9MPa

C. 13.5MPa　　D. 14.3MPa

18. 公路隧道应设置衬砌，洞口段应设加强衬砌，规范规定两车道隧道洞口段加强衬砌长度不应小于（　　）。

A. 5m　　B. 10m

C. 15m　　D. 20m

19. 位于有冻害地区的公路隧道，在进行明洞基础设计时，其基底埋置深度应不小于最大冻结深度以下（　　）。

A. 150mm　　B. 200mm

C. 250mm　　D. 300mm

20. 根据规范的有关规定，具有干线功能的一级公路与四级公路相交叉时，平面交叉的设置应（　　）。

A. 不被允许　　B. 严格限制

C. 受到限制　　D. 不受限制

21. 平面交叉主要公路为具有次要干线功能、设计速度为 80km/h 的二级公路，次要公路为交通量明显低于主要公路的四级公路时，根据规范的有关规定，二级公路在平面交叉范围内的设计速度宜选用（　　）。

A. 30km/h　　B. 40km/h

C. 60km/h　　D. 80km/h

22. 根据规范有关规定，高速公路互通式立体交叉设计应提供节点交通量分布图，图上应标明预测年限的交通量为（　　）。

A. 年平均日交通量　　B. 高峰小时交通量

C. 单向设计小时交通量　　D. 双向设计小时交通量

23. 某曲线半径为 350m 的一级公路，拟在长度为 960m 的路段设置轮廓标，根据规范规定至少需设置白色轮廓标个数是（　　）。

A. 40　　B. 80

C. 82　　D. 164

24. 公路隧道洞外亮度检测器宜安装在距隧道洞门一定距离位置处，现有设计速度 100km/h 的高速公路隧道，其洞外亮度检测器安装位置离隧道洞门的距离正确的是（　　）。

A. 210m　　B. 160m

C. 15m　　D. 5m

25. 某高速公路直线段设置长度为 1110m 的隧道，根据规范规定隧道内需设置交通监控摄像机，设置起点为洞内距离洞口 30m 处，单洞应至少设置摄像机台数是（　　）。

A. 2　　B. 4

C. 6　　D. 8

26. 根据现行《公路工程建设项目概算预算编制办法》，属于施工过程中耗费的构成实体和有助于工程形成的各项目费用是（　）。

A. 人工费、材料费、施工机械使用费

B. 措施费、材料费、施工机械使用费

C. 人工费、材料费、设备费

D. 管理费、材料费、施工机械使用费

27. 根据现行《公路工程基本建设项目设计文件编制办法》，采用一阶段设计的建设项目，应编制（　）。

A. 初步设计概算　　B. 技术设计修正概算

C. 施工图预算　　D. 施工图决算

28. 城市道路工程在运营使用过程中不得随便变更使用功能及荷载标准，当确实需要改变其使用性质或提升荷载等级时，下列关于其应采取的技术措施，符合规范规定的是（　）。

A. 监测、评估、鉴定

B. 检测、监测、加固

C. 监测、鉴定、必要时进行加固

D. 检测、评估、鉴定、必要时进行加固

29. 某城市快速路，设计速度 80km/h，预测远景年的平均日交通量为 82600pcu/d，设计小时交通量系数为 0.1，计算拟建道路所需的双向车道数应为（　）。

A. 4 条　　B. 5 条

C. 6 条　　D. 8 条

30. 某城市次干路，设计速度 40km/h，通行机动车与非机动车，横断面布置为单幅路，路面宽 21m，一般情况下，下列关于路段线形设计中采用的最小圆曲线半径、最大纵坡指标，符合规范规定的是（　）。

A. 150m、3.5%　　B. 150m、6%

C. 300m、3.5%　　D. 300m、6%

31. 某城市自行车专用道，跨越河道时，设置跨径为 30m 的简支梁，下列关于该跨河桥桥梁栏杆的最小高度，符合规范规定的是（　）。

A. 1.10m　　B. 1.20m

C. 1.30m　　D. 1.40m

32. 拟建某城市主干路，设计速度为 50km/h，在转角$\alpha = 10°58'00''$设置圆曲线半径$R = 500$m 的平曲线，下列关于该平曲线设计要素，圆曲线长度为 55.6m、缓和曲线长度为 40.0m、平曲线长度为 135.6m、路拱横坡度为 2%，不符合规范规定的是（　）。

A. 圆曲线长度　　B. 缓和曲线长度

C. 平曲线长度　　D. 路拱横坡度

33. 下列关于确定城市道路交叉口的通行能力和服务水平的依据，不符合规范要求的是（　）。

A. 道路网间距　　B. 相交道路等级

C. 用地条件　　　　D. 交通量

34. 某城市道路枢纽型立交主线单向为 3 车道，出口匝道为单向 2 车道，为保持基本车道数连续和平衡，下列关于主线分流处的设计符合规范规定的是（　　）。

A. 增设 1 条辅助车道　　　　B. 增设 1 条集散车道

C. 设置 1 条减速车道　　　　D. 增设 2 条辅助车道

35. 某山区城市道路填方路堤，原地面横坡为 1：2.5～1：4，地表分布有草皮和灌木等植被，植被下土层的厚度约 0.3m～0.5m 为黏土质砾。基岩面位于地表以下 0.5m～1.6m，坡度和坡向与原地面大致相同。下列关于该路基填筑的工程措施，符合规范规定的是（　　）。

A. 清除地表植被和种植土后，直接填筑路基

B. 清除基岩面上的黏土质砾覆盖层后，直接填筑路基

C. 清除地表植被和种植土层并开挖台阶后，再填筑路基

D. 清除基岩面上的黏土质砾覆盖层并开挖台阶后，再填筑路基

36. 某新建城市主干路采用沥青混凝土路面结构，上基层和下基层均为水泥稳定碎石，设计基准期内累计当量轴次 2700（万次/车道）。下列关于该沥青路面基层的 7d 龄期无侧限抗压强度，符合规范规定的是（　　）。

A. 上基层 3.5MPa、下基层 1.5MPa　　　　B. 上基层 4.0MPa、下基层 2.0MPa

C. 上基层 4.5MPa、下基层 3.0MPa　　　　D. 上基层 5.0MPa、下基层 4.0MPa

37. 某城市地下道路，设计速度为 80km/h，其封闭段内沿行车下坡方向设置一处双车道的入口匝道，该处主线纵坡度为 3%，计算一般情况下地下道路入口处加速车道的最小长度应为（　　）。（计算结果取整数）

A. 220m　　　　B. 264m

C. 324m　　　　D. 330m

38. 下列关于城市道路行进盲道的设计要求，符合规范规定的是（　　）。

A. 行进盲道应避开非机动车停放的位置

B. 行进盲道宜在距围墙、花台、绿化带 200mm 处设置

C. 行进盲道的触感条中心距为 60mm

D. 人行道中的行进盲道应与人行天桥出入口处的行进盲道相连接

39. 下列关于城市人行地道的设计要求，符合规范规定的是（　　）。

A. 通道净宽不宜小于 3.0m

B. 通道的净高不应小于 2.2m

C. 有特殊困难时残疾人坡道坡度不应大于 1：10

D. 通道进出口应比原地面高出 0.10m 以上的阻水措施

40. 某城市次干路设计速度为 30km/h，采用三幅路形式，在宽度为 1m 的机非隔离带内设置单柱式圆形禁令标志，标志与道路中心线垂直。下列关于该禁令标志直径及标志板下缘距路面高度的取值，符合规范规定的是（　　）。

A. 0.5m、1.5m　　　　B. 0.5m、1.8m

C. 0.6m、1.5m　　　　D. 0.6m、1.8m

二、多项选择题（共 30 题，每题 2 分。每题的备选项中有两个或两个以上符合题意，错选、少选、多选均不得分。）

41. 当公路路线平面的转角值Δ（单位°）小于或等于 7°时，应设置较长的平曲线，长度一般应大于规范规定的一般值，以避免驾驶员视觉上产生急弯的错觉。下列关于该一般值计算时Δ的取值，符合规范规定的是（　　）。

A. 当$\Delta < 2°$时，按$\Delta = 2°$计算　　B. 当$\Delta \leqslant 7°$时，按$\Delta = 7°$计算

C. 当$2° \leqslant \Delta \leqslant 7°$时，按$\Delta = 7°$计算　　D. 当$2° \leqslant \Delta \leqslant 7°$时，按$\Delta$计算

42. 根据《公路路线设计规范》的规定，下列关于新建公路工程项目平面线形设计的规定，符合规范要求的是（　　）。

A. 公路平面设计由直线、圆曲线、缓和曲线三种要素组成，每一个基本要素缺一不可

B. 条件受限制时，可采用大于或接近于圆曲线最小半径的"一般值"，地形条件特殊困难而不得已时，方可采用圆曲线最小半径的"极限值"，并应采取措施保证视距的要求

C. 设置圆曲线时，应同相衔接路段的平、纵线形要素相协调，使之构成连续、均衡的曲线线形，避免小半径圆曲线与陡坡相重合的线形

D. 两同向圆曲线间应设有足够长度的直线，两反向圆曲线间直线长度不受限制

43. 某二级公路长 20km，地处海拔 3500m 的高原地区，设计速度 60km/h，全线设置一座长 90m 的隧道，下列关于该公路纵坡设计的说法，不符合规范规定的是（　　）。

A. 最小纵坡不宜小于 0.3%

B. 最大纵坡可采用 6%

C. 对易结冰、积雪的桥梁，桥上纵坡不宜大于 3%

D. 隧道内的纵坡应大于 0.3%并小于 3%

44. 某省拟建某干线高速公路，采用双向 4 车道的高速公路标准，设计速度 120km/h，路基断面分别采用了整体式路基和分离式路基，并拟采用分期修建。下列关于该公路分期修建的规定，符合规范要求的是（　　）。

A. 城镇路段采用整体式断面一次建成

B. 整体式路基段可横向分幅分期修建

C. 分离式路基先期建成的一幅按双向交通通车、并按二级公路通车条件管理

D. 分离式路基先期建成的一幅按双向交通通车、但行车速度不应超过 100km/h

45. 某山区公路设计速度采用 60km/h，因受地形限制，其中某路段拟敷设 S 形曲线，大圆曲线的回旋参数$A_1 = 450$，下列关于小圆曲线的回旋线参数A_2的取值，符合规范规定的是（　　）。

A. 150～180　　B. 180～225

C. 225～300　　D. 300～450

46. 根据规范规定，下列关于公路地下排水设施设计的描述，正确的有（　　）。

A. 渗井宜用于地下含水层较多，但路基水量不大，且渗沟难以布置的地段

B. 支撑渗沟可用于土质潮湿且无集中地下水流的坡面

C. 路基基底范围有泉水外涌时，优先考虑采用桥梁或涵洞进行跨越

D. 渗沟全断面均应采用洁净的透水性材料填充，保证其透水性能

47. 根据规范规定，下列关于公路边坡工程防护的描述，符合规范要求的是（　　）。

A. 路基边坡稳定性不足时，可采用坡面防护工程

B. 景观要求高的公路边坡坡面不宜大面积采用喷护工程防护

C. 地下水丰富的路段，路基边坡防护应与地下排水措施综合设计

D. 中冻区边坡坡面可采用喷射混凝土 C15 防护，厚度不宜小于 80mm

48. 根据《公路路基设计规范》规定，关于公路浸水挡土墙作用（或荷载）组合的描述，正确的有（　　）。

A. 墙背采用无机结合料稳定土填筑的，可不计墙身两侧静水压力和墙背动水压力

B. 墙身所受浮力应根据计算水位标高的 100%计算

C. 冻胀力、冰压力与流水压力或波浪压力不同时考虑

D. 洪水与地震力不同时考虑

49. 某二级公路受条件制约，要通过泥石流地段时，下列说法正确的有（　　）。

A. 桥梁可用于跨越流通区的泥石流沟

B. 隧道可用于穿越规模大、危害严重的大型泥石流沟

C. 泥石流地段采用涵洞，应在活跃的泥石流洪积扇做好拦截和排导措施

D. 穿越小型坡面泥石流沟时，可采用过水路面穿过

50. 某拟建一级公路，重交通荷载等级，拟采用无机结合料稳定类基层沥青路面结构，为减少基层收缩开裂和路面反射裂缝，可采取的处理措施是（　　）。

A. 增加沥青混凝土面层厚度

B. 增加水泥稳定碎石基层厚度

C. 选用抗裂性好的无机结合料稳定类基层

D. 在基层顶面设置应力吸收层或土工格栅

51. 关于公路水泥混凝土路面横向接缝设计，根据规范规定，下列横向接缝设置正确的是（　　）。

A. 重交通荷载等级公路的横向缩缝，应采用不设传力杆假缝形式

B. 收费广场的横向缩缝，应采用设传力杆假缝形式

C. 在临近桥梁或其他固定构造物处，应设置横向胀缝

D. 在次要道路弯道加宽段起终点断面处的横向接缝，应采用胀缝形式

52. 某双向八车道高速公路，为重载交通荷载等级，采用沥青混凝土路面。下列关于该公路路基、路面结构设计，符合规范规定的是（　　）。

A. 硬路肩路面的基层和底基层的厚度可比行车道路面的厚度薄

B. 路面结构设计标准轴载可根据实际调查的轴载谱，采用分向、分道方式进行路面结构设计

C. 软弱和特殊土路基路段，可适当提高路床顶面的回弹模量标准

D. 可采用级配碎石材料作为基层

53. 某高速公路一孔 10m 跨径小桥，不满足规范规定的上部结构的设计使用年限是（　　）。

A. 15 年　　　　B. 20 年

C. 30 年　　　　D. 50 年

54. 某公路桥采用不连续的简支梁桥，拟采用三级抗震措施，可选择的措施为（　　）。

A. 挡块　　　　B. 螺栓连接

C. 钢夹板连接　　　　D. 伸缩装置连接

55. 依据规范要求，下列选项中，符合公路隧道内排水规定的是（　　）。

A. 路面两侧应设置路侧边沟

B. 应采取措施防止电缆沟积水

C. 路侧边沟排水坡度宜大于 3%

D. 路侧边沟宜采用矩形断面。路侧边沟为暗沟时，应按 25～30m 间距设置滤水箅和沉砂池

56. 公路隧道通过自稳性差、无地下水的软弱地层时，为保证围岩稳定，可采取的辅助工程措施合理的是（　　）。

A. 超前管棚　　　　B. 超前锚杆

C. 地表注浆　　　　D. 围岩径向注浆

57. 对于设计速度为 60km/h、路拱坡度为 2.5%的二级公路，平面交叉位于弯道路段时，在该路段下列平面圆曲线半径选项中，根据规范有关规定宜采用的是（　　）。

A. 1200m　　　　B. 2100m

C. 1800m　　　　D. 1950m

58. 下列各选项分别为高速公路互通式立体交叉匝道设计小时交通量和匝道长度，其匝道设计速度 40km/h，根据规范的有关规定，宜采用单车道变速车道的选项有（　　）。

A. 650pcu/h，345m　　　　B. 1205pcu/h，410m

C. 762pcu/h，510m　　　　D. 385pcu/h，520m

59. 为保证公路隧道运营安全，交通工程与附属设施配置等级为 B 级以上的隧道应设置火灾探测报警设施，下列关于火灾探测报警设施说法正确的是（　　）。

A. 火灾报警区域长度宜为 50～100m

B. 手动报警按钮设置间距不应大于 50m

C. 火灾探测器响应时间不应大于 60 秒

D. 火灾探测报警系统隧道现场信息传输网络宜与隧道内其他设备共用传输网络

60. 根据现行《公路工程建设项目概算预算编制办法》，属于规费的项目有（　　）。

A. 养老保险费　　　　B. 企业管理费

C. 失业保险费　　　　D. 住房公积金

61. 下列关于城市道路通行能力和服务水平的规定，符合规范规定的是（　　）。

A. 新建道路应采用三级服务水平设计

B. 交通量计算中车辆换算系数应采用小客车为标准车型

C. 快速路的基本路段、分合流区和交织区应分别采用相应的通行能力和服务水平

D. 主干路的路段、信号交叉口、无信号交叉口应采用相同的通行能力和服务水平

62. 某公共停车场位于城市次干路一侧，可停放机动车 120veh，下列关于该停车场的设计，符合规范规定的是（　　）。

A. 停车场内停车位按横向排列集中安排　　　　B. 停车场设置 2 个出入口

C. 停车场出入口宽度为 7m　　　　D. 停车场的最大纵坡为 2.5%

63. 新建某城市地下道路，设计速度为 60km/h，双向 4 条小客车专用车道，其封闭段长度 1500m。下列关于该地下道路横断面的布置，符合规范规定的是（　　）。

A. 机动车单车道宽度取 3.25m

B. 两侧设检修道，宽度各为 0.75m

C. 同一通行孔布置双向车道

D. 在行车方向的右侧设置连续式紧急停车带宽度为 2.5m

64. 某城市主干路设计速度为 50km/h，下列关于平面交叉口设计指标取值，符合规范规定的是（　　）。

A. 直行车设计速度采用 35km/h

B. 圆曲线半径为 500m

C. 纵坡度最大值为 2.4%

D. 交叉口视距三角形范围内的安全停车视距为 35m

65. 某新建城市主干路为土质路基，下列关于该路基压实度要求，符合规范规定的是（　　）。

A. 路基压实度应采用重型击实标准

B. 机动车道路床顶面以下 0～80cm 深度范围内的压实度应不低于 93%

C. 人行道路床顶面以下 0～80cm 深度范围内的压实度应不低于 92%

D. 桥梁台背路堤过渡段压实度应不低于 95%

66. 某城市主干路以通行货运交通为主，所在地区年降雨量为 1200mm，设计基准期内累计当量轴次N_e为 2760 万次/车道，拟采用半刚性基层沥青路面。下列关于该沥青表面层混合料可选择的类型，符合规范规定的是（　　）。

A. AC-F（SBS 改性沥青）　　B. AC-C（SBS 改性沥青）

C. SMA（SBS 改性沥青）　　D. OGFC（高黏度改性沥青）

67. 某特大城市新建一条地下道路，设计速度 80km/h，封闭段长度 1600m。下列关于该地下道路的排水设计，符合规范规定的是（　　）。

A. 排水系统采用强排措施　　B. 敞开段暴雨重现期为 30 年

C. 洞口接地处设置排水驼峰　　D. 雨水与污水集中合流排放

68. 城市道路无障碍设计中，下列关于轮椅通行的要求，符合规范规定的是（　　）。

A. 人行横道安全岛的形式应方便乘轮椅者使用

B. 人行天桥无法设置满足轮椅通行坡道时，可设置扶梯

C. 当人行天桥及地道无法满足轮椅通行需求时，轮椅宜考虑地面安全通行

D. 在车道之间的分隔带设公交车站时，可不考虑轮椅者的使用要求

69. 某城市支路设计速度 30km/h，一幅路形式，双向两车道，某急弯路段弯道外侧有湖泊，下列关于该路段应设置的交通安全设施，符合规范规定的是（　　）。

A. 设置急弯路标志可与建议速度标志联合使用

B. 弯道外侧车道边缘设置防撞护栏

C. 路中施划双黄实线

D. 弯道外侧设置线形诱导标和路边轮廓标

70. 下列关于城市道路初步设计阶段用于确定功能定位所需的道路规划条件是（　　）。

A. 道路区域的城市总体规划　　B. 道路区域的路网规划

C. 其他交通专项规划　　D. 工程管线综合规划

注册道路工程师执业资格专业考试

模考试卷（三）

专业知识
（下）

二〇XX年十一月

应考人员注意事项

1. 书写用笔：**黑色墨水笔；**

   填涂答题卡用笔：**2B 铅笔。**

2. 须用书写用笔将工作单位、姓名、准考证号填写在答题卡和试卷相应的栏目内。

3. 本试卷由 70 题组成，满分为 100 分。1～40 题为单项选择题，其中，1～27 题为公路工程试题，28～40 题为城市道路工程试题；41～70 题为多项选择题，其中，41～60 题为公路工程试题，61～70 题为城市道路工程试题。

4. 考生在作答时，必须**按题号**在**答题卡**上将相应试题所选选项对应字母用 **2B 铅笔**涂黑。

5. 在答题卡上书写与题意无关的语言，或在答题卡上作标记的，均按违纪试卷处理。

6. 考试结束时，由监考人员当面将试卷、答题卡一并收回。

7. 草稿纸由各地统一配发，考后收回。

一、单项选择题（共 40 题，每题 1 分。每题的备选项中只有一个最符合题意）

1. 某拟建一级公路项目，该项目初拟的各个时间节点见下表，在交通量预测时，下列关于该项目的设计初年和设计末年，符合规范规定的是（　　）。

序号	工作内容	计划时间节点
1	工程可行性研究报告获得批复	2022 年 12 月
2	初步设计获得批复	2023 年 6 月
3	施工图设计获得批复	2023 年 12 月
4	开工时间	2024 年 1 月
5	通车时间	2026 年 7 月
6	竣工时间	2028 年 7 月

A. 2022 年，2041 年　　B. 2023 年，2043 年

C. 2026 年，2045 年　　D. 2026 年，2046 年

2. 某高速公路改扩建项目，由于该路段原有服务区与互通式立交相距较近，其中北侧交织区段长度 268m，南侧交织区长度 425m，原未设集散车道，导致在交通量较大时主线局部的车辆交织运行紊乱、局部服务水平低下，故改扩建拟采用增设集散车道的方案。根据规范规定，该两条集散车道采用的最低服务水平是（　　）。

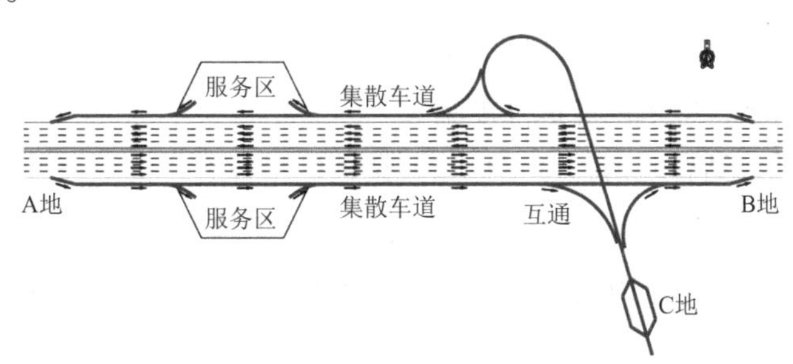

A. 二级　　B. 三级

C. 四级　　D. 五级

3. 东北地区某市拟建市区至干线高速公路的连接线，采用设计速度 80km/h 的一级公路标准，交通组成以中、小型客车为主，该地为积雪冰冻地区，根据规范规定，该公路平面圆曲线的最小半径值宜采用（　　）。

A. 200m　　B. 220m

C. 250m　　D. 270m

4. 某二级公路设计速度采用 80km/h，为适应局部地形，某路段拟采用两个不同半径的同向圆曲线径向相接的线形，不设回旋线，已知大圆半径为 1500m，下列关于小圆半径的取值，符合规定的是(　　)。

A. 750m　　B. 900m

C. 950m　　D. 1100m

5. 某一级公路设计速度为 80km/h，其中某路段连续上坡，长度为 10km，相对高差 330m，根据规范规定，该路段设置缓和坡段时，缓和坡段的纵坡应不大于（　　）。

A. 2.5%　　B. 3%

C. 3.5%　　D. 4%

6. 下列关于沿线设施所在路段的公路主线设计的说法，符合规范规定的是（　　）。

A. 主线收费站范围内路线应为直线或不设超高的曲线

B. 不应将收费站设置在主线的凹形竖曲线的底部或连续下坡的中底部

C. 主线路线设计时应考虑标志、标线的设置，交通安全设施宜与路线同步设计

D. 主线路侧设计受限制的路段，宜合理设置相应的防护设施

7. 某二级公路挖方路段采用矩形明沟设计，沟底宽 0.5m，沟深 0.5m，设计水位低于沟顶 0.2m。已知该段明沟内平均流速为 1.5m/s，则该段明沟设计水位的泄水能力为（　　）。

A. $0.225m^3/s$　　　　B. $0.300m^3/s$

C. $0.375m^3/s$　　　　D. $0.385m^3/s$

8. 某二级公路有面板加筋土挡土墙设计，下列加筋方案设计符合规范要求的是（　　）。

A. 墙高 4m，土工格栅拉筋长度 3.2m

B. 墙高 5m，土工格栅拉筋长度 4m

C. 墙高 6m，土工格栅拉筋长度 4.5m

D. 墙高 8m，土工格栅拉筋长度 7m

9. 某公路滑坡防治设计时，根据滑坡受力状态、物质成分、滑动面形态、含水状态等分段选取滑动面抗剪强度指标，下列选项正确的是（　　）。

A. 潜在滑坡宜采用残余强度指标

B. 已出现滑移的滑坡，宜采用残余强度指标

C. 处于变形阶段的滑坡，应采用峰值强度指标

D. 处于整体滑动状态可结合峰值强度指标与残余强度指标综合选取

10. 某拟建高速公路，采用沥青混凝土路面结构，设计使用年限为 15 年，根据交通量调查分析，交通量年增长率为 5%，在设计使用年限内设计车道累计大型客车和货车交通量约为 3.5×10^7 辆，根据规范规定，沥青路面设计车道所承受的设计交通荷载等级应为（　　）。

A. 中等　　　　B. 重

C. 特重　　　　D. 极重

11. 根据《公路水泥混凝土路面设计规范》，水泥混凝土设计强度应采用 28d 龄期的（　　）。

A. 抗压强度　　　　B. 抗拉强度

C. 弯拉强度　　　　D. 抗剪强度

12. 公路水泥混凝土路面采用弹性地基板理论进行结构分析时，根据规范规定，应按分离式双层板模型进行结构分析的基层是（　　）。

A. 水泥稳定碎石基层　　　　B. 级配碎石基层

C. 级配砾石基层　　　　D. 未筛分碎石基层

13. 根据规范规定，下列关于公路水泥混凝土路面纵向接缝的设置，不合理的是（　　）。

A. 一次摊铺宽度大于 4.5m 时，设置纵向缩缝

B. 一次摊铺宽度小于路面宽度时，设置纵向施工缝

C. 碾压混凝土面层一次摊铺宽度大于 7.5m 时，设纵向缩缝

D. 行车道路面和混凝土硬路肩之间的纵向接缝可不设拉杆

14. 根据规范规定，立体交叉跨线桥桥下净空对于农村道路中的汽车通道净高满足规定的是（　　）。

A. 应大于等于 3.5m　　B. 应大于等于 4.5m

C. 应大于等于 5.0m　　D. 应大于等于 5.5m

15. 某高速公路空心板计算跨径L_0为 20m，设计采用公路-I级汽车荷载，上部结构桥面板计算时，汽车荷载的车道荷载和车辆荷载的分项系数分别为（　　）。

A. 1.0、1.0　　B. 1.4、1.4

C. 1.4、1.8　　D. 1.8、1.8

16. 某高速公路 4 孔 20m 跨径小箱梁桥涵结构，非岩石河床地基基础，总冲刷深度为 10m，其桥台基底埋深安全值不宜小于（　　）。

A. 1.5m　　B. 2.0m

C. 2.5m　　D. 3.0m

17. 为满足抗震措施规定，公路隧道墙式洞门基础应置于稳固地基上，对于土质地基，洞门墙基础嵌固深度应不小于（　　）。

A. 0.5m　　B. 1.0m

C. 1.1m　　D. 1.2m

18. 某公路隧道围岩为软岩，岩体较破碎，其岩体修正质量指标[BQ]为 230，那么此围岩的分级是（　　）。

A. II　　B. III

C. IV　　D. V

19. 某公路隧道位于稳定性差的浅埋段，隧道开挖前采用地表砂浆锚杆加固地层；根据规范规定，当锚固砂浆强度高于某一数值后，方可进行下方隧道的开挖，这一数值是（　　）。

A. 10MPa　　B. 12MPa

C. 设计强度的 60%　　D. 设计强度的 70%

20. 根据规范的有关规定，在下列已建平面交叉中，新建公路可直接与之连接的是（　　）。

A. T 形平面交叉　　B. 十字形平面交叉

C. 四岔环形平面交叉　　D. 五岔环形平面交叉

21. 对于引道视距采用停车视距的平面交叉，主要公路设计速度为 60km/h 时，根据规范的有关规定，其引道凸形竖曲线半径不应小于（　　）。

A. 3000m　　B. 2400m

C. 1400m　　D. 1000m

22. 根据规范的有关规定，高速公路四岔互通式立体交叉左转弯匝道宜采用的形式是（　　）。

A. 左出左进直连式　　B. 右出左进半直连式

C. 左出右进半直连式　　D. 右出右进半直连式

23. 某公路隧道低压用电设备总容量为 1900kV · A，为保证供电量，隧道户外箱式变电站最少设置变压器的数量是（　　）。

A. 1 台　　B. 2 台

C. 3 台　　D. 4 台

24. 公路护栏设计应体现宽容设计、适度防护的理念，某二级公路边坡坡度为 1∶1.5、路堤高度为 5m，其护栏防护等级应不低于（　　）。

A. 二级　　B. 三级

C. 四级　　D. 五级

25. 为加强对曲线公路隧道内车辆的诱导功能，在隧道侧壁上应设置线形诱导标志，某设计速度 80km/h 的高速公路曲线隧道，在 140m 范围内，最少应设置线形诱导标（　　）。

A. 2 块　　B. 3 块

C. 4 块　　D. 5 块

26. 某高速公路项目建筑安装工程费为 15863 万元，土地使用及拆迁补偿费为 3600 万元，工程建设其他费用为 2400 万元，根据现行《公路工程建设项目概算预算编制办法》，该项目设计概算中计列的基本预备费是（　　）。（取整数）

A. 656 万元　　B. 875 万元

C. 1093 万元　　D. 21863 万元

27. 根据现行《公路工程建设项目概算预算编制办法》，属于建筑安装工程费中的措施费构成内容除冬季施工增加费、雨季施工增加费、夜间施工增加费、特殊地区施工增加费外，还有几项内容（　　）。

A. 运输保险费、施工辅助费、工地转移费

B. 运杂费、施工辅助费、失业保险费

C. 工伤保险费、施工辅助费、工地转移费

D. 行车干扰施工增加费、施工辅助费、工地转移费

28. 某城市次干路位于商业区，预测路段单侧行人交通量 5200 人/h，不考虑其他因素的干扰，下列路段单侧人行道最小宽度符合规范的规定的是（　　）。（计算结果取整数）

A. 5m　　B. 4m

C. 3m　　D. 2m

29. 某新建城市快速路设计速度 80km/h，双向 6 条机动车道，拟设置快速公交专用车道，下列关于该公交专用车道的设置，不符合规范规定的是（　　）。

A. 公交专用车道布置在道路两侧

B. 公交专用车道与其他车道采用标线分隔

C. 公交专用车道宽度为 3.5m

D. 公交站台宽度为 2m

30. 位于城市建成区的某既有城市次干路，沥青路面结构，经检测现状路面结构破损严重，道路标高受沿线建筑限制不能进行调整，下列关于该道路采用的路面结构改建方案，符合规范规定的是（　　）。

A. 采用加铺结构层补强

B. 采用稀浆封层、薄层加铺

C. 铣刨既有路面结构新建路面

D. 既有路面作为基层，新建路面面层

31. 某新建城市快速路，设计速度为 60km/h，穿越江中段采用盾构长隧道形式，受沿线水文地质、驳岸桩基等控制因素影响，下列关于该盾构段的最大纵坡取值，符合规范规定的是（　　）。

A. 3.0%　　B. 4.0%

C. 5.0%　　D. 6.0%

32. 下列关于城市道路平面交叉口的设置方式，符合规范规定的是（　　）。

A. 桥梁、隧道两端不宜设置平面交叉口

B. 干路交叉口间距宜大致相等，且不宜小于 100m

C. 条件受限时地块及建筑物机动车出入口可设在交叉口范围内

D. 条件受限时新建可以超过 4 叉的多路交叉口

33. 某城市道路立交的一条单车道环形匝道设计速度为 40km/h，下列关于该匝道设计通行能力符合规范规定的是（　　）。

A. 629pcu/h　　B. 935pcu/h

C. 1139pcu/h　　D. 1700pcu/h

34. 某城市道路重力式挡土墙，对于“挡土墙结构重力 + 填土重力 + 填土侧压力 + 车辆荷载引起的侧压力”的荷载组合，下列关于该重力式挡土墙抗滑动K_c和抗倾覆安全系数K_0的要求，符合规范规定的是（　　）。

A. $K_c \geqslant 1.2$，$K_0 \geqslant 1.2$　　B. $K_c \geqslant 1.2$，$K_0 \geqslant 1.3$

C. $K_c \geqslant 1.3$，$K_0 \geqslant 1.3$　　D. $K_c \geqslant 1.3$，$K_0 \geqslant 1.5$

35. 某城市位于温度分区 2-3，新建城市主干路采用沥青混凝土路面结构，设计基准期内累计当量轴次 2300 万次/车道。下列关于该路公交停靠站沥青混合料中面层动稳定度技术要求，符合规范规定的是（　　）。

A. ⩾5000 次/mm　　B. ⩾4000 次/mm

C. ⩾3000 次/mm　　D. ⩾2000 次/mm

36. 某城市次干路设计速度为 50km/h，设置一处封闭段长度为 400m 的地下道路，在同一通行孔中布置双向 4 条机动车道。下列关于该地下道路对向车道之间的隔离措施，符合规范规定的是（　　）。

A. 中央防撞墩　　B. 分隔栏

C. 隔离反光柱　　D. 双黄线

37. 下列关于城市道路人行道及人行横道的无障碍设计要求，不符合规范规定的是（　　）。

A. 人行道在各种路口、各种出入口位置必须设置缘石坡道

B. 人行道设置台阶处，应同时设置轮椅坡道

C. 人行道的轮椅坡道的设置应避免干扰行人通行及其他设施的使用

D. 人行横道均应配置过街音响提示装置

38. 某城市主干路设计速度为 60km/h，在跨越景观水系时，设置一座全长 2.15km 的桥梁。下列关于该跨河桥的交通设施和交通监控系统的选取等级，符合规范规定的是（　　）。

A. A 级，I级　　B. A 级，II级

C. B 级，II级　　D. B 级，III级

39. 某城市快速路两相邻互通式立交进出口间距为 1.8km，下列关于第二个互通式立交的出口预告标志至少应设置的级数，符合规范规定的是（　　）。

A. 2 级　　B. 3 级

C. 4 级　　D. 5 级

40. 按《市政公用工程设计文件编制深度规定》要求，城市道路初步设计和施工图设计文件编制都

应包含的内容是（　　）。

A. 交通量预测　　　　B. 上阶段批复执行情况

C. 建设必要性　　　　D. 工程概算

二、多项选择题（共30题，每题2分。每题的备选项中有两个或两个以上符合题意，错选、少选、多选均不得分。）

41. 公路设计应根据公路功能、使用任务及其在路网中的作用等，合理论证并确定路线的走向、走廊带及路线方案等。下列关于公路选线的说法，符合规范规定的是（　　）。

A. 确定路线基本走向、路线走廊带、路线方案、选定线位

B. 必须由线到带、由带到面

C. 充分利用建设用地，减少拆迁，严格保护基本农田；应保护生态环境，并同当地景观相协调

D. 山岭区选线应充分利用地形条件，尽量避免高填深挖现象

42. 西南地区某干线公路地处山岭区，采用设计速度80km/h、双向4车道的一级公路标准。下列关于该公路硬路肩技术指标的要求，符合规范规定的是（　　）。

A. 爬坡车道路段的右侧硬路肩可论证采用1.5m

B. 分离式路基路段的左侧硬路肩可采用1m

C. 直线路段纵坡平缓，且设置拦水带时，硬路肩横坡值宜采用3%～4%

D. 硬路肩的横坡应随邻近车道的横坡一同过渡，其过渡段的纵向渐变率应控制在1/330～1/100之间

43. 根据规范规定，公路设计应进行通行能力和服务水平的分析和评价。下列关于公路通行能力和服务水平评价的说法，符合规范规定的是（　　）。

A. 高速公路、一级公路的路段必须进行通行能力和服务水平的分析与评价

B. 各等级公路通行能力和服务水平分析评价应按双向整体交通流进行

C. 公路设计服务水平应根据公路功能、技术等级、地形条件等合理选用，其中高速公路和一级公路服务水平不应低于四级

D. 互通式立体交叉交织区的通行能力应根据设计速度、车道数、交织区构型、交织流量比和交织段长度等因素确定

44. 纵断面设计需要综合考虑地形条件、气象条件、构造物等多种因素。下列关于新建公路工程项目纵断面设计的说法，符合规范规定的是（　　）。

A. 横向排水不畅的路段或长路堑路段，采用平坡时，其边沟应进行纵向排水设计

B. 一般地区一般路段的大、中桥上纵坡不应大于4%，桥头引道纵坡不应大于5%

C. 高速公路的中隧道纵坡，当条件受限时，经技术经济论证后，最大纵坡可适当加大，但不宜大于4%

D. 各级公路的连续上坡路段，应根据载重汽车上坡时的速度折减变化，设置缓和坡段，缓和坡段坡度应不大于3%

45. 根据规范规定，公路路堤高度设计时，下列要求正确的是（　　）。

A. 满足公路等级所对应的路基设计洪水频率及其设计洪水位

B. 路堤高度不宜小于中湿状态路基临界高度

C. 季节冻土地区，路堤高度不宜小于当地路基冻深

D. 路堤高度不考虑路床厚度

46. 某改建公路拟采用轻质材料作为路堤填料，其中关于泡沫轻质土用于公路路堤填料时，提出了下列要求，请根据规范判断，正确的是（　　）。

A. 泡沫轻质土用于路堤加宽时，底面填筑宽度不宜小于 2.0m

B. 泡沫轻质土路堤结构设计应采取有效的防护措施，不得直接裸露

C. 软土地段泡沫轻质土路堤，应沿路堤横向设置变形缝，其间距为 10～20m，缝宽宜为 10～20mm

D. 位于斜坡段的泡沫轻质土路堤应进行抗滑动、抗倾覆稳定性验算

47. 某高速公路位于地震区，下列关于该公路挡土墙抗震的相关设计要求，根据规范判断正确的是（　　）。

A. 挡土墙距离主断裂边缘的距离不宜小于 100m

B. 可采用静力法验算挡土墙抗震强度和稳定性

C. 挡土墙应分段设置，每段长度不宜超过 15m

D. 挡土墙高度小于 5m 时可采用干砌片石挡土墙

48. 某拟建高速公路在进行沥青混合料测试时，发现沥青混合料的水稳定性不足，为了提高沥青混合料的水稳定性，根据规范规定，可采取的技术措施有（　　）。

A. 更换集料　　B. 掺水泥或消石灰

C. 掺抗剥落剂　　D. 掺减水剂

49. 某拟建高速公路，采用沥青混凝土路面，业主对部分路段提出了提高路表抗滑性能的要求。可满足业主要求的材料类型是（　　）。

A. 连续级配沥青混合料　　B. 沥青玛琋脂碎石混合料

C. 沥青表面处治　　D. 开级配沥青混合料

50. 下列关于公路水泥混凝土路面设计，硬路肩结构层组合及材料设计符合规范规定的是（　　）。

A. 路肩结构层组合和材料选用应与行车道路面相协调

B. 一级公路的路肩铺面应采用与行车道路面相同的结构层组合和组成材料类型

C. 硬路肩采用水泥混凝土面层时，基层的结构和厚度应与行车道相同

D. 路肩面层选用沥青类材料时，重载交通等级公路应采用沥青表面处治

51. 某一级公路桥梁拟跨越非通航平原顺直、微弯河段，拟定桥长 200m，多孔布置，其宜选择的桥梁标准跨径布置组合为（　　）。

A. 10 孔 20m　　B. 8 孔 25m

C. 5 孔 40m　　D. 2 孔 100m

52. 公路桥梁的作用分类中，除永久作用外，包含的作用类型还有（　　）。

A. 火灾作用　　B. 可变作用

C. 偶然作用　　D. 地震作用

53. 根据《公路隧道设计规范》，公路隧道围岩初步分级所考虑的因素是（　　）。

A. 岩体应力　　B. 岩体完整程度

C. 岩石的坚硬程度　　D. 岩体基本质量指标 BQ

54. 根据规范要求，公路隧道整体式衬砌采用钢筋混凝土结构时，应符合的规定是（　　）。

A. 结构厚度不宜小于 300mm

B. 混凝土强度等级不应低于 C20

C. 受力主筋的间距不宜小于 100mm

D. 沉降缝、伸缩缝缝宽不应小于 10mm

55. 根据规范要求，公路隧道棚洞结构设计应符合的规定是（　　）。

A. 棚洞结构应采用钢筋混凝土结构

B. 矩形棚洞结构应采用整体框架结构或简支结构

C. 拱形及半拱形棚洞主体结构应采用复合式结构

D. 棚洞长度大于 50m 宜设伸缩缝

56. 下列各选项分别为平面交叉与相邻平面交叉间距和主要公路纵坡，其主要公路为具集散功能的一级公路，其中符合规范有关规定的是（　　）。

A. 650m，2.20%　　B. 1200m，0.10%

C. 460m，2.50%　　D. 1050m，1.20%

57. 高速公路互通式立体交叉匝道设计服务水平采用四级，下列各选项分别为匝道设计速度和设计小时交通量，其中满足规范有关匝道基本路段单车道设计通行能力规定的有（　　）。

A. 60km/h，1365pcu/h　　B. 50km/h，1103pcu/h

C. 40km/h，1086pcu/h　　D. 35km/h，652pcu/h

58. 根据规范的有关规定，一般情况下，匝道形式宜采用直连式的匝道有（　　）。

A. 右转弯匝道

B. 四岔交叉左转弯匝道

C. 主次分明的两高速公路三岔交叉左转弯匝道

D. 交通量相当的两高速公路三岔交叉左转弯匝道

59. 公路隧道确定通风方案时需进行经济技术综合分析，下列关于通风设计说法正确的是（　　）。

A. 单向交通隧道的设计风速不宜大于 10m/s

B. 双向交通隧道的设计风速不应大于 10m/s

C. 采用排烟道集中排烟的隧道，每个排烟分区的长度不应大于 1000m

D. 采用纵向通风方式的隧道，每个通风分段应设置 2 台 CO 检测器

60. 根据现行《公路工程建设项目概算预算编制办法》，专项费用包括（　　）。

A. 施工场地建设费　　B. 土地使用费

C. 安全生产费　　D. 拆迁补偿费

61. 下列关于城市道路交通工程功能和性能的基本要求，符合规范规定的是（　　）。

A. 应具备与周边环境的协调性

B. 应具备抵御所有自然灾害的性能

C. 应具备人员、车辆通行所需的安全性、舒适性、耐久性

D. 应满足交通设施、管线布设、排水设施、照明设施的布置需要

62. 某城市主干路设计速度为 60km/h，机动车双向 4 车道，两侧设置非机动车道和人行道，采用整体式桥梁跨越某一航道，该处圆曲线半径$R = 300$m，桥梁总长度为 800m。下列关于该桥梁平纵横线形的设计指标取值，符合规范规定的是（　　）。

A. 单向非机动车道宽度为 2.5m　　B. 最小纵坡为 0.3%

C. 最大纵坡为 4.0%　　D. 超高横坡度为 3.0%

63. 城市道路设计中，下列关于人行横道的设置要求符合规范规定的是（　　）。

A. 无信号管制交叉口可不设置人行横道

B. 有中央隔离带的道路，人行横道应设置在分隔带端部向后 1～2m

C. 人行横道宽度应根据过街行人数量、行人信号时间等确定

D. 视距受限制的路段和急弯陡坡等危险路段，不宜设置人行横道

64. 某城市支路与一厂矿专用铁路相交，下列关于道路与铁路平面交叉道口的设计要求，符合规范规定的是（　　）。

A. 道口两侧设置平台各长 16m

B. 平台纵坡度为 0.8%

C. 紧接道口平台两端的道路纵坡为 2.4%

D. 道路与铁路的交叉角为 50°

65. 某山区城市道路的挖方路基底部有地下水出露，设置渗沟截断地下水，并将其引出至路基范围以外，且引水距离较长。下列关于该渗沟设置的技术要求，符合规范规定的有（　　）。

A. 渗沟的轴线与渗流方向垂直布置

B. 采用填石渗沟，沟内采用石质坚硬的较大粒料填充

C. 采用管式渗沟，并加设横向渗沟，管道采用带孔塑料管

D. 渗沟基底埋入不透水层，沟壁两侧均设置反滤层

66. 某城市主干路单侧路面宽度为 11.5m，路面为重交通等级，拟采用水泥混凝土路面结构。下列关于该水泥混凝土路面板的接缝设计，符合规范规定的是（　　）。

A. 设置纵向缩缝，纵向缩缝采用平缝形式

B. 横向缩缝采用设拉杆的假缝形式

C. 横向施工缝的位置选在横向缩缝或胀缝处

D. 在临近桥梁处设置横向胀缝，缝内设置填缝板和可滑动的传力杆

67. 某城市快速路设计速度为 60km/h，在下穿湖泊段设置封闭段长度为 3500m 的地下道路，采用双孔结构、禁止危险化学品车辆通行。下列关于该地下道路的防灾设计要求，符合规范规定的是（　　）。

A. 作防灾专项设计

B. 地下道路内管廊与车道孔之间采取分隔

C. 设置人行横通道

D. 设置车行横通道

68. 城市道路绿化设计中，下列关于乔木、灌木与地下管线及其他设施的位置关系不符合规范规定的是（　　）。

A. 树木与电力管线的最小水平净距 0.5m

B. 排水管沟距灌木的最小水平净距为 0.7m

C. 电信电缆（管道）距乔木的最小水平净距为 1.5m

D. 遇到特殊情况，树木与管线净距不能满足规范规定时，可按树木根茎中心至地下管线（热力、燃气除外）外缘的最小距离来满足规定

69. 某城市快速路设计中，下列关于隔离栅和防落物网的设置要求，符合规范规定的是（　　）。

A. 路侧有河湖段不设置隔离栅

B. 挡土墙外露高度大于等于 1.5m 段不设置隔离栅

C. 人行天桥设置防落物网，设置范围同主路宽度

D. 防落物网的高度为 2.1m

70. 某城市次干路设计速度为 40km/h，路段机动车为双向 5 车道，中央一条车道设置为潮汐车道。下列关于该潮汐车道交通标志标线的设置要求，符合规范规定的是（　　）。

A. 潮汐车道路段起点处设置注意前方潮汐车道标志

B. 潮汐车道入口处设置车道信号灯

C. 潮汐车道线采用双黄虚线

D. 潮汐车道线交叉口出入端的停止线采用白色实线

注册道路工程师执业资格专业考试

模考试卷（四）

专业知识

（上）

二〇XX年十一月

应考人员注意事项

1. 书写用笔：**黑色墨水笔；**

   填涂答题卡用笔：**2B 铅笔**。

2. 须用书写用笔将工作单位、姓名、准考证号填写在答题卡和试卷相应的栏目内。

3. 本试卷由 70 题组成，满分为 100 分。1～40 题为单项选择题，其中，1～27 题为公路工程试题，28～40 题为城市道路工程试题；41～70 题为多项选择题，其中，41～60 题为公路工程试题，61～70 题为城市道路工程试题。

4. 考生在作答时，必须**按题号**在**答题卡**上将相应试题所选选项对应字母用 **2B 铅笔**涂黑。

5. 在答题卡上书写与题意无关的语言，或在答题卡上作标记的，均按违纪试卷处理。

6. 考试结束时，由监考人员当面将试卷、答题卡一并收回。

7. 草稿纸由各地统一配发，考后收回。

一、单项选择题（共40题，每题1分。每题的备选项中只有一个最符合题意）

1. 某山区高速公路采用设计速度100km/h、双向4车道的标准，已知某隧道单洞两车道隧道的行车道宽度W为7.5m，余宽C为0.25m，左侧侧向宽度$L_{左}$为0.75m，右侧侧向宽度$L_{右}$为1.00m，检修道高度0.25m，下列关于该隧道建筑限界的基本宽度，符合规范规定的是（　　）。

A. 9.75m　　B. 10.25m

C. 10.75m　　D. 11.50m

2. 某高速公路改扩建项目，现有公路为设计速度100km/h，双向4车道的高速公路，改扩建拟以两侧拼宽的方式拓宽扩建为8车道，施工期原路维持通车。下列有关该项目施工期保通设计的服务水平和设计速度，符合标准规范规定的是（　　）。

A. 最低服务水平三级，最低设计速度80km/h

B. 最低服务水平三级，最低设计速度60km/h

C. 最低服务水平四级，最低设计速度80km/h

D. 最低服务水平四级，最低设计速度60km/h

3. 西北某省拟新建省道S315线EF段，采用二级公路标准，项目地处E市近郊。交通调查显示，该路段在规定预测年限的年平均日交通量6000辆小汽车。下列关于该路段设计小时交通量的计算值，符合规范规定的是（　　）。

A. 660veh/h　　B. 810veh/h

C. 900veh/h　　D. 1050veh/h

4. 东北地区某拟建高速公路项目，采用设计速度100km/h、4车道高速公路标准。该项目位于大兴安岭地区，其中跨越某沟谷路段分别设置了1～25m简支小箱梁和4～40m跨连续T梁等两座桥梁，下列关于两座桥梁桥上最大纵坡的取值，符合规范规定的分别是（　　）。

A. 3%和2%　　B. 3%和3%

C. 4%和3%　　D. 4%和4%

5. 某山区高速公路，设计速度100km/h，为翻越山岭，多处采用了连续长、陡下坡的纵坡设计，按规范规定，下列路段中应进行交通安全性评价的纵坡段是（　　）。

A. 平均坡度2%，相对高差400m　　B. 平均坡度2.5%，相对高差400m

C. 平均坡度2%，连续坡长22km　　D. 平均坡度2.5%，连续坡长22km

6. 某高速公路，设计速度采用120km/h，其中某隧道全长2300m，按规范规定，下列关于该隧道洞口内外连接线应采用的平纵线形保持一致的最小长度是（　　）。

A. 100m　　B. 200m

C. 360m　　D. 720m

7. 某二级公路路堑挡土墙设计，坡体岩性为一般土质地层，下列路堑挡土墙端部嵌入原地层深度值符合规范要求是（　　）。

A. 0.5m　　B. 0.8m

C. 1.0m　　D. 1.5m

8. 某公路在重力式挡土墙土压力计算时，提出的下列说法符合规范要求的是（　　）。

A. 作用在墙背上的主动土压力与墙背填料内摩擦角成正比

B. 车辆荷载引起的附加土体侧压力随着挡土墙高度的增加而增加

C. 人群荷载引起的附加土体侧压力随着挡土墙高度的增加而减小

D. 浸水挡土墙墙背采用碎石填筑时，可不计水位退落时的墙背动水压力

9. 某公路采用碎石桩进行软土地基处治设计时，下列说法不符合规范要求的是（　　）。

A. 相邻桩净距不应大于 4 倍桩径

B. 加大桩长可提高路堤稳定系数

C. 提高桩土面积置换率可减小地基总沉降

D. 路堤稳定系数较小时，可通过加大桩径或减小桩间距提高

10. 关于风沙地区公路路基设计，下列说法错误的是（　　）。

A. 风积沙材料可用于路基填料

B. 干旱流动沙漠地区路基可不设置边沟

C. 风沙地区路基应进行路侧综合防沙体系设计

D. 降雨较多的路段应考虑排水设计，边沟应采用设盖板矩形深沟

11. 某新建山区高速公路，重交通荷载等级，采用沥青路面，考虑汽车荷载和环境条件，业主对路面抗滑有特殊要求，设计人员在路面结构设计时，下列哪类混合料可作为路面面层材料（　　）。

A. 沥青碎石　　　　　　　　　　B. 沥青表面处治

C. 沥青玛瑞脂碎石混合料　　　　D. 厂拌冷再生沥青混合料

12. 新建半刚性基层沥青路面，下列措施能有效减缓反射裂缝的是（　　）。

A. 增加沥青混凝土层厚度　　　　B. 设置级配碎石排水垫层

C. 在半刚性基层上铺设土工膜　　D. 在半刚性基层上撒布乳化沥青黏层油

13. 公路沥青路面和水泥混凝土路面相接时，过渡段路面下面铺设的变厚度水泥混凝土过渡板的厚度不得小于（　　）。

A. 50mm　　　　B. 100mm

C. 150mm　　　　D. 200mm

14. 公路自然区划II区，某改建一级公路，重交通荷载等级，原有路面结构破损严重、结构性能不足，拟采用沥青路面加铺方案，利用弯沉盆反演确定的既有路面的顶面当量回弹模量为$E_{\mathrm{d}} = 176pr/l_0 = 18664.8/l_0$。现采用落锤式弯沉仪对既有路面结构进行检测，中心点的弯沉值为 350（0.01mm），请问既有路面顶当量回弹模量为（　　）。

A. 42MPa　　　　B. 50MPa

C. 53MPa　　　　D. 62MPa

15. 下列组合选项中，不符合《公路工程技术标准》对桥涵改扩建规定的表述的是（　　）。

A. 整体拼接桥梁的桥下净空，不应小于原设计标准

B. 新建桥涵（含拼接新建部分）应满足原设计标准的要求

C. 新建桥涵（含拼接新建部分）应满足现行设计标准的要求

D. 对直接利用或拼接加宽的桥涵，应提出有针对性的运营管理和维护措施

16. 公路桥梁的桩基础，按承载性状，桩基础可分为摩擦型桩和端承型桩。混凝土桩的构造不符合规范规定的是（　　）。

A. 桩内主筋直径不应小于 16mm，每桩的主筋数量不应少于 8 根

B. 钢筋笼骨架上每隔 2～2.5m 应设置直径 16～32mm 的加劲箍一道

C. 闭合式箍筋或螺旋筋直径不应小于主筋直径的 1/4，且不应小于 8mm

D. 桩身混凝土强度等级不应低于 C20，当采用强度标准值 400MPa 及以上钢筋时不应低于 C25

17. 公路桥按单孔跨径或多孔跨径总长把桥梁分为特大、大、中、小桥及涵洞，下列跨径布置的桥梁中不符合规范规定的特大桥是（　　）。

A. 某单塔单孔悬索桥跨径：160m

B. 某多孔拱桥跨径组合：30m + 50m + 80m + 50m + 30m = 240m

C. 某梁桥跨径组合：82.5m + 220m + 290m + 220m + 82.5m = 895m

D. 某斜拉桥跨径组合：80m + 88m + 88m + 720m + 88m + 88m + 80m = 1232m

18. 依据规范规定，进行公路隧道衬砌排水设计时，二次衬砌边墙背后底部应设纵向排水盲管，其排水坡度应与隧道纵坡一致，管径不应小于（　　）。

A. 80mm　　　　B. 100mm

C. 120mm　　　　D. 150mm

19. 关于膨胀性围岩地段公路隧道设计，下列选项中，不符合规范规定的是（　　）。

A. 隧道断面形状宜采用圆形或接近圆形的断面

B. 应采取截、排水措施，减少围岩遇水膨胀变形

C. 应采用复合式衬砌，二次衬砌宜采用钢筋混凝土结构

D. 支护结构应按“加固围岩、预留变形、先柔后刚”的设计思想进行设计

20. 依据规范要求，公路隧道路面采用连续配筋混凝土面层时，纵向和横向钢筋宜采用相同或相近的直径，直径差不应大于（　　）。

A. 4mm　　　　B. 5mm

C. 6mm　　　　D. 8mm

21. 高速公路设计速度为 100km/h，当互通式立体交叉出口路段受地形、地质等条件限制时，通过采取必要的限速控制和管理措施，该路段识别视距最小可采用（　　）。

A. 160mm　　　　B. 200mm

C. 290mm　　　　D. 380mm

22. 高速公路设计服务水平采用三级时，根据行业现行标准有关规定，互通式立体交叉分流区、合流区和交织区的设计服务水平可采用（　　）。

A. 四级　　　　B. 五级

C. 六级　　　　D. 七级

23. 在高速公路分流连接部，分流后的主线为单向 4 车道、出口匝道为 2 车道时，下列关于在分流前的主线单向车道数的选项中，符合行业现行标准有关车道平衡规定的是（　　）。

A. 2 车道　　　　B. 3 车道

C. 4 车道　　　　D. 5 车道

24. 某长度为 3220m 的高速公路隧道，按规范要求拟设置点型火灾检测器，已知该隧道火灾报警区域长度为 50m，那么隧道单洞需至少设置点型火灾检测器（　　）。

A. 50 个　　B. 55 个

C. 60 个　　D. 65 个

25. 为保证公路隧道运营安全需在隧道内设置水消防系统，现有长度 2850m 的高公路隧道，其消防水池储水量最少为（　　）。

A. 108m^3　　B. 216m^3

C. 288m^3　　D. 389m^3

26. 某建设工程项目概算预算中，定额直接费为 500000 万元、措施费 30000 万元、企业管理费为 26000 万元、规费为 36000 万元，利润率为 7.42%，其利润应为（　　）。

A. 39326.0 万元　　B. 41255.2 万元

C. 41997.2 万元　　D. 43926.4 万元

27. 施工图预算是施工图设计文件的重要组成部分，施工图预算应在一定的控制范围之内，下列选项中符合规范规定的是批准的（　　）。

A. 工程中标价　　B. 初步设计概算

C. 工程竣工决算　　D. 工程招标控制价

28. 下列关于城市道路建设的基本原则和要求，不符合规范规定的是（　　）。

A. 道路应满足人员、车辆通行的预期要求

B. 道路设施养护应制定突发事件及灾害应急预案

C. 运营使用过程中运维单位可根据使用功能自行调整荷载标准

D. 用地和空间范围安排应满足交通、管线、排水、照明等设施的布置需要

29. 下列关于城市道路分隔带及缘石开口间距的规定，在不考虑交通量影响的情况下，不符合规范规定的是（　　）。

A. 主干路两侧分隔带开口距离宜大于等于 300m

B. 主干路路侧带缘石开口距交叉口距离应大于 60m

C. 快速路两侧分隔带开口应符合进出口最小间距要求

D. 快速路中间分隔带紧急开口最小距离不宜小于 2km

30. 某城市主干路，设计速度 60km/h，双向 6 车道，标准路段每条机动车道宽度为 3.5m。该路与某主干路平面交叉，交叉口范围设置圆曲线半径为 400m，纵坡度为 2.5%，进口道增加一条 3.0m 宽的渠化车道。一般情况下，下列关于该平面交叉口范围的设计指标，不符合规范规定的是（　　）。

A. 纵坡度　　B. 圆曲线半径

C. 进口道车道数　　D. 进口道车道宽度

31. 某城市快速路，设计速度为 80km/h，主路为双向 4 条机动车混行车道。一般情况下，主路路基段的最小路面宽度应为（　　）。（取小数点后 2 位）

A. 17.60m　　B. 18.50m

C. 22.60m　　D. 23.50m

32. 某设计速度为 60km/h 的城市主干路，其中跨江段为机动车专用桥，桥梁长度 890m。下列关于该桥梁段、桥头引道段采用的最大纵坡值，符合规范规定的是（　　）。

A. 2.5%、3.5%　　B. 3.5%、4.0%

C. 4.0%、5.0%　　D. 5.0%、6.0%

33. 某城市工业区设计速度为 50km/h 的货运主干路，与次干路相交为平面信号灯交叉口，受到周边控制，交叉口范围内主干路纵坡为 3%（下坡）。下列关于该道路下坡进口段的最小停车视距长度，符合规范规定的是（　　）。

A. 35m　　B. 60m

C. 65m　　D. 66m

34. 某城市快速路枢纽立交，主路均为双向 6 车道。某一入口定向匝道的设计速度为 50km/h，高峰小时交通量为 920pcu/h，长度为 285m。下列关于该匝道车道数及合流后主路车道数，符合规范规定的是（　　）。

A. 1，4　　B. 2，3

C. 2，4　　D. 2，5

35. 某软土地区城市道路，高填方路段拟采用水泥搅拌桩处理控制沉降。水泥搅拌桩按等边三角形布置，桩径为 0.5m，桩距为 1.2m，桩长为 12m。已知水泥搅拌桩桩体的压缩模量为 38.0MPa，桩间土体的压缩模量为 5.0MPa，计算其复合地基压缩模量为（　　）。（取小数点后 1 位）

A. 6.1MPa　　B. 9.6MPa

C. 10.3MPa　　D. 17.5MPa

36. 某城市主干路采用沥青路面，所在地沥青路面使用性能气候分区为 1-4-1。下列关于该沥青路面质量验收时的构造深度要求，符合规范规定的是（　　）。

A. ⩾ 0.45mm　　B. ⩾ 0.50mm

C. ⩾ 0.54mm　　D. ⩾ 0.55mm

37. 城市道路无障碍设计中，下列关于缘石坡道的技术要求，符合规范规定的是（　　）。

A. 各种缘石坡道的坡口宽度均不应小于 1.2m

B. 人行道在各种出入口位置必须设置缘石坡道

C. 困难情况下，缘石坡道的坡度不应大于 1 ∶ 10

D. 缘石坡道坡口与车行道的高差不应大于 20mm

38. 某设计速度为 40km/h 的城市道路，双向 2 车道，预测路段双向机动车高峰小时流量为 1100pcu，12h 流量为 9000pcu，某商业建筑出入口处行人过街流量为 1800 人/h。下列关于该路段应选用的行人过街方式，符合规范规定的是（　　）。

A. 无信号灯控制的人行横道　　B. 有信号灯控制的人行横道

C. 按钮式行人信号灯的人行横道　　D. 人行天桥或地道

39. 下列关于城市道路交通标志版面上附加图形和文字说明的要求，符合规范规定的是（　　）。

A. 警告标志版面上可以附加文字和图形

B. 禁止转弯标志版面上不得附加文字和图形

C. 车辆行驶指示标志版面上可以附加文字和图形

D. 专用道路指示标志版面上不得附加文字和图形

40. 某设计速度为 80km/h 的城市地下快速路，其暗埋段内沿行车下坡方向设置一处双车道的入口匝道，该处主线纵坡度为 3%，计算该匝道加速车道的最小长度应为（　　）。（计算结果取整数）

A. 220m　　B. 264m

C. 317m　　D. 330m

二、多项选择题（共 30 题，每题 2 分。每题的备选项中有两个或两个以上符合题意，错选、少选、多选均不得分。）

41. 某拟新建公路为主要集散公路，下列有关该公路可选用的技术等级，符合规范规定的是（　　）。

A. 一级公路　　B. 二级公路

C. 三级公路　　D. 四级公路

42. 某新建公路采用设计速度为 60km/h 的二级公路，因地处城镇化附近，非汽车交通量较大。已知某路段正常路段路拱横坡为 2.5%，纵坡采用规范规定正常情况下的最大纵坡值，下列关于该路段平面圆曲线可采用的超高值，符合标准规范规定的是（　　）。

A. 2%　　B. 3%

C. 4%　　D. 6%

43. 以下有关公路平、纵线形组合设计的说法，符合标准规范的是（　　）。

A. 竖曲线与平曲线宜相互对应，且竖曲线应包含在平曲线内

B. 平、竖曲线半径均较大时，可不严格要求平、竖曲线相互对应

C. 凸型竖曲线的顶部或凹型竖曲线的底部，不宜同反向平曲线的拐点重合

D. 长的平曲线内不宜包含多个短的竖曲线，短的平曲线不宜与短的竖曲线组合

44. 公路设计时，以下关于路基设计，符合规范要求的是（　　）。

A. 新建公路路床应处于干燥或中湿状态

B. 路基应以路床顶面回弹模量为设计指标

C. 水泥混凝土路面应采用路床顶面竖向压应变指标控制

D. 沥青路面应验算路床顶面竖向压应变，并满足规范要求

45. 某高速公路，路基填料为粗粒土或填石料，公路高路堤稳定性分析计算时，下列关于计算参数的选取正确的有（　　）。

A. 路基填土的黏聚力和内摩擦角参数值可采用直剪快剪试验获得

B. 路基土受地下水影响时，其黏聚力和内摩擦角参数值应采用固结快剪试验

C. 地基土的黏聚力和内摩擦角参数值宜采用直剪固结快剪或三轴固结不排水剪试验获得

D. 分析高路堤沿斜坡地基或软弱带滑动的稳定性时，土层黏聚力和内摩擦角参数值可采用直剪快剪试验获得

46. 下列关于公路悬臂、扶壁式挡土墙设计的说法，符合规范要求的有（　　）。

A. 挡土墙分段长度不宜超过 20m

B. 配置于墙体中的主筋，直径不宜小于 10mm

C. 扶壁式挡土墙每一分段宜设 3 个或 3 个以上的扶壁

D. 相对于悬臂式挡土墙，扶壁式挡土墙适用的高度更高

47. 高速公路改建项目，既有路面结构层和加铺层结构验算时，下列说法符合规范规定的是（　　）。

A. 设计使用年限内预期的交通荷载参数及交通荷载等级应按新建公路相关规定确定

B. 加铺层及经处治的既有路面结构在设计使用年限内的使用性能应按新建公路规定确定

C. 既有路面结构破损轻微且结构性能较好时，采用直接加铺或铣刨加铺方案均应对既有路面构层

和加铺层进行结构验算

D. 既有路面结构破损严重且结构性能不足时，采用直接加铺或铣刨加铺方案均应对既有路面结构层和加铺层进行结构验算

48. 关于公路水泥混凝土路面结构设计标准，在设计基准期内下列说法符合规范规定的是（　　）。

A. 水泥混凝土板在最大温度梯度作用下不产生疲劳断裂为设计标准

B. 水泥混凝土板在最重轴载行车荷载作用下不产生极限断裂为设计标准

C. 水泥混凝土板在行车荷载和温度梯度综合作用下，不产生疲劳断裂为设计标准

D. 水泥混凝土板在最重轴载和最大温度梯度综合作用下，不产生极限断裂为验算标准

49. 某既有公路在水泥混凝土路面加铺设计时，既有路面损坏状况和接缝传荷能力都评定为中等，拟采用沥青混凝土加铺方案，为减缓沥青路面反射裂缝应采用措施是（　　）。

A. 减少沥青加铺层厚度

B. 在加铺层内设置应力吸收层或土工织物夹层

C. 在沥青混凝土加铺层下层设置大粒径沥青碎石

D. 沥青加铺层采用掺纤维或橡胶的改性沥青混合料

50. 某高速公路勘察设计项目，在开展一跨河桥梁的既有桥梁调查时，宜包括的调查项目为(　　)。

A. 基础埋深　　B. 设计使用年限

C. 设计洪水标准　　D. 过河管缆的跨度

51. 某高速公路拟通过岩溶地区，下列描述桥位选择原则符合规范的是（　　）。

A. 可设在地下河范围内

B. 宜设在非可溶岩层地带上

C. 应避开巨大洞室、大竖井和构造破碎带

D. 宜避开强岩溶地区，选择岩溶发育较轻微的区域

52. 某公路桥梁桥面系设置了人行道，人行道设置了竖向钢质栏杆，其钢质栏杆间距不符合规定的是（　　）。

A. 13cm　　B. 15cm

C. 18cm　　D. 20cm

53. 公路隧道可根据围岩级别、施工条件等采用喷锚衬砌结构。依据规范要求，锚杆支护设计中对于锚杆种类和参数的选择，符合规定的是（　　）。

A. 锚杆直径宜采用 20～28mm

B. 软岩、变形较大的围岩地段，可采用预应力锚杆

C. 自稳时间短的围岩，宜采用全黏结树脂锚杆或早强水泥砂浆锚杆

D. 用作永久支护的锚杆应为全长黏结型锚杆，端头锚固型锚杆作为永久支护宜在孔内注满砂浆或树脂，砂浆或树脂的强度等级不应小于 M10

54. 某公路隧道，洞口段地质条件较差，设计中采用超前管棚支护。依据规范要求，下列选项中符合超前管棚设计规定的是（　　）。

A. 钢管环向间距宜为 350～500mm

B. 纵向应沿隧道开挖轮廓线 100～200mm 外平行布设

C. 钢管内应插入钢筋笼或钢筋束，并应注满强度等级不低于 M20 的水泥砂浆

D. 一次支护长度宜为 10～45m，两次管棚支护间应有不小于 1.0m 的水平搭接长度

55. 根据现行《公路路线设计规范》有关规定，在下列几类互通式立体交叉中，可采用一般互通式立体交叉的有（　　）。

A. 高速公路与高速公路相交

B. 高速公路与具干线功能的一级公路相交

C. 高速公路与具集散功能的一级公路相交

D. 高速公路与具干线功能的二级公路相交

56. 某高速公路设计速度 120km/h，下列各项为互通式立体交叉分流鼻端前识别视距控制路段主线凸形竖曲线半径值，其中符合行业现行标准有关竖曲线极限最小半径规定的有（　　）。

A. 18000m　　　　B. 24000m

C. 30000m　　　　D. 36000m

57. 下列各选项为互通式立体交叉匝道设计速度和对应的车道宽度，其中符合公路行业现行标准有关规定的有（　　）。

A. 80km/h，3.75m　　　　B. 70km/h，3.50m

C. 60km/h，3.50m　　　　D. 40km/h，3.25m

58. 为保证公路隧道内光电标志的视认性，下列说法正确的是（　　）。

A. 疏散指示标志的最小亮度不应小于 5cd/m²

B. 疏散指示标志的最大亮度不应大于 200cd/m²

C. 车行横通道指示标志中白色部分最小亮度不应小于 150cd/m²

D. 车行横通道指示标志中白色部分最大亮度不应大于 150cd/m²

59. 为使高速公路管理者及时掌握交通信息，交通监控设施设置了视频事件检测器，该检测器应能检测以下哪些事件（　　）。

A. 交通堵塞　　　　B. 车辆逆行

C. 道路上停车　　　　D. 车辆超载行驶

60. 建筑安装工程费是公路工程建设项目概算预算总金额费用主要组成部分，下列关于建筑安装工程费组成选项中，符合规范规定的是（　　）。

A. 直接费　　　　B. 措施费

C. 企业管理费　　　　D. 建设单位管理费

61. 下列关于城市道路沿河及浸水路段的最小路基边缘标高，除考虑路基设计洪水频率的水位外，还应考虑的因素，符合规范规定的是（　　）。

A. 壅水高　　　　B. 安全高度

C. 防浪墙高度　　　　D. 波浪侵袭高度

62. 某设计速度 60km/h 的城市主干路，机动车双向 6 车道。下列关于该道路公共交通设施的布置，符合规范规定的是（　　）。

A. 达到公交客流路段单向设置 1 条公交专用车道

B. 交叉口进口道公交专用车道宽度不应小于 3.0m

C. 不设公交专用道的路段应设置港湾式公交停靠站

D. 条件受限时公交停靠站设置在交叉口进口道展宽段处

63. 城市道路立体交叉分类中，下列具有机非分行、无干扰特征的互通式立交类型，符合规范规定的是（　　）。

A. 立 A_1 类　　B. 立 A_2 类

C. 立 B 类　　D. 立 C 类

64. 某多雨地区的城市快速路，主线路基段中央分隔带宽度为 3.0m，主线高架段下方的地面道路中央分隔带宽度为 8.0m。下列关于中央分隔带的排水设计，符合规范规定的是（　　）。

A. 主线路基段中央分隔带采用设置纵向排水渗沟

B. 主线路基段中央分隔带采用在分隔带植草和植树

C. 主线路基段中央分隔带采用预制混凝土块封闭分隔带表面

D. 被高架桥遮挡的地面道路中央分隔带不设置分隔带排水设施

65. 某城市主干路采用半刚性基层沥青路面，所在地的沥青路面使用性能气候分区为 1-4-1，交通等级为重交通。下列关于一般路段沥青表面层 AC-13C 混合料（改性沥青）的高温稳定性、低温抗裂性和水稳定性的技术要求，符合规范规定的是（　　）。

A. 动稳定度 $\geqslant$ 3000 次/mm　　B. 极限破坏应变 $\geqslant 2000 \times 10^{-6}$

C. 冻融劈裂强度比 $\geqslant$ 80%　　D. 浸水马歇尔残留稳定度 $\geqslant$ 80%

66. 某城市道路的地下管线在交叉口处相互交叉，下列关于工程管线竖向位置发生矛盾时应遵循的基本避让原则，符合规范规定的是（　　）。

A. 给水管线宜避让雨水管线　　B. 电力管线宜避让燃气管线

C. 雨水支管宜避让污水主管　　D. 热力管线宜避让临时污水管线

67. 下列关于城市隧道洞口的正面及顶面可设置限界结构防撞设施的选项，符合规范规定的是（　　）。

A. 防撞护栏　　B. 防撞垫

C. 防撞墩　　D. 防撞门架

68. 某设计速度为 30km/h 的城市次干路，路段设有一处无信号灯控制的人行横道线。下列关于该行人过街交通标志标线的设置要求，符合规范规定的是（　　）。

A. 人行横道线宽度为 3.5m

B. 在人行横道线前设置停车让行线和人行横道预告标识

C. 配合设置人行横道标志、注意行人标志

D. 人行横道处设置白色菱形预告标识，纵向长度 3.0m，横向长度 1.5m

69. 某城市快速路在下穿河道处，设置暗埋段长度为 1600m 的地下道路。下列关于该地下道路交通设施的设计，符合规范规定是（　　）。

A. 在入口处设置入口预告标志

B. 在入口处设置交通管理禁令标志

C. 交通标志采用主动发光或照明式标志

D. 在各车道中心线上方设置车道指示器

70. 下列关于城市道路初步设计文件中有关交通量预测的编制内容，符合市政公用工程设计文件编制深度规定的是（　　）。

A. 现状交通量及技术评价　　B. 施工期交通量预测分析

C. 远期交通流量流向分析　　D. 设计小时交通量的确定

注册道路工程师执业资格专业考试

模考试卷（四）

专业知识
（下）

二〇XX年十一月

应考人员注意事项

1. 书写用笔：**黑色墨水笔；**

   填涂答题卡用笔：**2B 铅笔**。

2. 须用书写用笔将工作单位、姓名、准考证号填写在答题卡和试卷相应的栏目内。

3. 本试卷由 70 题组成，满分为 100 分。1～40 题为单项选择题，其中，1～27 题为公路工程试题，28～40 题为城市道路工程试题；41～70 题为多项选择题，其中，41～60 题为公路工程试题，61～70 题为城市道路工程试题。

4. 考生在作答时，必须**按题号**在**答题卡**上将相应试题所选选项对应字母用 **2B 铅笔**涂黑。

5. 在答题卡上书写与题意无关的语言，或在答题卡上作标记的，均按违纪试卷处理。

6. 考试结束时，由监考人员当面将试卷、答题卡一并收回。

7. 草稿纸由各地统一配发，考后收回。

一、单项选择题（共 40 题，每题 1 分。每题的备选项中只有一个最符合题意）

1. 内蒙古自治区某小交通量高速公路，地处呼伦贝尔草原地区，总体采用扩建现有二级公路的建设方案，设计速度采用 80km/h，原有道路满足二级公路的设计洪水频率；路基横断面采用分离式断面，其中一幅利用现有二级公路改建而成，另一幅新建。下列关于改建利用现有公路一幅的路基设计洪水频率，符合规范规定的是（　　）。

A. 1/25　　　　B. 1/50

C. 1/100　　　　D. 1/200

2. 根据《中国地震动参数区划图》，某公路工程位于地震基本烈度值Ⅶ，地震动峰值加速度 0.10g 的地区，下列有关该地区抗震设计符合规范规定的是（　　）。

A. 简易设防　　　　B. 不需抗震设计

C. 应进行抗震设计　　　　D. 应进行专门的抗震研究和设计

3. 某山岭区一级公路的路基横断面采用分离式断面，下列关于该公路标准横断面的各组成部分，符合规范规定的是（　　）。

A. 土路肩、行车道、路缘带、左侧硬路肩、土路肩

B. 土路肩、行车道、路缘带、右侧硬路肩、土路肩

C. 土路肩、左侧硬路肩、行车道、右侧硬路肩、土路肩

D. 土路肩、左侧路缘带、行车道、右侧硬路肩、土路肩

4. 下列关于公路通行能力和服务水平的说法，符合规范规定的是（　　）。

A. 高速公路的通行能力和服务水平分析评价应分方向进行

B. 三级公路的通行能力和服务水平分析评价宜分方向进行

C. 高速公路的路段宜进行通行能力和服务水平的分析与评价

D. 三级公路的平面交叉必须进行通行能力和服务水平的分析与评价

5. 西南地区某山区公路采用设计速度 60km/h 的一级公路标准，其中在某连续上坡路段的行车道右侧设置了爬坡车道，主线超高坡度为 6%，下列关于该爬坡车道超高坡度的选项，符合规范规定的是（　　）。

A. 2%　　　　B. 3%

C. 4%　　　　D. 6%

6. 公路挡土墙设计计算中，下列荷载属于可变荷载的是（　　）。

A. 地震作用力

B. 挡土墙结构重力

C. 作用于墙顶护栏上的车辆碰撞力

D. 墙背路基填筑时压路机等施工有关的临时荷载

7. 下列关于公路边坡预应力锚杆设计的描述，符合规范要求的是（　　）。

A. 锚固段长度越大越好

B. 预应力锚杆应采用压力分散型锚杆

C. 预应力锚杆的保护层厚度不应小于 10mm

D. 注浆体与锚杆体间黏结强度越大，计算所需的锚固段长度越小

8. 关于公路软土路基设计的沉降计算，下列说法不符合规范要求的是（　　）。

A. 沉降计算中，高路堤可不考虑行车荷载对沉降的影响

B. 水泥搅拌桩处理地基的沉降量计算为桩身沉降与桩间土沉降之和

C. 软土地基总沉降可由瞬时沉降、主固结沉降和次固结沉降之和组成

D. 管桩处理地基的最终沉降量计算，可不考虑桩间土压缩变形对沉降的影响

9. 关于岩溶地区公路路基设计，下列方案符合规范要求的是（　　）。

A. 路基坡脚的开口溶洞，可不做处理

B. 位于岩溶路段的路基应采用回填、注浆加固等措施处理溶洞

C. 岩溶水发育地段，路基修筑可切断岩溶水的径流通道，避免影响路基稳定

D. 位于路基两侧的地下溶洞可采用坍塌时的扩散角、顶板厚度、安全系数及岩石内摩擦角计算溶洞距路基的安全距离

10. 下列公路水泥混凝土路面结构组合设计中可不设置路面底基层的路面是（　　）。

A. 承受中等、轻交通荷载的路面

B. 承受极重、特重交通荷载的路面

C. 基层采用无机结合料水泥稳定类材料，且路床由细粒土组成时

D. 多雨地区的高速公路，设置了排水基层的路面，路床由低透水性细粒土组成时

11. 公路水泥混凝土路面结构设计中可不考虑设置防冻层的条件是（　　）。

A. 季节性冰冻地区　　B. 冻深小于 0.5m 的地区

C. 冻深小于 2.0m 的地区　　D. 易冻胀土的中湿路基路段

12. 某新建高速公路，采用沥青路面结构，为满足路面结构验算时结构模量取值要求，沥青混合料动态压缩模量的试验条件应为（　　）。

A. 20℃，5Hz　　B. 20℃，10Hz

C. 25℃，5Hz　　D. 25℃，10Hz

13. 公路沥青路面改建工程路面结构验算，既有路面破损严重时，关于既有路面铣刨后留用的路面结构层顶面当量回弹模量的确定方法，符合规范规定的是（　　）。

A. 参照新建路面结构设计值确定

B. 利用弯沉盆反演或芯样实测方法确定的各层结构模量

C. 根据路面整体强度、基层和面层损坏情况，结合当地经验确定

D. 根据落锤式弯沉仪测试的中心点弯沉值换算既有路面顶面当量回弹模量

14. 公路桥梁钢部件的连接可采用焊接、螺栓连接和铆钉连接，其中焊接连接的表述不符合规范要求的是（　　）。

A. 焊接接头的屈服强度、低温冲击功、延伸率不应低于母材的标准值

B. 根据焊接接头的实际情况，可加大焊缝，但焊缝宜对称布置于杆件的轴线

C. 当不同强度的钢材连接时，可采用与较低强度钢材牌号相适应的焊接材料

D. 焊件厚度大于 20mm 的角接接头，应采用不易引起层状撕裂的焊接接头构造

15. 根据《公路工程水文勘测设计规范》规定，桥轴法线与通航主流的夹角不宜大于（　　）。

A. 5°　　B. 10°

C. 15°　　D. 30°

16. 某海湾地区要建设桥梁，设计单位列出的桥位选择原则中，不符合《公路工程水文勘测设计规范》条文规定的是（　　）。

A. 桥位区应符合景观要求

B. 桥位选择宜避开船舶锚地

C. 桥位宜选在有岛屿相连、过水断面较窄的地段

D. 桥位宜选在与两岸公路连接顺畅、桥轴线与海流流向正交的地段

17. 根据《公路桥梁抗震设计规范》规定，某柱式排架墩桥梁，墩高 28m，按照二级抗震措施要求，其柱间系梁宜设置的道数是（　　）。

A. 一道　　B. 两道

C. 三道　　D. 四道

18. 某公路隧道设计速度为 80km/h，路拱为 2%，那么该隧道不设超高的圆曲线最小半径是（　　）。

A. 4000m　　B. 3350m

C. 2500m　　D. 1500m

19. 公路隧道采用复合式衬砌时，应在初期支护和二次衬砌之间设置防水层，防水层所使用的无纺布密度不应小于（　　）。

A. $260g/m^2$　　B. $280g/m^2$

C. $300g/m^2$　　D. $320g/m^2$

20. 依据规范规定，多年冻土区公路隧道衬砌结构应采用的类型是（　　）。

A. 直墙无仰拱的复合式衬砌　　B. 直墙带仰拱的复合式衬砌

C. 曲墙无仰拱的复合式衬砌　　D. 曲墙带仰拱的复合式衬砌

21. 依据规范规定，公路隧道交通控制及诱导设施中，可变信息标志版在隧道内的版面亮度不应小于（　　）。

A. $3000cd/m^2$　　B. $3500cd/m^2$

C. $4000cd/m^2$　　D. $8000cd/m^2$

22. 两条高速公路形成错位交叉的互通式立体交叉，下列各选项为共用路段长度和单向基本车道数，共用路段两端相邻的主线基本车道数为单向 3 车道，根据行业现行标准的有关规定，共用路段可按整体式横断面设计的是（　　）。

A. 1.6km，3 车道　　B. 3.5km，4 车道

C. 4.3km，5 车道　　D. 5.2km，6 车道

23. 根据公路行业现行标准有关规定，对于设紧急停车带的对向分隔式双车道匝道，当条件受限时，其右侧硬路肩宽度不应小于（　　）。

A. 1.00m　　B. 1.50m

C. 2.00m　　D. 3.00m

24. 某设计速度 100km/h 的高速公路受地形条件限制避险车道设置在 3%连续长下坡路段，此避险车道入口处大货车的识别视距应不小于（　　）。

A. 160m　　B. 200m

C. 225.5m　　D. 237.5m

25. 某设置了火灾检测器和有线广播的公路隧道，按规范要求需设置火灾声光报警器，下列关于火灾声光报警器说法正确的是（　　）。

A. 隧道中央控制室应设置火灾声光报警器

B. 隧道内各报警区域应设置火灾声光报警器

C. 火灾声光报警器的安装高度不宜大于 2.5m

D. 隧道入口前方 250m 处应设置火灾声光报警器

26.《公路工程建设项目概算预算编制办法》规定，不能用设备购置费购置的设备是（　　）。

A. 监控设备　　　　B. 养护设备

C. 供电设备　　　　D. 施工设备

27.《公路工程建设项目概算预算编制办法》规定，建设项目交付使用后为满足初期正常运营必须购置的第一套不构成固定资产的设备、仪器、仪表、工卡模具、器具、工作台（框、架、柜）等的费用是（　　）。

A. 设备购置费　　　　B. 工器具购置费

C. 生活用家具购置费　　　　D. 办公用家具购置费

28. 某设计速度为 60km/h 的城市主干路，横断面为机非分行的三幅路布置，非机动车道仅考虑自行车通行。一般情况下，下列关于该道路纵断面设计中纵坡、坡长、竖曲线长度的取值，符合规范规定的是（　　）。

A. 2.5%、200m、100m　　　　B. 2.5%、200m、150m

C. 3.5%、200m、200m　　　　D. 4.5%、150m、200m

29. 某城市主干路，横断面为机动车双向 6 车道、机非分行的三幅路布置。下列关于该道路交通安全设施的设置，不符合规范规定的是（　　）。

A. 平面交叉口设置信号灯控制　　　　B. 桥梁与高路堤段设置路侧护栏

C. 急弯路段设有视线诱导和警告标志　　　　D. 机动车道采用双黄线分隔对向交通

30. 某设计速度 50km/h 的城市主干路，采用机动车双向 4 车道、双幅路布置，两侧设置非机动车道和人行道。其中某一段为 1.2km 长的隧道。下列关于该隧道及接口的设计，不符合规范规定的是（　　）。

A. 隧道段设计最大纵坡为 3%

B. 隧道横断面采用双孔布置，与路段一致

C. 隧道洞口内外侧各 42m 范围内的平纵线形一致

D. 隧道洞口外 50m 范围内的断面与隧道内的断面一致

31. 某设计速度为 60km/h 的城市主干路，采用双幅路横断面布置，其中间分隔带的设施带宽度为 1.50m，计算该中间带的最小宽度应为（　　）。

A. 1.50m　　　　B. 2.00m

C. 2.50m　　　　D. 3.00m

32. 某城市次干路与有轨电车道呈平面相交，下列关于该道路中心线与有轨电车轨道的斜交角度，不符合规范规定的是（　　）。

A. 40°　　　　B. 50°

C. 60°　　　　D. 75°

33. 某城市道路枢纽立交，其中一条主路设计速度为 80km/h，在行车道右半幅路侧设置先驶入后驶出匝道，匝道均为单车道平行式出、入口布置。不考虑交通标志设置距离及车辆交织长度的影响，下列关于该相邻匝道出入口应采用的最小净距，符合规范规定的是（　　）。（取小数点后 1 位）

A. 137.5m　　B. 220.0m

C. 275.0m　　D. 440.0m

34. 某城市道路路堤重力式挡土墙，在作用组合Ⅱ下进行地基稳定性计算时，下列关于该挡土墙自重重力和墙背主动土压力的作用分项系数取值，符合规范规定的是（　　）。

A. 0.90，1.00　　B. 0.90，1.40

C. 1.00，1.00　　D. 1.20，1.40

35. 下列关于沥青路面路表设计弯沉值l_d、拟定路面结构路表计算弯沉值l_s、最后确定路面结构的路表弯沉检测标准值l_a、路面质量验收时在不利季节实测所得路表实测代表弯沉值l_0的技术要求，符合规范规定的是（　　）。

A. l_s应小于或等于l_d　　B. l_a应小于或等于l_s

C. l_0应小于或等于l_d　　D. l_0应小于或等于l_a

36. 城市道路无障碍设计中，下列关于轮椅坡道的技术要求，符合规范规定的是（　　）。

A. 轮椅坡道净宽度不应小于 0.8m

B. 城市广场设置台阶的同时应设置轮椅坡道

C. 轮椅坡道休息平台的水平长度不应小于 1.2m

D. 轮椅坡道扶手内侧与墙面的距离不应小于 35mm

37. 某位于非寒冷地区的城市道路，下列地下管线因最小覆土深度受条件限制，需采取安全措施的是（　　）。

A. 人行道下方给水管线的最小覆土深度 1.0m

B. 机动车道下方雨水管线的最小覆土深度 1.5m

C. 非机动车道下方污水管线的最小覆土深度 0.9m

D. 机动车道下方直埋电力管线的最小覆土深度 0.8m

38. 某设计速度为 80km/h 的城市快速路，主路交通管理措施为禁止行人、非机动车、摩托车、载货汽车驶入，入口处圆形禁令标志的外径尺寸为 1.0m。下列关于同一块禁令标志版面上最多能出现的车型图案数量，符合规范规定的是（　　）。

A. 1 种　　B. 2 种

C. 3 种　　D. 4 种

39. 下列关于城市道路人行地道的设置要求，符合规范规定的是（　　）

A. 地道通道净宽不小于 3.0m

B. 地道坡道的极限最小垂直净高 2.2m

C. 设推车带的梯（坡）道最小净宽度 1.8m

D. 地道梯道踏步中间位置的最小垂直净高 2.5m

40. 下列关于城市道路施工图设计说明书的编制内容，符合市政公用工程设计文件编制深度规定的是（　　）。

A. 功能定位论证　　B. 工程规模论证

C. 环境影响评价　　D. 工程验收标准

二、多项选择题（共 30 题，每题 2 分。每题的备选项中有两个或两个以上符合题意，错选、少选、多选均不得分。）

41. 东北地区某新建主要集散公路，采用设计速度 80km/h 的一级公路标准，沿线地处积雪冰冻区。下列关于该公路超高设置的说法，符合规范规定的是（　　）。

A. 最大超高值应采用 8%

B. 城镇区域最大超高值可采用 4%

C. 圆曲线半径 1900m，可不设超高

D. 圆曲线半径 300m，最大超高值可采用 4%

42. 某拟新建高速公路，沿线地形平坦、用地绝大多数为基本农田。下列关于该项目基本建设用地的控制范围，符合规范规定的是（　　）。

A. 路堤坡脚矮墙外不小于 0.5m 范围　　B. 路堤无排水沟以外不小于 1m 范围

C. 桥梁占地按实际需要确定用地范围　　D. 路堤两侧排水沟边缘以外 1.5m 范围

43. 西北某省既有 S206 线公路是连接两个市的省道公路，技术标准为二级公路、设计速度 60km/h。交通量调查表明已达到改扩建时机，现拟改扩建为设计速度 80km/h、双向四车道的一级公路。该公路沿线为地形平坦的平原区，无不良地质及特殊性岩土、无隧道、无跨河桥梁，最大桥梁跨径为 3 × 30m 连续小箱梁。下列关于项目前期需要完成的专题，符合标准规范规定的是（　　）。

A. 项目后评价　　B. 环境影响评价

C. 交通安全性评价　　D. 水土保持方案评价

44. 某高速公路设计车速采用 100km/h，其中在某路段采用了连续纵坡设计，下列关于该路段的纵坡设计组合，符合标准规范规定的是（　　）。

A. 800m 坡长（坡度 3%），接 230m 坡长（坡度 2.5%），接 500m 坡长（坡度 4%）

B. 900m 坡长（坡度 3%），接 250m 坡长（坡度 2.5%），接 600m 坡长（坡度 4%）

C. 1000m 坡长（坡度 3%），接 270m 坡长（坡度 2.5%），接 700m 坡长（坡度 4%）

D. 1100m 坡长（坡度 3%），接 290m 坡长（坡度 2.5%），接 800m 坡长（坡度 4%）

45. 下列关于路线方案比选的说法，符合标准规范规定的是（　　）。

A. 桥梁和隧道布设应服从路线总体走向和几何线形设计等要求

B. 对于公路路基高填深挖的路段，应进行高填路基与桥梁、深挖路堑与隧道方案的综合比选论证

C. 对路线方案选择有重大影响的地质灾害，应进行综合评估，并对绕避、穿越及处治方案进行比选论证

D. 路线方案比选应查明沿线地质、水文情况、重大自然灾害、地质灾害的分布、范围、状态及对工程的影响程度

46. 关于公路黄土地区路基设计，下列说法符合规范要求的是（　　）。

A. 湿陷性黄土地基的处理宽度，路堤地段应至坡脚排水沟外侧不小于 1m

B. 黄土用作路基填料时，其最小强度和路床顶面回弹模量不足时，应采用无机结合料等处治措施

C. 用于稳定性计算的黄土路堤抗剪强度指标应按设计的压实度制备试样，采用固结快剪试验测定

D. 受经常流水影响，II类湿陷性黄土，路堤填高大于 4m，湿陷性黄土地基最小处理深度为 3～5m

47. 下列关于公路路基排水设施设计的描述，符合规范要求的是（　　）。

A. 暗沟设置的检查井可兼作渗井使用

B. 深路堑坡面径流量大时，可在边坡中部设置平台排水沟

C. 仰斜式排水孔长度应伸至地下水富集部位或潜在滑动面

D. 截水沟仅用于拦截挖方坡顶上方流入路界的地表径流，宜布设在路堑坡顶 5m 以外

48. 新建或改扩建高速公路勘察设计中，下列关于边坡稳定性计算的说法符合规范要求的是（　　）。

A. 当边坡破坏机制复杂时，宜采用 Bishop 法进行分析

B. 结构简单的岩质顺层挖方边坡，可采用平面滑动面解析法进行计算

C. 高路堤拼接时，沿新路堤与既有路堤结合面，宜采用不平衡推力法进行滑动稳定性计算

D. 由多组结构面控制的岩质挖方边坡，可配合采用赤平投影法和实体比例投影法分析及楔形滑面法进行计算

49. 下列关于公路沥青路面结构验算时，各结构层回弹模量取值符合规范规定的是（　　）。

A. 粒料层，采用粒料回弹模量乘以湿度调整系数

B. 路基采用平衡湿度状态下考虑干湿与冻融循环作用后的顶面当量回弹模量

C. 结构验算时，无机结合料稳定层材料弹性模量应乘以结构层模量调整系数 0.5

D. 高速公路初步设计阶段，沥青面层采用水平一，20℃、5Hz 条件下的动态压缩模量

50. 关于公路水泥混凝土路面纵向接缝设计，下列设置纵向接缝的说法符合规范规定的是（　　）。

A. 一次摊铺宽度 6.5m 的钢纤维混凝土面层，应设纵向缩缝

B. 混凝土硬路肩面层与行车道路面之间的纵向接缝不设置拉杆

C. 一次铺筑宽度小于路面宽度应设纵向施工缝，接缝采用设拉杆的平缝形式

D. 一次铺筑宽度大于 4.5m 的普通混凝土面层应设纵向缩缝，接缝应采设拉杆的假缝形式

51. 某多雨地区承受特重交通荷载的新建二级公路，路面采用水泥混凝土路面结构，符合规范规定的路面结构组合设计是（　　）。

A. 基层下可不设底基层

B. 在排水基层下应设置不透水底基层

C. 宜采用开级配水泥稳定碎石排水基层

D. 水泥稳定碎石排水基层的设计厚度按计算厚度 10mm 向上取整

52. 某公路桥梁位于城镇混合交通繁忙处，桥上纵坡的取值符合规范规定的是（　　）。

A. 1%　　　　B. 2%

C. 2.5%　　　　D. 3.5%

53. 某山区高速公路，其桥梁上部结构为简支预应力混凝土小箱梁、桥面连续，拟采取二级抗震措施，桥墩高度的设置不符合规范规定的是（　　）。

A. 40m　　　　B. 45m

C. 50m　　　　D. 55m

54. 公路与管线、铁路、乡村道路交叉时应符合的规定是（　　）。

A. 铁路跨越公路时，其铁路跨线桥应设置防落网

B. 高速公路与乡村道路相交叉时宜设置通道或天桥

C. 公路跨越铁路时，其公路跨线桥应设防撞护栏和防撞网

D. 油气输送管道与各级公路相交叉采用下穿方式时，应设置地下通道（涵）或套管

55. 对地下水丰富、洞内排水能力不足而又无法封堵的公路隧道，可采用泄水洞排水。依据规范要求，泄水洞排水设计应符合的规定是（　　）。

A. 洞底高程应不高于正洞底高程

B. 出水口位置不应对下游地区造成危害

C. 可布置在隧道两侧，也可布置在隧道下方

D. 纵坡应能保证自流排水，最小纵坡不宜小于 0.3%

56. 公路隧道穿越流沙地层时，应选择适宜的隧道支护结构和工程措施，下列选项中，符合流沙地层隧道设计规定的是（　　）。

A. 二次衬砌应采用钢筋混凝土结构

B. 对流沙溢出口附近围岩应进行加固

C. 流沙地层围岩应采用超前锚杆加固措施

D. 应加强地层排水，宜将地下水位降至隧道底以下 0.5m

57. 某一级公路平面交叉范围内设计速度 80km/h 且直行交通量较大，右转弯车道设计速度 40km/h，下列各选项为一级公路侧右转弯减速车道总长度，其中满足行业现行标准规定值的有（　　）。

A. 35m　　　　B. 65m

C. 85m　　　　D. 95m

58. 公路平面交叉左转弯交通量较大时，在下列左转弯车道等候段长度中，符合行业现行标准有关规定的有（　　）。

A. 20m　　　　B. 30m

C. 40m　　　　D. 50m

59. 公路轮廓标设置应体现警示、诱导功能，下列关于轮廓标设置的说法正确的是（　　）。

A. 公路隧道内应设置轮廓标

B. 高速公路主线应连续设置轮廓标

C. 高速公路避险车道宜设置轮廓标

D. 二级公路的视距不良路段应设置轮廓标

60.《公路工程建设项目概算预算编制办法》规定，下列关于施工图预算编制依据内容的选项中，符合规范规定的是（　　）。

A. 有关合同、协议

B. 工程施工组织设计或施工方案

C. 工程所在地发布的补充计价依据

D. 工程所在地的人工、材料与设备、施工机械价格

61. 下列关于城市道路的排水设计，符合规范规定的是（　　）。

A. 城市道路排水应采用管道形式

B. 道路下面的地下水应采取排出措施

C. 管道排水时路面低洼点应设置雨水口

D. 易积水地段的雨水口宜适当加大泄水能力

62. 下列关于城市道路过街设施的设置要求，符合规范规定的是（　　）。

A. 平面交叉口应设置行人过街设施

B. 对视距受限、急弯陡坡路段不应设置人行横道

C. 穿越快速路的行人过街设施必须采用人行天桥

D. 路段内有行人横穿道路的地方必须设置人行横道

63. 某设计速度为 60km/h 的城市地下道路，机动车双向 4 车道，暗埋段长度 3.0km。下列关于该地下道路横断面的设计，符合规范规定的是（　　）。

A. 机动车道两侧设置 0.75m 宽的检修道

B. 机动车道两侧设置 0.75m 宽的路缘带

C. 在行车方向的右侧设置 3.0m 宽的连续应急车道

D. 采用对向车道之间设置中央防撞墩的单孔框架结构

64. 某城市快速路枢纽立交，主路设计速度均为 100km/h，每条车道宽为 3.75m，立交范围内设有辅助车道、集散车道。下列关于该立交范围内各类车道宽度取值，符合规范规定的是（　　）。

A. 辅助车道宽 3.50m　　B. 加速车道宽 3.50m

C. 减速车道宽 3.50m　　D. 集散车道宽 3.50m

65. 某软土地区的城市道路拟进行拓宽改建，其中一段填方路基采用开挖台阶法进行路基拓宽。查核该段原路基为砂质土填筑、堆载预压法处理，下列关于该路基拓宽所采用的工程措施，符合规范规定的是（　　）。

A. 黏质土填筑　　B. 碎石土填筑

C. 水泥搅拌桩地基处理　　D. 堆载预压法地基处理

66. 某城市主干路采用沥青路面，双向 6 车道，竣工通车第一年单向日平均当量轴次为 3000 次/d，设计车道分布系数为 0.8，设计基准期内交通量的年平均增长率为 7%。下列关于表面层可选用混合料类型，符合规范规定的是（　　）。

A. SMA 混合料（改性沥青）　　B. 冷拌沥青混合料（改性乳化沥青）

C. 密集配细型 AC-F 混合料（改性沥青）　　D. 密集配粗型 AC-C 混合料（改性沥青）

67. 某城市主干路设计速度为 60km/h，下列关于该道路宜设置 HB 级防撞护栏的桥梁选项，符合规范规定的是（　　）。

A. 一般桥梁　　B. 特大斜拉桥

C. 跨越高速公路的桥梁　　D. 跨越饮用水源一级保护区的桥梁

68. 某设计速度为 60km/h 的城市快速路，设置一处暗埋段长度 800m 的地下道路，为小客车专用、双向 4 车道布置。条件受限时，下列关于该地下道路的设计，符合规范规定的是（　　）。

A. 地下道路净高 3.20m　　B. 每条车道宽度 3.00m

C. 路缘带宽度 0.25m　　D. 连续式紧急停车带宽度 1.50m

69. 某城市主干路设计速度 50km/h，下列关于该道路中桥梁车行道外侧必须设置防撞护栏的要求，符合规范规定的是（　　）。

A. 跨越水源保护区的桥梁
B. 桥面常有积冰、积雪的桥梁
C. 跨河水深大于 5m 的桥梁
D. 临空高度大于 6m 的桥梁

70. 下列关于城市道路工程投资估算中有关工程费用的组成内容，符合市政公用工程设计文件编制深度规定的是（　　）。

A. 建筑工程费
B. 安装工程费
C. 基本预备费
D. 设备购置费

注册道路工程师执业资格专业考试

模考试卷（五）

专业知识

（上）

二〇XX年十一月

应考人员注意事项

1. 书写用笔：**黑色墨水笔；**

   填涂答题卡用笔：**2B 铅笔。**

2. 须用书写用笔将工作单位、姓名、准考证号填写在答题卡和试卷相应的栏目内。

3. 本试卷由 70 题组成，满分为 100 分。1～40 题为单项选择题，其中，1～27 题为公路工程试题，28～40 题为城市道路工程试题；41～70 题为多项选择题，其中，41～60 题为公路工程试题，61～70 题为城市道路工程试题。

4. 考生在作答时，必须**按题号**在**答题卡**上将相应试题所选选项对应字母用 **2B 铅笔**涂黑。

5. 在答题卡上书写与题意无关的语言，或在答题卡上作标记的，均按违纪试卷处理。

6. 考试结束时，由监考人员当面将试卷、答题卡一并收回。

7. 草稿纸由各地统一配发，考后收回。

一、单项选择题（共 40 题，每题 1 分。每题的备选项中只有一个最符合题意）

1. 根据《城镇化地区公路工程技术标准》（JTG 2112—2021），下列关于二级公路设计交通量分析时宜采用的预测年限，符合规范规定的是（　　）。

A. 10 年　　B. 15 年

C. 20 年　　D. 25 年

2. 拟新建公路采用二级公路标准、设计速度 60km/h，交通量分析结果显示大型车比例达 70%，其中某路段纵坡为 4%，下列关于该路段最小停车视距的取值，符合规范规定的是（　　）。

A. 75m　　B. 85m

C. 91m　　D. 170m

3. 某山区高速公路设计速度为 80km/h，现拟进行改扩建，维持通车路段的服务水平可降低一级，设计速度不宜低于（　　）。

A. 30km/h　　B. 40km/h

C. 50km/h　　D. 60km/h

4. 下列关于公路避险车道、爬坡车道等设置的说法，符合规范规定的是（　　）。

A. 4 车道高速公路连续长、陡下坡路段，均应设置避险车道

B. 4 车道高速公路设置爬坡车道时，爬坡车道宽度采用 3.75m

C. 一级公路的爬坡车道应紧靠车道的外侧设置，可不设右侧硬路肩

D. 一级公路主线流出至互通式立体交叉匝道、观景台时，需要设置加速车道，加速车道宽度采用 3.5m

5. 某山区拟新建 4 车道高速公路，设计速度 100km/h。因地形陡峭，某路段采用了长度 9.2km、平均纵坡 3.5%的纵断面设计。以下关于该路段纵断面设计的说法，符合规范规定的是（　　）。

A. 该段应进行交通安全性评价

B. 该段最大纵坡采用 4%，最大坡长 1000m

C. 设置缓和坡段纵坡采用 2.5%，坡长不小于 250m

D. 设置缓和坡段纵坡采用 3.5%，坡长不小于 300m

6. 某拟新建公路项目采用一级公路标准，设计速度 60km/h、双向 4 车道，其中在某连续爬坡路段，经过论证拟设置爬坡车道，已知该路段的路线平面为平曲线，主线超高 5%，下列关于该爬坡车道的超高值，符合规范规定的是（　　）。

A. 2%　　B. 3%

C. 4%　　D. 5%

7. 下列关于路堤和路床压实度要求的表述，符合《公路路基设计规范》（JTG D30—2015）要求的是（　　）。

A. 路基压实度应不小于 98%

B. 特殊土填料应降低压实标准

C. 二级公路路床压实度大于等于 95%

D. 除特殊土外，二级及以上公路路堤压实度应大于 90%

8. 轻质材料可用作减少路堤重度或土压力的路堤填料，根据规范规定，下列选项不适宜采用轻质

土路堤的是（   ）。

A. 拓宽路堤　　B. 桥涵台背路堤

C. 洪水淹没地段路堤　　D. 软土地基上的路堤

9. 某山区一级公路在路基地表排水设计中，下列选项符合规范要求的是（   ）。

A. 水环境敏感地段路基排水沟出口处不设油水分离池

B. 某段明沟计算流速 3.5m/s，沟底及沟壁采用干砌片石防护

C. 无护栏挖方路基两侧设置底宽 0.6m、深 0.6m 的矩形边沟，不设盖板

D. 季节冻土地区，浅碟形边沟下的暗埋管（沟）应设置在最大路基冻深线之下，暗埋管（沟）出水口应采取保温防冻措施

10. 根据《公路路基设计规范》（JTG D30—2015），下列关于填方路基设计最小填土高度的确定原则，符合规范要求的是（   ）。

A. 季冻区路堤高度不大于当地最大冻深

B. 不小于平衡湿度状态下路基临界高度

C. 不考虑气候因素和地下水对路基工作区性能的影响

D. 满足公路等级对应的路基设计洪水频率及其设计洪水位要求

11. 根据规范规定，公路水泥混凝土路面结构分析应采用的理论是（   ）。

A. 太沙基固结理论　　B. 弹性地基板理论

C. 弹性层状连续体系理论　　D. 太沙基-伦杜立克理论

12. 公路水泥混凝土路面的设计强度应采用 28d 龄期的弯拉强度，根据规范规定，特重交通荷载等级的水泥混凝土弯拉强度标准值不得低于（   ）。

A. 4.0MPa　　B. 4.5MPa

C. 5.0MPa　　D. 5.5MPa

13. 在季节性冰冻地区，中湿或潮湿状态条件下，根据规范规定，公路水泥混凝土路面结构层的总厚度可不考虑结构层防冻厚度的是（   ）。

A. 当地最大冰冻深度为 0.3m 的地区

B. 当地最大冰冻深度为 0.6m 的地区

C. 当地最大冰冻深度为 1.0m 的地区

D. 当地最大冰冻深度为 1.2m 的地区

14. 根据规范规定，下列关于公路水泥混凝土路面横向胀缝设置的说法，符合规定的是（   ）。

A. 胀缝填缝料可采用水泥砂浆充填

B. 胀缝传力杆与横向缩缝传力杆可采用螺纹钢筋

C. 条件困难时，邻近桥梁处水泥混凝土路面可不设置胀缝

D. 在次要道路弯道加宽段起终点断面处的横向接缝，应采用胀缝形式

15. 公路工程混凝土结构应考虑环境作用影响进行耐久性设计。下列耐久性设计的材料选用不符合规范规定的做法是（   ）。

A. 混凝土用水不应采用污水或 pH 值小于 5 的酸性水

B. 硅酸盐水泥或普通硅酸盐水泥的比表面积不宜超过 $350m^2/kg$

C. 外加剂中的氯离子总含量不宜大于混凝土中胶凝材料总质量的 0.03%

D. 粗集料的最大公称粒径不应超过结构最小边尺寸的 1/4 和钢筋最小净距的 3/4

16. 公路桥梁的桥位选择原则上应服从路线走向，根据河段的水文、地形、地质、地物等特征比选确定。下列表述不符合规范规定的是（　　）。

A. 桥位应选在河道顺直、稳定、较窄的河段上

B. 桥轴法线与通航主流的夹角大于 5°时，不必增大通航孔的跨径

C. 冰凌河段，桥位宜选在河道顺直稳定、主槽较深、流冰顺畅的河段上

D. 海湾地区的桥位宜选在海岸基本稳定，泥沙来源少、沿岸泥沙流弱的地段

17. 某多孔跨河大桥需在河槽中设置桥台，桥台总冲刷深度为 5m，河中桥墩的总冲刷深度为 10m，墩台基础均位于非岩石地层，请问桥台基底的最小埋深是（　　）。

A. 7.0m　　B. 7.5m

C. 12.5m　　D. 13.0m

18. 根据规范规定，公路隧道紧急停车带的有效长度不应小于（　　）。

A. 50mm　　B. 40mm

C. 30mm　　D. 20mm

19. 公路隧道采用整体式衬砌结构设计时，下列描述中不符合规范规定的是（　　）。

A. 单洞 4 车道隧道，宜采用钢筋混凝土结构

B. 采用钢筋混凝土结构时，结构厚度不宜小于 250mm

C. 在连续软弱围岩中，每 30～100m，宜设置一道沉降缝

D. 不设仰拱的整体式衬砌边墙基础底面不应高于电缆沟的设计开挖底面

20. 根据公路隧道设计规范规定，盾构隧道不得采用需加宽的平曲线，平曲线半径不宜小于（　　）。（D为隧道外径）

A. $30D$　　B. $40D$

C. $50D$　　D. $60D$

21. 根据规范规定，一级公路设计速度为 80km/h 时，平面交叉范围以引道视距控制的凸形竖曲线最小半径为（　　）。

A. 12000m　　B. 5100m

C. 4500m　　D. 3000m

22. 根据规范规定，高速公路设计速度 100km/h 时，其分流鼻端前减速车道路段的凸形竖曲线最小半径极限值为（　　）。

A. 25000m　　B. 23000m

C. 17000m　　D. 15000m

23. 高速公路设计速度 80km/h、互通式立体交叉单车道出口匝道位于主线 3.2%的下坡路段时，根据规范规定，其减速车道的减速段长度不应小于（　　）。

A. 110.0m　　B. 125.0m

C. 132.0m　　D. 190.0m

24. 某高速公路设有两座连续隧道，设计速度 80km/h，第一座隧道长度 1500m，第二座隧道长度

2500m，两座隧道间距 100m，第一座隧道入口段照明亮度值为 120cd/m²，则第二座隧道入口段照明亮度值宜为（　　）。

A. 60cd/m²　　B. 84cd/m²

C. 96cd/m²　　D. 120cd/m²

25. 公路标志应能准确、醒目地提供警告、禁令、指示、指路、安全等信息，不同功能的标志版面颜色应符合规范规定，其中禁令标志不包括的版面颜色是（　　）。

A. 红色　　B. 黑色

C. 黄色　　D. 白色

26. 某三级公路采用一阶段施工图设计，编制的预算文件中，企业管理费不包括（　　）。

A. 职工探亲路费　　B. 职工取暖补贴

C. 主副食运费补贴　　D. 生产人员培训费

27. 在公路工程建设项目中，业主管理工作可以使用概（预）算中的费用是（　　）。

A. 建设单位（业主）管理费　　B. 专项评价（估）费

C. 设计文件审查费　　D. 竣（交）工验收试验检测费

28. 下列关于城市道路下穿轨道交通线路或公路时，对城市道路建筑限界的要求，符合规范规定的是（　　）。

A. 应符合公路建筑限界的规定

B. 应符合城市道路建筑限界的规定

C. 应符合轨道交通线路建筑限界的规定

D. 应符合轨道交通线路或公路建筑限界的规定

29. 某城市快速路设计速度为 80km/h，双向 6 条机动车道，其中内侧 1 条为小客车专用道，下列关于该路采用的最小净高、车道最小宽度指标，符合规范规定的是（　　）。

A. 4.5m，3.75m　　B. 4.5m，3.50m

C. 3.5m，3.50m　　D. 3.5m，3.25m

30. 某新建城市道路沿河路段，一般情况下，河道设计洪水频率水位为 32.0m，壅水高度为 0.5m，波浪侵袭高度为 0.6m，计算该段道路路基边缘的最小设计标高值应为（　　）。

A. 32.5m　　B. 32.6m

C. 33.1m　　D. 33.6m

31. 某新建城市主干路，设计速度为 50km/h，路段机动车双向 8 车道，其中 2 条为路中式快速公交专用道，对向车道之间设置中央分隔带，同向车道之间标线划分。某处平面交叉口进口道渠化为 5 条社会车道，不设公交停靠站，计算困难情况下该进口道机动车道路面宽度的最小值应为（　　）。

A. 18.50m　　B. 19.00m

C. 19.75m　　D. 20.25m

32. 某城市灯控平面交叉口，其中一条为支路，设计速度为 40km/h。下列关于该交叉口验算视距三角形时，停车视距的最小长度，符合规范规定的是（　　）。

A. 20m　　B. 25m

C. 30m　　D. 40m

33. 某城市拟建枢纽立交，其中一条匝道的设计速度为 60km/h，圆曲线半径为 150m，下列关于该匝道最小超高横坡度，符合规范规定的是（　　）。

A. 0.020　　B. 0.030

C. 0.035　　D. 0.040

34. 拟建某城市主干路，其一般路段机动车道为土质路基，下列关于该道路路基不同部位处的压实度要求，符合规范规定的是（　　）。

A. 路基基底的压实度不应小于 85%

B. 填方路基路床顶面以下 0.8～1.5m 深度范围内压实度不应小于 92%

C. 挖方路基路床顶面以下 0.3～0.8m 深度范围内压实度不应小于 92%

D. 管线检查井周边回填土路床顶面以下 0～0.3m 深度范围压实度不应小于 95%

35. 某城市主干路采用水泥混凝土路面，所在地区年平均降雨量为 800mm，下列关于该道路平面交叉口处路面抗滑性能质量验收要求，符合规范规定的是（　　）。

A. 表面构造深度为 0.50～0.90mm　　B. 表面构造深度为 0.60～1.00mm

C. 表面构造深度为 0.70～1.10mm　　D. 表面构造深度为 0.80～1.20mm

36. 某设计速度为 60km/h 的城市主干路，采用桥梁跨越轨道交通线路，下列关于该桥梁路侧防撞护栏防护等级，符合规范规定的是（　　）。

A. A 级　　B. SB 级

C. SA 级　　D. SS 级

37. 下关于城市快速路交通标志设置，不符合规范规定的是（　　）。

A. 交通标志之间最小间距不应小于 30m

B. 交通标志设置应满足前置距离和视认性要求

C. 交通标志设置不得影响道路的停车视距

D. 交通标志设置不得被上跨道路结构遮挡

38. 某城市地下道路封闭段长 1200m，设计速度 50km/h，需满足双向 6 车道机动车道及非机动车和行人的通行需求。下列关于该地下道路横断面的布置，符合规范规定的是（　　）。

A. 同一通行孔中布置双向 6 车道机动车交通

B. 非机动车道、人行道与机动车道同孔布置

C. 行车道右侧不设置紧急停车带或停车港湾

D. 机动车道右侧 0.75m 宽检修道兼做人行道

39. 某城市主干路上的跨河桥，跨径布置为预应力混凝土简支小箱梁（15m × 30m）+ 预应力混凝土连续梁（50m + 80m + 50m）+ 预应力混凝土简支小箱梁（15m × 30m），该桥分类符合规范规定的是（　　）。

A. 特大桥　　B. 大桥

C. 中桥　　D. 无法确定

40. 某城市快速路上的重要桥梁，跨径组合为 8m + 12m + 8m，其桥梁结构的设计基准期和设计工作年限符合规范要求的分别是（　　）。

A. 50 年，30 年　　B. 50 年，50 年

C. 100 年，30 年　　D. 100 年，50 年

二、多项选择题（共 30 题，每题 2 分。每题的备选项中有两个或两个以上符合题意，错选、少选、多选均不得分。）

41. 城镇化地区公路，根据地区交通特性及需要，宜增设辅路、非机动车道和人行道等设施。下列关于上述增设设施的说法，符合《城镇化地区公路工程技术标准》（JTG 2112—2021）规定的是（　　）。

A. 二级公路，当短途交通量较大时，应设置非机动车道、人行道

B. 高速公路，当短途交通量较大导致出入口布设困难时，宜设置辅路

C. 三级公路，当非机动车、行人交通量较大时，可设置非机动车道、人行道

D. 一级公路，当非机动车交通量、行人交通量较大时，应设置非机动车道、人行道

42. 下列关于公路改扩建的说法，符合规范规定的是（　　）。

A. 一级公路改扩建时，应做保通设计方案

B. 公路改扩建项目的新建路面和原路面利用均应按现行标准进行设计

C. 高速公路既有桥涵极限承载能力仅需满足原设计标准的要求

D. 高速公路服务水平宜在降低到四级服务水平下限之前进行改扩建

43. 下列关于高速公路初步设计阶段路线设计的说法，符合规范规定的是（　　）。

A. 确定路线具体位置

B. 论证确定分期修建的工程实施方案

C. 应做好总体设计，正确处理公路与相关路网、交通节点的关系，合理设置各类出入口、交叉和构造物

D. 选线必须由面到带、由带到线，在对地形地貌、地质水文、气候气象、自然保护区等调查与勘察的基础上论证、确定路线方案

44. 拟新建某高速公路项目，采用设计速度 100km/h、双向 6 车道标准，路基采用整体式断面。下列关于该项目采用的部分技术指标，符合规范规定的是（　　）。

A. 停车视距取 110m　　B. 车道宽度取 3.75m

C. 硬路肩宽度取 3.0m　　D. 下穿高铁时，净高取 5.0m

45. 公路路线平面可以采用同向圆曲线，但回旋线设置与否则与小圆半径、大小圆半径的比值、曲线内移值等有关。下列关于直接影响到回旋线设置与否的小圆半径指标，符合规范规定的是（　　）。

A. 临界圆曲线半径　　B. 极限圆曲线最小半径

C. 一般圆曲线最小半径　　D. 不设超高的圆曲线最小半径

46. 根据《公路路基设计规范》（JTG D30—2015），下列选项可用于填石路基施工压实质量控制指标的是（　　）。

A. 压实度与孔隙率联合控制　　B. 孔隙率与施工参数联合控制

C. 孔隙率与压实沉降差联合控制　　D. 压实沉降差与施工参数联合控制

47. 公路改扩建既有路基状况调查评价时，其调查评价内容符合《公路路基设计规范》（JTG D30—2015）要求的是（　　）。

A. 分析评价路面稳定状况

B. 确定既有路基高度符合路基设计洪水频率规定

C. 评价既有路基病害状况、病害成因及病害处治效果

D. 确定既有路基填料能否满足路基土最小 CBR 值、路基压实度要求

48. 新疆某高速公路途经常年积雪的雪山路段，可能存在雪害危害且无法避绕，下列关于雪害地段的公路路基设计要求，符合规范规定的是（　　）。

A. 丘陵区应利用山坡的阳坡布线

B. 无法绕避雪害的路段，应以最短距离通过

C. 公路路线走向宜与风雪流主导风向方向垂直

D. 根据雪害类型与危害程度，以防为主，防治结合，采用植物防治与工程治理相结合的综合措施处理

49. 某改建公路在进行旧混凝土路面加铺层设计之前，应调查路面损坏状况，进行路面损坏状况评定，根据规范规定，旧混凝土路面损坏状况评定应采用的指标是（　　）。

A. 断板率　　B. 混凝土强度

C. 平均错台量　　D. 板底脱空状况

50. 根据规范规定，关于沥青路面材料设计参数的确定可分为三个水平，下列选项可采用水平二的是（　　）。

A. 高速公路初步设计阶段　　B. 高速公路施工图设计阶段

C. 一级公路初步设计阶段　　D. 一级公路施工图设计阶段

51. 关于公路水泥混凝土路面基层和底基层的设置，下列说法符合规范的有（　　）。

A. 贫混凝土基层上应铺设沥青混凝土夹层

B. 无机结合料稳定类材料基层下应设置粒料类底基层

C. 承受极重、特重或重交通荷载的路面，基层下应设置底基层

D. 排水基层下应设置由开级配粒料或水泥稳定碎石组成的透水底基层

52. 公路钢结构构件的连接方式有焊接、螺栓连接和铆钉连接，下列表述不符合规范规定的是（　　）。

A. 主要受力构件的焊接不得采用断续角焊缝

B. 沉头和半沉头铆钉可用于沿其杆轴方向受拉的连接

C. 主要受力结构可采用高强度螺栓摩擦型连接或普通螺栓连接

D. 焊接接头的屈服强度、低温冲击功、延伸率不应低于母材的标准值

53. 公路桥梁墩台基础的埋置深度，根据《公路工程水文勘测设计规范》（JTG C30—2015）的相关规定，下列选项符合规范要求的是（　　）。

A. 河床总冲刷深度为 10m 时，特大桥非岩石河床墩台基底埋深安全值为 2.5m

B. 位于平原区河流游荡河段上的桥台，桥台基底高程应与桥墩基底高程相同

C. 桥台锥坡基脚位于稳定、次稳定河段的河滩上时，基脚底面应在一般冲刷线以下至少 0.50m

D. 施工枯水季平均水位至岩面的距离为 2～10m 时，硬质岩石河床墩台基底最小埋置深度建议埋入岩面深度为 0.2～2.0m

54. 关于公路隧道洞口位置的选择与设计，下列说法符合规范规定的（　　）。

A. 应设置于山体稳定、地质条件较好的位置

B. 位于陡崖下的洞口，应清除危岩，不宜切削山坡，宜接长明洞

C. 隧道轴线宜与地形等高线大角度相交

D. 尽量多地挖除洞口仰坡上松散堆积体

55. 根据规范规定，公路隧道线形设计符合规范规定的是（　　）。

A. 隧道最小纵坡不应小于 0.3%，最大纵坡不应大于 3%

B. 设计速度 100km/h 的隧道，竖曲线最小长度为 80m

C. 设计速度 80km/h，路拱为 2%的隧道，不设超高的圆曲线最小半径为 2500m

D. 高速公路的中、短隧道，受地形等条件限制时，隧道最大纵坡可适当加大，但不宜大于 5%

56. 在下列有关公路平面交叉岔数的确定原则中，符合规范规定的有（　　）。

A. 平面交叉岔数不应多于 4 条

B. 环形交叉岔数不宜多于 5 条

C. 新建公路不宜直接与已建四岔平面交叉相连接

D. 新建公路可直接与已建五岔平面交叉相连接

57. 根据规范规定，同一条高速公路上的互通式立体交叉宜采用相对一致的出口形式，符合该原则的有（　　）。

A. 采用单一的出口方式

B. 采用左右侧交替分流的方式

C. 分流端部统一设置于交叉点之前

D. 次交通流统一于主交通流的左侧分流

58. 某高速公路隧道供电设置有双重电源供电和不间断电源装置（UPS），通过其供电的电力负荷包括（　　）。

A. 应急照明设施　　B. 排烟风机

C. 紧急呼叫设施　　D. 火灾检测与报警设施

59. 高速公路设计速度 100km/h，标志版面中指路标志的汉字高度符合规范要求的是（　　）。

A. 40cm　　B. 50cm

C. 60cm　　D. 70cm

60. 公路工程概预算编制时，工程直接费中材料费按工程所在地的材料价格计算，材料预算价格具体包括（　　）。

A. 加工费　　B. 材料原价

C. 运杂费　　D. 采购及保管费

61. 下列关于城市道路工程防灾设计的要求，符合规范规定的是（　　）。

A. 承担城市救灾和应急疏散功能的道路上不得设置路内停车位

B. 应按国家规定工程所在地区的抗震标准进行设防

C. 长度小于 200m 的隧道，可不进行防火设计

D. 上跨通航河流的桥梁墩台应采取防撞措施

62. 某城市快速路，设计速度为 80km/h，主路设置双向 6 条机动车道，横断面布置为两幅路形式，中间分隔带宽 5m，某段高架桥长 2.8km，条件受限时，下列关于该段高架桥的设计，符合规范规定的是（　　）。

A. 在高架桥前后设置紧急开口

B. 受用地限制中央分隔带宽度缩窄为 2m

C. 纵坡为 0.3%

D. 桥头引道纵坡大于 3%的路段不设置雨水口

63. 某设计速度为 80km/h 的城市快速路，已知横向力系数μ值不大于 0.067，不考虑合成坡度的情况下，下列关于圆曲线半径R和超高横坡度i的组合，不符合规范规定的是（　　）。

A. $R = 400$m，$i = 0.06$　　B. $R = 450$m，$i = 0.04$

C. $R = 550$m，$i = 0.02$　　D. $R = 950$m，$i = -0.02$

64. 下列关于确定城市道路交叉口的通行能力和服务水平的选项，符合规范规定的是（　　）。

A. 交通量　　B. 用地条件

C. 城市规模　　D. 相交道路等级

65. 某软土地区城市次干路，桥梁台背高填方路段采用堆载预压法进行软基处理。下列关于可以进行路面铺筑的路基沉降控制标准，符合规范规定的是（　　）。

A. 推算路基工后沉降量不大于 0.10m

B. 推算路基工后沉降量不大于 0.20m

C. 任意 2 个月观测的沉降量每月不超过 5mm

D. 连续 2 个月观测的沉降量每月不超过 5mm

66. 某城市次干路，路面结构拟采用 4cm 厚细粒式沥青混合料（AC-13）+ 8cm 厚粗粒式青混合料（AC-25）+ 18cm 厚沥青稳定碎石（ATB-30）+ 20cm 厚级配碎石。下列关于该路面结构组合的设计指标，符合规范规定的是（　　）。

A. 路表弯沉　　B. 基层层底拉应力

C. 基层层底拉应变　　D. 沥青层剪应力

67. 某城市快速路，设计速度为 80km/h，在其直线路段设置一处封闭段长 1000m 的地下道路。下列关于该地下道路交通设施的设置，符合规范规定的是（　　）。

A. 车行道两侧连续设置轮廓标

B. 入口引导标志结合指路标志综合设置

C. 设置反光交通标线以及主动发光交通标志

D. 洞口内及洞口外 100m 范围内设置实线车道分界线

68. 某城市新建高架道路，设计速度为 80km/h，地面辅路布置在高架桥两侧，辅路平面交叉口处设置匝道进出高架道路，该交叉口左转交通量较大，下列关于该处出、入口匝道的布设要求，符合规范规定的有（　　）。

A. 出口匝道布置在靠近平面交叉口进口道左转车道与直行车道之间

B. 出口匝道端部离下游平交路口停止线的距离为 100m

C. 入口匝道布置在左转车来向与直行车来向之间

D. 入口匝道端部离下游平交路口停止线的距离为 80m

69. 某城市道路弯道处的路侧防撞护栏影响视距，下列可采用通透性好的防撞护栏类型，符合规范规定的是（　　）。

A. 混凝土护栏　　B. 波形梁护栏

C. 金属梁柱式护栏　　D. 组合式护栏

70. 某城市道路交通标志采用柱式标志支撑结构，当设置空间受限制时，下列关于该柱式标志最小尺寸选取，符合规范规定的是（　　）。

A. 三角形禁令标志的边长为 0.5m

B. 圆形禁令标志的直径为 0.5m

C. 八角形禁令标志的对角线长度为 0.5m

D. 指示标志的直径为 0.5m

注册道路工程师执业资格专业考试

模考试卷（五）

专业知识

（下）

二〇XX年十一月

应考人员注意事项

1. 书写用笔：**黑色墨水笔；**

   填涂答题卡用笔：**2B 铅笔。**

2. 须用书写用笔将工作单位、姓名、准考证号填写在答题卡和试卷相应的栏目内。

3. 本试卷由 70 题组成，满分为 100 分。1～40 题为单项选择题，其中，1～27 题为公路工程试题，28～40 题为城市道路工程试题；41～70 题为多项选择题，其中，41～60 题为公路工程试题，61～70 题为城市道路工程试题。

4. 考生在作答时，必须**按题号**在**答题卡**上将相应试题所选选项对应字母用 **2B 铅笔**涂黑。

5. 在答题卡上书写与题意无关的语言，或在答题卡上作标记的，均按违纪试卷处理。

6. 考试结束时，由监考人员当面将试卷、答题卡一并收回。

7. 草稿纸由各地统一配发，考后收回。

一、单项选择题（共 40 题，每题 1 分。每题的备选项中只有一个最符合题意）

1. 某拟建农村公路的交通量较小、交通组成中无中型载重汽车和中型客车，采用四级公路II类标准，设计速度 15km/h，下列关于该公路圆曲线最小半径极限值，符合《小交通量农村公路工程技术标准》（JTG 2111—2019）规定的是（　　）。

A. 10m　　B. 12m

C. 15m　　D. 20m

2. 某山区公路采用设计速度 80km/h 的一级公路标准，其中某隧道全长 1500m，下列关于该隧道路段的最低设计服务水平，符合规范规定的是（　　）。

A. 二级　　B. 三级

C. 四级　　D. 五级

3. 爬坡车道是指设置在上坡路段，供慢速上坡车辆行驶专用的车道。根据规范规定，在连续上坡路段可不设置爬坡车道的公路是（　　）。

A. 二级公路　　B. 4 车道高速公路

C. 4 车道一级公路　　D. 6 车道高速公路

4. 在公路平面设计中，缓和曲线一般采用回旋线。下列关于回旋线论述，符合规范规定的是（　　）。

A. 回旋线长度应随圆曲线半径的增大而减小

B. 当道路等级相同时，设计速度越大，回旋线最小长度越小

C. 圆曲线按规定需设置超高时，回旋线长度应不小于超高过渡段长度

D. 各级公路直线与小于不设超高最小半径的圆曲线相衔接处，应设置回旋线，用超高、加宽缓和段径相连接

5. 某山区高速公路设计速度为 100km/h，受地形地质等条件严重限制，经经济技术论证后拟采用的最大纵坡，符合规范规定的是（　　）。

A. 3%　　B. 4%

C. 5%　　D. 6%

6. 某三级公路设计速度为 40km/h，下列关于该公路一般路段应采用的视距要求，符合规范规定的是（　　）。

A. 停车视距 40m　　B. 会车视距 80m

C. 识别视距 150m　　D. 超车视距 200m

7.《公路路基设计规范》（JTG D30—2015）中关于标准状态下路基动态回弹模量确定方法的规定，下列表述符合规范规定的是（　　）。

A. 通过现场落锤式弯沉仪测定

B. 通过贝克曼梁或承载板试验测得

C. 通过动三轴压缩试验仪在规定的加载条件下测定

D. 由平衡湿度状态下的路基填料最大 CBR 估算确定

8. 某新建公路的填石路基，采用硬质石料填筑，填料粒径符合《公路路基设计规范》（JTG D30—2015）要求的是（　　）。

A. 上路堤填料的最大粒径可超过层厚的 2/3

B. 下路堤填料的最大粒径应超过层厚

C. 下路堤按层厚 500mm 摊铺，采用填料的最大粒径为 350mm

D. 填石路堤顶部最后一层填石料的最大粒径不得大于 150mm

9. 某高速公路挖方路段路基两侧设置矩形边沟，边沟中水的最大流速 3.3m/s，根据规范规定，合理的边沟防护加固措施是（　　）。

A. 植草边沟　　B. 片碎石加固

C. 浆砌片石铺砌　　D. 水泥混凝土预制块铺砌

10. 根据《公路滑坡防治设计规范》（JTG/T 3334—2018），下列滑坡防治设计措施符合规范规定的是（　　）。

A. 路线通过滑坡前缘时，宜采用路堑方案

B. 路线通过滑坡后部时，采用填方路基方案

C. 路线通过稳定滑坡时，宜在滑坡后部填方，或在滑坡前部挖方

D. 以路堑通过滑坡后部时，应根据路堑开挖后滑坡稳定状况及其对路基稳定性的影响程度，在挖方路基外侧设置抗滑桩等

11. 根据规范规定，下列不属于公路沥青路面面层性能要求的是（　　）。

A. 导热性　　B. 抗水损坏

C. 抗低温开裂　　D. 抗疲劳开裂

12.《公路沥青路面设计规范》（JTG D50—2017）中，下列不适用于特重、极重交通荷载等级的沥青路面的基层类型是（　　）。

A. 级配碎石　　B. 密级配沥青碎石

C. 开级配沥青碎石　　D. 半开级配沥青碎石

13. 根据规范规定，公路沥青路面结构设计力学指标计算采用的理论为（　　）。

A. 单圆均布垂直荷载作用下的弹性层状连续体系理论

B. 双圆均布垂直荷载作用下的弹性层状连续体系理论

C. 双圆均布垂直荷载作用下的弹性层状滑动体系理论

D. 单圆均布垂直荷载作用下的弹性层状滑动体系理论

14. 下列关于公路沥青路面功能层设计方案，符合规范规定的是（　　）。

A. 当设置改性沥青应力吸收层时，应设置封层

B. 沥青层之间应设透层，透层沥青应具有良好的渗透性能

C. 无机结合料稳定类结构层与沥青结合料类结构层之间应设置封层

D. 无机结合料稳定类基层顶面上应设置黏层，黏层沥青可用改性乳化沥青

15. 一山区高速公路桥梁，沿河顺势布置，跨径组合为 4 孔 35m 的预应力混凝土连续 T 梁，简支变结构连续，设计时应取用的设计洪水频率标准应该是（　　）。

A. 1/300　　B. 1/100

C. 1/50　　D. 不用考虑

16. 公路桥梁多采用钢筋混凝土墩台、承台，配以钢筋混凝土钻孔灌注桩基础，下列不符合规范规定的是（　　）。

A. 混凝土强度等级应不低于 C25

B. 桩基承台的厚度不宜小于桩直径的 1.5 倍，且不小于 1.5m

C. 承台底面内宜设一层钢筋网，钢筋直径采用 8～10mm

D. 承台的桩中距大于或等于桩直径的 3 倍时，宜在两桩之间适当区域内设置吊筋，吊筋的直径不应小于 12mm，间距不应大于 200mm

17. 公路工程混凝土结构可以采用防腐蚀附加措施来提高结构的耐久性，下述做法不符合规范规定的是（　　）。

A. 使用钢筋阻锈剂

B. 环氧涂层钢筋可与阴极保护联合使用

C. 环氧涂层钢筋的锚固长度应为普通钢筋锚固长度的 1.25 倍

D. 跨越水域的混凝土结构，其涂装部位应在平均潮位以上

18. 根据规范规定，高速公路隧道工程采用的钢纤维喷射混凝土的抗拉强度应大于等于（　　）。

A. 1.27MPa　　B. 1.43MPa

C. 1.57MPa　　D. 2.00MPa

19. 某高速公路隧道长为 2000m，采用纵向排烟，火灾临界排烟风速取值宜为（　　）。

A. 1.0～2.0m/s　　B. 2.0～3.0m/s

C. 3.0～4.0m/s　　D. 4.0～5.0m/s

20. 一般环境条件下，公路水下盾构隧道，预制钢筋混凝土管片混凝土的最低强度等级符合规定的是（　　）。

A. C30　　B. C35

C. C40　　D. C50

21. 平面交叉范围的主要公路设计速度为 60km/h，因条件受限不能保证由停车视距所构成的通视三角区时，根据规范规定，应保证的安全交叉停车视距是（　　）。

A. 110m　　B. 115m

C. 160m　　D. 175m

22. 根据规范规定，两条高速公路形成错位交叉的互通式立体交叉时，按整体式横断面设计的共用路段最小长度应大于（　　）。

A. 2.0km　　B. 2.5km

C. 3.0km　　D. 4.0km

23. 对于设计速度为 120km/h 的 6 车道高速公路复合式互通式立体交叉，当相邻入口匝道为双车道、出口匝道为单车道时，根据规范规定，主线侧合分流连接部辅助车道的最小长度应为（　　）。

A. 900m　　B. 1000m

C. 1100m　　D. 1200m

24. 某高速公路隧道长 2000m，采用双向 4 车道、设计速度 80km/h，已知年平均日交通量开通第 5 年为 25000pcu/d、开通第 10 年为 45000pcu/d，方向不均匀系数 0.6，根据规范规定，其交通监控设施配置等级为（　　）。

A. A+级　　B. A 级

C. B 级　　D. C 级

25. 某山区高速公路设计速度 100km/h，拟在连续下坡路段设置避险车道，由于条件受限，避险车道入口的识别视距最小为（　　）。

A. 160m　　B. 200m

C. 250m　　D. 290m

26. 公路工程概（预）算编制办法中，利润是以定额直接费及措施费、企业管理费之和乘以（　　）。

A. 6.41%　　B. 6.82%

C. 7.42%　　D. 7.85%

27. 某高速公路建设项目开展了工程可行性、初步设计、施工图设计、施工招标、变更设计、竣工图等文件编制工作，其中不应纳入建设项目前期工作费的是（　　）。

A. 勘察设计费　　B. 工程可行性编制费

C. 施工招标文件编制费　　D. 竣工图编制费

28. 某城市次干路，采用沥青路面结构，下列关于道路交通量达到饱和状态时的道路设计年限和路面结构设计工作使用年限，符合规范规定的是（　　）。

A. 20 年、15 年　　B. 15 年、15 年

C. 15 年、10 年　　D. 10 年、10 年

29. 某城市主干路，设计速度 50km/h，双向 6 条机动车道，横断面布置为四幅路形式，中央分隔带内布置有上跨桥梁墩柱，直径为 1.2m，计算中间带的最小宽度应为（　　）。

A. 1.7m　　B. 2.0m

C. 2.2m　　D. 2.7m

30. 城市道路设计中，下列关于线形设计的要求，符合规范规定的是（　　）。

A. 道路纵坡坡度差较小时，可不设竖曲线

B. 对向行驶车辆有会车时，视距应采用 1.5 倍停车视距

C. 条件受限时，可采用平面、纵断面、横断面极限值的组合设计

D. 设置超高的平曲线段道路纵坡的取值，应满足合成坡度的要求

31. 某设计速度为 40km/h 的城市次干路，拟采用不设超高的圆曲线平面线形，已知道路设计中心线转角值为 8°30′00″，缓和曲线长度为 0，下列关于该圆曲线最小半径取值符合规范规定的是（　　）。

A. 300m　　B. 472m

C. 500m　　D. 742m

32. 某城市道路互通立交为机非立交，直行非机动车流量为 2000 辆/h。某匝道计速度为 30km/h。计算该匝道 1 条机动车道设计通行能力取值，符合规范的是（　　）。（计算结果取整）

A. 740pcu/h　　B. 842pcu/h

C. 914pcu/h　　D. 977pcu/h

33. 某城市道路挖方路基边坡的坡顶边缘附近有较大荷载，下列适宜采用不平衡推力法对其进行稳定性计算的工况，符合规范规定的是（　　）。

A. 可能产生直线形破坏的边坡　　B. 可能产生折线形破坏的边坡

C. 产生规模较大的碎裂结构岩质边坡　　D. 产生结构复杂的岩质边坡

34. 某城市主干路，采用沥青路面，所在地区沥青路面使用性能气候分区为 1-3，交通等级为中交通。下列关于该路某长大陡纵坡路段的中面层沥青混合料动稳定度技术要求，符合规范规定的是（　　）。

A. ≥1000 次/mm　　B. ≥1200 次/mm

C. ≥1500 次/mm　　D. ≥3000 次/mm

35. 下列关于城市工程管线综合规划的主要内容，不符合规范要求的是（　　）。

A. 确定各专业工程管线系统总图

B. 确定工程管线敷设的排列顺序和位置

C. 确定地下敷设的工程管线控制高程和覆土深度

D. 确定工程管线的敷设方式

36. 某城市跨河桥梁，行人与非机动车混行，下列关于该桥梁护栏最小净高和垂直杆件最大净距，符合规范规定的是（　　）。

A. 1.10m，0.11m　　B. 1.10m，0.12m

C. 1.40m，0.11m　　D. 1.40m，0.12m

37. 城市快速路出口指路标志包含①出口预告标志，②出口处地点、方向标志，③出口标志，④下一出口预告标志。下列关于该快速路出口指路标志设置顺序，符合规范规定的是（　　）。

A. ①→②→③和④　　B. ①→③和④→②

C. ①→③→②→④　　D. ①→③→④→②

38. 某积雪冰冻地区地下快速路，设计速度 80km/h，封闭段长 800m。受沿线用地限制，下列关于该地下道路洞口敞开段及封闭段可采用的纵坡最大值，符合规范规定的分别是（　　）。

A. 3.0%，3.0%　　B. 3.5%，3.5%

C. 3.5%，5.0%　　D. 5.0%，5.0%

39. 某城市人行天桥，桥面宽度 5m，两侧栏杆地袱各宽 0.3m，下列设计：（1）每端梯道或坡道的净宽之和为 6m；（2）桥面上净高为 2.5m；（3）桥下人行道净高为 2.5m。符合规范规定的选项是（　　）。

A. （1）（2）　　B. （2）（3）

C. （1）（3）　　D. （1）（2）（3）

40. 城市道路工程设计文件编制深度规定中，不需要前一阶段项目批复文件的编制阶段是（　　）。

A. 可行性研究报告　　B. 初步设计文件

C. 施工图设计文件　　D. 竣工图文件

二、多项选择题（共 30 题，每题 2 分。每题的备选项中有两个或两个以上符合题意，错选、少选、多选均不得分。）

41. 某拟建路地处城镇化地区，路段以通行中、小型客运车辆为主，非机动车主要有自行车、三轮车且行人较多。拟建公路采用一级公路标准，主路设计速度 80km/h，辅路设计速度 60km/h。下列关于该公路车道宽度的说法，符合《城镇化地区公路工程技术标准》（JTG 2112—2021）规定的有（　　）。

A. 主路机动车道宽度采用 3.50m

B. 人行道与非机动车道合并设置，宽度采用 3.0m

C. 辅路为机动车与非机动车混行，车道宽度采用 3.75m

D. 辅道为机非分离，机动车道宽度 3.25m，非机动车道宽度采用 1.0m

42. 以下关于农村公路技术等级选用的说法，符合《小交通量农村公路工程技术标准》（JTG 2111—

2019）规定的有（　　）。

A. 应根据自然环境、经济条件、环保要求、交通特性等特点综合分析，并结交通量论证确定

B. 小交通量农村公路交通组成中有中型、重载型及以上车辆时，应按现行《公路工程技术标准》（JTG B01）执行

C. 四级公路（Ⅱ类）为适合中小型客车、中型载重汽车、轻型载重汽车、四轮低速货车（原四轮农用车）、三轮汽车、摩托车、非机动车交通混合行驶双车道公路，年平均日设计交通量宜在400辆小客车及以下

D. 四级公路（Ⅰ类）为适合中小型客车、中型载重汽车、轻型载重汽车、四轮低速货车（原四轮农用车）、三轮汽车、摩托车、非机动车交通混合行驶双车道公路，年平均日设计交通量宜在1000辆小客车及以下

43. 下列关于公路与地方道路、管线等交叉的说法，符合规范规定的有（　　）。

A. 原油管道与公路必须斜交时，交叉角度宜大于30°

B. 架空送电线路与公路必须斜交时，交叉角度应大于45°

C. 公路与铁路平面交叉且必须斜交时，交叉角度应大于45°

D. 公路与乡村道路相交，且交叉的锐角小于60°时，应对乡村道路进行改线

44. 路线是公路设计的纲，它从源头和宏观层面决定着公路路网作用的发挥、交通性能的优劣、本身工程量的大小和造价的高低等，下列关于公路选线一般要求的说法符合规范规定的有（　　）。

A. 遇到不良工程地质的地段应视其对路线的影响程度，分别对绕、避、穿等方案进行比选论证

B. 平原区选线宜采用较高的技术指标，尽量避免采用长直线或小偏角平曲线

C. 应协调桥梁、隧道、互通式立体交叉、服务区等构造物的位置和高程等关系

D. 高速公路、一级公路可采用纸上定线方法确定公路路线

45. 某公路途经规模较小的中小型崩塌地段，为防止崩塌危岩体危害公路安全，下列选项符合规范要求的工程防治措施有（　　）。

A. 设置拦石墙、落石槽

B. 以高填方路堤或深路堑通过

C. 采用挂网锚喷处理措施或柔性防护系统

D. 在清除崩塌危岩体后，可在崩塌物堆积区通过

46. 某高速公路途经一处滑坡区域，该路段地质条件复杂，滑坡危害程度为严重，经滑坡和稳定性计算分析，在滑坡正常工况下，根据滑坡稳定系数F_s，下列属于基本稳定的滑坡路段有（　　）。

A. $F_s = 1.00$　　B. $F_s = 1.05$

C. $F_s = 1.15$　　D. $F_s = 1.35$

47. 某滨江公路，临江侧长期受水流冲刷与浸泡，经技术经济比选，拟采用挡土墙设计方案，墙高10m。根据《公路路基设计规范》（JTG D30—2015）的要求，下列选项符合规范规定的有（　　）。

A. 可采用片石混凝土重力式挡墙

B. 可采用干砌片石半重力式挡墙

C. 挡墙明挖基础最小埋置深度不应小于1.0m

D. 按路基设计洪水频率计算冲刷深度，挡土墙基底应置于局部冲刷线以下不小于1.0m

48. 在公路旧水泥混凝土路面上做沥青加铺层结构设计时，根据规范规定可用于减缓旧混凝土路面

反射裂缝的措施有（　　）。

A. 增加沥青加铺层的厚度

B. 沥青加铺层下层采用细粒式沥青碎石

C. 在旧混凝土板顶面或加铺层内设置应力吸收层

D. 在加铺层沥青混合料中掺加纤维及橡胶等改性剂

49. 关于公路沥青路面结构验算时结构层模量取值的叙述，下列说法符合规范规定的有（　　）。

A. 沥青混合料层采用经湿度调整的回弹模量

B. 无机结合料稳定层采用经调整系数修正后的弹性模量

C. 沥青面层和沥青类基层均采用 20℃、10Hz 条件下的动态压缩模量

D. 路基采用平衡湿度状态下并考虑干湿与冻融循环作用后的顶面当量回弹模

50. 在公路普通混凝土路面接缝中，根据规范规定，需要设置传力杆的有（　　）。

A. 胀缝　　　　B. 纵向缩缝

C. 横向施工缝　　　　D. 收费广场的横向缩缝

51. 某近海高速公路预应力混凝土 T 梁桥，设计基准期为 100 年，混凝土的强度等级为 C50，工厂化制造，下列要求符合规范规定的有（　　）。

A. 混凝土的最小保护层厚度为 25mm

B. T 形截面梁的腹板两侧应设置直径为 6～8mm 的纵向钢筋

C. 装配式 T 梁，梁间横向采用刚性连接时，横隔梁间距不应大于 10m

D. T 形截面梁下部的马蹄内应设直径不小于 8mm 的闭合式箍筋，间距不应大于 200mm

52. 公路桥梁位于河槽内的桥墩在计算冲刷时，按规范规定应计算的冲刷有（　　）。

A. 一般冲刷　　　　B. 局部冲刷

C. 暴雨冲刷　　　　D. 河床自然演变冲刷

53. 公路桥梁钢—混凝土组合梁的钢梁可采用I形、闭口或开口箱梁等截面形式，混凝土板可采用现浇或预制，连接件可采用焊钉、槽钢和开孔板等形式。下列相关构造的规定符合规范的有（　　）。

A. 焊钉连接件长度不应小于 4 倍焊钉直径

B. 焊钉连接件的最大中心间距不宜大于 4 倍混凝土板厚度且不宜大于 400mm

C. 开孔板连接件的钢板厚度不宜小于 12mm

D. 开孔板孔径不宜小于贯通钢筋与最大骨料粒径之和

54. 根据规范规定，公路隧道运营通风应稀释的主要内容有（　　）。

A. 一氧化碳　　　　B. 烟尘

C. 水雾　　　　D. 空气中异味

55. 根据规范规定，下列关于公路盾构隧道纵断面设计的要求，符合规定的有（　　）。

A. 通航水域最小覆盖层厚度应大于通航船只抛锚入土深度要求

B. 施工期间顶部覆盖层厚度在水域段不宜大于 1.0D，运营期最小覆盖层厚度应满足隧道抗浮及结构稳定要求

C. 始发及到达工作井附近的覆盖层厚度不宜小于 0.5D

D. 应考虑规划航道深度、河床冲刷及航道疏浚的影响

56. 根据规范规定，公路平面交叉立面设计应考虑的主要因素有（　　）。

A. 两相交公路的平纵线形　　B. 两相交公路的功能和等级

C. 交通管理方式　　D. 地质条件

57. 根据规范规定，高速公路互通式立体交叉匝道横断面类型的选择条件有（　　）。

A. 匝道长度　　B. 匝道设计速度

C. 匝道平纵面指标　　D. 设计小时交通量

58. 对于以辅助车道相连接的高速公路复合式互通式立体交叉，当入口匝道和出口匝道均为单车道时，符合规范规定的设计要点有（　　）。

A. 辅助车道宜由分流鼻端开始渐变结束

B. 入口和出口匝道均应以直接式与主线相接

C. 入口和出口匝道均应以平行式与主线相接

D. 入口匝道宜以平行式、出口匝道宜以直接式与主线相接

59. 某山区高速公路隧道长 2500m，采用双向 6 车道、设计速度 80km/h，其消防设施设计应符合规范规定的有（　　）。

A. 消防用水量应按发生一次火灾的灭火用水量确定

B. 消防水池的补水时间不宜超过 50h

C. 隧道消火栓间距不应大于 40m

D. 消防给水宜采用高位消防水池供水的常高压供水系统

60. 位于特殊地区的公路工程建设项目，在编制公路概（预）算中，纳入特殊地区施工增加费的有（　　）。

A. 高原地区施工增加费　　B. 雷雨地区施工增加费

C. 风沙地区施工增加费　　D. 沿海地区施工增加费

61. 下列关于某城市主干路常规公交专用车道和车站的设置，符合规范规定的是（　　）。

A. 专用车道设置在最外侧车道上　　B. 车站站台宽度为 2.5m

C. 专用车道宽度为 3.0m　　D. 车站采用港湾式

62. 下列关于城市道路立交范围内的车道设置要求，符合规范规定的是（　）。

A. 快速路均应设置应急车道　　B. 匝道出入口处设置变速车道

C. 车道数不平衡时设置辅助车道　　D. 立交出入口间距不足时设置集散车道

63. 某城市道路采用三幅路横断面布置，中间一幅设置机动车道，采用分隔物分隔对向交通。根据规范规定，该幅路面宽度由下列哪几项组成（　　）。

A. 机动车道宽度　　B. 路缘带宽度

C. 路侧带宽度　　D. 中间分隔物的宽度

64. 城市立交工程采用综合评价层次分析模型进行多方案比选中，下列属于该模型指标规定的内容是（　　）。

A. 安全度　　B. 立交造型

C. 建设周期　　D. 总造价

65. 某城市道路路堤重力式挡土墙，在作用组合Ⅱ下按照承载能力极限状态设计时，下列关于该挡土墙作用分项系数的取值，符合规范规定的是（　　）。

A. 墙前回填土的被动土压力作用分项系数为 0.5

B. 挡土墙的自重重力作用分项系数为 0.90

C. 墙后填土的主动土压力作用分项系数为 1.00

D. 车辆荷载的主动土压力作用分项系数为 1.40

66. 某城市快速路采用半刚性基层沥青路面，所在地区的沥青路面使用性能分区为 1-4-1。局部路段受到高程限制，路基处于潮湿状态，地下水位较高。下列关沥青路面功能层的设置要求，符合规范规定的是（　　）。

A. 各沥青层之间设置黏层　　B. 半刚性基层上设置透层

C. 半刚性基层上不设下封层　　D. 基层下设置排水垫层

67. 下列关于城市道路架空敷设的工程管线布置要求，符合规范要求的是（　　）。

A. 沿城市道路架空敷设的工程管线不应影响道路交通的正常运行

B. 架空线杆宜设置在人行道上，距路缘石不大于 1.0m 的位置

C. 架空电力线与架空通信线宜分别架设在道路两侧

D. 通信线与通行电车的道路路面之间的最小垂直净距不小于 4.5m

68. 某城市快速路，设计速度为 80km/h，在一路段设置封闭段长度为 2600m、双向 4 车道的地下道路，根据规范要求，下列应设置为主动发光或照明式标志的是（　　）。

A. 消防设备指示标志　　B. 道路线形诱导标志

C. 安全疏散指示标志　　D. 紧急电话指示标志

69. 某设计速度为 50km/h 的城市主干路，长度 3.5km，双向 6 车道，下列关于该道路人行过街设施的设计中，符合规范规定的是（　　）。

A. 人行过街设施采用平面过街方式　　B. 人行过街设施间距为 300m

C. 人行横道宽度为 5m　　D. 人行过街安全岛最小宽度为 1m

70. 某城市快速路规划为城市抗震救灾通道，重要性高，该快速路上设置若干跨河及跨线桥，根据规范要求，下列桥梁在竣工后应进行荷载试验的是（　　）。

A. 总长 90m 的下承式拱桥　　B. 总长度 220m 的跨线高架桥

C. 总长度 1200m 的跨线高架桥　　D. 主跨 200m 的斜拉桥

注册道路工程师执业资格专业考试

模考试卷（六）

专业知识

（上）

二〇XX年十一月

应考人员注意事项

1. 书写用笔：**黑色墨水笔；**

   填涂答题卡用笔：**2B 铅笔**。

2. 须用书写用笔将工作单位、姓名、准考证号填写在答题卡和试卷相应的栏目内。

3. 本试卷由 70 题组成，满分为 100 分。1～40 题为单项选择题，其中，1～27 题为公路工程试题，28～40 题为城市道路工程试题；41～70 题为多项选择题，其中，41～60 题为公路工程试题，61～70 题为城市道路工程试题。

4. 考生在作答时，必须**按题号**在**答题卡**上将相应试题所选选项对应字母用 **2B 铅笔**涂黑。

5. 在答题卡上书写与题意无关的语言，或在答题卡上作标记的，均按违纪试卷处理。

6. 考试结束时，由监考人员当面将试卷、答题卡一并收回。

7. 草稿纸由各地统一配发，考后收回。

一、单项选择题（共 40 题，每题 1 分。每题的备选项中只有一个最符合题意）

1. 某拟新建高速公路地处山岭区，采用设计速度为 100km/h 的高速公路标准，其中路段内某隧道路段长 1100m。下列关于该隧道路段最低设计服务水平的等级，符合规范规定的是（　　）。

A. 二级　　B. 三级

C. 四级　　D. 五级

2. 某拟新建小交通量农村公路，设计速度为 15km/h，年平均日设计交通量为 350 辆小客车。根据轻型载重汽车、中小型客车转弯的要求，转弯路段的平面圆曲线半径采用 150m。根据规范规定，该路段的最小路基宽度是（　　）。

A. 7.00m　　B. 6.50m

C. 4.75m　　D. 4.50m

3. 西南地区某拟新建山区公路采用三级公路标准，设计速度为 40km/h。其中某隧道洞口内路基宽度为 9.0m，隧道洞口外路基宽度为 8.5m，应在洞口外设置宽度过渡段，根据规范规定，该过渡段的最小长度是（　　）。

A. 30.0m　　B. 33.3m

C. 35.0m　　D. 50.0m

4. 西北地区某拟新建公路，地处海拔高度 4500m 左右的高海拔地区，沿线积雪冰冻，拟采用设计速度 60km/h 的二级公路标准，路拱横坡采用 2%。根据规范规定，该公路平面圆曲线最小半径的取值是（　　）。

A. 115m　　B. 125m

C. 135m　　D. 150m

5. 某拟新建公路地处积雪冰冻地区，采用二级公路标准，设计速度 80km/h。其中某路段平曲线半径为 275m，设计标高为 318m，地面标高为 310m，已知边坡坡率为 1：1.5。下列关于该路段外侧路基护栏宜采用的最小防护等级，符合规范规定的是（　　）。

A. 二（B）级　　B. 三（A）级

C. 四（SB）级　　D. 四（SBm）级

6. 某拟新建高速公路地处山岭区，采用设计速度 100km/h、双向 4 车道高速公路标准。其中因局部地形陡峭，某路段采用了长度 9.2km、平均纵坡 3.5%的纵断面设计，路基设计采用分离式断面。下列关于该路段纵断面设计的说法，符合规范规定的是（　　）。

A. 分离式路基左右幅应根据标准车型上坡时的速度折减变化，在大纵坡之间设置缓和坡段

B. 设置缓和坡段纵坡采用 2.5%，坡长大于 250m

C. 该段最大纵坡采用 4%，最大坡长 1000m

D. 该段应进行交通安全性评价

7. 小交通量农村公路，其交通组成中有大型、重型车辆，下列关于公路路床顶面回弹模量值符合规范规定的是（　　）。

A. 路床顶面回弹模量值不低于 30MPa

B. 路床顶面回弹模量值按《公路工程技术标准》执行

C. 采用沥青混凝土路面，路床顶面回弹模量值不低于 50MPa

D. 采用水泥混凝土路面，路床顶面回弹模量值不低于 60MPa

8. 公路工程软土地基处理路段与其相邻的未处理路段应缓和过渡，根据规范规定，相邻路段差异沉降引起的纵坡变化应不超过（　　）。

A. 0.3%　　B. 0.4%

C. 0.5%　　D. 0.6%

9. 某高速公路为重交通荷载等级，沥青混凝土路面，其中某填方段受条件限制，路床处于潮湿状态，路床顶回弹模量不满足规范要求。下列选项中，可有效减少地下水对路床湿度的影响，并提高路床顶面回弹模量的措施是（　　）。

A. 提高路基土的压实度

B. 路床采用粒料类填料

C. 在路堤底部增设土工格栅

D. 在地基表层细粒土中掺入少量的碎石或砂砾

10. 某省道二级公路，也是该区域唯一救灾通道，根据《公路路基设计规范》，该公路路基设计洪水频率可采用（　　）。

A. 1/25　　B. 1/50

C. 1/100　　D. 1/200

11. 公路路面内部排水设计时，根据规范规定，地下水丰富的低填和挖方路段的路基顶面应设置的是（　　）。

A. 排水基层　　B. 排水垫层

C. 反滤层　　D. 封闭层

12. 公路沥青路面设计时，采用水泥稳定级配碎石基层沥青路面，根据规范规定，在进行路面结构验算时，采用的设计指标是（　　）。

A. 沥青混合料层层底拉应变、沥青混合料层永久变形量

B. 路基顶面竖向压应变、沥青混合料层层底拉应力

C. 无机结合料稳定层层底拉应力、沥青混合料层永久变形量

D. 沥青混合料层层底拉应变、沥青混合料层永久变形量和路基顶面竖向压应变

13. 某公路采用沥青路面设计，基层采用 30cm 厚的贫混凝土，现施工一段长 200m 的标准路段贫混凝土基层，已知基层宽度 12m，该段贫混凝土水泥最小用量为（　　）。

A. 170.0t　　B. 122.4t

C. 114.2t　　D. 98.3t

14. 公路沥青路面设计中，对抗滑、排水或降噪有特殊要求的开级配沥青混合料表面层，根据规范规定，其下应设置（　　）。

A. 磨耗层　　B. 防水层

C. 透水层　　D. 应力吸收层

15. 公路钢结构桥梁主桁架仅受拉力的弦杆的容许最大长细比是（　　）。

A. 100　　B. 130

C. 150　　D. 180

16. 公路混凝土桥梁上部结构横隔梁（板）设置不符合规范规定的是（　　）。

A. 条件允许时，箱形截面梁桥的横隔板应设置检查用人孔

B. 当梁间横向采用刚性连接时，横隔梁间距不应大于 12m

C. 在装配式 T 梁桥中，应设置跨端和跨间横梁

D. 在箱形截面梁桥中，应设置箱内端横隔板

17. 利用实测流量系列推算设计流量计算公路桥梁洪水频率时，应有历史洪水调查和考证成果，规范同时要求实测洪水流量系列年份不宜少于（　　）。

A. 20 年　　B. 30 年

C. 40 年　　D. 50 年

18. 某 6 车道高速公路隧道长约 1600m，设计速度 120km/h，采用上、下分离的双洞布设，洞口位于半径 3000m 的圆曲线上，根据规范规定，洞外连接线应与隧道线形相协调，下列内侧平面线形一致的最小长度为（　　）。

A. 67m　　B. 100m

C. 133m　　D. 200m

19. 某公路沉管隧道所在河流五十年一遇洪水位高程为 72.15m，百年一遇洪水位高程为 77.78m，根据规范规定，该沉管隧道洞口防洪设计高程最小值是（　　）。

A. 73.15m　　B. 74.15m

C. 78.28m　　D. 78.78m

20. 相邻隧道洞口间距较小时，应系统考虑通风、照明、安全、管理等设施及防灾、救援等需要进行整体设计。对于某 4 车道高速公路，设计速度 80km/h，根据规范规定，应进行系统整体设计的相邻隧道洞口之间最大距离宜取为（　　）。

A. 67m　　B. 83m

C. 133m　　D. 167m

21. 某直行交通量较大的一级公路设计速度为 100km/h，根据规范规定，该公路平面交叉右转弯始速为 20km/h 时，不包括渐变段的加速车道长度为（　　）。

A. 140m　　B. 190m

C. 210m　　D. 230m

22. 根据规范规定，主线设计速度 80km/h 的一级公路，互通式立体交叉单车道减速车道纵坡 1.6%，紧接主线纵坡 4.2%的下坡路段，宜采用的减速车道长度修正系数为（　　）。

A. 1.00　　B. 1.15

C. 1.25　　D. 1.30

23. 积雪冰冻地区，设计速度 40km/h 的公路互通式立体交叉匝道圆曲线半径与合成坡度均符合规范规定的是（　　）。

A. 40m，6%　　B. 55m，8%

C. 60m，7%　　D. 65m，9%

24. 某设计速度 100km/h 的高速公路，受地形条件限制，避险车道设置在 3%连续长下坡路段，根据规范规定，此避险车道入口处大货车识别视距的最小值是（　　）。

A. 180m　　B. 190m

C. 238m　　D. 290m

25. 某山区高速公路隧道采用了机械通风方式，根据规范规定，下列说法错误的是（　　）。

A. 风机应具备手动控制功能

B. 射流风机应考虑消声措施

C. 射流风机宜并联设置，且风机型号和性能参数应相同

D. 射流风机支撑风机的结构承载能力应不小于风机实际静荷载的15倍

26. 某公路工程在概预算编制过程中，根据规范规定，某些费用需要按照累进方法计算，下列各项费用中不是按照累进方法计算的是（　　）。

A. 企业管理费　　B. 设计文件审查费

C. 建设项目信息化费　　D. 建设单位（业主）管理费

27. 某高速公路因地质条件较复杂，项目建设单位委托了第三方单位进行全线地质勘察监理工作，根据规范规定，地质勘察监理所需的费用应在（　　）中开支。

A. 工程监理费　　B. 建设项目前期工作费

C. 设计文件审查费　　D. 建设单位（业主）管理费

28. 下列关于城市道路交通工程功能和性能的基本要求，不符合规范规定的是（　　）。

A. 应具备抵御自然灾害的性能

B. 应具备与周边环境的协调性

C. 应具备人员、车辆通行所需的安全性、舒适性、耐久性

D. 应满足交通设施、管线布设、排水设施、照明设施的布设需要

29. 某城市主干路为四幅路形式，主路设计速度为60km/h，辅路设计速度为40km/h。道路下拟布置综合管廊，在主辅路分隔带上设置出风口，尺寸为宽2m、高0.5m，下列关于主辅路分车带宽度的最小值，符合规范规定的是（　　）。

A. 2.50m　　B. 2.75m

C. 3.25m　　D. 3.50m

30. 某城市主干路，拟采用沥青路面结构，下列关于路面结构设计工作年限、路基顶面设计回弹模量采用的最小值，符合规范规定的是（　　）。

A. 15年、20MPa　　B. 15年、30MPa

C. 20年、20MPa　　D. 20年、30MPa

31. 某设计速度为60km/h的城市主干路，路段中有一处设计中心线转角值为6°15′的折点，拟采用不设超高的圆曲线平面线形，缓和曲线长度为0。下列关于该圆曲线最小半径值，符合规范规定的是（　　）。（十位数取整）

A. 600m　　B. 920m

C. 1000m　　D. 1030m

32. 某非冰冻、平原地区城市主干路，设计速度为60km/h，在平面交叉口出口道设置一处公交停靠站。下列关于该平面交叉口出口道最大纵坡取值，符合规范规定的是（　　）。

A. 1.5%　　B. 2.0%

C. 2.5%　　D. 3.0%

33. 某城市快速路枢纽型立交，主线单向为3车道，出口匝道为单向2车道，为保持基本车道数连续和平衡，下列关于主线分流处的设计，符合规范规定的是（　　）。

A. 增设 1 条辅助车道　　B. 增设 1 条集散车道

C. 增设 1 条应急车道　　D. 增设 1 条加速车道

34. 根据规范规定，下列土类中，可直接作为城市道路路堤填料的是（　　）。

A. 液限大于 50%、塑性指数大于 26 的细粒土

B. 最大粒径大于 150mm 的砾类土

C. 级配良好的砂类土

D. 泥炭土

35. 某城市道路沥青路面，中面层采用密级配沥青混合料 AC-20C。下列关于沥青混合料关键性筛孔尺寸和关键性筛孔通过率，符合规范规定的是（　　）。

A. 2.36mm，< 38%

B. 2.36mm，< 45%

C. 4.75mm，< 40%

D. 4.75mm，< 45%

36. 下列关于城市人行地道无障碍设计的要求，符合规范规定的是（　　）。

A. 坡道中间平台的深度不应小于 2.0m

B. 仅在地道出入口处设置提示盲道

C. 坡道的净宽度不应小于 1.8m

D. 坡道的一侧设置扶手

37. 某设计速度为 50kmh 的城市次干路桥梁跨越河道，桥梁横断面布置为 0.3m（人行护栏）+ 2m（人行道）+ 20m（车行道）+ 2m（人行道）+ 0.3m（人行护栏）= 24.6m，车行道外侧设置路缘石。下列关于路缘石外露高度最小值，符合规范规定的是（　　）。

A. 15cm　　B. 25cm

C. 35cm　　D. 40cm

38. 某设计速度为 40km/h 的城市次干路，对向车道分界线中央有古树需要保留，下列关于该城市道路接近古树标线的渐变段长度最小值、路宽缩减终点标线延长距离最小值，符合规范规定的是（　　）。

A. 30m，40m　　B. 30m，20m

C. 20m，40m　　D. 20m，20m

39. 某城市拟新建一条封闭段长度为 1000m 的地下道路，该地下道路禁止危险化学品车辆通行。下列关于该地下道路的防火设计分类，符合规范规定的是（　　）。

A. 一类　　B. 二类

C. 三类　　D. 四类

40. 下列关于城市人行天桥的设计要求，不符合规范规定的是（　　）。

A. 布置在公交车辆站点附近的天桥，设有相应的交通管理措施

B. 地面梯口布设在人行道上，人行道保留宽度为 1.0m

C. 推自行车的梯道采用梯道带坡道的布置方式

D. 采用预制装配结构

二、多项选择题（共 30 题，每题 2 分。每题的备选项中有两个或两个以上符合题意，错选、少选、多选均不得分。）

41. 在公路路线设计中，当平面圆曲线路段设置超高时，则必须设置超高过渡段，下列关于超高过渡方式的说法，符合规范规定的有（ ）。

A. 无中间带的改建工程宜采用绕内侧车道边缘旋转的方式

B. 有中间带的公路可采用绕中央分隔带边缘旋转的方式

C. 小交通量农村公路单车道宜采用绕车道内边缘线旋转的方式

D. 爬坡车道超高横坡的旋转轴应为爬坡车道内侧边缘线

42. 某高速公路设置了几段连续长、陡下坡路段，根据规范规定，下列设计路段中，应进行交通安全性评价并论证增设货车强制停车区的有（ ）。

选项	平均坡度（%）	连续坡长（km）	相对高差（m）
A	2.0	21.5	—
B	2.8	20.0	—
C	3.4	—	400
D	4.2	—	240

43. 某城镇化地区拟新建公路，根据《城镇化地区公路工程技术标准》的规定，采用设计速度 60km/h、双向 4 车道一级公路标准，以下关于该公路横断面设计的说法，符合规范规定的有（ ）。

A. 机动车道宽度采用 3.5m

B. 右侧硬路肩宽度可采用 0.75m

C. 外侧车道不宜设置为机非混行

D. 机动车道和非机动车道间宜设置侧分隔带

44. 某拟新建公路地处山岭区，采用一级公路标准，设计速度为 100km/h。下列关于建筑限界的说法，符合规范规定的有（ ）。

A. 净高 4.5m

B. 侧向余宽C取 0.25m

C. 两车道公路隧道建筑限界基本宽度为 10.25m

D. 连拱隧道行车方向左侧可不设检修道，但应保留 0.25m 的余宽

45. 根据公路相关规范规定，下列地区公路建设时路基断面形式宜采用低路堤缓边坡、宽浅边沟的有（ ）。

A. 草原地区高速公路

B. 西北戈壁、沙漠地区一级公路

C. 山区二级及以下等级的公路

D. 人口集中的城镇化地区高速公路

46. 某高速公路沿河路基设计时，下列选项符合规范规定的有（ ）。

A. 沿河路基不宜侵占河道

B. 应改移河道，避免路基受水流冲刷

C. 沿河路基受水流冲刷，水流速度为 4～5m/s，可在沿河路基坡脚设置石笼防护

D. 应选择适当的路基边坡坡率，浸水路堤在设计水位以下的边坡坡率不宜陡于 1：1.75

47. 根据《公路软土地基路堤设计与施工技术细则》的规定，软土地基路堤稳定性与沉降计算时，

下列选项符合规定的有（　　）。

A. 稳定性验算与沉降计算，地基可简化为均质地基

B. 应根据软土层厚度、软土层强度及路堤高度分段计算

C. 软土地基沉降应计算至附加应力与自重应力之比不大于 0.15 处

D. 稳定性验算应按路堤施工期及公路运营期的荷载分别计算稳定安全系数

48. 公路水泥混凝土面层铺筑时，根据规范规定，应设置纵向缩缝的情况有（　　）。

A. 一次性铺筑宽度小于路面宽度时

B. 碾压混凝土面层一次摊铺宽度大于 7.5m

C. 钢纤维混凝土面层在摊铺宽度小于 7.5m

D. 普通水泥混凝土路面一次铺筑宽度大于 4.5m

49. 在进行公路沥青路面设计时，为减少半刚性基层收缩开裂和反射裂缝，根据规范规定，下列有效的措施有（　　）。

A. 增加基层无机结合料用量

B. 选用抗裂性好的无机结合料稳定类基层

C. 在无机结合料稳定类基层上敷设土工合成材料

D. 在无机结合料稳定类基层上设置改性沥青吸收层

50. 高速公路和一级公路沥青混合料应在规定的试验条件下进行车辙试验，关于无机结合料稳定类基层沥青路面车辙的相关要求，下列说法符合规范规定的有（　　）。

A. SMA 普通沥青混合料车辙试验动稳定度技术要求不小于 1200 次/mm

B. SMA 改性沥青混合料车辙试验动稳定度技术要求不小于 3000 次/mm

C. 重及以上交通荷载等级的 OGFC 混合料车辙试验动稳定度技术要求不小于 3000 次/mm

D. SMA、OGFC 沥青混合料车辙实验应根据气候分区设置不同的技术指标，气候分区应采用七月平均最高气温对应确定

51. 公路钢结构桥梁承受汽车荷载的结构构件与连接，应按疲劳细节类别进行疲劳验算。疲劳荷载符合规范规定的有（　　）。

A. 疲劳荷载计算模型I应采用等效的车道荷载，集中荷载为 $0.7P_k$，均布荷载为 $0.4q_k$。P_k和q_k按公路—I级车道荷载标准取值

B. 疲劳荷载计算模型II应采用双车模型

C. 疲劳荷载计算模型III应采用单车模型

D. 桥面系构件应采用单车模型验算

52. 在各类河段上选择公路桥梁的桥位时，符合规范规定的有（　　）。

A. 山区开阔河段，桥位应选在河槽稳定、水深较浅、流速较缓处

B. 路线通过泥石流堆积扇群时，桥位宜选在各沟出山口或一跨跨越泥石流堆积扇群

C. 桥轴线宜与中、高洪水位时的流向正交。斜交时，应在孔径和墩台基础设计中考虑其影响

D. 平原弯曲河段，桥位一般应选在主槽流向与河流总趋势一致的较长河段上；当河湾发展已逼近河床的基本岸边时，桥位宜选在河湾顶部的中间位置

53. 某公路隧道衬砌采用锚杆和套拱联合加固，下列做法符合规范规定的有（　　）。

A. 加固范围延伸加固段落外 3m

B. 锚杆长度 4m，锚杆应设置垫板，并施加 30kN 的锚固力

C. 喷射混凝土套拱厚度 150mm，套拱的变形缝位置与原衬砌变形缝位置根据实际情况可错开

D. 套拱与既有衬砌间植筋，植筋间距 1m，锚固长度为 10d（d为钢筋直径）

54. 某公路盾构隧道在地震时场地可能液化，应根据场地可能液化的范围采取抗液化措施，下列选项符合规范规定的有（ ）。

A. 全长设置二次衬砌

B. 减小上覆土层厚度

C. 挤密加密法进行地层加固

D. 采用砂井、排水桩等措施处理液化地层，减小孔隙水压力

55. 根据《公路路线设计规范》，下列选项中符合公路平面交叉渠化设计要求的有（ ）。

A. 一级公路的平面交叉必须进行渠化

B. 二级公路的平面交叉应进行渠化

C. 三级公路的平面交叉应进行渠化

D. 四级公路的平面交叉可进行渠化

56. 四岔交叉采用变形苜蓿叶互通式立体交叉形式，2 条左转环形匝道位于主线同一侧的两象限。根据规范规定，应设置集散道将两环形匝道的交织区与交叉公路直行车道相隔离的有（ ）。

A. 交叉公路均为高速公路

B. 交叉公路均为具集散功能一级公路

C. 交叉公路分别为高速公路和具干线功能一级公路

D. 交叉公路分别为具集散功能一级公路和具干线功能二级公路

57. 公路互通式立体交叉匝道纵断面线形设计要点中，符合规范规定的有（ ）。

A. 出口匝道宜采用上坡

B. 匝道与主线相连接的纵断面线形应连续

C. 匝道相互分流鼻端前宜设置凸形竖曲线顶点

D. 反向平曲线拐点附近不宜设置凸形竖曲线顶点

58. 某山区高速公路隧道拟设置照明系统，根据规范规定，照明系统调光方案制订应考虑的因素有（ ）。

A. 季节变化

B. 温度变化

C. 交通量变化

D. 洞外亮度变化

59. 某双向 4 车道高速公路隧道长度为 3900m，为保障安全应设置交通工程相关设施，根据规范规定，此隧道应设置的交通工程设施有（ ）。

A. 紧急电话

B. 车辆检测器

C. CO 检测器

D. NO_2 检测器

60. 公路项目前期需要委托勘察设计单位、咨询单位进行项目可行性研究等文件的编制工作，并按规定对这些工作支付相关费用，这些费用为项目前期工作费，下列费用中属于建设项目前期工作费的有（ ）。

A. 设计所需的费用　　B. 工程监理费

C. 风洞试验费　　D. 施工招标文件编制费

61. 某新建城市快速路双向6车道，拟设置快速公交专用车道，下列关于快速公交专用车道的设置，符合规范规定的有（　　）。

A. 布置在道路中央

B. 采用分离式布置

C. 专用车道宽度为4.0m

D. 与其他车道采用连续物理隔离设施分隔

62. 下列关于城市道路路面结构半刚性基层的设计要求，符合规范规定的有（　　）。

A. 应满足高温稳定性的要求　　B. 应满足低温抗裂性的要求

C. 应满足水稳定性的要求　　D. 应满足抗冻性的要求

63. 某设计速度为40km/h的城市道路，标准路拱横坡度为1.5%。某一路段拟采用设置缓和曲线的平曲线线形，已知该段道路设计纵坡为2.5%，横向力系数μ不应大于0.067，下列关于该圆曲线半径R和路面横坡度i的组合，符合规范规定的有（　　）。

A. $R = 300\text{m}$，$i = -0.015$　　B. $R = 200\text{m}$，$i = 0.02$

C. $R = 150\text{m}$，$i = 0.03$　　D. $R = 100\text{m}$，$i = 0.04$

64. 下列城市道路立体交叉分类中，具有机非分行、无干扰特征的互通式立交类型，符合规范规定的有（　　）。

A. 立A_1类　　B. 立A_2类

C. 立B类　　D. 立C类

65. 某城市主干路设计速度为60km/h，一般情况下，下列关于平面交叉口设计指标取值，符合规范规定的有（　　）。

A. 直行车设计速度采用42km/h

B. 圆曲线半径采用500m

C. 纵坡度采用2.4%

D. 交叉口视距三角形要求的停车视距为50m

66. 某城市道路位于膨胀土地区，其填方路基采用当地弱膨胀土或中膨胀土填筑。下列适宜采用的膨胀土填方路基边坡防护措施，符合规范规定的有（　　）。

A. 植物防护　　B. 骨架植物防护

C. 支撑渗沟加拱形骨架植物防护　　D. 浆砌片石护坡

67. 某城市道路沥青路面，上基层拟采用密级配沥青稳定碎石ATB-30混合料（公称最大粒径为31.5mm）。下列关于该沥青稳定碎石混合料马歇尔试验配合比设计技术要求，符合规范规定的有(　　)。

A. 马歇尔试件击实次数（双面）应为75次

B. 马歇尔稳定度应不小于15kN

C. 流值应为1.5～4mm

D. 沥青饱和度应为55%～70%

68. 下列关于设置桥梁防撞护栏所需考虑的因素，符合规范规定的有（　　）。

A. 车辆构成　　　　　　　　　　B. 桥梁荷载

C. 桥梁线形　　　　　　　　　　D. 桥下水深

69. 下列关于城市道路指路标志的箭头方向，符合规范规定的有（　　）。

A. 指示车辆前进方向时，箭头向上

B. 指示车道用途时，箭头向下

C. 指示入口方向时，箭头倾斜向下

D. 指示出口方向时，箭头倾斜向上

70. 某设计速度为 50km/h 的城市主干路有一处短距离地下道路，在同一通行孔中布置双向 4 条机动车道。下列关于该地下道路的横断面布置，符合规范规定的有（　　）。

A. 同孔内设置非机动车和行人交通

B. 两侧设 0.75m 检修道兼做人行道

C. 机动车和非机动车之间设置隔离护栏

D. 对向机动车交通之间设置中央隔离护栏

注册道路工程师执业资格专业考试

模考试卷（六）

专业知识
（下）

二〇XX年十一月

应考人员注意事项

1. 书写用笔：**黑色墨水笔；**

   填涂答题卡用笔：**2B 铅笔。**

2. 须用书写用笔将工作单位、姓名、准考证号填写在答题卡和试卷相应的栏目内。

3. 本试卷由 70 题组成，满分为 100 分。1～40 题为单项选择题，其中，1～27 题为公路工程试题，28～40 题为城市道路工程试题；41～70 题为多项选择题，其中，41～60 题为公路工程试题，61～70 题为城市道路工程试题。

4. 考生在作答时，必须**按题号**在**答题卡**上将相应试题所选选项对应字母用 **2B 铅笔**涂黑。

5. 在答题卡上书写与题意无关的语言，或在答题卡上作标记的，均按违纪试卷处理。

6. 考试结束时，由监考人员当面将试卷、答题卡一并收回。

7. 草稿纸由各地统一配发，考后收回。

一、单项选择题（共 40 题，每题 1 分。每题的备选项中只有一个最符合题意）

1. 某改扩建公路采用一级公路标准，设计速度为 80km/h。该项目与设计速度 100km/h 的高速公路交叉，拟设置双喇叭互通式立体交叉，主线流出匝道设计速度为 60km/h。交叉前后路段受地形地质条件限制，根据规范规定，下列有关该互通立交主线出口段最小识别视距的取值是（ ）。

A. 137.50m　　B. 200.00m

C. 230.00m　　D. 290.00m

2. 某城镇化地区拟新建公路，采用双向 6 车道一级公路标准，设计速度为 100km/h，并设置辅路。下列关于该公路主路右侧硬路肩宽度的最小值，符合规范规定的是（ ）。

A. 3.0m　　B. 1.5m

C. 1.0m　　D. 0.75m

3. 某高速公路改扩建项目采用 8 车道，设计速度为 120km/h。在某下穿铁路路段，拟采用小偏角线位方案，已知转角为 1.5°，下列关于该小偏角平曲线最小长度一般值，符合规范规定的是（ ）。

A. 500m　　B. 600m

C. 700m　　D. 800m

4. 在公路的平面设计中，下列关于公路线形设计与桥、隧配合的说法，不符合规范规定的是（ ）。

A. 桥梁及其引道的位置、线形应与路线线形相协调，使之视野开阔，视线诱导良好

B. 高速公路、一级公路和承担干线功能的二级公路上的桥梁线形应与路线线形相协调，且连续、流畅

C. 当设置曲线隧道时，宜采用不设超高的平曲线半径，受条件限制需采用设置超高的平曲线时，其超高不宜大于 4%

D. 隧道内外路基宽度不一致时，应在隧道进口外设置过渡段，过渡段最小长度不应小于 3s 设计速度行程长度，且不应小于 40m

5. 某公路地处地形复杂且积雪冰冻的山岭区，采用四级公路标准，设计速度 40km/h。其中某局部路段拟敷设连续两个回头曲线。下列关于两个圆曲线半径（R_1、R_2）和所夹直线长度（L）的组合，符合规范规定的是（ ）。

A. $R_1 = 50$m，$R_2 = 80$m，$L = 80$m　　B. $R_1 = 80$m，$R_2 = 50$m，$L = 240$m

C. $R_1 = 60$m，$R_2 = 70$m，$L = 220$m　　D. $R_1 = 80$m，$R_2 = 60$m，$L = 80$m

6. 高速公路改扩建工程，存在深度大于 20m 的深厚软土地基，该路段交通荷载较大，路基变形要求严格，要求工后沉降不大于 0.10m。根据规范规定，适用于通道、桥头与路堤衔接处的地基处理方案是（ ）。

A. 真空预压法　　B. 强夯置换法

C. 袋装砂井 + 堆载预压　　D. 预制混凝土刚性桩

7. 某山区高速公路的一段陡坡路堤，可能沿斜坡地基滑动。根据规范规定，在暴雨或连续降雨工况下，该陡坡路堤稳定安全系数不应小于（ ）。

A. 1.15　　B. 1.20

C. 1.30　　D. 1.35

8. 某新建高速公路途经膨胀土地区，有大量膨胀土填料，经测试填料标准吸湿含水率4.8%，膨胀量2.5%，关于膨胀土路基填料设计，下列选项中符合规范规定的是（　　）。

A. 该膨胀土不能用作路基填料

B. 该膨胀土可直接用于路堤各个部位填筑

C. 该膨胀土采用无机结合料处治后，可用作路床填料

D. 该膨胀土可作为路床填料，但需要进行包边、加筋等物理处治

9. 根据《公路软土地基路堤设计与施工技术细则》，公路软土地基沉降应计算至附加应力与自重应力之比不大于（　）处。

A. 0.10　　　　B. 0.15

C. 0.20　　　　D. 0.30

10. 公路水泥混凝土路面设计采用钢筋混凝土面层时，下列关于面层配筋的说法符合规范规定的是（　　）。

A. 横向钢筋应位于纵向钢筋之上

B. 纵横向钢筋均应采用光圆钢筋

C. 纵横向钢筋均应采用螺纹钢筋

D. 纵横向钢筋宜采用直径相同或相近的钢筋

11. 我国公路沥青路面设计采用轴重100kN的单轴—双轮组轴载作为设计轴载，根据规范规定，对应设计轴载的单轮接地当量圆直径为（　　）。

A. 0.70mm　　　　B. 100.0mm

C. 213.0mm　　　　D. 319.5mm

12. 公路改扩建工程路面结构验算时，既有路面破损严重且铣刨后部分留用，其顶面当量回弹模量的确定方法符合规范规定的是（　　）。

A. 采用芯样实测法确定各层结构模量

B. 利用弯沉盆反演法确定各层结构模量

C. 根据路面整体强度、基层和面层损坏情况，结合当地经验确定

D. 应根据落锤式弯沉仪测试的最大弯沉值换算既有路面顶面当量回弹模量

13. 在进行公路沥青路面设计时，根据规范规定，沥青结合料类材料层与水泥稳定级配碎石基层间（　　）。

A. 应设置黏层，宜设置透层　　　　B. 应设置封层，宜设置黏层

C. 应设置封层，宜设置透层　　　　D. 应设置黏层，宜设置封层

14. 公路钢结构桥梁在车辆荷载作用下，根据规范规定，钢板和铺装合成后的钢桥面铺装的挠跨比不应大于（　　）。

A. 1/500　　　　B. 1/800

C. 1/1000　　　　D. 1/1500

15. 某冻融环境公路预应力混凝土桥梁上部主梁，设计使用年限100年，根据《公路钢筋混凝土及预应力混凝土桥涵设计规范》，耐久性设计要求的混凝土强度等级不低于（　　）。

A. C30　　　　B. C35

C. C40　　　　D. C45

16. 公路桥梁进行抗震设计时，下列表述不符合规范规定的是（　　）。

A. 梁式桥的矮墩不宜设置固定支座，宜设置活动支座或板式橡胶支座

B. 对采用抗震体系类型I的桥梁，抗震设计时，墩柱、系梁应作为延性构件设计

C. 立体交叉的跨线桥梁的抗震设防标准应不低于其跨越的下线工程的抗震设防标准

D. 在 E1 地震作用下，线性时程法的计算结果不应小于反应谱计算结果的 70%

17. 关于公路隧道改扩建方案设计，下列选项不符合规范规定的是（　　）。

A. 既有双洞 4 车道连拱隧道扩建为 8 车道时，既有连拱隧道改为为单洞 4 车道隧道，并新增一个单洞 4 车道隧道

B. 单洞双向行驶两车道隧道扩建为一级公路双洞 4 车道隧道，利用既有隧道，并增建一个两车道隧道

C. 既有双洞 4 车道隧道扩建为 8 车道时，利用原有隧道，并在原有隧道外侧分别再增建一个隧道

D. 改建后隧道设计行车速度与隧道前后路段设计行车速度差不应大于 25km/h

18. 某 4 车道高速公路山岭隧道长 970m，设计速度 100km/h，采用左、右行分离的双洞布设，根据规范要求设置横通道，下列做法不符合规范规定的是（　　）。

A. 人行横通道纵坡为 12%

B. 人行横通道两端设置防火门

C. 隧道左、右洞之间不设置车行横通道

D. 隧道左、右洞之间设置 1 道人行横通道

19. 采用钻爆法修建的公路隧道，关于隧道位置选择，下列选项不符合规范规定的是（　　）。

A. 应避免穿越河床变化较大的不稳定地段

B. 不可避免穿越大型破碎带时，采用隧道轴线垂直或大角度通过，并采取可靠的工程技术措施

C. 洞口位置不宜设在滑坡、崩塌、泥石流和危岩落石等不良地质地段，以及排水困难的低洼处

D. 濒临水库的傍山隧道应避开水库长期浸泡造成岸坡坍塌影响范围，洞口设计高程高出计算洪水位不小于 0.3m

20. 二级公路与铁路平行相邻时，根据规范规定，铁路用地界与二级公路用地界的最小间距为（　　）。

A. 5m　　　　B. 10m

C. 15m　　　　D. 20m

21. 主线设计速度 100km/h 的高速公路互通式立体交叉，双车道匝道采用单车道加速车道，规范规定的加速段最小长度是（　　）。

A. 180m　　　　B. 200m

C. 210m　　　　D. 280m

22. 某设计速度 40km/h 的三级公路，在与铁路立体交叉范围内，符合规范规定的视距是（　　）。

A. 40m　　　　B. 60m

C. 75m　　　　D. 90m

23. 某高速公路设计速度为 120km/h，匝道设计车速为 80km/h，该高速公路分流鼻端符合规范规定的凸形竖曲线最小半径一般值为（　　）。

A. 2000m

B. 3000m

C. 3500m

D. 4500m

24. 某山区高速公路隧道长度为1850m，按照规范规定需设置照明系统，下面关于隧道照明系统，符合规范规定的是（　　）。

A. 应设置洞外引道照明

B. 横通道照明亮度不应低于1.0cd/m^2

C. 紧急停车带照明亮度不应低于2.0cd/m^2

D. 当设计速度为100km/h时，中间段亮度可按70km/h进行设计

25. 某高速公路为引导驾驶者行驶方向，在匝道处设置了线形诱导标，根据规范规定，该诱导标应重复设置，其重复设置数量最少为（　　）。

A. 1块

B. 2块

C. 3块

D. 4块

26. 某公路工程在编制概预算时，需要考虑在概预算编制中难以预料的工程费用，根据规范规定，下列不属于基本预备费计算基数的费用是（　　）。

A. 设备购置费

B. 建设期贷款利息

C. 建设项目管理费

D. 土地使用及拆迁补偿费

27. 某高速公路在竣工验收前，需按照有关规定的工程质量标准对桥梁进行动载试验，根据规范规定，该过程所需的费用属于（　　）。

A. 生产准备费

B. 研究试验费

C. 联合试运转费

D. 竣（交）工验收试验检测费

28. 某设计速度为60km/h的城市主干路，横断面布置为四幅路形式，机动车道为双向6车道，中央分隔带及两侧分隔带宽均为2.5m。在两侧分隔带中设置雨水调蓄设施，下列关于该道路分隔带及缘石的设计，符合规范规定的是（　　）。

A. 中央分隔带在灯控平交路口处设置二次过街设施

B. 两侧分隔带采用外露高度为15cm的立缘石连续围砌

C. 路侧带缘石开口距交叉口最小间距为30m

D. 两侧分隔带开口最小间距为200m

29. 某城市主干路，设计速度为60km/h，横断面布置为两幅路形式，设置双向4条机动车道、非机动车道和人行道，其中下穿城市广场段采用长1100m的隧道。一般情况下，下列关于隧道段的设计，符合规范规定的是（　　）。

A. 平纵线形在隧道洞口内外侧5s设计速度的行程长度范围内保持一致

B. 机动车与非机动车之间设置安全隔离设施

C. 隧道与路段的路面宽度保持一致

D. 最大纵坡采用4.5%

30. 某设计速度为50km/h的城市主干路，采用四幅路横断面布置，中间分隔带内设置2.5m净宽的天桥立柱，根据规范规定，计算该处道路中间带的最小宽度应为（　　）。

A. 2.5m

B. 3.0m

C. 3.5m

D. 4.0m

31. 某城市道路枢纽立交位于积雪冰冻地区，其中一条匝道设计速度为 50km/h，圆曲线半径为 155m，纵坡为 2.5%，下列关于该圆曲线段最大超高横坡度的取值，符合规范规定的是（　　）。

A. 2.0%　　B. 3.5%

C. 4.5%　　D. 6.0%

32. 某城市主干路拟采用填石路基，下列关于该路基压实质量控制指标，符合规范规定的是（　　）。

A. 弯沉值　　B. 孔隙率

C. 压实度　　D. 回弹模量

33. 某城市道路沥青路面，中面层采用密级配沥青混合料 AC-20C。沥青混合料 20℃的抗压回弹模量平均值为 1360MPa，标准差为 90MPa；15℃的抗压回弹模量平均值为 1620MPa，标准差为 110MPa。下列关于该层沥青混合料在计算路表弯沉时采用的抗压回弹模量设计值，符合规范规定的是（　　）。

A. 1180MPa　　B. 1400MPa

C. 1540MPa　　D. 1840MPa

34. 下列关于城市道路无障碍设计中对轮椅通行的要求，不符合规范规定的（　　）。

A. 人行道轮椅坡道的设置应避免干扰行人通行

B. 人行横道安全岛的形式应方便乘轮椅者使用

C. 当人行天桥无法满足轮椅通行需求时，宜考虑地面安全通行

D. 在机非分隔带上设置公交车站，可不考虑轮椅者的使用要求

35. 下列关于通信架空管线跨越无电车通行的城市道路时，与路面的最小垂直净距，符合规范规定的是（　　）。

A. 3.0m　　B. 4.5m

C. 5.5m　　D. 9.0m

36. 某设计速度为 80km/h 的城市快速路，沿线设置一座跨径为 16m 的跨河桥梁，下列关于该桥梁路侧防撞护栏防护等级，符合规范规定的是（　　）。

A. A 级　　B. SB 级

C. SA 级　　D. SS 级

37. 某设计速度为 30km/h 的城市支路，为机动车单向行驶、非机动车双向行驶的单幅路断面，下列关于该道路机动车道与对向非机动车道分界处的交通标线类型，符合规范规定的是（　　）。

A. 黄色实线　　B. 黄色虚线

C. 白色实线　　D. 白色虚线

38. 某城市小客车专用地下道路，拟设置一处单车道出口匝道。下列关于该匝道紧急停车带的最小宽度值，符合规范规定的是（　　）。

A. 1.5m　　B. 2.0m

C. 2.5m　　D. 3.0m

39. 根据规范规定，城市桥梁上可以敷设（　　）。

A. 污水管线

B. 有腐蚀性的液体管线

C. 采取有效安全防护措施的压力 > 0.4MPa 的燃气管

D. 采取有效安全防护措施的电压 ⩽ 10kV 的电缆

40. 下列关于城市道路平面交叉口施工图设计，平面大样图中包含的内容，不符合规范规定的是（　　）。

A. 设计等高线　　B. 人行道铺装范围

C. 交通标线　　D. 公交车站

二、多项选择题（共30题，每题2分。每题的备选项中有两个或两个以上符合题意，错选、少选、多选均不得分。）

41. 对于技术复杂的公路特大桥、长隧道等项目，必要时采用三阶段设计。根据规范规定，三阶段设计包括（　　）。

A. 方案设计　　B. 初步设计

C. 技术设计　　D. 施工图设计

42. 具有集散功能的一级公路，整体式断面必须设置中间带。根据规范规定，下列关于中间带宽度确定的依据有（　　）。

A. 左侧路缘带宽度　　B. 中间隔离设施宽度

C. 中央分隔带功能　　D. 内侧行车道宽度

43. 下列关于公路线形组合设计的说法，符合规范规定的有（　　）。

A. 所有等级公路都宜注重路线平、纵线形组合设计

B. 线形设计应考虑收费站、服务区、停车区、客运汽车停靠站等沿线设施的要求

C. 在高填方路段设置平曲线时，应采用较大半径的圆曲线，并设置诱导功能的交通设施

D. 高速公路、一级公路和承担干线功能的二级公路上的桥梁线形应与路线线形相协调，且连续、流畅

44. 某拟新建公路地处地形、地质条件复杂的山岭区，采用三级公路标准，设计速度40km/h。受地形地质条件限制，某局部路段拟敷设平面复曲线。已知大圆半径为1000m，正常路拱横坡为1.5%。若该复曲线不设回旋线，下列关于复曲线小圆半径的取值，符合规范规定的是（　　）。

A. 450m　　B. 550m

C. 600m　　D. 650m

45. 某拟新建高速公路，地处积雪冰冻地区，采用双向4车道高速公路标准，设计速度为100km/h，下列关于该公路平面设计的说法，符合规范规定的有（　　）。

A. 圆曲线最小半径一般值为700m，圆曲线最小半径极限值为400m

B. 超高旋转轴位于中间带边缘时，超高渐变率范围为1/330～1/225

C. 同向圆曲线之间直线长度不小于600m，反向圆曲线间直线长度不小于200m

D. 当中央分隔带设置护栏和防眩板，应进行视距检验，不符合对应的视距要求时，应采取相应的技术和工程措施予以改善

46. 某新建公路工程，路线途经难以绕避的滑坡区，下列选项中路基设计符合规范规定的有（　　）。

A. 采用挖方路堑方案通过滑坡后部时，路堑宜采用台口式路基断面

B. 滑坡规模小、边界条件清楚时，路基可从有利于滑坡稳定的安全部位通过

C. 路基通过稳定滑坡时，应避免在滑坡中后部挖方，或避免在滑坡前部填方

D. 采用填方路堤方案通过滑坡前缘时，路堤应采用砂砾、碎石等透水性好的材料填筑

47. 关于高速公路填方路基的填料选择，下列选项符合规范规定的有（　　）。

A. 优先采用粗粒土填筑

B. 直接采用淤泥、有机质土等填筑

C. 盐渍化程度为中等的氯盐细粒土可用作路床填料

D. 在渗水材料缺乏的地区，可用采用无机结合料处治后的细粒土填筑桥涵台背

48. 某新建高速公路路基，填方边坡高度 5～8m，挖方边坡高度小于 10m。下列坡面防护设计措施符合规范规定的有（　　）。

A. 一般黏性土填筑的路堤边坡宜采用挂网喷护防护方案

B. 坡率为 1：1.5 的土质路基边坡可采用铺草皮防护方案

C. 坡率为 1：1 的风化页岩路堑边坡可采用喷护防护方案

D. 坡率为 1：1 的全风化砂岩稳定路堑（堤）边坡可采用草灌结合防护方案

49. 既有沥青路面破损不严重且结构性能较好，采用直接加铺方案或铣刨至某一结构层再加铺方案时，下列说法符合规范规定的有（　　）。

A. 仅对既有路面结构层进行结构验算

B. 应同时对既有路面结构层和加铺层进行结构验算

C. 既有路面无机结合料稳定层弯拉强度可根据现场取芯实测确定

D. 既有路面各层模量可利用弯沉盆反演或芯样实测的方法确定各层结构模量

50. 公路水泥混凝土路面与桥涵、通道及隧道等固定构造物相衔接的胀缝无法设置传力杆时，下列处理措施符合规范规定的有（　　）。

A. 在毗邻构造物的板端部内配置双层钢筋网

B. 在毗邻构造物的板端部内配置单层钢筋网

C. 在长度为 6～10 倍板厚的范围内逐渐将板厚增加 20%

D. 在长度为 6～10 倍板厚的范围内逐渐将板厚增加 10%

51. 在实际应用中，低温开裂指数对于路面材料的选择和使用十分重要，下列关于沥青面层低温开裂指数的相关要求，符合规范规定的有（　　）。

A. 路面低温设计温度为连续 10 年年平均气温值

B. 高速公路、一级公路低温开裂指数要求不大于 3

C. 竣工验收时 100m 调查单元内横向裂缝条数、贯穿全幅的裂缝按 1 条计

D. 竣工验收时 100m 调查单元内横向裂缝条数、未贯穿全幅的裂缝均按 0.5 条计

52. 公路桥梁宜绕避抗震危险地段，当必须通过抗震危险地段时，根据规范规定，应在工程场地安全性评价基础上制定相应对策的桥梁有（　　）。

A. A 类桥梁　　B. B 类桥梁

C. C 类桥梁　　D. D 类桥梁

53. 公路钢混组合梁桥开孔板连接件构造符合规范规定的有（　　）。

A. 开孔板连接件的钢板厚度不宜小于 12mm

B. 开孔板孔径不宜小于贯通钢筋直径的 1.2 倍

C. 开孔板连接件的贯通钢筋直径不宜小于 12mm，应采用螺纹钢筋

D. 当开孔板连接件多排布置时，其横向间距不宜小于开孔板高度的 2 倍

54. 关于公路水下隧道位置选择，下列选项符合规范规定的有（　　）

A. 盾构隧道选择在软弱均匀的地层穿越

B. 堰筑隧道水深宜小于 20m，河段水流速度宜小于 2.5m/s

C. 盾构隧道宜避开软硬不均匀地层、含坚硬大孤石地层和岩溶地层

D. 沉管隧道宜避开陡变或不稳定的岸线、急弯河道、局部深槽、冲刷严重的水域

55. 当公路隧道通过特殊地质地段时，结构设计符合规范规定的有（　　）。

A. 隧道穿越有较大溶洞和暗河时，采取跨越方式通过

B. 隧道通过多年冻土时，洞门基础应置于冻胀性或融沉性地层线以下 0.5m

C. 隧道穿越黄土时采用曲墙带仰拱的复合式衬砌结构，但不设置系统锚杆

D. 隧道顶部有采空区时采取封闭回填采空区和疏排积水措施，并对采空区影响范围内的隧道衬砌结构加强

56. 减速车道上游主线设计小时交通量接近主线设计通行能力，分流区通行能力经验算不能满足设计通行能力要求时，根据规范规定，改进的措施有（　　）。

A. 增加减速车道长度

B. 增加减速车道车道数

C. 将分流点往减速车道起点方向调整

D. 调整匝道横断面类型

57. .主线设计速度 100km/h 的枢纽互通式立体交叉，匝道设计速度 80km/h，在分流鼻端附近的匝道凸形竖曲线半径取值符合规范有关极限最小值规定的有（　　）。

A. 2000m　　　　B. 2800m

C. 3200m　　　　D. 5000m

58. 某公路为向用路者提供系统、完善的信息设置了指路、指示、警告、禁令等标志，其中标志版面形状应为等边三角形的标志有（　　）。

A. 停车让行标志　　　　B. 警告标志

C. 禁令标志　　　　D. 减速让行标志

59. 某单洞双车道公路隧道长度为 4280m，设置了消防灭火设施，下列关于消防灭火设施，符合规范规定的有（　　）。

A. 灭火器应设置在隧道一侧

B. 防火卷帘耐火极限不应小于 3.0h

C. 消防用水量应按发生两次火灾的灭火用水量确定

D. 消防给水应采用高位消防水池供水的常高压供水系统

60. 某公路工程在建设过程中按照规范要求需计列建设项目管理费，根据规范规定，其中可根据建设单位、施工、监理单位所实际承担的工作内容和工作量统筹使用的有（　　）。

A. 工程监理费　　　　B. 项目信息化费

C. 设计文件审查费　　　　D. 交工验收试验检测费

61. 某城市支路，设计速度为 40km/h，横断面采用单幅路形式，双向 2 车道，下列关于平纵曲线设计中视距的要求，符合规范规定的有（　　）。

A. 应满足停车视距的要求

B. 应满足会车视距的要求

C. 应满足超车视距的要求

D. 应对影响行车视距路段进行视距验算

62. 某公共停车场位于城市次干路一侧，停车容量为 48veh，停车场设置 1 个出入口，下列关于该停车场的设计，符合规范规定的有（　　）。

A. 出入口与次干路直接衔接

B. 出入口宽度为 6.5m

C. 出入口段的纵坡为 2.0%

D. 出入口距人行地道梯道口距离为 40m

63. 某城市道路互通式立体交叉，主路的设计速度为 80km/h，下列关于该立交范围内设置集散车道的设计速度取值，符合规范规定的有（　　）。

A. 30km/h　　　　B. 40km/h

C. 50km/h　　　　D. 60km/h

64. 某城市快速路枢纽立交，主路设计速度为 100km/h，每条车道宽为 3.75m，立交范围内设有辅助车道、集散车道。下列关于该立交范围内各类车道宽度最小值，符合规范规定的有（　　）。

A. 加速车道宽 3.50m

B. 减速车道宽 3.50m

C. 集散车道宽 3.75m

D. 辅助车道宽 3.75m

65. 下列关于城市道路软土地基沉降计算的技术要求，不符合规范规定的有（　　）。

A. 主固结沉降应采用分层总和法计算

B. 土层深度应以其底面附加应力与自重应力之比值不大于 20%确定

C. 不需考虑行车荷载产生的路基永久变形

D. 主干路路基容许工后沉降应不大于 20cm

66. 某重载交通城市道路拟采用普通水泥混凝土面层和贫混凝土基层，标准轴载在临界荷位处产生的上层和下层混凝土板的荷载疲劳应力分别为σ_{pr1}和σ_{pr2}，上层和下层混凝土板的温度疲劳应力分别为σ_{tr1}和σ_{tr2}，普通混凝土和贫混凝土的弯拉强度标准值分别为f_{r1}和f_{r2}，水泥混凝土路面可靠度系数为γ_{c}。根据规范规定，该水泥路面结构在设计极限状态下应满足（　　）。

A. $\gamma_{\mathrm{c}}\sigma_{\mathrm{pr1}} \leqslant f_{\mathrm{r1}}$

B. $\gamma_{\mathrm{c}}(\sigma_{\mathrm{pr1}} + \sigma_{\mathrm{tr1}}) \leqslant f_{\mathrm{r1}}$

C. $\gamma_{\mathrm{c}}\sigma_{\mathrm{pr2}} \leqslant f_{\mathrm{r2}}$

D. $\gamma_{\mathrm{c}}(\sigma_{\mathrm{pr2}} + \sigma_{\mathrm{tr2}}) \leqslant f_{\mathrm{r2}}$

67. 根据规范规定，可埋置在城市道路机动车道下方、最小覆土深度为 0.7m 的管线有（　　）。

A. 直埋电力管线　　　　B. 直埋热力管线

C. 排水管线　　　　　　　　　　　　　　　　　D. 再生水管线

68. 下列关于城市道路护栏形式选择所需考虑的因素，符合规范规定的有（　　）。

A. 路侧净宽　　　　　　　　　　　　　　　　　B. 环境气候

C. 城市景观　　　　　　　　　　　　　　　　　D. 视距影响

69. 某设计速度为 80km/h 的城市地下快速路，双向 6 车道，封闭段范围内纵坡度 2.5%，沿主线行车上坡方向先后设置一处单车道入口匝道和单车道出口匝道，均采用平行式变速车道。下列关于该地下道路的出入口设计要求，符合规范规定有（　　）。

A. 减速车道长 80m

B. 加速车道长 220m

C. 变速车道渐变段长 50m

D. 从汇流端部开始设置与主线直行车道的隔离段长 80m

70. 下列关于城市桥梁特大桥的基本规定，符合规范规定的有（　　）。

A. 多孔跨径总长$L \geqslant 1000$m 或单孔跨径$L_0 \geqslant 150$m 的桥梁

B. 桥梁结构应确保在 300 年一遇洪水频率下的安全

C. 桥梁结构设计使用年限为 100 年

D. 竣工后应进行荷载试验

注册道路工程师执业资格专业考试

模考试卷（七）

专业知识
（上）

二〇XX年十一月

应考人员注意事项

1. 书写用笔：**黑色墨水笔；**

   填涂答题卡用笔：**2B 铅笔。**

2. 须用书写用笔将工作单位、姓名、准考证号填写在答题卡和试卷相应的栏目内。

3. 本试卷由 70 题组成，满分为 100 分。1～40 题为单项选择题，其中，1～27 题为公路工程试题，28～40 题为城市道路工程试题；41～70 题为多项选择题，其中，41～60 题为公路工程试题，61～70 题为城市道路工程试题。

4. 考生在作答时，必须**按题号**在**答题卡**上将相应试题所选选项对应字母用 **2B 铅笔**涂黑。

5. 在答题卡上书写与题意无关的语言，或在答题卡上作标记的，均按违纪试卷处理。

6. 考试结束时，由监考人员当面将试卷、答题卡一并收回。

7. 草稿纸由各地统一配发，考后收回。

一、单项选择题（共 40 题，每题 1 分。每题的备选项中只有一个最符合题意）

1. 关于城镇化地区公路的设计符合《城镇化地区公路工程技术标准》（JTG 2112—2021）的是（　　）。

A. 设计速度小于等于 50km/h 时，机动车与非机动车宜混行

B. 四级公路非机动车与机动车混行时，路面最小宽度可采用 4.5m

C. 人行道与通行三轮车的非机动车道合并设置，其最小宽度为 3.0m

D. 设置辅路的一级公路，设计速度 80km/h，右侧硬路肩宽度设计为 0.75m

2. 下列关于公路技术等级与设计速度方面的描述，不符合标准规范规定的是（　　）。

A. 三级公路设计速度宜根据实际情况采用 30～40km/h

B. 集散二级公路设计速度宜根据实际情况采用 40～50km/h

C. 干线二级公路设计速度宜根据实际情况采用 60～80km/h

D. 一级公路设计速度宜根据实际情况采用 60～100km/h

3. 某山区一级公路，设计速度 60km/h，设置了多处连续长、陡下坡路段，其中应进行安全性评价的路段是（　　）。

A. 平均坡度 2%，连续坡长 30km　　B. 平均坡度 2.5%，连续坡长 20.5km

C. 平均坡度 3%，相对高差 440m　　D. 平均坡度 3.5%，相对高差 300m

4. 某小交通量农村公路年平均日设计交通量为 350 辆小客车，无大型、重载型车辆时，设错车道段一般路基宽度为（　　）。

A. 4.5m　　B. 6.0m

C. 6.5m　　D. 7.0m

5. 下列关于公路建筑限界的说法正确的是（　　）。

A. 三级公路的侧向宽度为路肩宽度

B. 四级公路采用砂石路面，净空采用 4.5m

C. 路基、桥梁、隧道相互衔接处，其建筑限界宜按过渡段处理

D. 在设置超高的路段，建筑限界的上缘边界线应与超高横坡平行，其两侧边界线应与路面超高横坡垂直

6. 下列关于公路圆曲线加宽设计的说法正确的是（　　）。

A. 单车道四级公路圆曲线半径$R = 120$m，加宽值采用 0.6m

B. 作为集散的二级公路不考虑铰接车通行时，可采用第 2 类加宽值

C. 作为支线的三级、四级公路应采用第 1 类加宽值

D. 不设回旋线或超高过渡段时，加宽过渡段长度按 1：15 渐变率设置

7. 位于抗震不利地段的高速公路高路堤，在E_1地震作用下，其抗震设防目标是（　　）。

A. 不受损坏　　B. 不需修复可正常使用

C. 经一般整修即可正常使用　　D. 经短期抢修即可恢复使用

8. 软土地基工程地质勘察应核定地震动峰值加速度大于或等于（　　）范围的分区界限。

A. $0.1g$　　B. $0.2g$

C. 0.3g　　D. 0.4g

9. 沿河路基防护，某沿河路基受水流冲刷，已知河水流速为4m/s，则该段路堤坡脚可用（　　）防护类型。

A. 植物防护　　B. 土工膜袋

C. 石笼防护　　D. 抛石防护

10. 当地形地貌、岩土结构等具有下列哪项特征时，可初步判别为滑坡（　　）。

A. 坡体两侧分布有沟谷，并有双沟同源的现象

B. 存在顺层斜坡

C. 存在顺坡向的优势节理裂隙

D. 存在厚层堆积体的长大缓斜坡

11. 某一级公路沥青混凝土路面，采用级配碎石底基层，水泥稳定碎石基层，级配碎石底基层回弹模量实验值为200MPa，则结构验算时粒料回弹模量可采用（　　）MPa。

A. 300　　B. 347

C. 410　　D. 470

12. 某地区年平均降雨量大于1000mm，该地区高速公路路面在交工验收时构造深度应不小于（　　）。

A. 40mm　　B. 45mm

C. 50mm　　D. 55mm

13. 广东某二级公路，路面宽度9m，采用30cm厚的钢纤维混凝土，现施工一段长200m的试验段，该段钢纤维混凝土水泥最小用量为（　　）。

A. 151.2t　　B. 167.4t

C. 194.4t　　D. 205.2t

14. 某二级公路水泥混凝土路面，穿过某一集镇，面层采用刻槽处理，其构造深度最小应不小于（　　）mm。

A. 0.6　　B. 0.7

C. 0.8　　D. 0.9

15. 某一级公路桥梁，采用混凝土预制结构，跨径为3×25m，关于设计基准期和主体结构设计使用年限正确的是（　　）。

A. 设计基准期150年，设计使用年限120年

B. 设计基准期100年，设计使用年限100年

C. 设计基准期100年，设计使用年限50年

D. 设计基准期100年，设计使用年限30年

16. 关于桥梁设计，下列说法正确的是（　　）。

A. 城镇混合交通繁忙的桥梁，桥上纵坡不得大于3%，桥头引道纵坡不应大于4%

B. 大桥纵断面宜采用平坡桥

C. 特大桥纵断面不宜设计成凹曲线

D. 桥梁构件与桥梁的设计使用年限必须一致

17. 钢筋混凝土轴心受压构件，构件计算长度 20m，截面为矩形截面，截面尺寸为 2m × 1m，构件的稳定系数为（　　）。

A. 1.00　　B. 0.87

C. 0.75　　D. 0.60

18. 在设置超前支护的地段，应设钢架作为超前支护的尾端支点，钢架截面高度不宜小于（　　）。

A. 160mm　　B. 180mm

C. 200mm　　D. 220mm

19. 水下隧道边墙防水卷材的厚度不应小于（　　）。

A. 1.0mm　　B. 1.2mm

C. 1.5mm　　D. 1.8mm

20. 公路隧道内公告信息标志采用电光标志，其最大亮度不应大于（　　）。

A. 150cd/m^2　　B. 200cd/m^2

C. 250cd/m^2　　D. 300cd/m^2

21. 某华东近郊二级公路与三级公路交叉，二级公路年平均日交通量为 7000 辆/d，三级公路单向交通量为 350 辆/h，适于采用的交通管理方式是（　　）。

A. 无优先交叉　　B. 信号交叉

C. 停车让行交叉　　D. 减速让行交叉

22. 某一级公路与二级公路平面交叉，一级公路设计速度 80km/h，二级公路设计速度 60km/h，则一级公路、二级公路上的引道视距长度分别为（　　）。

A. 110m、75m　　B. 75m、110m

C. 110m、110m　　D. 75m、75m

23. 从立体交叉一致性设计原则考虑，下列设计中（　　）是最合理的立交设计方案。

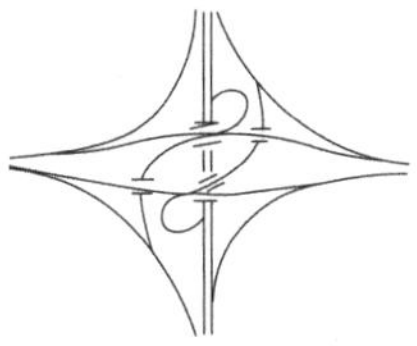

A. 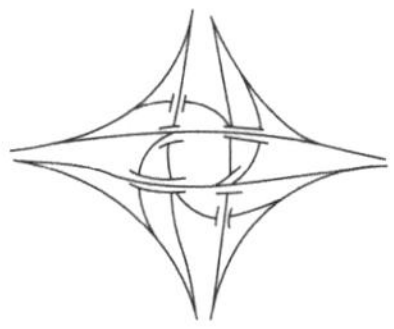　　B.

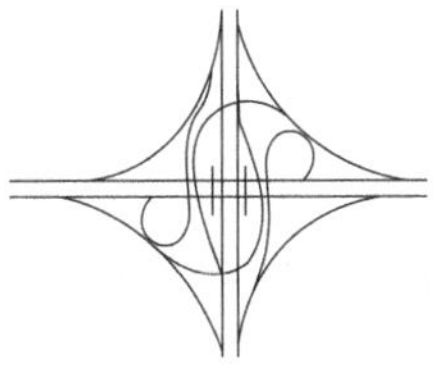

C. 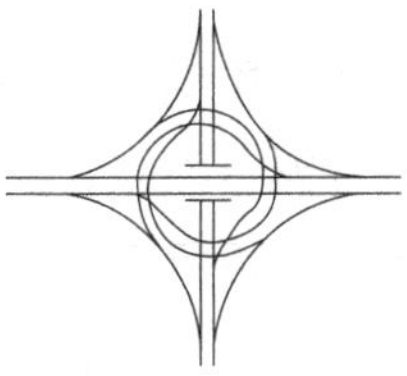　　D.

24. 下列（　　）情况宜在路面标线的一侧设置突起路标。

A. 二级公路车行道边缘线　　B. 一级公路车行道边缘线

C. 二级公路隧道的车行道边缘线　　D. 三级公路车行道边缘线

25. 某双向 8 车道高速公路，设计时速 80km，左侧未设置硬路肩，路段中央分隔带宽度为 2m，中分带内设有灌溉水渠桥墩，设计交通量为 8000 辆/天，其中 25t 以上货车 2000 辆/天，中央分隔带护栏宜采用下列（　　）高度。

A. 700cm　　B. 900cm

C. 100cm　　D. 110cm

26. 某公路工程因建设需要进行文物勘察工作，根据规范规定，文物勘察费应在（　　）中列支。

A. 企业管理费　　B. 建设项目前期工作费

C. 专项评估费　　D. 研究试验费

27. 某高速公路项目在修正概算编制过程中，根据规范规定，基本预备费取费费率为（　　）。

A. 3%　　B. 4%

C. 5%　　D. 9%

28. 城市快速路机动车车道数应根据预测交通量进行通行能力和服务水平评价，并结合（　　），确定机动车车道数规模。

A. 定性分析　　B. 定量分析

C. 红线宽度　　D. 规划预留宽度

29. 某城市支路，采用砌块石路面材料，请问其设计使用年限是（　　）。

A. 20 年　　B. 15 年

C. 10 年　　D. 根据交通量确定

30. 某城市主干路设计速度为 60km/h，下穿某现状桥梁，桥墩位于该道路中央分隔带内，直径为 2.0m，根据规范规定，不再单独考虑桥墩防撞设施的情况下，该道路中间带最小宽度为（　　）。

A. 2.0m　　B. 2.5m

C. 3.0m　　D. 3.5m

31. 某城市快速路路基为黏质土，根据规范规定，判断该路基是否需要处治的干湿状态分界稠度值为（　　）。

A. 1.10　　B. 0.95

C. 0.80　　D. 0.70

32. 某城市主干路采用水泥混凝土路面，与另一条城市次干路交叉范围内的构造深度在以下（　　）范围能满足规范要求。

A. 0.7～1.0mm　　B. 0.5～0.9mm

C. 0.8～1.2mm　　D. 0.6～1.0mm

33. 下列关于城市桥梁桥位选择不正确的是（　　）。

A. 桥位应避开泥石流区，当无法避开时宜采用大跨径桥梁跨过

B. 采用中小跨径桥梁穿过泥石流区时，应避开沉积区，可在流通区跨越

C. 桥位不宜布置在河床的纵坡由陡变缓、断面突然变化及平面急弯处

D. 桥位上不应设有架空高压电线

34. 某城市主干路，设计速度为 50km/h，下穿城市快速路的高架桥梁，快速路高架桥梁上部结构采用 30m 的现浇大悬臂箱梁，下部结构采用花瓶墩。该主干路与花瓶墩之间最小的安全带宽度为（　　）。

A. 0.15m　　B. 0.25m

C. 0.50m　　D. 1.0m

35. 某城市地下道路长 450m，断面布置困难，必须在同一通行孔布置双向交通，下列设计符合规范要求的是（　　）。

A. 设计速度不得大于 50km/h

B. 设计速度可大于 50km/h，但必须用中央防撞设施进行隔离

C. 设计速度小于 50km/h，无须采用中央安全隔离措施

D. 设计速度设为 50km/h，采用中央安全隔离措施

36. 有关城市道路互通式立交连接部说法错误的是（　　）。

A. 平行式变速车道其行驶轨迹是一条 S 形曲线

B. 直接式变速车道能提供驾驶员合适的直接驶离主线的行车轨迹

C. 减速车道应采用直接式，加速车道宜采用平行式

D. 主线直行交通流量大时，在减速车道也可采用平行式

37. 某城市道路设计速度为 40km/h，在交叉口视距三角形范围内，下列关于妨碍驾驶员视线障碍物高出路面的最小高度和停车视距的最小长度符合规范规定的是（　　）。

A. 1.1m、35m　　B. 1.1m、40m

C. 1.2m、35m　　D. 1.2m、40m

38. 快速公交专用站台双侧停靠站台宽度不应小于（　　）。

A. 2m　　B. 3m

C. 4m　　D. 5m

39. 关于轮椅坡道的说法错误的是（　　）。

A. 满足一定条件情况下，纵向坡度可设置为 1：10

B. 通行净宽不应小于 1.2m

C. 高度大于 300mm，且纵坡大于 5%时，应在两侧设置扶手

D. 中间休息平台水平长度不应小于 1.5m

40. 对于受到用地制约条件限制，无法满足管线最小净距要求的情况，不宜采取（　　）措施减少管线之间的最小间距。

A. 加大管材的尺寸　　B. 加设保护管

C. 适当安装截断闸阀　　D. 增加管理措施

二、多项选择题（共 30 题，每题 2 分。每题的备选项中有两个或两个以上符合题意，错选、少选、多选均不得分。）

41. 下列关于小交通农村公路纵坡的说法符合《小交通量农村公路工程技术标准》（JTG 2111—2019）规定的是（　　）。

A. 一般路段最大纵坡不应大于 12%

B. 对交通组成中无中型载重汽车和中型客车的四级公路（II类），经论证并在保证安全的前提下，最大纵坡 14%

C. 回头曲线纵坡不大于 5%

D. 村镇路段纵坡不大于 5%

42. 下列关于紧急停车带的描述错误的是（　　）。

A. 高速公路和一级公路硬路肩宽度小于 2.5m 时，应设紧急停车带，紧急停车带间距不宜大于 500m

B. 二级公路可以根据需要设置紧急停车带

C. 二级公路紧急停车带的距离不宜大于 750m

D. 高速公路的大桥、特长隧道，根据需要可设置紧急停车带

43. 下列说法正确的是（　　）。

A. 公路横断面范围内的排水设计，应与四周的排水系统形成完整体系，满足排水需求

B. 冬季积雪路段可适当加宽路基，改善行车条件

C. 公路长的平曲线内不宜包含多个短的竖曲线；短的平曲线不宜与短的竖曲线组合

D. 高填方路段设置平曲线时，宜采用较小半径圆曲线，并设置诱导功能的交通设施

44. 关于路线平面线形设计，下列说法正确的是（　　）。

A. 路线交叉前后应采用直线线形

B. 条件受限制时，应考虑采用圆曲线半径的“极限值”

C. 三级、四级公路应避免连续采用最小圆曲线半径的线形

D. 路线平面设计应尽量避免采用转角小于 7°的平面线形

45. 下列关于公路软土地基稳定与沉降计算的说法，与规范相符的是（　　）。

A. 软土地基沉降应计算至附加应力与自重应力之比不大于 0.15 处

B. 路堤高度大于或等于 2.5m 时，应考虑行车动荷载对沉降的影响

C. 工后沉降可由路面设计使用年限内地基发生的总沉降减去路基路面施工（预压）期沉降获得

D. 软土地基路堤的稳定验算宜采用圆弧滑动法中的有效固结应力法计算

46. 下列膨胀土样本的标准吸湿含水率中，可定为中膨胀土的是（　　）。

A. 4.6　　　　B. 5.2

C. 6.1　　　　D. 6.8

47. 作用在一般地区挡土墙上的力，可只计算（　　）。

A. 永久荷载　　　　B. 基本可变荷载

C. 其他可变荷载　　　　D. 偶然荷载

48. 关于沥青路面设计，下列说法正确的是（　　）。

A. 连续级配沥青混合料表面层下应设置防水层

B. 开级配沥青混合料可用于对降噪有特殊要求的表面层

C. 级配碎石可用于特重交通荷载等级的基层

D. 半开级配沥青碎石可用于极重荷载等级的基层

49. 关于沥青路面结构组合设计，下列说法正确的是（　　）。

A. 冷再生沥青混合料可用于特重交通荷载等级的路面基层

B. 冷再生水泥稳定混合料可用于重交通公路的路面基层

C. 水泥稳定碎石基层厚度宜大于 15cm

D. 级配砾石可用作重交通荷载等级的基层

50. 下列（　　）需设置横向缩缝。

A. 钢筋混凝土路面　　　　B. 连续配筋混凝土路面

C. 钢纤维混凝土路面　　　　D. 复合式混凝土路面

51. 关于桥涵结构极限状态及荷载组合，下列说法正确的是（　　）。

A. 桥涵结构计算应同时考虑车辆荷载和车道荷载

B. 涵洞计算应采用车辆荷载

C. 构件吊装，当其重力对结构不利时，应考虑 1.2 的动力系数

D. 土的重力对结构承载能力不利时，其作用分项系数应为 1.2

52. 结构桥梁，关于焊缝相关规定说法正确的是（　　）。

A. 对搭接角焊缝，当材料厚度小于 8mm 时，最大焊脚尺寸应取材料的厚度

B. 不需要疲劳计算的构件，当受拉时对接焊缝不应低于二级

C. 用于受力连接的角焊缝，两焊角边的夹角应在 40°～100°之间，且宜采用 90°直角焊缝

D. 承受动力荷载且需要验算疲劳的结构，焊缝质量不应低于二级

53. 复合式衬砌初期支护宜采用锚喷支护，锚喷支护可由下列（　　）支护形式单独或组合使用。

A. 防水层　　　　B. 喷射混凝土

C. 锚杆　　　　D. 钢筋网和钢架

54. 关于公路隧道照明设施的规定，下列与规范不符的有（ ）。

A. 150m 长的高速公路光学长隧道可不设置照明

B. 公路隧道中间段亮度不应低于 $2cd/m^2$

C. 设有人行道的公路隧道中间段亮度不应低于 $2cd/m^2$

D. 应急照明亮度不应低于 $0.2cd/m^2$

55. 下列公路平面交叉中，应采用信号交叉交通管理方式的是（　　）。

A. 一级公路与一级公路相交

B. 主要公路双向交通量为 1100 辆/h，次要公路双向交通量为 260 辆/h，次要公路车辆进入主要公路时需等待较长时间

C. 位于桥梁两侧的平面交叉

D. 环形交叉口

56. 下列菱形立交的说法正确的是（　　）。

A. 当平面交叉满足设计通行能力要求时，可选用标准菱形

B. 当标准菱形的平面交叉不能满足设计通行能力要求时，可选用双向通行的分裂菱形

C. 当两被交叉公路距离较小且在交叉附近相互连通时，可在两被交叉公路单侧设置半菱形，共同形成双向通行的分裂菱形

D. 当交叉公路主次明显时，可采用单点式菱形

57. 交通工程与附属设施应根据交通量进行总体设计、分期实施，下面关于其配置等级说法符合现行规范的是（　　）。

A. 收费广场、地下通道可按开通后的第 15 年交通量配置

B. 公路隧道火灾探测报警设施的设计年度取值不应低于隧道计划通车年后第 10 年

C. 公路隧道消防灭火设施设计年度取值不应低于隧道计划通车年后第 10 年

D. 站房区用地和土方工程用地应按开通后第 20 年的交通量实施

58. 下列关于隔离栅设置的做法，错误的是（　　）。

A. 挖方高度为 10m 的二级公路应设置隔离栅

B. 遇桥梁时，应在桥头锥坡进行围封

C. 隔离栅遇跨径小于 4m 的涵洞时可直接跨越，跨越处应进行围封

D. 隔离栅的中心线可沿公路用地范围界限以外 20～50cm 处设置

59. 下列岩土类别中，适合使用十字板剪切试验的有（ ）。

A. 碎石土　　B. 粉土

C. 黏性土　　D. 软土

60. 根据《公路工程建设项目概算预算编制办法》，属于定额建筑安装工程费用的是（　　）。

A. 定额直接费　　B. 定额设备购置费

C. 措施费　　D. 专项费用

61. 城市道路线形设计应与（　　）相互配合。

A. 交通设施　　B. 交通安全设施

C. 照明设施　　D. 道路两侧街景

62. 下列（　　）情况下城市道路平面交叉口进口道宜设置两条左转专用车道。

A. 高峰 15min 内每信号周期左转车平均流量达 2 辆

B. 高峰 15min 内每信号周期左转车平均流量达 10 辆

C. 需要的左转专用车道长度达 90m

D. 左转交通量特别大且进口道上游路段车道数为 4 条

63. 道路最小纵坡不应小于 0.3%，主要考虑（　　）因素。

A. 能保证排水所需的最小纵坡

B. 为避免其埋设过深所致的上方量增大和施工困难

C. 行车安全

D. 能防止管道淤塞所需要的最小纵坡

64. 下列城市道路路基设计，符合规范要求的有（　　）。

A. 用细粒土填筑路基不能满足要求时，不宜采用石灰处治

B. 软岩填方路基边坡高度小于 20m 时，上部边坡坡率可取 1∶1.5

C. 细粒土挖方边坡高度小于 20m 时，坡率可取 1∶1

D. 挖方边坡较高时，边沟外侧应设置碎落台，宽度不宜小于 2.0m

65. 某城市道路采用水泥路面，经调查断板率为 15%，平均错台量 10mm，接缝传荷系数为 45%，以下说法符合规范规定的是（　　）。

A. 路面损坏状况评价等级为中

B. 路面接缝传荷能力评价等级为次

C. 可采用结合式混凝土加铺层

D. 在旧混凝土面层与加铺层之间应设置隔离层

66. 关于城市桥梁，以下（　　）情况车行道外侧必须设置防撞护栏。

A. 城市快速路　　B. 设计时速大于 60km 的城市主干道

C. 临空高度大于 6.0m　　D. 水深大于 5.0m

67. 下列关于城市地下道路防灾设计的说法，与规范相符的有（ ）。

A. 同一条城市地下道路内宜按同一时间发生一次火灾考虑

B. 人行横通道间距宜为 350～400m

C. 下滑逃生口可作为辅助疏散设施，滑道净高不应小于 1.5m

D. 水底隧道车行横通道间距宜为 200～500m

68. 城市道路平面交叉口设置进口道左转专用车道时有（　　）方法。

A. 展宽进口道，新增左转专用车道

B. 取消中央分隔带，新辟左转专用车道

C. 道路中线偏移，新增左转专用车道

D. 在原直行车道中分出左转专用车道

69. 下列（　　）选项属于城市道路平面交叉中的平 B 类交叉口。

A. 支路只准右转通行的交叉口

B. 减速让行或停车让行标志管制交叉口

C. 全无管制交叉口

D. 环形交叉口

70. 工程管线过河时下列说法正确的是（　　）。

A. 跨越河道时，宜采用管道桥或利用交通桥梁进行架设

B. 在桥上敷设电压不高于 10kV 配电电缆必须采取有效的安全防护措施

C. 工程管线利用桥梁跨越河流时，其规划设计应与桥梁设计相结合

D. 在I～V级航道下面穿过敷设的管线，其顶部高程应在远期规划航道底标高 1.0m 以下

注册道路工程师执业资格专业考试

模考试卷（七）

专业知识

（下）

二〇XX年十一月

应考人员注意事项

1. 书写用笔：**黑色墨水笔；**

   填涂答题卡用笔：**2B 铅笔。**

2. 须用书写用笔将工作单位、姓名、准考证号填写在答题卡和试卷相应的栏目内。

3. 本试卷由 70 题组成，满分为 100 分。1～40 题为单项选择题，其中，1～27 题为公路工程试题，28～40 题为城市道路工程试题；41～70 题为多项选择题，其中，41～60 题为公路工程试题，61～70 题为城市道路工程试题。

4. 考生在作答时，必须**按题号**在**答题卡**上将相应试题所选选项对应字母用 **2B 铅笔**涂黑。

5. 在答题卡上书写与题意无关的语言，或在答题卡上作标记的，均按违纪试卷处理。

6. 考试结束时，由监考人员当面将试卷、答题卡一并收回。

7. 草稿纸由各地统一配发，考后收回。

一、单项选择题（共 40 题，每题 1 分。每题的备选项中只有一个最符合题意）

1. 某小交通量农村公路年平均日设计交通量为 850 辆小客车，无大型、重载型车辆时，圆曲线半径为 150m 时，一般路基宽度为（　　）。

A. 6.25m　　B. 6.5m

C. 7.0m　　D. 7.5m

2. 设计速度 100km/h 的公路，在纵断面设计时，当单一纵坡坡度采用 4%时，其最大坡长应为（　　）。

A. 700m　　B. 800m

C. 900m　　D. 100m

3. 某二级公路的一段路线，其主点里程如下表所示，一般情况下，变坡点设置在（　　）的平纵组合是较好的。

交点	ZH	HY	QZ	YH	HZ
JD11	K2 + 894.84	K2 + 954.84	K2 + 998.15	K3 + 041.45	K3 + 101.45
JD12	K3 + 101.45	K3 + 161.45	K3 + 203.16	K3 + 244.87	K3 + 304.87

A. K2 + 900　　B. K3 + 101.45

C. K3 + 200　　D. K3 + 310

4. 关于整体式断面公路中间带设置，下列说法错误的是（　　）。

A. 中央分隔带宽度包括防护设施宽度和余宽

B. 侧向余宽包括左侧路缘带和余宽

C. 侧向余宽是车道边线到障碍物之间的距离

D. 一级集散公路中央分隔带设施必须满足安全防护功能

5. 某一级公路，设计速度 60km/h，路拱横坡为 2%，最大超高值为 6%，则最小超高横坡应为（　　）。

A. 1%　　B. 2%

C. 3%　　D. 4%

6. 关于城镇化地区公路设计的说法正确的是（　　）。

A. 城镇地区农村公路项目不可分期修建

B. 城镇地区公路用地范围应根据实际需要确定

C. 《城镇化地区公路工程技术标准》仅适用于新建城镇化地区公路

D. 公路与城市道路衔接可不考虑衔接

7. 表层软土厚度小于 3m 的浅层软弱地基处理可采用垫层处理，用粉煤灰垫层时，层底宜设置（　　）厚的粗砂层或高炉矿渣层。

A. 15cm　　B. 20cm

C. 25cm　　D. 30cm

8. 下列关于崩塌地段路基设计的描述，与规范不符的是（　　）。

A. 路线应绕避可能发生大规模崩塌或大范围的危岩、落石地段

B. 规模较大的危岩崩塌体可采取清除、支挡、挂网锚喷等处理措施

C. 对路基有危害的危岩体，应清除或采取支撑、预应力锚固等措施

D. 当崩坍体较大，发生频繁且距离路线较近而设拦截构造物有困难时，可采用明洞、棚洞等遮挡构筑物

9. 挡土墙与路堤之间可采用锥坡连接，墙端应伸入路堤内不小于（　　）。

A. 0.5m　　B. 0.75m

C. 1.0m　　D. 1.25m

10. 某高速公路路堑边坡，拟在坡顶后 5m 布设截水沟，由于截水沟长度较长，超过 600m，则增设泄水口时，其间距宜取（　　）。

A. 150m　　B. 350m

C. 550m　　D. 750m

11. 季节性冰冻地区，高速公路沥青路面在设计使用年限内的面层低温开裂指数CI不大于（　　）。

A. 3　　B. 5

C. 7　　D. 9

12. 水泥混凝土路面一次铺筑宽度（　　）时，应设置纵向施工缝。

A. 小于路面宽度　　B. 小于路基宽度

C. 大于 4.5m　　D. 大于 7.5m

13. 采用水泥混凝土路面的公路路基，下列说法错误的是（　　）。

A. 路基应稳定、密实、均质，对路面结构提供均匀的支承

B. 通过混凝土路面结构传到路床顶面的荷载应力很大，因而对路基承载能力的要求高

C. 要求路基在环境和荷载作用下产生的不均匀变形小

D. 为控制路基的不均匀变形，应在地基、填料、压实和排水等方面采取相应的措施

14. 路面结构层与路床间设置的级配碎石排水层厚度不宜小于（　　）。

A. 150mm　　B. 200mm

C. 250mm　　D. 300mm

15. 公路桥涵设计时，采用的汽车荷载由车道荷载和车辆荷载组成，分别用于计算不同的桥梁构件。现需进行以下几种桥梁构件计算：①主梁整体计算；②主梁桥面板计算；③涵洞计算；④桥台计算。试判定这 4 种构件计算应采用（　　）汽车荷载模式，才符合《公路桥涵设计通用规范》（JTG D60—2015）的要求。

A. ①、③采用车道荷载，②、④采用车辆荷载

B. ①、②采用车道荷载，③、④采用车辆荷载

C. ①采用车道荷载，②、③、④采用车辆荷载

D. ①、②、③、④均采用车道荷载

16. 某一级公路跨河桥梁，上部结构采用单孔 40m 简支梁，下部结构采用柱式墩桩基础。设计墩柱时，永久作用需与以下可变作用组合：①汽车荷载；②汽车冲击力；③汽车制动力；④温度作用；⑤支座摩阻力；⑥流水压力；⑦冰压力。以下作用组合合理的是（　　）。

A. 永久作用 + ① + ② + ③ + ④　　B. 永久作用 + ① + ② + ③ + ④ + ⑤

C. 永久作用＋①＋②＋③＋④＋⑤＋⑥　　D. 永久作用＋①＋②＋③＋④＋⑤＋⑥＋⑦

17. 公路钢结构构件的连接方式有焊接、螺栓连接和铆钉连接，下列表述不符合规范规定的是（　　）。

A. 主要受力构件的焊接不得采用断续角焊缝

B. 被连接部件相互搭接长度不应小于最薄部件厚度的 5 倍

C. 主要受力结构可采用高强度螺栓摩擦型连接或普通螺栓连接

D. 垂直于构件受力方向的对接焊缝厚度应不小于被焊件的最小厚度

18. 某高速公路隧道平面线形设计，设计速度 80km/h，路拱取 1%，则其不设超高的圆曲线最小半径应为（　　）。

A. 3350m　　B. 2500m

C. 1900m　　D. 1500m

19. 人车混合通行的隧道，洞内 CO 设计浓度不应大于（　　）cm^3/m^3。

A. 70　　B. 100

C. 150　　D. 200

20. 沉管隧道管节两侧的锁定回填厚度不宜小于（　　）。

A. 2.5m　　B. 3.0m

C. 3.5m　　D. 4.0m

21. 下列关于平面交叉说法错误的是（　　）。

A. 一级公路的平面交叉必须进行渠化设计

B. 二级公路的平面交叉必须进行渠化设计

C. 三级公路的平面交叉应进行渠化设计

D. 四级公路的平面交叉应进行渠化设计

22. 关于公路互通式立体交叉间距控制的下列说法，符合规范的是（　　）。

A. 一般地区高速相邻互通式立体交叉的最大间距为 20km

B. 一般互通式立体交叉之间的最小间距为 4.5km

C. 大型工业区附近，高速公路互通式立体交叉的平均间距宜控制在 5～10km

D. 隧道出口与前方互通式立体交叉间的距离小于 1km 时，应在隧道入口前或隧道内设置警告标志

23. 下列关于互通式立体交叉与隧道的距离关系符合规范规定的是（　　）。

A. 隧道出口端与前方主线出口的间距宜满足设置预告标志的需要

B. 主线设计速度 120km/h，双向 6 车道，隧道出口端与前方主线出口的最小净距为 1000m

C. 主线设计速度 120km/h，双向 6 车道，主线入口与前方隧道的最小净距为 120m

D. 条件受限时，隧道出口端与前方主线出口的间距可适当减小，且应提前设置完善的出口预告标志

24. 指路标志的汉字高度一般应根据（　　）选取。

A. 地形　　B. 设计速度

C. 道路等级　　D. 信息要素

25. 某一级公路设计速度 80km/h，右侧硬路肩宽度 1.5m，土路肩宽度 0.75m，预测年度的年平均日

交通量约为 8500 辆/天，30t 以上大车占比 30%。其中，K6 + 200～K6 + 260 路段为直线填方路段，填方边坡坡率为 1：1.5，路堤高度为 5.0～6.0m，该路段如果设置路侧波形梁护栏，则波形梁护栏的等级选择最合理的是（　　）。

A. A 级　　B. SB 级

C. SA 级　　D. SS 级

26. 根据规范规定，工地试验室所发生的属于固定资产的试验设备和仪器等折旧、维修或租赁费用属于（　　）。

A. 施工机械使用费　　B. 企业管理费

C. 施工场地建设费　　D. 措施费

27. 高速、一级公路在施工图设计阶段，路线平面图中，除了需要标示出路线用地界线外，还需要标出（　　）。

A. 道路绿线　　B. 排水边沟线

C. 建筑红线　　D. 征地线

28. 位于积雪冰冻地区的某城市快速路，设计速度为 80km/h，线形设计中，采用的主要线形指标为：圆曲线最小半径 330m，平曲线最小长度 520m，最大纵坡度 3.4%，最小坡长 500m，最大合成坡度 6.1%，下列关于以上线形设计指标中，不符合规范规定的是（　　）。

A. 最小圆曲线半径　　B. 最大纵坡度

C. 最大合成坡度　　D. 最小坡长

29. 某城市次干路设计速度为 40km/h，制动距离取 20m，则计算停车视距为（　　）。

A. 33.3m

B. 37.2m

C. 38.3m

D. 40m

30. 关于城市道路分车带的说法，错误的是（　　）。

A. 分车带按其在横断面中的不同位置及功能，可分为中间分车带及两侧分车带

B. 分车带由分隔带及两侧路缘带组成

C. 当分隔带内设置雨水调蓄设施时，宽度还应满足所设置设施的宽度要求

D. 分隔带可采用平缘石围砌，当需要考虑防撞要求时，应采用相应等级的防撞护栏

31. 城市主干路路基采用粉煤灰填筑，其烧失量宜小于（　　）。

A. 15%　　B. 18%

C. 20%　　D. 22%

32. 以下对城市道路半刚性基层说法错误的是（　　）。

A. 半刚性基层应具有足够的强度和稳定性

B. 石灰粉煤灰稳定类材料可用于潮湿地区、重交通的下基层

C. 用作上基层的半刚性材料宜选用悬浮密实型结构

D. 水泥粉煤灰稳定基层最小厚度为 15cm

33. 某城市人行天桥，采用钢桁架结构。该桥上部结构的竖向自振频率控制值最小为（　　）Hz。

A. 1.5 B. 2.5

C. 3.0 D. 4.0

34. 城市人行天桥的梯道设计中，踏步宽度采用 0.4m，则踏步高度取（ ）m。

A. 0.10 B. 0.15

C. 0.20 D. 0.25

35. 下列关于城市地下道路的说法，符合规范要求的有（ ）。

A. 城市地下快速路同孔内设置非机动车道时，机动车道外侧必须设置隔离护栏

B. 设计速度大于 60km/h 时，小客车专用地下道路一条机动车道宽度最小值是 3m

C. 中等距离单向 2 车道地下快速路可不设置连续式紧急停车带

D. 短距离地下道路可不设置应急停车港湾

36. 某城市主干路交通量大，出口道右侧设置展宽车道且设置公交停靠站，站台长度为 30m，则出口道长度最小应为（ ）。

A. 130m

B. 110m

C. 90m

D. 80m

37. 道路与铁路交叉时，下列说法正确的是（ ）。

A. 道路与铁路平面交叉口处道路与铁路应为正交

B. 道路与铁路平面交叉时，道路线形宜为直线

C. 道路与铁路平面交叉口条件受限时可设置在铁路曲线路段

D. 道路与铁路平面交叉道口处道路与铁路交叉角应大于 45°

38. 设计速度为 60km/h 的快速路，跨越大型饮用水水源一级保护区的路段桥梁防撞护栏应采用（ ）防护等级。

A. A 级 B. SB 级

C. SA 级 D. HB 级

39. 下列关于无障碍电梯、升降平台设置错误的是（ ）。

A. 呼叫按钮高度设置为 1.2m

B. 无障碍电梯轿厢门开启的净宽度不应小于 80cm

C. 电梯位置应设置无障碍标志

D. 斜向升降平台宽度不应小于 900mm

40. 按《市政公用工程设计文件编制深度规定》，设计小时交通量的确定是在（ ）。

A. 可行性研究报告编制阶段 B. 初步设计阶段

C. 技术设计阶段 D. 施工图设计阶段

二、多项选择题（共 30 题，每题 2 分。每题的备选项中有两个或两个以上符合题意，错选、少选、多选均不得分。）

41. 关于公路分期修建的规定，下列说法正确的是（ ）。

A. 前期工程应在后期仍能充分利用
B. 高速公路整体式断面路段不得横向分幅分期修建
C. 高速公路分离式断面路段不得横向分幅分期修建
D. 高速公路分离式断面路段可采用分幅分期修建，先期建成的一幅按双向交通通车时，应按三级公路通车条件进行管理

42. 下列关于公路线形组合设计时说法正确的是（　　）。
A. 平、纵线形宜相互对应，且平曲线宜比竖曲线长
B. 主线收费站范围内路线宜为直线或不设超高的曲线，不应将收费站设置在凹形竖曲线的底部或连续下坡的中底部
C. 公路线形应充分利用地形、自然风景，尽量少改变周围的地貌、地形、天然森林、建筑物等景观，使公路与自然融为一体，最大限度地保护环境
D. 隧道内外路基宽度不一致时，应在隧道进口外设置不小于 3s 设计行程长度的过渡段

43. 关于公路等级、设计速度，下列说法正确的是（　　）。
A. 某高速公路设计速度选用 120km/h
B. 某一级干线公路设计速度选用 100km/h
C. 二级干线公路特殊困难路段设计速度可采用 40km/h
D. 二级集散公路受地形限制路段设计速度可采用 40km/h

44. 以下关于线形与环境协调论述正确的是（　　）。
A. 设计速度高的公路，线形设计和周围环境配合的要求应更高
B. 公路线形应充分利用地形、自然风景，尽量不改变周围地形、地貌
C. 宜适当放缓路堑边坡或将边坡的变坡点做成折线型
D. 公路两侧的绿化应作为诱导视线、点缀风景以及改造环境的一种措施而进行专门设计

45. 下列膨胀土挖方边坡坡率符合规范要求的有（ ）。
A. 弱膨胀土，坡高 12m，坡率 1：2
B. 中膨胀土，坡高 5m，坡率 1：1.5
C. 中膨胀土，坡高 20m，坡率 1：2
D. 强膨胀土，坡高 6m，坡率 1：2.5

46. 下列关于路床的说法，符合规范要求的有（　　）。
A. 特种轴载公路应单独计算路基工作区深度，用以确定路床厚度
B. 三级公路铺筑沥青混凝土路面，中等交通下路床顶面的填料最小 CBR 为 3%、压实度为 94%
C. 水泥混凝土路面路床顶面竖向压应变可不作控制
D. 当路基湿度状态不能满足要求时，可采用粗粒土进行换填，并合理确定换填深度

47. 下列关于滑坡防治设计的说法，与规范不符的是（　　）。
A. 路线通过滑坡前缘时，宜采用路堤方案
B. 滑坡前缘以路堤通过时，应采用黏土等不透水的材料
C. 滑动面出口低于路基顶面时，应在边坡上设置排水沟
D. 滑坡规模大，且地下水对其稳定性影响大时，应在路基内侧设置截水渗沟

48. 在道路上行驶的车辆，要求车轮与路面之间有足够的附着力和摩擦力，应满足的指标有（ ）。

A. 摩擦系数 B. 横向力系数

C. 构造深度 D. 表面平整度

49. 以下关于路基设计指标和验算指标的说法错误的是（ ）。

A. 根据《公路沥青路面设计规范》，重交通荷载等级时路基顶面回弹模量不小于60MPa

B. 根据《公路水泥混凝土路面设计规范》，中等交通荷载等级时路床顶面的综合回弹模量值不得低于60MPa

C. 水泥混凝土路面路床顶面竖向压应变的计算值应满足水泥混凝土路面永久变形的控制要求

D. 路基顶面竖向压应变为沥青路面设计控制指标之一

50. 公路水泥混凝土面层铺筑时，根据规范规定，应设置纵向缩缝的情况有（ ）。

A. 一次性铺筑宽度小于路面宽度时

B. 碾压混凝土面层一次摊铺宽度大于7.5m

C. 钢纤维混凝土面层在摊铺宽度小于7.5m

D. 普通水泥混凝土路面一次铺筑宽度大于4.5m

51. 关于墩台抗倾覆和抗滑移稳定系安全系数，下列说法正确的是（ ）。

A. 使用阶段各种作用标准值组合，抗倾覆稳定系数不小于1.3

B. 使用阶段各种作用标准值组合，抗滑移稳定系数不小于1.2

C. 施工阶段作用的标准值组合，抗倾覆稳定系数不小于1.3

D. 仅计永久作用和汽车、人群作用的标准值组合，抗倾覆稳定性系数不小于1.5

52. 某四边支承的现浇板，长边长度8m，短边长度3.5m，关于板的计算，下列说法错误的是（ ）。

A. 按照单向板计算 B. 按照双向板计算

C. 计算跨径为3.5m D. 计算跨径为8m

53. 公路隧道通过浅埋段、严重偏压段、自稳性差的软弱地层、断层破碎带地段时，可采取的辅助工程措施主要有（ ）。

A. 超前管棚、超前小导管、超前锚杆

B. 超前钻孔排水、泄水洞排水、井点降水

C. 超前钻孔注浆、超前水平旋喷桩、超前玻璃纤维锚杆

D. 地表砂浆锚杆、地表注浆、锁脚锚杆

54. 公路隧道处治渗漏水时，发现漏水处于涌流状态，可采用下列（ ）方法处治。

A. 止水法 B. 导水法

C. 涂层法 D. 降低水位法

55. 公路平面交叉时，设置交通岛的说法正确的是（ ）。

A. 需专辟右转弯车道时应设置导流岛

B. 左转车道与对向直行车道间宜设置分隔岛

C. 信号交叉中，左转弯为两条车道时，左转车道与同向直行车道间宜设置导流岛

D. 对向行车道间需提供行人穿越的避险场所或需设置标志、信号立柱时应设置导流岛

56. 下列不符合互通式立体交叉类型选择规定的是（ ）。

A. 设匝道收费站的互通式立体交叉可按枢纽互通式立体交叉设计

B. 一级公路之间相交叉的互通式立体交叉，宜采用枢纽互通式立体交叉

C. 不完全互通型立体交叉在满足使用功能方面往往存在较大风险

D. 枢纽互通式立体交叉宜采用完全立体交叉型

57. 某地新建设计速度为100km/h的高速公路，以下交通标线的设置原则中，正确的是（　　）。

A. 一般路段应设置车行道边缘线和同向车行道分界线

B. 车行道边缘线应设置于公路两侧紧靠行车道的硬路肩内

C. 车行道边缘线的宽度为15cm

D. 车行道分界线的宽度为10cm

58. 关于护栏设置，下列说法正确的是（　　）。

A. 护栏的任何部分不得侵入公路建筑限界

B. 设置护栏的土基压实度不宜小于90%

C. 土路肩宽度不能满足设置护栏要求时，应向硬路肩挪移

D. 一级公路设计速度为80km/h，事故严重程度等级为高时，路侧护栏应采用SA 级

59. 工程地质勘探、测试中，一般路基室内测试时粉土的必做项目有（）。

A. 颗粒分析　　　　B. 天然含水率

C. 塑限　　　　D. 液限

60. 根据《公路工程建设项目概算预算编制办法》，下列选项中计算基数为定额直接费的是（　　）。

A. 施工辅助费　　　　B. 雨季施工增加费

C. 企业管理费　　　　D. 利润

61. 根据《城市道路交通工程项目规范》（GB 55011—2021），道路路线设计应结合下列（　　）要求。

A. 地质水文　　　　B. 地下管线

C. 行车安全　　　　D. 地上杆件

62. 下列说法错误的是（　　）。

A. 主干路的路段应进行通行能力分析和服务水平评价

B. 次干路的路段应进行通行能力分析和服务水平评价

C. 道路断面布置，只要考察各种车辆及行人出行、设施带、绿化带的需要即可

D. 特殊横断面包括停车带、港湾式公交停靠站和路肩，但不包括排水沟的宽度

63. 某城市快速路设计中，下列平、纵线形设计属于不当组合的有（　　）。

A. 长直线与半径小且长度短的竖曲线组合

B. 平曲线长度大于竖曲线长度

C. 凹形竖曲线底部插入反向平曲线

D. 竖曲线半径是平曲线半径的12倍

64. 下列关于城市道路路基的说法，符合规范要求的有（　　）。

A. 快速路路床顶面的最小强度CBR值应为5%

B. 次干路路床顶面回弹模量不应小于20MPa

C. 主干路填方路基路床顶面的压实度不应小于 95%

D. 次干路掘路工程回填路基的路床顶面压实度应为 93%（重型）

65. 某城市次干路采用水泥稳定碎石混凝土基层沥青路面，所在地区的沥青路面使用性能分区为 1-4-2。局部路段地下水位较高，排水不良，路基处于潮湿状态。下列关于该道路路面的说法，符合规范规定的是（　　）。

A. 该地区年降雨量大于 1000mm　　B. 半刚性基层上宜设置透层

C. 半刚性基层上不设下封层　　D. 基层下设置排水垫层

66. 关于城市桥梁防水、排水设施的设置，以下正确的是（　　）。

A. 沥青混凝土铺装底面在水泥混凝土平层之上应设置柔性防水卷材或涂料

B. 排水管道应采用坚固的、抗腐蚀性能良好的材料制成，管道直径不宜小于 100mm

C. 当中桥、小桥的桥面设有不小于 3%纵坡时，桥上可不设排水口，但应在桥头引道上两侧设置雨水口

D. 条件受到限制，桥面为平坡时，应沿主梁纵向设置排水管，排水管纵坡不应小于 3%

67. 下列城市地下道路机电及其他设施的说法，与规范不符的是（　　）。

A. 采用横向通风的城市地下道路正常交通状况下，CO 设计浓度为 200ppm

B. 冲洗废水、结构渗入水和消防废水应集中合并排放

C. 城市地下道路分合流端的平均亮度应比主线基本路段高 50%～100%

D. 长及特长距离城市地下道路不设置运营管理中心

68. 关于城市道路平面交叉左转弯车道设置，下列说法错误的是（　　）

A. 进口道车道宽度宜为 3.25m

B. 出口道车道宽度宜为 3.25m

C. 可压缩中央分隔带至 1m，设置左转弯车道

D. 当左转交通量较大时，可设置两条左转专用车道

69. 关于城市道路平面交叉口出口道车道数的规定，下列说法正确的是（　　）。

A. 出口道车道数应与上游各进口道同一信号相位流入的最小进口道车道数之和相匹配

B. 相邻进口道设有右转专用车道时，出口道应展宽一条右转专用出口车道

C. 出口道的车道数至少等于上游进口道进入该出口道的直行车道数

D. 出口道的车道数至少等于上游进口道的左转和右转车道数之和

70. 下列关于人行过街设施说法错误的是（　　）。

A. 道路交叉口采用对角过街时，宜采用人行全绿灯相位

B. 次干路上人行过街设施的间距宜为 150～300m

C. 人行安全岛在有分隔带时宜采用斜开式

D. 顺延主干路的人行横道宽度不宜小于 5m

注册道路工程师执业资格专业考试

模考试卷（八）

专业知识

（上）

二〇XX年十一月

应考人员注意事项

1. 书写用笔：**黑色墨水笔；**

   填涂答题卡用笔：**2B 铅笔。**

2. 须用书写用笔将工作单位、姓名、准考证号填写在答题卡和试卷相应的栏目内。

3. 本试卷由 70 题组成，满分为 100 分。1～40 题为单项选择题，其中，1～27 题为公路工程试题，28～40 题为城市道路工程试题；41～70 题为多项选择题，其中，41～60 题为公路工程试题，61～70 题为城市道路工程试题。

4. 考生在作答时，必须**按题号**在**答题卡**上将相应试题所选选项对应字母用 **2B 铅笔**涂黑。

5. 在答题卡上书写与题意无关的语言，或在答题卡上作标记的，均按违纪试卷处理。

6. 考试结束时，由监考人员当面将试卷、答题卡一并收回。

7. 草稿纸由各地统一配发，考后收回。

一、单项选择题（共 40 题，每题 1 分。每题的备选项中只有一个最符合题意）

1. 公路选线应遵循的原则中，符合《公路工程技术标准》（JTG B01—2014）规定的是（　　）。

A. 由点到面　　B. 由点到线

C. 由面到带、由带到线　　D. 由深到浅、由具体到宏观

2. 某二级集散公路，设计速度 60km/h，两侧设置慢行车道，正常情况下最小路基宽度为（　　）m。

A. 8.5　　B. 9.0

C. 15.5　　D. 16.0

3. 下列关于城镇化地区公路设计时说法错误的是（　　）。

A. 四级公路宜采用双车道

B. 作为集散一级公路的设计服务水平采用四级服务水平

C. 作为干线一级公路的主线设计速度为 100km/h 时，辅路设计速度采用 60km/h

D. 高速公路与设计速度 60km/h 的快速路衔接的路段，经论证，局部路段的设计速度可采用 60km/h，路段长度约 20km

4. 某支线公路设计交通量为 5100 辆小客车/日，其公路等级宜选用（　　）。

A. 一级公路　　B. 二级公路

C. 三级公路　　D. 四级公路

5. 某具有干线功能的二级公路，设计速度采用 80km/h，间隔设置满足超车视距要求路段的间距宜小于（　　）。

A. 1km　　B. 3km

C. 4km　　D. 5km

6. 某拟建农村公路的交通量较小、交通组成中无大型、重载型汽车，采用四级公路II类标准，设计速度 15km/h，下列关于该公路圆曲线最小半径极限值，符合《小交通量农村公路工程技术标准》（JTG 2111—2019）规定的是（　　）。

A. 10m　　B. 12m

C. 15m　　D. 20m

7. 强夯置换法适用于处理高饱和度的粉土与软塑-流塑的软黏土地基，处理深度不宜大于（　　）。

A. 5m　　B. 6m

C. 7m　　D. 8m

8. 下列关于抗滑桩的设计，与规范不符的是（　　）。

A. 抗滑桩可用于各种类型滑坡防治

B. 抗滑桩应有足够的锚固段长度，必要时可采用预应力锚索桩

C. 抗滑桩桩底支撑应结合地层情况和桩底锚固深度

D. 桩身应按受压构件设计

9. 跨越泥石流沟时，应选择在流通区或沟床稳定段设桥等构造物跨越，并绕避沟床纵坡由陡变缓的变坡处和平面上急弯部位。下列设计与规范不符的是（　　）。

A. 桥梁不宜用于跨越流通区的泥石流沟或者洪积扇区的稳定自然沟槽

B. 隧道可用于路线穿过规模大、危害严重的大型或多条泥石流沟

C. 泥石流地段不宜采用涵洞

D. 过水路面可用于穿过小型坡面泥石流沟的三、四级公路

10. 用于排除下挖式通道地表水的渗井，上部为集水井，下部为渗透井；渗透井应选用洁净的沙砾、片碎石等充填，其中小于 2.36mm 颗粒含量不得大于（　　），井壁四周应设置反滤层。

A. 10%　　B. 6%

C. 5%　　D. 3%

11. 关于公路沥青路面交通荷载，下列说法有误的是（　　）。

A. 设计轴载采用的两轮中心距为 1.5 倍单轮接地当量圆直径

B. 设计轴载为单轴-双轮组轴载

C. 在当量累计作用次数时，二级公路设计使用年限取 12 年

D. 设计使用年限内设计车道累计汽车交通量为 7 × 106 辆，应判定为中等交通荷载等级

12. 受自然因素影响，沥青路面沥青与集料之间的黏结性能变差，应加强（　　）方面的设计要求。

A. 高温稳定性　　B. 低温稳定性

C. 水稳定性　　D. 抗滑性能

13. 混凝土基层板的临界荷位位于（　　）。

A. 横缝边缘中部　　B. 纵缝边缘中部

C. 板块形心处　　D. 板角隅处

14. 关于水泥混凝土路面纵向接缝设置，下列说法正确的是（　　）。

A. 一次铺筑宽度小于路面宽度时，应设置纵向缩缝

B. 一次铺筑宽度大于 4.5m 时，应设置纵向施工缝

C. 纵向缩缝应采用设拉杆假缝形式，拉杆采用光圆钢筋，并设在板中央

D. 连续配筋混凝土面层的纵向拉杆可不单独设置

15. 某工厂预制钢筋混凝土梁，设计使用年限为 100 年，使用环境为冻融环境条件，则其最外侧钢筋的混凝土保护层厚度最小可为（　　）mm。

A. 15　　B. 20

C. 25　　D. 30

16. 某桥梁采用钻孔灌注桩，桩基直径 1.8m，角桩外侧至承台边缘不应小于（　　）。

A. 0.25m　　B. 0.50m

C. 0.54m　　D. 0.75m

17. 某近海高速公路预应力混凝土 T 梁桥，设计基准期为 100 年，混凝土的强度等级为 C50，工厂化制造，下列要求不符合规范规定的有（　　）。

A. 行车道板内的主钢筋直径不应小于 10mm

B. 装配式 T 梁，梁间横向采用刚性连接时，横隔梁间距不应大于 10m

C. T 形截面梁腹板两侧的钢筋间距在受拉区不应大于腹板宽度，且不应大于 300mm

D. 在先张法预应力混凝土构件中，预应力钢绞线之间的净距不应小于其公称直径的 1.5 倍

18. 下列关于隧道端墙式洞门的描述，与规范不符的是（　　）。

A. 洞门宜与隧道轴线平行

B. 洞门墙墙身最小厚度不应小于 0.5m，翼墙墙身厚度不应小于 0.3m

C. 洞门端墙应根据需要设置伸缩缝、沉降缝和泄水孔

D. 地基为冻胀土层时，端墙基底高程应在最大冻结深度以下不小于 0.25m

19. 某堰筑隧道采用土石围堰，围堰级别 1 级，考虑边坡稳定时其抗滑安全系数应大于（　　）。

A. 1.1　　B. 1.2

C. 2.5　　D. 3

20. 某公路长隧道，其防火门各项性能应符合现行《防火门》（GB 12995—2008）的规定。除此以外，防火门的耐火隔热性不应小于（　　）。

A. 1.0h　　B. 2.0h

C. 3.0h　　D. 4.0h

21. 某地区新建一级集散公路，沿线与多条二级公路交叉，下列说法错误的是（　　）。

A. 与二级干线公路应限制平面交叉

B. 与二级集散公路应限制平面交叉

C. 与二级集散公路平面交叉最小间距为 500m

D. 与二级干线公路平面交叉最小间距为 500m

22. 2 关于互通式立体交叉的选型，下列（　　）说法不符合规范要求。

A. 枢纽互通式立体交叉宜采用完全立体交叉型

B. 单喇叭互通式立体交叉可采用平面交叉型

C. 直连式的 Y 形互通宜采用完全立体交叉型

D. 一般互通式立体交叉设计，有条件时，被交叉公路宜采用下穿方式

23. 互通式立体交叉在分流鼻端之前的主线路段，宜满足（　　）视距要求。

A. 引道视距　　B. 识别视距

C. 停车视距　　D. 交叉安全停车视距

24. 隧道出入口处同一版面中的禁令或指示标志的数量不应多于（　　）种。

A. 3　　B. 4

C. 5　　D. 6

25. 在进行公路交通标志的布设时，应以（　　）为设计对象。

A. 完全不熟悉周围路网体系的外地驾驶员

B. 不熟悉周围路网体系但对出行路线有所规划的公路使用者

C. 熟悉路网体系的驾驶员

D. 经常误判的驾驶员

26. 某公路项目，已知建筑安装工程费 640000 万元，定额建筑安装工程费为 520000 万元，土地使用及拆迁补偿费 80000 万元、工程建设其他费 50000 万元，根据规范规定，建设单位（业主）管理费为（　　）万元。

A. 1099.255　　B. 4303.515

C. 4823.515　　D. 5343.515

27. 某公路项目机电工程进行联合试运转，根据规范规定，联合试运转费是进行整套设备（　　）所需的全部费用。

A. 安装　　B. 调试

C. 带负荷联合试运转　　D. 无负荷联合试运转

28. 下列关于城市道路的说法错误的是（　　）。

A. 城市道路分为快速路、主干路、次干路和支路四个等级

B. 快速路应中央分隔、全部控制出入、控制出入口间距及形式，快速路两侧不宜设置吸引大量车流、人流的公共建筑物的出入口

C. 主干路应连接城市各主要分区，应以交通功能为主；主干路两侧不宜设置吸引大量车流、人流的公共建筑物的出入口

D. 主干路宜采用四幅路或三幅路；次干路宜采用单幅路或两幅路，支路宜采用单幅路

29. 下列说法错误的是（　　）。

A. 跨江、跨河桥梁应结合航道或水利部门提出的通航、排洪等控制要求，进行总体布置

B. 人行过街设施应根据道路等级、横断面形式、车流量、行人过街流量和流线确定，可分别采用人行横道、人行天桥或人行地道的形式，并应提出设置行人过街设施的规模及配套要求

C. 公共交通设施应结合公交线网规划设计，提出公交专用道、公交站点的布置形式

D. 道路设计应分别对路段、交叉口、出入口提出机动车、客车、公交车、货车等车辆的交通组织设计方案

30. 位于重要地区的城市主干路某灯控平交路口，预测通过其中一方向的人行过街交通总量为 3100 人/hg，假设该方向人行横道设计通行能力为 800 人/(hg · m)，不考虑其他因素的干扰，符合规范规定的人行横道宽度是（　　）。（结果取整数）

A. 3m　　B. 4m

C. 5m　　D. 6m

31. 城市主干路路床顶面设计回弹模量值不应小于（　　）。

A. 30MPa　　B. 25MPa

C. 20MPa　　D. 15MPa

32. 某市政道路采用水泥混凝土路面，现拟对其进行接缝传荷能力调查，未受荷处接缝边缘处的弯沉为 55，受荷处接缝边缘的弯沉为 120，该路面的接缝传荷能力为（　　）。

A. 优　　B. 中

C. 次　　D. 差

33. 某城市桥梁两侧设置非机动车道，非机动车道临空侧栏杆高度不应小于（　　）。

A. 1.0m　　B. 1.1m

C. 1.2m　　D. 1.4m

34. 城市人行天桥的梯道及平台构造，不正确的是（　　）。

A. 梯道踏步宽度宜为 0.3m

B. 梯道踏步最大步高宜为 0.15m

C. 梯道坡度不宜大于 1 : 2

D. 童车的坡道坡度不宜大于 1 : 4

35. 积雪和冰冻地区承担快速路功能的城市地下道路洞口敞开段最大纵坡不应大于（　　）。

A. 0.3%　　B. 2.5%

C. 3%　　D. 3.5%

36. 某城市道路非机动车道及机非分隔带宽度为 5.0m，右转弯设计速度为 30km/h，则推荐的路缘石转弯半径为（　　）m。

A. 25

B. 20

C. 15

D. 10

37. 某机非混行立交，其中一条匝道设计速度为 30km/h，交通预测非机动车为 1000 辆/h，则该匝道可能的通行能力为（　　）pcu/h。

A. 977

B. 790

C. 1040

D. 842

38. 关于无障碍设计，下列说法错误的是（　　）。

A. 人行天桥、地道入口处应设置行进盲道

B. 行进盲道比路缘石低时，距路缘石不小于 25cm

C. 行进盲道应与人行道的走向一致

D. 在行进盲道的转弯处应设置提示盲道

39. 关于工程管线布设，下列说法错误的是（　　）。

A. 当工程管线交叉敷设时，管线自地表面向下的一般排列顺序宜为：通信、电力、燃气、热力、给水、再生水、雨水、污水

B. 给水、再生水和排水管道交叉时，上下顺序应严格按规定执行

C. 主干线应靠近分支管线多的一侧布置，以减少管线交叉

D. 道路红线宽度超过 40m 的城市干道应两侧布置配水、配气、通信、电力和排水管线

40. 某设计速度为 50km/h 的城市次干路，为双向 4 车道机动车道，采用永久性隔离护栏分隔对向交通流，车行道边缘线设置符合规定的是（　　）。

A. 白色实线，设置在机动车道内侧边缘

B. 白色实线，设置在机动车道外侧边缘

C. 黄色实线，设置在机动车道内侧边缘

D. 黄色实线，设置在机动车道外侧边缘

二、多项选择题（共 30 题，每题 2 分。每题的备选项中有两个或两个以上符合题意，错选、少选、多选均不得分。）

41. 关于路线选线，下列说法正确的是（　　）。

A. 平原区选线宜采用较高的技术指标，尽量避免采用长直线或大偏角平曲线

B. 山岭区选线应充分利用地形条件，合理确定垭口位置，应尽量避免高填深挖等现象

C. 高速公路、一级公路采用纸上定线时，根据实际情况确定是否现场核定

D. 农田、河渠规整的平坦地区等以直线条为主时，宜采用直线线形

42. 根据《公路路线设计规范》（JTG D20—2017），下列（　　）情况下，应进行交通安全评价。

A. 一级干线公路　　B. 一级集散公路

C. 二级干线公路　　D. 二级集散公路

43. 公路平面线形设计不符合规范要求的是（　　）。

A. 设计速度为 40km/h 的双车道公路，两相邻反向圆曲线无超高时可径相衔接，无超高有加宽时应设置长度不小于 15m 的加宽过渡段

B. S 形曲线的两圆曲线半径之比R_1/R_2不宜小于 2（R_1为大圆曲线半径，R_2为小圆曲线半径）

C. 受地形条件限制时，大半径圆曲线与小半径圆曲线相衔接处，可采用两个或两个以上同向回旋线在曲率相同处径相连接而组合为复合曲线

D. 条件受限制时，可采用圆曲线最小半径极限值

44. 公路限制速度的选取跟（　　）有关。

A. 设计速度　　B. 运行速度

C. 路侧干扰与环境因素　　D. 设计车辆

45. 关于膨胀土填方路基一般规定，下列说法符合规范要求的有（　　）。

A. 膨胀土填方路基高度不应大于 20m

B. 膨胀土可直接用作下路堤填料

C. 应采取“防、排、截、疏”相结合的综合措施构建防排水系统

D. 冬季施工中途停止后恢复施工时，应将表层冰雪清除，并补充压实

46. 下列关于轻质材料路堤的说法，与规范不符的有（　　）。

A. 土工泡沫塑料（EPS 块）材料密度不宜小于 20kg/m^3

B. 轻质材料路堤与一般填土路堤之间的过渡段不得采用台阶式衔接

C. 土工泡沫塑料路堤抗浮安全系数宜为 1.05～1.15

D. 泡沫轻质土路堤直立填筑高度不宜大于 15m

47. 砌石路基可用于三、四级公路，并应符合下列哪些要求（　　）。

A. 砌石不得选用当地易风化的片、块石砌筑

B. 岩石风化严重或软质岩石路段不宜采用砌石路基

C. 砌石顶宽不应小于 0.8m，高度不宜超过 15m

D. 砌石边坡高度 5m，外坡坡率不应超过 1∶0.5

48. 对于因路基问题导致的路面损坏，取样调查路基土含水率、土质类型及 CBR 的目的是分析（　　）。

A. 路基的稳定性　　B. 路基的强度

C. 路基的耐久性　　D. 路基排水状况

49. 公路水泥混凝土路面行车道路面结构设置排水基层或垫层时，应在排水基层或垫层外侧边缘设置的是（　　）。

A. 横向集水沟　　B. 纵向集水沟

C. 不带孔集水管　　　　　　　　　　D. 带孔集水管

50. 水泥混凝土路面横向缩缝槽口设置规定正确的是（　　）。

A. 当横向缩缝设置传力杆件时，槽口深度宜比不设传力杆的假缝槽口深度稍大

B. 高速和一级公路槽口宜二次锯切成型，在第一次锯切缝的上部宜增设宽 3～8mm 的浅槽口

C. 高速和一级公路槽口下部一般根据实际情况确定是否设置背衬垫条

D. 二级及二级以下公路的槽口可一次锯切成型

51. 关于荷载组合，下列说法正确的是（　　）。

A. 当永久作用对构件产生有利影响时，该作用不应参与组合

B. 汽车制动力不与支座摩阻力同时组合

C. 流水压力不与波浪力同时组合

D. 多个偶然作用不同时组合

52. 关于桥梁纵断面设计，下列说法正确的是（　　）。

A. 城镇混合交通繁忙处的桥梁纵坡不宜大于 3%

B. 冬季易结冰的桥梁纵坡不宜大于 3%

C. 大桥纵断面宜采用平坡设计

D. 大桥纵断面不宜采用凹曲线

53. 隧道洞内防水措施一般有（　　）。

A. 在初期支护与二次衬砌之间设置防水层

B. 对二次衬砌的施工缝、沉降缝、伸缩缝采用可靠的防水措施

C. 隧道二次衬砌应满足抗渗等级要求

D. 设置路边排水沟

54. 下列关于公路隧道供配电设施的设计，与规范相符的有（　　）。

A. 配电变压器负载率取 80%

B. 为消防管道维持正常水压的加压水泵为一级负荷

C. 隧道最高一级的配电电压宜采用 12kV

D. 隧道内配电箱的防护等级为 IP65

55. 公路平面交叉设计时，不符合规范要求的是（　　）。

A. 平面交叉范围内直行车道的设计速度可适当降低，最低可取路段的 60%

B. 集散一级公路平面交叉间距为 300m

C. 次要公路紧接交叉范围的引道采用 0.5%的下坡通往交叉

D. 某平面交叉为斜角，交角锐角为 71°

56. 关于匝道硬路肩宽度的说法符合规范的是（　　）。

A. 单向双车道匝道，左侧硬路肩宽度取值 0.75m

B. 条件受限时，单向单车道匝道，右侧硬路肩宽度为 1m

C. 条件受限时，单向双车道匝道，右侧硬路肩宽度为 2m

D. 条件受限时，对向分隔式双车道匝道，右侧硬路肩宽度为 2m

57. 关于桥梁中央分隔带护栏的设置，下列说法正确的是（　　）。

A. 作为干线公路的二级公路桥梁必须设置
B. 作为干线的一级公路桥梁必须设置
C. 一级主要集散公路桥梁必须设置
D. 高速公路桥梁必须设置
58. 关于交通标志文字的要求，说法正确的是（　　）。
A. 一个地名或专用词组不应写成两行或两列
B. 汉字的行距应明显小于字距
C. 文字横写时应自左至右
D. 文字横写时应自右至左
59. 下列关于桥梁工程地质勘探、测试的说法，与规范相符的有（　　）。
A. 桥位有隐伏的断裂时，应以钻探、原位测试为主，结合物探、挖探进行综合勘探
B. 基础置于覆盖层内时，勘探深度应至持力层以下 3m
C. 岩土试验项目中，砂土应做标准贯入试验
D. 室内测试项目中，对于黏性土和砂土，天然含水率都是必做项目
60. 根据规范规定，下列费用中属于建设项目前期工作费的是（　　）。
A. 设计招标编制费　　B. 桥梁动载试验费
C. 桩基承载力试验费　　D. 规划选址意见书编制费
61. 城市道路的总体设计应包括下列（　　）内容。
A. 明确道路性质、功能定位、服务对象
B. 确定技术标准、建设规模、主要技术指标
C. 确定工程范围、总体方案和道路用地，并协调与相邻工程的衔接
D. 提出交通组织设计方案，并进行交通安全性评价
62. 下列关于城市道路过街设施的设置要求，符合规范规定的是（　　）。
A. 在学校、医院、养老院等附近，应设置人行过街设施
B. 穿越快速路的行人过街设施，必须采用人行天桥
C. 路段内有行人横穿道路的地方，均应设置人行横道
D. 人行横道的宽度应根据行人过街数量和信号控制方案确定
63. 根据《城市道路路线设计规范》(CJJ 193—2012)，下列说法正确的是（　　）。
A. 立交匝道均应设置变速车道
B. 每条集散车道的宽度应为 3.5m
C. 与主路设有分隔设施的集散车道，其车道数不宜少于 2 条
D. 辅助车道的宽度应与主路车道宽度相同
64. 下列关于城市道路路基的说法，不符合规范要求的有（　　）。
A. 沟槽底至管顶以上 0.5m 范围内宜采用渗水性好、容易密实的砂、砾等填料
B. 市政公用管线检查井位置宜避开机动车轮迹带
C. 掘路工程回填路基的回弹模量应高于新建道路的回弹模量
D. 路基填挖交界处有地下水出露时，宜在填挖之间设置明沟

65. 某城市道路采用水泥混凝土路面，下列说法正确的是（　　）。

A. 中交通时，钢纤维面层厚度取 150mm

B. 重交通时，钢纤维面层厚度取 200mm

C. 水泥混凝土集料公称最大粒径不应小于 31.5mm

D. 钢纤维混凝土集料公称最大粒径取钢纤维长度的一半

66. 关于城市桥梁引道、引桥的设置，下列说法正确的是（　　）。

A. 当引道采用填土路堤且两侧采用较高挡土墙时，两侧可不设置栏杆

B. 桥台后端深入桥头锥坡顶点以内的长度不应小于 0.75m

C. 桥头锥体及桥台台后 12m 长度的引道，可采用砂性土等材料填筑

D. 城市次干路及以上等级道路的桥梁宜设置搭板，搭板长度不宜小于 6m

67. 下列关于城市地下道路交通设施的设计，符合规范要求的有（　　）。

A. 城市地下道路出入口的洞口内外 50～100m 范围内宜设置实线车道分界线

B. 洞门、洞内紧应急停车港湾的迎车面端部宜设置立面标记

C. 标线涂料不宜采用热熔型反光涂料

D. 可变信息标志宜设置在进入地下道路后

68. 关于城市道路平面交叉平 A 类，下列说法正确的有（　　）。

A. 平 A 类分为两类

B. 平 A 类分为三类

C. 平 A_1 类是指交通信号控制，进口道展宽交叉口

D. 平 A_2 类是指交通信号控制，进口道不展宽交叉口

69. 城市道路立 A 类和立 B 类互通式立体交叉都可选用的形式有（　　）。

A. 全定向形　　B. 喇叭形

C. 苜蓿叶形　　D. 环形

70. 某市政道路初步设计阶段道路纵断面设计图，纵向比例符合要求的是（　　）。

A. 1∶50　　B. 1∶100

C. 1∶200　　D. 1∶500

注册道路工程师执业资格专业考试

模考试卷（八）

专业知识

（下）

二〇XX年十一月

应考人员注意事项

1. 书写用笔：**黑色墨水笔；**

   填涂答题卡用笔：**2B 铅笔**。

2. 须用书写用笔将工作单位、姓名、准考证号填写在答题卡和试卷相应的栏目内。

3. 本试卷由 70 题组成，满分为 100 分。1～40 题为单项选择题，其中，1～27 题为公路工程试题，28～40 题为城市道路工程试题；41～70 题为多项选择题，其中，41～60 题为公路工程试题，61～70 题为城市道路工程试题。

4. 考生在作答时，必须**按题号**在**答题卡**上将相应试题所选选项对应字母用 **2B 铅笔**涂黑。

5. 在答题卡上书写与题意无关的语言，或在答题卡上作标记的，均按违纪试卷处理。

6. 考试结束时，由监考人员当面将试卷、答题卡一并收回。

7. 草稿纸由各地统一配发，考后收回。

一、单项选择题（共 40 题，每题 1 分。每题的备选项中只有一个最符合题意）

1. 根据《城镇化地区公路工程技术标准》(JTG 2112—2021)，四级公路设计交通量预测年限选用不符合规范的是（　　）。

A. 10 年　　B. 12 年

C. 15 年　　D. 20 年

2. 东北地区某二级公路小半径圆曲线段按规范需设置超高，下列说法正确的是（　　）。

A. 公路纵坡为 6%时，超高值采用 6%

B. 正常路拱横坡为 2.5%时，最小超高值采用 2%

C. 路面超高横坡为 6%，曲线外侧硬路肩超高横坡 5%，方向相同

D. 路面超高横坡为 6%，曲线外侧土路肩横坡采用 4%，方向相同

3. 东北地区某一级公路、地处积雪冰冻的平原地区，设计速度采用 100km/h，下列有关该公路在穿越城镇路段设超高的最小平面圆曲线半径值，符合规范规定的是（　　）。

A. 360m　　B. 400m

C. 440m　　D. 510m

4. 某一级公路，设计速度为 100km/h，横坡为 2%，若μ取 0.035，则该公路不设超高最小圆曲线半径计算值为（　　）m。

A. 4000　　B. 5250

C. 5500　　D. 5780

5. 某高速公路设计速度为 120km/h，双向 8 车道，中央分隔带宽度为 3.0m，则整体式断面路基宽度一般值为（　　）。

A. 45.5m　　B. 42.0m

C. 43.0m　　D. 42.5m

6. 某高速公路项目设计速度为 100km/h，根据《公路路线设计规范》(JTG D20—2017)，该路段路线平面设计（　　）。

A. 不应采用半径超过 10000m 的圆曲线

B. 不应采用半径小于 700m 的圆曲线

C. 直线的长度不应过长

D. 受特殊情况限制而采用长直线时，应采取相应的交通安全技术措施

7. 某高速公路路段为膨胀土区域，膨胀土胀缩总率为 4.3%，则以下膨胀土填料使用范围及处治措施符合规范的有（　　）。

A. 可直接利用填筑路床

B. 可用作下路堤填料，但需要包边

C. 不可直接利用，采用无机结合料处治后可用作下路床填料

D. 不应用作路基填料

8. 护肩路基的护肩高度不宜超过（　　），顶面宽度不应侵占硬路肩或行车道及路缘带的路面范围。

A. 1.5m　　B. 2.0m

C. 2.5m　　D. 3.0m

9. 红黏土是指碳酸盐岩出露的岩石，经红土化作用形成的棕红色、褐黄色等的高塑性黏土，某地红黏土的液限是83%，塑限是42%，则其界限液塑比为（　　）。

A. 1.98　　B. 1.95

C. 1.90　　D. 1.65

10. 下列关于坡面排水的描述与规范不符的是（　　）。

A. 边沟的纵坡坡度宜与路线纵坡坡度一致，且不宜小于0.3%

B. 矩形边沟出水口的间距不宜超过500m，三角形边沟不宜超过200m

C. 截水沟宜布设在路堑坡顶5m或路堤坡脚2m以外

D. 陡坡地段的排水沟，避免设置跌水等消能结构物

11. 路面结构层与路床间设置的级配碎石排水层厚度不宜小于（　　）。

A. 150mm　　B. 200mm

C. 250mm　　D. 300mm

12. 某一级公路，采用沥青混凝土路面，年平均降雨量820mm，交工验收时其路面构造深度应≥（　　）mm。

A. 50　　B. 54

C. 0.50　　D. 0.55

13. 关于水泥混凝土路面面层性能要求，下列说法正确的是（　　）。

A. 足够的刚度　　B. 足够的承载能力和耐久性

C. 足够的强度和光滑性　　D. 足够的抗冲刷性能

14. 某二级公路设计速度80km/h，水泥混凝土路面采用钢筋混凝土面层，有关接缝设计说法符合规范要求的是（　　）。

A. 纵向缝间距3.5m，横向缝间距4.5m

B. 纵向缝间距3.75m，横向缝间距10m

C. 纵向缝间距3.75m，横向缝间距8m

D. 纵向缝间距5.0m，横向缝间距10m

15. 某公路桥梁的桥台高度6m，请问其搭板长度不宜小于（　　）m。

A. 5　　B. 6

C. 7　　D. 8

16. 通航河流上修建桥梁时，桥梁纵轴线的法线与最高通航水位时的主流夹角不宜大于（　　）。

A. 3°　　B. 5°

C. 7°　　D. 10°

17. 关于桥梁混凝土强度，下列说法错误的是（　　）。

A. 钢筋混凝土构件强度不低于C25

B. 桥面水泥混凝土铺装层混凝土强度不应低于C30

C. 预应力混凝土构件不低于C40

D. 当采用强度标准值400MPa及以上钢筋时，钢筋混凝土构件强度不低于C30

18. 公路隧道交通信号灯应显示清晰，动态视认距离不应小于（　　）。

A. 150m　　B. 200m

C. 250m　　D. 300m

19. 某公路水下隧道采用钻爆开挖，经勘探某路段地层为中风化石英砂岩，隧道开挖宽度 12m，则该地段隧道顶部覆盖层厚度最小为（　　）。

A. 12m　　B. 18m

C. 24m　　D. 30m

20. 下列关于隧道超前围岩预注浆堵水设计的说法，与规范不符的有（　　）。

A. 超前围岩预注浆可选用超前全断面帷幕注浆、超前周边预注浆与超前局部预注浆等

B. 帷幕注浆、周边注浆的注浆圈厚度宜为隧道开挖线以内 3～6m

C. 一次注浆长度可按 10～30m 控制

D. 注浆孔底中心间距为 1.5～3.0m，或取浆液扩散半径的 1.5～1.7 倍

21. 某二级公路（双向交通量 600veh/h）与四级公路交叉，交叉口周边无村庄分布，行人与非机动车出行较少，应采用以下（　　）交通管理方式。

A. 主路优先　　B. 无优先

C. 信号交通管理　　D. 渠化设计

22. 关于公路与铁路交叉，下列说法错误的是（　　）。

A. 公路与高速铁路交叉时，必须设置立体交叉

B. 高速公路与铁路交叉时，必须设置立体交叉

C. 二级公路与铁路交叉时，必须设置立体交叉

D. 铁路跨越公路时，铁路跨线桥设置防落网

23. 重庆地区某郊区高速公路互通式立交单车道匝道预测年度的年平均日交通量为 12000veh/d，则该匝道单向设计小时交通量为（　　）。

A. 1080veh/d

B. 1560veh/d

C. 540veh/d

D. 780veh/d

24. 某疏港一级公路设计速度 80km/h，交通量中，集装箱大货车所占比例为 40%，某路段路侧计算净区宽度范围内有高压输电线塔，设置路侧护栏应选取（　　）等级。

A. A 级　　B. SB 级

C. SA 级　　D. SS 级

25. 交通标志的支撑方式不包括（　　）。

A. 柱式　　B. 悬挂式

C. 门架式　　D. 附着式

26. 某公路工程在编制概预算时，根据规范规定，可按实际承担工作内容和工作量统筹使用的费用是（　　）。

A. 研究试验费

B. 建设项目前期工作费

C. 设计文件审查费

D. 建设项目信息化费

27. 根据《公路工程基本建设项目设计文件编制办法》规定，批准后的技术设计文件，是（　　）的依据。

A. 总体设计　　B. 编制施工图设计

C. 编制预算文件　　D. 科学实验

28. 位于重要地区的城市主干路，不考虑其他因素的干扰，预测路段单侧人行道交通量 7800P/h。该路段单侧需要的最小人行道宽度应定为（　　）。（计算结果取整数）

A. 2m　　B. 3m

C. 4m　　D. 5m

29. 下列关于非机动车道的说法正确的是（　　）。

A. 主干路非机动车道可以与机动车道分隔设置

B. 当次干路设计速度大于或等于 40km/h 时，非机动车道应与机动车道分隔设置

C. 非机动车专用路的设计速度宜采用 15～20km/h

D. 非机动车专用道路面宽度应包括车道宽度及两侧路缘带宽度，单向不宜小于 2.5m，双向不宜小于 3.5m

30. 根据《城市道路交通工程项目规范》（GB 55011—2021）设计速度为 80km/h 的城市快速路，停车视距是（　　）。

A. 160m　　B. 110m

C. 70m　　D. 60m

31. 某城市主干路填方路基，路基所在地区为特殊干旱地区，则该路基路床顶面压实度按规定最小可为（　　）。

A. 96%　　B. 95%

C. 94%　　D. 93%

32. 某城市道路采用沥青面层，现破损严重，拟在其上铺筑一层水泥混凝土，采用贝克曼梁法检测其弯沉，经整理计算得到旧路面的回弹弯沉值为 100，路基顶面的当量回弹模量为（　　）MPa。

A. 114.28　　B. 127.50

C. 137.39　　D. 145.47

33. 某城市桥梁跨越快速路，该桥梁人行道临空侧的栏杆高度不应小于（　　）m，桥面人行道栏杆上应加设护网，护网高度不应小于（　　）m。

A. 0.9，1.0　　B. 1.0，1.5

C. 1.1，2.0　　D. 1.4，2.5

34. 某城市主干道桥梁，桥梁总长 1080m，桥梁横断面布置为：4.5m（人行道含栏杆宽度 0.5m）+ 12.0m（车行道）+ 4.5m（人行道含栏杆宽度 0.5m）= 21.0m。采用标准的 30m 预应力混凝土预制简支小箱梁，桥面连续。根据《城市桥梁设计规范》的规定，该桥至少要设置（　　）道桥面伸缩缝。

A. 11　　B. 12

C. 13　　D. 14

35. 某城市地下道路主线设计速度为 50km/h，某处有一双车道匝道接入，则匝道加速段长度最小宜取为（　　）。

A. 100m　　B. 120m

C. 150m　　D. 180m

36. 6 某新建主干路与次干路相交，主干路交通量大，拟设右转专用车道，出口道设公交停靠站，站台长度 30m，则右转专用车道出口道长度最小应为（　　）m。

A. 80　　B. 90

C. 130　　D. 120

37. 城市道路渠化平交口范围内的设计速度宜为路段的（　　）。

A. 0.3～0.6 倍　　B. 0.4～0.6 倍

C. 0.4～0.7 倍　　D. 0.5～0.7 倍

38. 某城市主干路，双向 8 车道，设计速度为 60km/h，某路基段设高挡墙，紧接着设有一座长度为 2 × 30m 的桥梁跨越轨道交通。路基段采用波形护栏，桥梁采用混凝土护栏，则路侧防撞护栏过渡段防护等级不应低于（　　）等级。

A. SB 级　　B. SA 级

C. SS 级　　D. HB 级

39. 关于无障碍设置的做法正确的是（　　）。

A. 固定在无障碍通道的墙、立柱上的物体距地面的高度 1.8m

B. 固定在无障碍通道的墙上的突出宽度 120mm，其距地面的高度 750mm

C. 扶手保持贯通，靠墙面的扶手起终点与墙面齐平

D. 圆形扶手直径设置为 40mm

40. 与道路优先权或通行权相关的禁令标志，标志牌面形状一般不设为（　　）

A. 三角形　　B. 圆形

C. 八角形　　D. 正方形

二、多项选择题（共 30 题，每题 2 分。每题的备选项中有两个或两个以上符合题意，错选、少选、多选均不得分。）

41. 下列关于交通量换算的说法正确的是（　　）。

A. 标准车型应采用小客车

B. 非汽车交通的交通量全部考虑成路侧干扰

C. 路侧干扰等级分为五级

D. 自然车辆的交通量换算成标准小客车的交通量时，换算系数只跟车型有关

42. 公路横断面设计时，关于中间带设计不符合规范要求的是（　　）。

A. 整体式路基的中间带宽度应保持等值

B. 条件受限制时，宽度渐变不应小于车辆 3s 设计速度行程长度，且不小于 50m

C. 条件受限制，中间带宽度变化为 2m 时，渐变段长度采用 200m

D. 当中间带的宽度根据需要增宽或减窄时，宜采用左右分幅线形设计

43. 关于公路线形设计，下列说法正确的有（　　）。

A. 线形设计应考虑主线收费站、匝道收费站、服务区、停车区等沿线设施布设的要求

B. 不可将主线收费站设置在不设超高的曲线上，或者凸形竖曲线顶部

C. 设计速度小于或等于 40km/h 的公路，平、纵线形组合设计的要求不严格

D. 冬季积雪路段、工程地质病害严重路段等可适当加宽路基，以改善行车条件

44. 设计速度为 100km/h 的公路，在纵断面设计时有两段连续上坡路段，第一段纵坡度采用 4%，长度 600m，第二段纵坡度采用 5%，长度 400m，两纵坡长度之间可否直接设置竖曲线相连，若不可以，设置的缓和坡段长度为（　　）。

A. 可以

B. 不可以，2.5%的缓和段长度 250m

C. 不可以，1.5%的缓和段长度 200m

D. 不可以，2.0%的缓和段长度 300m

45. 下列关于滑坡防治监测的说法，与规范不符的有（　　）。

A. 滑坡防治工程安全等级为III级的边坡可不做运营期长期监测

B. 滑坡影响区内有学校的，必须建立监测网

C. 滑坡防治工程安全等级为II级的边坡在施工安全监测阶段必须要做支挡结构物位移

D. 中型I级滑坡防治工程应进行降雨量监测

46. 下列关于粉煤灰路堤与工业废渣路堤设计的说法，与规范不相符的是（　　）。

A. 粉煤灰上路床应采用土质填筑

B. 高度大于 6.0m 的粉煤灰路堤，应验算路堤自身稳定性

C. 高炉矿渣浸水膨胀率不应大于 3.0%、钢渣中金属铁含量不应大于 2.0%

D. 未经充分氧化与陈化、塑性指数大于 10 的煤矸石不得用于填筑高速公路路堤

47. 下列关于软土地区路基设计的说法，符合规范要求的有（　　）。

A. 采用简化 Bishop 法，考虑地震影响时，安全系数取 1.3

B. 高速公路一般路段软土路基工后沉降超过 0.2cm，应针对沉降进行处治

C. 现有公路拓宽改建时，拓宽路堤的路拱横坡度，工后相对于交工时的增大值不应大于 0.5%

D. 不同地基处理方案衔接处应缓和过渡，差异沉降引起的纵坡变化应控制在 0.5%以内

48. 公路沥青路面面层应具有的性能包括（　　）。

A. 平整、抗车辙　　　　B. 抗疲劳开裂、抗低温开裂

C. 抗水损坏　　　　D. 高透水性能

49. 下列水泥混凝土路面需设置横向缩缝的是（　　）。

A. 钢筋混凝土路面　　　　B. 连续配筋混凝土路面

C. 钢纤维混凝土路面　　　　D. 普通混凝土路面

50. 某一级公路水泥混凝土路面，重交通等级，路床顶面回弹模量 55MPa，对路床可采用的措施有（　　）。

A. 上路床采用粗粒土　　　　B. 采用石灰稳定土作为路床填料

C. 增加路基填筑高度　　　　D. 增加水泥混凝土面板厚度

51. 关于混凝土桩的构造要求，下列说法错误的是（　　）。

A. 钻孔桩设计直径不宜小于 1m

B. 桩身混凝土强度等级不应低于 C25

C. 混凝土管桩直径常规情况采用 0.5～1.3m

D. 桩内主筋直径不应小于 16mm，每桩的主筋数量不应少于 8 根，其净距不应小于 80mm 且不应大于 350mm

52. 公路桥涵结构承载能力极限状态设计时，下列（　　）应采用荷载基本组合。

A. 持久设计状况　　B. 短暂设计状况

C. 偶然设计状况　　D. 地震设计状况

53. 关于隧道喷锚衬砌，下列说法正确的是（　　）。

A. 主洞与大于 3m 宽车行横洞的交叉段应设加强衬砌

B. 端头锚固型锚杆用于永久支护时，锚孔内必须注浆

C. 预应力锚杆的锚固端必须锚固在稳定的土层内

D. 围岩较差地段的衬砌应向围岩较好地段延伸 5～10m

54. 下列关于公路隧道隧底加固施工设计，符合规范要求的有（　　）。

A. 增设仰拱进行隧底开挖时，每次开挖长度 4m

B. 采用树根桩加固时，灌注管应直插至孔底

C. 采用灰土桩加固时，应分层回填密实，每层回填厚度不宜小于 300mm

D. 采用钢管桩加固时，沉桩顺序应按先两边后中间进行

55. 某二级干线公路与三级公路交叉，二级公路设计速度 80km/h，三级公路设计速度 40km/h，关于其渠化设计，下列说法正确的是（　　）。

A. 二级公路应设置减速分流车道

B. 二级公路应设置加速汇流车道

C. 三级公路应设置减速分流车道

D. 三级公路应设置加速汇流车道

56. 关于辅助车道设计，下列说法正确的是（　　）。

A. 当高速公路分流、合流处不能满足车道数平衡时，应设置辅助车道

B. 辅助车道与主线车道之间设路缘带

C. 辅助车道宽度应与主线车道宽度相同

D. 匝道相互合流，车道不平衡时增设一条辅助长度不应小于 150m

57. 关于标线设置，下列说法正确的是（　　）。

A. 突起路标颜色应与标线颜色一致

B. 三级公路路面宽度变化时应设置车行道边缘线

C. 三级公路平面交叉渠化可不设置渠化标线

D. 互通式立体交叉出口导向箭头应以减速车道渐变点为基准点

58. 为实现对交通流的控制及诱导功能，高速公路沿线通常会设置可变信息标志，关于可变信息标志，下列说法正确的是（　　）。

A. 隧道入口有联络道时，可变信息标志设置在隧道入口联络通道前 200~300m 处

B. 可变限速标志动态识认距离不宜小于 200m

C. 可变限速标志隧道外版面亮度不应小于 8000cd/m²

D. 可变信息标志应根据标志的类型、显示内容、控制方式、环保节能、经济性等要求，选择显示方式及材料

59. 下列关于公路隧道初步勘察的说法，与规范不符的有（　　）。

A. 应基本查明隧道围岩岩体的完整性、风化程度、围岩等级

B. 当两个隧道工程方案进行同深度比选时，不应进行同深度勘察

C. 工程地质调绘应沿拟定的隧道轴线及其两侧各不小于 300m 的带状区域进行

D. 工程地质勘探深度应至路线设计高程以下不小于 5m

60. 根据《公路工程建设项目概算预算编制办法》，企业管理费包括（　　）。

A. 临时设施费　　　　B. 基本费用

C. 职工取暖补贴　　　　D. 财务费用

61. 下列关于城市道路的总体设计说法正确的是（　　）。

A. 应提出交通组织设计方案，并进行交通安全性评价

B. 分期修建的道路工程宜近远期工程相结合

C. 不同设计速度衔接时，路段前后的线形技术指标应协调与配合

D. 应明确道路性质、功能定位、服务对象

62. 根据《城市道路交通工程项目规范》（GB 55011—2021）道路平面设计应注意（　　）。

A. 做好直线与平曲线的衔接

B. 圆曲线的最小半径应满足车辆在曲线部分的安全舒适通行

C. 圆曲线范围设超高时，应设置超高缓和段

D. 道路平面应结合两侧地形地物情况，合理布置交叉口，出入口和公交停靠站

63. 某拟建城市支路，设计速度 40km/h，某交点转角$12°20'40''$，拟采用直线-圆曲线-直线模式布置平面线位，下列圆曲线半径符合规范的是（　　）。

A. 300m

B. 324m

C. 500m

D. 600m

64. 下列城市道路路基排水设计的说法，不符合规范要求的有（　　）。

A. 多雨地区边沟出水口间距不得大于 300m

B. 绿化带宜设置横坡，坡率不宜小于 3%

C. 当地下水排入雨水管道时，其流量应单独计算

D. 暗沟的沟底纵坡不应小于 1%

65. 下列关于城市连续配筋混凝土路面的说法正确的有（　　）。

A. 纵向钢筋和横向钢筋均应采用螺纹钢筋

B. 纵向钢筋位于横向钢筋之上

C. 纵向钢筋间距 15～25cm

D. 冰冻地区最小配筋率 0.7%为宜

66. 城市主干道上的跨河桥梁既提供了交通的跨江通道，同时也能为市政管线的过江提供支撑，（　　）管线能敷设在城市桥梁上。

A. 直径 500mm 的污水管道

B. 直径 300mm 的给水管道

C. 压力为 0.4MPa 的燃气管道

D. 电压为 100kV 的电缆

67. 下列城市地下道路横断面设计，与规范不符的有（　　）。

A. 680m 长的城市地下道路，设计速度 50km/h，采用单孔双向布置交通

B. 城市地下主干路，480m 长，同孔内设置非机动车与人行道

C. 城市地下快速路，520m 长，单向两车道，行车方向右侧设置 3m 宽连续式紧急停车带

D. 城市地下道路应急停车港湾有效宽度不包含路缘带宽度

68. 下列关于新建城市道路平面交叉说法错误的是（　　）。

A. 进口道车道宽度用地受限时可取 2.8m

B. 出口道车道宽度宜为 3.25m

C. 可压缩中央分隔带至 1.5m，设置左转弯车道

D. 当左转交通量较大时，可设置两条左转专用车道

69. 平交城市道路进口道长度包含（　　）。

A. 减速段

B. 展宽渐变段

C. 展宽段

D. 排队等候段

70. 确定地下工程管线覆土深度一般考虑（　　）因素。

A. 保证工程管线在荷载作用下不损坏，正常运行

B. 在严寒、寒冷地区，保证管道内介质不冻结

C. 满足竖向规划要求

D. 满足防止日光照射对管线的老化破坏作用要求

准考证号：

姓名：

注册道路工程师执业资格专业考试

模考试卷（九）

专业知识

（上）

二〇XX年十一月

应考人员注意事项

1. 书写用笔：**黑色墨水笔；**

   填涂答题卡用笔：**2B 铅笔**。

2. 须用书写用笔将工作单位、姓名、准考证号填写在答题卡和试卷相应的栏目内。

3. 本试卷由 70 题组成，满分为 100 分。1～40 题为单项选择题，其中，1～27 题为公路工程试题，28～40 题为城市道路工程试题；41～70 题为多项选择题，其中，41～60 题为公路工程试题，61～70 题为城市道路工程试题。

4. 考生在作答时，必须**按题号**在**答题卡**上将相应试题所选选项对应字母用 **2B 铅笔**涂黑。

5. 在答题卡上书写与题意无关的语言，或在答题卡上作标记的，均按违纪试卷处理。

6. 考试结束时，由监考人员当面将试卷、答题卡一并收回。

7. 草稿纸由各地统一配发，考后收回。

一、单项选择题（共 40 题，每题 1 分。每题的备选项中只有一个最符合题意）

1. 关于公路总体设计的说法，下列表达错误的是（　　）。

A. 各级公路均要做总体设计

B. 四级公路可不做总体设计

C. 总体设计应贯穿从可研到施工图设计的各个阶段，并应论证确定公路功能、技术标准、建设规模及建设方案

D. 总体设计应覆盖公路的各相关专业，应使主体工程与交通工程及沿线设施相互协调，充分发挥各自功能和项目的整体功能

2. 关于公路改扩建时机的说法，不正确的是（　　）。

A. 公路改扩建时，应对改扩建方案和新建方案进行论证比选，确定最优方案

B. 一级公路服务水平降低到三级水平下限之前实施改扩建为宜

C. 当为提高公路等级改建公路时，局部路段由于提高设计速度将诱发严重的工程地质病害或对保护环境、文物影响较大时，该路段可维持原设计速度。高速、一级公路不宜大于 15km/h，二级公路不宜大于 10km/h

D. 二、三级公路改扩建，为了维持现状交通运行，应做保通设计

3. 某山区 4 车道一级公路，设计速度 80km/h，下列关于沿连续上坡方向载重允许最低速度，符合规范规定的是（　　）。

A. 40km/h　　B. 50km/h

C. 55km/h　　D. 60km/h

4. 关于公路建设项目，下列说法错误的是（　　）。

A. 严格执行工程建设项目环境影响评价、水土保持方案编制和环境保护“三同时”制度

B. 应加强路线走廊带、路线方案的综合比选，优先选择工程造价低、环境影响小的方案

C. 应加强路域施工范围取弃土场地的表土收集和利用，做好对取弃土场、施工便道等临时用地的植被保护与恢复

D. 当弃方和弃渣量量大时，应结合项目施工组织设计最大限度利用弃方和弃渣；难以利用时，应合理设置弃土、弃渣场地

5. 某二级公路路段行车速度为 60km/h，不准超车区比例为 <30（%），则该二级公路最大服务交通量是（　　）。

A. 1800pcu/h　　B. 650pcu/h

C. 450pcu/h　　D. 812pcu/h

6. 下列关于公路视距的说法错误的是（　　）。

A. 二级公路的视距应采用会车视距

B. 大型车比例高的二级公路下坡段，宜采用下坡段货车停车视距对相关路段进行检验

C. 某公路设计速度为 80km/h，受地形条件限制的互通式立体交叉出口路段的识别视距最小可采用 137.5m

D. 引道视距在数值上等于停车视距

7. 真空预压法适用于对软土性质很差、土源紧缺、工期紧的软土地基进行处理，软土的渗透系数

应小于（　　）。

A. 1×10^{-5}cm/s　　B. 2×10^{-5}cm/s

C. 3×10^{-5}cm/s　　D. 4×10^{-5}cm/s

8. 下列情形中，危害程度在严重以下的是（　　）。

A. 以路堤通过大型滑坡的前部

B. 以桥梁通过中型滑坡的前部

C. 以路堑通过小型滑坡的中部

D. 以路堤通过小型滑坡的后部

9. 某已建土质路堤高 22m，现拟分析该路堤边坡在正常工况下的稳定性，下列取样及试验方法合适的是（　　）。

A. 取路基原状土，采用直剪快剪试验

B. 取样采用填筑含水率和填筑密度，采用直剪快剪试验

C. 预先饱和后取样路基原状土，采用三轴不排水剪试验

D. 取路基原状土，采用三轴固结不排水剪试验

10. 某黄土路堤，地基良好，路堤边坡高度 25m，路堤的断面形式及边坡最大坡率可取为（　　）。

A. 折线形，1：1.75　　B. 阶梯型，1：1.5

C. 折线形，1：1.5　　D. 阶梯型，1：2.0

11. 沥青路面水泥稳定碎石基层疲劳开裂损坏表现为（　　）。

A. 拉应变超限损坏　　B. 拉应力超限损坏

C. 温度变形损坏　　D. 永久变形量超限损坏

12. 中面层沥青混合料公称最大粒径不宜小于（　　）mm。

A. 10　　B. 13

C. 16　　D. 20

13. 下列（　　）不属于水泥混凝土路面设计的内容。

A. 确定各结构层的设计厚度　　B. 确定钢筋配置

C. 确定路基回弹模量　　D. 设计方案的技术经济论证

14. 某二级公路采用水泥混凝土路面，进行极限状态设计时，中等变异水平条件下的可靠度系数取值合理的是（　　）。

A. 1.33　　B. 1.18

C. 1.13　　D. 1.07

15. 某桥梁采用钻孔扩底灌注桩，扩底直径为 1m，则桩基中距不应小于（　　）m。

A. 1.5　　B. 2.0

C. 2.5　　D. 3.0

16. 某钢桁架桥，桥面系构件应采用疲劳荷载（　　）计算模型。

A. 模型I　　B. 模型II

C. 模型III　　D. 模型IV

17. 某高速公路桥梁，跨越现状 650m 河道，设计中主桥采用主跨为 160m 矮塔斜拉桥，引桥采用

35m 的简支小箱梁，桥梁总跨径为 900m。关于该桥的分类及设计安全等级正确的是（　　）。

A. 特大桥，一级　　B. 大桥，一级

C. 特大桥，二级　　D. 大桥，二级

18. 在含水率大的淤泥质黏土、黏性土、粉土等地段，可采用超前水平旋喷桩。其单管法旋喷桩直径宜为（　　）。

A. 0.3～1.0m　　B. 0.6～1.4m

C. 0.7～2.0m　　D. 0.8～2.4m

19. 某公路隧道长度 840m，则其消防用水量可确定为（　　）m^3。

A. 54　　B. 108

C. 216　　D. 288

20. 某沉管隧道采用刮铺法基础，沉管段结构地面深度 18m，垫层厚度 70cm，则基槽深度可确定为（　　）。

A. 18.1m　　B. 18.9m

C. 19.3m　　D. 20.0m

21. 关于公路平面交叉中右转弯附加车道设计，下列（　　）是正确的。

A. 主要公路设计速度为 80km/h 时，次要公路上应增设加速汇流车道

B. 一级公路与一级公路相交时，应设置经渠化分隔的右转弯车道

C. 二级公路与三级公路相交时，应设置右转弯车道

D. 右转弯车流中大型车比例较高时，应设置右转弯车道

22. 某一级公路设计速度为 80km/h，某互通式立体交叉位于连续长大下坡路段底部，则减速车道下坡段主线纵坡最大值为（　　）。

A. 3.0%

B. 3.5%

C. 4.0%

D. 5.0%

23. 积雪冰冻地区，设计速度 50km/h 的公路互通式立体交叉匝道圆曲线半径与最大超高符合规范规定的是（　　）。

A. 60m，6%　　B. 70m，8%

C. 100m，8%　　D. 100m，6%

24. 某一级公路设计速度为 100km/h，设置特大桥一座，桥梁段采用 2m 宽人行道，按照《公路交通安全设施设计规范》（JTG D81—2017），该桥路缘石及护栏设置最合理的为（　　）。

A. 路缘石高 5cm，人行道与车行道之间设置防撞护栏

B. 路缘石高 35cm，人行道外侧设置人行栏杆

C. 路缘石高 15cm，人行道外侧设置组合护栏

D. 路缘石高 25cm，人行道外侧设置防撞护栏

25. 下列（　　）情况交通标志应采用门架式支撑方式。

A. 双向 4 车道一级公路路段

B. 位于城区的高速公路路段

C. 交通量小于设计通行力，大型车辆占比不大

D. 互通式立体交叉出口为右向出口

26. 根据《公路工程建设项目概算预算编制办法》规定，特种设备检测检验费用属于（　　）。

A. 施工辅助费　　B. 企业管理费

C. 安全生产费　　D. 竣工验收试验检测费

27. 一个建设项目由两个或两个以上单位设计时，应由（　　）负责总体设计，统一设计原则，编写说明书，绘制总体设计图，编制主要工程数量表和汇编总概（预）算，协调统一文件的编制。

A. 一个设计单位　　B. 两个设计单位

C. 设计单位组成的联合体　　D. 所有参与设计的设计单位

28. 某主干路位于重要区域，人行横道预测人流量为 7000 人/(hg · m)，设计时最小人行横道宽度取值为（　　）。

A. 3.5m

B. 4.0m

C. 5.0m

D. 6.0m

29. 城市道路关于分隔带及缘石开口设置规定，下列说法正确的是（　　）。

A. 快速路中间分隔带开口最小间距不应小于 2km，开口长度宜采用 20～30m，开口处应设置活动护栏

B. 主干路两侧分隔带开口长度应符合进出口最小间距要求

C. 主干路的两侧分隔带断口间距宜大于或等于 300m

D. 路侧带缘石开口距交叉口间距应大于出口道展宽段长度

30. 城市道路（　　）路段可按货车停车视距进行检查。

A. 加速车道及出口端部

B. 主线上坡路段且纵断面竖曲线半径小于一般值的路段

C. 车道数减少或该处纵断面竖曲线半径小于一般值的路段

D. 道路与道路、道路与铁路平面交叉口附近

31. 某城市填方路基下伏软弱层，该填方路基稳定安全系数应取为（　　）。

A. 1.20　　B. 1.30

C. 1.35　　D. 1.40

32. 某城市支路双向两车道，沥青路面，通车第一年单向日平均当量轴次为 2000 次/d，经预测，交通年平均增长率 6%，请判断交通等级是（　　）。

A. 轻交通　　B. 中等交通

C. 重交通　　D. 特重交通

33. 下列（　　）环境条件下，城市桥梁的车行道外侧必须设置防撞护栏。

A. 设计速度 60km/h 城市主干道上的桥梁

B. 设计速度 80km/h 城市快速路上的桥梁

C. 跨越水深 3m 沟渠的桥梁

D. 纵坡为 3%的桥梁

34. 某城市快速路上的重要桥梁，跨径总长为 35m，其桥梁结构的设计基准期和设计工作年限符合规范要求的分别是（　　）。

A. 50 年，30 年　　B. 50 年，50 年

C. 100 年，30 年　　D. 100 年，100 年

35. 某城市地下道路出口下游地面道路交叉口无信号控制，但视线条件好、具有明显标志，主线设计速度 60km/h，则地下道路出口接地点到该交叉口的最小距离应为（　　）。

A. 70m　　B. 105m

C. 140m　　D. 90m

36. 繁华市中心的某条设计速度为 80km/h 干道上先驶出后驶入相邻匝道间最小净距为（　　）m。

A. 55　　B. 82.5

C. 110　　D. 220

37. 城市立交关于直接式出口和平行式出口，说法错误的是（　　）。

A. 直接式出口符合行车轨迹

B. 直接式出口横纵比应按 1：40～1：20 均匀的渐变率和主线连接

C. 平行式出口线形特征明显

D. 平行式出口以防止主线车辆误驶出主线

38. 关于无障碍的设置，下列说法错误的是（　　）。

A. 无障碍标志应与城市环境标志系统相独立

B. 包括郊区、区县、经济开发区等城镇主要道路要考虑无障碍设计

C. 人行天桥及地道坡道两侧扶手宜设上、下两层

D. 垂直升降平台的深度不应小于 1.2m

39. 下列关于城市道路管线工程采用综合管廊敷设的适用条件，不符合规范规定的是（　　）。

A. 高强度集中开发区域、重要的公共空间

B. 交通流量大或地下管线密集的城市道路

C. 道路宽度难以满足直埋多种管线的路段

D. 道路与公路交叉处

40. 下列关于城市的道路交通标志及支撑结构的设置要求，符合规范规定的是（　　）。

A. 路侧的标志支撑结构边缘至车行道路面边缘的侧向距离应大于或等于 0.15m

B. 路面上方的标志板及支撑结构下缘至路面的高度应与道路的最小净高一致

C. 人行道路侧的柱式标志板下缘距路面的高度应大于 1.8m

D. 路侧标志宜与车道中心线及垂线垂直

二、多项选择题（共 30 题，每题 2 分。每题的备选项中有两个或两个以上符合题意，错选、少选、多选均不得分。）

41. 关于公路服务水平分级的说法，正确的是（　　）。

A. 服务水平可分为五级
B. 承担集散功能的一级公路或路段可采用四级服务水平
C. 非机动车及行人密集的一级公路路段可采用四级服务水平
D. 三级干线公路可采用三级服务水平
42. 公路设计应根据（　　）选用技术等级和主要技术指标。
A. 路网结构　　B. 公路功能
C. 交通量　　D. 地形条件
43. 公路纵断面设计时，采用的设计指标符合规范要求的是（　　）。
A. 某二级公路隧道长 500m，隧道内的纵坡采用单向纵坡
B. 设计速度为 40km/h 的三级公路，某单跨桥梁跨度为 18m，纵坡采用 6%
C. 设计速度为 120km/h 的高速公路，某 3 × 30m 桥梁的设计纵坡采用 4%
D. 设计速度为 80km/h 的一级公路，缓和坡段纵坡采用 3%
44. 公路两侧的绿化应作为（　　）的一种措施而进行专门设计。
A. 诱导视线　　B. 点缀风景
C. 改造环境　　D. 优化视距
45. 下列关于膨胀土路基设计与施工的说法，与规范不符的有（　　）。
A. 标准吸湿含水率 4.8%，属于中膨胀土
B. 膨胀土地基只须满足上部构造物对承载力的要求
C. 当膨胀土填方路基高度大于 6m 时，应进行边坡稳定性分析
D. 强膨胀土边坡高度 10m，坡率应取 1∶2.25，可不设平台
46. 下列关于挡土墙设计的选项，与规范不符的有（　　）。
A. 挡土墙基础应置于冻结线以下不小于 0.25m
B. 路肩式挡土墙的顶面宽度不能算作硬路肩的范围
C. 浆砌片石挡墙墙顶宽度不应小于 0.4m
D. 墙高大于 10m 的挡土墙和浸水挡土墙宜采用浆砌片石
47. 下列路堑边坡坡率设置与规范相符的有（　　）。
A. 坡高 18m 的黏土边坡，坡率取 1∶1.5
B. 坡高小于 10m 的密实碎石土边坡，坡率取 1∶0.75
C. 坡高 25m 的Ⅲ类弱风化岩石边坡，坡率取 1∶0.75
D. 坡高 10m 的Ⅳ类强风化岩石边坡，坡率取 1∶1
48. 路基湿度状态为潮湿时，可采用（　　）底基层作为路基改善层。
A. 级配碎石　　B. 级配砾石
C. 填隙碎石　　D. 水泥稳定碎石
49. 关于水泥混凝土路面横向接缝设置，下列说法正确的是（　　）。
A. 每日施工结束或临时原因中断施工时，都必须设置横向施工缝
B. 横向缩缝可等间距或变间距布置，应采用假缝形式
C. 设在缩缝处的施工缝，其构造应与常规缩缝相同

D. 横向胀缝的传力杆应采用带肋钢筋

50. 水泥混凝土路面面层板在设计基准期内的设计标准应包括（　　）。

A. 在行车荷载和温度梯度综合作用下，以不产生疲劳断裂作为设计标准

B. 在最重轴载和最大温度梯度综合作用下，以不产生极限断裂作为验算标准

C. 在行车荷载作用下，以不产生疲劳断裂作为设计标准

D. 在温度梯度作用下，以不产生疲劳断裂作为设计标准

51. 关于桥涵水文，下列说法正确的是（　　）。

A. 利用历史洪水流量推算设计流量，调查的历史洪水流量不得少于 3 次

B. 推理公式可用于计算汇水面积 $300km^2$ 的河流设计流量

C. 用于分析与计算的洪水资料，应审查其可靠性、一致性和系列代表性

D. 洪水调查内容包括枯水位、常水位调查

52. 混凝土桥梁加固用胶黏剂，其钢-钢黏结抗剪性能必须经过湿热老化检验合格，经湿热老化后的试件，应在常温条件下进行钢-钢黏结拉伸抗剪试验，其强度降低的百分率（%）应符合（　　）要求。

A. A 级胶不得大于 15%　　　　B. A 级胶不得大于 10%

C. B 级胶不得大于 15%　　　　D. B 级胶不得大于 10%

53. 关于特殊地质地段辅助工程措施，下列说法正确的是（　　）。

A. 膨胀性围岩隧道支护衬砌均应设置仰拱

B. 膨胀性围岩隧道衬砌宜采用直墙拱形衬砌

C. 黄土地区隧道应采用曲墙带仰拱的衬砌

D. 黄土隧道基础可能被冲刷位置均应设置铺砌

54. 公路隧道施工中，当地下水发育，含水层明显，又有长期充分补给来源时，可采用（　　）等截水、排水设施。

A. 路面边沟　　　　B. 辅助坑道

C. 泄水洞　　　　D. 仰坡截水沟

55. 关于公路与乡村道路平交设计的规定，下列说法正确的是（　　）。

A. 交叉处公路两侧的乡村道路直线长度应各不小于 30m

B. 交叉处公路两侧的乡村道路应分别设置不小于 10m 的水平段或缓坡段

C. 交叉处应使驾驶者在距交叉 20m 处，能看到两侧二级、三级公路相应停车视距并不小于 50m 范围的汽车

D. 经常有履带耕作机械通行时，公路路基边缘外侧的乡村道路应设置不小于 10m 的加固段

56. 关于互通式立体交叉，下列说法错误的是（　　）。

A. 高速公路宜采用相对一致的出口形式

B. 条件许可时，高速公路互通式立交分流端部宜统一设置于交叉点之后

C. 互通式立体交叉当主交通流在向象限内转弯时，该转弯交通流宜按匝道设计

D. 互通式立体交叉直行交通为主交通流时，应保持原有交叉的形态

57. 关于标志设计，下列说法正确的是（　　）。

A. 交通标志宜采用专用字体

B. 文字类警告标志应为黄底、黑边、黑文字

C. 标志文字种类不宜超过 2 种

D. 几个标志设置于同一支撑结构上时，宜采用相同的版面形式和布局

58. 某设计速度为 80km/h 的高速公路隧道，其中曲线段平曲线半径为 400m，该路段轮廓标设计，符合现行规范的是（　　）。

A. 轮廓标设置间距 32m

B. 在隧道进口段 200～300m 范围内，设置主动发光型轮廓标

C. 轮廓标设置为双面反光形式

D. 在公路前进方向左右侧对应设置轮廓标，左侧中央分隔带处配置黄色反光体，右侧配置白色反光体

59. 某公路隧道一路段经初勘查明为Ⅲ级围岩，则路段室内测试项目必做的有（　　）。

A. 天然含水率　　B. 密度

C. 孔内波速　　D. 矿物成分分析

60. 根据《公路工程建设项目概算预算编制办法》规定，建筑工程一切险是为（　　）所投的保险。

A. 临时工程

B. 已运至施工工地用于永久工程的材料

C. 已运至施工工地用于临时工程的设备

D. 施工人员的人身安全

61. 下述（　　）因素属于城市道路横断面设计的主要考虑因素。

A. 道路等级　　B. 地域特点

C. 地上及地下杆线　　D. 环保设施

62. 城市道路工程的建设及运营养护应保护（　　）。

A. 水源地　　B. 文物

C. 古树名木　　D. 仿古建筑

63. 关于城市道路总体设计，下列说法正确的是（　　）。

A. 横断面布置应考虑地下管线布置要求

B. 交叉口范围应考虑公交站点的布置方案

C. 路线走向主要根据技术标准要求确定

D. 总体设计应提出交通组织设计方案

64. 下列城市道路路基排水设计的说法，符合规范要求的有（　　）。

A. 城市建成区内道路宜采用边沟、排水沟、截水沟等排水设施

B. 大城市主干路管道排水暴雨强度设计重现期可取 3 年

C. 边沟出水口间距多雨地区不宜大于 300m

D. 每隔 20～40m 或在平面转折和坡度由陡变缓处宜设置检查井

65. 城市道路路面设计指标包含（　　）。

A. 沥青面层永久变形　　B. 路表弯沉值

C. 沥青层剪应力　　D. 沥青层疲劳开裂

66. 下列关于城市桥梁铺装的说法，正确的是（　　）。

A. 可采用沥青混凝土铺装，也可采用水泥混凝土铺装

B. 城市快速路特大桥，采用沥青混凝土铺装时，沥青铺装层厚度不宜小于 60mm

C. 城市主干路的大桥，可采用 80mm 厚、配置钢筋网的 C30 水泥混凝土整平层

D. 采用水泥混凝土铺装层时，面层强度宜为 C40 以上，厚度宜为 100mm 以上

67. 下列关于城市地下道路出入口设计的规定，与规范不符的有（　　）。

A. 设计速度 60km/h，出口与出口鼻端之间的距离 480m

B. 设计速度 80km/h，出口前鼻端的识别距离 200m

C. 设计速度 100km/h，汇流鼻端开始的隔离段长度 180m

D. 设计速度 50km/h，封闭段入口距离汇流鼻端 35m

68. 关于城市道路平面交叉，下列说法正确的是（　　）。

A. 干路交叉口范围内不得设置建筑物机动车出入口

B. 支路交叉口范围内可设置建筑物机动车出入口

C. 平面交叉设计应考虑轨道交通与地面交通的换乘设计

D. 主干路不宜设置地块机动车出入口

69. 下列关于城市道路平交口说法正确的是（　　）。

A. 环形交叉口中心道应布设人行道

B. 环形交叉口人行横道宜设在交通岛上游

C. 视距不能改善的全无管制交叉口应改为减速让行交叉口

D. 全无管制交叉口进口道必须设人行横道

70. 下列（　　）选项能按II级设置交通监控系统。

A. 快速路

B. 主干路上特大桥

C. 次干路上特大桥

D. 次干路上短隧道

注册道路工程师执业资格专业考试

模考试卷（九）

专业知识

（下）

二〇XX年十一月

应考人员注意事项

1. 书写用笔：**黑色墨水笔；**

   填涂答题卡用笔：**2B 铅笔。**

2. 须用书写用笔将工作单位、姓名、准考证号填写在答题卡和试卷相应的栏目内。

3. 本试卷由 70 题组成，满分为 100 分。1～40 题为单项选择题，其中，1～27 题为公路工程试题，28～40 题为城市道路工程试题；41～70 题为多项选择题，其中，41～60 题为公路工程试题，61～70 题为城市道路工程试题。

4. 考生在作答时，必须**按题号**在**答题卡**上将相应试题所选选项对应字母用 **2B 铅笔**涂黑。

5. 在答题卡上书写与题意无关的语言，或在答题卡上作标记的，均按违纪试卷处理。

6. 考试结束时，由监考人员当面将试卷、答题卡一并收回。

7. 草稿纸由各地统一配发，考后收回。

一、单项选择题（共 40 题，每题 1 分。每题的备选项中只有一个最符合题意）

1. 某二级公路路段设计速度为 60km/h，经调查交通量为 1032veh/h；其中各方向车头距离统计如下：9%的车辆车头间距少于 40m，25.2%的车辆的车头间距位于 40～60m 之间，18.8%车辆车头间距位于 60～80m 之间，30%车辆车头间距位于 85～120m 之间，其余 20.2%的车辆车头间距位于 120m 以上。则该路段延误率为（　　）。

A. 33.0%　　B. 34.2%

C. 53.0%　　D. 47.0%

2. 关于公路的路拱横坡，下列说法错误的是（　　）。

A. 路拱坡度应根据路面类型和自然条件确定，但不宜小于 1.5%

B. 某一级公路，位于中等强度降雨地区时，路拱横坡宜采用 2.0%

C. 硬路肩的横坡度应小于或等于 5%

D. 土路肩的横坡方向永远朝向道路外侧

3. 某双车道四级公路，设计速度采用 20km/h，根据《公路路线设计规范》（JTG D20—2017），该公路路基平面的建筑限界总宽度是（　　）。

A. 6.0m　　B. 6.5m

C. 7.0m　　D. 8.5m

4. 某高速公路，设计速度为 120km/h，某处平曲线转角角度为 1.0°，一般情况下，平曲线最小长度不应小于（　　）。

A. 1400m　　B. 700m

C. 600m　　D. 200m

5. 某设计速度为 20km/h 的四级公路，位于海拔 4000m 的高原地区，最大纵坡应采用（　　）。

A. 9%　　B. 8%

C. 7%　　D. 6%

6. 关于公路选线，下列说法错误的是（　　）。

A. 新建三级公路应避免穿越城镇

B. 一级干线公路可通过城市环线与城镇连接

C. 一级公路可通过纸上定线确定线位

D. 对于泥石流等不良地质地段，可采取绕、避等方案

7. 某高速公路路堤与桥台连接处设置过渡段，已知路基填土高度 12m，则过渡段长度宜取（　　）。

A. 25m　　B. 35m

C. 45m　　D. 55m

8. 下列边坡锚固设计，与规范不符的有（　　）。

A. 预应力锚杆锚固段内的预应力筋每隔 2m 设置隔离架

B. 非预应力全长黏结型锚杆杆体钢筋保护层厚度，采用水泥砂浆时不应小于 4mm

C. 风化严重，地下水丰富的软质岩边坡，应采用锚杆加框架梁的结构形式

D. 框架梁嵌入坡面岩体内深度不宜小于 0.2m

9. 某膨胀土拟作为填料使用，其液限 45%，塑限 20%，则下列含水率符合规范要求的是（　　）。

A. 22%　　B. 18%

C. 12%　　D. 9%

10. 已知某公路边沟设计泄水能力 $0.72m^3/s$，矩形边沟尺寸 60cm × 60cm，最大水深 40cm，则该边沟宜采用（　　）材料砌筑。

A. 水泥混凝土　　B. 浆砌片石

C. 干砌片石　　D. 草皮护面

11. 关于沥青路面设计，下列说法正确的是（　　）。

A. 贫混凝土基层厚度不宜小于 100mm

B. 级配碎石层底基层最小厚度不宜小于 100mm

C. 开级配沥青混合料结构层厚度不宜小于集料公称最大粒径 2.5 倍

D. 双层沥青表面处治厚度宜为 25～30mm

12. 旧混凝土路面的损坏状况应采用的评定指标是（　　）。

A. 断板率和平均错台量　　B. 路面横向裂缝间距和纵向裂缝率

C. 网裂面积率和修补面积率　　D. 断板率和修补面积率

13. 下列（　　）是水泥混凝土路面交通荷载等级划分的依据。

A. 年平均日交通量

B. 设计小时交通量

C. 大型车辆总轴次

D. 设计基准期内设计轴载累计作用次数

14. 某一级公路重交通荷载等级，采用水泥混凝土路面，行车道部分路面结构为 250mm 厚水泥混凝土路面 + 200mm 厚水泥稳定碎石基层 + 180mm 厚水泥稳定碎石底基层，硬路肩也采用混凝土路面结构，关于硬路肩路面结构设计，下列说法正确的是（　　）。

A. 与行车道保持一致　　B. 硬路肩面层厚度采用 200mm

C. 硬路肩基层厚度采用 180mm　　D. 硬路肩不设底基层

15. 只有在结构上可能同时出现的作用才进行组合，不与波浪力同时组合的作用为（　　）。

A. 风荷载　　B. 汽车荷载

C. 流水压力　　D. 支座摩阻力

16. 某公路桥梁下部结构采用柱式墩、桩基承台，桩基直径 1.2m，承台厚度不宜小于（　　）m。

A. 1.5　　B. 1.8

C. 2.0　　D. 2.5

17. 关于桥位选择，下列说法正确的是（　　）

A. 桥位选择必须服从路线走向

B. 通航河流桥轴法线与主流交角大于 5°时，应增大通航孔的跨径

C. 桥轴线应与常水位时的流向轴线正交

D. 山区开阔河段，桥位宜选择一孔跨越河槽

18. 下列关于隧道交通监控设施的描述，与规范不符的是（　　）。

A. 在隧道入口前设置车辆检测器时，宜设置在联络通道前 200～300m 处

B. 隧道外摄像机应设在距隧道口 100～400m 处

C. 交通信号灯应显示清晰，动态视认距离不应小于 200m

D. 隧道内直线段车道指示器设置间距不应大于 300m

19. 盾构隧道必须采用设超高的平曲线时，超高值不宜大于（　　）。

A. 2%　　　　B. 3%

C. 4%　　　　D. 5%

20. 公路隧道衬砌采用锚杆加固时，全长黏结型锚杆应设垫板，并应施加不小于（　　）的锚固力。

A. 30kN　　　　B. 50kN

C. 80kN　　　　D. 100kN

21. 关于公路平面交叉渠化设计，左转车道与对向直行车道之间应设置的交通岛为（　　）。

A. 导流岛　　　　B. 分隔岛

C. 安全岛　　　　D. 中心岛

22. 三岔交叉时，当左转弯交通量均小于单车道匝道设计通行能力时，宜选用（　　）喇叭形。

A. A 型　　　　B. B 型

C. A 型或 B 型　　　　D. AB 型

23. 当两条公路呈三岔交叉，当被交道公路交通较小时，左转弯出口匝道宜采用（　　）形式。

A. 左出左进半直连式　　　　B. 左出右进半直连式

C. 右出右进半直连式　　　　D. 右出左进半直连式

24. 某双向 6 车道高速公路，设计时速 80km/h，路段中央分隔带宽度为 2m，中分带内设有灌溉水渠桥墩，设计交通量为 8000 辆/天，其中 25t 以上货车 4000 辆/天，中央分隔带护栏最小结构长度宜为（　　）。

A. 300m　　　　B. 70m

C. 36m　　　　D. 24m

25. 某山区高速公路设计速度 80km/h，标志版面中指路标志的汉字高度符合规范要求的是（　　）。

A. 45cm　　　　B. 55cm

C. 65cm　　　　D. 70cm

26. 某公路项目根据需要分段编制概预算时，根据规范规定，必须汇总编制（　　）。

A. 前后阶段费用对比表

B. 总概（预）算汇总表

C. 人工、主要材料、施工机械台班数量汇总表

D. 建设项目属性及技术经济信息表

27. 根据《公路工程建设项目概算预算编制办法》，基本预备费的计算基数为（　　）。

A. 人工费

B. 直接费

C. 建筑安装工程费

D. 建筑安装工程费、土地征用及拆迁补偿费、工程建设其他费用之和

28. 拟建一条城市快速路，设计速度 100km/h，经测远景年单向高峰小时交通量为 5000pcu/h，那么，拟建道路需要的双向车道数应为（　　）。

A. 3 条　　B. 4 条

C. 6 条　　D. 8 条

29. 下列说法不符合规范要求的是（　　）。

A. 非机动车与行人共板的道路横断面形式可用于行人和非机动车较少、道路红线受限的路段

B. 非机动车与行人共板的道路横断面，可采用不同铺装类型、平缘石及画标线对非机动车道和人行道进行分隔

C. 某设计速度为 60km/h 的快速路的保护性路肩宽度不应小于 0.50m

D. 某设计速度为 60km/h 的主干路的保护性路肩宽度不应小于 0.50m

30. 下列关于城市道路交通工程项目的说法正确的是（　　）。

A. 当行人与非机动车穿越主干路及以上等级道路时，必须采用立体交叉的方式

B. 双向 6 车道及以上的城市主干路道路交叉口，没有设置过街人行天桥或地下通道的，应在人行横道设置安全岛

C. 城市道路横断面应优先布置行人、非机动车和公共交通设施

D. 城市道路人行道有效通行宽度不应小于 2.0m

31. 中小城市郊区快速路边沟排水暴雨强度设计重现期应取（　　）年。

A. 3　　B. 6

C. 10　　D. 15

32. 某步行街采用沥青路面铺装，厚度为 30mm，不能选用（　　）作为备选材料。

A. 沥青砂或沥青石屑　　B. SMA13

C. AC10　　D. AC13

33. 某城市主干路上一跨河桥，桥面横断面为单幅桥，跨河道为洪水期有大漂流物的非通航河流，该桥梁底最小净空为（　　）m。

A. 0.25　　B. 0.5

C. 0.75　　D. 1.5

34. 下列关于城市道路人行天桥的设置要求，符合规范规定的是（　　）

A. 天桥桥面净宽不宜小于 3.0m

B. 天桥桥下为机动车道时，最小净高为 5m

C. 天桥桥下为非机动车道时，最小净高为 4m

D. 天桥桥下为人行道时，最小净高为 2.5m

35. 城市地下道路采用全横向式通风，则正常交通状况下，CO 的设计浓度最小值可取（　　）。

A. 200ppm　　B. 150ppm

C. 125ppm　　D. 100ppm

36. 关于互通立交的出口匝道靠近平面交叉口设计时，下列说法正确的是（　　）。

A. 出口匝道的端部离下游平面交叉口进口道展宽段起点应大于红灯期间车辆排队长度与匝道车流与干路车流所需交织长度之和，宜大于 100m

B. 出口匝道左转交通量大时，应布置在靠近右转车道与直行车道之间的位置上

C. 出口匝道在信号交叉口上游时，交叉口进口道的展宽应满足地面道路的要求

D. 出口匝道近地面段宜分成 2 条车道以上

37. 下列关于考虑设置集散车道的情况说法错误的是（　　）。

A. 通过车道交通量大，需要分离

B. 所需交织长度无法得到保证

C. 3 个以上出入口合流岛端部相距很近

D. 因交通标志密集而不能用标志诱导

38. 关于无障碍设施的说法正确的有（　　）。

A. 人行天桥坡道每升高 1.5m，应设置深度不小于 1.5m 的休息平台

B. 设置醒目的无障碍标志，一是使用者一目了然，二是告知无关人员不要随意占用

C. 人行天桥桥下的三角区净空高度小于 2m 时，应安装防护设施，并应在防护设施外设置行进盲道

D. 过街音响提示装置应在所有人行横道处设置

39. 某城市支路设计速度 30km/h，一幅路形式，双向 2 车道，某急弯路段弯道外侧水库为饮用水源保护地，下列关于该路段应设置的交通安全设施，符合规范规定的是（　　）。

A. 在弯道圆曲线曲中点设置急弯路标志

B. 弯道外侧车道边缘设置 B 级防撞护栏

C. 路中施划双黄实线

D. 弯道外侧设置线形诱导标和路边轮廓标

40. 市政道路施工图设计说明中关于施工图注意事项的内容，不包括（　　）。

A. 施工前准备工作，征地、拆迁及迁移障碍物

B. 管线的加固预埋及与其他市政管线的配合

C. 采用的新材料新工艺等情况

D. 重要或危险性现状地下管线，施工时应注意

二、多项选择题（共 30 题，每题 2 分。每题的备选项中有两个或两个以上符合题意，错选、少选、多选均不得分。）

41. 下面关于公路纵断面设计说法正确的是（　　）。

A. 平原地区纵坡应均匀、平缓

B. 丘陵地区纵坡应尽量考虑土方平衡

C. 位于积雪冰冻地区公路，应避免采用陡坡

D. 连续设置的长、陡纵坡的路段，应验算通行能力和行车安全性

42. 关于路线走向及主要控制点的选定，下列说法正确的是（　　）。

A. 路线起、终点，必须连接的城镇，重要园区、下矿企业、综合交通枢纽，以及特大桥、特长隧道等的位置，应为路线基本走向的控制点

B. 互通式立体交叉、铁路交叉，应为路线走向控制点，原则上应服从路线基本走向

C. 中、小桥涵，中、短隧道，以及一般构筑物的位置应服从路线走向

D. 二级公路、三级公路在遵循项目总体功能和走向的基础上，应尽量避免穿越城镇

43. 下列说法正确的是（　　）。

A. 设计速度大于或等于 60km/h 的公路，有条件时宜采用大于或等于视觉所需要的竖曲线半径值。当条件受限制时，宜采用大于或等于竖曲线最小半径的“一般值”；地形条件特殊困难，方可采用竖曲线最小半径的“极限值”

B. 除了越岭线路的其他各级公路，不宜采用最大纵坡值和不同纵坡最大坡长值，只有在为争取高度利用有利地形，或避开工程艰巨地段等不得已时方可采用

C. 丘陵地形的纵坡应避免过分迁就地形而起伏过大

D. 山脊线和山腰线，除结合地形不得已时采用较大的纵坡外，在可能条件下应采用平缓的纵坡

44. 关于圆曲线加宽，下列说法错误的是（　　）。

A. 设计速度为 40km/h 的三级公路应采用第 1 类加宽

B. 单车道四级公路应采用第 2 类加宽

C. 有挂车通行的集散三级公路应采用第 3 类加宽

D. 单车道公路路面加宽值应与双车道加宽值一致

45. 下列关于路基防护与支挡结构的说法，不符合规范要求的有（　　）。

A. 挡土墙与路堤衔接时，可做锥坡，墙端伸入路堤不小于 0.75m

B. 浆砌片石重力式挡墙墙顶宽度不小于 0.5m

C. 墙高小于 12m 的挡土墙可采用浆砌片石

D. 永久工程的石笼式挡土墙应采用镀锌钢丝

46. 关于滑坡岩土体抗剪强度指标的选取，下列说法错误的有（　　）。

A. 选取滑动面土的抗剪强度指标时，应根据情况采用一年内可能出现的最小值

B. 处于蠕动阶段的滑坡，宜采用峰值强度

C. 处于整体滑动状态的滑坡，不宜采用残余强度指标

D. 处于变形阶段的滑坡，可取一年内可能出现的强度最小值

47. 下列关于高路堤的描述，与规范不相符的有（　　）。

A. 做稳定性分析时，路基填土强度参数可用直剪快剪试验获得

B. 用于降雨入渗影响范围内的填土边坡稳定性分析时，试样要预先饱和

C. 路堤堤身稳定性分析宜采用直线滑动分析法

D. 路堤沿斜坡地基滑动的稳定性分析可用简化 Bishop 法

48. 某公路采用沥青混凝土路面，采用沥青碎石基层，级配碎石底基层，则该路面结构的设计指标应为（　　）。

A. 沥青混合料层永久变形量　　　　B. 沥青混合料层层底拉应变

C. 水泥稳定碎石层底拉应力　　　　D. 路基顶面竖向压应变

49. 下列关于低温开裂指数计算的说法正确的是（　　）。

A. 长度超过路幅宽度的纵线裂缝算 1 条

B. 贯穿全幅的横向裂缝算 1 条

C. 未贯穿但是长度超过 1 个车道宽度的横向裂缝算 0.5 条

D. 长度不超过 1 个车道的横向裂缝不计入

50. 下列关于水泥混凝土路面基层和底基层的说法错误的是（　　）。

A. 各种等级交通荷载均应设置基层和底基层

B. 当位于水泥稳定碎石基层的封层采用沥青表面处治时，一般厚度不低于 6mm

C. 碾压式混凝土基层接缝与面层接缝可独立分开设置

D. 级配碎石可用于特重交通的底基层，亦可用作中等交通的基层

51. 关于混凝土梁桥跨径的设计，下列选项满足要求的是（　　）

A. 跨径不大于 50m 的桥梁宜采用标准化跨径

B. 装配式钢筋混凝土板桥的跨径不大于 16m

C. 整体现浇箱形截面梁桥，简支时跨径不大于 20m，连续时跨径不大于 25m

D. 整体现浇预应力混凝土板桥，简支时跨径不大于 20m，连续时跨径不大于 25m

52. 对于钢结构桥梁的计算，下列说法正确的是（　　）。

A. 钢-混凝土组合梁中的钢梁及连接件应进行疲劳验算

B. 钢桥刚度验算时，应采用计入冲击力的汽车车道荷载频遇值

C. 钢-混凝土组合梁的混凝土桥面板应进行纵向抗剪验算

D. 钢塔设计必须进行整体稳定性和局部稳定性计算，并保证整体失稳不先于局部失稳

53. 关于隧道洞口位置选择，下列说法正确的是（　　）。

A. 应“早进洞、晚出洞”

B. 减少洞口开挖，避免形成高边坡、高仰坡

C. 在不稳定悬崖下进洞时，宜对山坡进行切削，将边坡修整稳定

D. 隧道洞口断面中线宜与地形等高线大角度相交

54. 下列关于公路隧道交通安全设施的设计，符合规范要求的有（　　）。

A. 隧道限高标志设置在隧道入口前 30m 处

B. 平曲线半径小于一般最小半径时，设置线形诱导标

C. 电光标志防护等级采用 IP66

D. 隧道内禁止跨越同向车行道分界线，在入口端应向洞外延伸 100m

55. 关于平面交叉设计，下列说法正确的是（　　）。

A. 某新建公路与已建成四路交叉相接并将交叉口改造为环形交叉口

B. 直行车道的设计速度不宜低于路段设计速度的 70%

C. 平面交叉宜为正交

D. 二级干线公路平面交叉最小间距应不小于 500m

56. 关于车道数平衡的说法，符合规范规定的是（　　）。

A. 分、合流连接部应保持车道平衡，主线每次增减的车道数不应超过 1 条

B. 合流后的主线车道数应大于或等于合流前的主线车道数加上匝道车道数

C. 分流后的主线车道数应大于或等于分流前的主线车道数加上匝道车道数，再减 1

D. 保持基本车道数连续的路段，当互通式立体交叉的匝道车道数大于 1 时，出、入口应增设辅助车道

57. 某城市机场连接线采用一级公路，通行车辆以小客车为主，关于其桥梁护栏型式选取，下列说法错误的是（　　）。

A. 不需考虑护栏碰撞变形，护栏可按规范要求降低一级考虑设置

B. 不需考虑护栏碰撞变形，护栏应按照规范要求的级别设置

C. 需要考虑护栏碰撞变形，可选取护栏最大横向动态位移外延值为变形控制指标

D. 需要考虑护栏碰撞变形，可选取最大动态外倾当量值中的最大值为变形控制指标

58. 下列关于防眩设施说法正确的是（　　）。

A. 穿村镇路段不宜设置防眩设施

B. 一级中央分隔带为 2m 宽，设置超高的圆曲线路段可不设置防眩设施

C. 在干旱地区，中央分隔带小于 3m 路段不宜采用植物防眩

D. 高级公路中央分隔带为 3m 宽，连拱隧道出口附近宜设防眩设施

59. 路基改建工程中，下列属于工程地质勘察阶段应查明的有（　　）。

A. 已建工程路基的填土类别、断面特征、岩石和土层分界线等

B. 加高路基时，应调查借土来源及其数量和工程性质

C. 调查沿线路基病害的类型与规模

D. 当地植被覆盖情况及其对坡面防护的影响

60. 下列属于初步设计阶段任务的是（　　）。

A. 基本确定环境保护措施与景观设计方案

B. 基本确定路面设计方案、路面结构类型及主要尺寸

C. 初步拟定施工方案及工期安排

D. 基本确定小桥、涵洞等的位置、结构类型及详细尺寸

61. 根据《城市道路交通工程项目规范》（GB 55011—2021）道路平面设计应注意（　　）。

A. 做好直线与平曲线的衔接

B. 圆曲线的最小半径应满足车辆在曲线部分的安全舒适通行

C. 圆曲线范围设超高时，应设置超高缓和段

D. 道路平面应结合两侧地形地物情况，合理布置交叉口，出入口和公交停靠站

62. 在城市快速路中间分隔带应设置紧急开口的位置有（　　）。

A. 隧道前后　　　　B. 分离式立交前后

C. 道路路堤段前后　　　　D. 特大桥前后

63. 关于道路景观设计的规定，下列说法正确的是（　　）。

A. 主干路应反映城市形象，景观设施应以车行者视觉感受为主

B. 次干路、快速路的辅路应反映区域特色，景观设施宜简化，车行和步行者视觉感受兼顾

C. 支路应反映社区生活场景、街道的生活氛围

D. 道路范围内的各种设施，宜按照不同风格进行搭配，并分别形成各自的景观体

64. 下列关于城市道路路基拓宽设计的规定，与规范不符的有（　　）。

A. 填方路基拓宽时，应对既有路基边坡开挖台阶，台阶宽度不宜小于 0.75m

B. 软土地基上的既有路基与拓宽路基拼接时，差异沉降引起的工后边坡坡度增大值不应大于 0.5%

C. 因抬高路基需改动既有支挡结构物路段，既有支挡结构物部分损坏时，应拆除重建

D. 岩石挖方路段，宜采用光面爆破或预裂爆破方法开挖

65. 某城市道路，采用沥青路面面层、水泥稳定碎石基层，累计当量轴次为 2 × 107 次/车道，上基层 7d 无侧限抗压强度合格的为（　　）MPa。

A. 2.5　　B. 3.2

C. 3.6　　D. 5.0

66. 在各类河段上选择城市桥梁的桥位时，符合规范规定的有（　　）

A. 特大桥、大桥的桥位应选择在河道顺直、河床稳定的河段

B. 桥梁墩台沿水流方向的轴线与最高通航水位的主流方向为斜交时，其交角不宜大于 3°

C. 桥位应避开泥石流区

D. 桥位上空不宜设有架空高压电线

67. 下列关于城市地下道路出入口设计的规定，与规范相符的有（　　）。

A. 设计速度 80km/h，上坡（+3%）入口单车道匝道长 220m

B. 设计速度 60km/h，下坡（−3%）出口单车道匝道长 90m

C. 设计速度 50km/h，双车道下坡（−3%）入口匝道长 150m

D. 设计速度 60km/h，封闭段出口与信号控制交叉口的停车线距离 105m

68. 城市互通立交，主线为曲线，平行式变速车道与主线同向时，可采用线性（　　）。

A. 卵形回旋线　　B. C 形回旋线

C. 复合形回旋线　　D. S 形回旋线

69. 关于城市道路立体交叉，下列说法正确的是（　　）。

A. 快速路与次干路推荐采用分离式立体交叉

B. 快速路与高速公路交叉推荐采用枢纽互通立交

C. 快速路与主干路推荐采用全定向枢纽立交

D. 主干路与一级公路交叉可采用菱形立交

70. 无障碍电梯和升降平台设置符合规范的是（　　）。

A. 医院、学校无障碍电梯的候梯厅深度不宜小于 1.8m

B. 无障碍电梯的门洞净宽度不宜小于 900mm

C. 应设置带盲文的选层按钮

D. 升降平台的深度不应小于 1.2m，宽度不应小于 0.8m

2025 | 全国勘察设计注册工程师
执业资格考试用书

Zhuce Daolu Gongchengshi Zhiye Zige Zhuanye Kaoshi
Mo-kao Shijuan

注册道路工程师执业资格专业考试
模考试卷

案例分析

刘江波 / 主编
刘思思　唐洪军　王皓磊　陈晶琳　刘　浪　何树芬/副主编

人民交通出版社
北　京

内 容 提 要

本书共三册，包括专业知识分册、案例分析分册和试题答案分册。专业知识和案例分析分册各有 9 套试卷，试题答案分册涵盖 18 套试卷解析，以帮助考生系统复习和适应考试。配有在线题库和解析（有效期一年），微信扫描封面红色二维码（刮开涂层）可免费领取数字资源。

本书适合参加注册土木工程师（道路工程）专业考试的考生使用，也可供相关工程技术人员参考。

图书在版编目（CIP）数据

2025 注册道路工程师执业资格专业考试模考试卷 / 刘江波主编. — 北京 : 人民交通出版社股份有限公司, 2025. 5. — ISBN 978-7-114-19946-2

I. U41-44

中国国家版本馆 CIP 数据核字第 20246G7A40 号

书　　名：**2025 注册道路工程师执业资格专业考试模考试卷**
著 作 者：刘江波
责任编辑：李　坤
责任印制：张　凯
出版发行：人民交通出版社
地　　址：（100011）北京市朝阳区安定门外外馆斜街 3 号
网　　址：http://www.ccpcl.com.cn
销售电话：（010）85285857
总 经 销：人民交通出版社发行部
经　　销：各地新华书店
印　　刷：北京建宏印刷有限公司
开　　本：889 × 1194　1/16
印　　张：43.25
字　　数：953 千
版　　次：2025 年 5 月　第 1 版
印　　次：2025 年 5 月　第 1 次印刷
书　　号：ISBN 978-7-114-19946-2
定　　价：178.00 元（含 3 册）
（有印刷、装订质量问题的图书，由本社负责调换）

前　言

为帮助广大考生有效复习，人民交通出版社组织相关高校和工程单位的专家编写了一套注册道路工程师考试复习辅导用书，主要包括：《基础考试应试辅导》《基础考试复习题集》《基础考试模考试卷》和《专业考试案例一本通》《专业考试模考试卷》。

本书为《专业考试模考试卷》，分为专业知识、案例分析和试题答案三册。其中，专业知识、案例分析分册各包含 9 套试卷，试题答案分册涵盖 18 套试卷解析。特点如下：

（1）试卷依托考试大纲和考试真题进行编写，针对性和指导性强。

（2）试卷难度适中，无超纲和偏难怪题目，让考生少走弯路。

（3）试卷具有前瞻性，设置了较多新颖题型，帮助考生从容应对考试中出现的新题型。

（4）试题解答清晰详尽，明确出题点，提炼易错点和重难点，帮助考生融会贯通和举一反三。

（5）试卷不再设置选做题，与 2025 版考试大纲要求保持一致。

（6）配有在线题库和解析（有效期一年），微信扫描专业知识分册封面的红色二维码（刮开涂层）可免费领取数字资源。

本书的试题答案分册还包括以下附录：历年知识真题在考试规范各章节分布情况和分值占比（细化到规范章节统计历年知识真题数量，并按规范和八大专业总结真题数量）、考试大纲及新旧考纲对比。

本书和《专业考试案例一本通》均由“注册道路研究室”（道研室）团队编写。团队由正高级工程师（总工程师）和教授（博士生导师）领衔，成员为设计院资深工程师和大学教师（高分通过注册道路、岩土专业考试），确保了图书内容的准确性和实用性。

在本书编写过程中，包括规范主编或编委在内的多位专家提供了指导和帮助，人民交通出版社编辑提出许多建议，并为出版付出了辛勤劳动，在此一并表示感谢!

限于编写时间和作者水平，书中难免存在不足之处，请考生提出宝贵意见，以便修订时改进。QQ 交流群：749242187；作者微信号：zhucedaolu；微信搜索“道研室”，可关注公众号或通过小程序报名参加道研室培训课程。

编者

2025 年 04 月

目　录

（模考试卷）

准考证号：

姓名：

工作单位：

注册道路工程师执业资格专业考试

模考试卷（一）

案例分析

（上）

二〇XX年十一月

应考人员注意事项

1. 书写用笔：**黑色墨水笔**，考生在试卷上作答时，必须使用书写用笔，不得使用铅笔，否则视为违纪试卷；

   填涂答题卡用笔：**2B 铅笔**。

2. 须用书写用笔将工作单位、姓名、准考证号填写在答题卡和试卷相应的栏目内。

3. 本试卷由 25 题组成，全部为单项选择题，每题 2 分。满分为 50 分。

4. **考生在作答时，必须在每道试题对应的答案：[　　] 位置处的括号内填写上该试题所选答案选项对应的字母，并必须在试题主要作答过程下面的空白处写明该题的主要计算（分析）过程、计算结果，概念题则应写明主要作答依据，同时还须将所选答案用 2B 铅笔填涂在答题卡的相应位置处。对不按上述要求作答的考生，如：未在试卷上试题答案：[　　] 内填写所选选项对应的字母，仅在答案选项 A、B、C、D 处画"√"等情况，其试卷或相关试题视为违纪（违规），一律不予复评计分，违纪（违规）责任由考生自负。**

5. 在答题卡或试卷上书写与题意无关的语言，或作标记的，均按违纪试卷处理。

6. 考试结束时，由监考人员当面将试卷、答题卡一并收回。

7. 草稿纸由各地统一配发，考后收回。

1. 某平原微丘区高速公路，设计速度为120km/h，路拱横坡为2%，若$\mu=0.04$，该项目不设超高的最小平面圆曲线半径计算值为多少？（计算结果取整）

A. 1889m　　B. 5250m

C. 5669m　　D. 5767m

答案：[　　]

作答过程：

2. 某高速公路，设计速度 120km/h，单车道的分车型交通量观测数据见表，下列关于该公路目前的服务水平以及是否需要论证确定改扩建时机等的判断［基准通行能力为 2200pcu/(h·ln)］，符合规范规定的是何项？并请说明选择依据和理由。

交通量观测数据

车型		分车型交通量（veh/h）
客车	座位≤19座	390
	座位＞19座	50
货车	载质量≤2t	100
	2t＜载质量≤7t	150
	7t＜载质量≤20t	60
	载质量＞20t	150

A. 服务水平三级，宜论证确定改扩建时机等

B. 服务水平三级，无须改扩建时机等的论证

C. 服务水平二级，宜论证确定改扩建时机等

D. 服务水平二级，无须改扩建时机等的论证

答案：[　　]

作答过程：

3. 某省道网高速公路，按照设计速度 120km/h，双向六车道、三级服务水平的标准设计。交通量预测分析结果显示：折算后的预测年交通量为 1450pcu/(h·ln)，大中型车占比分别是中型车 30%、大型车 4%、汽车列车 2%，驾驶员总体特征修正系数取 1。根据《公路路线设计规范》(JTG D20—2017)，该公路的单向设计通行能力最接近多少？（取整数）

A. 974veh/h　　B. 1337veh/h

C. 2921veh/h　　D. 4010veh/h

答案：[　　]

作答过程：

4. 沿海某地疏港公路，交通组成以铰接列车、半挂车等为主，设计采用三级公路标准，设计速度为 40km/h。其中某路段平面设计为半径 220m 的圆曲线，该圆曲线路段一般路基横断面总宽度为多少？（取小数点后两位）

A. 8.50m　　　　B. 8.90m

C. 9.10m　　　　D. 9.30m

答案：[　　]

作答过程：

5. 某市区至国道高速公路的连接线，交通组成以小汽车为主；设计采用设计速度 60km/h、双向四车道的一级公路（集散功能）标准，路基采用整体式路基形式，中央分隔带宽度为 2.50m。该路段路基标准横断面的一般宽度为多少？（取小数点后两位）

A. 18.50m　　　　B. 19.50m

C. 20.50m　　　　D. 21.50m

答案：[　　]

作答过程：

6. 某公路工程在初步设计阶段，其中一处大型取土场为河流阶地，取代表性土样进行室内试验，三组样测得的CBR值分别是 22.8、23.0、23.2，其路基回弹模量湿度调整系数取 0.85，冻融循环条件下路基土模量折减系数为 0.9，该取土场估算的标准状态下填料的回弹模量值为多少？（取小数点后一位）

A. 94.8MPa　　　　B. 124.0MPa

C. 130.9MPa　　　　D. 131.7MPa

答案：[　　]

作答过程：

7. 某二级公路，沿河路段受水浸淹，由水文计算得知，300 年一遇的洪水位为 29.8m，100 年一遇的洪水位 28.6m，50 年一遇的洪水位 26.8m，25 年一遇的洪水位 24.0m。已知壅水高 0.6m，波浪侵袭高 1.2m，该二级公路在区域内是唯一的一条公路。该路段合适的路基边缘高程是多少？

A. 28.6m　　　　B. 29.1m

C. 30.4m　　　　D. 30.9m

答案：[　　]

作答过程：

8. 某路提挡土墙，基础宽度为 3m，采用混凝土现浇而成，基底合力的偏心距$e_0 = 0.6\text{m}$，作用于基底上的垂直力组合II设计值$N_\text{d} = 540\text{kN}$，依据地质勘查报告，挡墙处地基为岩石地基，其地基容许承载力为 540kPa，依据《公路路基设计规范》（JTG D30—2015）计算，该挡墙基底的最大压应力是多少？地基承载力能否满足设计要求？

A. 180kPa，满足要求　　　　B. 396kPa，满足要求

C. 400kPa，满足要求　　　　D. 600kPa，不满足要求

答案：[　　]

作答过程：

9. 某公路为双幅四车道，采用沥青路面，半幅路面为单向坡，行车道路面宽为 9m，纵向每延米半幅行车道路面表面水渗入量为多少？

A. $1.2m^3/(d \cdot m)$　　B. $1.35m^3/(d \cdot m)$

C. $1.5m^3/(d \cdot m)$　　D. $1.65m^3/(d \cdot m)$

答案：[　　]

作答过程：

10. 某高速公路采用水泥混凝土路面，并采用开级配沥青稳定碎石基层，经分析计算，该排水基层的计算厚度为 295.5mm，其设计厚度宜选择多少？

A. 300mm　　B. 310mm

C. 320mm　　D. 330mm

答案：[　　]

作答过程：

11. 某高速公路水泥混凝土路面采用半刚性基层，半幅面层宽为 9000mm，板厚为 240mm，采用滑模式摊铺机一次性全宽摊铺，则该路面纵向缩缝切缝的槽口深度应为多少？

A. 80mm　　B. 96mm

C. 102mm　　D. 108mm

答案：[　　]

作答过程：

12. 一桥梁构件截面，结构重力产生的效应为 300kN · m，汽车车道荷载产生的效应为 150kN · m，人群荷载产生的效应为 40kN · m，而风荷载产生的效应为 50kN · m，温度作用产生的效应为 30kN · m，结构重要性系数为 1.0，可变作用的设计使用年限作用调整系数为 1.0，该截面承载能力极限状态下的控制效应设计值是多少？

A. 643.50kN · m　　B. 684.75kN · m

C. 696.00kN · m　　D. 770.00kN · m

答案：[　　]

作答过程：

13. 一高速公路桥梁，采用整体式断面，桥面宽度为 3.00m（右侧硬路肩）+ 2 × 3.75m（行车道）+ 0.50m（左侧路缘带）+ 2.00m（中央分隔带）+ 0.50m（左侧路缘带）+ 2 × 3.75m（行车道）+ 3.00m（右侧硬路肩）= 24.00m，计算桥梁设计时所采用的汽车荷载多车道布载系数是多少？

A. 0.50　　B. 0.52

C. 0.55　　D. 0.78

答案：[　　]

作答过程：

14. 某两车道公路隧道，其中一段的围岩为较软质岩，但岩体完整，初步判断为IV级围岩。在隧道复合式衬砌设计开挖时，预留变形量的预测值宜为多少？

A. 40～50mm　　　　B. 50～60mm

C. 70～80mm　　　　D. 80～90mm

答案：[　　]

作答过程：

15. 某二级公路隧道，长度为2700m，其中一段埋深为300m（属深埋隧道），隧道宽度为11m，V级围岩，围岩重度为20kN/m³。不考虑偏压等，则围岩的垂直均布压力为多少？（取整数）

A. 204kPa　　　　B. 230kPa

C. 248kPa　　　　D. 317kPa

答案：[　　]

作答过程：

16. 下列为某高速公路合流连接部车道布置方案示意图，其中不符合车道平衡原则的方案是何项？并请说明选择依据和理由。

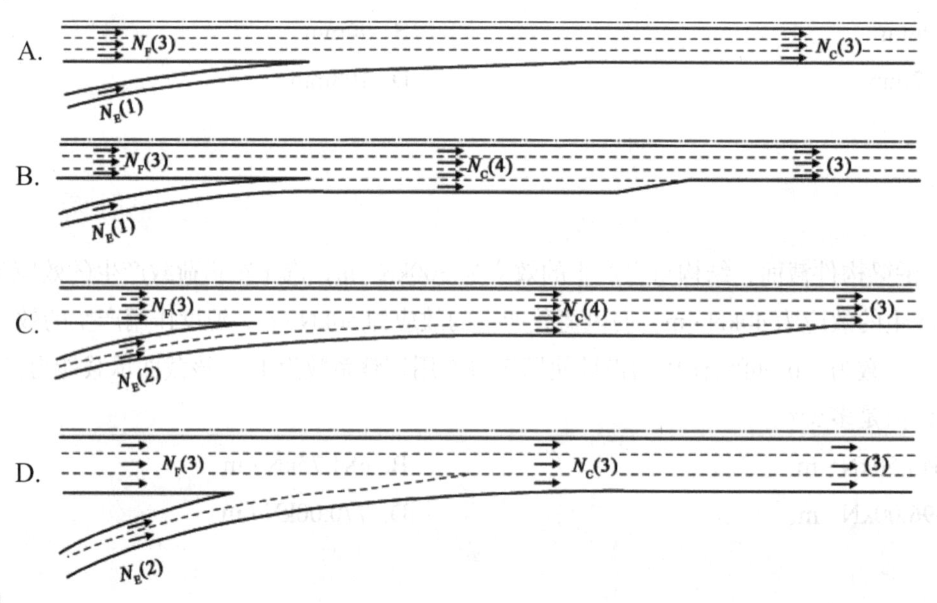

答案：[　　]

作答过程：

17. 高速公路互通式立体交叉某匝道设计速度为40km/h，设计小时交通量为580pcu/h，分、合流鼻端桩号分别为AK0 + 132.510和AK0 + 450.310，根据规范规定，该匝道宜选用的横断面类型是何项？并请说明选择依据和理由。

A. I型—单向单车道匝道

B. II型—无紧急停车带的单向双车道匝道

C. III型—有紧急停车带的单向双车道匝道

D. IV型—对向分隔式双车道匝道

答案：[　　]
作答过程：

18. 某城市支路设计速度为 20km/h，为单幅路，其中车行道宽 12.0m，由机动车道宽 2 × 3.5m、两侧非机动车道宽各 2.5m 组成。路段中设有一处$R = 35$m 的圆曲线，平曲线设计参数如下图所示，图中尺寸单位为 m，横坡度为 2.0%，超高过渡方式绕中线旋转，按小客车标准加宽。下列关于平曲线设计指标要素中，不符合规范规定的是何项？并请说明选择依据和理由。

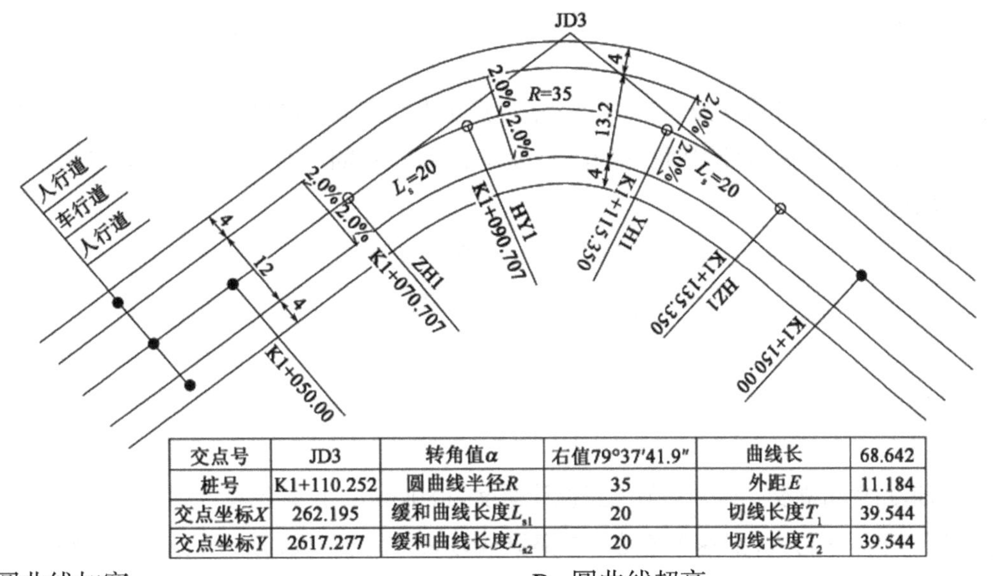

交点号	JD3	转角值α	右值79°37′41.9″	曲线长	68.642
桩号	K1+110.252	圆曲线半径R	35	外距E	11.184
交点坐标X	262.195	缓和曲线长度L_{s1}	20	切线长度T_1	39.544
交点坐标Y	2617.277	缓和曲线长度L_{s2}	20	切线长度T_2	39.544

A. 圆曲线加宽　　B. 圆曲线超高

C. 超高缓和段长度　　D. 圆曲线长度

答案：[　　]
作答过程：

19. 两条城市快速路设计速度均为 80km/h，其相交处设置立体交叉如下图所示，定向、半定向匝道的设计速度为 50km/h，其他匝道设计速度为 40km/h。根据下表中的交通量及匝道长度，计算 Z1、Z4、Z6 匝道图中所示断面处的车道数为多少？并请说明选择依据和理由。

A. Z1 单车道，Z4 单车道，Z6 单车道

B. Z1 双车道，Z4 单车道，Z6 单车道

C. Z1 单车道，Z4 双车道，Z6 单车道

D. Z1 双车道，Z4 双车道，Z6 单车道

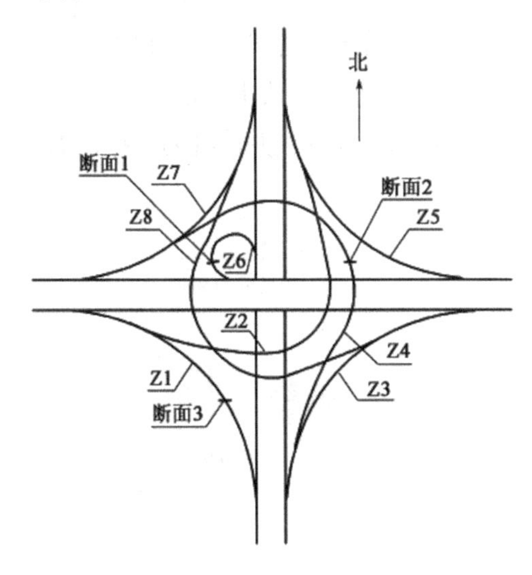

名称	南进口			北进口			西进口			东进口		
方向	左	直	右	左	直	右	左	直	右	左	直	右
高峰小时交通量（pcu/h）	887	2542	934	926	2431	1010	928	2193	1191	543	2298	845

匝道名称	Z1	Z4	Z6
匝道长度	213	340	252

答案：[　　]

作答过程：

20. 某城市主干路，设计速度为60km/h，在信号控制平面交叉口进口道设置一条宽为3.25m的右转专用车道，高峰15min内每信号周期右转车的排队车辆数为9辆，则进口展宽右转专用车道的设置长度为多少？（取整数）

A. 111m　　B. 116m

C. 125m　　D. 131m

答案：[　　]

作答过程：

21. 某城市道路枢纽立交，其中一条主路设计速度为80km/h，设置先驶入后驶出的单车道匝道出入口，加减速车道均采用平行式，加速车道处于主路纵坡为+3.0%的路段，减速车道处于主路纵坡为−2.5%的路段，不考虑其他因素影响，则该相邻匝道出入口之间的最小净距及匝道出口、入口变速车道的最小长度为多少？

A. 275m，130m，210m　　B. 340m，130m，210m

C. 380m，138m，242m　　D. 440m，138m，242m

答案：[　　]

作答过程：

22. 某城市主干路位于IV3自然区划，该道路某一路段横断面布置如下图所示，原地面高程为3.60m，设计中央分隔带边线路面高程为4.20m，机动车道路面结构厚度为0.60m，非机动车道路面结构厚度为0.35m，路基为粉质土，地下水埋深为1.20m。下列关于该道路路基干湿类型、路基处理措施，符合规范规定的是何项？并请说明选择依据和理由。

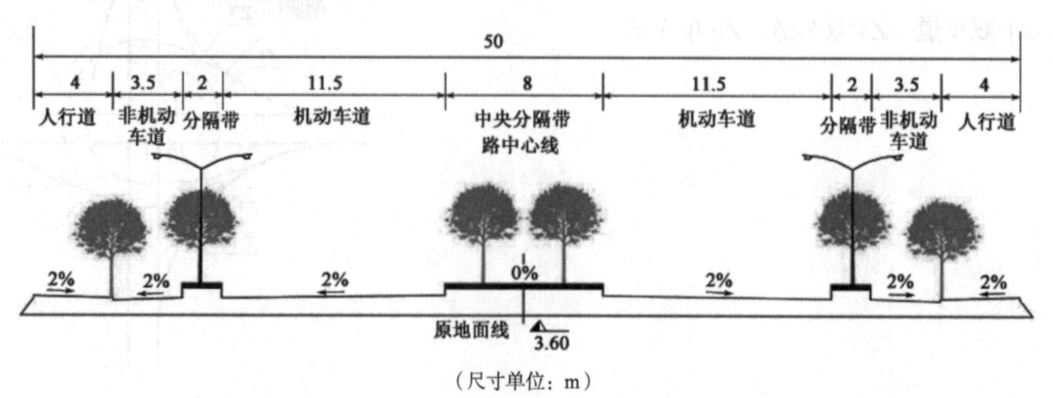

（尺寸单位：m）

A. 路基为干燥状态，不需要路基处理

B. 路基为中湿状态，不需要路基处理

C. 路基为潮湿状态，设置石灰土垫层

D. 路基为过湿状态，设置水泥土垫层

答案：[　　]

作答过程：

23. 某城市次干路，双向 4 条机动车道，拟采用沥青混凝土面层和水泥稳定碎石基层。经交通调查分析，路面营运第一年单向日平均当量轴次为 2000 次/d，交通量年平均增长率为 6%，车道分布系数为 0.80，则该沥青路面的路表设计弯沉值为多少？（取小数点后两位）

A. 24.71（0.01mm）　　B. 27.18（0.01mm）

C. 39.53（0.01mm）　　D. 43.49（0.01mm）

答案：[　　]

作答过程：

24. 某城市道路平面交叉口无障碍设计见下图，图中不符合规范规定的共有多少处。（图中尺寸单位除注明外，均以 m 计）

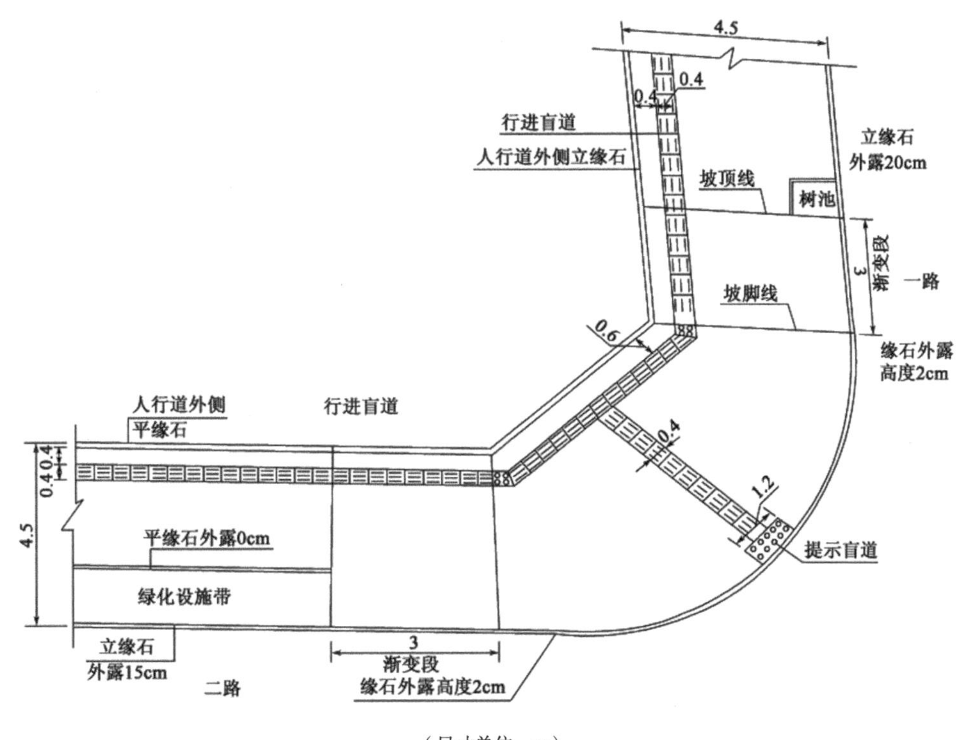

（尺寸单位：m）

A. 1　　B. 2

C. 3　　D. 4

答案：[　　]

作答过程：

25. 某城市主干路上一跨河桥，桥面横断面为单幅桥，桥面宽 24m，横坡采用双向横坡 1.5%，桥面为沥青混凝土铺装层（厚 10cm）、水泥混凝土铺装层（厚 10cm），主梁结构为 1.5m 高的等高简支 T 形梁，跨越河道为洪水期无大漂浮物、有泥石流的非通航河流，河道最高洪水位高程为 42.5m，河道范围内，道路中心线处桥面的最低设计高程值为多少？

A. 45.00m　　　　B. 45.28m

C. 45.38m　　　　D. 44.88m

答案：[　　]

作答过程：

工作单位：________ 姓名：________ 准考证号：________

注册道路工程师执业资格专业考试

模考试卷（一）

案例分析

（下）

二〇XX 年十一月

应考人员注意事项

1. 书写用笔：**黑色墨水笔**，考生在试卷上作答时，必须使用书写用笔，不得使用铅笔，否则视为违纪试卷；

   填涂答题卡用笔：2B 铅笔。

2. 须用书写用笔将工作单位、姓名、准考证号填写在答题卡和试卷相应的栏目内。

3. 本试卷由 25 题组成，全部为单项选择题，每题 2 分。满分为 50 分。

4. **考生在作答时，必须在每道试题对应的答案：[　　] 位置处的括号内填写上该试题所选答案选项对应的字母，并必须在试题主要作答过程下面的空白处写明该题的主要计算（分析）过程、计算结果，概念题则应写明主要作答依据，同时还须将所选答案用 2B 铅笔填涂在答题卡的相应位置处。对不按上述要求作答的考生，如：未在试卷上试题答案：[　　] 内填写所选选项对应的字母，仅在答案选项 A、B、C、D 处画“√”等情况，其试卷或相关试题视为违纪（违规），一律不予复评计分，违纪（违规）责任由考生自负。**

5. 在答题卡或试卷上书写与题意无关的语言，或作标记的，均按违纪试卷处理。

6. 考试结束时，由监考人员当面将试卷、答题卡一并收回。

7. 草稿纸由各地统一配发，考后收回。

1. 某新建高速公路项目，设计速度 100km/h，双向八车道，整体式路基，内侧两车道仅限小客车通行，中央分隔带宽度为 2.0m，不设左侧硬路肩，该公路受限路段路基最小宽度可采用多少？（取小数点后一位）

A. 37.5m　　B. 38.5m

C. 39.0m　　D. 40.5m

答案：[　　]

作答过程：

2. 某新建二级公路于 2020 年正式立项，计划于次年开工建设，建设期三年，下列关于该公路设计时拟采用的交通量预测年份，符合标准规范规定的是何项？

A. 2035 年　　B. 2036 年

C. 2038 年　　D. 2043 年

答案：[　　]

作答过程：

3. 某三级公路地处地形平缓的微丘区，设计速度 30km/h，路侧边坡坡度采用 1：7，未设护栏，路侧净区宽度满足安全性评价的要求，该公路建筑限界的横向总宽度应为多少？（取小数点后两位）

A. 7.00　　B. 7.50

C. 8.00　　D. 8.50

答案：[　　]

作答过程：

4. 雪屯立交是拟新建省道 S106 公路项目上跨既有县道 X201 的分离式立交。S106 公路采用一级公路标准，设计速度 80km/h，双向四车道，一般路段路拱横坡坡度为 1.5%。交叉处主线位于半径为 2200m 的圆曲线上，超高为 2%，旋转轴如下图所示。县 X201 为三级公路，交叉处被交路中心高程为 1663.143m，段内纵坡为 0.0%；既有县道 X201 不做改建，立交桥桥下净空执行现行技术标准，并需另外为远期路面面层加铺预留 20cm。主线跨线桥为左右分幅方案，半幅桥宽 12.5m，其中桥面净宽 11.5m、两侧防撞墩为 50cm，左幅路缘带 25cm，设计高程位于左侧路缘带内侧（同超高旋转轴）。跨线桥采用 3 × 13m 空心板桥，预制板高 75cm，现浇层为 15cm 防水混凝土，桥面铺装为 12cm 沥青混凝土，如下图所示。在主线纵坡的影响忽略不计的情况下，该主线跨线桥设计高程的最小值为多少？（取小数点后三位）

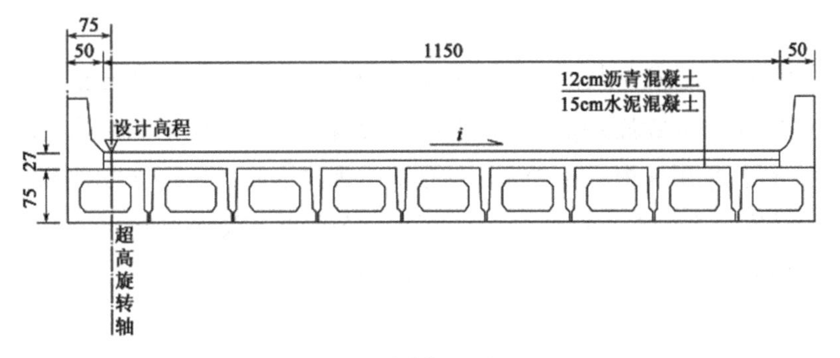

（尺寸单位：cm）

A. 1669.036m B. 1669.039m

C. 1669.093m D. 1669.098m

答案：[ ]

作答过程：

5. 某集散一级公路，在沿某河段拟采用低线位路线方案，临河路段的水文地质调查表明：该河1/100、1/50和1/25的洪水频率，所对应的计算水位高程分别为85.21m、84.82m和84.12m，所对应的壅水高分别为0.65m、0.45m和0.34m，所对应的波浪侵袭高分别为0.45m、0.35m、0.26m。该路段纵坡设计中的路基最小控制边缘高程应是多少？（取小数点后两位）

A. 85.62m B. 86.12m

C. 86.31m D. 86.81m

答案：[ ]

作答过程：

6. 某公路在粉土地基路段，采用碎石桩处理，碎石桩正方形布置，间距为1.5m，碎石桩的直径为50cm，桩土面积置换率为0.087，粉土的抗剪强度$\tau_s = 50\text{kPa}$，碎石桩的抗剪强度$\tau_p = 160\text{kPa}$，依据《公路路基设计规范》（JTG D30—2015）计算，该复合地基的抗剪强度为多少？（取小数点后一位）

A. 50.0kPa B. 59.6kPa

C. 69.1kPa D. 88.3kPa

答案：[ ]

作答过程：

7. 某软土地基厚12m，设计采用塑料排水板处理，地基处理类型系数取1.05，公路路堤中心填高4m，路基填料重度$\gamma = 18\text{kN/m}^3$，加载速率修正系数$\upsilon = 0.025$，地质因素修正系数$Y = -0.1$，主固结沉降66cm，根据《公路路基设计规范》（JTG D30—2015）不考虑行车荷载的影响，估算的软基总沉降量为多少？（取小数点后一位）

A. 75.9cm B. 79.2cm

C. 84.5cm D. 89.1cm

答案：[ ]

作答过程：

8. 某边坡拟采用预应力锚杆框架防护，锚杆位于稳定地层中的锚固段长度为6m，锚杆孔直径为13cm，土体与注浆体之间的黏结强度$f_{rb} = 400\text{kPa}$，注浆体与锚杆之间的黏结强度$f_b = 2400\text{kPa}$，注浆体为M30水泥砂浆，锚杆采用3根直径25mm的预应力螺纹钢筋，其抗拉强度标准值$f_{sk} = 785\text{MPa}$，预应力锚杆锚固体设计安全系数K_1、K_2都取2.0，根据《公路路基设计规范》（JTG D30—2015），每一根锚杆能够提供的轴向锚固力为多少？（取小数点后一位）

A. 258.5kN B. 489.8kN

C. 577.7kN D. 1186.9kN

答案：[　　　]
作答过程：

9. 某高速公路水泥混凝土路面面层采用滑模式摊铺机摊铺，单向含硬路肩的路面宽为 12m，硬路肩采用混凝土面层，则该路单向基层的宽度应采用多少？

A. 12.00m　　　　B. 12.30m

C. 12.60m　　　　D. 12.65m

答案：[　　　]
作答过程：

10. 某高速公路水泥混凝土路面厚度为 250mm，与隧道衔接的胀缝无法设置传力杆，也无法在毗邻隧道口的板端部内配置双层钢筋网，而只能采取在长度为 6～10 倍板厚的范围内逐渐增加板厚的措施，该措施实施后，毗邻隧道口的板端厚度可采用多少？

A. 270mm　　　　B. 280mm

C. 290mm　　　　D. 300mm

答案：[　　　]
作答过程：

11. 某公路桥梁单孔净跨径$L_0 = 49.2$m，所跨河流河床底层为非黏性土，设计流速w_s为 5m/s，采用 64-2 简化式计算河槽部分一般冲刷时，桥墩水流侧向压缩系数宜取多少？

A. 0.96　　　　B. 0.97

C. 0.98　　　　D. 0.99

答案：[　　　]
作答过程：

12. 某公路桥的桥墩拟采用 1.5m 直径的钻孔灌注桩，已知单桩桩顶轴向承载力特征值R_a为 12000kN。桩基处土层从上到下分为三层，第一层为硬塑黏土，$q_{1k} = 50$kPa，层厚为 5m。第二层为中砂层，$q_{2k} = 70$kPa，层厚为 6m。第三层为卵石层，$q_{3k} = 160$kPa，该土层修正后的桩端土承载力特征值$q_r = 2000$kPa，其单桩长度应取多少？

A. 30m　　　　B. 26m

C. 25m　　　　D. 20m

答案：[　　　]
作答过程：

13. 某公路两车道隧道，其衬砌结构采用复合式衬砌，其中一段V级围岩衬砌，初期支护采用喷锚支护，内设 I20b 工字钢拱架（工字钢厚度为 200mm），则该初期支护喷射混凝土厚度至少应为多少？

A. 20cm　　　　B. 22cm

C. 24cm　　D. 26cm

答案：[　　]

作答过程：

14. 某公路隧道围岩为坚硬岩石，岩体较完整，岩石单轴抗压强度为 26MPa，洞壁最大切向应力为 20MPa。该围岩的岩爆分级应是何项？

A. Ⅰ级　　B. Ⅱ级

C. Ⅲ级　　D. Ⅳ级

答案：[　　]

作答过程：

15. 某公路四级围岩中的单线隧道，拟采用钻爆法进行施工。某断面衬砌结构顶部埋深为 160m（属深埋隧道），隧道开挖宽度为 12m，围岩的重度为 24kN/m³，不考虑偏压等影响，则该隧道衬砌所受到的围岩水平均布压力合理的是何项？

A. 15kPa　　B. 21kPa

C. 35kPa　　D. 60kPa

答案：[　　]

作答过程：

16. 某高速公路互通式立体交叉，其中一双向年平均日交通量$AADT$为 10000pcu/d，方向不均匀系数D为 60%，设计小时交通量系数K为 0.10，则该方向匝道设计小时交通量$DDHV$为多少？

A. 400pcu/h　　B. 500pcu/h

C. 600pcu/h　　D. 1000pcu/h

答案：[　　]

作答过程：

17. 某高速公路互通式立体交叉 4 条匝道的设计小时交通量和设计速度见下表，设计服务水平为四级，若各匝道均采用单车道，不满足基本路段设计通行能力要求的匝道是何项？

匝道名称	A 匝道	B 匝道	C 匝道	D 匝道
设计小时交通量（pcu/h）	1150	800	1150	800
设计速度（km/h）	40	40	60	60

A. A 匝道　　B. B 匝道

C. C 匝道　　D. D 匝道

答案：[　　]

作答过程：

18. 某城市主干路，设计速度为 50km/h，采用三幅路横断面形式，混行车道布置，对向车道之间设置底宽为 0.5m 的中间分隔护栏。已知道路设计年限末双向预测交通量为 33600pcu/d，高峰小时系数为

0.10，方向不均匀系数为 0.55，受平面交叉口等因素影响的综合修正系数取 0.50，则该道路基本路段的机动车道路面最小宽度应为多少？（取小数点后一位）

A. 15.0m　　B. 15.5m

C. 22.0m　　D. 22.5m

答案：[　　]

作答过程：

19. 某改建城市道路，设计速度为 50km/h，路段中有一处横向穿越的构筑物，纵断面设计在构筑物中轴线处设置变坡点，变坡点高程为 5.73m，沿桩号前进方向相邻纵坡分别为+2.0%、−1.8%。已知构筑物顶面高程为 2.26m，结构顶面最小覆土按 3.0m 控制。不考虑其他因素影响，计算构筑物中轴线处对应的竖曲线最大、最小半径值分别应为多少？（百位数取整）

竖曲线计算公式：$L = 2T = R \cdot |\omega|$，$\omega = i_2 - i_1$，$E = T^2/2R$

A. 2600m，900m　　B. 2600m，1100m

C. 2600m，1400m　　D. 2600m，2600m

答案：[　　]

作答过程：

20. 某城市快速路位于非积雪冰冻地区，设计速度为 100km/h，设立体交叉处受用地条件限制，其中一条匝道最小圆曲线半径为 35m，如下图所示，则出口匝道端部与匝道圆曲线相接的缓和曲线长度L（取整数）为多少？

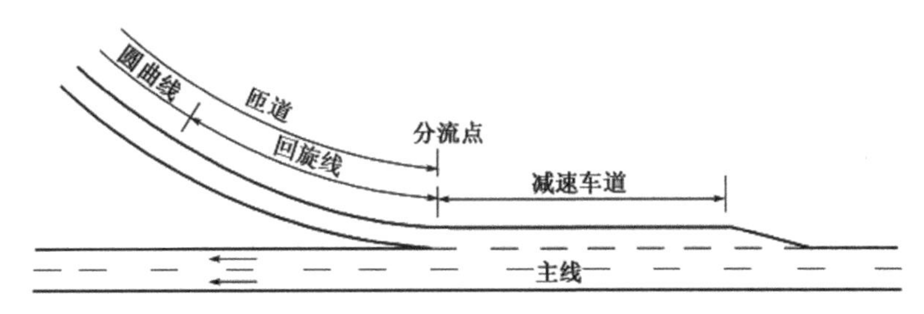

[$L = (V_0^2 - V_1^2)/2a$，V_0为通过分流点的行驶速度，V_1为通过匝道最小半径设计速度，减速度$\alpha = 1\text{m/s}^2$]

A. 62m　　B. 70m

C. 82m　　D. 86m

答案：[　　]

作答过程：

21. 某城市地下快速路，主线设计速度为 60km/h，地下道路出洞后紧接地面道路，在其下游布置单车道平行式出口匝道，如下图所示。已知匝道鼻端设计速度为 40km/h，变速车道位于 4%的上坡段。条件受限时，该地下道路出洞口与邻接出口匝道鼻端的最小距离L的值为多少？（计算结果取整）

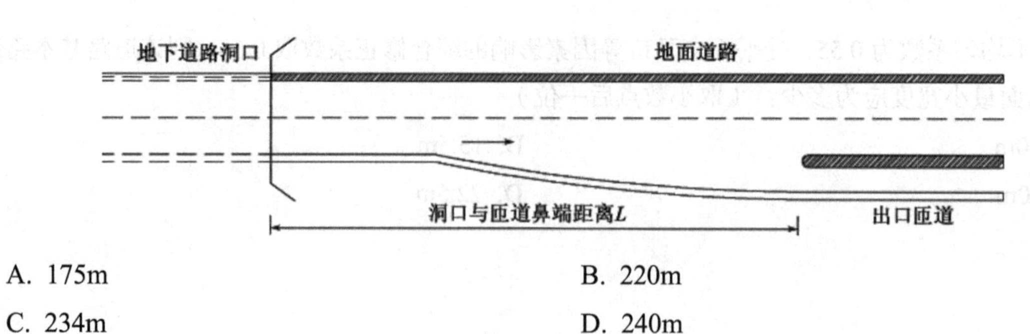

A. 175m　　　　　　　　　　　　　　　B. 220m

C. 234m　　　　　　　　　　　　　　　D. 240m

答案:[　　]

作答过程:

22. 某城市次干路道路两侧设重力式挡土墙，如下图所示，已知墙身重度$\gamma = 23\text{kN/m}^3$，墙身截面积$A = 4.06\text{m}^2$，墙后采用黏土回填，基底为碎石土，主动土压力$E_a = 59.05\text{kN}$，水平分量$E_x = 48.84\text{kN}$，垂直分量$E_y = 33.19\text{kN}$，不考虑其他影响，则该重力式挡土基底滑动稳定系数K_c值及其稳定性为何项？并请说明选择依据和理由。（不计被动土压力，计算结果取小数点后两位）

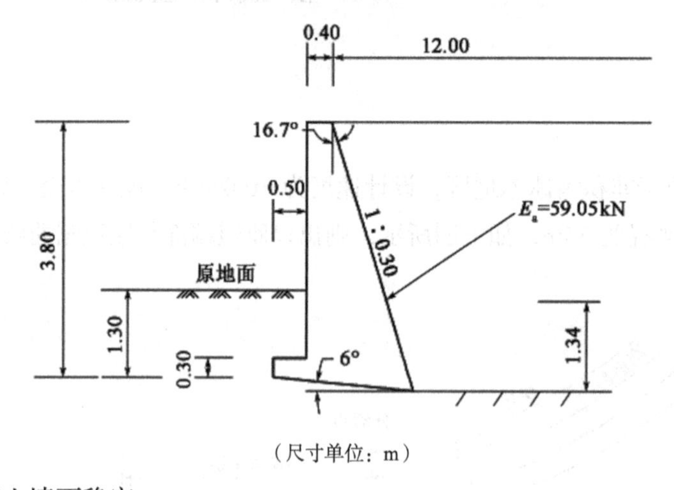

（尺寸单位：m）

A. $K_c = 1.26$，挡土墙不稳定

B. $K_c = 1.41$，挡土墙不稳定

C. $K_c = 1.85$，挡土墙稳定

D. $K_c = 2.03$，挡土墙稳定

答案:[　　]

作答过程:

23. 某城市主干路，机动车双向六车道，拟采用沥青混凝土面层和石灰粉煤灰稳定碎石基层。经交通调查分析，路面营运第一年单向日平均当量轴次为3000次/d，交通量年平均增长率为7%，车道分布系数为0.65。已知石灰粉煤灰稳定碎石180d龄期劈裂强度为0.7MPa，则半刚性基层的容许抗拉强度值为多少？（取小数点后两位）

A. 0.32MPa　　　　　　　　　　　　　B. 0.35MPa

C. 0.38MPa　　　　　　　　　　　　　D. 0.51MPa

答案:[　　]

作答过程：

24. 下列城市道路无障碍设计图中，无障碍设计全部符合规范规定的是何项？（图中尺寸单位除注明外，均以 m 计）

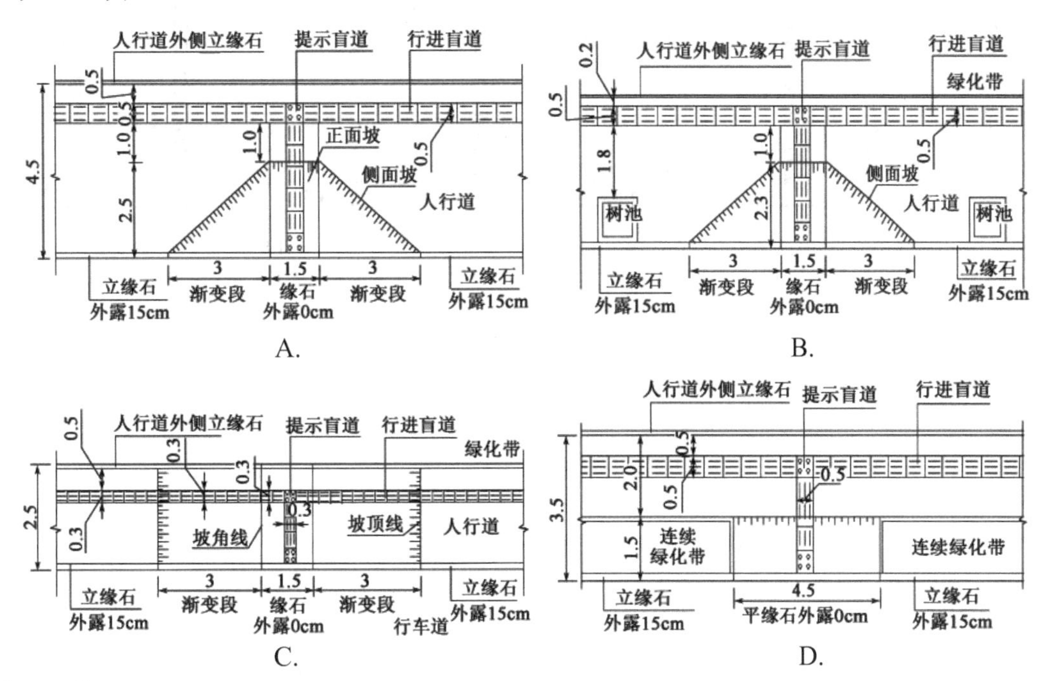

答案：[ ]

作答过程：

25. 某城市道路管线设计见下图，其中热力管沟的外廓尺寸为长 × 高 = 1.3m × 0.65m，12 孔 + 4 孔电信管块外廓尺寸为 0.68m × 0.68m，不考虑检查井的断面尺寸，则满足规范规定的图是何项？

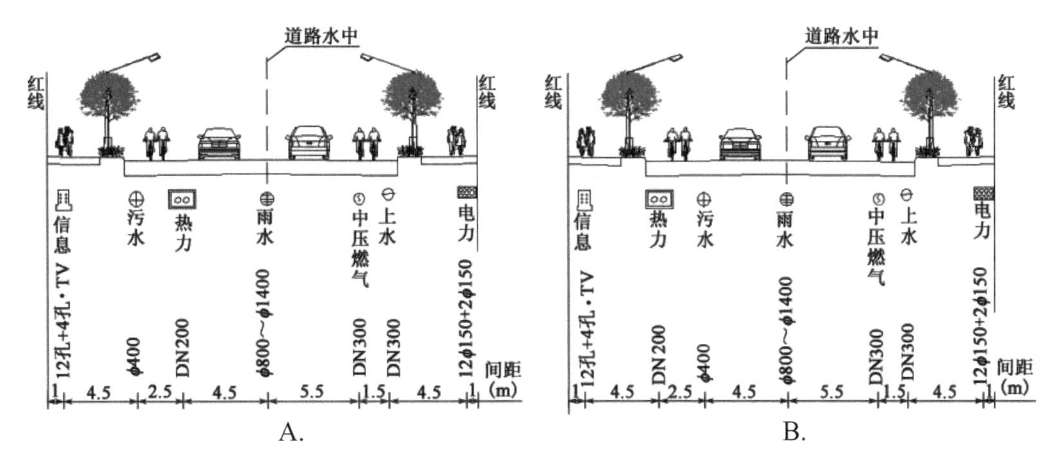

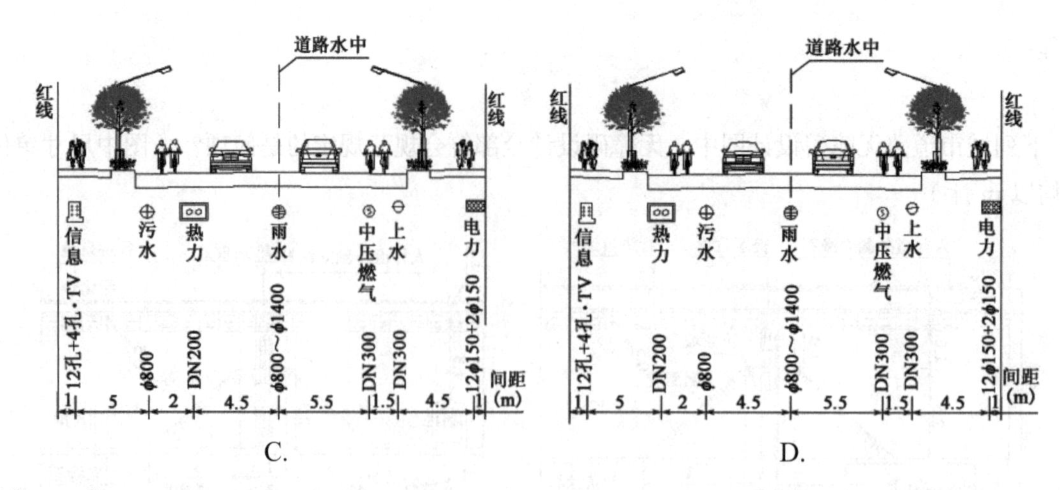
道路水中
红线
红线
信息
污水
热力
雨水
中压燃气
上水
电力
12孔+4孔·TV
φ800
DN200
φ800～φ1400
DN300
DN300
12φ150+2φ150
间距
(m)
1
5
2
4.5
5.5
1.5
4.5
1
C.
道路水中
红线
红线
信息
热力
污水
雨水
中压燃气
上水
电力
12孔+4孔·TV
DN200
φ800
φ800～φ1400
DN300
DN300
12φ150+2φ150
间距
(m)
1
5
2
4.5
5.5
1.5
4.5
1
D.

答案：[　　]

作答过程：

注册道路工程师执业资格专业考试

模考试卷（二）

案例分析
（上）

二〇XX年十一月

应考人员注意事项

1. 书写用笔：**黑色墨水笔**，考生在试卷上作答时，必须使用书写用笔，不得使用铅笔，否则视为违纪试卷；

   填涂答题卡用笔：**2B 铅笔**。

2. 须用书写用笔将工作单位、姓名、准考证号填写在答题卡和试卷相应的栏目内。

3. 本试卷由 25 题组成，全部为单项选择题，每题 2 分。满分为 50 分。

4. **考生在作答时，必须在每道试题对应的答案：[　　] 位置处的括号内填写上该试题所选答案选项对应的字母，并必须在试题主要作答过程下面的空白处写明该题的主要计算（分析）过程、计算结果，概念题则应写明主要作答依据，同时还须将所选答案用 2B 铅笔填涂在答题卡的相应位置处。对不按上述要求作答的考生，如：未在试卷上试题答案：[　　] 内填写所选选项对应的字母，仅在答案选项 A、B、C、D 处画"√"等情况，其试卷或相关试题视为违纪（违规），一律不予复评计分，违纪（违规）责任由考生自负。**

5. 在答题卡或试卷上书写与题意无关的语言，或作标记的，均按违纪试卷处理。

6. 考试结束时，由监考人员当面将试卷、答题卡一并收回。

7. 草稿纸由各地统一配发，考后收回。

1. 某新建二级公路，设计速度为60km/h。其中在某越岭段采用了连续上坡的方案，经论证拟设置爬坡车道，该路段纵坡坡度依次为5%、1%，爬坡车道分流渐变段起点桩号为K3 + 000，短链K3 + 100 = K3 + 110，爬坡段长度为800m，其后附加长度段，该爬坡车道汇流渐变段终点的最小桩号应为多少？

A. K3 + 940　　B. K4 + 180

C. K4 + 190　　D. K4 + 200

答案：[　　]

作答过程：

2. 某高速公路设计速度为100km/h，双向四车道，路基宽度为26.0m，标准横断面和护栏位置如下图所示。在平曲线路段，中央分隔带曲线外侧相邻车道的最小横净距计算公式为$m = R\left[1-\cos\left(\frac{28.65s}{R}\right)\right]$，

式中：m——满足视距要求的最小横净距（m）；

R——中央分隔带曲线外侧相邻车道中心线的平面圆曲线半径（m）；

s——小客车停车视距（m）。

在路基中心线平面圆曲线半径的下列各选项中，满足停车视距要求的最小半径是多少？

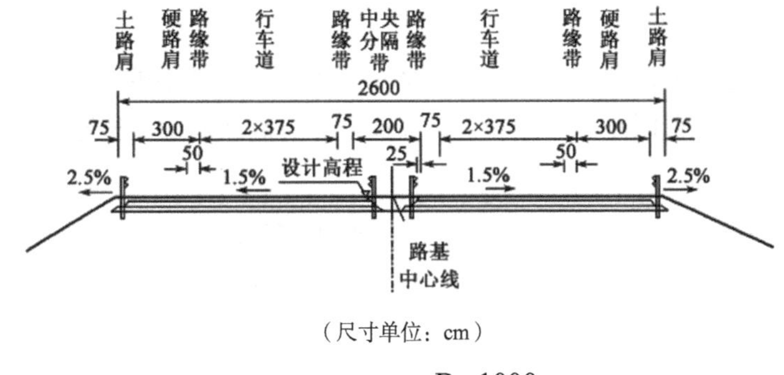

（尺寸单位：cm）

A. 980m　　B. 1000m

C. 1120m　　D. 1250m

答案：[　　]

作答过程：

3. 某越岭区高速公路，设计速度为100km/h，其中某越岭段拟采用连续上坡的明线方案，下列各纵坡组合设计方案中，不满足规范要求的是何项？

A	坡长（m）	700	250	500	300	500	400	650
	坡度	3.0%	2.5%	4.0%	3.0%	4.0%	2.5%	4.0%
B	坡长（m）	700	250	600	300	500	250	700
	坡度	3.0%	2.5%	4.0%	2.5%	4.0%	2.5%	4.0%
C	坡长（m）	800	250	500	300	500	400	550
	坡度	3.0%	2.5%	4.0%	3.0%	2.5%	4.0%	2.5%
D	坡长（m）	800	450	250	300	250	550	700
	坡度	3.0%	2.5%	4.0%	3.0%	4.0%	2.5%	4.0%

答案：[　　　]
作答过程：

4. 某积雪冰冻地区高速公路，设计速度为 80km/h，其中某一路段由于受地形、地物的制约，采用如下图所示的平曲线组合设计，图中R_1和R_2为圆曲线半径，L_{s1}和L_{s2}为回旋线长度。在下列R_1-L_{s1}-L_{s2}-R_2的参数组合方案中，不符合规范要求的是何项？

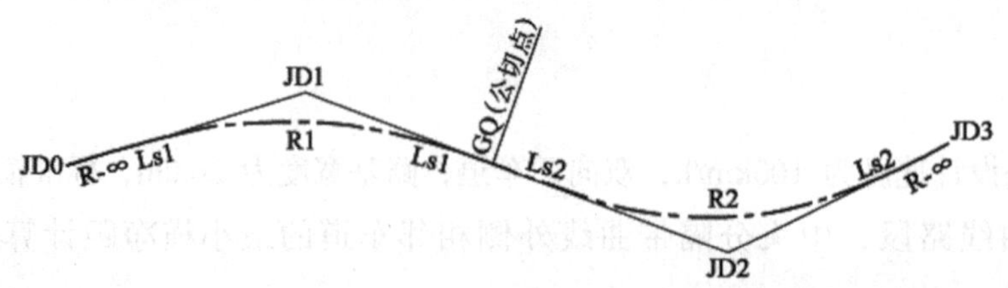

A. 800m-100m-80m-500m　　　B. 800m-100m-90m-500m

C. 900m-100m-80m-500m　　　D. 900m-100m-90m-500m

答案：[　　　]
作答过程：

5. 某新建八车道高速公路，设计速度为 120km/h，经论证，可不考虑在左侧紧急停车，内侧两车道（分离式断面的左侧车道）仅限小客车通行。该高速公路分离式断面路段建筑限界横向总宽度的最小值应是多少？

A. 17.25m　　　B. 17.75m

C. 18.25m　　　D. 19.25m

答案：[　　　]
作答过程：

6. 某沿湖公路，路基填筑高度为 6m（不算路面厚度），设计人员在路基高度 2.6m 处设置了一层厚度为 0.3m 的砾石层（作用是隔断毛细水）。路基的下部被湖水长期浸泡。已知路基工作区厚度为 3.2m，毛细水上升高度为 0.8m，雨季的湖水位比地面高 2.4m。根据规范规定，该路段路基干湿类型可确定为何项？

A. 干燥　　　B. 中湿

C. 潮湿　　　D. 无法判断

答案：[　　　]
作答过程：

7. 某公路修建时，对排水沟进行了归并（改沟），采用了 2m × 2m 的矩形明沟，预计排水沟的最大水深为 1.2m，沟底及侧面采用浆砌片石铺砌，根据规范规定计算该改沟段的排水沟最大允许流速是多少？（取小数点后两位）

A. 3.00m/s　　　B. 3.75m/s

C. 4.20m/s　　　D. 5.00m/s

答案：[　　　]

作答过程：

8. 某路堤仰斜式挡土墙，采用 C20 混凝土浇筑基础宽度 3m，按承载力极限状态设计，结构重要性系数为 1.0，荷载组合为I，墙身重力为 600kN，墙前被动土压力为 103kN（水平方向），墙后主动土压力的水平分力为 325kN，主动土压力的垂直分力为 33kN（向下），墙身重力到墙趾的距离为 2.75m，墙后主动土压力的水平分力到墙趾的距离为 3.42m，墙后主动土压力的竖向分力到墙趾的距离为 3.64m，墙前被动土压力水平分力到墙趾的距离为 0.5m，依据规范规定计算，该挡土墙的抗倾覆稳定系数是多少？（取小数后 2 位）

A. 1.53　　B. 1.59

C. 1.61　　D. 1.64

答案：[　　]

作答过程：

9. 某新建双车道二级公路，土路肩宽度为 0.75m，右侧硬路肩宽度为 0.75m，行车道宽度为 3.5m。行车道及硬路肩均采用水泥混凝土路面。当采用小型机具施工时，基层宽度应是多少？

A. 7.6m　　B. 9.1m

C. 11.3m　　D. 11.6m

答案：[　　]

作答过程：

10. 某一级公路路面采用沥青路面结构，已知初始年设计车道日平均当量轴次为 2825 次/d，交通量年平均增长率为 2.8%，则该一级公路设计交通荷载等级是何项？

A. 极重　　B. 特重

C. 重　　D. 中等

答案：[　　]

作答过程：

11. 某普通水泥混凝土路面，面层厚度为 0.26m，横向缩缝采用不设传力杆形式，则下列选项中横向缩缝顶部锯切槽口深度满足上、下限要求的是多少？

A. 40mm　　B. 50mm

C. 60mm　　D. 70mm

答案：[　　]

作答过程：

12. 某一级公路上的桥梁，上部构造为 30m 跨径的预应力混凝土 T 形梁，计算跨径为 29.5m。请问，计算其车道荷载的剪力效应时，集中荷载标准值P_k的取值应为多少？

A. 270.0kN　　B. 319.0kN

C. 360.0kN　　D. 382.8kN

答案：[　]

作答过程：

13. 某公路钢筋混凝土梁矩形截面，宽 1.00m，高 2.00m，采用 C50 混凝土（轴向抗拉强度设计值 f_{td}为 1.83MPa），计划配置 HRB400 钢筋（抗拉强度设计值f_{sd}为 330MPa），假设配筋后的截面有效高度为 1.60m。请问受拉一侧至少配置多少根直径 25mm 的钢筋（计算截面积为 $4.91 \times 10^{-4}m^2$）才能满足受拉主筋最小配筋百分率的要求？

A. 8 根　　B. 9 根

C. 10 根　　D. 11 根

答案：[　　]

作答过程：

14. 某二级公路上跨径为 42m 的简支梁桥，跨越不通航河流，设计水位分别为：50 年一遇 35.6m，100 年一遇 36.00m，300 年一遇 36.35m；壅水、浪高、漂流物等因素的影响高度总和为 3.0m，上部结构梁高 2.50m，支座和支座垫石高度合计为 0.30m，平均桥面铺装厚度为 0.15m。请计算桥面应满足的最低高程要求是多少？

A. 41.65m　　B. 41.75m

C. 42.15m　　D. 42.45m

答案：[　]

作答过程：

15. 某二级公路隧道长度为 1550m，设计速度为 60km/h，双向行车时隧道应设置紧急停车带多少处。

A. 0 处　　B. 1 处

C. 2 处　　D. 3 处

答案：[　　]

作答过程：

16. 某高速公路设计速度为 100km/h，一出口匝道平面示意图如下图所示，下列各选项为该匝道 CK0 + 150 处平曲线曲率半径R，其中最接近规范规定值的是多少？

A. $R = 170m$　　B. $R = 152m$

C. $R = 131m$　　D. $R = 120m$

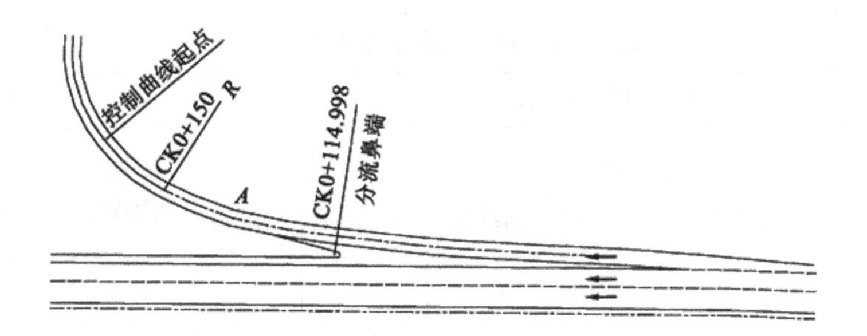

答案：[　　　]

作答过程：

17. 下列为高速公路分流连接部车道布置方案示意图，其中既符合车道平衡，又符合主线增减车道数要求的是何项？

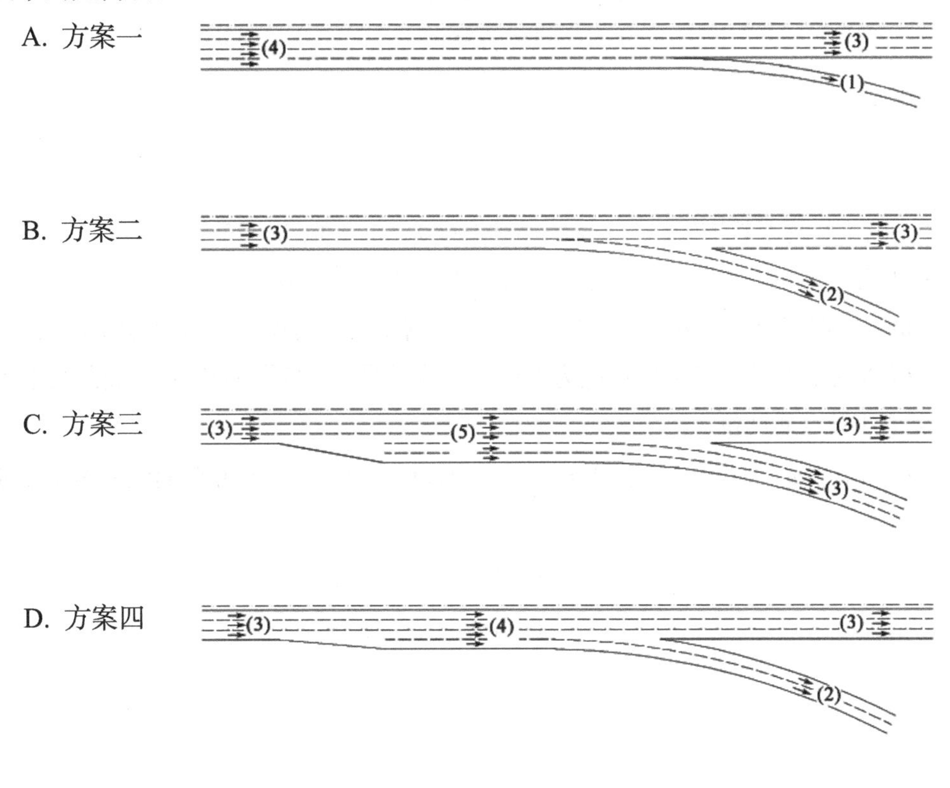

答案：[　　　]

作答过程：

18. 新建某城市快速路，设计速度为 100km/h，道路标准断面布置为 0.5m（路缘带）+ 3 × 3.75m（3 条机动车道）+ 0.5m（路缘带）+ 5m（中央分隔带）+ 0.5m（路缘带）+ 3 × 3.75m（3 条机动车道）+ 0.5m（路缘带），下列关于该路中某桥梁（长 1560m）和某隧道（长 560m）段横断面布置方案，体现用地节约，路桥隧标准一致，符合规范规定的是何项？并请说明选择依据和理由。

桥梁、隧道段横断面布置方案（单位：m）

方案	桥梁段断面布置							隧道段断面布置		
	左幅			中央分隔带	右幅			左侧侧向净宽	机动车道	右侧
	路缘带	机动车道	路缘带		路缘带	机动车道	路缘带			侧向宽度 $W_{mc}+W_{sc}+W_j$
方案一	0.5	3 × 3.75	0.5	2	0.5	3 × 3.75	0.5	0.75	3 × 3.75	1.25
方案二	0.5	2 × 3.75 + 3.5	0.5	5	0.5	2 × 3.75 + 3.5	0.5	0.75	2 × 3.75 + 3.5	0.75
方案三	0.25	3 × 3.75	0.25	5	0.25	3 × 3.75	0.25	0.25	3 × 3.75	0.25
方案四	0.5	3 × 3.75	0.5	2	0.5	3 × 3.75	0.5	0.75	3 × 3.75	3

A. 方案一　　　B. 方案二

C. 方案三　　　D. 方案四

答案：[　　]

作答过程：

19. 新建某城市主干路下穿现况轨道线路，主干路设计速度为50km/h，纵断面设计变坡点位于轨道线路中心线，变坡点高程为−5.60m，沿前进方向相邻坡段的纵坡分别为−4.0%和+3.5%。已知轨道桥顶板底的设计高程为+0.80m，顶板结构宽10m，道路净高按5.0m控制。不考虑其他因素的影响，计算该变坡点处道路竖曲线最大半径、竖曲线长度取值应为多少？并请说明选择依据和理由。（竖曲线半径百位数取整，竖曲线长度取小数点后两位）

竖曲线计算公式：$L = 2T = R \cdot |\omega|$，$\omega = i_2 - i_1$，$E = \frac{T^2}{2R}$，对应该桥上部结构的道路竖曲线范围高程可按近似相同计算。

A. 700m，52.50m　　　B. 1000m，75.00m

C. 1300m，100.00m　　　D. 1900m，142.50m

答案：[　　]

作答过程：

20. 某城市支路设计速度为30km/h，单幅路布置，其中车行道由2 × 3.5m机动车道和两侧各宽2.5m的非机动车道组成，两侧人行道各为4.0m。路段中设有$R = 150$m的圆曲线，道路设计中心线特征点桩号分别为：ZH = K1 + 230.00，HY = K1 + 265.00，QZ = K1 + 282.50，YH = K1 + 300.00，HZ = K1 + 335.00。该平曲线桩号K1 + 260处内侧道路红线处有一110kV的高压杆塔，塔基外缘至道路中心线距离为15.5m。按圆曲线内侧加宽，线性加宽过渡方式设计，不考虑通行铰接车，计算该塔基外缘至道路外边线的水平距离应为多少？

A. 4.22m　　　B. 4.47m

C. 4.90m　　　D. 4.97m

答案：[　　]

作答过程：

21. 某城市地下道路设计速度为50km/h，双向四车道，采用单箱双孔矩形结构，横断面尺寸如下图所示。道路中心线设置半径$R = 260\text{m}$的平曲线，其圆曲线长度$L_c = 73.70\text{m}$，曲线内侧汽车行驶轨迹圆曲线半径$R_1 = 253.85\text{m}$，长度$L_1 = 71.96\text{m}$。不考虑其他因素影响，计算该地下道路平曲线路段内侧车道的最大横净距a值应为多少，并判断是否满足停车视距要求。（取小数点后两位）

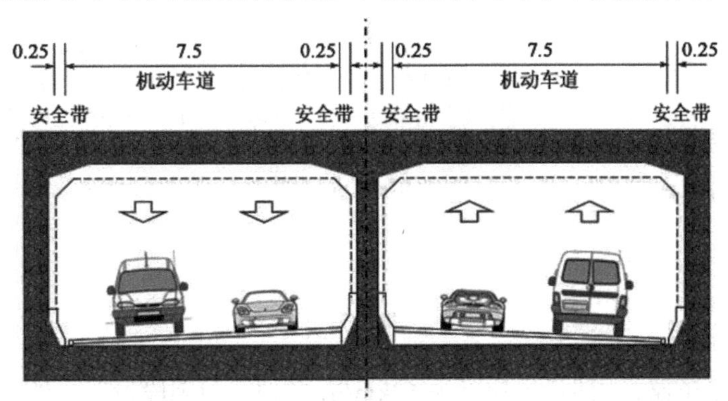

A. 1.73m　　B. 1.77m

C. 2.00m　　D. 2.25m

答案：[　　]

作答过程：

22. 某城市次干路一般填方路段的地基分布有软弱土层，路面结构设计厚度为0.64m，路堤填筑高度为4.14m。拟采用碎石桩处理控制路基工后沉降，碎石桩桩径为0.50m，按等边三角形布置的桩距为1.50m，桩长为6.00m，桩土应力比取5。在设计年限内，碎石桩桩长深度内未加固地基的工后沉降为0.44m，碎石桩加固地基下卧层的工后沉降为0.12m。不考虑填筑路堤自身沉降，计算该填方路基工后沉降应为多少？并判断是否符合规范规定。（取小数点后两位）

A. 0.31m，不符合规范规定

B. 0.31m，符合规范规定

C. 0.43m，符合规范规定

D. 0.56m，不符合规范规定

答案：[　　]

作答过程：

23. 某城市快速路（黄河路），采取以下交通管理措施：限速60km/h，限高4.5m，限载40t，禁止危险物品车辆、载货汽车、摩托车、非机动车和行人驶入。下列关于主线入口处交通标志的设置，符合规范规定的是何项？并请说明选择依据和理由。

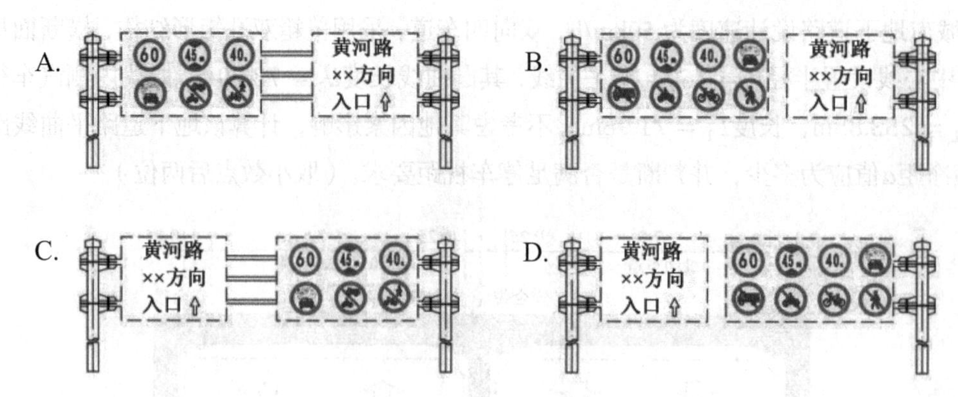

答案：[　　]

作答过程：

24. 新建某城市地下道路，主线设计速度为60km/h，在地下封闭段设置一处入口匝道，如下图所示。计算该入口处车道隔离段末端至洞口的最小距离应为多少？并请说明选择依据和理由。

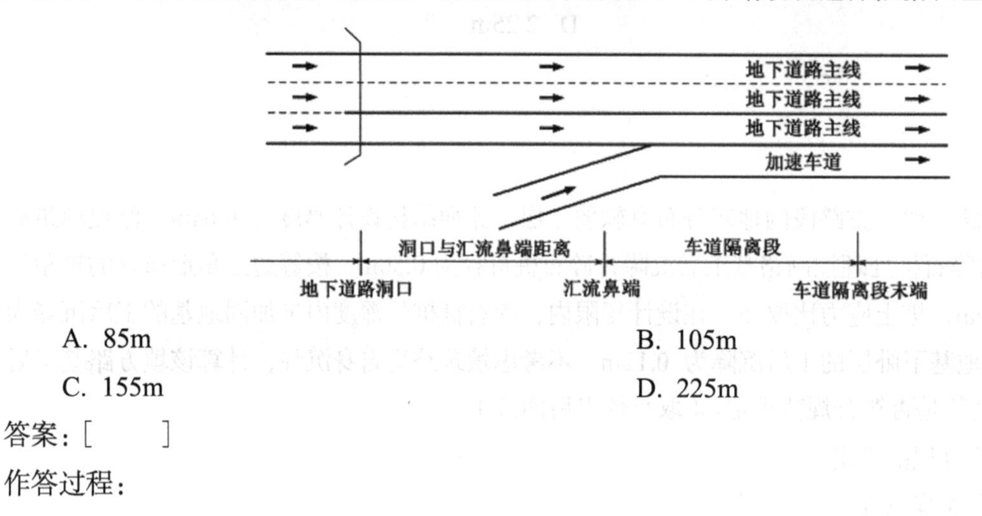

A. 85m　　B. 105m

C. 155m　　D. 225m

答案：[　　]

作答过程：

25. 新建城市道路下设地下箱涵（结构外廓尺寸：宽×高为5m×3m），雨水（内径$D = 1000$mm，壁厚10cm）及再生水（DN400）管线，箱涵基础底砌置深度为5m，雨水及再生水管线敷设深度分别为6m和4m。已知箱涵需先行修建，不考虑其他因素，计算箱涵、雨水管线及再生水的布设符合规范要求的最小宽度（含箱涵、管线宽）为多少？（土壤内摩擦角45°，$\tan\alpha = 1.0$，管线的开挖沟槽宽度均为2m）

A. 8.4m　　B. 8.7m

C. 9.1m　　D. 9.6m

答案：[　　]

作答过程：

准考证号：________

姓名：________

工作单位：________

注册道路工程师执业资格专业考试

模考试卷（二）

案例分析
（下）

二〇XX年十一月

应考人员注意事项

1. 书写用笔：**黑色墨水笔**，考生在试卷上作答时，必须使用书写用笔，不得使用铅笔，否则视为违纪试卷；

   填涂答题卡用笔：**2B 铅笔**。

2. 须用书写用笔将工作单位、姓名、准考证号填写在答题卡和试卷相应的栏目内。

3. 本试卷由 25 题组成，全部为单项选择题，每题 2 分。满分为 50 分。

4. **考生在作答时，必须在每道试题对应的答案：[　　] 位置处的括号内填写上该试题所选答案选项对应的字母，并必须在试题主要作答过程下面的空白处写明该题的主要计算（分析）过程、计算结果，概念题则应写明主要作答依据，同时还须将所选答案用 2B 铅笔填涂在答题卡的相应位置处。对不按上述要求作答的考生，如：未在试卷上试题答案：[　　] 内填写所选选项对应的字母，仅在答案选项 A、B、C、D 处画“√”等情况，其试卷或相关试题视为违纪（违规），一律不予复评计分，违纪（违规）责任由考生自负。**

5. 在答题卡或试卷上书写与题意无关的语言，或作标记的，均按违纪试卷处理。

6. 考试结束时，由监考人员当面将试卷、答题卡一并收回。

7. 草稿纸由各地统一配发，考后收回。

1. 某山岭区三级公路，设计速度为 30km/h，其中某越岭段拟选择缓坡地段敷设回头曲线。回头曲线如下图所示，M、N为辅助曲线交点，辅助曲线对称布置，半径$R = 100$m，辅角$\beta = 30°$，外距$E = R \times \sec\left(\frac{\beta}{2}\right) - R$，在$MN$方向上的上下路基断面如图 b）所示，$C = 1.2$m，两辅助线曲线交点间所需的最小距离$MN$应为多少？（取小数点后两位）

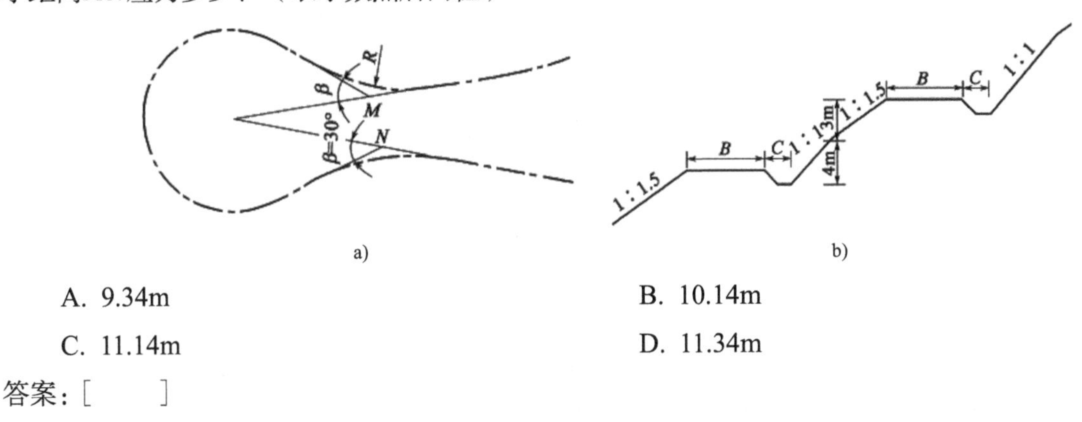

a) b)

A. 9.34m

B. 10.14m

C. 11.14m

D. 11.34m

答案：[　　　]

作答过程：

2. 东北某拟在积雪冰冻的丘陵地区新建一条一级公路，设计速度为 80km/h，路面横向力系数取 0.12 时，该公路最大超高时的平曲线最小半径应为多少？（取整数）

A. 250m

B. 270m

C. 280m

D. 300m

答案：[　　　]

作答过程：

3. 某山岭区一级公路，设计速度为 100km/h。其中某一路段的平纵面设计如下图所示，并分为 A、B、C、D 四个路段，请从平纵线形组合的合理性的角度分析判断，以下四个路段中平纵组合最为合理的是何项？

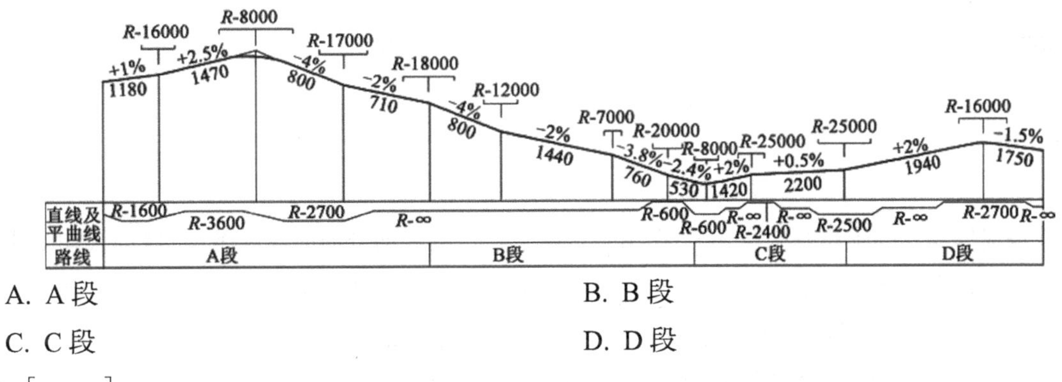

A. A 段

B. B 段

C. C 段

D. D 段

答案：[　　　]

作答过程：

4. 某拟建二级公路所在区域年平均气温−2℃，设计速度为 60km/h，路基宽度为 10m，土路肩横坡坡度为 4.0%，一般路段路基标准横断面如下图所示，图中A点和B点均在硬路肩边缘处，C点在土路肩边缘处。在半径为 230m 的左转平曲线上，超高取值 6%，假定C点高程为 10.00m，A点高程应为多少？（取小数点后三位）

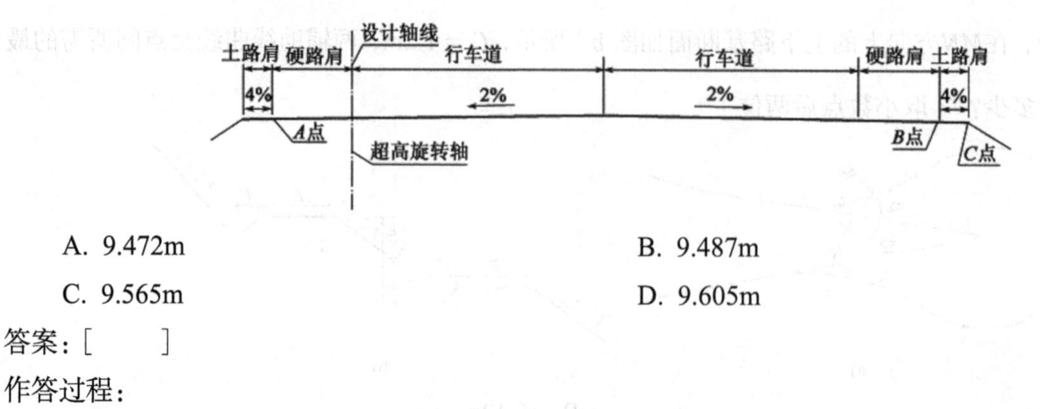

A. 9.472m　　B. 9.487m

C. 9.565m　　D. 9.605m

答案：[　　]

作答过程：

5. 西北地区城间某拟建四车道高速公路设计速度为 100km/h，预测年限年平均日交通量为 25000pcu/d，车型占比分别是小型车 60%，中型车 30%，大型车 5%，汽车列车 5%，方向不均匀系数取 0.5，驾驶员总体特征修正系数取 1.0。该公路设计通行能力应为多少 veh/(h · ln)。（取整数）

A. 790　　B. 840

C. 890　　D. 930

答案：[　　]

作答过程：

6. 某边坡拟采用预应力锚杆框架防护，锚杆位于稳定地层中的锚固段长度为 6m，锚杆孔直径为 13cm，土体与注浆体之间的黏结强度$f_{rb}=220$kPa，注浆体与锚杆之间的黏结强度$f_b=2400$kPa，注浆体为 M30 水泥砂浆，锚杆采用 3 根直径为 22mm 的预应力螺纹钢筋点焊成束，其抗拉强度标准值$f_{sk}=540$MPa，预应力锚杆锚固体设计安全系数K_1、K_2取 2.0。依据规范规定计算每一根锚杆能够提供的轴向锚固力是多少？（结果取小数点后一位，π取 3.14）

A. 258.5kN　　B. 269.4kN

C. 307.8kN　　D. 1044.5kN

答案：[　　]

作答过程：

7. 某路堤仰斜式挡土墙基础宽 3m，作用于基底上合力的竖向分力$N=600$kN，墙前被动土压力水平分力为 100kN，挡土墙基底倾向路基，坡度 1 : 5，墙后主动土压力的水平分力为 300kN；挡土墙不受水的影响，挡土墙与基底的摩擦系数为 0.4，主动土压力分项系数为 1.0，被动土压力分项系数为 0.3，基底合力的偏心距满足要求。依据规范规定计算该挡土墙的抗滑稳定系数是多少？（取小数点后两位）

A. 1.33　　B. 1.45

C. 1.62　　D. 1.98

答案：[　　]

作答过程：

8. 陕西关中地区的一处填方路基，地基为湿陷性黄土，地勘查明，地表以下 7.5m 为自重湿陷性黄土，7.5m 以下为非自重湿陷性黄土，取样试验测得自地表向下 0～1.5m、1.5～3.0m、3.0～4.5m、4.5～5.5m、5.5～7.5m 的自重湿陷性系数分别为$\delta_{zs1}=0.104$、$\delta_{zs2}=0.098$、$\delta_{zs3}=0.075$、$\delta_{zs4}=0.056$、$\delta_{zs5}=0.028$，该湿陷性黄土地基的自重湿陷量是多少？

A. 424mm　　　　B. 475mm

C. 528mm　　　　D. 633mm

答案：[　　]

作答过程：

9. 某高速公路路基处在斜坡上，可能产生沿原地面的滑动；原地面地形为折线，依据地形将路基分成了 3 块，其重量分别为$W_1=2640\text{kN}$，$W_2=6200\text{kN}$，$W_3=3750\text{kN}$，三段滑面的长度分别为$L_1=24\text{m}$，$L_2=23\text{m}$，$L_3=29\text{m}$，它们与水平面的交角分别为$\alpha_1=20°$，$\alpha_2=12°$，$\alpha_3=5°$；原地表线表层为红黏土，其力学参数：黏聚力$c=15\text{kPa}$，内摩擦角$\varphi=10°$，正常工况下安全系数取 1.2，依据规范规定采用传递系数法计算，在正常工况下（W_3）产生的剩余下滑力是多少？（计算结果取整数）

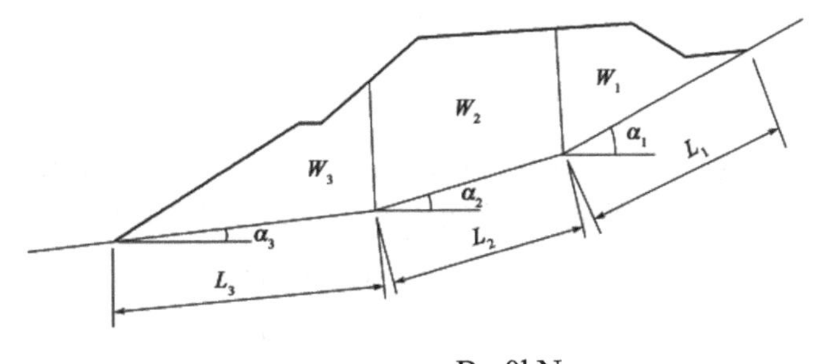

A. −300kN　　　　B. 0kN

C. 286kN　　　　D. 409kN

答案：[　　]

作答过程：

10. 某新建二级公路沥青路面，设计采用粒料类基层，设计使用年限内设计车道当量设计轴载累计作用次数为4.132×10^6，温度调整系数为 1.22，则路基顶面的容许竖向压应变是多少？

A. 234×10^{-6}　　　　B. 366×10^{-6}

C. 293×10^{-6}　　　　D. 385×10^{-6}

答案：[　　]

作答过程：

11. 某新建公路，预测初始年各类车辆双向年平均日交通量如下表所列，设计采用底基层为粒料的沥青路面，设计使用年限内交通量的年平均增长率为 3.5%，方向系数为 0.55，车道系数为 0.5，车辆类型分布系数采用 TTC5 分类标准，已知采用水平三进行路基顶面竖向压应变验算时，确定的 2～5 类车辆的当量设计轴载换算系数$EALF_2=0.945$，$EALF_3=1.180$，$EALF_4=3.270$，$EALF_5=4.210$。初始年设计车道日平均当量轴次计算结果是多少？

某新建公路初始年交通量预测结果表（单位：辆/d）

1类车	2类车	3类车	4类车	5类车
12880	1100	4900	2220	1200

A. 1719 次/d　　B. 2326 次/d

C. 2789 次/d　　D. 3425 次/d

答案：[　　]

作答过程：

12. 对既有旧水泥混凝土路面钻孔芯样进行劈裂试验，测得三组旧混凝土面层的劈裂强度值分别为2.2MPa、2.5MPa、2.8MPa，标准差为0.3MPa。则该旧混凝土面层的弯拉强度标准值是多少？

A. 3.70MPa　　B. 3.88MPa

C. 4.05MPa　　D. 4.25MPa

答案：[　　]

作答过程：

13. 某桥位于寒冷地区，采用3跨连续预应力混凝土梁结构，跨径布置为50m + 80m + 50m，中间跨的一个桥墩设置固定支座，伸缩缝装置预设的安装温度为15～20℃。在选用伸缩装置型号时，温度变化贡献较大侧梁端由温度变化贡献的伸缩量值是多少？（不计伸缩量增大系数）

A. 0.0637m　　B. 0.0392m

C. 0.0245m　　D. 0.0223m

答案：[　　]

作答过程：

14. 某钢筋混凝土桥墩，圆形截面，截面直径1.50m，构件计算长度$l_0 = 12.75\text{m}$，混凝土强度等级为C45，其抗压强度设计值$f_{\text{cd}} = 20.5\text{MPa}$；纵向主钢筋采用HRB400普通钢筋，其抗压强度设计值$f_{\text{sd1}} = 330\text{MPa}$，纵向配筋率为3.5%；箍筋采用HRB300普通钢筋，其抗压强度设计值$f_{\text{sd2}} = 250\text{MPa}$。试计算该桥墩应具备的最小轴向受压承载力为多少？

A. 31952kN　　B. 48836kN

C. 49954kN　　D. 56637kN

答案：[　　]

作答过程：

15. 某二级公路隧道，隧址区地震基本烈度为Ⅶ度，该隧道抗震设防措施等级应为多少？

A. 一级　　B. 二级

C. 三级　　D. 四级

答案：[　　]

作答过程：

16. 有两条高速公路形成错位交叉的互通式立交，共用路段单向设计小时交通量 5760pcu/h，设计速度为 100km/h，设计服务水平采用三级，拟采用整体式断面。下列选项为共用路段 4 个方案的几何数据（各符号意义见图），其中符合规范规定又经济合理的是何项？

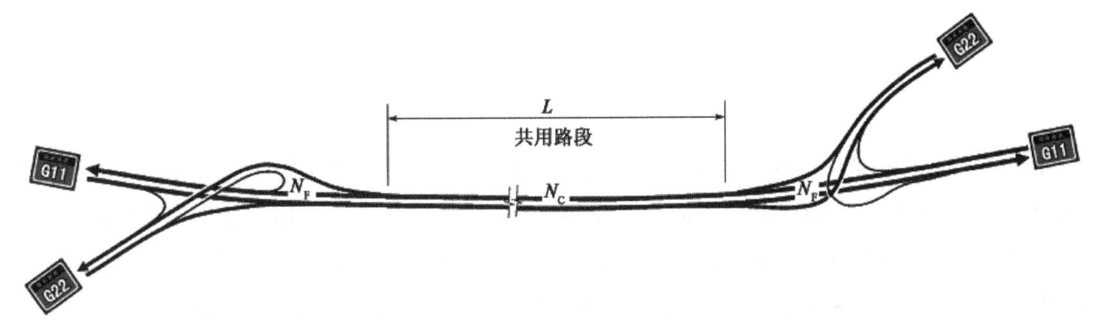

L-共用路段长度；N_C-共用路段单向车道数；N_F-相邻路段单向车道数

A. 方案一，$L = 2.28\text{km}$，$N_C = 4$，$N_F = 3$

B. 方案二，$L = 3.50\text{km}$，$N_C = 5$，$N_F = 3$

C. 方案三，$L = 4.06\text{km}$，$N_C = 5$，$N_F = 4$

D. 方案四，$L = 5.35\text{km}$，$N_C = 4$，$N_F = 3$

答案：[　　]

作答过程：

17. 某双向六车道高速公路设计速度为 120km/h，相邻两互通式立体交叉方案如图所示。根据规范有关规定，两立交分别独立设置时，单车道减速车道和双车道加速车道长度分别为 245m 和 980m；采用辅助车道相连时，辅助车道最小长度为 1200m。在下列有关本项目下行方向两互通式立体交叉的连接方式中，最为经济合理的是何项？

A. 分别独立设置　　B. 辅助车道相连

C. 集散车道相连　　D. 匝道之间立体交叉

答案：[　　]

作答过程：

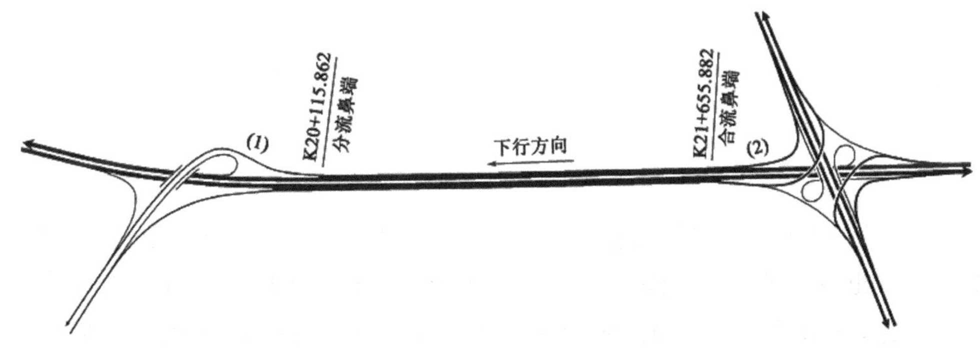

注：括号中数值为匝道及其变速车道的车道数。

18. 某城市支路设计速度为 30km/h，单幅路布置。机动车双向两车道，两侧设置非机动车道和人行道，机非之间划线分隔。已知每条机动车道宽度为 3.5m，预测远景年单向自行车流量为 760veh/h，计

算该路段车行道符合规范规定的最小宽度应为多少？并请说明选择依据和理由。（取小数点后一位）

A. 9.0m　　B. 10.0m

C. 11.0m　　D. 12.0m

答案：[　　]

作答过程：

19. 某积雪冰冻地区城市道路立体交叉，匝道设计如下：设计速度为 50km/h，单向双车道，路面宽度为 8m，行驶普通汽车，直线段路面为向右的单向 2%横坡，平面线形采用直线接左偏平曲线，圆曲线半径$R = 100$m。缓和曲线最小长度（计算值取整）符合规范规定的为多少？并请说明选择依据和理由。（横向摩阻力系数为 0.17，超高横坡度百分数取整，超高横坡度为绕路面左侧边缘旋转）

A. 46m　　B. 50m

C. 55m　　D. 65m

答案：[　　]

作答过程：

20. 新建某城市道路A_1类平面交叉口，交通量大，其中一条主干路设计速度为 60km/h，双向 6 车道，四幅路形式，中央分隔带宽 4m，每条车道宽度为 3.5m，该路进出口道设计如下：进口道增设左、右转专用道，①将中央分隔带压缩为 2m。②展宽渐变段长 25m。③展宽段长 90m，出口道增设一条车道。④每条车道宽 3.25m。⑤展宽渐变段长 20m。⑥展宽段长 50m。如下图所示。

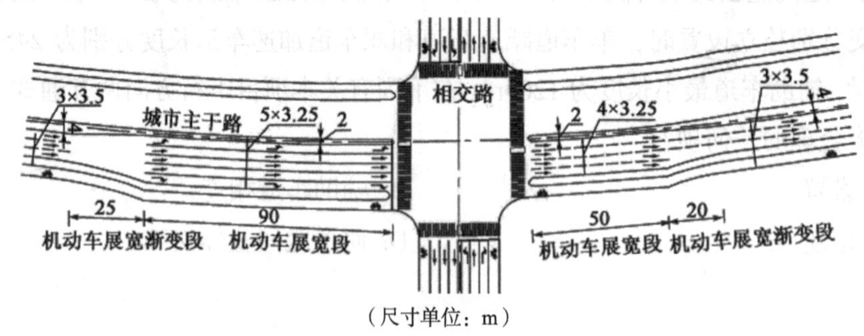

（尺寸单位：m）

上述进、出口道设计①～⑥项中不符合规范规定的共多少项。并请说明选择依据和理由。

A. 2　　B. 3

C. 4　　D. 5

答案：[　　]

作答过程：

21. 某两条城市快速路相交设置枢纽型立交，其中一条快速路设计速度为 80km/h，双向六车道，其右幅路侧分别设置出口匝道和入口匝道。出口定向匝道设计速度为 50km/h，高峰小时交通量为 1378pcu/h，入口定向匝道设计速度 60km/h，高峰小时交通量为 820pcu/h，下列关于该主路与匝道分、合流处车道的示意图，符合规范规定的是何项？并请说明选择依据和理由。

3 3 3 3 3 1 1	3 4 3 3 3 2 1
A	B
3 4 3 4 3 2 1	3 4 3 4 3 2 2
C	D

答案：[　　　]

作答过程：

22. 某城市主干路采用沥青路面，水泥稳定碎石基层，路面结构设计的可靠度系数取 1.10。面层采用改性沥青 SMA 混合料，60℃抗剪强度为 0.8MPa。已知设计基准期内，该道路某大型公交停靠站同一位置停车的累计当量轴次为 2.16×10^6 次，沥青层的最大剪应力计算值为 0.22MPa。计算该公交停靠站处沥青层的容许抗剪强度，并判断以沥青层剪应力为设计指标，是否符合规范规定。

A. 0.23MPa，符合规范规定　　B. 0.23MPa，不符合规范规定

C. 0.67MPa，符合规范规定　　D. 0.67MPa，不符合规范规定

答案：[　　　]

作答过程：

23. 新建某城市地下道路，道路等级为次干路，设计速度为 50km/h，地下道路出洞口下游紧邻受信号控制的平面交叉口，交叉口展宽渐变段长 25m，展宽段长 50m。在满足停车视距和红灯期间车辆排队长度的条件下，计算该地下道路出口接地点至下游平面交叉口停止线的最小距离符合规范规定的是多少？并请说明依据和理由。

A. 75m　　B. 110m

C. 135m　　D. 140m

答案：[　　　]

作答过程：

24. 某城市道路人行天桥坡度无障碍设计如下图所示，b_2、b_3、b_4、b_5、b_6尺寸（单位均以 m 计）中，不符合规范规定的共有多少处。并请说明选择依据和理由。

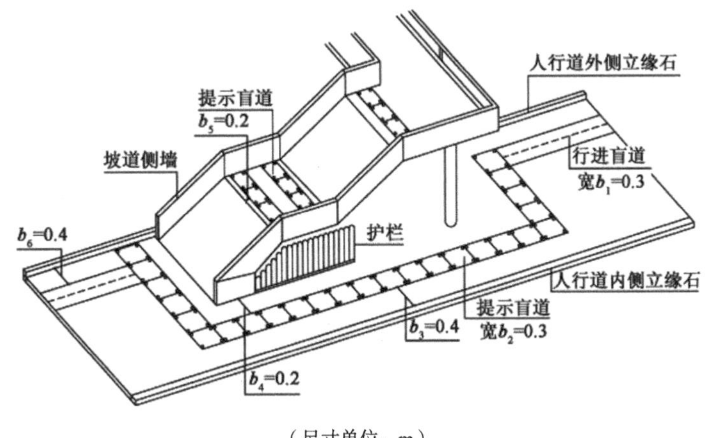

（尺寸单位：m）

A. 2　　B. 3

C. 4　　D. 5

答案：[　　]

作答过程：

25. 新建某城市人行天桥，直梯梯道高差H为3.50m，每阶踏步高度R为0.14m，梯道布置如下图所示，不考虑自行车推行，计算该梯道的最小长度是多少？

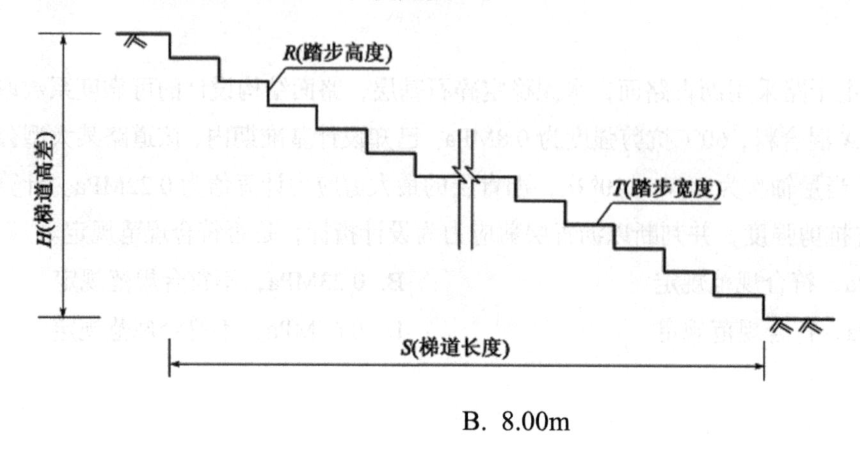

A. 7.68m　　B. 8.00m

C. 8.86m　　D. 9.36m

答案：[　　]

作答过程：

注册道路工程师执业资格专业考试

模考试卷（三）

案例分析

（上）

二〇XX年十一月

应考人员注意事项

1. 书写用笔：**黑色墨水笔**，考生在试卷上作答时，必须使用书写用笔，不得使用铅笔，否则视为违纪试卷；

   填涂答题卡用笔：**2B 铅笔**。

2. 须用书写用笔将工作单位、姓名、准考证号填写在答题卡和试卷相应的栏目内。

3. 本试卷由 25 题组成，全部为单项选择题，每题 2 分。满分为 50 分。

4. **考生在作答时，必须在每道试题对应的答案：[　　]位置处的括号内填写上该试题所选答案选项对应的字母，并必须在试题主要作答过程下面的空白处写明该题的主要计算（分析）过程、计算结果，概念题则应写明主要作答依据，同时还须将所选答案用 2B 铅笔填涂在答题卡的相应位置处。对不按上述要求作答的考生，如：未在试卷上试题答案：[　　]内填写所选选项对应的字母，仅在答案选项 A、B、C、D 处画“√”等情况，其试卷或相关试题视为违纪（违规），一律不予复评计分，违纪（违规）责任由考生自负。**

5. 在答题卡或试卷上书写与题意无关的语言，或作标记的，均按违纪试卷处理。

6. 考试结束时，由监考人员当面将试卷、答题卡一并收回。

7. 草稿纸由各地统一配发，考后收回。

1. 中南地区某拟建公路位于A市近郊，采用设计速度为100km/h的一级公路标准。全线采用整体式路基。交通量预测显示：预测年限年平均日交通量为38000pcu/d，方向不均匀系数为0.6。规定服务水平下的单车道服务交通量取1200pcu/(h · ln)。经计算，该公路的车道数应为多少？（取整数）

A. 2　　　　B. 4

C. 6　　　　D. 8

答案：[　　]

作答过程：

2. 某拟建干线公路，采用设计速度60km/h的二级公路标准，路基标准横断面宽度为10m，下图为某局部路段的平面路线设计图和参数，路段平曲线为设置缓和曲线的圆曲线。计算在一般情况下桩号K1 + 150处的路基宽度应为多少？（取小数点后两位）

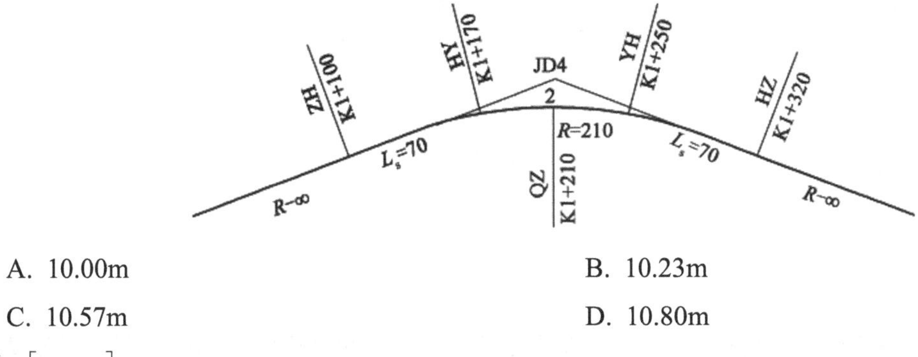

A. 10.00m　　　　B. 10.23m

C. 10.57m　　　　D. 10.80m

答案：[　　]

作答过程：

3. 某新建山岭区公路，采用设计速度80km/h，双向四车道的一级公路标准。其中在某越岭路段为连续上坡，纵坡（坡度/坡长）依次为1%/450m、4%/850m、2%/400m、4%/850m、1.5%/550m。经运行速度分析，该段运行速度曲线如下图所示，需设置爬坡车道。计算该路段爬坡车道总长度最小值应为多少？并请说明选择依据和理由。

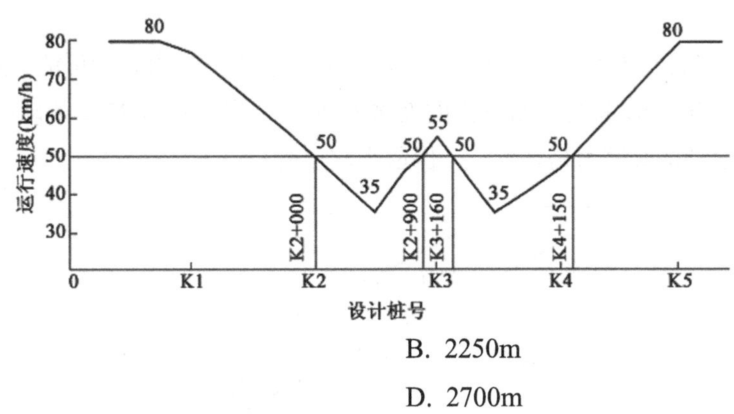

A. 1150m　　　　B. 2250m

C. 2400m　　　　D. 2700m

答案：[　　]

作答过程：

4. 某拟建一级公路，采用设计速度80km/h，双向四车道，路基宽度25.5m，下图为某局部路段纵断面设计草图，请分析在一般情况下，该路段最小直线长度、竖曲线长度、竖曲线半径、最大纵坡中，不符合规范一般值规定的地方共有多少处？并请说明选择依据和理由。

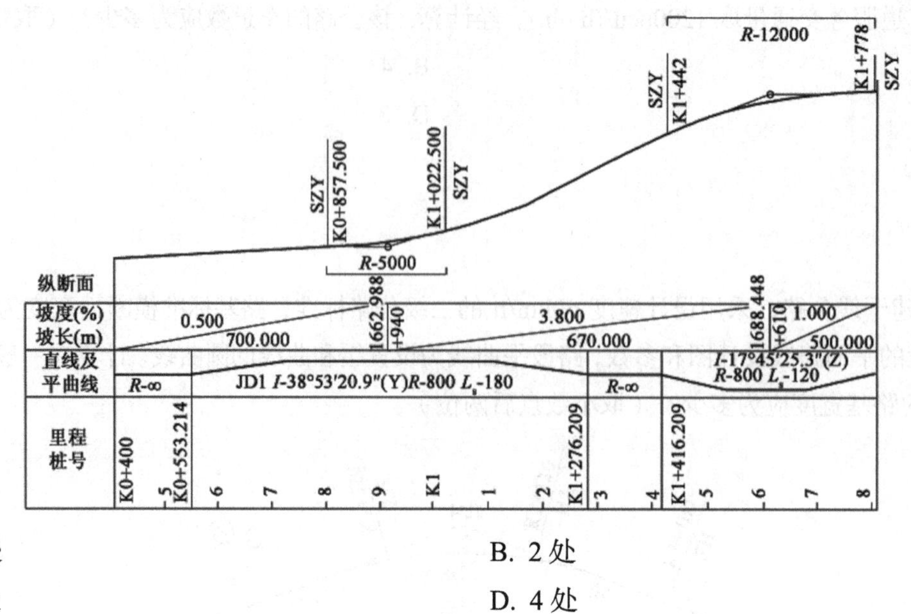

A. 1处　　B. 2处

C. 3处　　D. 4处

答案：[　　]

作答过程：

5. 位于某季节性冻土地区的公路，初步设计阶段，取土场的CBR平均值为24.5，路基回弹模量湿度调整系数取0.88，冻融循环条件下路基土模量折减系数取0.9，该路段的路基回弹模量设计值是多少？（取小数点后一位）

A. 128.4MPa　　B. 115.5MPa

C. 113.0MPa　　D. 101.7MPa

答案：[　　]

作答过程：

6. 某公路有一顺层岩石边坡（单斜地层），切层开挖，存在顺层滑动的可能，需要锚固。根据分析计算，边坡的下滑力为300kN，锚杆与水平面的夹角为20°，岩层倾角为27°，滑动面的内摩擦角为15°。根据规范计算，锚杆设计的锚固力是多少？（保留小数点后一位）

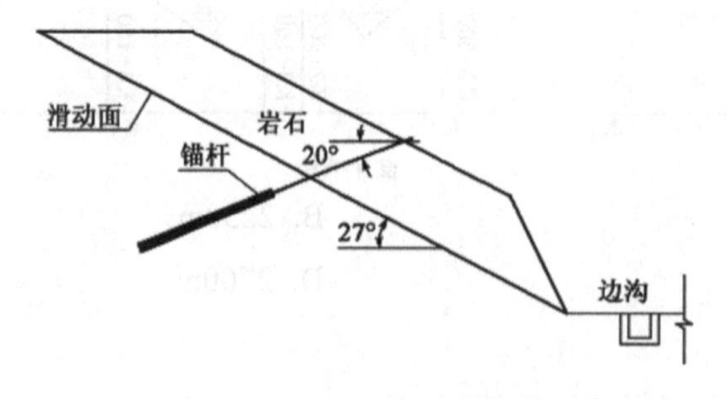

A. 212.3kN　　B. 300.0kN

C. 341.7kN　　D. 439.9kN

答案：[　　　]
作答过程：

7. 某公路在初测外业勘察时，发现路基左侧有一个溶洞，溶洞边缘距离路基边缘的水平距离（L）为3m，路基边缘距离中心线的距离为25m，路基高度为8m，半幅路基宽度为13m，洞顶以上地层的厚度（H）为8.3m，如下图所示；内摩擦角为30°，安全系数取1.2。根据规范规定，为了满足溶洞距离路基安全距离的要求，路基设计中心线应向右偏移多少？（取整）

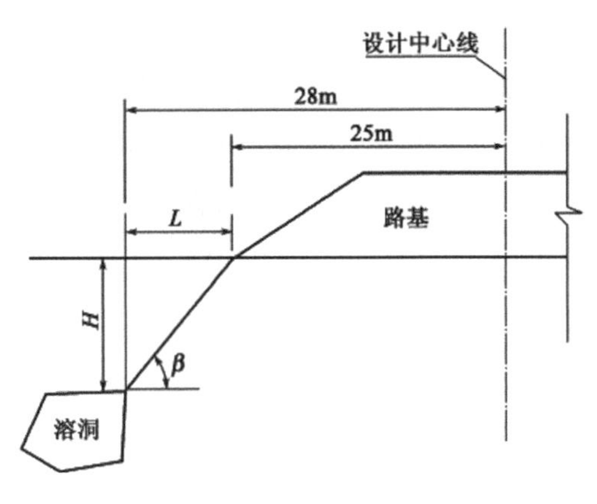

A. 3m　　　　B. 4m

C. 5m　　　　D. 6m

答案：[　　　]
作答过程：

8. 某二级公路采用水泥混凝土路面，水泥混凝土面层板分块横向宽度为4.5m，纵向长度为5.0m，路面板厚度为26cm；需要配筋，拟采用直径12mm的HRB400钢筋（单根钢筋的截面面积$A=113.04\text{mm}^2$），钢筋的屈服强度为400MPa，基层采用水泥稳定碎石，面层与基层之间设置沥青封层，水泥混凝土面层与基层之间的摩阻系数取7.5，根据规范计算每一块板至少需要设置多少根纵向钢筋。

A. 14根　　　　B. 15根

C. 16根　　　　D. 17根

答案：[　　　]
作答过程：

9. 某公路既有路面为水泥混凝土路面，通过试验和计算，获得旧水泥混凝土路面面层板弯拉强度为4.3MPa，根据《公路水泥混凝土路面设计规范》（JTG D40—2011），旧水泥混凝土路面面层板弯拉弹性模量约为多少？

A. 28000MPa　　　　B. 29500MPa

C. 31900MPa　　　　D. 133300MPa

答案：[　　　]
作答过程：

10. 某地区高速公路，路面结构为无机结合料稳定类基层沥青混凝土路面，面层采用改性 SMA 沥青混合料，进行标准车辙试验：试验温度为 60℃、压强为 0.7MPa，试件厚度为 50mm，加载次数为 2520次，测得永久变形量值为 1.92mm。根据沥青混合料永久变形量计算的动稳定度应为多少？

A. 1500 次/mm　　B. 1629 次/mm

C. 2214 次/mm　　D. 3566 次/mm

答案：[　　]

作答过程：

11. 某双向四车道高速公路，路基全宽 25.5m。主线桥梁采用上下行分离设置，单幅桥宽 12.5m，两侧均设 0.5m 宽墙式钢筋混凝土护栏。请问桥梁用车道荷载计算时，横向车道布载系数应取多少？

A. 1.00　　B. 0.78

C. 0.55　　D. 0.52

答案：[　　]

作答过程：

12. 某一级公路桥梁重力式桥台，混凝土基础基底为矩形截面，持力层为砂土，摩擦系数为 0.3，其基底各种作用的标准组合为：竖向力总和 40000kN，抗滑动稳定水平力总和 20000kN，滑动水平力总和 25000kN，请计算该桥台基础的抗滑动稳定安全系数是多少，并判断是否满足规范的要求。

A. 1.28，满足　　B. 1.28，不满足

C. 1.0，不满足　　D. 1.15，满足

答案：[　　]

作答过程：

13. 某公路隧道长度为 2200m，在通风设计中，对正常交通工况，请问 CO 设计浓度δ_{co}的取值是多少？

A. $100cm^3/m^3$　　B. $120cm^3/m^3$

C. $130cm^3/m^3$　　D. $150cm^3/m^3$

答案：[　　]

作答过程：

14. 某公路隧道为两车道，采用复合式衬砌，围岩为较坚硬岩，岩体破碎，围岩岩体修正质量指标 $[BQ] = 290$，请问二次衬砌时仰拱混凝土厚度宜为多少？

A. 20cm　　B. 30cm

C. 40cm　　D. 50cm

答案：[　　]

作答过程：

15. 某沿河的二级公路设有一处长度为 1200m 的隧道，该河段 25 年一遇的洪水位为 122.1m，50 年

一遇的洪水位为 124.7m，100 年一遇的洪水位为 126.6m，实际观测洪水位为 126.2m。请问根据规范要求，设计洪水位应取多少？

A. 122.1m　　B. 124.7m

C. 126.2m　　D. 126.6m

答案：[　　]

作答过程：

16. 某高速公路设计速度 80km/h，一处互通式立体交叉位于主线平均纵坡坡度 4.0%、连续坡长 6.8km 的下坡路段底部。下列各选项分别为该互通式立体交叉范围的主线凹形竖曲线半径和纵坡值，其中符合规范有关规定的是何项？

A. 9000m，−3.6%　　B. 3800m，−2.2%

C. 5200m，−3.2%　　D. 12000m，−4.0%

答案：[　　]

作答过程：

17. 某高速公路互通式立体交叉的年平均日交通量分布如图 a）所示，该立交方案简图如图 b）所示，已知设计小时交通量系数为 0.10，方向不均匀系数为 60%。下列选项为该立交交织段 1 的交织交通量 Q_1，其中正确的为多少？

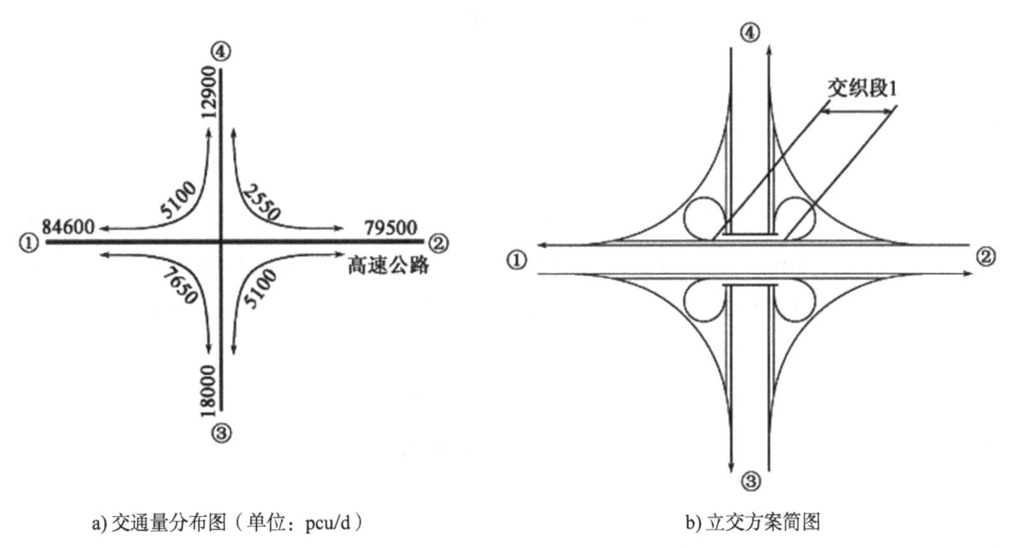

a) 交通量分布图（单位：pcu/d）　　b) 立交方案简图

A. 459pcu/h　　B. 612pcu/h

C. 765pcu/h　　D. 918pcu/h

答案：[　　]

作答过程：

18. 某城市主干路设计速度为 50km/h，横断面布置为三幅路，中间一幅通行机动车，设置双向 4 条混行车道，中间每间隔 5m 设置宽 50cm、高 60cm、长 100cm 的花箱，下列关于中间机动车道路面的最小宽度符合规范规定的应为多少？并请说明选择依据和理由。（计算结果取小数点后两位）

A. 14.50m　　B. 15.00m

C. 15.50m　　D. 16.00m

答案：[　　]

作答过程：

19. 某城市主干路设计速度为 50km/h，平面线形设计拟采用不设缓和曲线的圆曲线单元，道路设计中心线转角值为 35°48′，受障碍物控制要求圆曲线外距E至少保持 30m。下列圆曲线最小半径取值符合规范规定的应为多少？并请说明选择依据和理由。（计算结果百位数取整）

圆曲线计算公式：$E = R[\sec(\alpha/2) - 1]$

A. 400m　　B. 500m

C. 600m　　D. 700m

答案：[　　]

作答过程：

20. 某非积雪冰冻地区山岭段城市快速路，设计速度为 80km/h，圆曲线半径为 475m，纵坡为 5.0%，横向力系数不大于 0.067，下列关于该圆曲线超高横坡度符合规范规定的应为多少？并请说明选择依据和理由。（计算结果百位数取整）

A. 2%　　B. 3%

C. 4%　　D. 5%

答案：[　　]

作答过程：

21. 某城市枢纽型立交，其中某定向匝道，通行大型汽车，转向高峰小时交通量为 985pcu/h，设计速度为 50km/h，长度为 328m，圆曲线半径$R = 300$m，匝道为高架桥形式，两侧防撞护栏宽度各为 0.6m。一般情况下，下列关于该匝道桥最小宽度符合规范规定的应为多少？并请说明选择依据和理由。（计算结果取小数点后两位）

A. 7.95m　　B. 8.50m

C. 9.20m　　D. 9.70m

答案：[　　]

作答过程：

22. 某城市次干路，设计速度为 40km/h，在信号控制平面交叉口进口道设置一条宽为 3.5m 的左转专用车道，高峰 15min 内每信号周期左转车的排队车辆数为 6 辆，下列关于该左转进口道最小长度符合规范规定的应为多少？并请说明选择依据和理由。（计算结果取整数）

A. 74m　　B. 78m

C. 79m　　D. 88m

答案：[　　]

作答过程：

23. 某城市主干路位于软土地区，桥梁台背高填方路段采用堆载预压法进行软基处理。经计算该高填方路基在施工期和路面使用年限内的总沉降量为 970mm，当年 8 月末完成路基堆载，堆载结束后持续观测路基沉降量至次年 7 月末，各月沉降量观测值如下表所示。下列关于该路段最早可以开始路面铺筑的时间，符合规范规定的应为何项？并请说明选择依据和理由。

月份	9月	10月	11月	12月	1月	2月	3月	4月	5月	6月	7月
当月沉降量（mm）	189	174	142	92	48	27	9	5	4	3	3
累计沉降量（mm）	382	556	698	790	838	865	874	879	883	886	889

A. 次年 3 月　　B. 次年 4 月

C. 次年 5 月　　D. 次年 6 月

答案：[　　]

作答过程：

24. 某城市次干路采用沥青路面，基层类型和室内试验测定的基层抗压回弹模量见下表。在计算基层层底拉应力时，下列关于基层和底基层的抗压回弹模量设计值，符合规范规定的应为何项？并请说明选择依据和理由。（计算结果取整数）

结构层次	材料名称	抗压模量（MPa）	
		平均值	标准差
基层	水泥稳定碎石	2768	620
底基层	水泥稳定石屑	1980	366

A. 基层 4008MPa，底基层 1248MPa　　B. 基层 4008MPa，底基层 2712MPa

C. 基层 1528MPa，底基层 1248MPa　　D. 基层 1528MPa，底基层 2712MPa

答案：[　　]

作答过程：

25. 某城市新建地下快速路，主线设计速度 60km/h，封闭段范围内沿行车道方向纵坡度为+2.5%，入口匝道和出口匝道按规范规定的最小间距设置，匝道均为单车道，如图所示。下列关于该地下道路加速车道渐变段末端至减速车道渐变段起点的最大距离符合规范规定的应为多少？并请说明选择依据和理由。

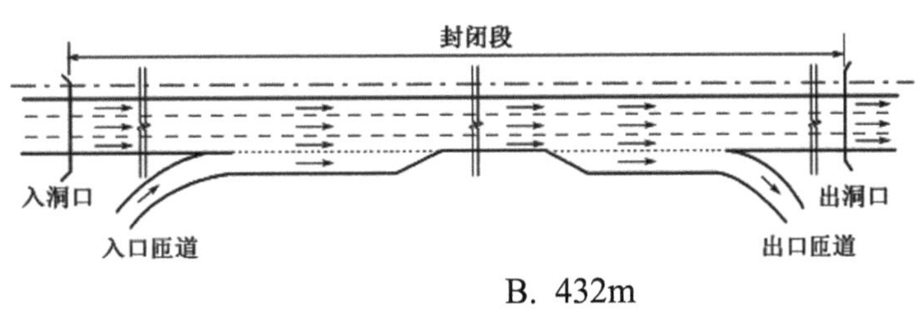

A. 418m　　B. 432m

C. 456m　　D. 460m

答案：[　　]

作答过程：

准考证号：

姓名：

工作单位：

注册道路工程师执业资格专业考试

模考试卷（三）

案例分析

（下）

二〇XX年十一月

应考人员注意事项

1. 书写用笔：**黑色墨水笔**，考生在试卷上作答时，必须使用书写用笔，不得使用铅笔，否则视为违纪试卷；

   填涂答题卡用笔：**2B 铅笔**。

2. 须用书写用笔将工作单位、姓名、准考证号填写在答题卡和试卷相应的栏目内。

3. 本试卷由 25 题组成，全部为单项选择题，每题 2 分。满分为 50 分。

4. **考生在作答时，必须在每道试题对应的答案：[　　] 位置处的括号内填写上该试题所选答案选项对应的字母，并必须在试题主要作答过程下面的空白处写明该题的主要计算（分析）过程、计算结果，概念题则应写明主要作答依据，同时还须将所选答案用 2B 铅笔填涂在答题卡的相应位置处。对不按上述要求作答的考生，如：未在试卷上试题答案：[　　] 内填写所选选项对应的字母，仅在答案选项 A、B、C、D 处画“√”等情况，其试卷或相关试题视为违纪（违规），一律不予复评计分，违纪（违规）责任由考生自负。**

5. 在答题卡或试卷上书写与题意无关的语言，或作标记的，均按违纪试卷处理。

6. 考试结束时，由监考人员当面将试卷、答题卡一并收回。

7. 草稿纸由各地统一配发，考后收回。

1. 某拟建二级公路，设计速度为60km/h，该沿溪线路段路基标准横断面组成中各项指标均采用现行《公路工程技术标准》所规定的一般值，其中路拱坡度为2%，土路肩横坡为4%，纵断面设计采用路中心线处的高程。该河流的水文分析成果见下表。在不考虑设置超高情况下，计算该路段纵断面设计控制高程应是多少？（取小数点后三位）

设计洪水频率	计算水位高程（m）	壅水高（m）	波浪侵袭高（m）
1/100	85.21	0.83	0.52
1/50	84.82	0.69	0.43
1/25	84.12	0.52	0.35

A. 86.055m　　B. 86.440m

C. 86.525m　　D. 86.555m

答案：[　　]

作答过程：

2. 某高速公路设计速度为120km/h，一般路段路拱坡度为1.5%，其标准横断面如下图所示。其中在某一平曲线路段，超高横坡度为3%，缓和曲线长度为130m，超高过渡采用绕中央分隔带边缘旋转方式。计算该路段的全缓和段超高渐变率应是多少？（渐变率分母取整数）

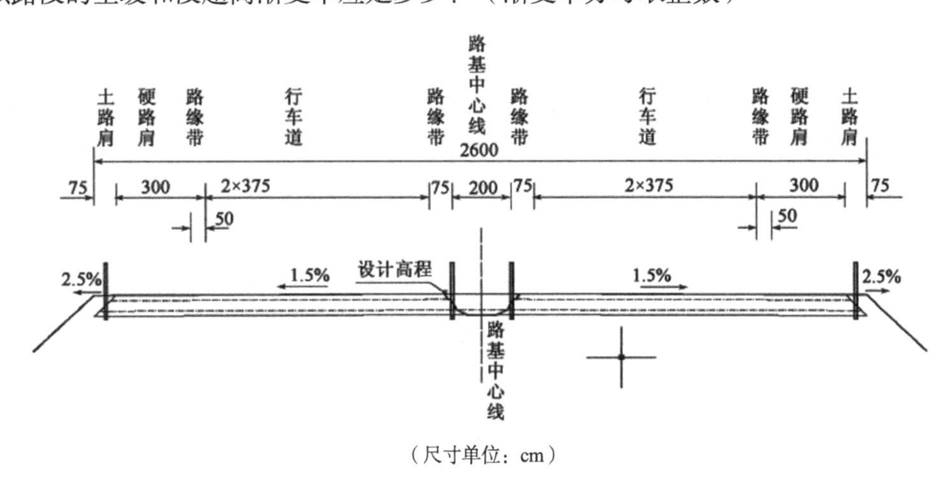

（尺寸单位：cm）

提示：超高过渡段计算公式：　　$L_c = \Delta_i \cdot B/P$

式中：L_c——超高过渡段长度；

Δ_i——超高横坡度与路拱坡度的代数差；

B——超高旋转轴至行车道（设路缘带时为路缘带）外侧边缘的宽度（设有硬路肩的公路，应考虑硬路肩随行车道超高过渡的需要）；

P——超高渐变率。

A. 1/150　　B. 1/193

C. 1/257　　D. 1/286

答案：[　　]

作答过程：

3. 西南地区某拟建城间公路，采用设计速度 100km/h 的高速公路标准。交通量预测显示：预测年限交通组成为小客车 12000veh/d、中型车 5000veh/d、大型车 2000veh/d、汽车列车 1000veh/d；方向不均匀系数为 0.55。计算预测年限的年平均日交通量和单向设计小时交通量分别为多少？（取整数）

A. 27300veh/d，1952veh/h　　B. 27300veh/d，2027veh/h

C. 28500veh/d，2038veh/h　　D. 28500veh/d，2116veh/h

答案：[　　]

作答过程：

4. 下图为某山区二级公路的局部路线平面图。公路设计速度为 60km/h，受地形限制，局部采用了两同向圆曲线径相连接的线形设计、不设缓和曲线，已知小圆半径为 580m，下列关于大圆半径的取值范围，符合规范规定的是何项？并请说明选择依据和理由。

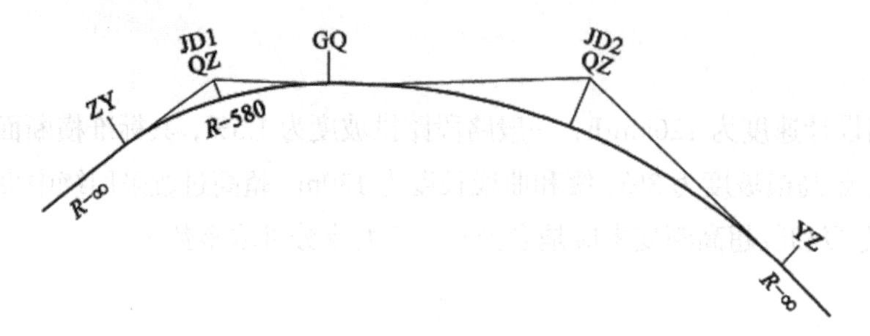

A. 435m < 大圆半径 < 870m　　B. 580m < 大圆半径 < 1160m

C. 580m < 大圆半径 < 1450m　　D. 1160m < 大圆半径 < 1450m

答案：[　　]

作答过程：

5. 某公路路肩挡墙，基础宽度为 3.1m，基础底面水平，作用于基底上合力的竖向分力$N = 480\text{kN}$，墙前被动土压力的水平分量为 40kN，墙后主动土压力的水平分量为 150kN，挡墙不受水的影响，挡墙基底与地基的摩擦系数为 0.4，主动土压力分项系数取 1.0，被动土压力分项系数取 0.3。根据规范计算，该挡墙的抗滑稳定系数是多少？（取小数点后两位）

A. 1.00　　B. 1.28

C. 1.36　　D. 2.44

答案：[　　]

作答过程：

6. 某湿陷性黄土地区公路有一处填方路基，地表以下 4m 为自重湿陷性黄土。其下为非自重湿陷性黄土，取样试验测得自地表向下每一米的自重湿陷性系数分别为$\delta_{zs1} = 0.122$，$\delta_{zs2} = 0.085$，$\delta_{zs3} = 0.058$，$\delta_{zs4} = 0.028$，因地区土质而异的修正系数$\beta_0 = 1.5$；地基的总湿陷量$\Delta_s = 560\text{mm}$。根据规范计算并确定此湿陷性黄土地基的湿陷性等级是多少？

A. I（轻微）　　B. II（中等）

C. III（严重）　　D. IV（严重）

答案：[ ]
作答过程：

7. 某松软砂土地基，地基承载力低，为了提高地基的承载力，减小地基沉降，采用振冲碎石桩处理，振冲碎石桩直径 50cm，桩长 9m，正三角形布置，桩间距 1.5m；桩土面积置换率 0.1007，桩土应力比取 4，经计算碎石桩处理深度范围内的原地基沉降为 43cm。根据规范计算，采用振冲碎石桩后地表下 9m 范围内的沉降是多少？

A. 33cm　　B. 35cm

C. 38cm　　D. 43cm

答案：[ ]
作答过程：

8. 某公路既有路面为水泥混凝土路面，进行加铺设计时，通过钻孔芯样的劈裂强度获得旧水泥混凝土路面面层板的弯拉强度。试验测得旧水泥混凝土路面面层板的劈裂强度测定值的均值为 2.88MPa，标准差为 0.20MPa，根据规范计算旧水泥混凝土路面面层板弯拉强度标准值是多少？

A. 2.90MPa　　B. 4.40MPa

C. 4.70MPa　　D. 4.90MPa

答案：[ ]
作答过程：

9. 某高速公路新建沥青混凝土路面，基层采用水泥稳定碎石，其弹性模量值为 14000MPa，底基层采用级配碎石，其回弹模量为 350MPa，在进行路面结构厚度验算时，水泥稳定碎石基层及级配碎石底基层的回弹模量取值符合规范规定的是多少？

A. 14000MPa，560MPa　　B. 7000MPa，700MPa

C. 7000MPa，350MPa　　D. 28000MPa，560MPa

答案：[ ]
作答过程：

10. 某季节性冻土地区新建高速公路，路面结构为无机结合料稳定类基层沥青混凝土路面，该地区连续 10 年年最低气温平均值为−11.2℃，在路面低温设计温度加 10℃试验温度条件下，表面层沥青弯曲梁流变试验加载 180s 时蠕变劲度为 165MPa，沥青结合料类材料层厚度为 18cm，路基填料为粉质黏土，验算得到的沥青面层低温开裂指数CI是多少？

A. 0.056　　B. 0.071

C. 0.104　　D. 0.253

答案：[ ]
作答过程：

11. 某重力式桥墩，基底为矩形截面，纵桥向尺寸为$L = 4.0\text{m}$，横桥向尺寸为$B = 7.0\text{m}$，基础支撑于非岩石地基，基底承受的作用标准值组合为竖向力$N = 5000\text{kN}$，顺桥向偏心弯矩$M = 3000\text{kN}\cdot\text{m}$，矩形截面的核心半径按照$L/6$计算。请计算作用对基底中心轴的偏心距$e_0$是多少，并判断是否满足规范的要求。

A. 0.60m，不满足　　B. 0.67m，不满足

C. 0.60m，满足　　D. 0.50m，满足

答案：[　　]

作答过程：

12. 某一平原寒冷地区高速公路上的预应力钢筋混凝土桥梁，单孔跨径为 30m，全桥 4 跨一联（4 × 30m），拟在两侧桥台各设一条伸缩装置，固定墩设在一联的中间墩。考虑预设的伸缩装置的安装温度范围为 10～20℃，伸缩装置伸缩量增大系数取$\beta = 1.3$，不考虑其他因素，请问桥梁一侧梁端的伸缩装置的伸缩量是多少？

A. 0.019m　　B. 0.034m

C. 0.042m　　D. 0.050m

答案：[　　]

作答过程：

13. 某一级公路上一联 4 孔 20m 先简支后连续单室双腹板箱梁桥，上部结构设计为部分预应力混凝土结构，其单侧腹板厚度为 500mm，箱梁有效高度为 1200mm，如采用直径 25mm 的螺纹钢筋（钢筋单根面积 490.63mm^2）。请问，根据规范最小配筋率规定，箱梁中至少配置多少根普通受拉钢筋。（取整）

A. 4 根　　B. 6 根

C. 8 根　　D. 10 根

答案：[　　]

作答过程：

14. 二级公路有一隧道长 850m，位于 2.9%的纵坡路段，隧道采用水泥混凝土路面面层。根据规范规定，在交工验收时，请问该路面表面构造深度的取值是多少？

A. 0.50mm　　B. 0.60mm

C. 0.80mm　　D. 1.10mm

答案：[　　]

作答过程：

15. 某公路隧道，长度为 1900m，其中一断面埋深为 210m（属深埋隧道），围岩等级Ⅳ级，围岩重度为 23kN/m^3，隧道宽度为 12m，岩体基本质量指标BQ为 320。不考虑偏压等影响，请问该断面围岩的垂直均布压力是多少？（取小数点后两位）

A. 115.23kN/m^3　　B. 122.59kN/m^3

C. 132.48kN/m^3　　D. 140.76kN/m^3

答案：[　　]
作答过程：

16. 下图为 A 地至 B 地高速公路与 C 地至 D 地高速公路形成的错位交叉交通量分布图。上下行方向中，最短共用路段的长度为 3.870km。两条高速公路设计速度均为 100km/h，设计服务水平均为三级，其中 A 地至 B 地高速公路为双向六车道。请问根据规范有关规定，共用路段应采用的方案为多少？

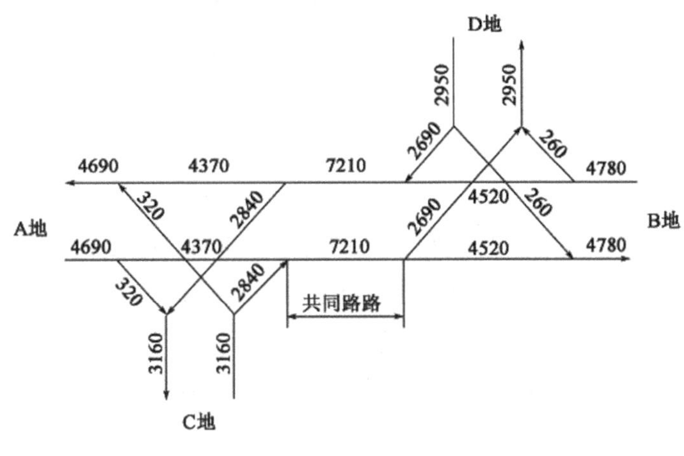

（单位：pcu/h）

A. 采用整体式断面　　B. 两条高速公路直行车道分开设置

C. 保持双向六车道独立设置交叉　　D. 以上方案均可

答案：[　　]
作答过程：

17. 某六车道高速公路设计速度为 120km/h，车道宽度为 3.75m。主线侧一合分流连接部辅助车道方案如下图所示。其中，入口匝道为双车道，设计速度为 50km/h，设计小时交通量为 1950pcu/h，出口匝道为单车道。请指出方案图中存在的不符合标准有关规定的问题，并提出解决方案。其中，在辅助车道段、入口连接部和出口连接部存在的问题共有多少个？

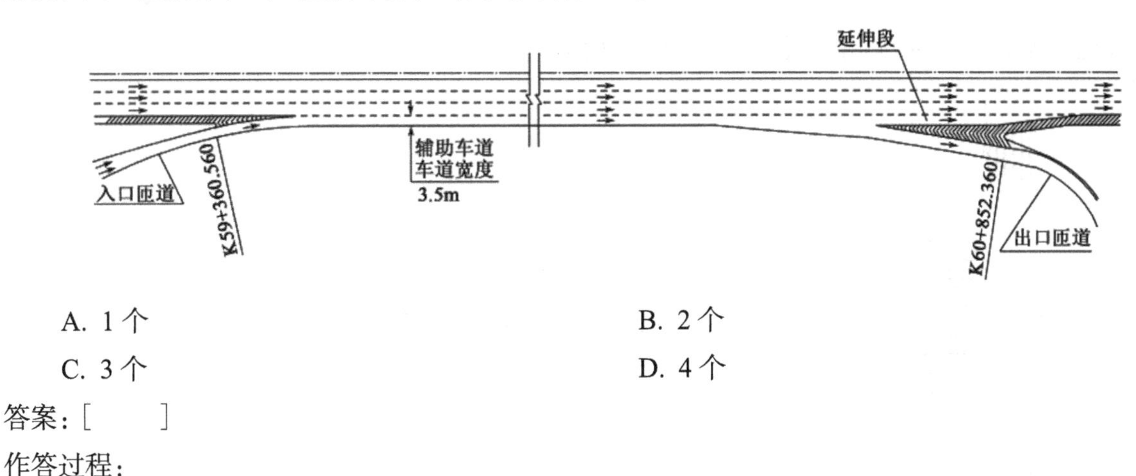

A. 1 个　　B. 2 个

C. 3 个　　D. 4 个

答案：[　　]
作答过程：

18. 某城市主干路设计速度为 60km/h，跨越非通航河道，河道洪水期无大漂流物，不考虑浪高、流冰阻塞等因素。该河道计算水位为 43.50m，冬季最高流冰面高程为 43.00m，桥梁上部结构采用等截面，结构总高度为 2.10m，沿桩号前进方向的桥梁纵坡度分别为+1.6%和−2.0%，变坡点高程为 46.50m。忽略桥长因素影响，竖曲线曲中点为桥面高程控制点，下列桥梁处竖曲线最大半径符合规范规定的是多少？并请说明选择依据和理由。（计算结果百位数取整）

竖曲线计算公式：$R=\frac{8E}{\omega^2}$，$\omega=i_2-i_1$

A. 2400m　　　　B. 2500m

C. 3400m　　　　D. 4000m

答案：[　　]

作答过程：

19. 某城市新建枢纽立交，其中一条快速路设计速度为 100km/h，双向 6 条机动车道，其左半幅路侧分别设置出口匝道和入口匝道。出口定向匝道设计速度为 60km/h，高峰小时交通量为 1010pcu/h；入口定向匝道设计速度为 40km/h，高峰小时交通量为 1510pcu/h。下列图中关于该主路与匝道分、合流处车道数，符合规范规定的是何项？并请说明选择依据和理由。（不考虑匝道长度）

3　3　1　3　1　3　3

A.

3　4　2　3　1　3　3

B.

3　3　1　3　1　3　3

C.

3　3　2　3　1　4　3

D.

答案：[　　]

作答过程：

20. 某城市新建次干路，设计速度为 30km/h，单幅路形式，标准段路面宽 15m，双向 2 条机动车道，两侧为非机动车道，灯控路口采用进口道中线偏移方式进行渠化，下图中关于过渡区标线L的最小长度符合规范规定的是多少？并请说明选择依据和理由。

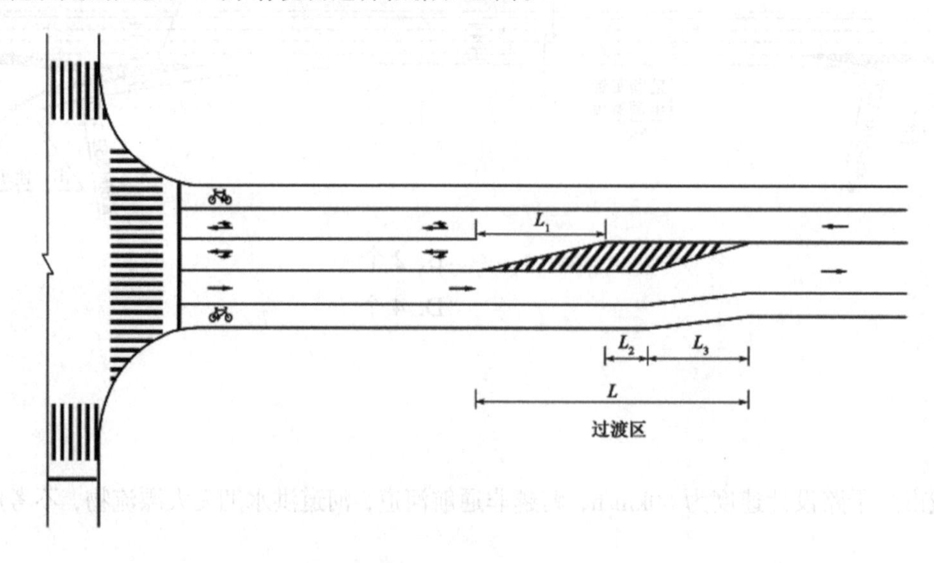

A. 40m　　B. 42m

C. 47m　　D. 52m

答案：[　　]

作答过程：

21. 某城市次干路，路基土的土质类别为黏质土，其平均稠度值w_c为 1.03。拟采用承载板法在室内测定路基土的回弹模量，承载板直径为 100mm，路基土回弹模量室内试验值为 77.2MPa。下列关于该路基土回弹模量设计值符合规范规定的应为多少？并判断是否需要进行路基处理，请说明选择依据和理由。（计算结果取小数点后一位）

A. 14.1MPa，需进行路基处理

B. 16.8MPa，需进行路基处理

C. 20.7MPa，不需进行路基处理

D. 22.2MPa，不需进行路基处理

答案：[　　]

作答过程：

22. 某城市地下道路设计速度为 50km/h，采用双孔矩形结构，两侧不设人行道和检修道，标准横断面布置如下图所示，在地下道路中设置一处平曲线，道路设计中心线圆曲线半径$R = 150$m，圆曲线内侧最外侧车道中心线半径$R_1 = 143.25$m，对应的圆曲线长度为$L_1 = 60.165$m，圆曲线加宽按大型车标准。在不考虑设计竖曲线情况下，该圆曲线内侧路面最小加宽值符合规范规定的为何项？并请说明选择依据和理由。（图中尺寸单位为 m，计算结果取小数点后一位）

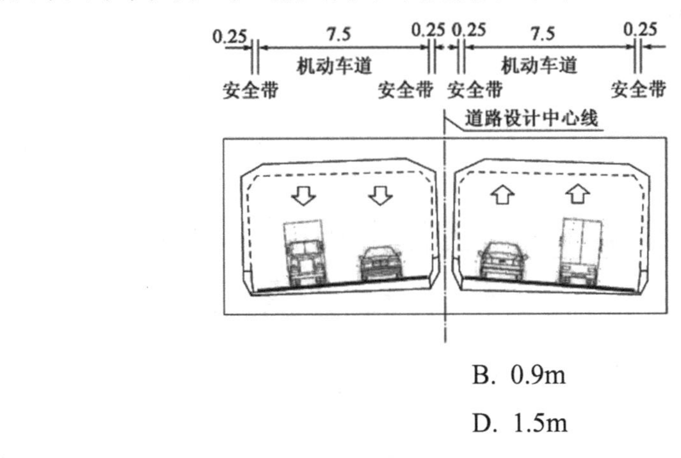

A. 0.6m　　B. 0.9m

C. 1.2m　　D. 1.5m

答案：[　　]

作答过程：

23. 某城市道路在机非分隔带上设置公交车站，下图中有关公交站台无障碍设计内容不符合规范规定的共有多少处？并请说明选择依据和理由。（图中尺寸单位除注明外均以 m 计）

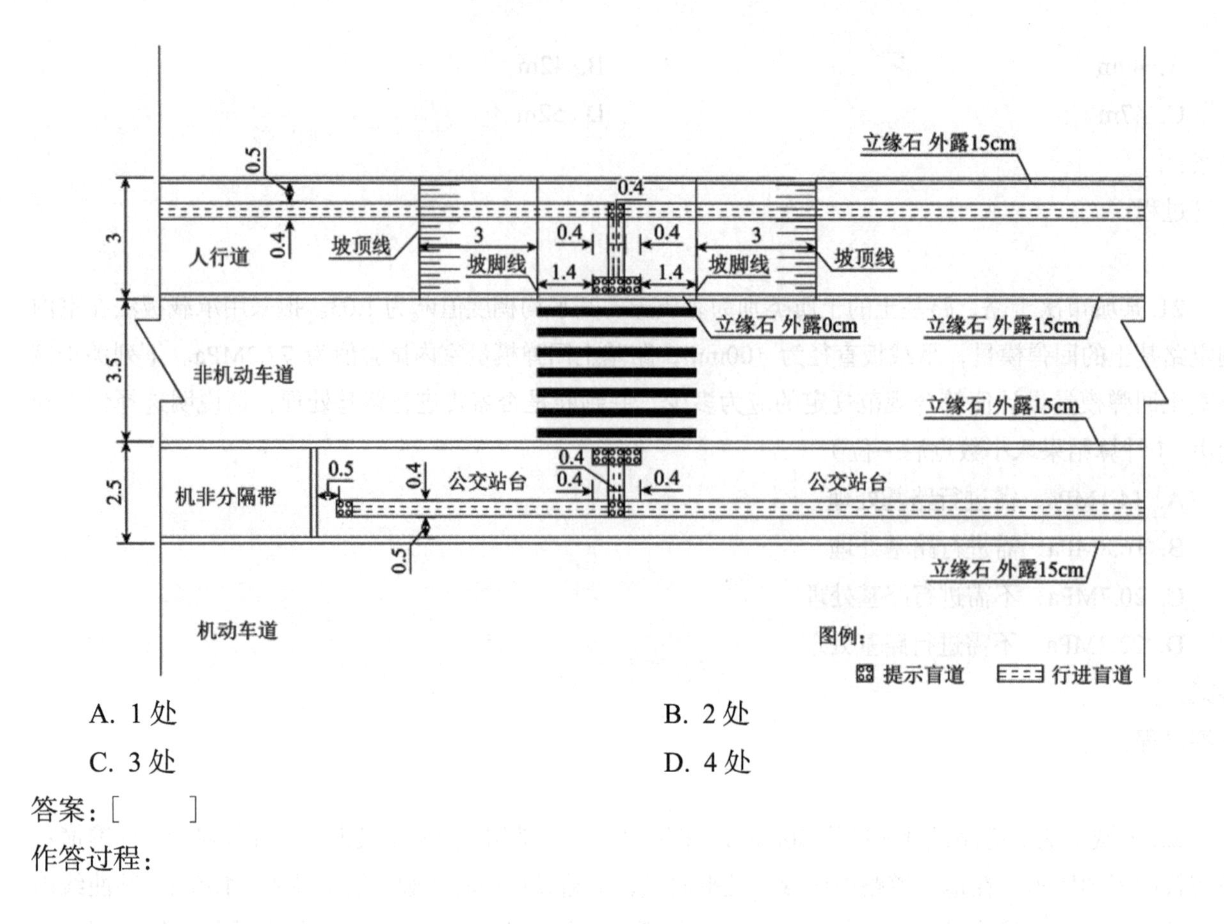

A. 1 处　　　　B. 2 处

C. 3 处　　　　D. 4 处

答案：[　　]

作答过程：

24. 某城市主干道拟提级改造为城市快速路，下图关于该道路市政管线综合设计不符合规范规定的共有多少处。并请说明选择依据和理由。（除管线尺寸单位以 mm 计外其余尺寸单位均为 m，不计管壁厚度，不考虑采取其他安全措施）

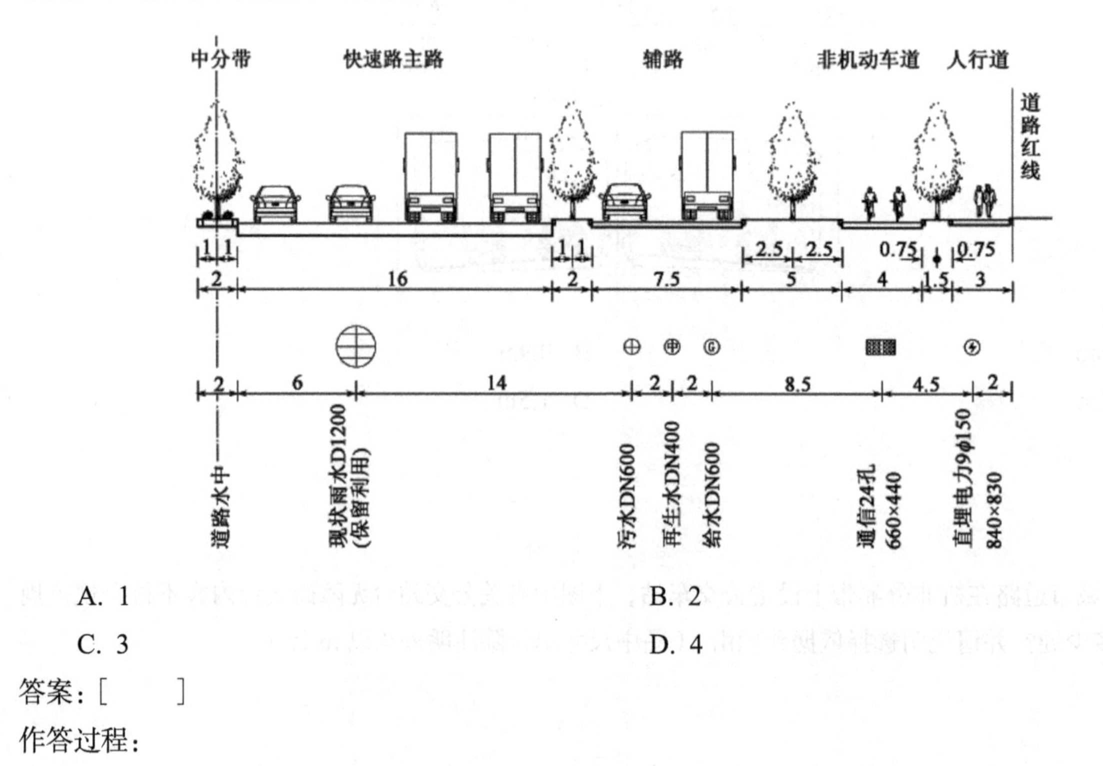

A. 1　　　　B. 2

C. 3　　　　D. 4

答案：[　　]

作答过程：

25. 某城市主干路设计速度为50km/h，横断面为单幅路形式，防护设施设置情况如图所示。图中关于防护设施的设置高度h_1、h_2、h_3、h_4中，符合规范规定的有多少个？并请说明选择依据和理由。

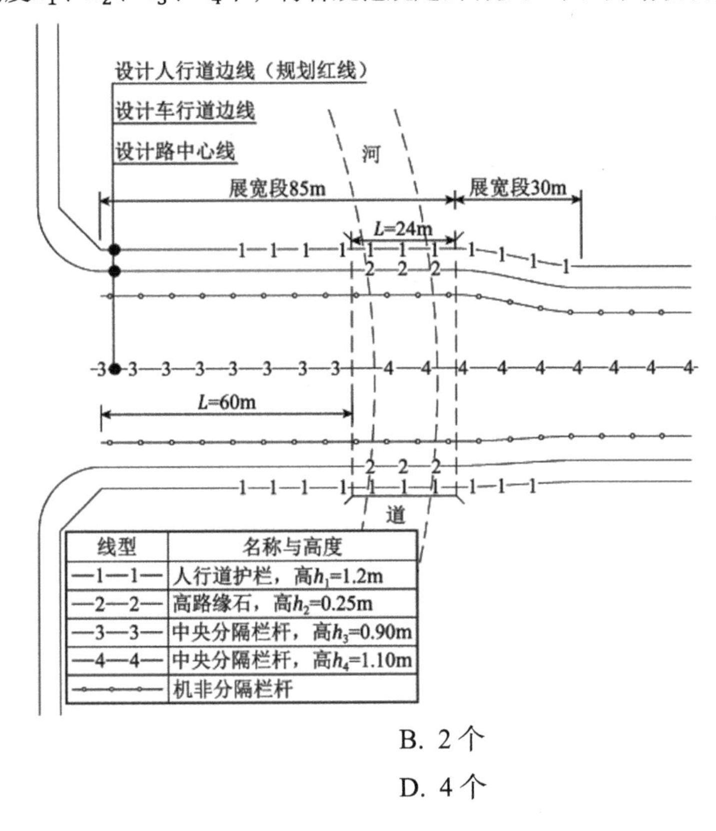

线型	名称与高度
—1—1—	人行道护栏，高h_1=1.2m
—2—2—	高路缘石，高h_2=0.25m
—3—3—	中央分隔栏杆，高h_3=0.90m
—4—4—	中央分隔栏杆，高h_4=1.10m
—○—○—	机非分隔栏杆

A. 1个

B. 2个

C. 3个

D. 4个

答案：[　　]

作答过程：

注册道路工程师执业资格专业考试

模考试卷（四）

案例分析
（上）

二〇XX年十一月

工作单位：

姓名：

准考证号：

应考人员注意事项

1. 书写用笔：**黑色墨水笔**，考生在试卷上作答时，必须使用书写用笔，不得使用铅笔，否则视为违纪试卷；

   填涂答题卡用笔：**2B 铅笔**。

2. 须用书写用笔将工作单位、姓名、准考证号填写在答题卡和试卷相应的栏目内。
3. 本试卷由 25 题组成，全部为单项选择题，每题 2 分。满分为 50 分。
4. **考生在作答时，必须在每道试题对应的答案：[　　　] 位置处的括号内填写上该试题所选答案选项对应的字母，并必须在试题主要作答过程下面的空白处写明该题的主要计算（分析）过程、计算结果，概念题则应写明主要作答依据，同时还须将所选答案用 2B 铅笔填涂在答题卡的相应位置处。对不按上述要求作答的考生，如：未在试卷上试题答案：[　　　] 内填写所选选项对应的字母，仅在答案选项 A、B、C、D 处画“√”等情况，其试卷或相关试题视为违纪（违规），一律不予复评计分，违纪（违规）责任由考生自负。**
5. 在答题卡或试卷上书写与题意无关的语言，或作标记的，均按违纪试卷处理。
6. 考试结束时，由监考人员当面将试卷、答题卡一并收回。
7. 草稿纸由各地统一配发，考后收回。

1. 某新建高速公路项目，采用设计速度 120km/h、双向四车道的高速公路标准，一般路段路基宽度 27.0m。行车道和硬路肩路拱横坡坡度均采用 2.0%，超高旋转采用绕中央分隔带边缘的旋转方式；根据沿线气候和地形，该项目对排水的技术要求较高。下图所示为其中某路段范围的路线纵断面（局部），在一般正常情况下，下列关于该局部路段平、纵、超高等方面不符合规范规定的共有多少处。并请说明选择依据和理由。

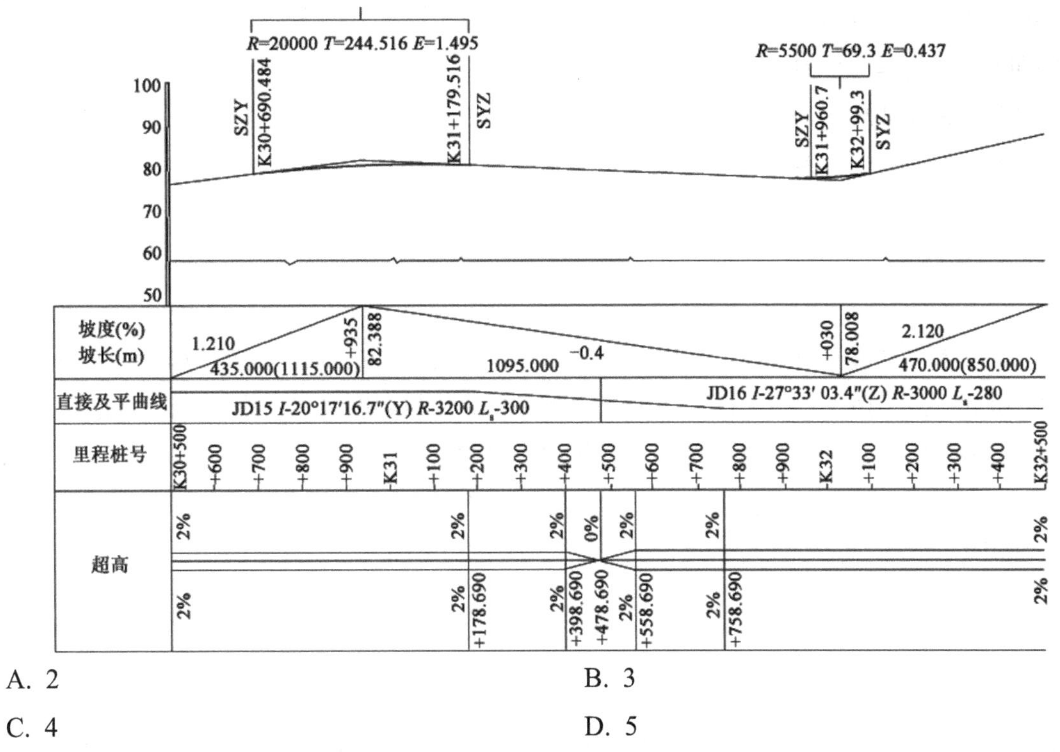

A. 2　　　　B. 3

C. 4　　　　D. 5

答案：[　　]

作答过程：

2. 新建某主要集散公路，连接两个县级市，设计初年交通量组成：小客车 2000veh/d、中型车 800veh/d、大型车 500veh/d、汽车列车 200veh/d。交通量年增长率为 5%，根据《公路工程技术标准》（JTG B01—2014），从预测交通量的角度，该公路分级合适的是何项？

注：交通量预测公式为：$N_{\mathrm{d}} = N_0(1+\gamma)^{n-1}$。

式中，N_{d}为设计末年交通量；N_0为设计初年交通量；γ为交通量年增长率；n为设计年限。

A. 高速公路　　　　B. 一级公路

C. 二级公路　　　　D. 三级公路

3. 某山区公路采用设计速度 60km/h 的二级公路标准，最大超高值取 8%。某路段两个相邻交点 JD1、JD2 的距离是 651.68m；其中 JD1 转角$\alpha_1 = 15°$，圆曲线半径$R_1 = 2050m$；JD2 转角$\alpha_2 = 17°$。假设平面线位不受限制，下列关于两个交点的线形和 JD2 圆曲线半径R_2的值，符合规范规定的是何项？并请说明选择依据和理由。

A. 同向曲线，$R_2 = 125m$

B. 同向曲线，$R_2 = 145.81m$

C. 复曲线，$R_2 = 1248.785m$

D. 复曲线，$R_2 = 2554.63m$

圆曲线要素关系图（不设缓和曲线）

答案：[　　]

作答过程：

4. 某公路工程初步设计阶段，拟采用一处取土场土料填筑路基，取代表性土样进行室内试验，三组土样测得的CBR值分别是：11.7、11.0、10.6。其路基回弹模量湿度调整系数取 0.7，冻融循环条件下路基土模量折减系数为 0.9。问平衡湿度状态下路基回弹模量设计值是多少？

A. 51.7MPa　　B. 57.5MPa

C. 73.9MPa　　D. 82.1MPa

答案：[　　]

作答过程：

5. 某公路修筑了一段路肩挡墙，地层为密实砂砾，挡墙高度 13m，其中基础埋深 3m，地面以上 10m。挡墙完工后，墙前仍然用砂砾回填压实，砂砾的内摩擦角 40°，重度$\gamma = 19kN/m^3$，该挡墙具备计入墙前被动土压力的条件，荷载增大对挡墙起有利作用，被动土压力计算公式$E_0 = \frac{1}{2}\gamma H^2 \tan^2\left(45° + \frac{\varphi}{2}\right)$。问根据《公路路基设计规范》（JTG D30—2015），该每延米挡墙可计入的墙前被动土压力合适的是多少？

A. 52.4kN/m　　B. 118.0kN/m

C. 196.6kN/m　　D. 393.2kN/m

答案：[　　]

作答过程：

6. 某路堤仰斜式挡墙，基础宽度 3m，作用于基底上合力的竖向分力$N = 700kN$；墙前被动土压力水平分力 100kN，挡墙基底倾向路基，坡度 1∶5，墙后主动土压力的水平分力 400kN；挡墙不受水的影响，挡墙与基底的摩擦系数 0.4，主动土压力分项系数 1.0，被动土压力分项系数 0.3。问挡墙的抗滑稳定系数是多少？

A. 1.31　　B. 1.55

C. 1.76　　D. 2.10

答案：[　　]

作答过程：

7. 晋西地区的一处填方路基，地基为湿陷性黄土，地勘查明，地表以下 7.5m 为自重湿陷性黄土，7.5m 以下为非自重湿陷性黄土，取样试验测得自地表向下 0.0～1.5m、1.5～3.0m、3.0～4.5m、4.5～5.5m、5.5～7.5m 的自重湿陷性系数分别为$\delta_{zs1}=0.104$，$\delta_{zs2}=0.098$，$\delta_{zs3}=0.075$，$\delta_{zs4}=0.056$，$\delta_{zs5}=0.028$。问此湿陷性黄土场地的自重湿陷量是多少？

A. 424mm　　B. 475mm

C. 528mm　　D. 633mm

答案：[　　]

作答过程：

8. 某新建高速公路采用沥青路面，初步设计阶段，预测初始年各类车辆双向年平均日交通量及计算设计轴载换算系数如下表所列，已知方向系数为 0.55，车道系数为 0.5。试问采用水平三按 TTC5 分类标准进行路基顶面竖向压应变验算时，计算初始年设计车道日平均当量轴次为多少？

某新建高速公路初始年交通量预测及换算系数表

车辆分类	1 类车	2 类车	3 类车	4 类车	5 类车	6 类车	7 类车
交通量（辆/d）	12880	3620	1460	1230	1100	980	860
当量设计轴载换算系数	—	0.935	1.105	3.210	4.112	8.575	4.840

A. 2786 次/d　　B. 6259 次/d

C. 7831 次/d　　D. 8190 次/d

答案：[　　]

作答过程：

9. 某季节性冻土地区沥青路面设计，已知路基填土高度约 3.5m，路基填料为黏质土，中湿状态，大地多年最大冻深 1600mm，大地多年最大冻深范围内公路材料热物性系数为 1.25，初拟路面面层及基层结构厚度如下图所示，底基层采用级配碎石，公称最大粒径 37.5mm。试问根据《公路沥青路面设计规范》（JTG D50—2017），在不增设防冻结构层的前提下，底基层级配碎石最小厚度应为多少？

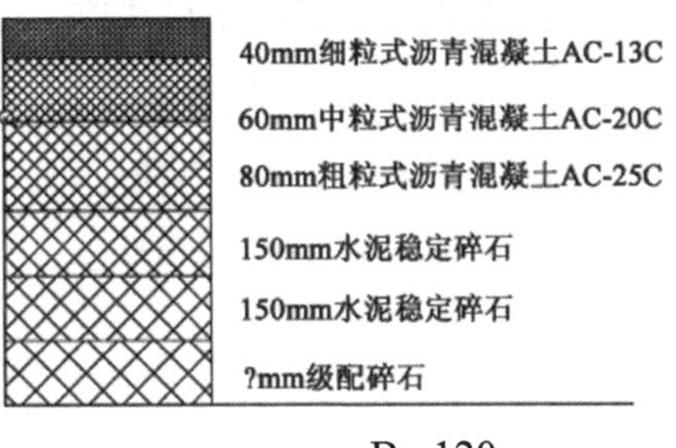

A. 100mm　　B. 120mm

C. 150mm　　D. 200mm

答案：[　　]

作答过程：

10. 在对既有旧水泥混凝土路面结构参数进行调查时，已知旧混凝土面层量测厚度的测定值分别为：235mm、236mm、238mm、238mm、239mm、240mm、241mm，厚度量测值的标准差为 2.115mm。

则该旧混凝土面层厚度的标准值为多少？

A. 206mm　　　　B. 212mm

C. 218mm　　　　D. 236mm

答案：[　　]

作答过程：

11. 某高速公路桥梁采用圆柱式墩，按偏心受压杆件设计，初步考虑的材料和构造为：圆形截面直径为 3.0m，混凝土采用 C50，其抗压强度设计值为 22.5MPa，设置直径 25mm 的 HRB400 钢筋，钢筋的抗拉强度设计值为 330MPa，配置在截面中直径 2.7m 的环形位置。根据规范规定，至少需要配置多少根钢筋。

A. 59 根　　　　B. 70 根

C. 72 根　　　　D. 87 根

答案：[　　]

作答过程：

12. 海南省某高速公路桥梁位于非通航河流，已获知：设计水位 5.00m，考虑壅水、浪高、漂流物等各种因素的影响高度 0.80m，桥梁上部结构建筑高度（梁底到桥面设计高程位置间的高度，已计入横坡等各种因素，假定支座顶即为梁底）3.00m，支座厚度 0.30m。请问，根据规范规定，该桥桥面设计高程至少为多少？

A. 9.30m　　　　B. 9.35m

C. 9.55m　　　　D. 9.60m

答案：[　　]

作答过程：

13. 某一级公路为沥青混凝土路面，设计速度为 80km/h，设有一处 500m 的隧道，洞内为水泥混凝土路面，依据规范规定，洞内进、出口应设置沥青混凝土过渡段，那么该隧道过渡段应为多少？

A. 40m　　　　B. 50m

C. 60m　　　　D. 70m

答案：[　　]

作答过程：

14. 某公路隧道围岩有不稳定岩块，按规范宜设置局部锚杆进行加固，该不稳定岩块重力约为 280kN，滑动岩块与稳定岩体间的摩擦力约为 75kN，拟采用端头锚固型锚杆将不稳定岩块锚固在稳定的岩体上，单根锚杆锚固力为 60kN，在安全系数为 1.1 时应设置的锚杆根数不少于多少？

A. 2 根　　　　B. 3 根

C. 4 根　　　　D. 5 根

答案：[　　]

作答过程：

15. 某公路隧道为单洞两车道，围岩为V级，岩体为软岩且破碎，拟采用复合式衬砌结构，边墙衬砌厚度（含二次衬砌、防水层及初期支护）为 60cm，隧道内轮廓净宽为 10.00m，那么隧道开挖断面的合理宽度是多少？

A. 10.68m　　B. 11.20m

C. 11.36m　　D. 11.44m

答案：[　　]

作答过程：

16. 某高速公路枢纽互通式立体交叉 E 匝道设计速度为 60km/h，双向年平均日交通量为 13500pcu/d，方向不均匀系数为 60%，设计小时交通量系数为 0.11，该匝道平面线形设计起讫桩号为 EK0 + 000～EK0 + 586.425，E 匝道与主线分流、与被交叉路合流鼻端桩号分别为 EK0 + 112.365、EK0 + 460.115，下列各选项为该匝道横断面类型和变速车道的车道数，根据行业现行标准的有关规定，宜选择何项？

A. I型，单车道　　B. II型，单车道

C. II型，双车道　　D. III型，双车道

答案：[　　]

作答过程：

17. 某高速公路互通式立体交叉的交通量分布如图 1 所示，该立交方案简图如图 2 所示。下列选项为经由匝道收费站的高速公路出口设计小时交通量$Q_{出}$，其中正确的为多少？

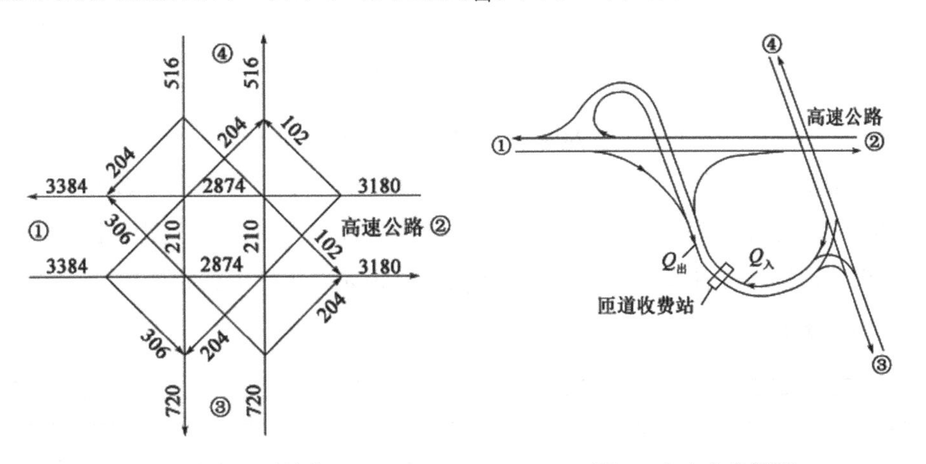

图 1　交通量分布图（单位：pcu/h）　　图 2　立交方案简图

A. 306pcu/h　　B. 510pcu/h

C. 612pcu/h　　D. 816pcu/h

答案：[　　]

作答过程：

18. 某设计速度为 50km/h 的城市主干路，三幅路布置，中间一幅为双向 4 条机动车混行车道，其路面宽度为 15.0m，标准路拱横坡为 2.0%。路段中设有一处$R = 200$m 的圆曲线，超高值为 2.0%、绕中线旋转，计算该圆曲线加宽缓和段的最小长度应取多少？并请说明选择依据和理由。（计算结果取整）

A. 45m　　B. 48m

C. 54m　　D. 60m

答案：[　　]

作答过程：

19. 某设计速度为 40km/h 的城市次干路，单幅路布置，双向 4 条机动车混行车道，对向车道之间设置 0.5m 宽中央分隔护栏、机非划线分隔。路段中靠机动车道一侧设置一处港湾式公交停靠站和候车站台，单向自行车高峰时段预测流量为 880 辆/h。一般情况下，计算该公交停靠站断面处的车行道路面最小宽度应取多少？并请说明选择依据和理由。（取小数点后一位）

A. 22.5m　　B. 24.0m

C. 24.5m　　D. 25.0m

答案：[　　]

作答过程：

20. 某城市道路互通立交为机非混行，直行非机动车流量为 1000 辆/h。某一匝道的设计速度为 30km/h，长度为 260m。计算该匝道设计通行能力取值是多少？并请说明选择依据和理由。（计算结果取整）

A. 791pcu/h　　B. 914pcu/h

C. 977pcu/h　　D. 1040pcu/h

答案：[　　]

作答过程：

21. 某城市高架快速路，设计速度为 80km/h，单向 3 车道。在主线 2.2%的上坡段有一条单车道平行式匝道汇入，匝道设计速度为 40km/h。合流端设计指标为：①加速车道长 220m。②宽度缓和段长 50m。③匝道入口端部通视区视距，主线为 100m。④匝道入口端部通视区视距，匝道为 60m。下列关于该处合流端的设计指标，符合规范规定的有多少处。并请说明选择依据和理由。

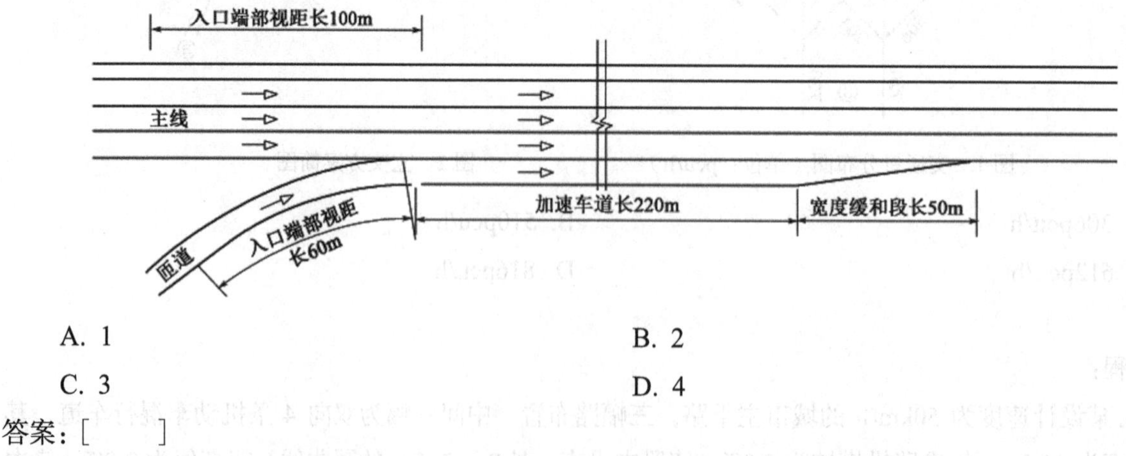

A. 1　　B. 2

C. 3　　D. 4

答案：[　　]

作答过程：

22. 某货运交通为主的城市主干路，采用水泥混凝土路面，双向六车道。该道路设计车道使用初期的当量轴载日作用次数为 2960 次/d，设计基准期内交通量的年增长率为 3%。计算该水泥混凝土路面设计基准期内临界荷位所承受的累计当量轴次应是多少？并请说明选择依据和理由。（计算结果取整）

A. 771 万次　　　　B. 1028 万次

C. 1748 万次　　　　D. 2005 万次

答案：[　　]

作答过程：

23. 某城市主干路的市政管线综合设计如下图所示。判断图中工程管线之间及其与建（构）筑物之间的水平净距，不符合规范规定的共有多少处。并请说明选择依据和理由。（图中尺寸单位均以 m 计）

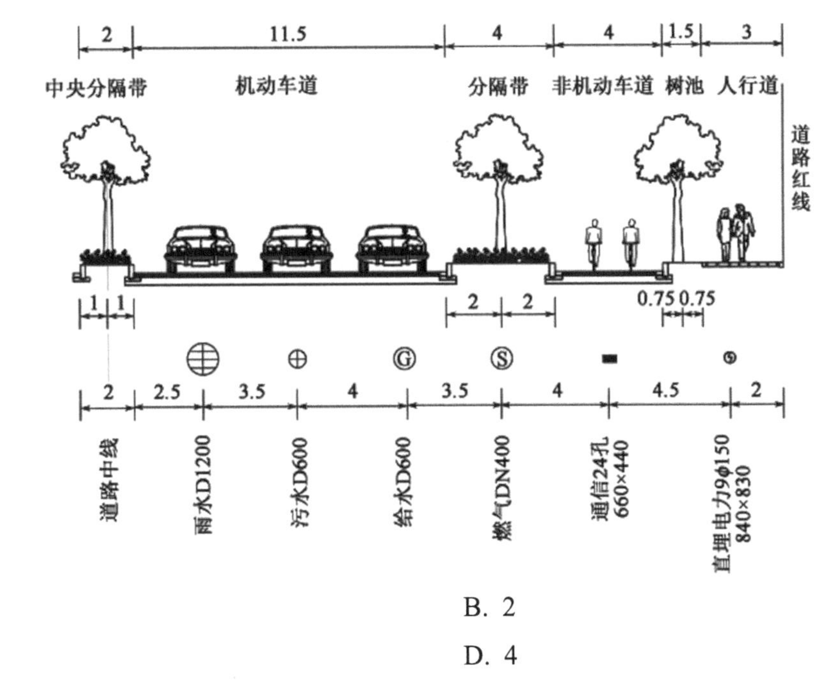

A. 1　　　　B. 2

C. 3　　　　D. 4

答案：[　　]

作答过程：

24. 某设计速度为 50km/h 的城市地下道路，设置一处小客车专用的单车道出口匝道，该匝道右侧设置检修道。不考虑匝道车道加宽因素，计算该出口匝道建筑限界的最小宽度应为多少？并请说明选择依据和理由。

A. 5.75m　　　　B. 6.25m

C. 6.75m　　　　D. 7.00m

答案：[　　]

作答过程：

25. 某城市主干路设置过街人行天桥一座，分隔带上布设防撞墩柱。该墩柱除满足正常车辆防撞要求外，还需考虑车辆重 200kN、最高行驶速度 50km/h 特殊车辆的防撞要求。计算该墩柱顺行车方向的汽车撞击力取值应为多少？并请说明选择依据和理由。（计算结果取整数）

A. 303kN　　B. 350kN

C. 363kN　　D. 484kN

答案：[　　]

作答过程：

注册道路工程师执业资格专业考试

模考试卷（四）

案例分析
（下）

二〇XX年十一月

应考人员注意事项

1. 书写用笔：**黑色墨水笔**，考生在试卷上作答时，必须使用书写用笔，不得使用铅笔，否则视为违纪试卷；

   填涂答题卡用笔：**2B 铅笔**。

2. 须用书写用笔将工作单位、姓名、准考证号填写在答题卡和试卷相应的栏目内。

3. 本试卷由 25 题组成，全部为单项选择题，每题 2 分。满分为 50 分。

4. **考生在作答时，必须在每道试题对应的答案：[　　] 位置处的括号内填写上该试题所选答案选项对应的字母，并必须在试题主要作答过程下面的空白处写明该题的主要计算（分析）过程、计算结果，概念题则应写明主要作答依据，同时还须将所选答案用 2B 铅笔填涂在答题卡的相应位置处。对不按上述要求作答的考生，如：未在试卷上试题答案：[　　] 内填写所选选项对应的字母，仅在答案选项 A、B、C、D 处画"√"等情况，其试卷或相关试题视为违纪（违规），一律不予复评计分，违纪（违规）责任由考生自负。**

5. 在答题卡或试卷上书写与题意无关的语言，或作标记的，均按违纪试卷处理。

6. 考试结束时，由监考人员当面将试卷、答题卡一并收回。

7. 草稿纸由各地统一配发，考后收回。

1. 某新建高速公路地处山区，因地形等条件的限制，采用设计速度 80km/h、四车道的高速公路标准，路段以通行小客车为主。已知：中央分隔带宽 2.0m，路段路基两侧设置刚性护栏、护栏宽度为 0.5m。按设置港湾式紧急停车带和不设置港湾式紧急停车带计算的一般路段路基最小宽度分别为多少？（取小数点后一位）

A. 22.5m，24.5m　　B. 23.5m，25.5m

C. 24.5m，26.5m　　D. 25.5m，27.5m

答案：[　　]

作答过程：

2. 某公路改扩建项目，现有公路为设计速度 80km/h、双向四车道的一级公路，中央分隔带宽度 2m，左侧路缘带宽度 0.5m。改扩建采用 100km/h 设计速度，道路中心线维持不变，中间带加宽至 4.5m，左侧路缘带宽度按正常条件设计。但由于受其他条件限制，其中某局部路段的中央分隔带无法拓宽、仍沿用原有宽度，因此需设置中央分隔带的宽度渐变过渡段，计算该过渡段最小长度为多少？（取整数）

A. 50m　　B. 75m

C. 100m　　D. 125m

答案：[　　]

作答过程：

3. 某积雪冰冻地区一级公路，设计速度采用 100km/h，因局部地形地质条件的限制，在某路段拟设置两反向平面圆曲线，直线段长度不满足 $2v$要求，依据规范需设置两个反向回旋线将这两个圆曲线衔接。已知大圆曲线半径为 850m，计算小圆曲线半径的最小值应为多少？（取整数）

A. 400m　　B. 425m

C. 440m　　D. 700m

答案：[　　]

作答过程：

4. 西南地区某拟建集散二级公路，地处山岭区，路基宽度 10.0m，其中行车道宽度 7m，硬路肩宽 0.75m，土路肩宽 0.75m；路拱横坡为 2.0%，土路肩横坡为 3%；路基设计高程为路中心线高程；超高过渡采用绕中线旋转方式；加宽按直线比例过渡。另外交通量调查显示：路段有铰接列车通行。在某弯道段，路线平面敷设了圆曲线半径为 200m、缓和曲线长度为 70m 的平曲线；最大超高横坡坡度为 5%，超高在全缓和段内过渡；该弯道纵断面为平坡。其中距离缓和曲线 ZH 点$X = 35$m 处断面的最外缘处是其他构造物的控制点，计算该点与 ZH 点相对应的位置的高程差为多少？（取小数点后三位）

A. 0.080m　　B. 0.120m

C. 0.156m　　D. 0.159m

答案：[　　]

作答过程：

5. 根据计算，某公路路堑边坡抗滑桩桩顶需要设置一根预应力锚索，锚索需要提供的水平力是

750kN，锚索与水平面的夹角是 20°，预计锚索锚固段的地层为强风化砂岩，土体与锚固体黏结强度设计值$f_{rb}=440kPa$，锚索孔的直径为 130mm，安全系数取 2.0，其他均符合要求。对于锚固段的长度，合适的是多少？

A. 8m　　B. 9m

C. 10m　　D. 12m

答案：[　　]

作答过程：

6. 某高速公路粉土地基，采用碎石桩处理，碎石桩正方形布置，间距 1.6m，碎石桩的直径 60cm，粉土的抗剪强度$\tau_s=55kPa$，碎石桩的抗剪强度$\tau_p=160kPa$。问复合地基的抗剪强度是多少？

A. 50kPa　　B. 60kPa

C. 67kPa　　D. 105kPa

答案：[　　]

作答过程：

7. 某高速公路路基处在斜坡上，可能产生沿原地面的滑动，原地面地形为折线形。依据地形将路基分成 3 块，其重量分别为$W_1=2600kN$、$W_2=6200kN$、$W_3=3700kN$，三段滑面的长度分别为$L_1=24.05m$、$L_2=23.18m$、$L_3=29.11m$，它们与水平面的夹角分别为$\alpha_1=20°$、$\alpha_2=12°$、$\alpha_3=5°$。原地表浅表层为红黏土，其力学参数：黏聚力$c=18kPa$，内摩擦角$\varphi=10°$。依据《公路滑坡防治设计规范》（JTG/T 3334—2018），在正常工况下，安全系数取 1.2，采用传递系数法计算，问在正常工况下第二块（W_2）（每延米路基）产生的剩余下滑力是多少？

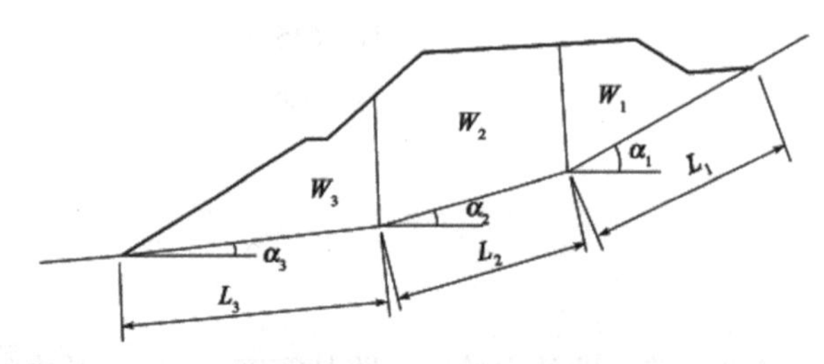

A. 203kN　　B. 257kN

C. 417kN　　D. 477kN

答案：[　　]

作答过程：

8. 某新建公路，采用沥青路面，面层沥青混合料总厚度 95mm，其中表面层沥青混合料厚 35mm。已知表面层沥青混合料车辙试验试件厚度为 50mm，在进行表面层沥青混合料永久变形量验算时，第一、第二分层厚度分别为 15mm、20mm，则计算第 2 分层永久变形量综合修正系数为多少？

A. 1.645　　B. 4.989

C. 5.658　　D. 6.663

答案：[　　]

作答过程：

9. 某新建一级公路，设计采用水泥稳定类基层沥青路面，已知对应路基顶面竖向压应变验算的设计车道当量设计轴载累计作用次数为 1.876×10^7，温度调整系数为 1.09，则路基顶面的容许竖向压应变为多少？

A. 234×10^{-6}　　B. 271×10^{-6}

C. 293×10^{-6}　　D. 385×10^{-6}

答案：[　　]

作答过程：

10. 武汉地区某高速公路沥青路面，沥青混合料层厚度为 180mm，在进行沥青混合料层永久变形量计算时，沥青混合料层的等效温度为多少？

A. 26.2℃　　B. 25.6℃

C. 28.7℃　　D. 26.0℃

答案：[　　]

作答过程：

11. 某新建双车道二级公路，土路肩宽 0.75m，右侧硬路肩宽 1.5m，行车道宽 3.5m。采用水泥混凝土路面结构，其中一段土质路堑长 100m。根据勘察，该段地下水丰富，设计拟在路面结构层底设置一层级配碎石排水垫层，则该垫层级配碎石用量应不少于多少？

A. $115.0m^3$　　B. $172.5m^3$

C. $230.0m^3$　　D. $287.5m^3$

答案：[　　]

作答过程：

12. 某高速公路桥梁，桥宽 12m，跨径 30m，上部结构为预应力混凝土 T 梁，柱式桥墩、钻孔灌注桩基础，重力式桥台、扩大基础。上部结构自重传递给桥台的竖向力为 2500kN，桥台自重 1000kN，汽车荷载传递给桥台的竖向力标准值为 1500kN、水平力（台前方向）标准值为 300kN，其他偶然荷载传递给桥台的竖向力标准值为 500kN、水平力（台前方向）标准值为 350kN，台前土压力作用于桥台的水平力为 300kN，台后土压力作用于桥台的水平力为 1200kN。不计土压力作用于桥台的竖向力，桥台处地基为粉土，基底摩擦系数采用规范规定的最大值。桥台基底在仅承受永久作用标准值组合时偏心距为 0.2m，截面核心半径为 3m；在承受偶然作用标准值组合时偏心距为 2.5m，截面核心半径为 3m。该桥台使用阶段的抗滑动稳定性及偏心距是否满足规范要求？

A. 均满足　　B. 均不满足

C. 抗滑动稳定性满足，偏心距不满足　　D. 抗滑动稳定性不满足，偏心距满足

答案：[　　]

作答过程：

13. 某南方高速公路桥的桥墩拟采用2.0m直径的钻孔灌注桩（C30水下混凝土），桥梁结构计算结果要求单桩桩顶轴向承载力特征值（R_a）为15000kN。桩基处河床底面土层从上到下分为三层，第一层为硬塑黏土，$q_{1k} = 50\text{kPa}$，层厚为6m；第二层为中砂层，$q_{2k} = 70\text{kPa}$，层厚为8m；第三层为卵石层，$q_{3k} = 160\text{kPa}$，该土层修正后的桩端土承载力特征值$q_r = 2200\text{kPa}$。该墩位处总冲刷深度4m、承台顶面设置在河床下1m、厚度拟定2m，勘探钻孔深50m。请计算单桩长度至少是多少？

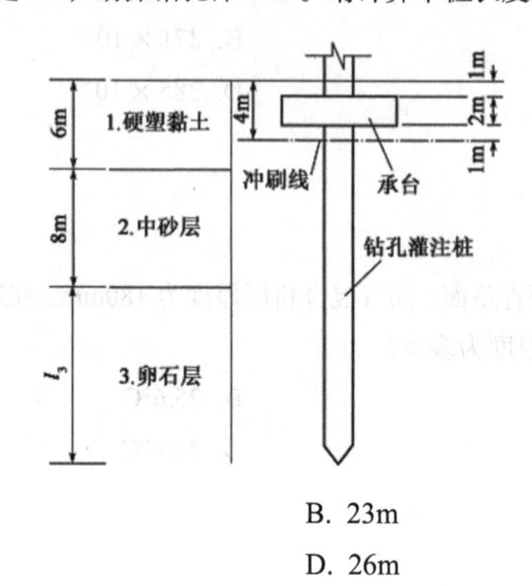

A. 18m　　　　B. 23m

C. 24m　　　　D. 26m

答案：[　　]

作答过程：

14. 某公路隧道，围岩等级为V，重度为21.0kN/m³，拟采用钻爆法施工开挖，开挖断面宽度为10.0m，高度为8.0m，断面顶部至地表厚度为9.2m，宽度影响系数为1.5。那么该断面隧道顶部围岩的垂直均布压力是多少？

A. 135.0kN/m²　　　　B. 158.4kN/m²

C. 193.2kN/m²　　　　D. 226.8kN/m²

答案：[　　]

作答过程：

15. 某公路隧道所处围岩为软岩，地下水较丰富，隧道断面开挖宽度为11.5m，施工过程中由于支护不够及时，导致开挖断面变形量较大，达到48cm。该大变形可确定为何项？

A. 轻微大变形　　　　B. 中等大变形

C. 强烈大变形　　　　D. 特级大变形

答案：[　　]

作答过程：

16. 某改扩建为双向八车道的高速公路，设计速度100km/h，原两相邻互通式立体交叉起讫桩号分别为K38＋765～K40＋030和K47＋716～K48＋952，拟在其间新增一处互通式立体交叉。下列各选项分别为新增立交四个方案的起讫桩号和立交范围主线凹形竖曲线半径，其中符合行业现行标准有关规定的是何项？

A. 方案一：K40 + 710～K41 + 882，15000m

B. 方案二：K42 + 998～K44 + 152，7000m

C. 方案三：K45 + 400～K46 + 566，12800m

D. 方案四：K45 + 553～K46 + 713，12800m

答案：[　　　]

作答过程：

17. 某高速公路互通式立体交叉匝道双向年平均日交通量为 25812pcu/d，方向不均匀系数为 65%，设计小时交通量系数为 0.09。根据其设计小时交通量，在下列各匝道形式中，该左转弯匝道宜选用的形式是何项？

A. 环形　　　　B. 内转弯半直连式

C. 外转弯半直连式　　　　D. 迂回型半直连式

答案：[　　　]

作答过程：

18. 某设计速度为 40km/h 的城市次干路，单幅路布置，单向机动车道宽 2 × 3.5m、单向非机动车道宽 2.5m、人行道宽 4.0m，对向机动车道之间设置宽 0.5m 的中央分隔护栏、机非划线分隔。某一路段中心线转角值为 29°36′00″，转角点与圆心连线上有一处 110kV 高压杆塔，杆塔外缘至转角点的水平距离为 1.5m，道路边线至杆塔外缘的水平控制距离为 5.0m。不计杆塔尺寸大小，计算该处采用不设缓和曲线的圆曲线最小半径值应为多少？并请说明选择依据和理由。（小数取整）圆曲线计算公式：$E = R \times [\sec(\alpha/2) - 1]$。

A. 500m　　　　B. 590m

C. 597m　　　　D. 605m

答案：[　　　]

作答过程：

19. 某城市重要区域拟建一座跨道路的人行天桥，预测高峰密集时段天桥 15min 的人流量为 2950 人次。计算该人行天桥桥面最小净宽和每端梯道的最小净宽之和分别为多少？并请说明选择依据和理由。（天桥宽度取整数，梯道宽度取小数点后一位）

A. 5.0m、6.0m　　　　B. 6.0m、7.2m

C. 7.0m、8.4m　　　　D. 7.0m、7.0m

答案：[　　　]

作答过程：

20. 某城市快速路立交采用单喇叭形式，主线设计速度均为 80km/h，双向六车道，匝道设计速度为 40km/h。主线和匝道一条车道的可能通行能力分别为 1950pcu/h 和 1700pcu/h，服务水平分别采用枢纽立交和一般匝道标准。计算该立交总的设计通行能力（不设附加车道）是多少？并请说明选择依据和理

由。（计算结果取整）

A. 6842pcu/h　　　　B. 7454pcu/h

C. 7602pcu/h　　　　D. 8214pcu/h

答案：[　　]

作答过程：

21. 某软土地区城市次干路，桥梁台背高填方路段拟定以下两个软基处理方案控制路基沉降。经计算，该处高填方路基在施工期和路面使用年限内的总沉降为 0.44m。在不考虑填筑路堤自身沉降的情况下，分别计算两个方案的工后沉降，并判断何项符合规范规定。（取小数点后两位）

方案一（堆载预压方案）：堆载预压期为 8 个月，推算施工期内累计沉降为 0.26m。

方案二（碎石桩处理方案）：桩径为 0.8m，桩距为 1.5m，桩长为 10m，按等边三角形布置，桩土应力比取 4.8，推算碎石桩桩长深度内未加固地基的工后沉降为 0.39m。

A. 方案一符合　　　　B. 方案二符合

C. 两个方案均符合　　　　D. 两个方案均不符合

答案：[　　]

作答过程：

22. 某城市主干路采用水泥稳定碎石基层沥青路面，以半刚性基层层底拉应力为设计指标，设计基准期内一个车道上的累计当量轴次 $N_e = 1280$ 万次，水泥稳定碎石材料 90d 龄期的劈裂强度 $\sigma_s = 0.50$MPa，可靠度系数 $\gamma_a = 1.10$，基层层底的最大拉应力 $\sigma_m = 0.17$MPa。计算该基层的容许抗拉强度 $[\sigma_R]$ 是多少？并判断是否符合规范规定。（取小数点后两位）

A. 0.18MPa，符合规范规定　　　　B. 0.18MPa，不符合规范规定

C. 0.24MPa，符合规范规定　　　　D. 0.24MPa，不符合规范规定

答案：[　　]

作答过程：

23. 某城市道路无障碍设计如下图所示。判断在提示盲道宽度、正面坡道宽度、正面坡坡度、侧面坡坡度、盲道与路缘石距离中，不符合规范规定的共有多少处。并请说明选择依据和理由。（图纸中尺寸单位除注明外，均以 m 计）

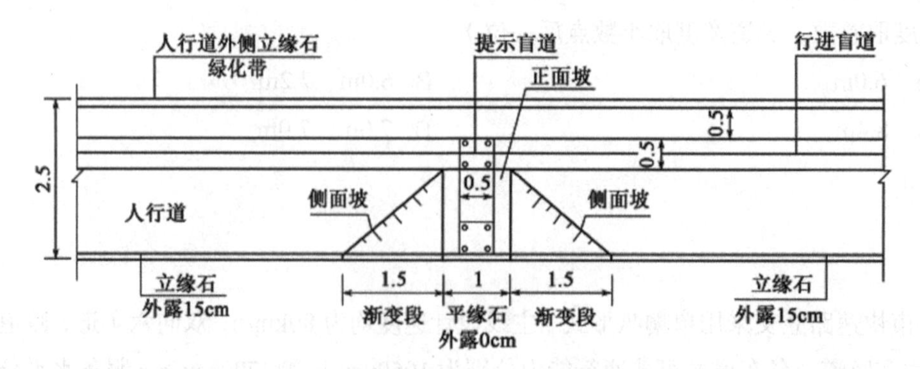

A. 2　　B. 3

C. 4　　D. 5

答案：[　　]

作答过程：

24. 某设计速度为 40km/h 的城市支路，其平面线形由 4 处平曲线组成，平曲线设计要素见下表。在不考虑视距影响情况下，下列关于该道路需设置急弯路标志的平曲线有多少个。并请说明选择依据和理由。

交点	转角值	圆曲线半径 R（m）	圆曲线长度 L_c（m）	缓和曲线长度 L_{s1}（m）	缓和曲线长度 L_{s2}（m）	平曲线长度 L（m）
JD1	40°29′34″（右）	300	162.019	50	50	262.019
JD2	46°27′37″（左）	110	64.197	50	0	114.197
JD3	126°43′22″（左）	90	128.601	50	50	228.601
JD4	42°41′26″（右）	300	173.527	50	50	273.527

A. 1　　B. 2

C. 3　　D. 4

答案：[　　]

作答过程：

25. 某设计速度为 80km/h 的城市地下快速路，暗埋段内设置一条单车道入口匝道，主线沿行车道方向纵坡为+3%，匝道设计速度为 40km/h，暗埋段与入口位置关系如下图所示。计算该地下道路入洞口距加速车道渐变段末端的最小长度，符合规范规定的为多少？并请说明选择依据和理由。

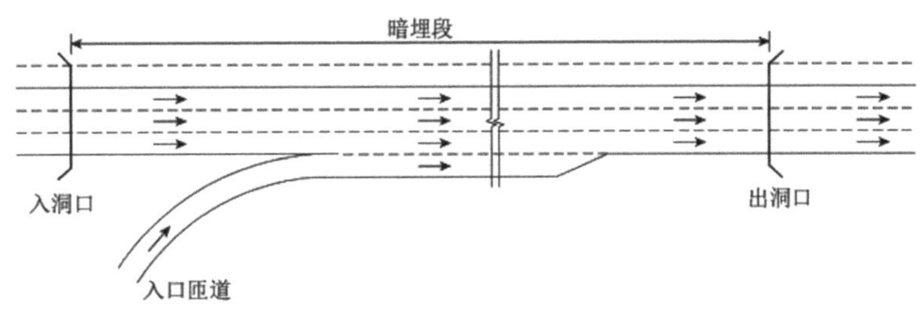

A. 407m　　B. 435m

C. 479m　　D. 501m

答案：[　　]

作答过程：

注册道路工程师执业资格专业考试

模考试卷（五）

案例分析

（上）

二〇XX年十一月

准考证号：

姓名：

工作单位：

应考人员注意事项

1. 书写用笔：**黑色墨水笔**，考生在试卷上作答时，必须使用书写用笔，不得使用铅笔，否则视为违纪试卷；

   填涂答题卡用笔：**2B 铅笔**。

2. 须用书写用笔将工作单位、姓名、准考证号填写在答题卡和试卷相应的栏目内。
3. 本试卷由 25 题组成，全部为单项选择题，每题 2 分。满分为 50 分。
4. **考生在作答时，必须在每道试题对应的答案：[　　] 位置处的括号内填写上该试题所选答案选项对应的字母，并必须在试题主要作答过程下面的空白处写明该题的主要计算（分析）过程、计算结果，概念题则应写明主要作答依据，同时还须将所选答案用 2B 铅笔填涂在答题卡的相应位置处。对不按上述要求作答的考生，如：未在试卷上试题答案：[　　] 内填写所选选项对应的字母，仅在答案选项 A、B、C、D 处画“√”等情况，其试卷或相关试题视为违纪（违规），一律不予复评计分，违纪（违规）责任由考生自负。**
5. 在答题卡或试卷上书写与题意无关的语言，或作标记的，均按违纪试卷处理。
6. 考试结束时，由监考人员当面将试卷、答题卡一并收回。
7. 草稿纸由各地统一配发，考后收回。

1. 某拟新建公路位于城镇化地区，路段交通量小、机动车与非机动车混行，根据《城镇化地区公路工程技术标准》(JTG 2112—2021)，采用四级公路标准，设计速度 20km/h。计算未设置错车道和人行道的一般路段路基最小宽度为多少？（取小数点后一位）。

A. 4.5m　　B. 5.0m

C. 6.5m　　D. 7.0m

答案：[　　]

作答过程：

2. 某省道为双车道二级公路，经由 Y 镇穿过，设计速度 60km/h，路基总宽度 10.0m，其中行车道 2×3.5m，硬路肩 0.75m，土路肩 0.75m。近年来 Y 镇过境段两侧街道化明显，慢行车辆较多并严重影响过境车辆的正常通行。现拟对该过境段路段采用增设慢车道的形式进行局部拓宽改建，计算该段路基宽度最小值为多少？（取小数点后一位）

A. 10.0m　　B. 10.5m

C. 15.5m　　D. 17.0m

答案：[　　]

作答过程：

3. 某平原区高速公路采用设计速度 120km/h 的标准。下图是其中一处凸形竖曲线路段的示意图，前坡$i_1 = 0.8\%$，后坡$i_2 = 0.3\%$。条件不受限制时，根据《公路路线设计规范》(JTG D20—2017)，计算该竖曲线的一般最小半径应为多少？（取整数）

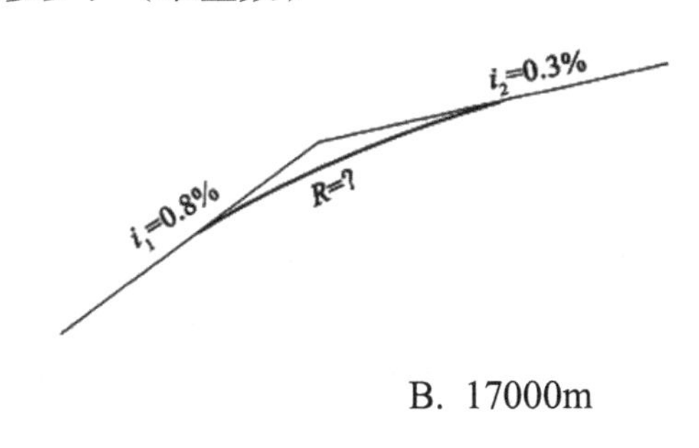

A. 11000m　　B. 17000m

C. 20000m　　D. 50000m

答案：[　　]

作答过程：

4. 某公路从软基地段通过，软土厚度 15m，路基设计高程 28.5m，地面高程 20.5m，洪水位 27.5m，路基高度 8m；设计采用泡沫轻质土填筑（厚度 6.7m），采用直立坡率，泡沫轻质土的重度 8kN/m^3；底部 50cm 厚采用砂砾填筑，砂砾之上设置高强钢丝格栅，砂砾的重度 20kN/m^3；路面结构总厚度 80cm，平均重度 24kN/m^3，不考虑车辆荷载，不考虑沉降的影响。根据《公路路基设计规范》(JTG D30—2015)，该路基抗浮稳定系数是多少？（取小数点后两位）

A. 1.04　　B. 1.12

C. 1.18　　D. 1.27

答案：[　　]
作答过程：

5. 某山区公路的陡坡路基，修筑了一段仰斜式路肩挡墙，如下图所示。挡墙采用C20混凝土浇筑，按承载能力极限状态设计，结构重要性系数$\gamma_0 = 1.0$，荷载组合为I，不考虑墙前被动土压力，经过分析计算，墙后主动土压力作用在F点，主动土压力大小为132kN，主动土压力方向与水平方向的夹角为20°；墙身重力640kN，挡墙重心在G点；墙址在OA点，各种尺寸见图上标注。依据《公路路基设计规范》（JTG D30—2015）计算，该挡墙的抗倾覆稳定系数是多少？（取小数点后两位）。

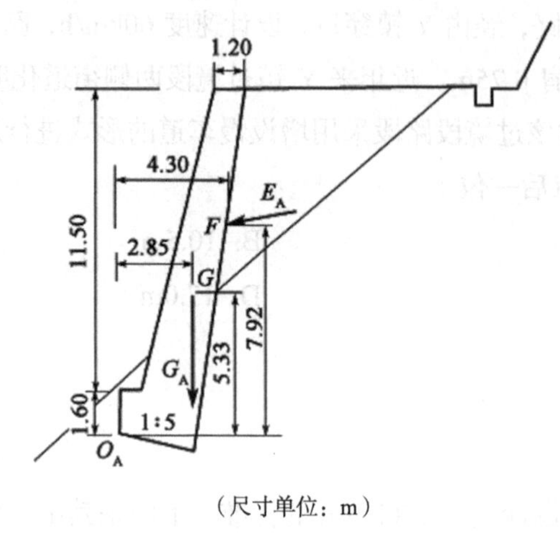

（尺寸单位：m）

A. 1.60　　B. 1.85

C. 2.05　　D. 2.10

答案：[　　]
作答过程：

6. 某段公路路基在库区影响范围内，路基填筑高度5.5m。在雨季，路基的下部被上涨的库水位浸泡较长时间。已知路基工作区厚度3.2m，毛细水上升高度0.6m，雨季的库水位比原地面高2.0m。根据《公路路基设计规范》（JTG D30—2015），该路段路基干湿类型可定为何项？

A. 干燥　　B. 中湿

C. 潮湿　　D. 无法判断

答案：[　　]
作答过程：

7. 某公路工程右侧有一处滑坡，根据地勘资料，滑坡被分为8个条块，各条块（滑块）的自重、滑动面长度、滑动面倾角、滑动面黏聚力和摩擦角见下表。第5块传递给第6块的剩余下滑力为2780kN。拟在第7条块与第8条块之间设置支挡。根据《公路滑坡防治设计规范》（JTG/T 3334—2018），在正常工况下，安全系数取1.2，采用传递系数法计算，第7条块传递给第8条块的剩余下滑力是多少？（取整数）

滑块	滑块的自重力W_i（kN）	滑动面的长度L_i（m）	滑动面的倾角a_i（°）	滑动面黏土的黏聚力c_i（kPa）	滑动面内摩擦角φ（°）
滑块 1	655	14.82	55	19	16
滑块 2	1949	13.89	27	19	16
滑块 3	4340	25.55	26	19	16
滑块 4	4520	17.43	28	19	16
滑块 5	3010	12.40	26	19	16
滑块 6	2635	14.10	20	19	16
滑块 7	2472	13.49	15	19	16
滑块 8	1388	10.95	14	19	16

A. 2302kN　　B. 2531kN

C. 2780kN　　D. 2785kN

答案：[　　]

作答过程：

8. 某季节性冻土地区公路沥青路面设计，已知该地区冻结指数为 300℃ · d，则在进行沥青混合料层疲劳开裂寿命计算时，根据规范规定，季节性冻土地区调整系数是多少？（取小数点后两位）

A. 0.78　　B. 0.82

C. 0.93　　D. 1.00

答案：[　　]

作答过程：

9. 公路自然区划II区拟新建一条二级公路，拟采用普通水泥混凝土路面。经交通调查得知，设计轴载 100kN，最重轴载 150kN，设计车道使用初期设计轴载的日作用次数为 130 次，基准期内货车交通量的年平均增长率为 4.5%，已知临界荷位处的车辆轮迹横向分布系数为 0.6，则该二级公路设计交通荷载分级是何项？

A. 特重　　B. 重

C. 中等　　D. 轻

答案：[　　]

作答过程：

10. 某新建高速公路，采用沥青混凝土路面，基层为水泥稳定级配碎石，根据交通量调查结果，初始年设计车道日平均当量轴次为 5000 次，设计使用年限内交通量的年平均增长率为 7%。该公路的设计年限内设计车道上的当量设计轴载累计作用次数是多少？

A. 74.82×10^6次　　B. 45.86×10^6次

C. 74.82×10^7次　　D. 45.86×10^7次

答案：[　　]

作答过程：

11. 某公路桥梁的桥墩采用重力式，如下图所示，已知P_1为 3000kN，P_2为 4000kN，墩身总重P_3为 1000kN，水平力H为 1000kN，桥墩基础的抗倾覆安全系数是多少？（取小数点后两位）

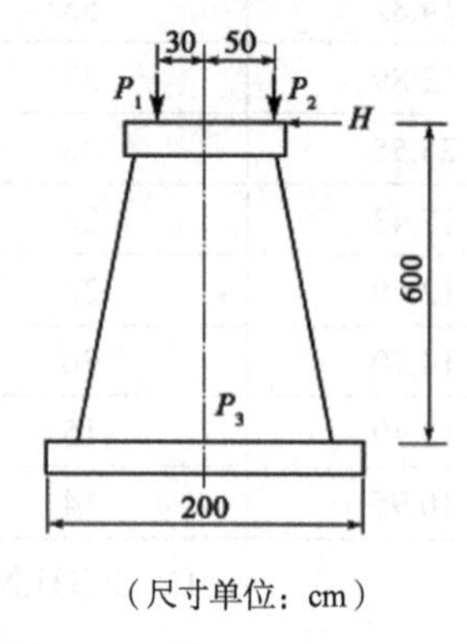

（尺寸单位：cm）

A. 0.90　　B. 1.13

C. 1.63　　D. 2.58

答案：[　　]

作答过程：

12. 某二级公路上的一座单跨跨径 6m 的桥梁，上部结构主梁采用矩形断面，主梁宽 950mm，高 1200mm。控制斜截面的最不利剪力值为 2700kN，h_0取 1150mm，$f_{cu,k}$取 26.8MPa，计算并判断该断面的抗剪能力能否满足要求？（取小数点后两位）

A. 2595.98kN，不满足　　B. 2622.20kN，不满足

C. 2884.42kN，满足　　D. 2736.21kN，满足

答案：[　　]

作答过程：

13. 某高速公路跨线桥，采用计算跨径 16m 的简支梁桥，桥宽 15m，两侧各设有宽度为 750mm 的护栏，不计冲击力，请问汽车荷载对桥台产生的制动力是多少？（取小数点后两位）

A. 107.64kN　　B. 123.28kN

C. 386.10kN　　D. 442.20kN

答案：[　　]

作答过程：

14. 某公路隧道净宽 6.4m，净高 8m，Ⅳ级围岩，围岩重度$\gamma = 20\text{kN/m}^3$，围岩计算摩擦角$\varphi = 53°$，当埋深$H = 3\text{m}$时，隧道垂直均布压力和侧向均布压力各为多少？（取一位小数）

A. 60.0kN/m² 和 9.0kN/m²

B. 60.0kN/m² 和 15.7kN/m²

C. 120.0kN/m² 和 18.0kN/m²

D. 120.0kN/m² 和 30.0kN/m²

答案：[　　]

作答过程：

15. 某高速公路隧道长 3600m，设计速度 80km/h，设计交通量 650veh/h · ln，其北洞口 20°视场天空洞外亮度 4500cd/m²。根据规范要求，该公路隧道北洞口入口 TH_1 和 TH_2 两个照明段与之对应的亮度 L_{TH1}和L_{TH2}各是多少？（取整数）

A. 128cd/m² 和 64cd/m²

B. 135cd/m² 和 67cd/m²

C. 144cd/m² 和 72cd/m²

D. 158cd/m² 和 79cd/m²

答案：[　　]

作答过程：

16. 某二级公路路拱横坡坡度 2.0%，平面交叉范围的主线设计速度均采用 80km/h，视距均采用引道视距，下列各选项分别为四处平面交叉范围内的主线平面圆曲线半径、凸形竖曲线半径和纵坡坡度，其中所有指标均符合规范规定的为多少？

A. 250m，3500m，0.2%

B. 2600m，4800m，1.5%

C. 3000m，5500m，2.0%

D. 4000m，6000m，3.5%

答案：[　　]

作答过程：

17. 某双向八车道高速公路设计速度 120km/h，拟在一互通式立体交叉内变为双向六车道。车道减少方向的出口匝道为双车道，入口匝道为单车道。基本车道数的减少方案示意如下图所示，图中不符合规范有关变速车道和基本车道数的增减规定的一共有多少处。

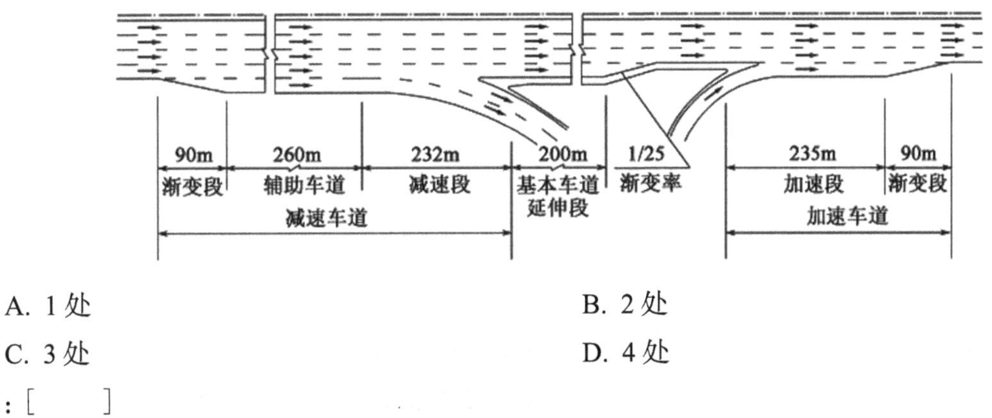

A. 1 处

B. 2 处

C. 3 处

D. 4 处

答案：[　　]

作答过程：

18. 某城市快速路设计速度 80km/h，横断面布置为四幅路，双向 4 条机动车道，下穿城市广场处，设置长 1100m 隧道，采用四孔闭合框架结构，中间两孔通行机动车，不设检修道。计算一般情况下该闭合框架中通行机动车单孔建筑限界的最小净宽值为多少？（取小数点后两位）

A. 11.50m

B. 11.00m

C. 9.00m

D. 8.50m

答案：[　　]
作答过程：

19. 某设计速度为30km/h的城市支路，采用单幅路横断面布置，其中车行道宽度为14.0m，由机动车道2 × 3.5m、非机动车道2 × 3.5m组成，标准路拱横坡为2.0%。路段中设有一处$R = 70$m的圆曲线，按小客车标准、采用圆曲线两侧加宽。下列关于该圆曲线缓和段长度取值，符合规范规定的是何项？

A. 10.0m　　　　B. 25.0m

C. 35.0m　　　　D. 37.5m

答案：[　　]
作答过程：

20. 某平原区新建城市主干路，设计速度为50km/h，其与城市支路在平曲线处相交，并设灯控平面交叉口，该平曲线处的圆曲线半径为300m，两侧缓和曲线各长50m，曲线段设置2%的超高横坡，平曲线范围内的纵坡坡度为+3.1%，如下图所示。下列关于该路口处圆曲线半径、缓和曲线长度、纵坡坡度、超高设置有多少项不满足规范要求。

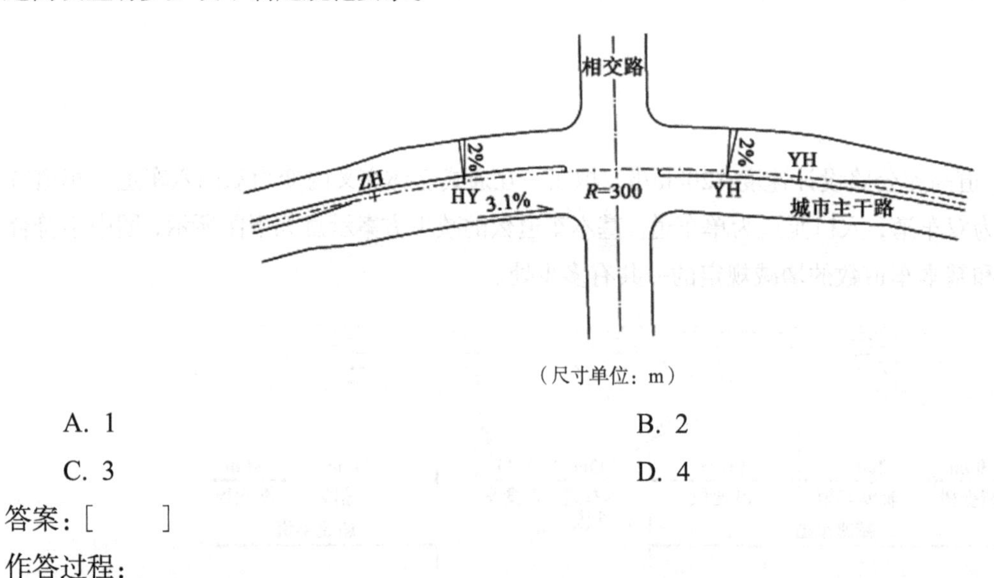

（尺寸单位：m）

A. 1　　　　B. 2

C. 3　　　　D. 4

答案：[　　]
作答过程：

21. 某城市枢纽立交，其中一条主路设计速度为100km/h，设置先驶入后驶出的单车道匝道出入口，加减速车道均采用平行式，加速车道处于主路纵坡为+2.3%的路段，不考虑交通标志设置距离及车辆交织长度的影响，下列关于该相邻匝道出入口之间的最小净距及入口变速车道的最小长度，符合规范规定的是何项？

A. 175m，240m　　　　B. 280m，240m

C. 350m，276m　　　　D. 560m，276m

答案：[　　]
作答过程：

22. 某城市道路位于软土地区，拟采用碎石桩对软弱地基进行加固处理，桩长为 6.0m，桩直径为 0.5m，桩距为 1.50m，等边三角形布置。复合地基内滑动面倾角为 18°，滑动面处桩体的竖向应力为 210kPa，桩间土抗剪强度$\tau_s = 55$kPa。在计算复合地基的路基整体滑动安全系数时，其复合地基内滑动面上的抗剪强度应为多少？（取小数点后一位）

A. 62.4kPa　　B. 63.6kPa

C. 63.8kPa　　D. 65.2kPa

答案：[　　]

作答过程：

23. 某城市主干路大修工程，拟在其旧沥青路面上加铺 4cm 细粒式沥青混合料（AC-13C）和 8cm 粗粒式沥青混合料（AC-25C），AC-13C 沥青混合料抗压回弹模量为 1600MPa，AC-25C 沥青混合料抗压回弹模量为 1000MPa。计算该加铺层的等效总厚度应为多少？（计算结果取小数点后一位）

A. 11.6cm　　B. 12.0cm

C. 12.5cm　　D. 13.0cm

答案：[　　]

作答过程：

24. 某城市地下快速路，主线设计速度 80km/h，双向六车道，封闭段范围内纵坡度小于 2%。该地下道路出入口匝道布置如下图所示，匝道均为单车道。下列关于该地下道路出入口①～⑦标注处的设计，不符合规范规定的有多少处。

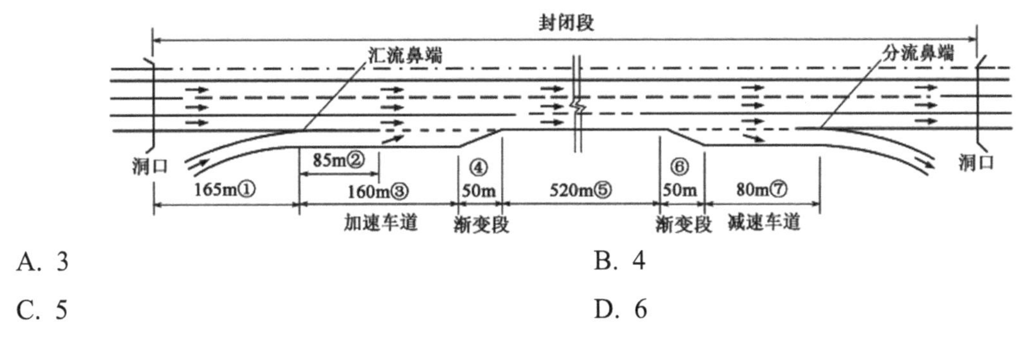

A. 3　　B. 4

C. 5　　D. 6

答案：[　　]

作答过程：

25. 某城市主干路（中山路）与次干路（人民路）十字相交的平面交叉口，交角为 55°，相应的设计速度分别为 50km/h 和 30km/h，交叉口的交通标线设计与技术指标取值如下图和下表所示。下列关于该平面交叉口范围内各交通标线的设计参数中（①、②、③、④、⑤），不符合规范规定的有多少处。

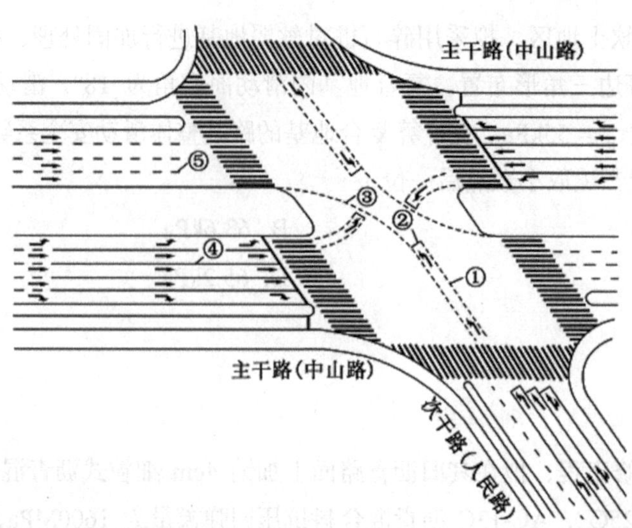

类型	标线名称	设计参数
①	待行区白色虚线	线段长 0.5m 间隔长 0.5m 线宽 15cm
②	待行区停止线	线宽 30cm
③	路口导向线	线段长 0.5m 间隔长 0.5m 线宽 15cm
④	导向车道线	线宽 15cm
⑤	车行道分界线	线段长 2.0m 间隔长 4.0m 线宽 15cm

A. 1　　B. 2

C. 3　　D. 4

答案：[　　]

作答过程：

注册道路工程师执业资格专业考试

模考试卷（五）

案例分析
（下）

二〇XX年十一月

应考人员注意事项

1. 书写用笔：**黑色墨水笔**，考生在试卷上作答时，必须使用书写用笔，不得使用铅笔，否则视为违纪试卷；

   填涂答题卡用笔：**2B 铅笔**。

2. 须用书写用笔将工作单位、姓名、准考证号填写在答题卡和试卷相应的栏目内。

3. 本试卷由 25 题组成，全部为单项选择题，每题 2 分。满分为 50 分。

4. **考生在作答时，必须在每道试题对应的答案：[　　] 位置处的括号内填写上该试题所选答案选项对应的字母，并必须在试题主要作答过程下面的空白处写明该题的主要计算（分析）过程、计算结果，概念题则应写明主要作答依据，同时还须将所选答案用 2B 铅笔填涂在答题卡的相应位置处。对不按上述要求作答的考生，如：未在试卷上试题答案：[　　] 内填写所选选项对应的字母，仅在答案选项 A、B、C、D 处画"√"等情况，其试卷或相关试题视为违纪（违规），一律不予复评计分，违纪（违规）责任由考生自负。**

5. 在答题卡或试卷上书写与题意无关的语言，或作标记的，均按违纪试卷处理。

6. 考试结束时，由监考人员当面将试卷、答题卡一并收回。

7. 草稿纸由各地统一配发，考后收回。

1. 拟建小交通量农村公路采用四级公路，II类标准，设计速度 15km/h。下图为某路段错车道布置示意图，路基断面宽度过渡采用直线线性过渡方式，根据规范计算该公路错车道渐变段正中处（即 1/2 处）路基横断面宽度应为多少？（取小数点后两位）。

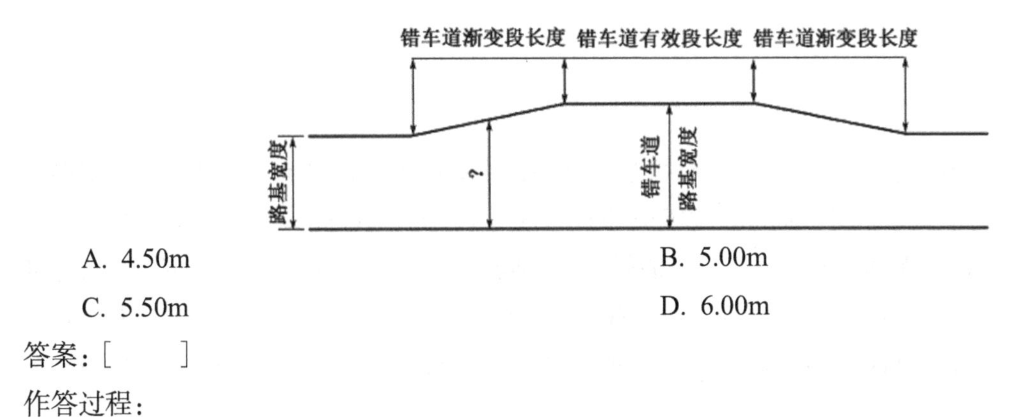

A. 4.50m　　B. 5.00m

C. 5.50m　　D. 6.00m

答案：[　　]

作答过程：

2. 某山岭区公路采用设计速度 60km/h 的二级公路标准，路基宽度 9.0m（行车道 2 × 3.50m + 路肩 2 × 1.0m），不准超车区按 70%控制。该路段为混合交通，设计通行能力为 200veh/h，路侧干扰等级为三级，方向分布 60/40；交通量为 185veh/h。交通组成：小型车占 37%、中型车占 40%、大型车占 15%、汽车列车占 8%。分析计算该路段的服务水平应为多少级。

A. 一　　B. 二

C. 三　　D. 四

答案：[　　]

作答过程：

3. 某高速公路采用设计速度 120km/h、双向四车道、整体式路基。路线沿线为平原区，基本为农田耕地。已知某填方路段路基设计如下：

（1）车道宽度 3.75m，中间带宽 4.50m，左侧路缘带宽 0.75m，硬路肩宽 3m，土路肩宽 0.75m。

（2）填方边坡 1：1.5，填方高度 3.0m，一级边坡。

（3）填方坡脚设置宽 1.0m 的护坡道。

（4）填方侧设置宽 0.6m 的矩形排水沟。

计算该断面的公路用地范围最小总宽度应为多少?（取小数点后一位）

A. 40.2m　　B. 41.2m

C. 42.2m　　D. 43.2m

答案：[　　]

作答过程：

4. 某山区二级公路的一段路基拟采用无面板加筋土挡墙，路基高度 8.5m，挡墙高度 8m（不包括路面厚度，路面厚度 50cm，重度 $24kN/m^3$）；采用反包式土工格栅，每一层厚度 0.5m；填料采用粗砂土，拉筋与填料之间的黏聚力c为 5kPa，拉筋与填料的内摩擦角为 5°，加筋体填料（粗砂土）的重度为 $18kN/m^3$，水平土压应力为 151.5kPa。问第一层（最下面一层）土工格栅水平回折反包长度不小于多少?

（取小数点后一位）

A. 1.9m B. 2.0m

C. 2.1m D. 2.9m

答案：[ ]

作答过程：

5. 某公路从软基地段通过。软基的容许承载力 100kPa，路基高度 6m。设计采用土工泡沫塑料轻质材料，底部采用砂砾填筑，厚度 300mm；砂砾之下设置透水土工布，砂砾之上设置高强钢丝格栅；设计采用沥青混凝土路面，路面面层及底部钢筋混凝土板的厚度 800mm，平均重度 24kN/m³，沥青路面荷载分布角取 40°，汽车轮载（后轮）50kN，后轮着地宽度 520mm，着地长度 550mm，冲击系数 0.3。根据《公路路基设计规范》（JTG D30—2015），路基所采用的土工泡沫塑料轻质材料的容许抗压强度不能少于多少？

A. 19kPa B. 38kPa

C. 65kPa D. 84kPa

答案：[ ]

作答过程：

6. 某公路位于河流阶地上，地形平坦，地层为密实砂砾，由于需要，修筑了一段路肩挡墙。挡墙高度 12m，其中基础埋深 3m，地面以上 9m。挡墙完工后，墙前仍然用砂砾回填压实，砂砾的内摩擦角 40°，重度$\gamma=18\text{kN/m}^3$，该挡墙具备计入墙前被动土压力的条件，荷载增大对挡墙结构起不利作用。已知被动土压力计公式为$E_0=\frac{1}{2}\gamma H^2\tan^2\left(45°+\frac{\varphi}{2}\right)$。根据《公路路基设计规范》（JTG D30—2015），该挡墙每延米可计入的墙前被动土压力是多少？（取小数点后一位）

A. 111.8kN/m B. 168.3kN/m

C. 186.3kN/m D. 372.5kN/m

答案：[ ]

作答过程：

7. 某水网区一条公路，不考虑冻土的影响，路基工作区深度 2.6m，路面厚度 0.8m，中湿状态下路基的临界高度 2.8m，此区域的设计洪水位 32.9m，地面高程 29.0m。洪水期间，波浪侵袭高 0.7m，壅水高 0.3m，安全高度 0.5m。根据《公路路基设计规范》（JTG D30—2015），路堤计算高度是多少？（取小数点后一位）

A. 3.4m B. 3.6m

C. 5.0m D. 5.4m

答案：[ ]

作答过程：

8. 某二级公路改造设计，拟在旧沥青混凝土路面上铺筑水泥混凝土面层，采用落锤式弯沉仪对旧路面进行弯沉值测定时，测得一组有效数据为83（0.01mm）、77（0.01mm）、96（0.01mm）、66（0.01mm）、78（0.01mm）、88（0.01mm），标准差为9.375mm，则计算旧沥青混凝土路面综合当量回弹模量值是多少？（取小数点后一位）

A. 81.3MPa　　B. 91.1MPa

C. 229.0MPa　　D. 204.5MPa

答案：[　　]

作答过程：

9. 某新建高速公路，双向八车道，拟采用水泥稳定级配碎石基层沥青路面，沥青混合料层厚度为200mm，沥青混合料20°C时的动态压缩模量为10000MPa，沥青饱和度为65%。进行沥青混合料层的疲劳开裂分析时，温度调整系数为1.27，季节性冻土调整系数为1.0，疲劳加载模式系数为0.49，沥青混合料层层底拉应变为103.9με。该公路沥青混合料层疲劳开裂寿命是多少？

A. 1.98×10^7轴次　　B. 2.98×10^7轴次

C. 1.98×10^6轴次　　D. 2.98×10^6轴次

答案：[　　]

作答过程：

10. 广州市新建一条高速公路，采用沥青混凝土路面，面层结构为：40mm厚AC-13C细粒式沥青混凝土上面层＋60mm厚AC-20C中粒式沥青混凝土中面层＋100mm厚AC-30C粗粒式沥青混凝土下面层，基层、底基层分别采用400mm水泥稳定级配碎石和200mm级配碎石。分析该公路沥青混合料永久变形量时，沥青混合料层的等效温度是多少？（取小数点后两位）

A. 25.38°C　　B. 26.18°C

C. 26.5°C　　D. 29.7°C

答案：[　　]

作答过程：

11. 某公路桥梁，上部结构为40m跨预应力混凝T梁，桥面总宽度16m，混凝土双柱式桥墩，钻孔灌注桩基础。钻孔灌注桩全长60m，桩直径1.5m，河床最大冲刷线深度15m，可塑黏性土地质，桩侧土的摩阻力标准值q_{ik}可取60kPa，不计桩端的承载力。该钻孔灌注桩的单桩轴向受压承载力特征值是多少？（取小数点后一位）。

A. 6358.5kN　　B. 8478.0kN

C. 12717.0kN　　D. 16958.0kN

答案：[　　]

作答过程：

12. 某公路桥梁钢筋混凝土圆形截面轴心受压构件，构件长细比为30，C40混凝土，截面直径为1.2m；配置有20根直径为32mm的纵向钢筋，核心截面的直径为1.0m；配置螺旋式间接钢筋，间接钢筋的换算截面面积A_{s0}为纵向钢筋截面面积的30%；纵向钢筋配置的间接钢筋均使用HPB300普通钢筋，间接钢筋影响系数$K = 2.0$。问该桩的正截面抗压承载力是多少？（取整数）。

A. 18796kN　　B. 20884kN

C. 22654kN　　D. 24320kN

答案：[　　]

作答过程：

13. 某山区二级公路长隧道，为缩短工期设置一座施工斜井，马蹄形斜井宽度应满足施工设备和施工作业等空间要求。隧道出渣运输车宽 3.25m，风水电等设施空间宽 1.25m，根据规范要求，该斜井断面的最小宽度是多少？（取小数点后两位）

A. 4.50m　　B. 4.75m

C. 5.25m　　D. 5.50m

答案：[　　]

作答过程：

14. 某公路隧道长 2600m，设计速度 80km/h，采用显色指数 70、色温 4500K 的 LED 灯照明，根据规范要求，该隧道的通风标准 CO 设计浓度和烟尘设计浓度各是多少？

A. $150\text{cm}^3/\text{m}^3$ 和 0.0070m^{-1}

B. $140\text{cm}^3/\text{m}^3$ 和 0.0070m^{-1}

C. $110\text{cm}^3/\text{m}^3$ 和 0.0065m^{-1}

D. $100\text{cm}^3/\text{m}^3$ 和 0.0065m^{-1}

答案：[　　]

作答过程：

15. 某公路水下沉管隧道（下图）预制管节长 180m，宽 25m，高 7.5m，管节顶、底板厚 1.0m，侧墙及中墙厚 0.8m，管节钢筋混凝土重度为 25kN/m^3，完成舾装的管节舾装件重量为 17460kN，干舷高度H_b控制在 20cm，压舱水体重度为 10kN/m^3，水箱宽度b为 4.0m，水箱重量不计。根据规范要求，需注入压舱水的高度是多少？（取小数点后两位）

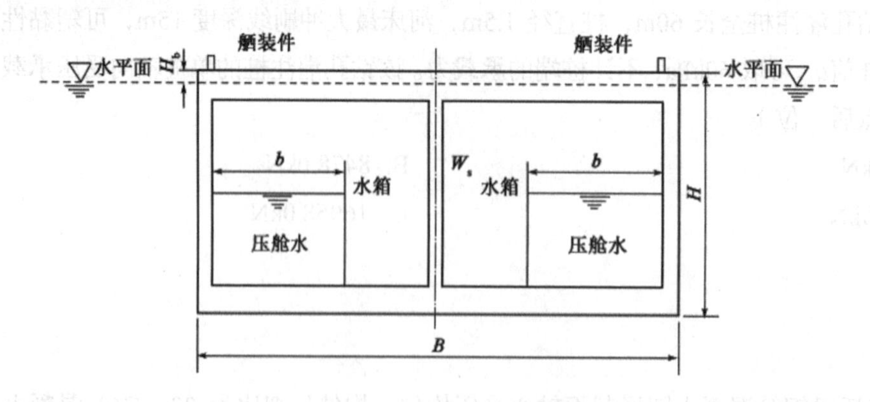

A. 1.55m　　B. 1.65m

C. 1.75m　　D. 1.85m

答案：[　　]
作答过程：

16. 某一级公路设计速度为 80km/h，其中一平面交叉直行和左转弯交通量均较大，右转弯车道设计速度采用 40km/h，其渠化方案如下图所示，该方案几何设计指标不符合规范规定的一共有多少处。

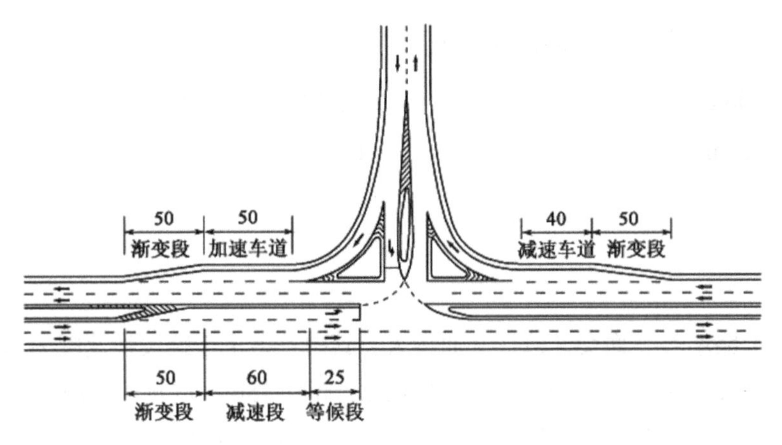

（尺寸单位：m）

A. 1　　B. 2

C. 3　　D. 4

答案：[　　]
作答过程：

17. 某高速公路互通式立体交叉的年平均日交通量分布如图 1 所示，该立交方案简图如图 2 所示。已知设计小时交通量系数为 0.10，方向不均匀系数为 55%，在被交叉一级公路平面交叉处，来自高速公路的左转弯设计小时交通量$Q_{左}$应为多少？（取整数）

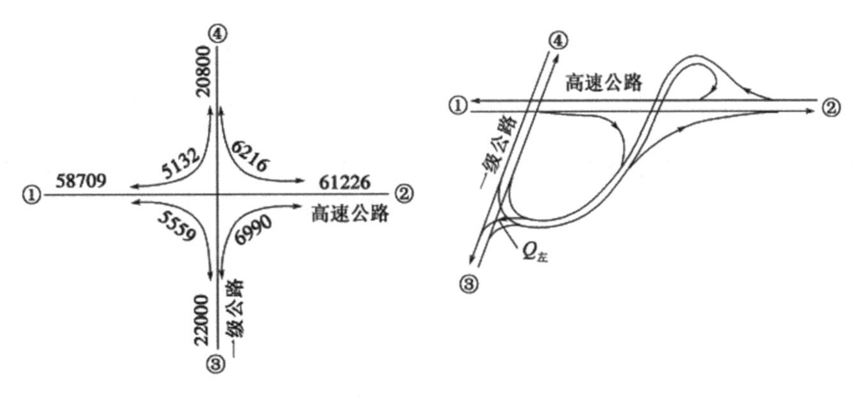

图 1　交通量分布图（单位：pcu/d）　　图 2　立交方案简图

A. 588pcu/h　　B. 624pcu/h

C. 690pcu/h　　D. 726pcu/h

答案：[　　]
作答过程：

18. 某设计速度为 50km/h 的城市主干路，拟建下穿平面交叉口的机动车直行地道。地道纵断面设计变坡点与横向道路中心线一致，地道变坡点高程为−5.60m，其桩号沿前进方向相邻坡段的纵坡坡度分别为−4.0%和+3.5%。已知变坡点处的地道顶板板底的设计标高为+0.80m，地道净高按 5.0m 控制。不考虑其他因素，计算该地道变坡点处道路竖曲线最大半径、竖曲线长度取值分别应为多少？（竖曲线半径十位数取整，竖曲线长度取小数点后两位）

竖曲线计算公式：$L=2T=R\cdot|\omega|$，$\omega=i_2-i_1$，$E=\frac{T^2}{2R}$。

A. 2000m、150.00m　　B. 1340m、100.00m

C. 1990m、149.25m　　D. 1050m、78.75m

答案：[　　]

作答过程：

19. 某新建城市道路A_1类平面交叉口，交通量大。其中一条主干路设计速度为 60km/h，双向 6 车道，四幅路型式，中央隔离带宽 5m，每条车道宽 3.5m，高峰 15min 内每信号周期左转车的排队车辆数为 8 辆，该路进口道设计方案为：增设左、右转专用道，①将中央隔离带压缩为 2.5m。②展宽渐变段长 30m。③左转展宽段长 70m，出口道设计方案为：展宽 1 条右转专用车道。④每条车道宽 3.25m。⑤展宽段长 55m。上述进出口道设计①～⑤项中不符合规范规定的有多少项？

A. 2　　B. 3

C. 4　　D. 5

答案：[　　]

作答过程：

20. 某城市枢纽型立交如下图所示，Z1、Z2 匝道的设计速度为 50km/h，长度分别为 213m、340m，根据下表中的交通量，计算图中 Z1、Z2 匝道及合流处断面 1 的基本车道数是多少？

名称	南进口			北进口			西进口			东进口		
方向	左	直	右	左	直	右	左	直	右	左	直	右
高峰小时交通量（pch/h）	887	2542	934	898	2495	975	928	2193	1191	543	2298	845

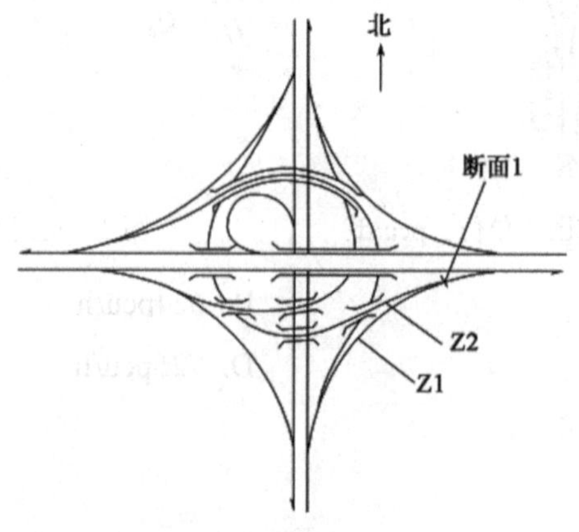

A. Z1 为单车道、Z2 为单车道、断面 1 为单车道

B. Z1 为单车道、Z2 为单车道、断面 1 为双车道

C. Z1 为单车道、Z2 为双车道、断面 1 为双车道

D. Z1 为单车道、Z2 为双车道、断面 1 为三车道

答案：[　　]

作答过程：

21. 某城市次干路位于季节性冰冻地区，冻结深度 2.54m，采用沥青混凝土路面，路面结构厚度 0.66m。路基土层类型、厚度及平均冻胀率由上至下分别为：黏质土层厚 0.80m，平均冻胀率 2.8%；粉土层厚 0.66m，平均冻胀率 3.5%；粉砂层厚 3.77m，平均冻胀率 1.0%。计算该道路路基总冻胀值，并判断是否满足规范规定。（取小数点后一位）

A. 49.7mm，符合规范规定

B. 49.7mm，不符合规范规定

C. 56.3mm，符合规范规定

D. 56.3mm，不符合规范规定

答案：[　　]

作答过程：

22. 某城市道路采用半刚性基层沥青路面，重型货车代表车型的日交通量为 260 次/d，该代表车型前轴为单轴单轮组，轴载为 70kN，后轴为双轴双轮组，双轴间距为 1.80m，轴载总重为 180kN。以半刚性基层层底拉应力为设计指标，计算该车型换算为标准轴载的日当量轴次值应为多少？（取整数）

A. 238 次/d　　B. 351 次/d

C. 501 次/d　　D. 613 次/d

答案：[　　]

作答过程：

23. 某设计速度为 80km/h 的城市地下快速路，机动车双向六车道，每车道宽 3.5m，路缘带宽 0.5m，安全带宽 0.25m，不设置检修道、应急停车带和停车港湾。该地下道路内设置一处圆曲线，其内侧车道中心线处圆曲线半径$R_1 = 700\text{m}$，圆曲线长度$L_e = 120\text{m}$。下列关于该圆曲线横净距值，符合规范规定的是何项？（$\pi = 3.14$，计算结果取小数点后两位）

A. 计算最大横净距 2.16m，实际横净距 2.50m

B. 计算最大横净距 2.57m，实际横净距 2.50m

C. 计算最大横净距 2.16m，实际横净距 2.25m

D. 计算最大横净距 2.57m，实际横净距 2.25m

答案：[　　]

作答过程：

24. 某新建城市主干道，市政管线综合如下图所示，图中不符合规范规定的共有多少处。（图中尺寸

单位均以 m 计）

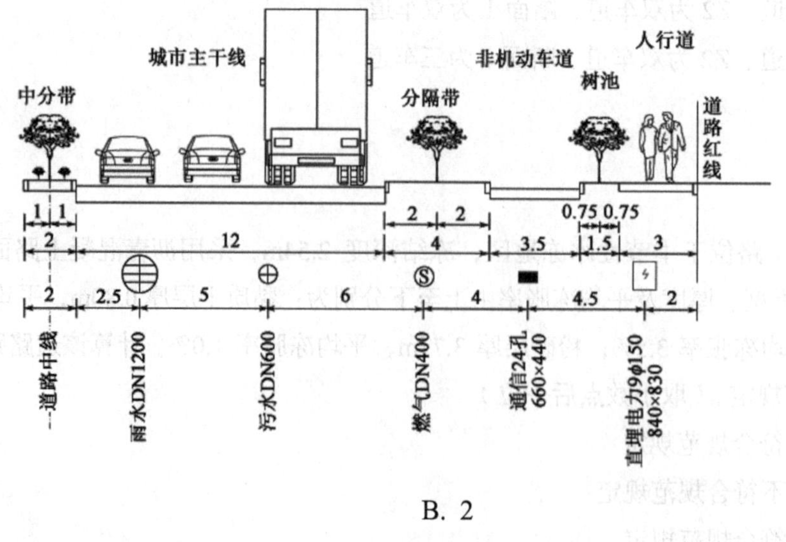

A. 1　　　　B. 2

C. 3　　　　D. 4

答案：[　　]

作答过程：

25. 某小城市支路上拟修建一座跨线桥，桥跨布置为 3 × 30m，采用预应力混凝土简支梁结构。桥上重型车辆较少，在计算桥梁结构的梁端剪力时车道荷载中P_k（集中荷载）、q_k（均布荷载）符合规范要求的分别是多少？

A. 192.0kN、6.3kN/m　　　　B. 230.4kN、6.3kN/m

C. 230.4kN、7.9kN/m　　　　D. 288.0kN、7.9kN/m

答案：[　　]

作答过程：

准考证号：
姓名：
工作单位：

注册道路工程师执业资格专业考试

模考试卷（六）

案例分析

（上）

二〇XX年十一月

应考人员注意事项

1. 书写用笔：**黑色墨水笔**，考生在试卷上作答时，必须使用书写用笔，不得使用铅笔，否则视为违纪试卷；

   填涂答题卡用笔：**2B 铅笔**。

2. 须用书写用笔将工作单位、姓名、准考证号填写在答题卡和试卷相应的栏目内。
3. 本试卷由 25 题组成，全部为单项选择题，每题 2 分。满分为 50 分。
4. **考生在作答时，必须在每道试题对应的答案：[　　] 位置处的括号内填写上该试题所选答案选项对应的字母，并必须在试题主要作答过程下面的空白处写明该题的主要计算（分析）过程、计算结果，概念题则应写明主要作答依据，同时还须将所选答案用 2B 铅笔填涂在答题卡的相应位置处。对不按上述要求作答的考生，如：未在试卷上试题答案：[　　] 内填写所选选项对应的字母，仅在答案选项 A、B、C、D 处画“√”等情况，其试卷或相关试题视为违纪（违规），一律不予复评计分，违纪（违规）责任由考生自负。**
5. 在答题卡或试卷上书写与题意无关的语言，或作标记的，均按违纪试卷处理。
6. 考试结束时，由监考人员当面将试卷、答题卡一并收回。
7. 草稿纸由各地统一配发，考后收回。

1. 某拟新建省道高速公路，采用设计速度 100km/h 的高速公路标准。局部受到地形、地物的制约，其中某路段平面设计采用 S 型平曲线。如下图所示，JD2 和 JD3 之间直线长度$L_1=400\text{m}$；JD2 平面圆曲线半径$R_2=1200\text{m}$、回旋线长度$L_{S2}=200\text{m}$；JD3 平面圆曲线半径$R_3=3800\text{m}$，未设回旋线。已知路拱横坡为 2%，下列关于平面设计参数中，不符合规范规定的是何项？并请说明选择依据和理由。

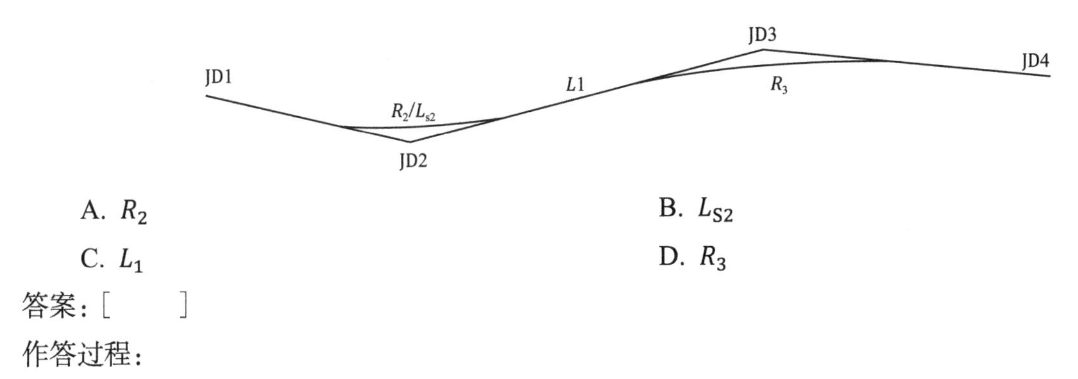

A. R_2　　　　B. L_{S2}

C. L_1　　　　D. R_3

答案：[　　　]

作答过程：

2. 某拟新建公路地处城镇化地区，交通量预测表明：区段内交通组成以通行中、小型车辆为主，非机动车主要是自行车、三轮车；路侧行人较多。根据《城镇化地区公路工程技术标准》，该项目主路采用设计速度 80km/h、一级公路标准、另在两侧增设辅路，辅路设计速度 60km/h。下图所示为初拟的横断面布设示意图（半幅），研究分析下图，其中不符合标准规定的共有多少项？并请说明选择依据和理由。（同样一种错误算一项）

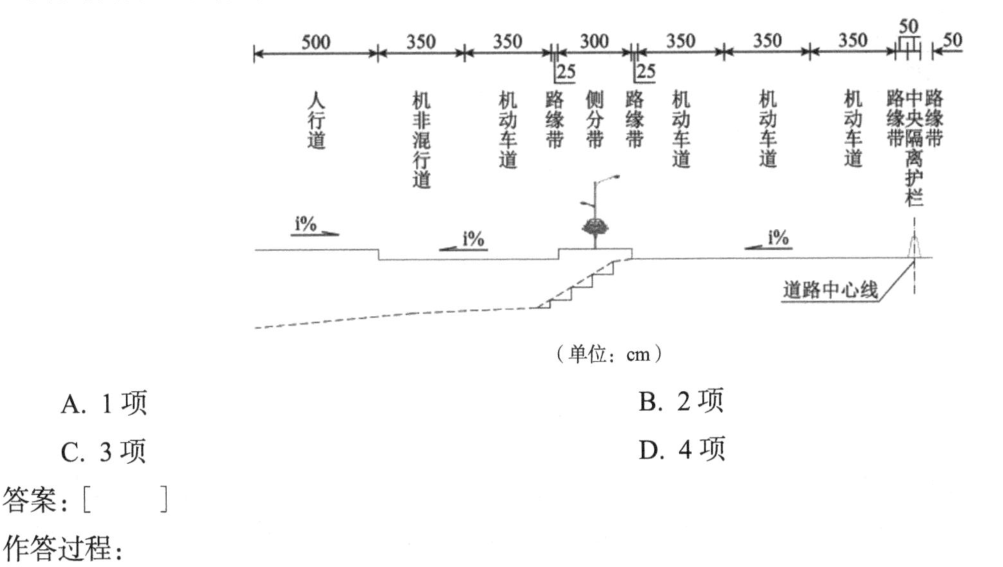

（单位：cm）

A. 1 项　　　　B. 2 项

C. 3 项　　　　D. 4 项

答案：[　　　]

作答过程：

3. 某山岭区高速公路，采用双向六车道标准，设计速度 120km/h。下图所示是某傍山路段的整体式路基半填半挖断面，其中：挖方边坡分级高度为 6m，下部坡率 1 : 0.75，上部坡率 1 : 1；填方边坡坡率 1 : 1.5；路堤挡墙坡率 1 : 0.25；平台宽度 2m，碎落台宽度 2m；矩形边沟宽 80cm，梯形排水沟顶宽 240cm，矩形截水沟宽 60cm，中间带宽度为 4.5m。计算在正常情况下，该断面处的最小公路用地范围应是多少？

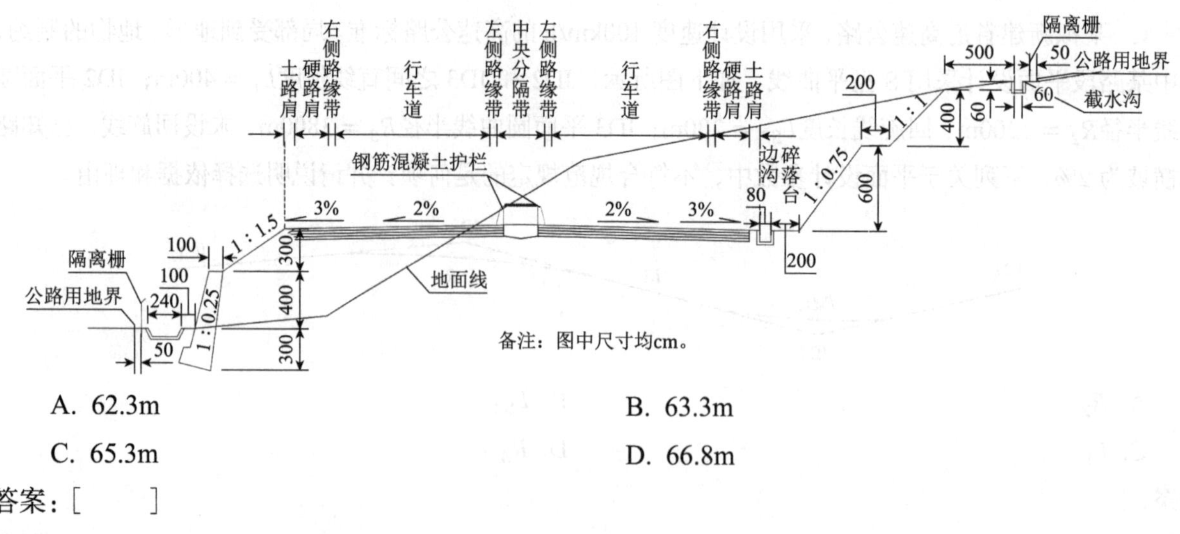

A. 62.3m　　　　　　　　B. 63.3m

C. 65.3m　　　　　　　　D. 66.8m

答案：[　　　]

作答过程：

4. 某拟新建公路，预测年的年平均日交通量为3400veh/d，交通组成见下表。其中，路线跨越H河设置H河桥，该桥跨径组合采用(40m + 40m + 40m) + (80m + 160m + 80m) + (40m + 40m + 40m)方案。H河的河床比降较大、易于冲刷。下列关于基础冲刷深度计算所应采用的设计洪水频率，依据公路技术等级符合规范规定的是何项？

车辆类型	车辆比例（%）
汽车列车	10
大型车	11
中型车	18
小客车	60
拖拉机	1

A. 1/300　　　　　　　　B. 1/100

C. 1/50　　　　　　　　D. 1/25

答案：[　　　]

作答过程：

5. 某沿河公路上边坡上存在一处危岩体，初步设计阶段的设计方案是采用预应力锚索锚固处理，危岩可能沿某个结构面（推测的滑动面）下滑，预应力锚索与该结构面交界处的结构面倾角32°，滑动面内摩擦角18°，预应力锚索与水平面的夹角15°，已知预应力锚索设计锚固力达到600kN时，危岩体处于稳定状态。问预应力锚索承担的滑坡（危岩体）推力设计值是多少？

A. 438.8kN　　　　　　　　B. 494.2kN

C. 551.8kN　　　　　　　　D. 571.8kN

答案：[　　　]

作答过程：

6. 某公路软土地基，软土厚度7.5m，路基高度2.8m，路面厚度80cm，路基宽度12m，边坡坡率1 : 1.5，路基填料重度$\gamma = 20kN/m^3$，路面材料的重度$\gamma = 24kN/m^3$，由无侧限抗压强度试验得到的软土弹性模量的平均值为 1.5MPa，路堤中线沉降系数F为 0.6，根据《公路软土地基路堤设计与施工技术细则》(JTG/T D31-02—2013)，当路基填到路床顶面时，路基的瞬时沉降最接近多少?

A. 120mm　　B. 130mm

C. 140mm　　D. 150mm

答案：[　　]

作答过程：

7. 某公路岩质边坡，存在倾向于公路的不利结构面，需要采用预应力锚杆锚固，位于稳定岩层中的锚固段长度 5m，锚杆孔直径 13cm，岩体与注浆体之间的黏结强度$f_{rb} = 480\text{kPa}$，注浆体与锚杆之间的黏结强度$f_b = 2400\text{kPa}$，注浆体为 M30 水泥砂浆，锚杆采用单根直径 32mm 的预应力螺纹钢筋，其抗拉强度标准值$f_{ptk} = 930\text{kPa}$，预应力锚杆锚固体设计安全系数K_1，K_2取 2.0，根据《公路路基设计规范》计算，每一根锚杆能够提供的轴向锚固力是多少?

A. 160.8kN　　B. 373.8kN

C. 489.8kN　　D. 602.9kN

答案：[　　]

作答过程：

8. 某山区二级公路的一段路基拟采用无面板加筋挡墙，路基高度 9.8m，挡墙高度 9m，采用反包式土工格栅，每一层厚度 0.6m，填料采用粗粒土，拉筋与填料之间的黏聚力c为 5kPa，拉筋与填料的内摩擦角 5°，加筋体填料（粗粒土）的重度为 19kN/m³，最下面一层填料中心的水平土压力为 180.5MPa，根据规范计算最下面一层土工格栅水平回折反包长度不小于多少?

A. 1.86m　　B. 2.04m

C. 2.60m　　D. 2.83m

答案：[　　]

作答过程：

9. 某一级公路水泥混凝土路面设计，设计车道使用初期标准轴载日作用次数为 750，交通量年平均增长率为 4.5%，临界荷位处的车辆轮迹横向分布系数为 0.2，当采用普通水泥混凝土面板时，经计算面层板厚度采用 24cm 时满足设计要求，当采用钢纤维混凝土面板时，面层板最小厚度应为多少?

A. 200mm　　B. 190mm

C. 180mm　　D. 160mm

答案：[　　]

作答过程：

10. 某非冻区新建高速公路采用沥青路面设计，沥青混合料层厚 180mm，基层采用水泥稳定碎石，各项指标如下表所列，在进行水泥稳定碎石基层疲劳开裂验算时，已知现场综合修正系数为−1.239，计算疲劳开裂寿命为多少?

水泥稳定碎石基层指标表

名称	指标
基层厚度（mm）	360
水泥稳定碎石弯拉强度（MPa）	1.4
基层层底拉应力（MPa）	0.3
温度调整系数	1.23

A. 1.27×10^{9} 次　　B. 1.77×10^{8} 次

C. 1.94×10^{8} 次　　D. 1.97×10^{9} 次

答案：[　　]

作答过程：

11. 某冻区新建公路采用沥青路面设计，沥青混合料层厚 100mm，路基土为粉质黏土，已知该地区路面低温设计温度为−22℃，在−12℃试验温度条件下，表面层沥青弯曲梁流变试验加载 180s 时蠕变劲度为 180MPa，计算该沥青路面低温开裂指数为多少？

A. 2.0　　B. 2.9

C. 4.2　　D. 5.3

答案：[　　]

作答过程：

12. 某二级公路上的桥梁，跨越非通航河道，桥型方案为4 × 30m 连续梁桥，1/50 设计水位为 205.34m，1/100 设计水位为 209.42m。最高流冰水位为 205.10m。考虑壅水、浪高等影响的总高度为 0.90m。根据水文计算确定的桥梁梁底的最低高程应为多少？

A. 210.82m　　B. 208.19m

C. 207.95m　　D. 211.77m

答案：[　　]

作答过程：

13. 某公路桥梁，设计汽车荷载为公路—I级，桥梁行车道宽度为 8m、双向行驶，采用 3 孔连续梁（3 × 30m），桥墩高度为 10m，各中墩采用形状和尺寸相同的盆式橡胶固定支座，桥台采用形状尺寸相同的盆式橡胶滑动支座。中墩为柔性墩，不计桥台支座承受的制动力，下列数值与实际单个中墩的制动力标准值最为接近的是多少？

A. 158kN　　B. 165kN

C. 83kN　　D. 79kN

答案：[　　]

作答过程：

14. 某两车道高速公路隧道紧急停车带处埋深 300m，为深埋隧道，岩体修正质量指标[BQ]值为 237，围岩重度为 22kN/m³，采用三台阶开挖，最大开挖宽度 15m，不产生显著偏压及膨胀力，对应松散荷载围岩水平均布压力最小值按[BQ]修正计算时是多少？

A. 51.1kN/m　　B. 76.6kN/m

C. 102.2kN/m　　D. 127.7kN/m

答案：[　　]

作答过程：

15. 在有冻害地区某一棚洞，已知地表高程为 210.50m，最大冻结深度为 1.60m，边沟沟底高程为 208.60m，根据规范规定，棚洞基底的最大设计高程是多少？

A. 208.35m　　B. 208.40m

C. 208.65m　　D. 208.90m

答案：[　　]

作答过程：

16. 某三级公路隧道，隧道长度 2000m，设计速度 40km/h，隧道内紧急停车带于两侧交错设置，该隧道紧急停车带的最小建筑限界净宽是多少？

A. 11.75m　　B. 12.00m

C. 12.25m　　D. 12.50m

答案：[　　]

作答过程：

17. 某高速公路设计速度 100km/h，一互通式立体交叉出口匝道设计速度 35km/h，其单车道减速车道位于主线纵坡 2.5%的下坡路段。根据规范规定，该减速车道变速段的最小长度宜为多少？

A. 160m　　B. 145m

C. 138m　　D. 125m

答案：[　　]

作答过程：

18. 某城市快速路，设计速度 80km/h，预测远景年单向高峰小时交通量及其车型构成见下表。根据规范规定，计算该道路所需的双向车道数是多少？（不考虑方向不均匀系数）

车辆类型	交通量（辆/h）
小客车	4600
大型客车	320
大型货车	80
铰接车	20

A. 3 条　　B. 4 条

C. 6 条　　D. 8 条

答案：[　　]

作答过程：

19. 某设计速度为 50km/h 的城市主干路，受用地限制采用机非混行的单幅路横断面布置，中间为机动车双向 6 条混行车道，两侧为非机动车道，对向交通及机非车道之间采用底座宽 50cm、高 18cm 的分隔护栏。根据规范规定，计算该道路机非混行车道的最小路面宽度取值是多少？

A. 26.5m　　　　B. 27.5m

C. 28.5m　　　　D. 29.5m

答案：[　　]

作答过程：

20. 某设计速度为 40km/h 的城市次干路，采用单幅路横断面对称布置，横断面尺寸为：4.0m（人行道）+ 20.0m（车行道）+ 4.0m（人行道）= 28.0m。某一路段设计中心线转角值为 31°12′00″，平面线形拟采用不设缓和曲线的圆曲线，转角点与圆心连线上路幅外侧有一处 110kV 高压杆塔。已知杆塔外缘至转角点的水平距离为 3.0m，道路边线至杆塔外缘的最小水平距离按 5.0m 控制，根据规范规定，计算该圆曲线最小半径取值是多少？（计算结果十位数取整）

圆曲线计算公式：$E = R \times [\sec(a/2) - 1]$

A. 500m　　　　B. 550m

C. 580m　　　　D. 600m

答案：[　　]

作答过程：

21. 某现状城市道路枢纽型立交，其一右转定向匝道设计速度为 40km/h，长度为 237m，匝道平曲线半径为 200m，路面宽度为 7.0m，路基全宽 8.0m，路侧设置波形梁护栏，通行普通汽车，高峰小时交通量为 1350pcu/h，需进行加宽改造。根据规范规定，计算该匝道路面的最小加宽值是多少？

A. 1.9m　　　　B. 1.4m

C. 0.9m　　　　D. 0.4m

答案：[　　]

作答过程：

22. 某软土地区城市主干路，桥梁台背高填方路段采用堆载预压法进行软基处理。采用分层总和法计算得到地基主固结沉降值S_c为 65.0cm，沉降系数m_s根据当地经验取 1.44。计算地基平均固结度U_t达到 85%时的地基的沉降量m_t是多少？并判断达到此固结度时，在不考虑路基填土自身沉降的前提下，该桥头路基是否满足路基容许工后变形的要求。

A. $S = 55.3$cm，不满足要求

B. $S = 79.6$cm，不满足要求

C. $S = 83.9$cm，满足要求

D. $S = 93.6$cm，满足要求

答案：[　　]

作答过程：

23. 某城市道路沥青路面拟采用密级配沥青碎石基层。沥青碎石混合料 20℃抗压回弹模量和动态回弹模量分别为 1100MPa 和 4300MPa，空隙率V_a和有效沥青含量V_b分别为 3.90%和 4.17%；设计基准期内一个车道上的累计当量轴次，以设计弯沉值为设计指标时为 1123 万次，以半刚性基层层底拉应力为设计指标时为 1413 万次。计算沥青碎石基层的容许拉应变$[\varepsilon_R]$是多少？

A. 92.8×10^{-6}　　B. 98.3×10^{-6}

C. 146.1×10^{-6}　　D. 154.8×10^{-6}

答案：[　　]

作答过程：

24. 某设计速度为 60km/h 的城市快速路，双向 4 车道小客车专用车道（不考虑应急车道与应急停车港湾），其平曲线半径$R = 200$m，转角为 39°18′15″，且位于 4%纵坡路段，该路段交通标志标线设计如下图所示。下列关于该道路交通标志标线设置①、②、③、④、⑤、⑥，不符合规范规定的有几处？并请说明选择依据和理由。

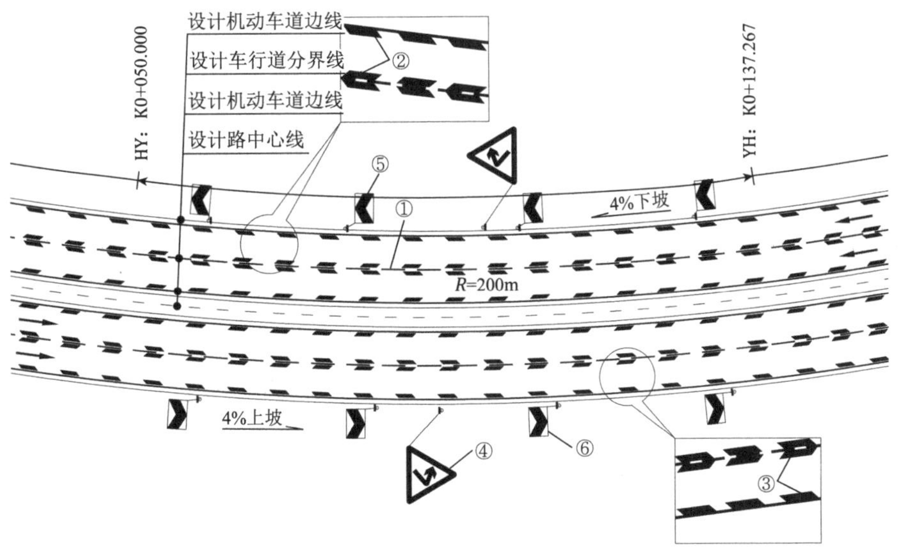

类	部位	技术指标
①	车行道分界线	线段长 2m，间隔长 4m，线宽 15cm
②、③	纵向减速标线	见图
④	急弯路标志	见图
⑤、⑥	线形诱导标志	见图

A. 2 处　　B. 3 处

C. 4 处　　D. 5 处

答案：[　　]

作答过程：

25. 某设计速度为 60km/h 的城市地下道路，封闭段范围内沿主线行车方向拟先后设置一处入口匝道和一处出口匝道。下列关于该地下道路的出入口设计中：①洞口与汇流鼻端距离 75m。②入口和出口鼻端间距 160m。③汇流鼻端车道隔离段长 85m。④汇流鼻端前的识别视距 105m。符合规范规定的是何项？并请说明选择依据和理由。

A. 1 项　　　　　　　　　　B. 2 项

C. 3 项　　　　　　　　　　D. 4 项

答案：[　　]

作答过程：

注册道路工程师执业资格专业考试

模考试卷（六）

案例分析
（下）

二〇XX年十一月

应考人员注意事项

1. 书写用笔：**黑色墨水笔**，考生在试卷上作答时，必须使用书写用笔，不得使用铅笔，否则视为违纪试卷；

   填涂答题卡用笔：**2B 铅笔**。

2. 须用书写用笔将工作单位、姓名、准考证号填写在答题卡和试卷相应的栏目内。

3. 本试卷由 25 题组成，全部为单项选择题，每题 2 分。满分为 50 分。

4. **考生在作答时，必须在每道试题对应的答案：[　　] 位置处的括号内填写上该试题所选答案选项对应的字母，并必须在试题主要作答过程下面的空白处写明该题的主要计算（分析）过程、计算结果，概念题则应写明主要作答依据，同时还须将所选答案用 2B 铅笔填涂在答题卡的相应位置处。对不按上述要求作答的考生，如：未在试卷上试题答案：[　　] 内填写所选选项对应的字母，仅在答案选项 A、B、C、D 处画"√"等情况，其试卷或相关试题视为违纪（违规），一律不予复评计分，违纪（违规）责任由考生自负。**

5. 在答题卡或试卷上书写与题意无关的语言，或作标记的，均按违纪试卷处理。

6. 考试结束时，由监考人员当面将试卷、答题卡一并收回。

7. 草稿纸由各地统一配发，考后收回。

1. 某拟新建公路地处山岭区，采用三级公路标准，设计速度 60km/h，受地形等条件的限制，在某局部路段内采用了连续长陡纵坡的设计，纵坡设置如下表所列（上坡为正，下坡为负），计算连续 3km 路段的最大平均纵坡是多少？并判断其是否符合规范规定。

坡长（m）	650	150	700	150	650	150	700	600	150	300	600
坡度（%）	4	3	6	3	6	3	6	−4.5	5	3	4

A. 5.12%，符合　　B. 5.12%，不符合

C. 5.22%，符合　　D. 5.22%，不符合

答案：[　　]

作答过程：

2. 某拟新建公路，采用双车道二级公路标准，设计速度 60km/h，服务水平四级，不准超车区按 40% 控制。交通量预测显示：路侧干扰等级为严重干扰，预测年方向分布 55/45（%）；交通组成是中型车占 35%、大型车占 10%、汽车列车占 8%等。已知路基宽度 9m，其中行车道 2×3.5m，路肩 2×1m。计算该公路设计通行能力应为多少？

A. 151veh/h　　B. 179veh/h

C. 206veh/h　　D. 234veh/h

答案：[　　]

作答过程：

3. 西北地区某拟新建公路，采用一级公路标准，设计速度 80km/h。其中在某路段的纵断面设计为：变坡点桩号 K10 + 250，高程 130.52m，其前后纵坡分别是+2.5%、−1.3%，敷设凸形竖曲线。现竖曲线长度按 6 倍设计速度取用，计算分析该竖曲线半径是否符合视距规定，并计算该竖曲线起点处高程应为多少？

提示：竖曲线长：$L = R \cdot |\omega|$，切线长：$T = L/2$

式中：R——竖曲线半径（m）；

ω——坡度差。

A. 不符合，124.52m　　B. 不符合，124.82m

C. 符合，124.52m　　D. 符合，124.82m

答案：[　　]

作答过程：

4. 新疆某拟建公路，地处积雪冰冻区，采用双车道四级公路标准，设计速度为 30km/h，区段内有铰接列车通行。如下图所示，是其中某局部路段的路线平面设计示意图，平曲线未设置缓和曲线。计算在一般情况下桩号 K0 + 270 处的路基宽度应为多少？

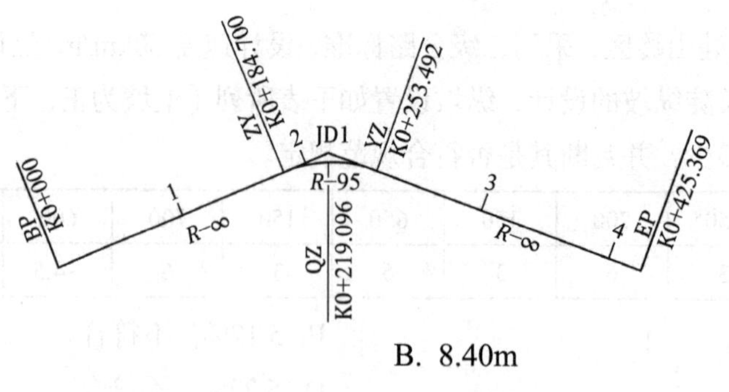

A. 7.5m　　　　B. 8.40m

C. 8.90m　　　　D. 10.80m

答案：[　　]

作答过程：

5. 湿陷性黄土地区公路工程一处挖方路基，依据设计，路基需要下挖 1.50m，地表以下 7m 为自重湿陷性黄土，其下为非自重湿陷性黄土，取样试验测得自地表向下每一米的自重湿陷性系数分别为 $\delta_{ZS1}=0.138$，$\delta_{ZS2}=0.128$，$\delta_{ZS3}=0.107$，$\delta_{ZS4}=0.082$，$\delta_{ZS5}=0.075$，$\delta_{ZS6}=0.048$，$\delta_{ZS7}=0.035$，因地区土质而异的修正系数$b_0=1.2$，计算地基总的湿陷量为$\Delta_s=520\text{mm}$。根据《公路路基设计规范》(JTG D30—2015)，此湿陷性黄土地基的湿陷性等级是什么？

A. I（轻微）　　　　B. II（中等）

C. III（严重）　　　　D. IV（很严重）

答案：[　　]

作答过程：

6. 某公路松软砂土地基，地基承载力低，沉降量偏大，为了提高地基的承载力，减小地基沉降，采用振冲碎石桩处理，振冲碎石桩直径 50cm，碎石桩桩长 10m，正三角形布置，桩间距 1.3m，桩土面积置换率m取 0.1341，桩土应力比取 3，经计算碎石桩处理深度范围内的原地基沉降为 42cm。根据《公路路基设计规范》（JTG D30—2015）规定，采用振冲碎石桩后地表下 10m 范围内地基的沉降是多少？

A. 330mm　　　　B. 350mm

C. 380mm　　　　D. 420mm

答案：[　　]

作答过程：

7. 某公路陡坡路基的左侧需要修筑挡墙（如下图），设计采用衡重式挡墙方案，挡墙采用 C20 混凝土浇筑，按承载能力极限状态设计，结构重要性系数$\gamma_0=1.0$，荷载组合为I，不考虑墙前被动土压力和车辆荷载等，衡重式挡墙的主动土压力为 98kN，主动土压力方向与水平方向的夹角为 25°，挡墙重心在G点，墙身重力为 612kN；墙址在O_B点；各种尺寸如图上标注。根据《公路路基设计规范》（JTG D30—2015）计算，挡墙的抗倾覆稳定性系数是多少？

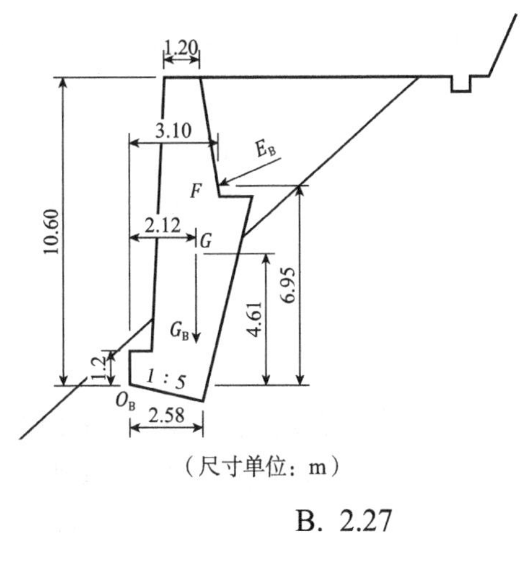

（尺寸单位：m）

A. 2.31　　　　B. 2.27

C. 2.03　　　　D. 1.84

答案：[　　]

作答过程：

8. 某公路工程岩石地层中的锚杆，锚杆的长度由注浆体与锚杆之间的黏结长度控制，原设计采用2根直径25mm的点焊成束，后变更为1根直径为32mm的钢筋，锚杆的设计锚固力不变，两种钢筋都是预应力螺纹钢筋，其抗拉强度标准值f_{sk}均为930MPa，注浆体与锚杆体间黏结强度设计值为2.4MPa。变更后的锚杆长度变化是什么？

A. 相同　　　　B. 减短

C. 增长　　　　D. 无法确定

答案：[　　]

作答过程：

9. 某二级公路水泥混凝土面层下设有圆管涵（如下图所示），圆管涵内径为150cm，外径为180cm，水泥路面结构为面层24cm、基层30cm、底基层20cm，涵管顶部距底基层底部50cm。涵洞与公路中线呈正交布置，洞顶水泥混凝土面层设钢筋网的最小长度为多少？

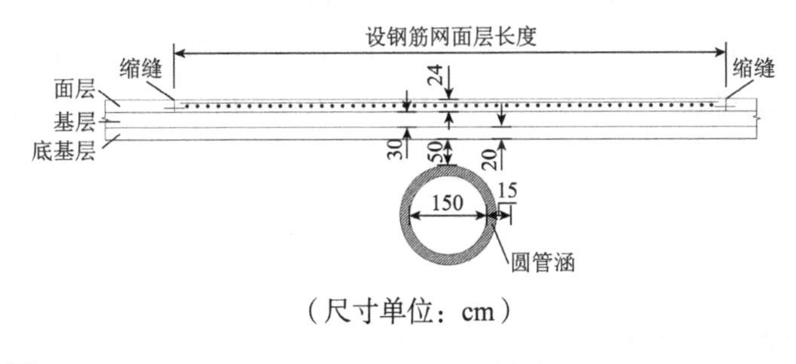

（尺寸单位：cm）

A. 不需设置钢筋网　　　　B. 11.4m

C. 12.9m　　　　D. 13.2m

答案：[　　]

作答过程：

10. 某公路沥青路面设计，沥青面层共设有两层，上面层厚度 40mm，动态压缩模量为 12000MPa

（20℃）；下面层厚度 60mm，动态压缩模量为 11000MPa（20℃）。根据规范计算该公路沥青面层换算当量动态压缩模量为多少？

A. 12000MPa　　　　B. 11000MPa

C. 11481MPa　　　　D. 11520MPa

答案：[　　]

作答过程：

11. 某新建公路采用沥青路面，已知平衡湿度状态下路基顶面回弹模量为 58.2MPa，根据规范计算路基顶面验收弯沉值（落锤式弯沉仪，荷载为 50kN，荷载盘半径为 150mm）为多少？

A. 295.7（0.01mm）　　　　B. 322.1（0.01mm）

C. 394.3（0.01mm）　　　　D. 277.2（0.01mm）

答案：[　　]

作答过程：

12. 某公路桥梁钢筋混凝土轴心受压构件，构件长细比为 35，C30 混凝土，采用圆形截面，直径为 1.5m。配置有 30 根直径 28mm 的纵向钢筋，核心截面直径 1.2m。配置螺旋式间接钢筋，其换算截面面积为纵向钢筋截面面积的 25%，纵向钢筋配置的间接钢筋为 HPB330 普通钢筋，该结构的正截面抗压承载力为多少？（r_0取 1.0）

A. 20271kN　　　　B. 24091kN

C. 25569kN　　　　D. 19232kN

答案：[　　]

作答过程：

13. 某公路桥梁设计时，所依据的水文站具有 1970—2018 年的年最大流量资料，其中最大的两次洪水流量为 7650m³/s 和 5120m³/s。经调查后得知 7650m³/s 是从 1820 年以来排在第 2 位的特大洪水，5120m³/s 不是特大洪水。这两次洪水的重现期T_1和T_2分别是多少？

A. $T_1 = 100$年、$T_2 = 50$年　　　　B. $T_1 = 200$年、$T_2 = 50$年

C. $T_1 = 100$年、$T_2 = 25$年　　　　D. $T_1 = 200$年、$T_2 = 25$年

答案：[　　]

作答过程：

14. 某六车道山区高速公路隧道，设计速度 100km/h，隧道长 8700m，隧址区地下水发育，拟采用左、右行分离的双洞布设和纵向通风、排烟，对下列隧道总体设计选项逐个核实正确与否，其中不满足规范要求的是哪一项？

A. 设置 11 道车行横通道，各车行横通道最大间距为 745m

B. 设置一处通风竖井，确保火灾工况下火灾烟雾最大行程在隧道内不超过 6km

C. 隧道纵坡设计为双向坡，洞内变坡点竖曲线半径为 16000m，竖曲线长度 160m

D. 隧道排烟按一座隧道全线同一时间内发生一次火灾设计，火灾最大热释放率取值 30MW

答案：[　　]

作答过程：

15. 某两车道公路隧道岩石点荷载试验强度$I_{s(50)}$值为 1.3MPa，岩体和岩石的弹性纵波速度分别为 3500m/s 和 4900m/s，根据规范规定，定量划分岩石坚硬程度和岩体完整性分别是什么？

A. 较坚硬岩，破碎　　B. 较软岩，较破碎

C. 软岩，较破碎　　D. 软岩，破碎

答案：[　　]

作答过程：

16. 某高速公路设计速度 80km/h，互通式立体交叉位于主线连续长大下坡路段底部，下列各选项分别为该互通式立体交叉范围凹形竖曲线半径、长大下坡方向减速车道路段主线纵坡，其中符合规范规定的是哪一项？

A. 13500m，−3.8%　　B. 8500m，−2.6%

C. 3800m，−2.2%　　D. 3000m，−1.5%

答案：[　　]

作答过程：

17. 某双向六车道高速公路设计速度 120km/h，主线侧合分流连接部的辅助车道设计示意如下图，入口匝道为双车道，且合流前匝道交通量接近设计通行能力。图中不符合规范规定的一共有几处？请逐一指出。

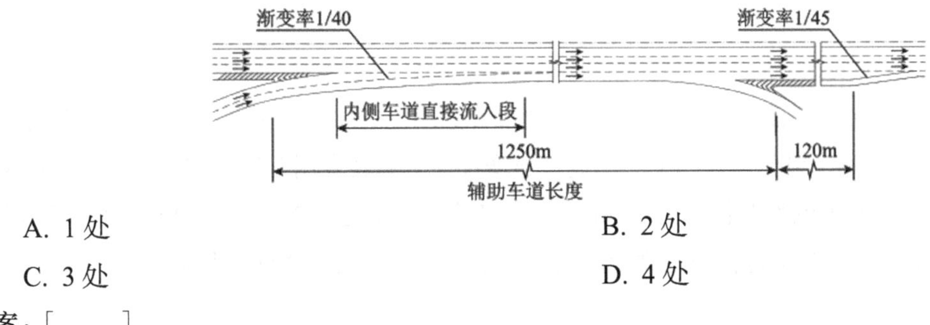

A. 1 处　　B. 2 处

C. 3 处　　D. 4 处

答案：[　　]

作答过程：

18. 某新建城市支路，设计速度为 40km/h，采用单幅路横断面布置，为混行机动车双向 2 车道加两侧各 3.5m 宽的非机动车道，标准路拱横坡度为 2.0%，设计纵坡为 2.5%，路段中设置一处$R = 150\text{m}$圆曲线平面线形。下列关于该路段线形设计参数：（1）车行道路面宽度 14.0m。（2）超高横坡度 2%。（3）绕中线旋转的超高缓和段长度 35m。（4）设计坡长 110m。不符合规范规定的有多少项？并请说明选择依据和理由。

A. 1 项　　B. 2 项

C. 3 项　　　　　　　　　　　　　　D. 4 项

答案：[　　]

作答过程：

19. 某设计速度为 30km/h 的城市支路，采用单幅路横断面布置，其中车行道宽度为 12.0m，由机动车道 2 × 3.5m、非机动车道 2 × 2.5m 组成，标准路拱横坡度为 2.0%。路段中设有一处$R = 120$m 的圆曲线，设置 2.0%的超高横坡度、绕中心线旋转，下列关于该圆曲线加宽方式、加宽值和加宽缓和段最小长度取值，符合规范规定的是何项？

A. 圆曲线两侧加宽、单侧加宽值为 0.35m，加宽缓和段最小长度取 32m

B. 圆曲线两侧加宽、单侧加宽值为 0.60m，加宽缓和段最小长度取 33m

C. 圆曲线内侧加宽、总加宽值为 0.70m，加宽缓和段最小长度取 34m

D. 圆曲线内侧加宽、总加宽值为 1.20m，加宽缓和段最小长度取 35m

答案：[　]

作答过程：

20. 某城市快速路，设计速度为 80km/h，相邻两座枢纽立交，前一立交单车道进口加速车道起点，至下一立交单车道出口减速车道终点之间的距离为 860m，加减速车道均采用平行式，其中加速车道处主路纵坡为+2.5%的路段，减速车道处于主路纵坡为−1.5%的路段，不考虑其他因素影响，下列关于该入口、出口变速车道的最小长度及是否设置辅助车道符合规范规定的是何项?并请说明选择依据和理由。

A. 160m 80m 不设辅助车道　　　　　　B. 210m 130m 不设辅助车道

C. 242m 138m 设辅助车道　　　　　　D. 242m 130m 设辅助车道

答案：[　　]

作答过程：

21. 新建某城市道路 A1 类平面交叉口，其中主干路设计速度为 60km/h，高峰 15min 内每信号周期左转车的排队车辆数为 8 辆，渠化设计如下：①进口道增设左、右转专用车道，将中央隔离带压缩为 1m。②进口展宽左转专用车道的设置长度为 105m。③进口道每条车道宽 3.25m。④出口道每条车道宽 3.5m，不增设车道。①～④项中不符合规范规定的有多少项？并请说明选择依据和理由。

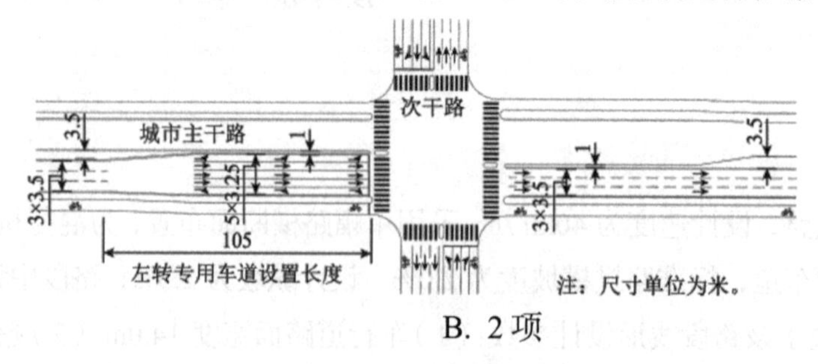

A. 1 项　　　　　　　　　　　　　　B. 2 项

C. 3 项　　　　　　　　　　　　　　D. 4 项

答案：[　　]

作答过程：

22. 某城市主干路沥青路面，基层采用水泥稳定碎石，90d 龄期的劈裂强度为 0.45MPa；以半刚性基层层底拉应力为设计指标时，设计基准期内一个车道上的累计当量轴次为 2420 万次；初拟路面结构基层层底最大拉应力为 0.20MPa，可靠度系数取 1.06。计算基层材料容许抗拉强度$[\sigma_R]$是多少？并判断是否符合规范规定。

A. $[\sigma_R]=0.15$MPa，不符合规范规定

B. $[\sigma_R]=0.15$MPa，符合规范规定

C. $[\sigma_R]=0.20$MPa，不符合规范规定

D. $[\sigma_R]=0.20$MPa，符合规范规定

答案：[　　　]

作答过程：

23. 某设计速度为 80km/h 的地下快速路，封闭段长 2000m，双孔布置双向 4 条混行机动车道，行车道右侧设置检修道。计算该地下快速路单孔建筑限界的最小宽度应为多少？并请说明选择依据和理由。

A. 9.25m

B. 9.75m

C. 11.00m

D. 11.25m

答案：[　　　]

作答过程：

24. 某城市道路进行无障碍设施专项整治，下图中：①变电箱处的盲道。②井盖处的盲道。③正面坡道宽度。④坡道侧面的坡度。⑤行进盲道至外侧路缘石距离。下列选项中均不符合规范规定的是何项？并请说明选择依据和理由。（图中尺寸单位除注明外，均以 m 计）

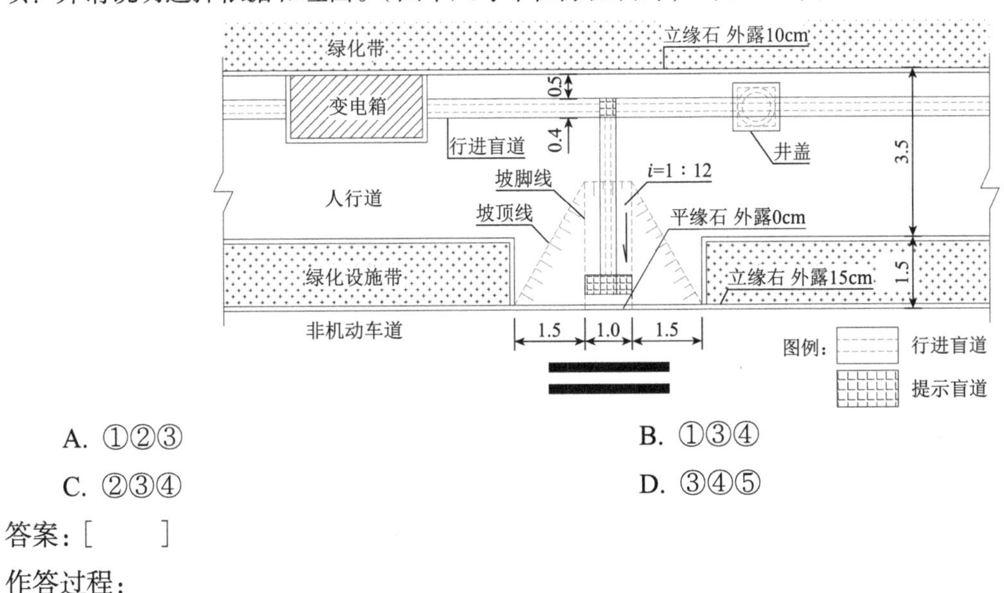

A. ①②③

B. ①③④

C. ②③④

D. ③④⑤

答案：[　　　]

作答过程：

25. 某城市道路红线宽 20m，红线外现有挡墙，其基础底砌筑深度为 1.05m。路下拟敷设市政管线如图所示，下列哪种管线布置符合规范要求？并请说明选择依据和理由。（其中直埋电力管线敷设深度为 2.0m，管槽开挖宽度为 1.2m，土壤内摩擦角为 30°）（计算时不计管径）

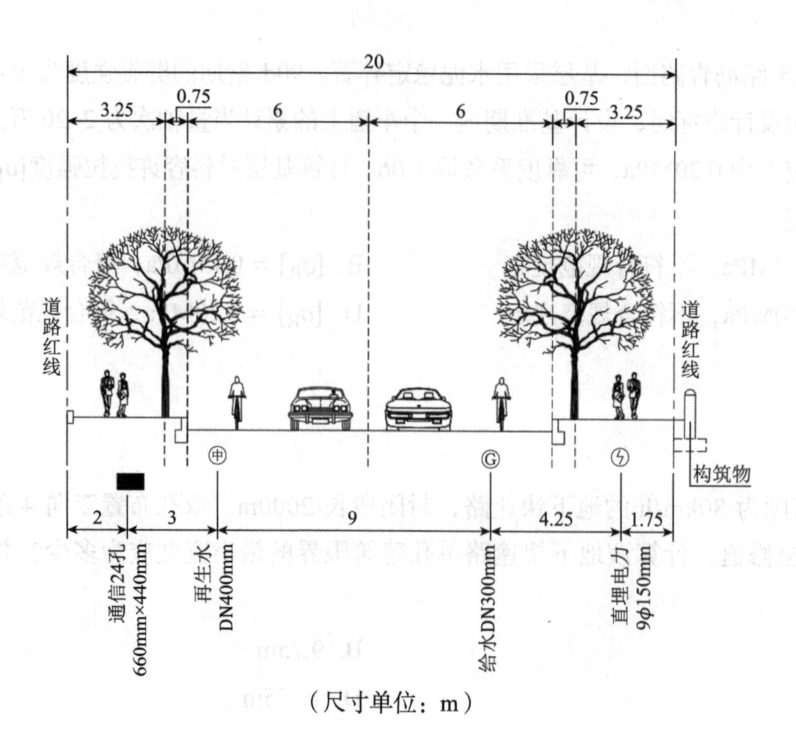

（尺寸单位：m）

A. 通信 B. 再生水

C. 直埋电力 D. 给水

答案：[ ]

作答过程：

准考证号：
姓名：
工作单位：

注册道路工程师执业资格专业考试

模考试卷（七）

案例分析

（上）

二〇XX年十一月

应考人员注意事项

1. 书写用笔：**黑色墨水笔；**

   填涂答题卡用笔：**2B 铅笔。**

2. 须用书写用笔将工作单位、姓名、准考证号填写在答题卡和试卷相应的栏目内。

3. 本试卷由 25 题组成，满分为 100 分。其中，1～17 题为公路工程试题，18～25 题为城市道路工程试题。

4. 在答题卡上书写与题意无关的语言，或在答题卡上作标记的，均按违纪试卷处理。

5. 考试结束时，由监考人员当面将试卷、答题卡一并收回。

6. 草稿纸由各地统一配发，考后收回。

1. 某区域拟修建一条公路，已知该区域规划的路网合计总里程为4800km，拟修建公路连接人口分别为12万和15万人的两地级市，道路总长度28km，车公里比率为7%，沿线纵横向干扰较大，预测年度的年平均日交通量为7500veh/d（其中：中型车占20%，大型车占10%，汽车列车占4.9%，拖拉机占0.1%），则依据《公路路线设计规范》（JTG D20—2017），正常情况下该路宜选用的公路等级及设计速度是多少？

A. 一级公路，设计速度100km/h　　　B. 一级公路，设计速度80km/h

C. 二级公路，设计速度80km/h　　　D. 三级公路，设计速度40km/h

答案：[　　]

作答过程：

2. 某一级公路，设计速度80km/h，变坡点设计高程130.52m，其前后纵坡分别是+2.5%、−1.5%，敷设凸形竖曲线。现竖曲线长度按6倍设计速度取用，计算分析该竖曲线半径是否符合视觉所需半径规定，并计算该竖曲线变坡点处实际高程应为多少？

提示：竖曲线长为$L = R \times |\omega|$，外距为$E = \frac{R \times \omega^2}{8}$，切线长为$T = L/2$

式中：R——竖曲线半径；

ω——坡度差。

A. 不符合，124.52m

B. 不符合，124.82m

C. 符合，128.12m

D. 符合，129.32m

答案：[　　]

作答过程：

3. 某小交通量农村公路，设计速度15km/h，经预测，各类型车辆的交通数据如下表，某路段穿越居民点，错车需求较大，受两侧房屋限制，平曲线半径为200m，该处应满足错车需求，该路段最小路基宽度为多少？

代表车型	交通量（veh/d）
小客车	250
中型客车	100
轻型载重汽车	200
中型载重汽车	100
四轮低速货车	50
三轮车	100
摩托车	200

A. 4.9m　　　B. 6.5m

C. 6.9m　　　D. 7.3m

答案：[　　]

作答过程：

4. 某新建二级公路，设计速度 80km/h。其中在某越岭段采用了连续上坡的方案，经论证拟设置爬坡车道，该爬坡车道纵坡坡度依次为 3%、−0.5%，爬坡车道分流渐变段起点桩号为 K4+000，长链 K4+060 = K4+040，爬坡段长度为 910m，其后为附加长度段，该爬坡车道汇流渐变段终点的最小桩号应为多少？

A. K5+220　　　　B. K5+130

C. K5+270　　　　D. K5+370

答案：[　　]

作答过程：

5. 某公路工程在初步设计阶段，其中一处大型取土场为河流阶地，取代表性土样进行室内试验，三组试样测得的 CBR 值分别是 21.5、22.0、22.3，其路基回弹模量湿度调整系数取 0.85，冻融循环条件下路基土模量折减系数为 0.9，该取土场估算的标准状态下填料的回弹模量值为多少？（取小数点后 1 位）

A. 94.8MPa　　　　B. 120.8MPa

C. 130.9MPa　　　　D. 131.7MPa

答案：[　　]

作答过程：

6. 某路段在土质地基上设置仰斜式路肩挡土墙，顶宽$B = 1.2$m，墙面与墙背平行，基底水平，已知$G = 158.4$kN，$Z_G = 1.35$m，$E_x = 61.3$kN，$E_y = 10.5$kN，$Z_y = 2.17$m，$Z_x = 1.74$m，如下图所示，基底容许承载力$[\sigma] = 196$kN/m³，计算基底偏心距及基底最大应力，并判断是否满足规范要求？

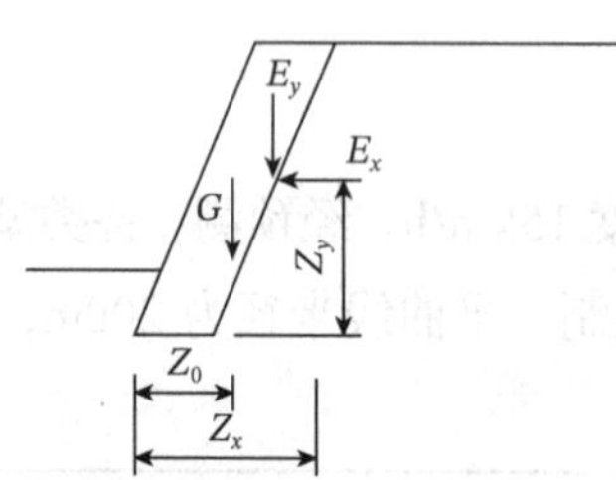

A. $e_0 = 0.06$、$s_1 = 150$kN/m³，不满足要求

B. $e_0 = 0.013$、$s_1 = 150$kN/m³，满足要求

C. $e_0 = 0.038$、$s_1 = 150$kN/m³，满足要求

D. $e_0 = 0.06$、$s_1 = 166$kN/m³，不满足要求

答案：[　　]

作答过程：

7. 某公路为沥青混凝土路面，单向坡度路面宽 7.5m，横坡为 1.2%，面层下设置沥青处治碎石排水基层，设计渗透系数 1892m/d，根据《公路排水设计规范》（JTG/T D33—2012），排水基层设计厚度最小应取多少？

A. 60mm B. 80mm

C. 100mm D. 120mm

答案：[ ]

作答过程：

8. 公路自然区划II_3区新建二级公路，双向两车道，路基宽度为12m，采用沥青混凝土路面，基层和底基层均采用水泥稳定碎石。根据OD分析，双向年平均日交通量为2500辆/d，交通量年平均增长率为5.5%。根据交通调查，1类车占比20%，2类车占比30%，4类车占比50%。分析无机结合料稳定层层底拉应力时，设计年限内设计车道上的当量设计轴载累计作用次数N_e最接近多少？（非满载与满载车比例、方向系数取中值）

A. 3.43×10^7次 B. 2.91×10^8次

C. 2.13×10^8次 D. 1.67×10^8次

答案：[ ]

作答过程：

9. 某二级公路采用水泥混凝土面层，局部路段因穿越管线，拟使用接缝设置传力杆的钢筋混凝土路面，钢筋混凝土面板横缝间距为7m，面层厚220mm，基层使用水泥稳定砂砾。实配纵向钢筋使用HPB235，直径为12mm，间距10cm。则按规范计算的配筋量和实配钢筋量接近多少？

A. $933mm^2$，$1130mm^2$ B. $756mm^2$，$1340mm^2$

C. $687mm^2$，$993mm^2$ D. $569mm^2$，$993mm^2$

答案：[ ]

作答过程：

10. 某新建二级公路水泥混凝土路面设计，设计车道使用初期标准轴载日作用次数为1050，交通量年平均增长率为5%，临界荷位处的车辆轮迹横向分布系数为0.5，当采用普通水泥混凝土面板时，经计算，面层板厚度采用30cm时满足设计要求，当采用钢纤维混凝土面板时，面层板最小厚度应为多少？（结果按10mm向上取整）

A. 160mm B. 180mm

C. 190mm D. 200mm

答案：[ ]

作答过程：

11. 某高速公路上跨径为100m + 175m + 100m的连续刚构桥，主线桥梁采用上下行分离设置，单幅桥宽15.25m，两侧均设0.5m宽墙式护栏，桥梁按单梁模型计算主跨跨中截面弯矩时，汽车车道荷载均布荷载集度和集中荷载取值分别为多少？

A. 10.5kN/m、360kN B. 42kN/m、1440kN

C. 27.3kN/m、935.9kN D. 28.1kN/m、964.8kN

答案：[ ]

作答过程：

12. 某南方高速公路桥的桥墩采用重力式，如下图所示，已知$P_1 = 5000\text{kN}$，$P_2 = 3500\text{kN}$，墩身总重$P_3 = 2000\text{kN}$，水平力$H = 1500\text{kN}$，桥墩基础的抗倾覆安全系数是多少？(取小数点后两位)

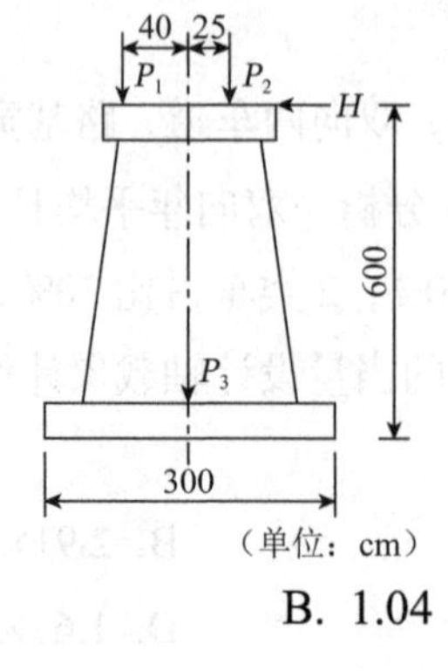

（单位：cm）

A. 0.85　　　　B. 1.04

C. 1.56　　　　D. 2.04

答案：[　　　]

作答过程：

13. 某濒临水库地区高速公路拟建一处长隧道，经外业勘测，该处 50 年一遇洪水位为 777.7m，100 年一遇洪水位为 778.8m，300 百年一遇洪水位为 779.9m，调查走访发现最高洪水位为 780.80m。波浪侵袭高 0.5m（不考虑雍水高），则隧道洞口路肩设计高程采用多少？

A. 779.3m　　　　B. 779.8m

C. 781.8m　　　　D. 781.3m

答案：[　　　]

作答过程：

14. 某高速公路隧道长 2000m，上下分离双洞设置，单洞净高 7.75m，设计行车速度为 80km/h。洞内设置亮度检测器，根据《公路隧道设计规范 第二册 交通工程与附属设施》（JTG D702—2014）的要求，检测器探头所指的路面位置到洞门的距离宜为多少？

A. 110m　　　　B. 118m

C. 160m　　　　D. 168m

答案：[　　　]

作答过程：

15. 湖北省某条设计速度为 80km/h 的一级公路与设计速度为 60km/h 的二级公路平面交叉，两条公路上直行交通量均较大，右转弯车道宽度为 3.75m，右转弯设计速度为 40km/h。交叉口设计时，平交口右转弯曲线长度为 60m（不含加减速车道长），一级公路右转进入二级公路，按规范推荐的形式设置等宽或渐变式加减速车道，那么，从一级公路变速车道渐变段起点到进入二级公路后变速车道渐变段终点，整个行驶长度最小值为多少？（计算结果取整）

A. 199m　　　　B. 207m

C. 222m　　D. 229m

答案：[　　]

作答过程：

16. 位于重庆市城郊的某高速公路方向不均匀系数为 0.6，A 高速与 B 高速形成互通立交，其中 D 匝道为从 A 高速转向 B 高速的右转匝道，该匝道设计速度为 40km/h，起点桩号 DK0+000，终点桩号 DK0+830，出口分流鼻桩号 DK0+160，入口合流鼻桩号 DK0+630，该匝道预测的年平均日交通量为 5000pcu/d，该匝道应选用的横断面类型及出入口变速车道的车道数应为多少？

A. Ⅰ 型、单车道变速车道　　B. Ⅱ型、单车道变速车道

C. Ⅱ型、双车道变速车道　　D. Ⅲ型、双车道变速车道

答案：[　　]

作答过程：

17. 某高速公路，设计速度 100km/h，采用双向 6 车道，中分带宽度为 2m，车道宽度 3.75m，左侧路缘带宽度为 0.75m，右侧硬路肩宽 2.5m；匝道设计速度 40km/h，采用Ⅰ型断面，硬路肩宽 3.0m，出口采用直接式，分流鼻主线侧偏置值为 3.5m，匝道侧偏置加宽值为 0.6m，鼻端半径 1m，求该出口匝道减速段起点（一个车道宽度处）和分流鼻端位置半幅路面的宽度分别是多少？

A. 18.0m，25.6m　　B. 18.5m，28.1m

C. 19.0m，24.6m　　D. 19.0m，25.6m

答案：[　　]

作答过程：

18. 拟建一条设计速度为 30km/h 的单幅路城市支路（不考虑铰接车通行），双向两条混行机动车道、两条与机动车道之间划线设置的非机动车道（2.5m 宽），道路中间单黄线分隔交通；车行道采用直线型双面坡路拱，横坡度为 1.5%。路段中设一处$R = 86.5$m 的圆曲线，圆曲线两侧未设置缓和曲线，采用曲线内侧加宽方式，横向力系数采用 0.067，超高旋转轴在路中线处，计算加宽缓和段长度最小值应为多少？

A. 10.0m　　B. 18.0m

C. 19.5m　　D. 22.5m

答案：[　　]

作答过程：

19. 某城市支路设计速度为 20km/h，为单幅路，其中车行道宽 12.0m，由机动车道宽 2 × 3.5m、两侧非机动车道宽各 2.5m 组成。路段中设有一处$R = 35$m 的圆曲线，平曲线设计参数如下图所示（尺寸单位：m），横坡度为 2.0%，超高过渡方式绕中线旋转，超高渐变在缓和曲线范围内进行，渐变率按 1/125 控制；按小客车标准在圆曲线内侧加宽。下列关于平曲线设计指标要素中，不符合规范规定的是何项？并请说明选择依据和理由。

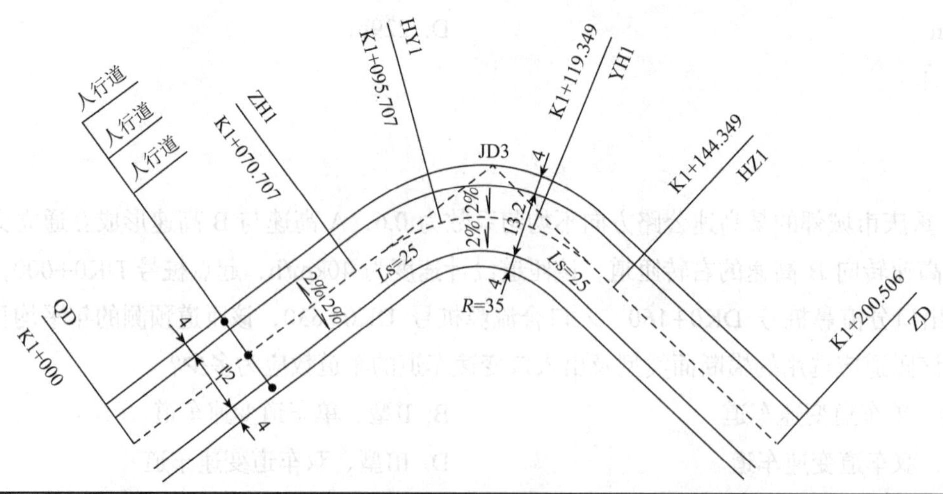

序号	JD3	α	右偏 79°37′41.9″	L	73.642
桩号	K1+112.947	R	35	T1	42.24
XN	−19045.486	Ls1	25	T2	42.24
YE	351049.14	Ls2	25	E	11.53

A. 圆曲线加宽　　　　　　　　　　B. 圆曲线超高

C. 超高缓和段长度　　　　　　　　D. 圆曲线长度

答案：[　　]

作答过程：

20. 某陡坡路堤断面如图所示，计算参数如下表，已知填料内摩擦角$j = 21°$，若要求安全系数$K = 1.25$，依据《城市道路路基设计规范》（CJJ 19—2013），使用不平衡推力法计算该陡坡路堤最后一个条块在正常工况下的剩余下滑力为多少？（已知土条 3 对土条 4 的剩余下滑力为 455kN/m）

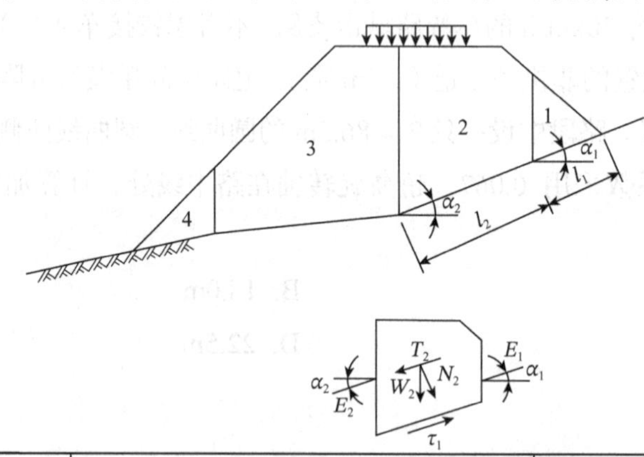

条块编号	下滑力 $W_{Qi}\sin\alpha_i$（kN/m）	抗滑力 $c_i l_i + W_{Qi}\cos\alpha_i\tan\varphi$（kN/m）	滑面倾角（°）
1	32.4	19.1	33
2	516.6	228.1	41
3	723.6	705.1	21.5
4	29.0	105.8	6

A. 190kN/m　　　　　　　　　　B. 270kN/m

C. 320kN/m D. 345kN/m

答案：[ ]

作答过程：

21.某路段中线设计纵坡为+0.1%，车行道宽度为 20.0m，路拱横坡为 2.0%，雨水口处缘石高$m = 0.20$m，分水点处缘石高$n = 0.15$m，初拟雨水口的间距为 30m，锯齿形边沟纵坡度$i_1 = i_2$，则分水点与雨水口的间距分别是多少？

A. 10.8m、19.2m B. 15m、15m

C. 12.5m、17.5m D. 9.5m、20.5m

答案：[ ]

作答过程：

22.某城市一座过街人行天桥，其两端的两侧（即四角）、顺人行道方向各修建一条梯道（如图所示），天桥净宽 5.0m、全宽 5.6m。若各侧的梯道净宽都设计为同宽，试问，梯道最小净宽b应为多少？

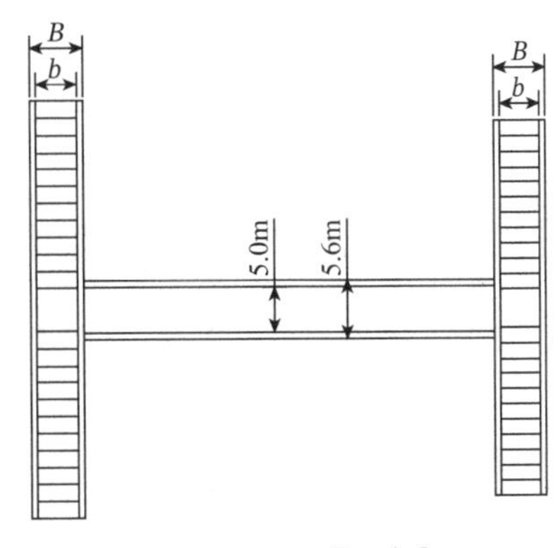

A. 5.0m B. 1.8m

C. 2.5m D. 3.0m

答案：[ ]

作答过程：

23.某城市地下快速路，主线设计速度为 60km/h，地下道路出洞后紧接地面道路，在其下游布置单车道直接式出口匝道，如下图所示（未示出鼻端偏置加宽）。减速车道正好处于纵坡坡度为 2.5%的上坡路段，已知该出口匝道鼻端半径为 0.6m，主线右侧路缘带宽 0.5m，匝道左侧路缘带宽 0.5m，分流点偏置加宽按规范最小值取值（C_2不含匝道左侧路缘带宽度），减速车道渐变段长取 60m。条件受限时，该地下道路出洞口与邻接出口匝道鼻端的最小距离L的值为多少？（计算结果取整）

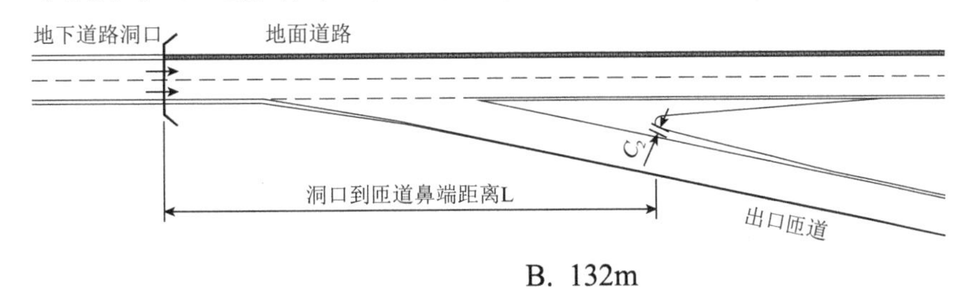

A. 105m B. 132m

C. 235m　　　　D. 237m

答案：[　　]

作答过程：

24. 某城市快速路与快速路交叉的完全苜蓿叶立交，两条道路均为双向 6 车道，设计速度分别为 100km/h、80km/h，直行无附加车道；匝道设计速度为 40km/h，均为单车道匝道，则计算立交设计通行能力接近多少？

A. 9828pcu/h　　　　B. 13568pcu/h

C. 14060pcu/h　　　　D. 21040pcu/h

答案：[　　]

作答过程：

25. 某城市道路管线设计见下图（尺寸单位：m），通信和电力排管外径为 800mm，热力和中压燃气管外径为 500mm，给水管外径为 300mm，雨水管外径为 600mm，下列图中，满足规范规定布置的是何项？并说明选择依据和理由。

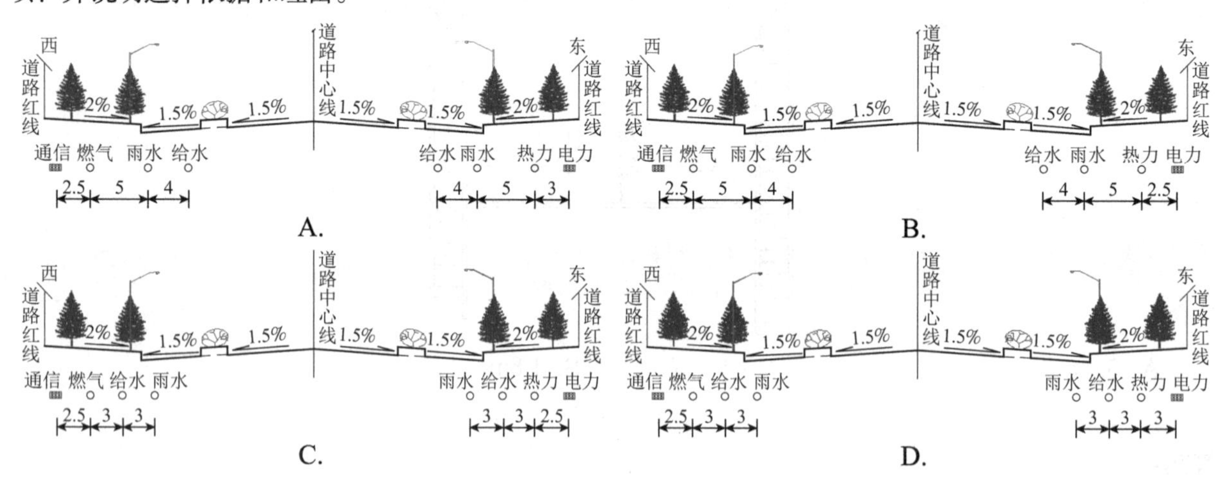

答案：[　　]

作答过程：

注册道路工程师执业资格专业考试

模考试卷（七）

案例分析

（下）

二〇XX年十一月

应考人员注意事项

1. 书写用笔：**黑色墨水笔；**

   填涂答题卡用笔：**2B 铅笔。**

2. 须用书写用笔将工作单位、姓名、准考证号填写在答题卡和试卷相应的栏目内。

3. 本试卷由 25 题组成，满分为 100 分。其中，1～17 题为公路工程试题，18～25 题为城市道路工程试题。

4. 在答题卡上书写与题意无关的语言，或在答题卡上作标记的，均按违纪试卷处理。

5. 考试结束时，由监考人员当面将试卷、答题卡一并收回。

6. 草稿纸由各地统一配发，考后收回。

1. 某设计速度为120km/h的高速公路，位于湖南省某地一郊区，采用三级服务水平，设计小时交通量系数缺乏观测数据，方向不均匀系数取0.56，驾驶人总体特征修正系数为1.0。预测年限末的交通量数据分析见下表，若采用整体式断面，中央分隔带宽度为3m，请拟定该道路的一般标准断面的路基宽度是多少？

车型	车辆交通量（veh/d）
小客车	10800
中型车	9440
大型车	5160
汽车列车	1800
合计	27200

A. 19.5m　　B. 20.5m

C. 27.0m　　D. 34.5m

答案：[　　]

作答过程：

2. 辽宁省的AA城与BB城之间，拟新建二级公路，设计服务水平为三级，并于2020年正式立项，计划于次年开工建设，建设期两年。根据交通量观察数据，已知2020年年平均日交通量为7600veh/d，交通量每年的增长率为3%，下列关于该公路交通量预测年度和设计小时交通量的计算正确的是何项？并请说明选择依据和理由。

A. 2036年、2198veh/h　　B. 2036年、1829veh/h

C. 2037年、2198veh/h　　D. 2038年、1829veh/h

答案：[　　]

作答过程：

3. 某二级集散公路，设计速度采用60km/h，某平曲线路段，因条件受限，其平曲线半径采用160m，且该路段因慢行车辆较多，需设置慢车道，车道与慢车道之间采用划线分隔，该公路上不考虑铰接列车的通行。请问该路段公路路基一般宽度是多少？

A. 15.50m　　B. 16.20m

C. 16.90m　　D. 17.70m

答案：[　　]

作答过程：

4. 某二级公路，设计速度60km/h，路线某处与一铁路平交，铁路最外侧钢轨桩号为K0+500，已知变坡点桩号为K0+560，为保证铁路安全，变坡点前坡度采用0%，后坡度采用2.0%上坡，则该变坡点的竖曲线半径最大应设计为多少？

A. 1500m　　B. 2000m

C. 3300m　　D. 4400m

答案：[　　]
作答过程：

5. 某公路路堤位于软土地区，路基地基采用碎石桩处理，桩径$D = 0.8\text{m}$，桩长$L = 12\text{m}$，正三角形布桩，桩距为1.6m，桩土应力比$n = 3.0$，未处理前，桩长深度范围内地基土沉降量为25cm，按《公路软土地基路堤设计与施工技术细则》（JTG/T D31-2—2013），处理后碎石桩长范围内地基的沉降量最接近多少？

A. 14cm　　　　B. 16cm

C. 17cm　　　　D. 18cm

答案：[　　]
作答过程：

6. 某边坡拟采用预应力锚杆框架防护，锚杆位于稳定地层中的锚固段长度为7m，锚杆孔直径为13cm，土体与注浆体之间的黏结强度$f_{rb} = 400\text{kPa}$，注浆体与锚杆之间的黏结强度$f_b = 2400\text{kPa}$，注浆体为M30水泥砂浆，锚杆采用3根直径25mm的预应力螺纹钢筋，其抗拉强度标准值$f_{sk} = 785\text{MPa}$，预应力锚杆锚固体设计安全系数K_1、K_2都取2.0，根据《公路路基设计规范》（JTG D30—2015），每一根锚杆能够提供的轴向锚固力为多少？（取小数点后1位）

A. 258.5kN　　　　B. 571.5kN

C. 577.7kN　　　　D. 1186.9kN

答案：[　　]
作答过程：

7. 某红黏土的天然含水率为45%，塑限为34%，液限为57%，根据《公路路基设计规范》（JTG D30—2015），该红黏土复浸水特征类别为几类？并请说明选择依据和理由。

A. I类　　　　B. II类

C. I类及II类　　　　D. 无法判断

答案：[　　]
作答过程：

8. 某季节性冻土地区一级公路上下行分离，设计速度80km/h，采用沥青混凝土路面、水泥稳定碎石基层，交工验收时对上行K100+200～K100+300段进行收缩裂缝调查，横向贯穿全幅的裂缝有1条，5m长的横向裂缝2条，2m长的横向裂缝2条；12m长的纵向裂缝3条，2m长的纵向裂缝1条。该段沥青路面低温开裂指数是否满足要求？并请说明选择依据和理由。

A. 满足要求　　　　B. 不满足要求

C. 无法判断　　　　D. 以上说法都不对

答案：[　　]
作答过程：

9. 新建一条二级公路位于季节性冰冻地区，某挖方路段路基属于中湿型塑性指数为 15 的低液限粉质黏土，当地最大冰冻深度为 2.0m，设计拟定的水泥混凝土面层厚 25cm，水泥稳定碎石基层厚 30cm，级配碎石底基层厚 20cm 时，下列垫层厚度方案比较经济合理的是何项？并请说明选择依据和理由。

A. 10cm　　B. 15cm

C. 20cm　　D. 25cm

答案：[　　]

作答过程：

10. 某二级公路，行车道宽 7.0m，路面采用水泥混凝土面层，其中局部路段路面下埋设有地下设施，拟使用接缝设置传力杆的钢筋混凝土路面，钢筋混凝土面板横缝间距为 7m，面层厚 220mm，基层选用水泥稳定碎石。根据工程可行性研究报告可知路段所在地区交通量大，近期双向日交通量为 2000 辆/d，小客车占 30%，中客车占 50%，铰接挂车占 20%，轴载换算参数详见下表，方向系数取 0.55，预测交通量 20 年内增长率均为 5%。则设计基准期内水泥混凝土路面设计车道所承受的设计轴载累计作用次数为多少？

近期交通量轴载换算表

车型分类	汽车车型	前轴重（kN）	后轴单轴重（kN）	后轴数	后轴轮组数
小客车	桑塔纳 2000	9	6.4	1	1
中客车	江淮 AL6600	17.0	26.5	1	2
铰接挂车	东风 SP9250	50.7	113.3	3	2

A. 11.25×10^{5} 次　　B. 7.38×10^{6} 次

C. 8.08×10^{6} 次　　D. 3.64×10^{7} 次

答案：[　　]

作答过程：

11. 某一级公路上的一座单跨跨径 30m 的桥梁，上部结构主梁采用矩形断面，主梁宽 1000mm，高 1500mm。控制斜截面的最不利剪力值为 3400kN，h_0取 1450mm，$f_{cu,k}$取 26.8MPa，计算并判断该断面的抗剪能力能否满足要求？并请说明选择依据和理由。（取小数点后两位）

A. 3595.98kN，不满足　　B. 3622.20kN，不满足

C. 3884.42kN，满足　　D. 3828.30kN，满足

答案：[　　]

作答过程：

12. 某地震峰值加速度为 0.1g的地区，二级公路上修建一座 60m+100m+60m 的连续梁桥，根据《公路工程抗震规范》（JTG B02—2013），对该桥在 E2 抗震设计时，抗震重要性系数和抗震设防烈度分别为多少？

A. 1.7、7 度　　B. 1.3、7 度

C. 1.7、8 度　　D. 1.3、8 度

答案：[ ]

作答过程：

13. 两车道公路隧道采用复合式衬砌，埋深 150m，据勘察报告：围岩重度为 $22kN/m^3$ 围岩基本质量指标 BQ 为 290，有淋雨状出水，单位出水量为 8L/min · m，结构面走向与洞轴线夹角为 65°，结构面倾角为 80°，围岩初始应力不属于高或极高应力区。则该围岩段施筑初期支护时，拱部和边墙喷射混凝土厚度范围宜选用多少？

A. 5～8cm　　B. 8～12cm

C. 12～18cm　　D. 18～28cm

答案：[ ]

作答过程：

14. 某公路隧道开挖宽度 11m，某处围岩软弱、含水量大，施工中支护时间滞后，导致隧道初期支护变形量达到 35cm。则该处围岩大变形等级为多少？

A. Ⅰ级　　B. Ⅱ级

C. Ⅲ级　　D. 不算大变形

答案：[ ]

作答过程：

15. 四川某城郊高速公路，方向不均匀系数为 0.55，与某一级公路相交，形成三路交叉，采用 A 型单喇叭互通，已知右转定向匝道预测年度的年平均日交通量为 10000pcu/d，匝道设计速度为 50km/h，已知该匝道起点桩号为 K0+125，终点桩号为 K0+480，则该匝道应该采用的横断面类型为何项？并请说明选择依据和理由。

A. Ⅰ型　　B. Ⅱ型

C. Ⅲ型　　D. Ⅳ型

答案：[ ]

作答过程：

16. 某高速公路在一县城东设置三岔一般互通式立体交叉，采用高速连接线方式辐射周边乡镇，连接线采用二级公路标准，远期向北延伸并规划为全苜蓿叶形互通。现匝道设计服务水平采用四级，设计速度为 40km/h，根据下图交通量分布情况初拟四个方案，技术经济最合理的方案为何项？并请说明选择依据和理由。（单位：pcu/h）

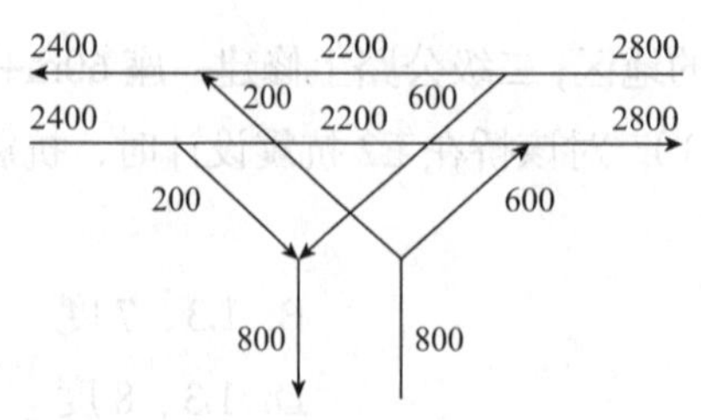

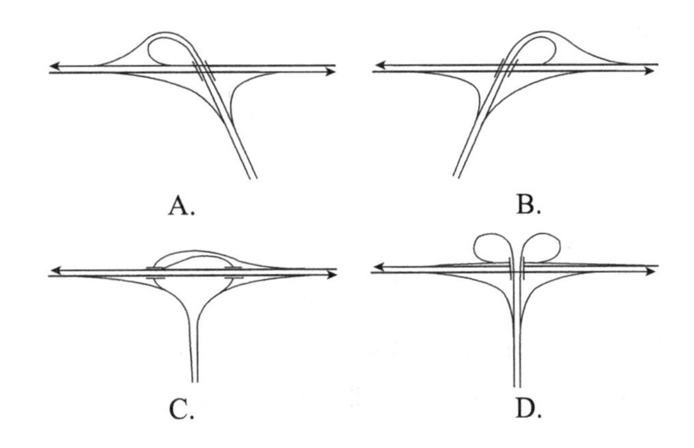

答案：[　　]

作答过程：

17. 某高速公路立体交叉工程，在K29+117桩号设置一处入口，匝道合流前主线单向设计小时交通量3980pcu/h，入口匝道分流鼻桩号为DK0+155，合流鼻桩号为DK0+945，匝道设计小时交通量为360pcu/h。主线设计速度为100km/h，匝道设计速度40km/h，立交条件受限，分合流段采用规范允许的最低服务水平，按经济合理原则，合流连接部合流后主线车道数可能为多少？

A. 2条或3条　　B. 3条或4条

C. 4条或5条　　D. 3条或4条或5条

答案：[　　]

作答过程：

18. 拟建城市快速路，设计速度80km/h，远景年单向高峰小时预测交通量及其车型构成见下表。如果不考虑方向不均匀系数，且该快速路采用三幅路形式，中间设置0.7m宽防撞护栏（含安全带宽），两侧设置3m宽机非分隔带，6m宽非机动车道，请问机动车道路面总宽是多少？

远景年单向高峰小时预测交通量及其车型构成表

车辆类型	交通量（veh/h）
小客车	4250
大型客车	200
大型货车	60
铰接车	80
合计	4590

A. 17.7m　　B. 25.2m

C. 31.2m　　D. 44.2m

答案：[　　]

作答过程：

19. 拟建城市快速路的设计速度为100km/h，单向机动车道路面宽度为8.50m，标准路拱坡度为2%，该工程平面设计线形中设$R=800$m的圆曲线，已知圆曲线超高值为2.0%，采用绕中间分隔带边缘旋转，则缓和曲线的最小长度为多少？

A. 38.25m　　B. 59.50m

C. 76.50m　　D. 85.00m

答案：[　　]

作答过程：

20. 某城市主干路位于IV_3自然区划，该道路某一路段原地面高程为3.6m，设计机动车道路面最低点高程为3.97m，机动车道路面结构厚度为0.6m，非机动车道路面最低点高程为3.86m，路面结构厚度为0.35m，路基为粉质土，地下水埋深为1.2m。下列关于该道路路基干湿类型、路基处理措施，符合规范规定的是何项？并请说明选择依据和理由。

A. 路基为干燥状态，不需要路基处理

B. 路基为中湿状态，不需要路基处理

C. 路基为潮湿状态，设置石灰土垫层

D. 路基为过湿状态，设置水泥土垫层

答案：[　　]

作答过程：

21. 某城市次干道，现状为水泥混凝土路面，临界荷位所承受的累计当量轴次为95万次。现状路面面层厚220mm，现状基层使用水泥稳定碎石。对现状旧路面采用钻孔芯样进行5组劈裂试验，劈裂强度测定值的均值为2.54MPa，标准差为0.08，则旧混凝土面层的弯拉强度标准值最接近多少，能否满足规范要求？

A. 2.45MPa、能　　B. 4.16MPa、能

C. 2.45MPa、不能　　D. 4.16MPa、不能

答案：[　　]

作答过程：

22. 在某城市主干路上的一座立交匝道桥，其中一联为四孔各30m的简支箱梁桥，计算跨度为29.4m，冲击系数$\mu = 0.25$。单向双车道，桥梁总宽9.0m，其中行车道净宽度为8.0m。上部结构采用预应力混凝土箱梁（桥面连续）。试问，该桥主梁支点截面在汽车荷载作用下的剪力标准值与何项最接近？并请说明选择依据和理由。

A. 620kN　　B. 990kN

C. 1090kN　　D. 1340kN

答案：[　　]

作答过程：

23. 某城市地下道路设计中，有一曲线路段设计条件如下，单向双车道，设计速度60km/h，车道宽度7.0m，路缘带宽度0.5m，不设检修道，不设缓和曲线，圆曲线内侧汽车行驶轨迹半径为998.25m，

圆曲线长度为 180m，计算该曲线路段的最大横净距，并判断是否满足视距要求？

A. 0.62m，满足要求　　B. 1.64m，满足要求

C. 1.72m，不满足要求　　D. 2.74m，不满足要求

答案：[　　]

作答过程：

24. 某城市 B 类单喇叭互通，主线为单向双车道，设计速度为 60km/h；右转弯定向匝道 C 设计速度为 30km/h，匝道长 345m，机非共行无分隔设施，路面外设置人行道。非机动车高峰小时交通量为 1800veh/h，机动车预测高峰小时交通量为 700pcu/h，立交可供铰接车通行，计算转弯圆曲线半径 40m 处，匝道路面最小宽度为多少？

A. 9.67m　　B. 13.05m

C. 13.80m　　D. 11.65m

答案：[　　]

作答过程：

25. 城市工程 0.6MPa 燃气管线，管径 300mm，敷设深度为 2m，燃气管线开挖管沟宽度为 2m，相邻建筑物基础底砌筑深度为 1m，采用扩展基础，基础扩大至外墙面以外 0.5m。在不考虑其他因素情况下，燃气管线中心与建筑物基础之间的最小水平距离应为多少？（土壤内摩擦角α，$\tan\alpha = 0.45$）

A. 5.15m　　B. 5.00m

C. 4.65m　　D. 3.22m

答案：[　　]

作答过程：

准考证号：

姓名：

工作单位：

注册道路工程师执业资格专业考试

模考试卷（八）

案例分析

（上）

二〇XX年十一月

应考人员注意事项

1. 书写用笔：**黑色墨水笔；**

   填涂答题卡用笔：**2B 铅笔。**

2. 须用书写用笔将工作单位、姓名、准考证号填写在答题卡和试卷相应的栏目内。

3. 本试卷由 25 题组成，满分为 100 分。其中，1～17 题为公路工程试题，18～25 题为城市道路工程试题。

4. 在答题卡上书写与题意无关的语言，或在答题卡上作标记的，均按违纪试卷处理。

5. 考试结束时，由监考人员当面将试卷、答题卡一并收回。

6. 草稿纸由各地统一配发，考后收回。

1. 某二级公路，设计速度 80km/h，禁止超车区比例为 35%，路段交通量观测数据为 1660pcu/h，下列关于该公路目前的服务水平以及是否需要论证确定改扩建时机等的判断[基准通行能力参考《公路工程技术标准》(JTG B01—2014)]，符合规范规定的是何项？并请说明选择依据和理由。

A. 服务水平四级，宜论证确定改扩建时机等

B. 服务水平四级，无须改扩建时机等的论证

C. 服务水平五级，宜论证确定改扩建时机等

D. 服务水平五级，无须改扩建时机等的论证

答案：[　　]

作答过程：

2. 某高速公路，设计速度 120km/h，双向 6 车道，采用三级服务水平。交通量预测分析结果显示：折算后的预测年交通量为 1445pcu/(h · ln)，大中型车占比分别是中型车 30%、大型车 4%、汽车列车 2%，驾驶员总体特征修正系数取 1。根据《公路路线设计规范》(JTG D20—2017)，该公路的单向设计通行能力为多少？（取整数）

A. 974veh/h　　B. 1337veh/h

C. 2922veh/h　　D. 4010veh/h

答案：[　　]

作答过程：

3. 某小交通量农村公路无中大型、重载型车辆，预测年平均日交通量为 380 辆小客车，设计时采用如下技术标准：

(1) 正常情况下建筑限界宽度采用 4.5m。

(2) 横坡 2%，$R = 80$m 处设置为 5%的超高。

(3) 某段设置了一条长 600m 的单车道隧道。

(4) 经论证保证安全的前提下某段纵坡采用 14%。

以上符合规范要求的共有几项？并请说明选择依据和理由。

A. 4　　B. 3

C. 2　　D. 1

答案：[　　]

作答过程：

4. 某设计速度为 80km/h 的二级公路，道路采用双向横坡度为 2%，部分路段穿越一座山体，需要设置总长约 350m 的隧道，因条件受限，该路线需在拟建隧道中间位置设置一处转角为 26°的对称基本型平曲线，平曲线半径为超高值 3%的最小圆曲线半径（横向力系数取 0.04）。平曲线半径固定情况下，为满足规范要求，拟在隧道洞口内外加强线形诱导设施。请问该平曲线中的缓和曲线长度至少应取多少？

缓和曲线角：$\beta_0 = \frac{L_s}{2R} \cdot \frac{180^{\circ}}{\pi}$ (°)；

平曲线长：$L=(\alpha-2\beta_0)\frac{\pi}{180^\circ}R+2L_s=\alpha\frac{\pi}{180^\circ}R+L_s$（m）；

缓和曲线长$L_s=2\beta_0R\pi/180^\circ$（m）

A. 134m　　B. 157m

C. 160m　　D. 180m

答案：[　　]

作答过程：

5. 某沿河二级公路是区域内唯一通道，受水浸淹，地面高程 27.4m，路面厚度 60cm。由水文计算得知，300 年一遇的洪水位为 30.1m，100 年一遇的洪水位为 29.5m，50 年一遇的洪水位为 28.3m，25 年一遇的洪水位为 27.1m，壅水高 0.3m，波浪侵袭高 1.1m；中湿状态路基临界高度 2.5m；路基工作区深度 1.2m；冬季冻深 1.5m。根据《公路路基设计规范》（JTG D30—2015），路堤最小高度应取多少？

A. 2.1m　　B. 2.8m

C. 3.1m　　D. 4.0m

答案：[　　]

作答过程：

6. 某滑动边坡如下图所示，折线角$\alpha_1=30^\circ$，$\alpha_2=10^\circ$，滑动面上的黏聚力、内摩擦角不变，$c=10\text{kPa}$，$\varphi=15^\circ$，滑块 1 重力$G_1=550\text{kN/m}$，$L_1=12\text{m}$，滑块 2 重力$G_2=820\text{kN/m}$，$L_2=10\text{m}$，取安全系数 1.25，根据《公路路基设计规范》（JTG D30—2015），用不平衡推力法确定滑块 2 的下滑力为多少？

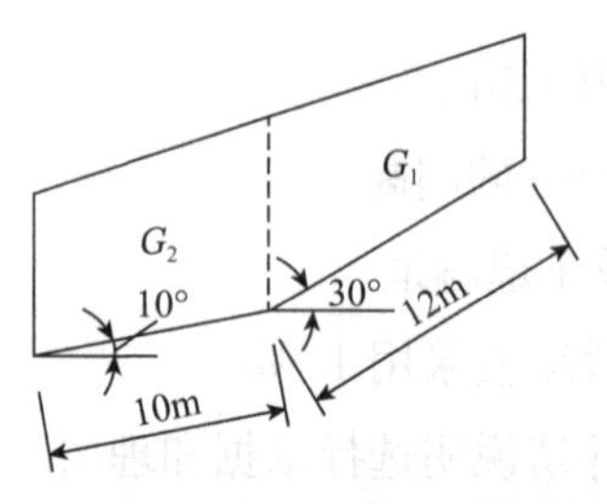

A. 43.8kN/m　　B. −43.8kN/m

C. 0kN/m　　D. 80kN/m

答案：[　　]

作答过程：

7. 在某一黄土塬（因土质地区而异的修正系数取$\beta_0=0.5$）上进行场地初步勘察，在一探井中取样进行黄土湿陷性试验，成果见下表。则该探井处的总湿陷量Δ_s为多少？（不考虑地质分层）

A. 21cm　　B. 18cm

C. 27cm　　D. 25cm

取样深度（m）	自重湿陷系数δ_{zs}	湿陷系数δ_s
1.0	0.034	0.043
2.0	0.032	0.041

取样深度（m）	自重湿陷系数δ_{zs}	湿陷系数δ_s
3.0	0.024	0.033
4.0	0.023	0.031
5.0	0.003	0.013
6.0	0.004	0.022
7.0	0.003	0.020
8.0	0.003	0.011

答案：[　　]

作答过程：

8. 广州某一级公路，沥青路面为 4cm 厚 AC-13，6cm 厚 AC-16，等效温度 28.1℃，设计使用年限内，设计车道当量设计轴载累计作用次数 1×10^8 次，上面层按 2 + 2cm 分层，取表面第 1 层做永久变形计算，已知，该层竖向压应力$P_i = 0.7$MPa，车辙试验永久变形量$R_{0i} = 5$mm，试件厚度 50mm，则该层永久变形量为多少？（单位 mm）

A. 7.29　　B. 8.65

C. 6.52　　D. 8.95

答案：[　　]

作答过程：

9. 南方地区新建一条二级公路，双向两车道，采用普通水泥混凝土面层，路面宽度 12.0m，厚度为 0.25m，弯拉强度要求为 4.5MPa，弹性模量和泊松比分别为 29GPa 和 0.15；基层选用级配碎石，厚 0.24m，弹性模量为 300MPa。路肩面层与行车道面层等厚并设拉杆相连。板底地基当量回弹模量为 125MPa。则路面板在四边自由板临界荷位处产生的荷载应力最接近多少？

A. 1.553MPa　　B. 1.595MPa

C. 1.675MPa　　D. 1.780MPa

答案：[　　]

作答过程：

10. 某双向 6 车道一级公路，拟采用沥青路面，结构组合为 4cm 厚 SMA13，6cm 厚 AC20，8cm 厚 AC25，所用沥青混合料的模量见下表，若沥青混合料泊松比为 0.25，沥青饱和度为 67%，进行沥青混合料层的疲劳开裂分析时，疲劳加载模式系数为多少？

沥青混合料模量（单位：MPa）

加载温度（℃）	加载频率（Hz）	
	5	10
15	10000	12000
20	9000	11000

A. 0.443　　B. 0.538

C. 0.615　　D. 0.712

答案：[　　]

作答过程：

11. 某公路桥梁为一座单跨简支梁桥，计算跨径 40m，桥面净宽 24m，双向 6 车道。请问该桥每个桥台承受的制动力标准值与下列何项最为接近？并请说明选择依据和理由。（提示：制动力由两个桥台平均承担）

A. 37kN　　B. 74kN

C. 87kN　　D. 193kN

答案：[　　]

作答过程：

12. 某一级公路钢筋混凝土桥墩，圆形截面，截面直径 1.50m，构件计算长度$l_0 = 18$m，混凝土强度等级为 C45，其抗压强度设计值$f_{cd} = 20.5$MPa，纵向主钢筋采用 HRB400 普通钢筋，其抗压强度设计值$f_{sd1} = 330$MPa，纵向配筋率为 3.5%，箍筋采用 HRB300 普通钢筋，其抗压强度设计值$f_{sd2} = 250$MPa。试计算该桥墩应具备的最小轴向受压承载力为多少？

A. 31952kN　　B. 43087kN

C. 49954kN　　D. 56637kN

答案：[　　]

作答过程：

13. 二级公路隧道，长度为 2700m，其中一段埋深为 100m（属深埋隧道），隧道宽度为 12m，V级围岩，围岩重度为 20kN/m^3。不考虑偏压等，则围岩的垂直均布压力为多少？（取整数）

A. 204kPa　　B. 230kPa

C. 245kPa　　D. 317kPa

答案：[　　]

作答过程：

14. 某高速公路上一非光学长隧道，长度 400m，设计速度 80km/h，上行单洞纵坡 2%，入口朝向正南方，天空面积 25%，设计交通量 1200veh/(h · ln)，则该隧道入口段 TH1、TH2 的亮度宜取为多少？

A. 280cd/m^2、140cd/m^2　　B. 140cd/m^2、70cd/m^2

C. 70cd/m^2、35cd/m^2　　D. 35cd/m^2、18cd/m^2

答案：[　　]

作答过程：

15. 江苏某一级公路，设计速度为 80km/h，与二级公路相交，左转交通量较大，考虑主线车速较快，一级公路进口采用渠化的专用左转车道，左转弯减速车道末速为 0，一级公路左转弯车道长度最小为多少？

A. 70m　　B. 80m

C. 110m　　　　D. 140m

答案：[　　]

作答过程：

16. 某一级公路,设计速度为100km/h,某变坡点桩号为K0 + 265,高程为26.4m,前坡坡度为−2.5%，后坡坡度为+3.5%。道路下面埋设的管线顶标高为27.1m，其覆土要求不小于70cm，根据规范规定，一般情况下此变坡点竖曲线半径应不小于多少？（计算结果百位取整）

A. 3200mm　　　　B. 4000mm

C. 4500mm　　　　D. 5000mm

答案：[　　]

作答过程：

17. 有两条高速公路形成错位交叉的互通式立交，设计速度为100km/h，设计服务水平采用三级，拟采用如下图所示的分离式断面。下列选项为共用路段4个方案的基本参数，其中符合规范规定又经济合理的是何项？并请说明选择依据和理由。

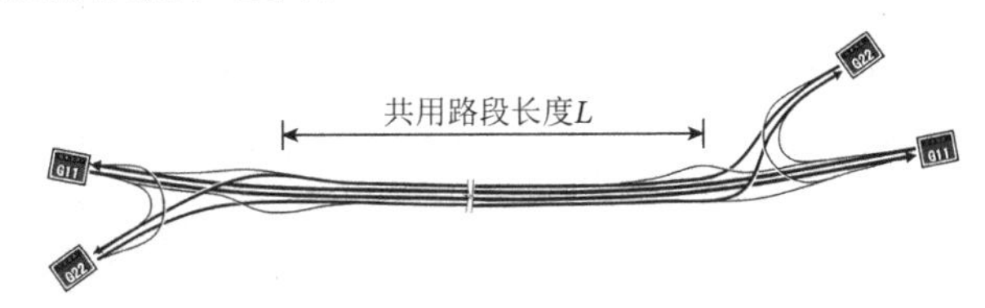

A. 方案一，G11高速为双向6车道，$L = 2.28$km，DDHV = 3100pcu/h

B. 方案二，G11高速为双向6车道，$L = 2.78$km，DDHV = 3900pcu/h

C. 方案三，G11高速为双向6车道，$L = 4.06$km，DDHV = 4200pcu/h

D. 方案四，G11高速为双向6车道，$L = 5.35$km，DDHV = 4200pcu/h

答案：[　　]

作答过程：

18. 某双向8车道城市主干路，设计速度为60km/h，某转角处采用基本形平曲线，平面布置及设计采用各技术指标见下图，横向力系数取0.067，超高采用2%，超高旋转轴位置设置在中央分隔带边线处。则该设计图采用的技术指标不符合规范的是何项？并请说明选择依据和理由。

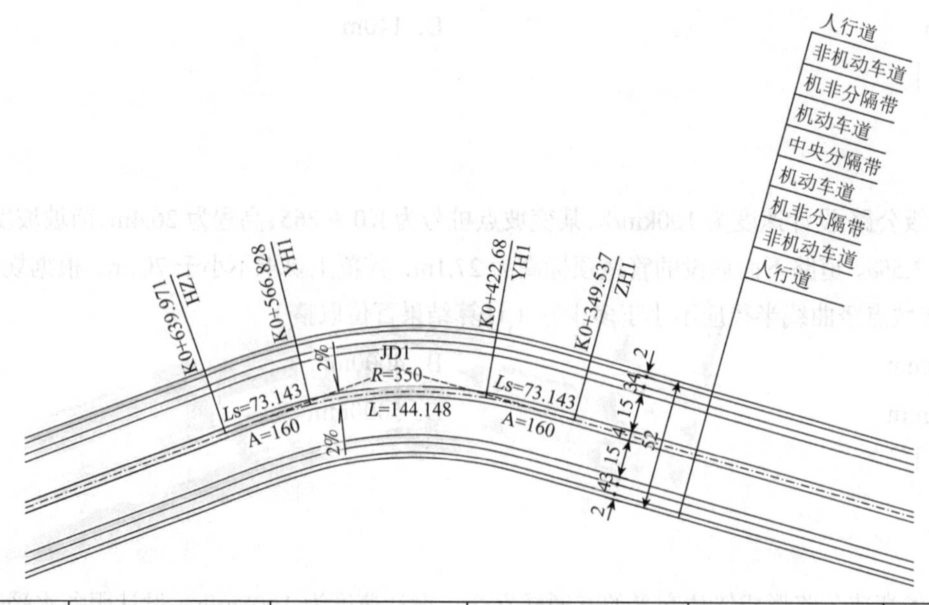

序号	JD1	α	左偏 35°34′15.6″	L	290.434
桩号	K0＋498.574	R	350	T1	149.037
XN	1318.674	Ls1	73.143	T2	149.037
YE	2473.4	Ls2	73.143	E	18.236

A. 圆曲线半径

B. 机动车道路面宽度

C. 超高值

D. 超高缓和段长度

答案：[　　]

作答过程：

19. 某城市主干路，设计速度为 60km/h，拟采用不设缓和曲线的圆曲线平面线形，道路设计中心线转角值为 6°28′30″。下列关于该圆曲线最小半径取值，符合规范规定的是何项？并请说明选择依据和理由。（十位数取整）

A. 1000m　　B. 960m

C. 950m　　D. 700m

答案：[　　]

作答过程：

20. 某城市次干路一般填方路段的地基分布有软弱土层，路面结构设计厚度为 0.64m，路堤填筑高度为 6.18m。拟采用碎石桩处理，控制路基工后沉降，碎石桩桩径为 0.50m，按正方形布置的桩距为 1.50m，桩长为 7.00m，桩土应力比取 5。在设计年限内，碎石桩桩长深度内未加固地基的工后沉降为 0.54m，碎石桩加固地基下卧层的工后沉降为 0.12m。不考虑填筑路堤自身沉降，计算该填方路基工后沉降应为多少？并判断是否符合规范规定。（取小数点后 2 位）

A. 0.31m，不符合规范规定　　B. 0.31m，符合规范规定

C. 0.43m，符合规范规定　　D. 0.52m，不符合规范规定

答案：[　　]
作答过程：

21. 新建双向6车道城市主干路，拟采用沥青路面结构，以半刚性基层层底拉应力为设计指标时等效换算的累计轴载次数为22×106次。设计初拟定路面结构为：4cm厚SMA13（SBS改性沥青）+ 5cm厚AC20 + 7cm厚AC25 + 18cm厚5.5%水稳碎石 + Xcm厚4%水稳碎石 + 15cm厚砂砾石。经程序计算，双圆轮隙中心处拉应力最大，X（4%水稳碎石）为20cm、25cm、28cm、30cm时理论最大拉应力系数$\bar{\sigma}_m$分别为：0.275、0.237、0.217、0.200。试求以半刚性基层层底拉应力为设计指标时4%水稳碎石层厚度为多少时最经济合理？并请说明选择依据和理由。（可靠度系数$\gamma_a = 1.1$，4%水稳碎石劈裂强度取规范表格的最小值）

A. 20cm　　B. 25cm

C. 28cm　　D. 30cm

答案：[　　]
作答过程：

22. 某城市桥梁，孔跨布置为6孔20m小箱梁，全长125.8m，全宽30m，横向布置为3m人行道及栏杆 + 24m车行道 + 3m人行道及栏杆；桥梁单向纵坡为0.8%，车行道双向横坡为1.5%，人行道横坡为1%。当该桥每孔桥面设置内径150mm的泄水管时，下列泄水管面积及个数合理的是何项？并请说明选择依据和理由。

A. 60000mm²、4个　　B. 45000mm²、3个

C. 30000mm²、2个　　D. 0mm²、0个

答案：[　　]
作答过程：

23. 某城市地下快速路，主线设计速度为60km/h，进入地下道路后，在其下游布置入口匝道，采用单车道平行式入口形式，如下图所示。已知变速车道位于4%的上坡段。计算条件受限时，该地下道路洞口与邻接入口匝道渐变段终点的最小距离值为多少？并请说明选择依据和理由。（计算结果取整）

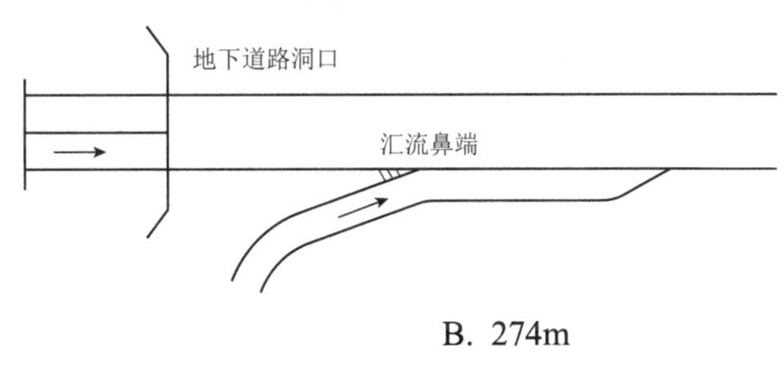

A. 201m　　B. 274m

C. 286m　　D. 312m

答案：[　　]
作答过程：

24. 某城市快速路位于积雪冰冻地区，设计速度为80km/h，设立体交叉处受用地条件限制，其中一

条匝道最小圆曲线半径为35m，如下图所示，该匝道回旋线最小长度值为多少？（计算结果取整）

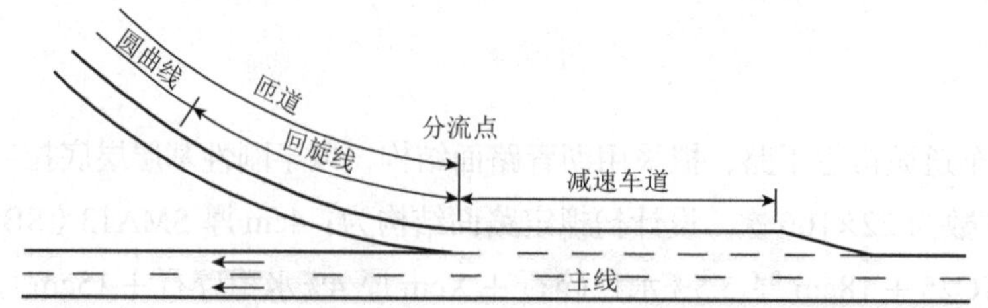

［$L=(v_0^2-v_1^2)/2a$。其中，v_0为通过分流点的行驶速度；v_1为通过匝道最小半径设计速度；a为减速度，取1m/s²］

A. 25m　　　　B. 50m

C. 72m　　　　D. 75m

答案：［　　］

作答过程：

25. 某城市道路人行道设计如下图所示，不符合《无障碍设计规范》（GB 50763—2012）的有几处？并请说明选择依据和理由。

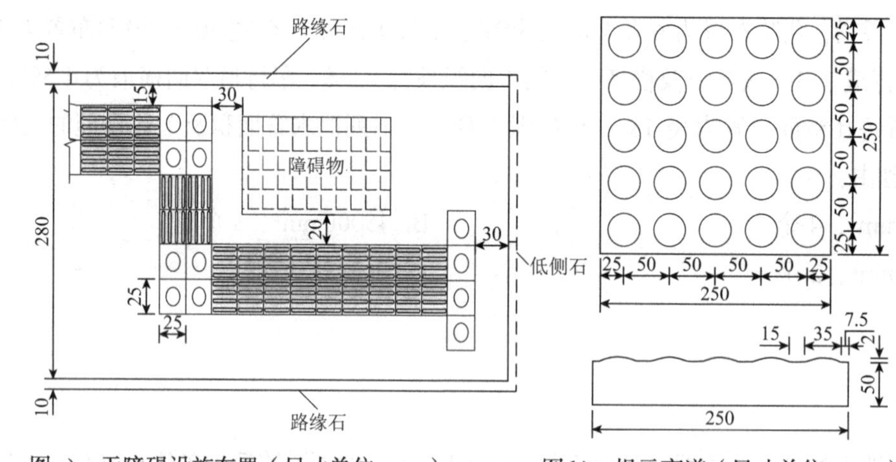

图 a)　无障碍设施布置（尺寸单位：cm）　　图 b)　提示盲道（尺寸单位：mm）

A. 1　　　　B. 2

C. 3　　　　D. 4

答案：［　　］

作答过程：

注册道路工程师执业资格专业考试

模考试卷（八）

案例分析
（下）

二〇XX年十一月

应考人员注意事项

1. 书写用笔：**黑色墨水笔；**

   填涂答题卡用笔：**2B 铅笔。**

2. 须用书写用笔将工作单位、姓名、准考证号填写在答题卡和试卷相应的栏目内。

3. 本试卷由 25 题组成，满分为 100 分。其中，1～17 题为公路工程试题，18～25 题为城市道路工程试题。

4. 在答题卡上书写与题意无关的语言，或在答题卡上作标记的，均按违纪试卷处理。

5. 考试结束时，由监考人员当面将试卷、答题卡一并收回。

6. 草稿纸由各地统一配发，考后收回。

1. 某一级集散公路为双向 4 车道，整体式横断面形式，中央分隔带宽度为 4.0m，设计速度为 60km/h。在某连续上坡路段，需设置一条爬坡车道，且该路段受地形、地物条件限制，该路段经论证后可以采用的最小路基宽度是多少？

A. 24.5m　　B. 25.50m

C. 26.00m　　D. 27.50m

答案：[　　]

作答过程：

2. 某山区公路，公路等级为四级，设计速度为 30km/h。道路总长 12.25km，为连续上坡路段，其中 K0 + 000～K6 + 200 段相对高差 310.0m。K6 + 200～K12 + 250 段相对高差 320.8m。该路平均纵坡是多少？是否满足《公路路线设计规范》（JTG D20—2017）要求？

A. 5.0%，满足　　B. 5.15%，不满足

C. 5.15%，满足　　D. 5.3%，不满足

答案：[　　]

作答过程：

3. 某双向行驶的二级公路，设计速度为 80km/h，行驶速度取 85%设计速度；路面与轮胎之间的纵向摩阻系数f_1取 0.35，驾驶员反应时间取 2.5s，则该公路设计应采用的视距和计算值分别是多少？

A. 停车视距，100m　　B. 停车视距，105m

C. 会车视距，100m　　D. 会车视距，200m

答案：[　　]

作答过程：

4. 某高速公路采用设计速度 120km/h，双向 4 车道标准，路基宽度 26.0m，标准横断面和护栏位置如下图所示（尺寸单位：mm）。在平曲线路段，中央分隔带曲线外侧相邻车道的最小横净距计算公式为$m = R\left[1-\cos\left(\frac{28.65s}{R}\right)\right]$，其中，$m$为满足视距要求的最小横净距；R 为中央分隔带曲线外侧相邻车道中心线的平面圆曲线半径；s为小客车停车视距。在路基中心线平面圆曲线半径的下列各选项中，满足停车视距要求的最小半径是多少？

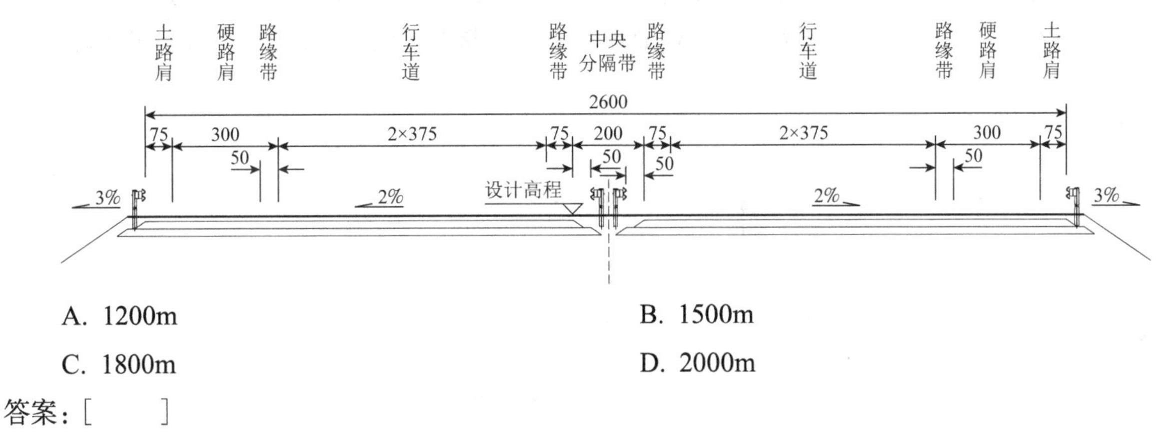

A. 1200m　　B. 1500m

C. 1800m　　D. 2000m

答案：[　　]

作答过程：

5. 某公路路基俯斜式挡墙，墙高$H=8\text{m}$，墙背与竖直面夹角$\alpha=15°$，墙后填土水平，填土重度$\gamma=18\text{kN/m}^3$，$c=0$，$\varphi=30°$，墙背与填土摩擦角$\delta=15°$，计入车辆荷载，已知库仑主动土压力系数$K_a=0.432$，按库仑土压力理论计算，则挡土墙墙背主动土压力的水平分力与竖直分力分别是多少？$E_a=\frac{1}{2}\gamma H^2 K_a+qHK_a$

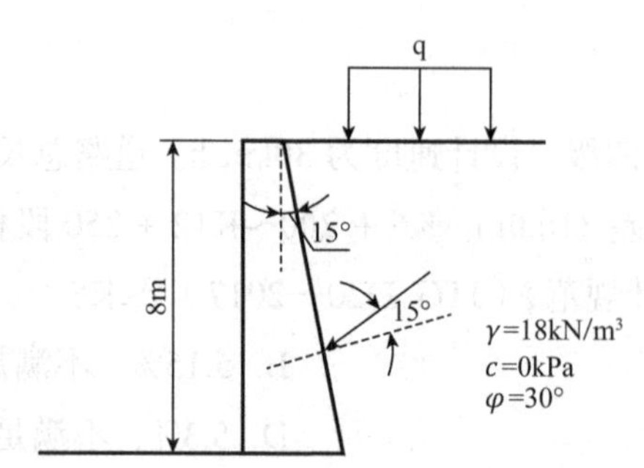

A. $E_x=253\text{kN}$，$E_y=146\text{kN}$　　B. $E_x=146\text{kN}$，$E_y=253\text{kN}$

C. $E_x=291\text{kN}$，$E_y=253\text{kN}$　　D. $E_x=253\text{kN}$，$E_y=291\text{kN}$

答案：[　　]

作答过程：

6. 公路路堤位于软土地区，路基中心高度为 4.2m，路基填料重度为 20kN/m³，填土速率约为 0.04m/d。路线地表下 0～2.0m 为硬塑状黏土，2.0～8.0m 为流塑状软土，软土不排水抗剪强度为 18kPa，路基地基采用常规预压方法处理，用分层总和法计算的地基主固结沉降量为 23cm。根据《公路软土地基路堤设计与施工技术细则》(JTG/T D31-2—2013)，则此地基最终沉降量接近多少？

A. 9cm　　B. 19cm

C. 30cm　　D. 39cm

答案：[　　]

作答过程：

7. 高填方路堤公路选线时发现某段路堤附近有一溶洞（如下图所示），溶洞顶板岩层厚度为 2.5m，岩层上覆土层厚度为 3.0m，顶板岩土内摩擦角为 40°，上覆土层的稳定坡率为 1∶1.2，对一级公路安全系数取 1.25，根据《公路路基设计规范》(JTG D30—2015)，该路堤坡脚与溶洞间的最小安全离L不小于多少？

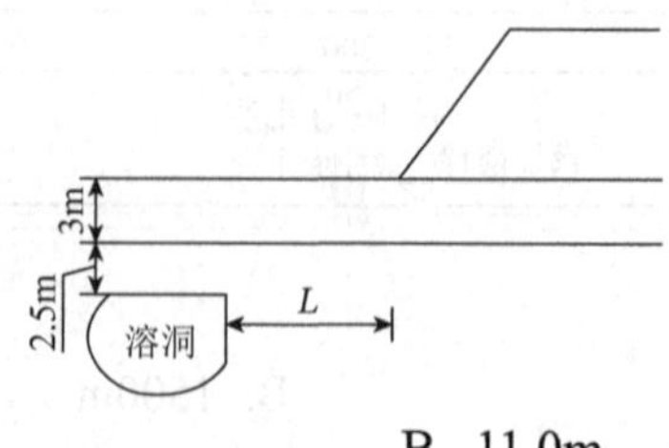

A. 4.0m　　B. 11.0m

C. 16.0m　　D. 17.0m

答案：[　　]
作答过程：

8. 据《公路沥青路面设计规范》（JTG D50—2017），当路基顶面竖向压应变为设计指标进行轴载换算时，按轴型组合分类为5类的车辆，3联后轴的总轴载为360kN，3联后轴的当量设计轴载换算系数为多少？

A. 8.7　　B. 10.5

C. 18.0　　D. 21.7

答案：[　　]
作答过程：

9. 公路自然区划Ⅳ区新建二级公路，路面结构采用沥青路面，表面层采用细粒式沥青混凝土AC13，厚度为4cm，中面层采用中粒式沥青混凝土AC16，厚度为6cm。基层和底基层均采用无机结合料稳定层。沥青混合料20℃时的动态压缩模量为12000MPa，沥青饱和度为68%，进行沥青混合料层的疲劳开裂分析时，疲劳加载模式系数为多少？

A. 0.468　　B. 0.578

C. 0.618　　D. 0.917

答案：[　　]
作答过程：

10. 某高速公路位于公路自然区划Ⅳ区，双向6车道，路面采用三层沥青路面结构，其中，上面层为SMA13沥青玛蹄脂碎石混合料，厚40mm，中面层为AC16沥青混凝土，厚60mm，下面层为AC25沥青混凝土，厚80mm，基层为级配碎石，厚550mm。设计使用年限内，该地区月平均气温大于0℃的月份气温平均值为20.8℃，设计车道当量设计轴载累计作用次数为3.24×10^7次。满足该路面结构沥青混合料层容许永久变形量的贯入强度不应小于多少？

A. 0.68MPa　　B. 0.70MPa

C. 0.77MPa　　D. 0.80MPa

答案：[　　]
作答过程：

11. 某水文站具有1950～2018年的年最大流量资料，其中最大的两次洪水流量为10480m³/s和6378m³/s。又经洪水调查后得知10480m³/s是1870年以来排在第3位的特大洪水，而6378m³/s不是特大洪水。则这两次洪水的重现期T_1、T_2分别为多少？

A. $T_1 = 100$年、$T_2 = 30$年　　B. $T_1 = 100$年、$T_2 = 30$年

C. $T_1 = 50$年、$T_2 = 20$年　　D. $T_1 = 50$年、$T_2 = 30$年

答案：[　　]
作答过程：

12. 某一级公路桥梁重力式桥台，混凝土基础基底为矩形截面，持力层为粉砂土，截面尺寸为纵向 $D = 200\text{cm}$，横向$B = 320\text{cm}$，竖向力$N = 14200\text{kN}$，水平力$P = 2980\text{kN}$，基底的滑动稳定系数是多少？请判断其滑动稳定性。

A. 1.24，不满足要求　　B. 1.43，满足要求

C. 1.35，满足要求　　D. 1.10，不满足要求

答案：[　　]

作答过程：

13. 某公路两车道隧道，其衬砌结构采用复合式衬砌，其中一段Ⅴ级围岩衬砌，初期支护采用喷锚支护，内设 I22b 工字钢拱架，则该初期支护喷射混凝土厚度至少应为多少？

A. 22cm　　B. 24cm

C. 26cm　　D. 28cm

答案：[　　]

作答过程：

14. 某二级公路隧道上下行分离，上行隧道长度为 1550m，设计速度 60km/h，最少应设置人行横通道几处？并请说明选择依据和理由。

A. 2 处　　B. 3 处

C. 4 处　　D. 5 处

答案：[　　]

作答过程：

15. 某公路平面交叉口，主要公路等级为二级公路，设计速度为 60km/h，次要道路为三级公路，设计速度 40km/h，由二级公路进入三级公路的右转车道设计速度 20km/h，设置了右转弯附加车道，转弯部分长 40m，宽度 5m，其变速车道均采用等宽车道，则整个右转弯的始末（二级公路变速车道渐变段起点至三级公路变速车道渐变段终点）总长为多少？

A. 155m　　B. 165m

C. 230m　　D. 250m

答案：[　　]

作答过程：

16. 陕西某城间一级公路互通式立体交叉匝道，其中一条右转弯入口匝道设计速度为 50km/h，右偏圆曲线半径为 250m，年平均日交通量为 8000pcu/d，匝道长度为 350m，匝道采用 2%单向横坡，超高段绕左侧路缘带边缘旋转，则该匝道超高过渡段长度最小为多少？

A. 17m　　B. 18m

C. 40m　　D. 50m

答案：[　　]
作答过程：

17. 某公路互通式立体交叉，主线设计速度为80km/h，某入口匝道A设计速度为35km/h，预测交通量为350pcu/h，根据平面设计，分流鼻端桩号为K0 + 245，合流鼻桩号为K0 + 748，加速车道位于主线纵坡3%的上坡路段，该入口匝道变速车道至少应设多少？

A. 250m　　B. 300m

C. 310m　　D. 335m

答案：[　　]
作答过程：

18. 某设计速度为60km/h的城市主干路，位于火车站附近，中间为双向6条机动车道，最左侧为小客车专用道，两侧为非机动车道宽2.5m，机动车道和非机动车道采用2m绿化带进行分隔，对向交通采用底座宽50cm、高28cm的混凝土分隔护栏。根据规范规定，计算该道路横断面最小宽度一般值是多少？

A. 40.5m　　B. 42m

C. 42.5m　　D. 43m

答案：[　　]
作答过程：

19. 某城市主干路，设计速度60km。某段地形特别困难，纵坡采用5.0%，设计时考虑汽车在弯道行驶时的稳定性以及乘客的舒适性等因素，横向力系数取用0.1，计算该纵坡路段圆曲线最小半径约为多少？

A. 130m　　B. 150m

C. 202m　　D. 300m

答案：[　　]
作答过程：

20. 城市快速路经过低洼地，地下水位深0.5m，土质为粉砂土，渗透系数为1×10^{-5}m/s。为保证地基稳定性，须降低地下水位，在路堤两侧设置渗沟，不透水层较厚，渗沟的间距为28m，渗沟位置处地下水降低量为2.12m。则渗沟的设计渗流量为多少？

A. 2.93×10^{-5}m^3/s　　B. 3.15×10^{-5}m^3/s

C. 2.23×10^{-5}m^3/s　　D. 3.85×10^{-5}m^3/s

答案：[　　]
作答过程：

21. 某次干路，双向4车道，拟采用6cm厚SMA13 + 4cm厚AC20 + 8cm厚AC25作为面层，沥青碎石基层厚18cm，水稳碎石的组合式底基层厚20cm。路面运营第一年，对应于沥青混合料层永久变形的双向断面早晚高峰小时平均当量轴次为600次/h，经统计，该地区高峰小时系数为0.1，方向系数为0.55，车辆在车道上平均分配，预测的年平均增长率为5%，该道路设计弯沉值为多少？

A. 22.6（0.01mm） B. 27.4（0.01mm）

C. 32.4（0.01mm） D. 39.9（0.01mm）

答案：[ ]

作答过程：

22. 某市政主干路上的人行天桥，天桥净宽3.5m，全宽4.0m，两端的两侧均设置梯道。当各侧的梯道净宽不同，其中一侧因特殊需要必须满足2.2m时，请问另外一侧的梯道最小净宽应大于多少？

A. 3.0m B. 2.2m

C. 2.0m D. 1.8m

答案：[ ]

作答过程：

23. 某特长单向两车道小客车专用城市地下快速路，设计速度80km/h，双侧检修道宽度0.75m，则其建筑限界的最小宽度为多少？

A. 10.0m B. 10.5m

C. 11.0m D. 11.5m

答案：[ ]

作答过程：

24. 如下图所示，设计速度为60km/h的城市主干路，道路纵坡为2%，在平交口出口道下游接A、B单车道匝道出入口，加减速车道均采用平行式，则平交口渐变段终点距离匝道A鼻端最小距离为多少？

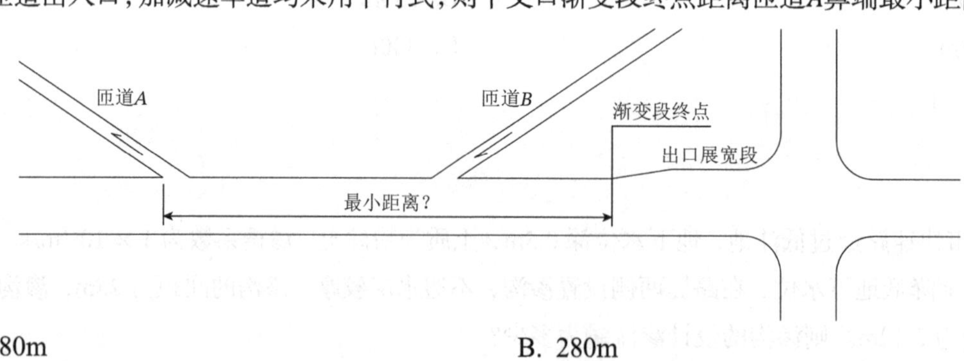

A. 180m B. 280m

C. 360m D. 400m

答案：[ ]

作答过程：

25. 某城市道路，因工程条件因素，工程管线交叉敷设，聚乙烯给水管线和污水管线交叉点在机动车道处，给水管线直径200mm，污水管道直径为500mm，机动车道路面标高为102.2m。按照规范布置顺序，在不考虑其他因素情况下，交叉处管道最底部高程最大值接近多少？

A. 100.55m　　　　B. 100.35m

C. 100.40m　　　　D. 100.10m

答案：[　　]

作答过程：

准考证号：

姓名：

工作单位：

注册道路工程师执业资格专业考试

模考试卷（九）

案例分析

（上）

二〇XX年十一月

应考人员注意事项

1. 书写用笔：**黑色墨水笔；**

   填涂答题卡用笔：**2B 铅笔。**

2. 须用书写用笔将工作单位、姓名、准考证号填写在答题卡和试卷相应的栏目内。

3. 本试卷由 25 题组成，满分为 100 分。其中，1～17 题为公路工程试题，18～25 题为城市道路工程试题。

4. 在答题卡上书写与题意无关的语言，或在答题卡上作标记的，均按违纪试卷处理。

5. 考试结束时，由监考人员当面将试卷、答题卡一并收回。

6. 草稿纸由各地统一配发，考后收回。

1. 某一级干线公路，双向 4 车道，设计速度为 80km/h，根据交通量调查分析，单方向观测小时交通量为 1136pcu/(h · ln)，交通组成如下：小客车 56%，中型车 16%，大型车 12%，汽车列车 16%；驾驶者总体特征修正系数为 0.95；路侧干扰等级为中等。该公路路段一条车道的设计通行能力计算值为多少？

A. 226veh/(h · ln)　　B. 387veh/(h · ln)

C. 495veh/(h · ln)　　D. 569veh/(h · ln)

答案：[　　]

作答过程：

2. 某拟改扩建公路地处城镇化地区，通行中、小型车辆为主，非机动车主要是三轮车，数量较少，行人较少，非机动车道与人行道拟合并设置，因用地严重受限，断面布置既要符合规范，又要节约用地。根据《城镇化地区公路工程技术标准》（JTG 2112—2021），该项目主路采用设计速度 80km/h、一级公路标准、另在两侧增设辅路，辅路设计速度 40km/h。下图为初拟的横断面布设示意图（半幅，尺寸单位：mm），已标注各部位及其宽度，其中不符合标准规定的共有几项？并请说明选择依据和理由。（同样一种错误算一项）

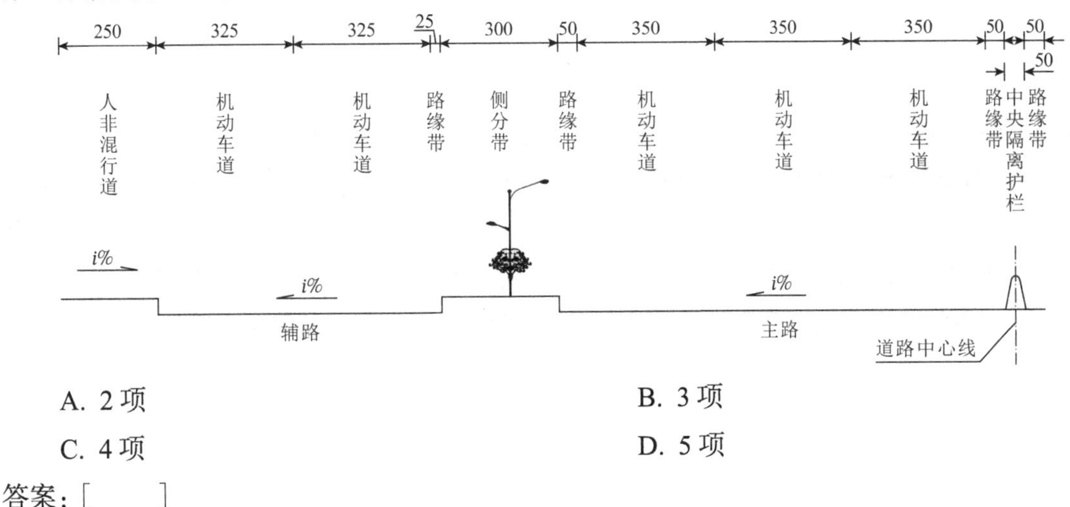

A. 2 项　　B. 3 项

C. 4 项　　D. 5 项

答案：[　　]

作答过程：

3. 甘肃地区某两城市间拟修建一条设计速度为 100km/h 的一级公路，三级服务水平，已知预测年限的年平均日交通量为 24000pcu/d（交通组成为小客车：中型车：大型车：汽车列车 = 56 : 16 : 6 : 22)，方向不均匀系数取 0.55，交通组成修正系数为f_{hv}为 0.67，路侧干扰等级为 3 级，驾驶员总体特征系数f_p为 0.96，根据《公路路线设计规范》（JTG D20—2017），该公路需采用双向车道数为多少？

A. 4 条　　B. 6 条

C. 8 条　　D. 10 条

答案：[　　]

作答过程：

4. 某三级公路与设计速度为30km/h的乡村道路平面交叉，该乡村公路的路拱横坡为1.5%，与交叉口两侧相接的第一个平曲线转角为20°，其半径为400m；交叉口两侧的水平路段之后接5%的纵坡，竖曲线半径为1200m，则该平曲线交点和变坡点距乡村道路的最小距离分别为多少？（计算结果取整数）

A. 75m、25m　　B. 85m、30m

C. 90m、35m　　D. 91m、40m

答案：[　　]

作答过程：

5. 某公路工程支挡结构采用加筋土挡土墙。反包式土工格栅拉筋间的垂直间距分别为0.6m。填料重度19kN/m³，综合内摩擦角为29°。拉筋与填料间的摩擦角$\delta = 0.5\varphi$，已知6m高度处水平土压应力为40kPa，试根据《公路路基设计规范》（JTG D30—2015）计算该处拉筋水平回折包裹长度为多少？

A. 0.4m　　B. 0.8m

C. 2.0m　　D. 2.4m

答案：[　　]

作答过程：

6. 某高速公路路基处在斜坡上，可能产生沿原地面的滑动，原地面地形为折线，依据地形将路基分成了3块，其重量分别为$W_1 = 2800\text{kN}$，$W_2 = 6500\text{kN}$，$W_3 = 3750\text{kN}$，三段滑面的长度分别为$L_1 = 24\text{m}$，$L_2 = 23\text{m}$，$L_3 = 29\text{m}$，它们与水平面的交角分别为$\alpha_1 = 21°$，$\alpha_2 = 15°$，$\alpha_3 = 5°$，原地表线表层为红黏土，其力学参数粘聚力$c = 15\text{kPa}$，内摩擦角 ，正常工况下安全系数取1.2，依据《公路滑坡防治设计规范》（JTG/T 3334—2018），采用传递系数法计算，在正常工况下（W_3）产生的剩余下滑力是多少？（计算结果取整数）

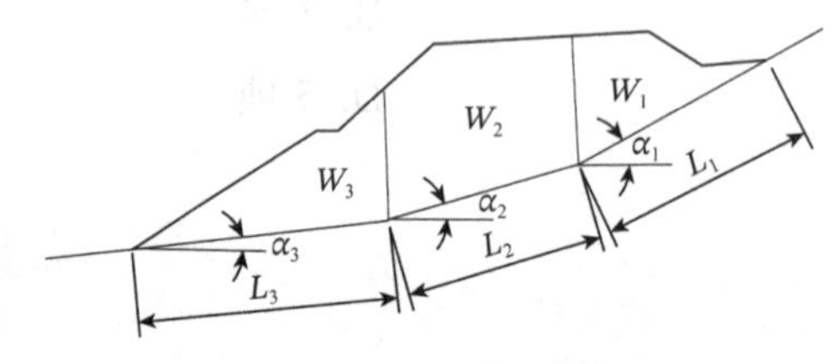

A. −300kN　　B. 0kN

C. 196kN　　D. 409kN

答案：[　　]

作答过程：

7. 某公路为双向4车道水泥混凝土路面，水泥混凝土板尺寸为5m × 3.75m（长 × 宽），设置中央分隔带，行车道宽为3.75m，K1 + 000～K1 + 350段为直线段，横坡2%，单向共有纵向缝3条（2条纵向接缝，1条同路肩相接接缝），纵缝间距3.5m，横向接缝间距5m，路面接缝的渗入率为0.36m³/(d · m)，该段路面无纵向和横向裂缝。面层下设置开级配的水泥处治碎石排水基层，渗透系数为1375m/d，根据《公路排水设计规范》（JTG/T D33—2012），则排水基层的厚度最小值接近多少？

A. 110mm　　B. 120mm

C. 130mm　　D. 140mm

答案：[　　]

作答过程：

8. 某一级公路路面结构层设计为 4cm 厚 SBS 改性沥青混凝土（AC-13）+ 6cm 厚沥青混凝土（AC-20）+ 8cm 厚沥青混凝土（AC-25）+ 360mm 厚水泥稳定碎石+180mm 厚级配碎石。面层车辙计算时，沥青混合料层分层最合理的是多少？（单位：mm）

A. 20 + 20 + 30 + 30 + 80　　B. 20 + 20 + 30 + 30 + 40 + 40

C. 40 + 20 + 20 + 20 + 40 + 40　　D. 10 + 15 + 15 + 20 + 20 + 20 + 80

答案：[　　]

作答过程：

9. 华南沿海城市海口市某新建二级公路，双向两车道，采用级配碎石基层沥青路面，面层与基层当量模量的比值为 0.75，当量厚度的比值为 0.25。进行公路路基顶面竖向压应变分析时，计算该路面结构的温度调整系数最接近多少？（已知：$A_E = 0.8945$、$B_E = -0.394$）

A. 0.89　　B. 0.94

C. 0.97　　D. 1.02

答案：[　　]

作答过程：

10. 公路自然区划 IV 区拟新建一条高速公路，双向 4 车道，行车道宽度较宽，路面拟采用水泥混凝土路面，基层选用水泥稳定碎石。经交通调查得知，设计车道使用初期的设计轴载日作用次数为 6000 次，交通量平均增长率为 6.5%。则该道路水泥路面混凝土弯拉强度不小于多少？

A. 4MPa　　B. 4.5MPa

C. 5MPa　　D. 5.5MPa

答案：[　　]

作答过程：

11. 某公路 3 × 16m 钢筋混凝土板桥，垂直于桥纵轴线的板宽$b = 7.5$m，两侧防撞护栏宽度各 0.5m，设计行车速度为 40km/h，平曲线半径为 65m。为计算桥梁下部结构和桥梁总体稳定的需要，需要计算汽车荷载引起的离心力。假定，该匝道桥车辆荷载标准值为 550kN，汽车荷载冲击系数为 0.15，则该匝道桥的汽车荷载离心力标准值为多少？

A. 108kN　　B. 118kN

C. 128kN　　D. 148kN

答案：[　　]

作答过程：

12. 某公路桥梁钻孔灌注桩为摩擦桩，桩径 1.0m，桩长 35m。土层分布及桩侧摩阻力标准值q_k、桩端处的承载力基本容许值$[f_{a0}]$如图所示。桩端以上各土层的加权平均重度$\gamma_2 = 20kN/m^3$，桩端处土的容许承载力随深度的修正系数$k_2 = 5.0$。根据《公路桥涵地基与基础设计规范》(JTG 3362—2019)，试问单桩轴向受压承载力容许值最接近多少？（取修正系数$\lambda = 0.8$，清底系数$m_o = 0.8$）

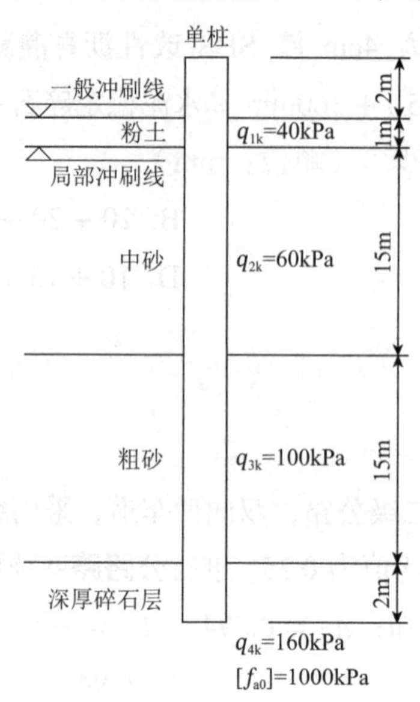

A. 5501kN　　B. 5780kN

C. 5940kN　　D. 6280kN

答案：[　　]

作答过程：

13. 某隧道某深埋断面处，围岩重度为 23kN/m³，围岩经修正的[BQ]值为 279，隧道开挖宽度 12m，高度 9m，使用[S]计算的垂直均布压力为多少？

A. 102kPa　　B. 218kPa

C. 163kPa　　D. 171kPa

答案：[　　]

作答过程：

14. 某高速公路隧道长 2000m，上下分离双洞设置，设计行车速度为 80km/h，设计交通量为 700veh/(h · ln)。洞内照明采用 LED 广源（显色指数 70，色温 4000K），则中间段照明亮度可设为多少？

A. 3.50cd/m²　　B. 2.50cd/m²

C. 1.75cd/m²　　D. 1.25cd/m²

答案：[　　]

作答过程：

15. 某一级公路与二级公路平面交叉，一级公路设计速度 80km/h，车道宽 3.75m，减速末速度为 40km/h；二级公路设计速度 60km/h，车道宽度 3.5m，减速平均行驶速度 50km/h，减速末速度为 40km/h。两相交公路直行交通量均较大，则一级公路右转弯减速车道长度最小为多少？

A. 62.5m　　B. 68.0m

C. 75.0m　　D. 82.0m

答案：[　　]

作答过程：

16. 北京城郊某高速公路两处互通立交距离较近，拟采用集散车道连接组成复合式立体交叉，该集散车道设计速度为 60km/h，长度为 2.3km，集散车道预测交通量为 12000pcu/d，该集散道应选用的横断面类型及出入口的变速车道的车道数应为何项？并请说明选择依据和理由。

A. I 型，单车道变速车道　　B. II型，单车道变速车道

C. II型，双车道变速车道　　D. III型，双车道变速车道

答案：[　　]

作答过程：

17. 三级公路路段行车速度为 40km/h，交通量为 1000veh/h，其中各方向车头距离统计如下：70 辆车头间距少于 30m，100 辆车头间距位于 30～45m 之间，200 辆车头间距位于 45～55.5m 之间，500 辆车头间距位于 55.5～90m，其余 130 辆车头间距位于 90～150m 之间，则该路段延误率为多少？

A. 33%　　B. 37%

C. 40%　　D. 87%

答案：[　　]

作答过程：

18. 某冰冻地区的城市快速路，设计速度 80km/h，横坡采用 1.5%双面坡。受地形限制，在 K3 + 538 转点处，设置一半径为 600m 的基本型平曲线，圆曲线长度 180m，平曲线总长 400m，设置超高为 5%。其中 K2 + 980～K3 + 530 段纵坡为 3.6%，K3 + 530～K3 + 830 段纵坡为−0.8%，采用的竖曲线半径为 5000m，则该路段不符合规范要求的技术指标是何项？并请说明选择依据和理由。

A. 平曲线半径及长度　　B. 纵坡

C. 合成坡度　　D. 纵坡及合成坡度

答案：[　　]

作答过程：

19. 拟建城市快速路的设计速度为 100km/h，单向机动车道路面宽度为 12m，标准路拱设计坡度为 1.5%，横向力系数采用 0.068，则该工程平面设计线形中设有一处$R = 800$m 的圆曲线，根据计算采用设计超高值。超高旋转轴采用绕中间分隔带边缘旋转，那么，在平曲线段缓和曲线的最小长度应为多少？

A. 50m　　B. 59.50m

C. 85m　　D. 95m

答案：[　　]

作答过程：

20. 某城市次干路道路两侧设重力式挡土墙，如下图所示（尺寸单位：m），已知墙身重度$\gamma = 23\text{kN/m}^3$，墙身截面积$A = 4.06\text{m}^2$，墙后采用黏土回填，基底为碎石土，主动土压力$E_a = 70\text{kN}$，墙背摩擦角 39°，不考虑其他影响，则该重力式挡土墙抗滑动稳定系数K_c值为多少？并请说明选择依据和理由。（不计被动土压力，计算结果取小数点后 2 位）

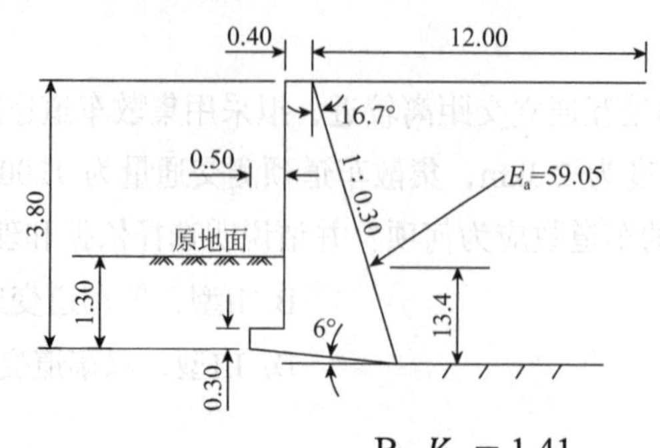

A. $K_c = 1.26$

B. $K_c = 1.41$

C. $K_c = 3.30$

D. $K_c = 2.03$

答案：[　　]

作答过程：

21. 某城市次干路，采用沥青混凝土路面，双向 4 车道，车行道对称布置，预测交通量按年平均增长率 5%递增。开放交通后第一年双向日平均当量轴次为 2000 次/日，则该路的交通量等级为何项？并请说明选择依据和理由。

A. 轻交通

B. 中等交通

C. 重交通

D. 特重交通

答案：[　　]

作答过程：

22. 某人行天桥采用钢桁架结构，跨径 30m，桥宽 8.5m，人群荷载按照规范要求应为多少？

A. 3.60kN

B. 3.75kN

C. 3.80kN

D. 3.95kN

答案：[　　]

作答过程：

23. 某城市地下道路设计速度 60km/h，出口接地面道路一单车道出口匝道，用地条件紧张，匝道渐变段设置为 50m，洞口主线桩号为 K2 + 100，则匝道分流鼻端对应的主线最小桩号为多少？

A. K2 + 220

B. K2 + 290

C. K2 + 325

D. K2 + 360

答案：[　　]

作答过程：

24. 两条城市快速路设计速度均为 80km/h，其相交处设置立体交叉如下图所示，定向、半定向匝道的设计速度为 50km/h，其他匝道设计速度为 40km/h。根据下表中的交通量及匝道长度，计算 Z2、Z5、Z7 匝道图中所示断面处的车道数并请说明选择依据和理由。

名称	南进口			北进口			西进口			东进口		
方向	左	直	右	左	直	右	左	直	右	左	直	右
高峰小时交通量（pcu/h）	887	2542	934	926	2431	1010	928	2193	1191	543	2298	845

匝道名称	Z2	Z5	Z7
匝道长度（m）	280	655	292
匝道纵坡	7%	7%	4%

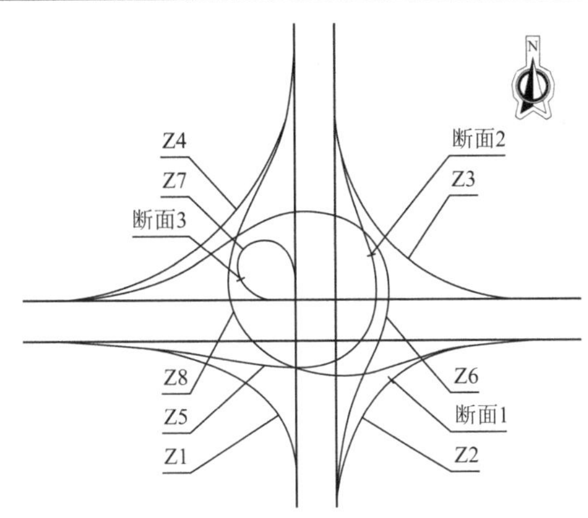

A. Z2 单车道，Z5 单车道，Z7 单车道　　B. Z2 双车道，Z5 单车道，Z7 双车道

C. Z2 双车道，Z5 双车道，Z7 单车道　　D. Z2 单车道，Z5 双车道，Z7 单车道

答案：[　　]

作答过程：

25. 某城市市政工程直埋热力管线敷设深度为 4m，热力管线开挖管沟宽度为 2m，管道直径为 0.6m，相邻建筑物基础底砌置深度为 3m。热力管线的另一侧布置了一道直径 300mm 的压力为 0.005MPa 的燃气管线，基础埋深 3.5m，在不考虑其他因素情况下，燃气管线与建筑物基础之间的最小水平净距应为多少？（土壤内摩擦角为α，$\tan\alpha = 0.45$）

A. 2.50m　　B. 3.00m

C. 4.60m　　D. 5.10m

答案：[　　]

作答过程：

注册道路工程师执业资格专业考试

模考试卷（九）

案例分析
（下）

二〇XX年十一月

应考人员注意事项

1. 书写用笔：**黑色墨水笔；**

   填涂答题卡用笔：**2B 铅笔。**

2. 须用书写用笔将工作单位、姓名、准考证号填写在答题卡和试卷相应的栏目内。

3. 本试卷由 25 题组成，满分为 100 分。其中，1～17 题为公路工程试题，18～25 题为城市道路工程试题。

4. 在答题卡上书写与题意无关的语言，或在答题卡上作标记的，均按违纪试卷处理。

5. 考试结束时，由监考人员当面将试卷、答题卡一并收回。

6. 草稿纸由各地统一配发，考后收回。

1. 某一级干线公路，设计速度 100km/h，双向 4 车道，中央分隔带宽度 2m，右侧路缘带 0.75m，路拱坡度为 2%，某转角处设置基本型平曲线，圆曲线半径$R = 800$m。计算超高值时拟定横向力系数μ为 0.04，超高过渡方式为线性过渡，超高旋转轴为中央分隔带边缘，缓和曲线最小长度应为多少？（超高值取整）

A. 85m　　　　B. 100m

C. 108m　　　　D. 135m

答案：[　　]

作答过程：

2. 某一级集散公路采用整体式路基，设计速度 60km/h。中央分隔带宽度为 1.5m，路缘带宽度为 0.5m。高速公路上跨该公路，拟采用中间带宽度渐变的方式设置高速跨线桥桥墩，设桥墩位置中间带宽度为 4.0m（该段长 40m），则对中间带宽度影响的范围长度是多少？

A. 40m　　　　B. 150m

C. 190m　　　　D. 340m

答案：[　　]

作答过程：

3. 某一级公路，双向 4 车道，设计速度 80km/h，直线段上跨一河道，河道宽 100m，因下游设调蓄坝，水位维持在 118m，设等截面连续梁，梁高 + 路面铺装总高度为 2.8m，因两岸地形原因，将公路变坡点设在既有河道几何中心位置，设计高程为 130.52m，拟敷设凸形竖曲线，其前后纵坡分别是+2.5%、−1.5%。为满足良好的视线，要求现竖曲线长度按 6 倍设计速度取用，不考虑桥梁横坡影响，距河道水面最不利点的桥下净空高度为多少？

提示：竖曲线长：$L = R|\omega|$，切线长：$T = L/2$，外距：$E = R\omega^2/8$，竖曲线上与竖曲线起点距离为x处的设计高程：$H = H_0 - (T - x)i - \frac{x^2}{2R}$

式中：R——竖曲线半径；

ω——坡度差；

i——纵坡度。

A. 6.97m　　　　B. 7.32m

C. 7.47m　　　　D. 9.77m

答案：[　　]

作答过程：

4. 某地区平均海拔 3200m，某二级集散公路，非机动车交通量较多，设计速度为 60km/h，在 K16 + 500 处设置平曲线与竖曲线组合，受地形限制，平曲线半径为 135m，超高采用 6%，则该处纵坡最大值应不大于多少？

A. 4%　　　　B. 5%

C. 5.3%　　　　D. 6%

答案：[　　]
作答过程：

5. 某地区二级公路依河而建，路面结构为 (4+5) cm 厚沥青面层 + 2 × 18cm 厚水泥稳定碎石基层，公路右侧为河道，设计洪水位为 192.66m，公路右侧对应的路堤位置地面高程为 189.96m，河流壅水及波浪侵袭总高度为 0.82m，安全高度取 0.5m。中湿状态下路基临界高度为 2.1m；路基工作区深度为 0.8m。则路堤高度应为多少？

A. 1.65m　　B. 2.55m

C. 4.02m　　D. 5.13m

答案：[　　]
作答过程：

6. 某土质挖方边坡采用预应力锚杆加固，经初步分析计算，边坡下滑力$E = 1200$kN，锚杆与滑动面相交处滑动面倾角 36°，锚杆与水平面的夹角 28°，边坡土体内摩擦角 20°，则此锚杆的设计锚固力应取多少？

A. 1200kN　　B. 1440kN

C. 1568kN　　D. 1702kN

答案：[　　]
作答过程：

7. 某软土地基厚 12m，设计采用塑料排水板处理，地基处理类型系数取 1.05，公路路堤中心填高 4m，路基填料重度$\gamma = 18\text{kN/m}^3$，加载速率修正系数$\upsilon = 0.025$，地质因素修正系数$Y = -0.1$，主固结沉降 66cm，根据《公路软土地基路堤设计与施工技术细则》（JTG/T D31-2—2013），不考虑行车荷载的影响，估算的软基总沉降量为多少？（取小数点后 1 位）

A. 75.9cm　　B. 79.2cm

C. 84.5cm　　D. 89.1cm

答案：[　　]
作答过程：

8. 某一级公路为沥青混凝土路面结构，路基顶面弯沉验收采用落锤式弯沉仪。承载板直径和施加荷载为标准值。路基填料为砂，平衡湿度状态下路基顶面回弹模量为 100MPa（已考虑湿度调整系数 1.2 和干湿与冻融循环调整系数 0.9）。路基顶面验收弯沉值为多少（0.01mm）？

A. 168.0　　B. 198.8

C. 210.3　　D. 226.6

答案：[　　]
作答过程：

9. 某季节性冻土地区公路工程，沥青混凝土面层为三层结构，总厚度为18cm，采用半刚性基层，路基类型为砂，在路面低温设计温度加10°C试验温度条件下，表面层沥青弯曲梁流变试验加载180s时蠕变劲度为270MPa，该地区连续10年年最低气温平均值为−4°C，则沥青面层低温开裂指数最接近多少？（计算结果取1位小数）

A. −1.8　　B. −1.1

C. 1.8　　D. 1.1

答案：[　　]

作答过程：

10. 拟对某旧混凝土路面进行改造，现状路面面层厚240mm，现状基层使用水泥稳定碎石。在清除断裂混凝土板后采用梁式弯沉仪在基层顶面测得路段代表弯沉值为1.49（0.01mm），则旧混凝土路面基层顶面的当量回弹模量标准值最接近多少？（计算结果取整）

A. 9075MPa　　B. 9990MPa

C. 10340MPa　　D. 10990MPa

答案：[　　]

作答过程：

11. 某一级公路上设置3～13m石拱桥，1/50设计洪水位为122.35m，1/100设计洪水位为127.23m，不考虑壅水、波浪等高度。拱圈厚度0.6m，矢跨比1/4，拱上建筑高度为0.9m，则该桥的最低桥面高程为多少？

A. 125.22m　　B. 126.98m

C. 128.23m　　D. 129.81m

答案：[　　]

作答过程：

12. 某公路钢筋混凝土梁圆形截面，按偏心受压杆件设计，初步考虑的材料和构造为：圆形截面直径为4.0m，混凝土采用C30，其抗压强度设计值f_{cd}为13.8MPa，设置直径25mm的HRB400钢筋，钢筋的抗拉强度设计值f_{sd}为330MPa，配置在截面中直径2.7m的环形位置。根据规范规定，至少需要配置多少钢筋？

A. 84根　　B. 98根

C. 116根　　D. 128根

答案：[　　]

作答过程：

13. 某高速公路设计标准为双向4车道，按分离式隧道设计，设计车速100km/h，隧道长度3600m，考虑电缆沟、排水沟等因素，左右侧检修道宽各为1.0m，高度为25cm，则隧道的建筑限界净宽最小为多少？

A. 11.50m　　B. 11.25m

C. 10.75m　　　　D. 10.25m

答案：[　　]

作答过程：

14. 某3车道公路隧道采用复合式衬砌，埋深150m，据勘察报告：围岩重度为$22kN/m^2$，围岩基本质量指标BQ为290，有淋雨状出水，单位出水量为125L/min · 10m，结构面走向与洞轴线夹角为60°，结构面倾角为75°，围岩初始应力不高。在确定开挖断面时，预留变形量可初步选用多少？

A. 10～30cm　　　　B. 50～80cm

C. 80～120cm　　　　D. 100～150cm

答案：[　　]

作答过程：

15. 某设计速度为80km/h的一级公路与设计速度为60km/h的二级公路平面交叉，一级公路上直行交通量较大，两条公路均设置了经渠化分隔的右转弯车道，右转弯设计速度为40km/h，右转弯偏移宽度为5m。交叉口设计时，二级公路进入一级公路的右转减速车道长度最合理的是多少？

A. 25m　　　　B. 32m

C. 70m　　　　D. 82m

答案：[　　]

作答过程：

16. 位于杭州城郊的某高速立交，其中D匝道为从A高速转向B高速的右转匝道，该匝道设计速度为40km/h，起点桩号DK0 + 000，终点桩号DK0 + 830，出口分流鼻桩号DK0 + 120，入口合流鼻桩号DK0 + 670，该匝道预测年度的年平均日交通量为5000pcu/d，该匝道应选用的横断面类型及出入口变速车道的车道数应为多少？

A. Ⅰ型，单车道变速车道　　　　B. Ⅱ型，单车道变速车道

C. Ⅱ型，双车道变速车道　　　　D. Ⅲ型，双车道变速车道

答案：[　　]

作答过程：

17. 已知成都某城郊高速公路喇叭式互通平面示意图及匝道编号如下图所示，已知A匝道设计小时交通量为728pcu/h，B匝道交通量为889pcu/h，问C匝道的年平均日交通量年最接近多少？

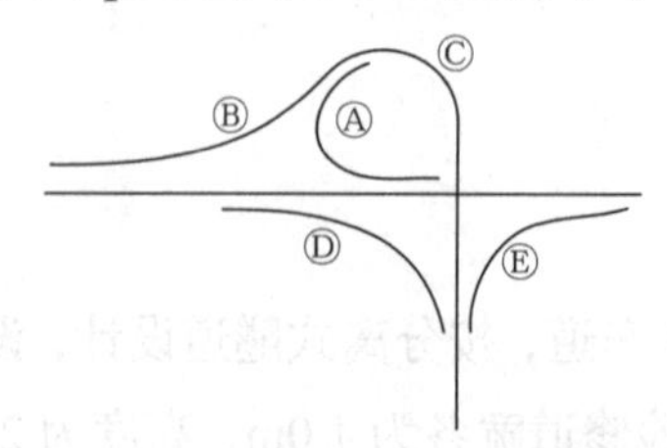

A. 8089pcu/d　　　　B. 8983pcu/d

C. 9878pcu/d　　　　D. 17967pcu/d

答案：[　　]

作答过程：

18. 某城市主干路，设计速度 60km/h，平面 JD2 处转角为 6°，若采用不设置缓和曲线的圆曲线半径，平曲线长度按条件受限考虑，采用的最小圆曲线半径为多少？

A. 1000m　　B. 1110m

C. 1120m　　D. 1200m

答案：[　　]

作答过程：

19. 某城市支路设计速度为 30km/h，单幅路布置，其中车行道由 2 × 3.5m 机动车道和两侧各宽 2.5m 的非机动车道组成，两侧人行道各为 4.0m。路段中设有$R = 150$m 的圆曲线，道路设计中心线特征点桩号分别为：ZH = K1 + 230.00，HY = K1 + 265.00，QZ = K1 + 282.50，YH = K1 + 300.00，HZ = K1 + 335.00。该平曲线桩号 K1 + 260 处内侧道路红线处有一 110kV 的高压杆塔，塔基外缘至道路中心线距离为 16.2m。按圆曲线两侧加宽，线性加宽过渡方式设计，不考虑通行铰接车，计算该塔基外缘至道路外边线的水平距离应为多少？

A. 4.22m　　B. 4.47m

C. 4.90m　　D. 5.69m

答案：[　　]

作答过程：

20. 某城市主干路附近有一溶洞顶板厚度为 2m，对城市主干道安全系数取 1.2，岩石内摩擦角为 40°，溶洞顶板岩层上覆盖土层厚度 3m，上覆土层稳定休止角为 50°，根据《城市道路路基设计规范》（CJJ 194—2013），该溶洞距路基的安全距离为多少？

A. 1.24m　　B. 2.58m

C. 3.96m　　D. 4.48m

答案：[　　]

作答过程：

21. 某城市次干路，机动车双向 6 车道，拟采用沥青混凝土面层和石灰粉煤灰稳定碎石基层。经交通调查分析，路面营运第一年单向日平均当量轴次为 3000 次/d，交通量年平均增长率为 7%，车道分布系数为 0.65。已知石灰粉煤灰稳定碎石 180d 龄期劈裂强度为 0.7MPa，则半刚性基层的容许抗拉强度值为多少？

A. 0.32MPa　　B. 0.35MPa

C. 0.38MPa　　D. 0.51MPa

答案：[　　]

作答过程：

22. 某城市一条小型汽车专用道路上一座跨线桥，为单跨 40m 简支梁桥，计算跨径为 39.2m，冲击系数$\mu = 0.2$。单向 3 车道，桥梁总宽 13m，其中行车道净宽度为 12m。上部结构采用预应力混凝土箱梁。试问，该桥主梁跨中截面在汽车荷载作用下的最小的弯矩标准值与下列何项最为接近？并请说明选择依据和理由。

A. 6750kN · m　　B. 8650kN · m

C. 10050kN · m　　D. 11250kN · m

答案：[　　]

作答过程：

23. 新建某城市地下道路，主线设计速度为 80km/h，在地下封闭段设置一处入口匝道，变速车道坡度−3%，如下图所示。计算该入口处车道渐变段末端至洞口的最小距离应为多少？

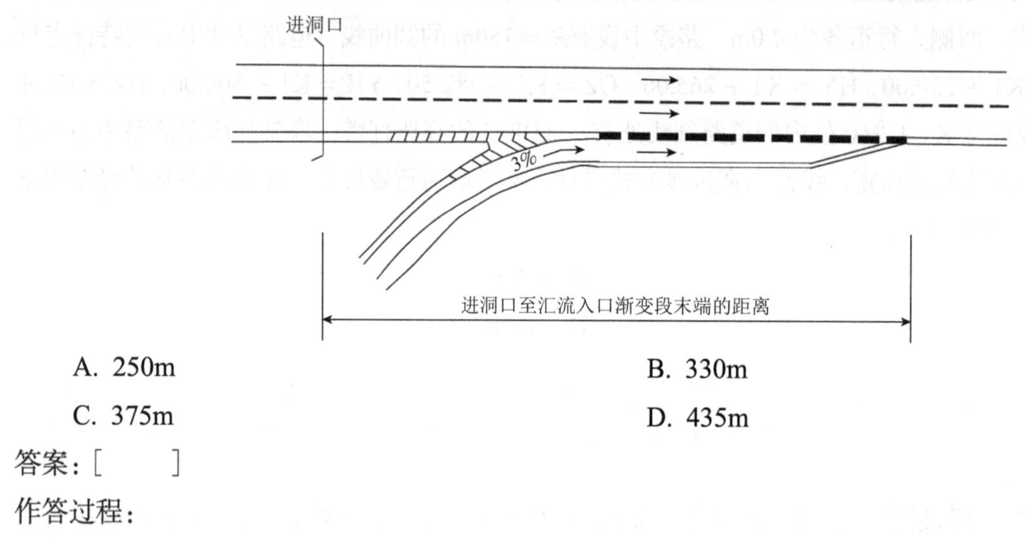

A. 250m　　B. 330m

C. 375m　　D. 435m

答案：[　　]

作答过程：

24. 某新建城市主干路，双向 6 车道，设计速度为 60km/h，与另一次干路相交，形成“十”字交叉，设置信号灯，道路纵坡为西低东高 0.4%的上坡。直行车辆在高峰 15min 内每信号周期候驶车辆总数为 24 辆，左转交通量为 6 辆。渠化方案如下图所示（尺寸单位：m）：①进口道增设左、右转专用道，将中央隔离带压缩为 1.5m。②左转专用车道进口道长度 102m。③因用地受限，进口道每条直行车道宽度 3m。④出口道用地条件良好，每条车道宽度 3.25m，不增设车道。⑤交叉口竖向设计时，将交叉口范围适应次干路的横坡，双向 1.5%。渠化方案①～⑤中不符合规范规定的有几项？并请说明选择依据和理由。

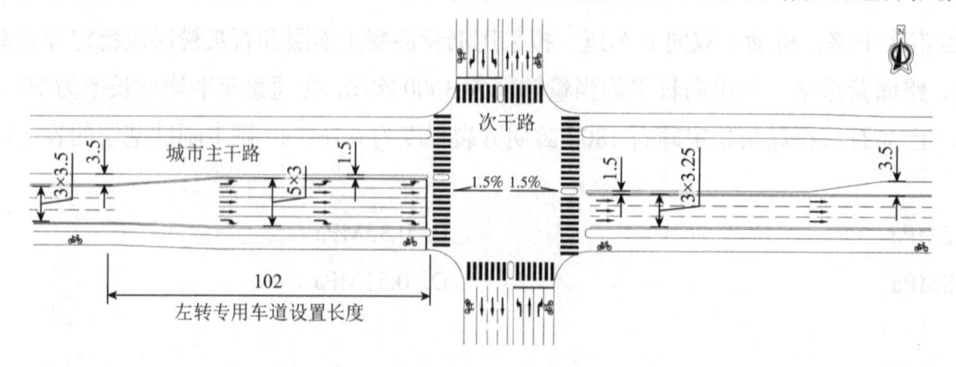

A. 1 项　　　　　　　　　　　　　　B. 2 项

C. 3 项　　　　　　　　　　　　　　D. 4 项

答案：[　　　]

作答过程：

25. 某城市道路管线设计见下图（尺寸单位：m），电力沟外廓尺寸采用 1.2m × 0.6m（宽 × 高），通信、热力和中压燃气均采用外径为 400mm 的管道，下列图中满足规范规定的布置是何项？并请说明选择依据和理由。

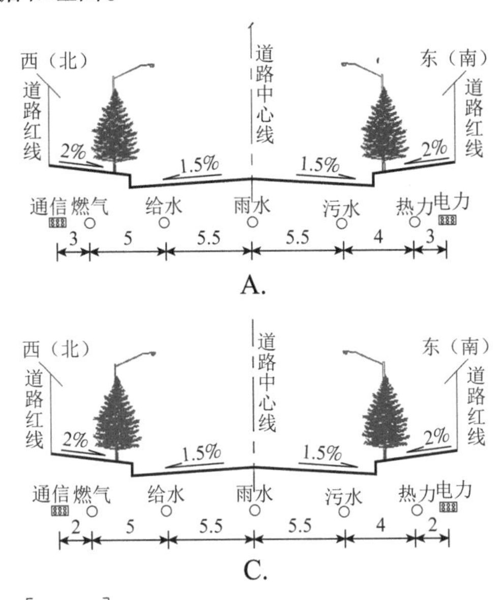

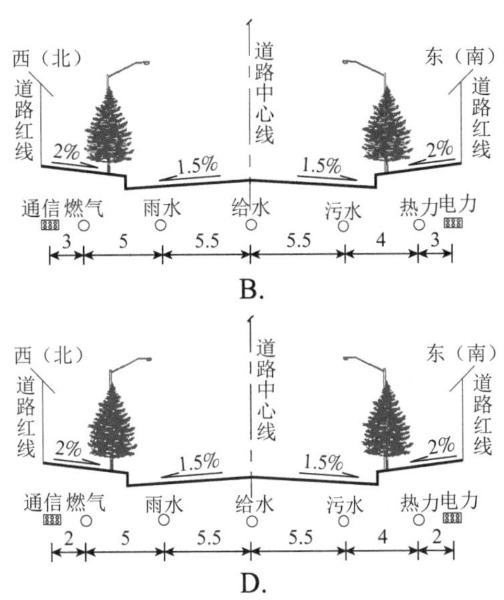

答案：[　　　]

作答过程：

2025 | 全国勘察设计注册工程师
执业资格考试用书

Zhuce Daolu Gongchengshi Zhiye Zige Zhuanye Kaoshi
Mo-kao Shijuan

注册道路工程师执业资格专业考试
模考试卷

试题答案

刘江波/主编

刘思思　唐洪军　王皓磊　陈晶琳　刘　浪　何树芬/副主编

人民交通出版社

北　京

内 容 提 要

本书共三册，包括专业知识分册、案例分析分册和试题答案分册。专业知识和案例分析分册各有 9 套试卷，试题答案分册涵盖 18 套试卷解析，以帮助考生系统复习和适应考试。配有在线题库和解析（有效期一年），微信扫描封面红色二维码（刮开涂层）可免费领取数字资源。

本书适合参加注册土木工程师（道路工程）专业考试的考生使用，也可供相关工程技术人员参考。

图书在版编目(CIP)数据

2025 注册道路工程师执业资格专业考试模考试卷 / 刘江波主编. — 北京 : 人民交通出版社股份有限公司, 2025. 5. — ISBN 978-7-114-19946-2

I. U41-44

中国国家版本馆 CIP 数据核字第 20246G7A40 号

书　　名： 2025 注册道路工程师执业资格专业考试模考试卷
著 作 者： 刘江波
责任编辑： 李　坤
责任印制： 张　凯
出版发行： 人民交通出版社
地　　址：（100011）北京市朝阳区安定门外外馆斜街 3 号
网　　址： http://www.ccpcl.com.cn
销售电话：（010）85285857
总 经 销： 人民交通出版社发行部
经　　销： 各地新华书店
印　　刷： 北京建宏印刷有限公司
开　　本： 889 × 1194　1/16
印　　张： 43.25
字　　数： 953 千
版　　次： 2025 年 5 月　第 1 版
印　　次： 2025 年 5 月　第 1 次印刷
书　　号： ISBN 978-7-114-19946-2
定　　价： 178.00 元（含 3 册）

前　言

为帮助广大考生有效复习，人民交通出版社组织相关高校和工程单位的专家编写了一套注册道路工程师考试复习辅导用书，主要包括：《基础考试应试辅导》《基础考试复习题集》《基础考试模考试卷》和《专业考试案例一本通》《专业考试模考试卷》。

本书为《专业考试模考试卷》，分为专业知识、案例分析和试题答案三册。其中，专业知识、案例分析分册各包含9套试卷，试题答案分册涵盖18套试卷解析。特点如下：

（1）试卷依托考试大纲和考试真题进行编写，针对性和指导性强。

（2）试卷难度适中，无超纲和偏难怪题目，让考生少走弯路。

（3）试卷具有前瞻性，设置了较多新颖题型，帮助考生从容应对考试中出现的新题型。

（4）试题解答清晰详尽，明确出题点，提炼易错点和重难点，帮助考生融会贯通和举一反三。

（5）试卷不再设置选做题，与2025版考试大纲要求保持一致。

（6）配有在线题库和解析（有效期一年），微信扫描专业知识分册封面的红色二维码（刮开涂层）可免费领取数字资源。

本书的试题答案分册还包括以下附录：历年知识真题在考试规范各章节分布情况和分值占比（细化到规范章节统计历年知识真题数量，并按规范和八大专业总结真题数量）、考试大纲及新旧考纲对比。

本书和《专业考试案例一本通》均由“注册道路研究室”（道研室）团队编写。团队由正高级工程师（总工程师）和教授（博士生导师）领衔，成员为设计院资深工程师和大学教师（高分通过注册道路、岩土专业考试），确保了图书内容的准确性和实用性。

在本书编写过程中，包括规范主编或编委在内的多位专家提供了指导和帮助，人民交通出版社编辑提出许多建议，并为出版付出了辛勤劳动，在此一并表示感谢!

限于编写时间和作者水平，书中难免存在不足之处，请考生提出宝贵意见，以便修订时改进。QQ交流群：749242187；作者微信号：zhucedaolu；微信搜索“道研室”，可关注公众号或通过小程序报名参加道研室培训课程。

编者

2025年04月

目　录

（试题解析及参考答案）

注册道路工程师执业资格专业考试模考试卷（一）专业知识（上）

试题解析及参考答案

1. 解答：根据《公路路线设计规范》（JTG D20—2017）第 4.3.2 条第 1 款、第 3 款。

答案：B

2. 解答：根据《公路路线设计规范》（JTG D20—2017）表 6.3.1。

答案：A

3. 解答：根据《公路工程技术标准》（JTG B01—2014）第 2.0.4 条。

答案：B

4. 解答：根据《公路工程技术标准》（JTG B01—2014）第 4.0.3 条。

答案：D

5. 解答：根据《公路路线设计规范》（JTG D20—2017）第 4.3.2 条第 3 款。

答案：D

6. 解答：根据《公路路线设计规范》（JTG D20—2017）第 6.5.5 条第 2 款。

答案：C

7. 解答：根据《公路路基设计规范》（JTG D30—2015）第 3.3.2 条公式（3.3.2），只有 A 项没有提到。

答案：A

8. 解答：根据《公路路基设计规范》（JTG D30—2015）第 7.6.6 条，溶洞应谨慎处理，不可随意弃土，A 项不合理；第 3.11.3 条，B 项会侵占河道，D 项不利于斜坡稳定，均不合理。

答案：C

9. 解答：根据《公路路基设计规范》（JTG D30—2015）第 3.10.2 条第 1 款，A、B 项不合理，D 项合理；第 3.10.2 条第 2 款、第 3 款，C 项不合理。

答案：D

10. 解答：根据《公路路基设计规范》（JTG D30—2015）附录 H.0.1 第 8 款，A 项合理，B 项不合理；第 9 款，可知 C 项不合理；第 11 款，可知 D 项不合理。

答案：A

11. 解答：根据《公路沥青路面设计规范》（JTG D50—2017）第 4.1.4 条。

答案：B

12. 解答：根据《公路沥青路面设计规范》（JTG D50—2017）第 4.6.5 条。

答案：B

13. 解答： 根据《公路沥青路面设计规范》（JTG D50—2017）第 7.4.6 条第 6 款。

答案：D

14. 解答： 根据《公路水泥混凝土路面设计规范》（JTG D40—2011）第 4.3.2 条。

答案：D

15. 解答： 根据《公路钢筋混凝土及预应力混凝土桥涵设计规范》（JTG 3362—2018）第 9.1.12 条第 2 款，受弯构件、偏心受拉构件及轴心受拉构件的一侧受拉钢筋的配筋百分率不应小于 $45f_{td}/f_{sd}$，同时不应小于 0.2。

答案：A

16. 解答： 根据《公路工程水文勘测设计规范》（JTG C30—2015）第 4.2.3 条，山前变迁河段，桥位宜选在两岸与河槽相对比较稳定的束窄河段上；必须跨越扩散段时，应选在河槽摆动范围比较小的地段。

答案：B

17. 解答： 根据《公路工程技术标准》（JTG B01—2014）第 6.0.8 条第 1 款，桥上纵坡不宜大于 4%。

答案：C

18. 解答： 根据《公路隧道设计规范 第一册 土建工程》（JTG 3370.1—2018）第 14.6.4 条，C 项正确。

答案：C

19. 解答： 根据《公路隧道设计规范 第二册 交通工程与附属设施》（JTG D70/2—2014）第 3.0.1 条第 3 款，B 项正确。

答案：B

20. 解答： 根据《公路隧道设计规范 第一册 土建工程》（JTG 3370.1—2018）第 4.3.6 条，$60 \times 3 \times 1000/3600 = 50\text{m}$。

答案：C

21. 解答： 根据《公路立体交叉设计细则》（JTG/T D21—2014）第 4.5.3 条。

答案：B

22. 解答： 根据《公路立体交叉设计细则》（JTG/T D21—2014）第 6.5.1 条。

答案：D

23. 解答： 根据《公路立体交叉设计细则》（JTG/T D21—2014）第 5.7.1 条。

答案：C

24. 解答： 根据《高速公路交通工程及沿线设施设计通用规范》（JTG D80—2006）表 5.4.2。

答案：A

25. 解答： 根据《高速公路交通工程及沿线设施设计通用规范》（JTG D80—2006）第 6.1.2 条。

答案：C

26. 解答： 根据《公路工程建设项目概算预算编制办法》（JTG 3830—2018）第 3.4.2 条。基本预备费 = (500000 + 60000 + 40000) × 5% = 30000 万元

答案：B

27. 解答： 根据《公路工程建设项目概算预算编制办法》（JTG 3830—2018）第 3.1.8 条。

答案：D

28. 解答： 根据《城市道路工程设计规范》（CJJ 37—2012）（2016 年版）第 3.4.1 条。

答案：B

29. 解答： 根据《城市道路工程设计规范》（CJJ 37—2012）（2016 年版）表 4.1.2：大型客车车辆折算系数 2.0，大型货车 2.5，铰接车 3.0。

$$3800 \times 1 + 180 \times 2 + 90 \times 2.5 + 60 \times 3 = 4565\text{pcu/h}$$

双向：2 × 4565 = 9130pcu/h

答案：D

30. 解答： 根据《城市桥梁设计规范》（CJJ 11—2011）（2019 年版）第 3.0.3 条，城市桥梁设计宜采用百年一遇的洪水频率，对特别重要的桥梁可提高到三百年一遇。

答案：A

31. 解答： 根据《城市地下道路工程设计规范》（CJJ 221—2015）第 4.3.8 条，长或特长单向车道城市地下道路宜在行车方向的右侧设置连续式紧急停车带，A 项不符合；第 5.2.6 条，B 项符合；第 5.2.2 条第 4 款，以及《城市道路路线设计规范》（CJJ 193—2012）第 7.2.3、7.3.3 条非机动车道的城市地下道路纵坡不宜大于 2.5%，坡长需满足表 7.3.3 的要求，C 项不符合；第 4.3.3 条第 2 款，D 项不符合。

答案：B

32. 解答： 根据《城市道路路线设计规范》（CJJ 193—2012）表 7.5.1。

答案：B

33. 解答： 根据《城市道路路线设计规范》（CJJ 193—2012）第 9.2.7 条和表 6.3.2。

答案：D

34. 解答： 根据《城市道路路线设计规范》（CJJ 193—2012）表 5.3.1，小客车专用道 3.25m，混行道 3.5m，表 5.3.4，路缘带 0.25m。

$$0.25 + 3.25 + 3.5 + 0.6 + 3.5 + 3.25 + 0.25 = 14.6\text{m}$$

答案：B

35. 解答： 根据《城镇道路路面设计规范》（CJJ 169—2012）表 3.2.5，交通等级为中，第 5.2.2 条第

3 款，长大纵坡段应提高一个交通等级，因此应按重交通进行设计，根据表 5.2.2-3 内容 1～4 区、上面层，动稳定度应 ≥3000 次。

答案：C

36. 解答：根据《城市道路工程设计规范》(CJJ 37—2012)(2016 年版)第 11.2.5 条第 3 款，A 项错误；第 5 款，B 项错误；第 3 款，C 项错误；第 4 款，D 项正确。

答案：D

37. 解答：根据《城镇道路路面设计规范》(CJJ 169—2012)第 9.2.5 条，$S=(0.18-0.135)/0.003=15\text{m}$，分水点往任何方向移动，都会导致另一侧的偏沟底纵坡度小于 0.3%，因此分水点在正中间、距离雨水口 15m 合适。

答案：A

38. 解答：根据《城市道路交叉口设计规程》(CJJ 152—2010)公式(5.3.4-1)，$i=402/127/60-0.18=0.030$

答案：B

39. 解答：根据《无障碍设计规范》(GB 50763—2012)表 3.2.3，圆点高度 4mm，A 项错误；第 4.4.1 条第 3 款，B 项正确；提示盲道宽度未在规范中明确，C 项不准确；第 4.4.5 条，净高度小于 2m，应安装防护设施，D 项错误。

答案：B

40. 解答：根据《城市道路交通设施设计规范》(GB 50688—2011)表 7.2.7 及第 7.2.7 条第 4 款，提高一个等级，采用 SS 级。

答案：D

41. 解答：根据《公路路线设计规范》(JTG D20—2017)表 3.4.1-2，设计速度为 100km/h 的一级公路，三级服务水平下最大服务交通量为 1400pcu/h，四级服务水平最大服务交通量为 1800pcu/h，$V/C=0.72$。

第 1.0.8 条第 1 款，服务水平已接近三级服务水平下限，宜进行论证确定改扩建时机，A 项正确，B 项错误，C 项正确。根据《公路路线设计规范》(JTG D20—2017)第 3.2.1 条，承担集散功能的一级公路设计服务水平可降低一级，则为四级服务水平，目前为三级服务水平下限，按照第 1.0.8 条的理解，还不到论证的时候，D 项正确。

答案：ACD

42. 解答：根据《公路工程技术标准》(JTG B01—2014)第 1.0.5 条。

答案：ABD

43. 解答：根据《公路路线设计规范》(JTG D20—2017)第 2.2.4 条条文说明。

答案：AD

44. 解答：根据《公路路线设计规范》(JTG D20—2017)第 4.3.3、6.2.3 条。

答案：ABD

45. 解答：根据《公路路基设计规范》(JTG D30—2015)第 5.4.7 条可知，A 项不符合。

答案：BCD

46. 解答：根据《公路路基设计规范》(JTG D30—2015)第 4.2.1 条，A 项合理；第 4.2.9 条，B 项合理；第 4.2.7 条，D 项合理；根据《公路路线设计规范》(JTG D20—2017)第 9.4.7 条，C 项不合理。

答案：ABD

47. 解答：根据《公路路基设计规范》(JTG D30—2015)第 3.2.2 条，A 项错误，B 项正确；第 3.2.3 条，C 项正确；根据《公路沥青路面设计规范》(JTG D50—2017)第 5.2.2 条，D 项错误。

答案：BC

48. 解答：根据《公路沥青路面设计规范》(JTG D50—2017)第 4.4.3 条。

答案：BCD

49. 解答：根据《公路沥青路面设计规范》(JTG D50—2017)第 7.2.1 条第 4 款。

答案：BD

50. 解答：根据《公路工程水文勘测设计规范》(JTG C30—2015)第 8.6.1、8.6.2 条及表 8.6.2。

答案：BC

51. 解答：根据《公路工程抗震规范》(JTG B02—2013)第 1.0.4、3.1.5 条，独立特大型桥梁工程及独立特长隧道工程、地震动峰值加速度大于或等于 $0.40g$ 地区的高速公路和一级公路的抗震危险地段，应按照有关规定进行工程场地地震安全性评价，A、D 项正确，C 项错误。立体交叉的跨线桥梁的抗震设防标准应不低于下线工程对桥梁结构的抗震设防标准，B 项错误。

答案：AD

52. 解答：根据《公路工程水文勘测设计规范》(JTG C30—2015)第 6.2、6.3、6.4.1、6.4.2 条。公路桥涵设计流量计算可以采用的方法：利用实测流量系列推算、按地区经验公式及水文参数求算、利用历史洪水位推算，A、B、C 项正确；汇水面积小于 100km^2 的河流，可按推理公式计算，公式中的参数和指数，采用各地区编制的暴雨径流图表值，D 项错误。

答案：ABC

53. 解答：根据《公路隧道设计规范 第一册 土建工程》(JTG 3370.1—2018)第 3.5.3 条。

答案：BCD

54. 解答：根据《公路隧道设计规范 第一册 土建工程》(JTG 3370.1—2018)第 7.2.1 条第 2 款，A 项正确；第 7.1.5 条，B 项不符合；第 7.2.1 条第 4 款，C 项正确；第 7.2.1 条第 3 款，D 项正确。

答案：ACD

55. 解答：根据《公路路线设计规范》（JTG D20—2017）第 11.1.1、12.2.2 条。

答案：ACD

56. 解答：根据《公路立体交叉设计细则》（JTG/T D21—2014）第 5.6.1 条。

答案：AC

57. 解答：根据《公路立体交叉设计细则》（JTG/T D21—2014）表 7.3.1，不考虑匝道长度，交通量小于单车道设计通行能力 1300pcu/h，可采用单车道。

答案：ABC

58. 解答：根据《高速公路交通工程及沿线设施设计通用规范》（JTG D80—2006）表 7.3.1-1。

答案：CD

59. 解答：根据《公路交通安全设施设计规范》（JTG D81—2017）第 6.3.2 条第 3 款。

答案：AD

60. 解答：根据《公路工程建设项目概算预算编制办法》（JTG 3830—2018）第 3.1.7 条。

答案：BCD

61. 解答：根据《城市道路工程设计规范》（CJJ 37—2012）（2016 年版）第 3.7.1 条，A 项正确；第 3.7.2 条，B 项错误；第 3.7.3 条，C 项正确；第 13.3.9 条，D 项正确。

答案：ACD

62. 解答：根据《城市道路路基设计规范》（CJJ 194—2013）第 7.9.1 条第 1 款。

答案：BCD

63. 解答：根据《城市道路工程设计规范》（CJJ 37—2012）（2016 年版）第 10.2.23 条第 1 款，A 项错误；第 10.2.3 条，B 项正确；第 10.2.2 条第 3 款，C 项错误；第 10.3.2 条第 5 款，D 项正确。

答案：BCD

64. 解答：根据《城市道路路线设计规范》（CJJ 193—2012）第 6.2.7 条第 2 款，A 项正确，B、C 项错误；第 6.6.5 条，D 项正确。

答案：AD

65. 解答：根据《城市道路交叉口设计规程》（CJJ 152—2010）第 5.5.2 条条文说明，A、B 项正确；第 5.5.2 条，C 项正确；第 5.5.2 条条文说明，D 项正确。

答案：ABCD

66. 解答：根据《城市道路路线设计规范》（CJJ 193—2012）第 10.3.6 条第 1 款 A 项正确；第 2 款,B 项正确；第 4 款，C 项错误；第 6 款，D 项正确。

答案：ABD

67. 解答： 根据《城镇道路路面设计规范》(CJJ 169—2012)表 5.6.2。

答案：AC

68. 解答： 根据《无障碍设计规范》(GB 50763—2012)第 3.2.3 条第 1 款，第 4.2.2 条第 3 款，第4.4.1 条第 2 款，第 4.4.5 条。

答案：ABD

69. 解答： 根据《城市工程管线综合规划规范》(GB 50289—2016)第 4.1.5 条，A、B 项正确；第4.1.6 条，非直埋重叠敷设同样有不利于检修的问题，C 项错误；第 4.1.2 条，D 项正确。

答案：ABD

70. 解答： 根据《城市道路工程设计规范》(CJJ 37—2012)(2016 年版)第 14.2.1 条。

答案：ACD

注意： 根据《城市道路交通设施设计规范》(GB 50688—2011)第 4.2.2 条第 1 款，文字描述类似，但不完全一样

注册道路工程师执业资格专业考试模考试卷（一）专业知识（下）

试题解析及参考答案

1. 解答： 根据《公路路线设计规范》（JTG D20—2017）第 2.2.3 条或者《公路工程技术标准》（JTG B01—2014）第 3.5.1 条。

答案：B

2. 解答： 根据《公路路线设计规范》（JTG D20—2017）表 7.5.1，穿越城镇路段最大超高值为 4%；则对应的最小平曲线半径值，查表 7.3.2 为 500m。

答案：D

3. 解答： 根据《公路路线设计规范》（JTG D20—2017）第 8.4.1 条。

答案：B

4. 解答： 根据《公路路线设计规范》（JTG D20—2017）第 8.3.5 条。

答案：B

5. 解答： 根据《公路路线设计规范》（JTG D20—2017）第 12.5.2 条。

答案：B

6. 解答： 根据《公路工程抗震规范》（JTG B02—2013）第 3.2.1 条第 1 款。

答案：C

7. 解答： 根据《公路路基设计规范》（JTG D30—2015）第 3.6.11 条。

答案：C

8. 解答： 根据《公路路基设计规范》（JTG D30—2015）第 5.2.1、5.2.3 条及条文说明。

答案：C

9. 解答： 根据《公路路基设计规范》（JTG D30—2015）第 7.7.7、7.7.8、7.7.11 条。

答案：B

10. 解答： 根据《公路路基设计规范》（JTG D30—2015）第 4.2.5 第 3 款，A 项错误；根据表 G-1，B 项错误；第 4.3.5 条，C 项错误；第 4.2.5 条，D 项正确。

答案：D

11. 解答： 根据《公路沥青路面设计规范》（JTG D50—2017）第 3.0.3 条。

答案：C

12. 解答： 根据《公路沥青路面设计规范》（JTG D50—2017）第 3.0.6 条第 4 款。

答案：A

13. 解答：根据《公路水泥混凝土路面设计规范》（JTG D40—2011）第 4.2.2 条。

答案：A

14. 解答：根据《公路水泥混凝土路面设计规范》（JTG D40—2011）第 5.5.3 条。

答案：A

15. 解答：根据《公路桥涵设计通用规范》（JTG D60—2015）第 4.1.4 条表 4.1.4，不与汽车制动力同时参与组合的作用：流水压力、冰压力、波浪力、支座摩阻力。

答案：C

16. 解答：根据《公路钢筋混凝土及预应力混凝土桥涵设计规范》（JTG 3362—2018）第 9.1.1 条表 9.1.1，混凝土保护层最小厚度c_{min}（mm），II类-冻融环境，设计使用年限为 100 年的桩基础最外侧钢筋的混凝土保护层厚度应不小于 45mm。

答案：A

17. 解答：根据《公路钢筋混凝土及预应力混凝土桥涵设计规范》（JTG 3362—2018）第 6.4.2 条表 6.4.2，I类和II类环境下，钢筋混凝土构件和采用预应力螺纹钢筋的 B 类预应力混凝土构件的最大裂缝宽度限值为 0.20mm。

答案：C

18. 解答：根据《公路隧道设计规范 第二册 交通工程与附属设施》（JTG D70/2—2014）第 6.1.4 条，C 项正确。

答案：C

19. 解答：根据《公路隧道设计规范 第一册 土建工程》（JTG 3370.1—2018）第 10.2.2 条，C 项正确。

答案：C

20. 解答：根据《公路隧道抗震设计规范》（JTG 2232—2019）第 3.1.1 条。

答案：B

21. 解答：根据《公路路线设计规范》（JTG D20—2017）第 10.1.3 条。

答案：D

22. 解答：根据《公路立体交叉设计细则》（JTG/T D21—2014）表 5.4.4。

答案：C

23. 解答：根据《公路立体交叉设计细则》（JTG/T D21—2014）第 5.6.1、5.6.2 条。

答案：B

24. 解答：根据《公路交通安全设施设计规范》（JTG D81—2017）第 11.2.7 条。

答案：C

25. 解答： 根据《公路交通安全设施设计规范》（JTG D81—2017）第 6.2.6 条，事故严重程度等级为高；表 6.2.10，采用五（SAm）级。

答案：C

26. 解答： 根据《公路工程建设项目概算预算编制办法》（JTG 3830—2018）第 1.0.3 条。

答案：A

27. 解答： 根据《公路工程建设项目概算预算编制办法》（JTG 3830—2018）第 3.1.1 条。

答案：D

28. 解答： 根据《城市道路工程设计规范》（CJJ 37—2012）（2016 年版）表 4.2.2，一条车道的设计通行能力为 1750pcu/h，则单向车道数 $N = 5040/1750 = 2.88$，取整为 3 车道，双向为 6 车道。

答案：C

29. 解答： 根据《城市道路工程设计规范》（CJJ 37—2012）（2016 年版）第 4.5.1 条，$3100/800 = 3.875$，取整为 4m。根据 9.2.4 条第 3 款，主干路人行横道宽度不宜小于 5m，取 5m。

答案：C

30. 解答： 根据《城市地下道路工程设计规范》（CJJ 221—2015）第 3.5.1、4.3.1 条，$3.5 \times 2 + 3.25 + 0.5 \times 2 + 0.75 \times 2 = 12.75$m，C 项正确。

答案：C

31. 解答： 根据《城市道路工程设计规范》（CJJ 37—2012）（2016 年版）表 5.3.2，混行道 3.5m；根据《城市道路路线设计规范》第 6.5.1，每条车道加宽值为 0.4m，行车道路面宽度为：$2.5 + 4 \times (3.5 + 0.4) + 2.5 = 20.6$m。

答案：C

32. 解答： 根据《城市道路路线设计规范》（CJJ 193—2012）第 7.4.1 条，积雪冰冻地区最大合成坡度不应大于 6%。

答案：C

33. 解答： 根据《城市道路工程设计规范》（CJJ 37—2012）（2016 年版）第 3.5.1、3.5.2 条。

答案：D

34. 解答： 根据《城市道路工程设计规范》（CJJ 37—2012）（2016 年版）第 5.4.1 条，A 项正确。

答案：A

35. 解答： 根据《城市桥梁设计规范》（CJJ 11—2011）（2019 年版）第 10.0.5 条，$W = 4.5 \times (20 - 6/2)/20 = 3.825 > 2.4$kPa。

答案：C

36. 解答： 根据《城市地下道路工程设计规范》（CJJ 221—2015）第 5.3.3 条。

答案：B

37. 解答：根据《城市道路工程设计规范》（CJJ 37—2012）（2016 年版）第 3.2.2 条“快速路和主干路的辅路设计速度宜为主路的 0.4 倍～0.6 倍”，最大值为 60km/h。

答案：C

38. 解答：根据《城市道路路基设计规范》（CJJ 194—2013）第 4.2.2 条，路基应处于干燥或中湿状态，根据表 4.2.1-1，粉质土稠度 ⩾ 0.90 时为干燥或中湿状态。

答案：A

39. 解答：根据《无障碍设计规范》（GB 50763—2012）第 4.3.1 第 1、3 款，第 4.4.2 条第 1 款，表 3.2.2。

答案：C

40. 解答：根据《城市道路交通设施设计规范》（GB 50688—2011）第 9.4.2、9.4.3 条。

答案：C

41. 解答：根据《公路路线设计规范》（JTG D20—2017）第 1.0.7 条。

答案：ACD

42. 解答：根据《公路路线设计规范》（JTG D20—2017）第 8.2.5 条。

答案：BC

43. 解答：根据《公路路线设计规范》（JTG D20—2017）第 8.2.1、8.2.2 条。

答案：ABC

44. 解答：根据《公路路线设计规范》（JTG D20—2017）第 8.3.1、8.3.2、8.3.3 条。

答案：BC

45. 解答：根据《公路路基设计规范》（JTG D30—2015）第 3.6.11、3.7.7 条。

答案：BC

46. 解答：根据《公路路基设计规范》（JTG D30—2015）第 H.0.1 条第 4 款。

答案：CD

47. 解答：根据《公路路基设计规范》（JTG D30—2015）第 3.8.1 条第 1 款，A 项错误，B 项正确；第 3.8.3 条，C 项正确；第 3.8.4 条，D 项正确。

答案：BCD

48. 解答：根据《公路沥青路面设计规范》（JTG D50—2017）第 4.6.1 条。

答案：ABC

49. 解答：根据《公路水泥混凝土路面设计规范》（JTG D40—2011）第 4.4.3 条。

答案：BCD

50. 解答：根据《公路水泥混凝土路面设计规范》（JTG D40—2011）第 4.7.2 条。

答案：BD

51. 解答：根据《公路桥涵设计通用规范》（JTG D60—2015）第 4.1.4 条、表 4.1.4。不与汽车制动力同时参与组合的作用：流水压力、冰压力、波浪力、支座摩阻力。

答案：AC

52. 解答：根据《公路桥涵设计通用规范》（JTG D60—2015）第 3.1.4 条。

答案：ABD

53. 解答：根据《公路隧道设计规范 第一册 土建工程》（JTG 3370.1—2018）第 7.3.4 条，第 1 款，A 项错误；第 5 款，B 项正确，C 项正确；第 2 款，D 项正确。

答案：BCD

54. 解答：根据《公路隧道设计规范 第一册 土建工程》（JTG 3370.1—2018）第 7.3.3 条，第 2 款，A 项错误，B 项错误；第 1 款，C 项正确，D 项正确。

答案：CD

55. 解答：根据《公路路线设计规范》（JTG D20—2017）表 10.3.1，60km/h 对应的满足引道视距的凸形竖曲线半径最小为 2400m。

答案：CD

56. 解答：根据《公路立交设计细则》（JTG/T D21—2014）表 10.2.5。

答案：CD

57. 解答：根据《高速公路交通工程及沿线设施设计通用规范》（JTG D80—2006）表 5.8.3。

答案：CD

58. 解答：根据《高速公路交通工程及沿线设施设计通用规范》（JTG D80—2006）第 6.1.2 条。

答案：BC

59. 解答：根据《公路交通安全设施设计规范》（JTG D81—2017）表 6.3.2。

答案：BC

60. 解答：根据《公路工程建设项目概算预算编制办法》（JTG 3830—2018）第 2.5.1 条。

答案：ACD

61. 解答：《城市道路交通工程项目规范》（GB 55011—2021）第 2.0.1 条，A 项错误；第 2.0.6 条,B 项正确；第 2.0.9 条，C 项错误；第 2.0.10 条，D 项正确。

答案：BD

62. 解答： 根据《城市道路路线设计规范》(CJJ 193—2012)第 9.2.12 条，A 项正确；

根据《城市道路工程设计规范》(CJJ 37—2012)(2016 年版)第 9.2.5 条，B 项错误，可以为人行地道；

第 9.2.4 条第 1 款，并非有行人横穿就设，应在人流集中、通视良好的地方设，C 选项错误；

第 9.2.4 条第 3 款，D 项正确。

答案：AD

63. 解答： 根据《城市道路交叉口设计规程》(CJJ 152—2010)第 4.2.10 条，A 项正确；第 4.2.14 条，B 项正确；第 4.2.11 条，C 项错误；第 4.2.16 条，D 项错误。

答案：AB

64. 解答： 根据《城市道路交叉口设计规程》(CJJ 152—2010)第 5.5.4 条。

答案：BC

65. 解答： 根据《城市道路路线设计规范》(CJJ 193—2012)第 6.3.3 条。

答案：CD

66. 解答： 根据《城市道路交叉口设计规程》(CJJ 152—2010)第 4.6.3 条第 1 款，A 项错误；第 6 款,B 项正确；第 5 款，C 项正确；第 4 款，D 项错误。

答案：BC

67. 解答： 根据《无障碍设计规范》(GB 50763—2012)第 3.1.2、4.2.1、3.1.3、3.1.1 条。

答案：ABD

68. 解答： 根据《城市工程管线综合规划规范》(GB 50289—2016)第 4.2.1 条。

答案：ABC

69. 解答： 根据《城市道路路基设计规范》(CJJ 194—2013)第 4.7.4 条第 2、3 款,A 项正确、B 项正确；第 4.7.2 条第 2 款，C 项错误，第 1 款，D 项正确。

答案：ABD

70. 解答： 根据《城市道路交通设施设计规范》(GB 50688—2011)第 5.2.1 条。

答案：ABC

注册道路工程师执业资格专业考试模考试卷（二）专业知识（上）
试题解析及参考答案

1. 解答：《公路路线设计规范》（JTG D20—2017）第 9.4.3 条规定：条件受限制，且中间带宽度变化小于 3.0m 时，可采用渐变过渡，过渡段的渐变率不应大于 1/100。

答案：B

2. 解答：根据《公路路线设计规范》（JTG D20—2017）第 8.2.4 条第 4 款，位于城镇混合交通繁忙处的桥梁，桥上及桥头引道纵坡均不得大于 3%。

答案：C

3. 解答：根据《公路工程技术标准》（JTG B01—2014）第 3.3.3 条，A 项错误，为宜，非应。第 3.1.1 条第 1 款 C 项错误，为宜，非应。根据《公路路线设计规范》（JTG D2—2017）3.3.3 条 D 项错误。

答案：B

4. 解答：根据《公路工程技术标准》（JTG B01—2014）表 3.2.1，一共有 5 种车型。分别为：小客车、大型客车、铰接客车、载重汽车、铰接列车。

答案：C

5. 解答：根据《公路路线设计规范》（JTG D20—2017）第 8.2.5 条 1 款，纵坡应小于 3%。

答案：A

6. 解答：根据《公路路线设计规范》（JTG D20—2017）第 7.2.2 条，同向圆曲线间最小直线长度以不小于 6V，C 项正确。

答案：C

7. 解答：根据《公路排水设计规范》（JTG/T D33—2012）表 9.2.5-1，C 项正确。

答案：C

8. 解答：根据《公路路基设计规范》（JTG D30—2015）第 3.9.1 条，A 项正确；第 3.3.7 条，B 项错误，C 项正确；第 3.3.3 第 5 款，D 项正确。

答案：B

9. 解答：根据《公路路基设计规范》（JTG D30—2015）第 3.3.8 条，A、C、D 项正确，B 项错误。

答案：B

10. 解答：根据《公路路基设计规范》（JTG D30—2015）第 3.1.3 条，13m + 0.5m + 0.5m + 0.5m = 14.5m，C 项正确。

答案：C

11. 解答：根据《公路水泥混凝土路面设计规范》（JTG D40—2011）第 3.0.9 条规定，冻深小于 0.5m

的地区，可不考虑结构层防冻厚度。

答案：D

12. 解答：根据《公路水泥混凝土路面设计规范》（JTG D40—2011）第 4.4.5 条，贫混凝土或碾压混凝土基层上应铺设沥青混凝土夹层，层厚不宜小于 40mm。

答案：D

13. 解答：根据《公路水泥混凝土路面设计规范》（JTG D40—2011）第 6.3.4 条第 1 款，D 项正确。

答案：D

14. 解答：根据《公路沥青路面设计规范》（JTG D50—2017）公式（B.3.4）。

答案：D

15. 解答：根据《公路桥涵设计通用规范》（JTG D60—2015）第 1.0.4 条表 1.0.4。斜拉索的设计使用年限不应低于 20 年。

答案：B

16. 解答：根据《公路钢筋混凝土及预应力混凝土桥涵设计规范》（JTG 3362—2018）第 9.1.1 条第 2 款。先张法构件中预应力钢筋的保护层厚度取钢筋外缘至混凝表面的距离，不应小于钢筋公称直径。

答案：D

17. 解答：根据《公路桥涵地基与基础设计规范》（JTG 3363—2019）第 6.2.3 条第 3 款，钢管桩直径与壁厚之比不宜大于 100，所以钢管桩壁厚不宜小于 15mm。

答案：D

18. 解答：根据《公路隧道设计规范 第一册 土建工程》（JTG 3370.1—2018）第 8.2.5 条第 1 款、第 8.2.4 条第 6 款，A 项正确；第 8.1.4 第 5 款，B 项错误；第 8.1.1、8.2.1 条，C 项正确；第 8.2.2 条第 123 款，D 项正确。

答案：B

19. 解答：根据《公路隧道设计规范 第一册 土建工程》（JTG 3370.1—2018）第 13.3.1 条，B 项正确。

答案：B

20. 解答：根据《公路隧道设计规范 第一册 土建工程》（JTG 3370.1—2018）第 8.2.5 条第 1 款，D 项正确。

答案：D

21. 解答：根据《公路路线设计规范》（JTG D20—2017）表 10.4.2 条第 2 款。

答案：A

22. 解答：根据《公路路线设计规范》（JTG D20—2017）第 12.2.5 条第 6 款。

答案：D

23. 解答：根据《公路立体交叉设计细则》(JTG/T D21—2014) 第 7.2.1 条第 4 款“对向分隔式双车道匝道不应小于 2.00m”。

答案：D

24. 解答：根据《公路交通安全设施设计规范》(JTG D81—2017) 第 6.2.6 条，事故严重程度等级为高，根据表 6.2.10，护栏等级为五 (SAm) 级，第 6.2.11 条，在 SAm 基础上提高一级，为 SSm 级。

答案：D

25. 解答：根据《公路隧道设计规范 第二册 交通工程与附属设施》(JTG D70/2—2014) 第 5.4.4 条，C 项正确。

答案：C

26. 解答：根据《公路工程建设项目概算预算编制办法》(JTG 3830—2018) 第 3.1.2 条。

答案：C

27. 解答：根据《公路工程建设项目概算预算编制办法》(JTG 3830—2018) 第 3.4.2 条，施工图预算基本预备费费率 3%；$(650000+70000+60000)\times 3\%=23400$ 万元。

答案：C

28. 解答：根据《城市道路工程设计规范》(CJJ 37—2012)(2016 年版) 表 5.3.4，商业或公共场所集中路段人行道宽 4m。根据表 4.5.1，人行道设计通行能力按 1800 人/(h · m)计算，人行道宽 $4200\div 1800=2.3\text{m}<4\text{m}$，取 4m。因此路侧带宽度为 $4+2=6\text{m}$。

答案：D

29. 解答：根据《城市道路路线设计规范》(CJJ 193—2012) 第 6.6.6 条，以货运为主，应验算下坡路段货车停车视距，表 6.6.6 数值为 89。

答案：A

30. 解答：根据《城市道路工程设计规范》(CJJ 37—2012)(2016 年版) 表 3.4.3。

答案：C

31. 解答：根据《城市道路路基设计规范》(CJJ 194—2013) 第 7.2.9 条第 3 款，$m=0.907\times(0.55/1.2)^2=0.19$；第 7.2.10 条第 6 款，$E_{ps}=0.19\times 37+(1-0.19)\times 5=11.08\text{MPa}$。

答案：D

32. 解答：根据《城镇道路路面设计规范》(CJJ 169—2012) 第 8.2.2 条第 3 款。

答案：B

33. 解答：根据《城市桥梁设计规范》(CJJ 11—2011) 第 3.0.8 条、表 3.0.9、表 3.0.2。该桥跨径总长为 32m，为中桥，桥梁结构设计基准期应为 100 年，重要中桥设计使用年限为 100 年。

答案：D

34. 解答：根据《城市桥梁设计规范》（CJJ 11—2011）第 4.0.2、4.0.3、4.0.7、4.0.8 条。桥位上空不宜设有架空高压电线，当无法避开时，桥梁主体结构最高点与架空电线之间的最小距离应符合相关规定，B 项错误。

答案：B

35. 解答：根据《城市地下道路工程设计规范》（CJJ 221—2015）第 4.1.2 条第 2 款，洞口外 3s 行程为 $80/3.6\times3=67$m，A 项正确。

答案：A

36. 解答：根据《城市道路交叉口设计规程》（CJJ 152—2010）表 4.3.3，注意该表速度与路段速度一致，不需要乘 0.7。

答案：D

37. 解答：根据《城市道路交叉口设计规程》（CJJ 152—2010）第 5.5.3-1 条，加速段长 160m，渐变段长 50m，查表 5.5.3-2，修正系数 1.3，$1.3\times160+50=258$m。

答案：C

38. 解答：根据《城市道路交通设施设计规范》（GB 50688—2011）第 7.7.3 条第 2 款；或根据《城市桥梁设计规范》（CJJ 11—2011）（2019 年版）第 9.5.4 条。当桥梁跨越快速路、城市轨道交通、高速公路、铁路干线等重要交通通道时，桥面人行道栏杆上应加设护网，护网高度不应小于 2m，护网长度宜为下穿道路的宽度并各向路外延长 10m。

答案：D

39. 解答：根据《无障碍设计规范》（GB 50763—2012）第 4.3.1 条第 1 款和第 3 款，A 项正确和 B 项错误；第 4.2.3 条第 1 款，C 项正确；第 4.2.2 条第 3 款，D 项正确。

答案：B

40. 解答：根据《城市道路交通设施设计规范》（GB 50688—2011）表 7.2.7。

答案：A

41. 解答：根据《公路路线设计规范》（JTG D20—2017）第 6.3.1 条及第 1 款，高速公路、一级公路整体式路基断面必须设置中间带，中间带由两条左侧路缘带和中央分隔带组成，作为干线的一级公路，中央分隔带宽度应根据中央分隔带的功能确定。

答案：AC

42. 解答：《公路路线设计规范》（JTG D20—2017）第 4.3.8 条，改扩建公路应遵循利用与改造相结合的原则，应在原有公路交通安全性评价以及原有路基、桥梁、隧道检测与评价的基础上，综合论证对既有路线和构造物等的利用原则和利用方案，合理、充分地利用原有工程，A 项错误。第 5.0.5 条，BCD 项正确。

答案：BCD。

43. 解答：根据《公路路线设计规范》（JTG D20—2017）第 4.2.4 条 A 项错误，“应”按双数增加，第 4.2.7 条 B 项正确，第 4.2.1 条 C 项正确，第 4.2.5 条第 1 款 D 项错误，不应。

答案：BC

44. 解答：根据《公路路线设计规范》（JTG D20—2017）7.5.1 表注 1，A 项正确；根据表 7.5.1，最大超高可采用 4%，B 项错误；第 7.5.5 条 2 款、第 7.5.8 条，C 项错误；第 7.5.6 条，D 项正确。

答案：AD

45. 解答：根据《公路路基设计规范》（JTG D30—2015）第 3.3.7 条，A 项正确，B 项错误；第 3.3.3 条第 5 款，C 项错误；第 3.9.1 条，D 项正确。

答案：AD

46. 解答：根据《公路路基设计规范》（JTG D30—2015）第 3.6.8 条第 3 款，A 项正确，B 项错误，C 项错误，D 项正确。

答案：AD

47. 解答：根据《公路排水设计规范》（JTG/T D33—2012）第 5.3.2 条，A、B 项正确，C、D 项错误。

答案：AB

48. 解答：根据《公路水泥混凝土路面设计规范》（JTG D40—2011）第 5.3.2 条，横向缩缝可设置为不设传力杆的假缝形式，A 项错误；第 5.3.4 条，B 项正确；第 5.4.2 条，C 项正确；第 5.6.1 条，D 项正确。

答案：BCD

49. 解答：根据《公路沥青路面设计规范》（JTG D50—2017）第 3.0.7 条。

答案：ABC

50. 解答：根据《公路沥青路面设计规范》（JTG D50—2017）第 7.3.2 条第 2 款 AC 项错误，第 7.3.4 条 B 项正确，第 7.3.5 条 D 项正确。

答案：AC

51. 解答：根据《公路桥涵地基与基础设计规范》（JTG 3363—2019）第 3.0.8、5.3.4 条。计算基础沉降时，基础底面的作用效应应采用正常使用极限状态下准永久组合效应，考虑的永久作用不包括混凝土收缩及徐变作用、基础变位作用，可变作用仅指汽车荷载和人群荷载，B 选项错误。

答案：ACD

52. 解答：根据《公路钢筋混凝土及预应力混凝土桥涵设计规范》（JTG 3362—2018）第 6.1.2、6.3.1、6.4.2、6.5.3 条。海洋氯化物环境下采用钢丝或钢绞线的 B 类预应力混凝土构件的最大裂缝宽度限值为 0.10mm，C 选项错误。

答案：ABD

53. 解答： 根据《公路隧道设计规范 第一册 土建工程》（JTG 3370.1—2018）第 11.4.1 条，A 项正确；第 4.3.2 条，B 项正确；第 4.3.1 条，C 项正确；第 4.3.5 条，D 项错误。

答案：ABC

54. 解答： 根据《公路隧道设计规范 第一册 土建工程》（JTG 3370.1—2018）第 10.1.2 条第 1 款，A 项正确，B 项错误，第 2 款，C 项正确；第 10.2.3 条，D 项错误。

答案：AC

55. 解答： 根据《公路路线设计规范》（JTG D20—2017）表 10.1.7，平面交叉最小间距：集散二级公路为 300m；干线二级公路为 500m；集散一级公路为 500m；干线一级公路为 1000m。

答案：AC

56. 解答： 根据《公路立体交叉设计细则》（JTG/T D21—2014）第 8.2.4 条第 2 款。

答案：ABD

57. 解答： 根据《公路隧道设计规范 第二册 交通工程与附属设施》（JTG D70/2—2014）表 11.2.1，ABC 项正确。

答案：ABC

58. 解答： 根据《公路隧道设计规范 第二册 交通工程与附属设施》（JTG D70/2—2014）第 5.4.1 第 1 款，A 项正确，第 2 款，B 项正确，第 3 款，D 项正确；第 5.4.5 第 1 款，C 项错误，应说明为“采用排烟道集中排烟的公路隧道”。

答案：ABD

59. 解答： 根据《公路交通安全设施设计规范》（JTG D81—2017）第 10.2.1 条、《公路工程技术标准》（JTG B0l—2014）表 4.0.22，A 项正确。

根据《公路交通安全设施设计规范》（JTG D81—2017）第 10.2.3 条，B 项错误；第 10.2.2 条，C 项错误；第 10.2.5 条第 1 款，D 项正确。

答案：AD

60. 解答： 根据《公路工程建设项目概算预算编制办法》（JTG 3830—2018）第 3.1.8 条。

答案：ACD

61. 解答： 根据《城市道路路线设计规范》（CJJ 193—2012）（2016 年版）表 7.5.1，竖曲线长度极限值为 50m，最小半径为 1200m，由竖曲线计算公式 $R = L/|i_2 - i_1| = 1428$，两者取大，则满足规范的为 C、D 项。

答案：CD

62. 解答： 根据《城市道路工程设计规范》（CJJ 37—2012）（2016 年版）表 4.5.1，重要区域设计通行能力为 1800 人/(h · m)，则计算最小人行道宽度为 $B = 4500/1800 = 2.5\text{m}$；查表 5.3.4，长途汽车站附近人行道最小值为 3.0m ＞ 2.5m，取高值。设施带宽度 1.5m，路侧带总宽度 = 人行道宽度 + 设施带宽

度 = 3 + 1.5 = 4.5m。则满足规范的为 C、D 项。

答案：CD

63. 解答：根据《城市道路路线设计规范》(CJJ 193—2012)(2016 年版) 表 6.4.3，最大超高渐变率为 1/125，A 项错误；第 6.5.2 条，应设置在圆曲线的内侧，B 项错误；第 6.4 条条文说明，C 项正确；第 6.5.4 条第 2 款，且长度不应小于 10m，D 项错误。

答案：ABD

64. 解答：根据《城市道路路基设计规范》(CJJ 194—2013) 第 7.2.4 条第 2 款，A 项正确，第 5 款，B 项错误，第 6 款，C 项正确；表 6.2.8，D 项正确。

答案：ACD

65. 解答：根据《城镇道路路面设计规范》(CJJ 169—2012) 表 4.3.5，A 选项应为 112 次，B 选项应为 15kN，C 选项为实测，D 选项正确。

答案：ABC

66. 解答：根据《城市桥梁设计规范》(CJJ 11—2011) 表 3.0.2、表 3.0.14 注、第 3.0.20 条。对特大桥和重要大桥竣工后应进行荷载试验，并应保留作为运行期间监测系统所需要的测点和参数

答案：BCD

67. 解答：根据《城市地下道路工程设计规范》(CJJ 221—2015) 第 6.4.1 条，A 项正确；第 6.4.3 条，上坡加速要修正，B 项错误；第 6.3.4 条，D 项错误；《城市道路交叉口设计规程》(CJJ 152—2010) 表 5.5.3-1，C 项错误。

答案：BCD

68. 解答：根据《城市道路交叉口设计规程》(CJJ 152—2010) 第 3.3.3 条，应与主线一致，A 项错误；第 4.4.4 条，不应大于 2%，B 项错误；第 4.4.3 条，应设置在出口道，C 项错误；第 4.3.1 条及《城市道路路线设计规范》(CJJ 193—2012)(2016 年版) 表 6.3.2，D 项正确。

答案：ABC

69. 解答：根据《城市道路交叉口设计规程》(CJJ 152—2010) 第 5.3.2、5.3.3 条。

答案：ABD

70. 解答：根据《城市工程管线综合规划规范》(GB 50289—2016) 表 4.1.1。

答案：AB

注册道路工程师执业资格专业考试模考试卷（二）专业知识（下）

试题解析及参考答案

1. 解答：根据《公路路线设计规范》(JTG D20—2017）第 2.2.2 条 4 款，次要集散公路服务于县乡区域交通，宜选用二级公路、三级公路。

设计交通量达到 5000 辆小客车/日，宜选用二级公路。本公路交通量 5500 辆小客车/日，采用二级公路。

根据表 3.3.4，西北地区城间二级公路。设计小时交通量系数$K = 17.5\%$

$DHV = 5500 \times 0.175 = 963$ 辆小客车/小时（给的 4 个答案单位错误）

答案：B

2. 解答：根据《公路路线设计规范》(JTG D20—2017）第 8.3.5 条及表 8.3.5：平均坡度 3%时，允许的相对高差最大 450m，所以 C 选项需要进行安全性评价。

答案：C

3. 解答：根据《公路路线设计规范》(JTG D20—2017）第 7.6.1 条及表 7.6.1，采用 2 类加宽，双车道加宽值 1.5m。$b = 10 \times 1.5/35 = 0.43$m。

答案：C

4. 解答：根据《公路路线设计规范》(JTG D20—2017）第 6.6.2 条 5 款，三级公路净高为 4.5m；第 6.6.4 条 2 款，净空高度预留 20cm。$4.5 + 0.2 = 4.7$m。

答案：C

5. 解答：根据《公路路线设计规范》(JTG D20—2017）第 3.1.1 条条文说明。

答案：C

6. 解答：根据《公路路线设计规范》(JTG D20—2017）第 7.2.2 条 1 款，$2 \times 100 = 200$m。

答案：B

7. 解答：根据《公路沥青路面设计规范》(JTG D50—2017）第 5.2.2 条及条文说明，查表 5.2.2，C 项正确。

答案：C

8. 解答：根据《公路工程抗震规范》(JTG B02—2013）表 8.3.2，A 项错误，B 项正确，D 项错误；8.3.1 第 2 款，C 项错误。

答案：B

9. 解答：根据《公路路基设计规范》(JTG D30—2015）第 5.2.1，A 项错误，B 项正确；5.2.3，C 项错误；5.5.2，D 项错误。

答案：B

10. 解答： 根据《公路路基设计规范》（JTG D30—2015）第 H.0.1 第 4 款，A 项错误，B 项错误；第 7 款，C 项错误；第 11 款，D 项正确。

答案：D

11. 解答： 根据《公路沥青路面设计规范》（JTG D50—2017）表 A.3.1-1，c1 = 2.6。

答案：B

12. 解答： 根据《公路沥青路面设计规范》（JTG D50—2017）第 3.0.3 条。

答案：C

13. 解答： 选项 A：CI = 2 + 0.5 = 2.5，选项 B：CI = 2，选项 C：CI = 3 × 0.5 = 1.5，选项 D：CI = 1 + 5×0.5 = 3.5

根据《公路沥青路面设计规范》（JTG D50—2017）表 3.0.6-2，一级公路不大于 3，D 不合格。

答案：D

14. 解答： 根据《公路水泥混凝土路面设计规范》（JTG D40—2011）表 3.0.9，为很易冻胀土，挖方且当地最大冰冻深度 2m，因此，最小防冻厚度为 1m，路面结构厚度 250 + 200 + 200 = 650mm，最小防冻垫层厚度 1000 − 650 = 350mm。

答案：C

15. 解答： 根据《公路桥涵设计通用规范》（JTG D60—2015）第 4.1.1 条，公路桥涵设计采用的作用分为永久作用、可变作用、偶然作用、地震作用四类。

答案：B

16. 解答： 根据《公路钢筋混凝土及预应力混凝土桥涵设计规范》（JTG 3362—2018）第 9.1.1 条，表 9.1.1，混凝土保护层最小厚度$c_{\min}$（mm），I类-一般环境，设计使用年限为 100 年的梁、板最外侧钢筋的混凝土保护层厚度应不小于 20cm。

答案：B

17. 解答： 根据《公路工程抗震规范》（JTG B02—2013）第 3.1.4 条、表 3.1.4，桥梁抗震措施设防烈度应根据桥梁类别、地震基本烈度及对应设计基本地震动峰值加速度三个因素确定。

根据《公路工程抗震规范》（JTG B02—2013）表 3.1.1，单跨跨径不超过 150m 的一级公路上的桥梁，桥梁抗震设防类别为 B 类。再根据表 3.1.4，8 度 0.2g、B 类桥梁，桥梁抗震措施设防烈度为 9 度，选 D。

答案：D

18. 解答： 根据《公路隧道设计规范 第二册 交通工程与附属设施》（JTG D70/2—2014）直接查图 3.0.2，B 项正确。

答案：B

19. 解答： 根据《公路隧道设计规范 第二册 交通工程与附属设施》（JTG D70/2—2014）第 5.2.3

条，C 项正确。

答案：D

20. 解答：根据《公路隧道设计规范 第一册 土建工程》（JTG 3370.1—2018）表 8.4.1，B 项正确。

答案：B

21. 解答：根据《公路立体交叉设计细则》（JTG/T D21—2014）图 6.4.4，四岔单喇叭在被交道有平交口。

答案：B

22. 解答：根据《公路路线设计规范》（JTG D20—2017）第 10.5.3 条，应采用附渐变段的等宽车道，查路线规范表 10.5.3-1，变速段长 32m，查表 10.5.3-2，渐变段长 50m，全长 32 + 50 = 82m。

答案：C

23. 解答：根据《公路立体交叉设计细则》（JTG/T D21—2014）第 5.4.2 条，U 形转弯设施与互通最大间距为 40km，仅 C 符合。

答案：C

24. 解答：根据《公路交通安全设施设计规范》（JTG D81—2017）第 11.2.3 条，条件受限时，识别视距应大于 1.25 倍主线停车视距，查路线规范表 7.9.1，100km/h，高速公路停车视距 160m，160 × 1.25 = 200m。

答案：B

25. 解答：根据《公路交通安全设施设计规范》（JTG D81—2017）第 6.2.4 条，事故严重程度为中，查表 6.2.10，为四级，依据第 6.2.11 条及公路技术标准表 4.0.20，应提高一级，选五级。

答案：D

26. 解答：根据《公路工程建设项目概算预算编制办法》（JTG 3830—2018）第 3.1.9 条。

答案：B

27. 解答：根据《公路工程建设项目概算预算编制办法》（JTG 3830—2018）第 1.0.3 条。

答案：B

28. 解答：根据《城市道路工程设计规范》（CJJ 37—2012）（2016 年版）第 4.1.1 条 1 款，A 项错误“宜”改为“应”；第 4.2.1 条，B 项错误，分别采用相应的通行能力和服务水平。C 项正确。D 项错误，车型不同，车辆换算系数不同。

答案：C

29. 解答：根据《城市道路路线设计规范》（CJJ 193—2012），查表 5.3.1，设计速度 50km/h，车道宽度 3.5m；查表 5.3.4，路缘带宽度 0.25m。

$W = 2.5 + 0.5 + 0.25 + 2 \times 3.5 + 0.6 + 2 \times 2.5 + 0.25 + 0.5 + 2.5 = 21.1\text{m}$。

答案：C

30. 解答：根据《城镇道路路面设计规范》(CJJ 169—2012)表 3.2.1，设计年限 15 年，按 4.1.2 条，回弹模量为 20MPa。

答案：A

31. 解答：根据《城市桥梁设计规范》(CJJ 11—2011)第 10.0.5 条，本桥跨径 18m，采用式(10.0.5-1)计算。

单侧人行道宽为 $4.5-0.5=4.0\text{m}$(注意：计算人行道荷载时，应将护栏宽度扣除)，代入公式，$w=4.5\times(20-4)/20=3.6\text{kPa}$。

答案：D

32. 解答：根据《城市道路交叉口设计规程》(CJJ 152—2010)表 4.3.3，停车视距 40m。

答案：A

33. 解答：根据《城市道路交叉口设计规程》(CJJ 152—2010)第 4.4.8 条第 1 款站台宽度不应小于 2m，条件受限时，不得小于 1.5m。第 3 款停靠站车道宽度 3.0m，条件受限不小于 2.75m。本题题干明确不考虑其他因素，按照一般情况控制，选项 C 项正确。

答案：C

34. 解答：根据《城市道路交叉口设计规程》(CJJ 152—2010)第 5.4.3 条，B 项正确；选项 C 设置分隔设施的是集散车道；第 5.4.1 条，辅助车道宽度与直行车道相同，D 项错误。

答案：B

35. 解答：根据《城市道路路基设计规范》(CJJ 194—2013)表 A.0.1，$H_1>1.48>H_2$，中湿。

答案：B

36. 解答：根据《无障碍设计规范》(GB 50763—2012)第 3.2.3 条，盲道宽度不大于 300mm 时，提示盲道宽度应大于行进盲道宽度，B 不符合规范规定。

答案：B

37. 解答：根据《城市道路交通设施设计规范》(GB 50688—2011)第 7.6.1 条，高度不高于 0.7m，长度不小于停车视距；根据《城市道路路线设计规范》(CJJ 193—2012)表 6.6.1，停车视距 60m。

答案：B

38. 解答：根据《城市道路交通标志和标线设置规范》(GB 51038—2015)第 4.3.6 第 2 款，A 项正确；第 4.3.6 第 1 款，B 项错误，第 3 款，高度应大于 1.8m，C 项错误；第 4.3.7 第 4 款，应垂直，D 项错误。

答案：A

39. 解答：根据《城市地下道路工程设计规范》(CJJ 221—2015)第 6.3.3 条、《城市道路路线设计规范》(CJJ 193—2012)第 6.6.1 条，$70\times1.5=105\text{m}$。

答案：C

40. 解答：根据《城市人行天桥与人行地道技术规范》（CJJ 69—95）第 2.2.1 条第 2 款，天桥桥面净宽不宜小于 3m，A 项错误；第 2.2.2 条，天桥每端梯道或坡道的净宽之和应大于桥面的净宽 1.2 倍以上，B 项错误；第 3.4.2 条，手推自行车的坡道不宜大于 1∶4，C 项错误；第 2.6.1 条，天桥必须设桥下限高的交通标志，D 项正确。

答案：D

41. 解答：根据《公路工程技术标准》（JTG B01—2014）第 1.0.8 条 1 款，C 项错误，应为：降低到三级服务水平下限之前。根据第 2 款，D 项正确。根据 3 款，A、B 项正确。

答案：ABD

注意：根据《公路路线设计规范》（JTG D20—2017）第 4.2.8 条为“经论证该局部路段可维持原设计速度和指标，其长度高速公路不宜大于 15km”。

42. 解答：根据《公路路线设计规范》（JTG D20—2017）第 4.2.4 条，“应”不是“宜”，A 项错误；第 4.2.5 条 1 款，B 项错误；第 4.3.2 条 3 款，C 项正确；第 4.3.3 条 1 款，D 项正确。

答案：CD

43. 解答：根据《公路路线设计规范》（JTG D20—2017）第 9.6.2 条 3 款，A 项错误，“应”不是“必须”；第 9.6.2 条 5 款，B 项正确；第 8.2.5 条第 1 款，C 项错误、D 项正确。

答案：BD

44. 解答：根据《公路路线设计规范》（JTG D20—2017）第 7.2.2 条，A 项正确；表 7.3.2，一般值应为 700m，B 项错误；表 7.5.4、第 7.5.6 条，C 项正确；第 7.9.6 条，D 项正确。

答案：ACD

45. 解答：根据《公路路基设计规范》（JTG D30—2015）第 3.7.3 条第 5 款，路堑边坡土体应采用固结快剪或三轴固结不排水剪强度指标，A 项错误；第 6 款，B 项正确、D 项错误；第 4 款，C 项正确。

答案：BC

46. 解答：根据《公路路基设计规范》（JTG D30—2015 第 3.8.5、3.6.12、3.9.6 条，填石路堤限高 20m，A 项错误；第 3.6.12 条，B 项正确、D 项正确；第 3.9.1 条及条文说明，C 项正确。

答案：BCD

47. 解答：根据《公路排水设计规范》（JTG/T D33—2012）第 3.0.3、3.0.2 条，排水设施水力计算与排水系统总体设计是并列的，不包含其中。

答案：ACD

48. 解答：根据《公路路基设计规范》（JTG D30—2015）第 H.0.2 条第 3 款，A 项正确，B 项错误；第 7 款，C 项正确；第 6 款，D 项错误。

答案：AC

49. 解答：根据《公路水泥混凝土路面设计规范》（JTG D40—2011）第 5.5.4 条，B、C 项正确；A

项为第 5.5.3 条混凝土与沥青路面的过渡；D 项为第 5.5.2 条第 1 款，桥头过渡板。

答案：BC

50. 解答：根据《公路沥青路面设计规范》（JTG D50—2017）第 7.3.5 条。

答案：CD

51. 解答：根据《公路沥青路面设计规范》（JTG D50—2017）第 4.1.2 条，黏层属于功能层，不是必需的。

答案：ABC

52. 解答：根据《公路钢筋混凝土及预应力混凝土桥涵设计规范》（JTG 3362—2018）第 6.1.1 条，公路桥涵持久状况设计应按正常使用极限状态的要求，采用作用频遇组合、作用准永久组合，或作用频遇组合并考虑作用长期效应的影响，对构件的抗裂、裂缝宽度和挠度进行验算。对于钢筋混凝土构件，应验算裂缝宽度和挠度。

答案：CD

53. 解答：根据《公路钢筋混凝土及预应力混凝土桥涵设计规范》（JTG 3362—2018）第 4.5.3 条表 4.5.3，V 类-盐结晶环境，设计使用年限为 100 年的桥梁，桥墩混凝土强度等级最低为 C35，故选 A、B、C。

补充说明：环境作用等级 V-D，其中的 D 代表环境恶劣的程度，分为 A～F 六个级别，依次为轻微、轻度、中度、严重、非常严重、极端严重。

根据《公路工程混凝土结构耐久性设计规范》（JTG/T 3310—2019）第 5.3.2 条表 5.3.2-1，V-D 类-盐结晶环境，设计使用年限为 100 年的桥梁，桥墩混凝土强度等级最低为 C35。

答案：ABC

54. 解答：根据《公路隧道设计规范 第一册 土建工程》（JTG 3370.1—2018）第 14.8.2 条，A 项错误；第 14.8.3 条，B 项错误；第 14.8.1 条第 1 款，C 项正确，第 2 款，D 项正确。

答案：CD

55. 解答：根据《公路隧道设计规范 第一册 土建工程》（JTG 3370.1—2018）第 17.4.2 条第 1 款，A 项正确，第 2 款，B 项正确，第 3 款，C 项正确；第 17.2.11 条，D 项错误。

答案：ABC

56. 解答：根据《公路路线设计规范》（JTG D20—2017）第 10.4.2 条，右转弯速度可为 30km/h 或 40km/h，查表 10.4.3，最小半径对应为 30m 和 45m，A、D 项不符合规范。

答案：AD

57. 解答：根据《公路立体交叉设计细则》（JTG/T D21—2014）第 5.8.2 条。

$N_c = 3 + 2 - 1 = 4$车道或 $3 + 2 = 5$ 车道

答案：BC

58. 解答： 根据《公路立体交叉设计细则》(JTG/T D21—2014) 表 4.5.4，40km/h 匝道设计通行能力 1000pcu/h；第 6.4.1 条，A、C 项合适，B、D 项的入口交通量大于 1000pcu/h，宜选用 B 型。

答案：AC

59. 解答： 根据《公路工程技术标准》(JTG B0l—2014) 第 10.4.3 条或《高速公路交通工程及沿线设施设计通用规范》(JTG D80—2006) 表 7.4.1，A 项错误、D 项正确；根据《公路隧道设计规范 第二册 交通工程与附属设施》(JTG D70/2—2014) 第 3.0.1 条，B、C 项正确。

答案：BCD

60. 解答： 根据《公路工程建设项目概算预算编制办法》(JTG 3830—2018) 第 3.3.5 条。

答案：ABC

61. 解答： 根据《城镇道路路面设计规范》(CJJ 169—2012) 第 3.1.1 条，A、B 项正确；第 3.1.1 条条文说明，D 项正确。

答案：ABD

62. 解答： 根据《城市道路工程设计规范》(CJJ 37—2012)(2016 年版) 第 3.1.1 条第 1 款，A 项正确。

根据《城市道路路线设计规范》(CJJ 193—2012) 第 5.2.2 条第 1 款，B 项正确、C 项错误。

根据《城市道路路线设计规范》(CJJ 193—2012) 第 9.3.1、9.3.8 条，D 项正确。

答案：ABD

63. 解答： 根据《城市道路路线设计规范》(CJJ 193—2012) 第 10.2.1 条。

答案：AD

64. 解答： 根据《城市道路交叉口设计规程》(CJJ 152—2010) 第 4.2.19 第 2 款，A 项正确，第 4 款，B 项错误；第 4.2.20 条第 1 款，C 项正确，第 2 款，D 项错误。

答案：AC

65. 解答： 根据《城市道路路基设计规范》(CJJ 194—2013) 第 7.2.8 条第 3 款，A 项错误；第 4 款，B、C 项正确；第 6 款，D 项错误。

答案：BC

66. 解答： 根据《城镇道路路面设计规范》(CJJ 169—2012) 表 6.8.2，路面损坏状况分级为中；表 6.8.3，接缝传荷能力为次。第 6.8.5 条第 1 款，应采用分离式加铺，A 项正确、D 项错误；第 4 款，B 项错误，不宜小于 180mm；第 2 款，C 项正确。

答案：AC

67. 解答： 根据《城市工程管线综合规划规范》(GB 50289—2016) 第 4.1.1 条。注意覆土深度和埋深的区别，该题似乎没注意到这个概念的区别，如果错误地把埋深等同于覆土深度，D 项也是符合的。

答案：AB

68. 解答：根据《城市道路交通设施设计规范》（GB 50688—2011）（2019 年版）第 7.2.9 条，A 项错误，B、C 项正确；第 7.2.7 第 5 款，D 项错误。

答案：BC

69. 解答：根据《城市地下道路工程设计规范》（CJJ 221—2015）第 4.2.3 条，A 项错误；表 3.5.1，C 项正确；表 4.3.8，D 项正确。

根据《城市道路路线设计规范》（CJJ 193—2012）表 5.3.1，B 项正确。

答案：BCD

70. 解答：根据《城市道路交通设施设计规范》（GB 50688—2011）（2019 年版）第 7.2.7 条第 1 款及《城市桥梁设计规范》（CJJ 11—2011）表 6.0.7，A 项正确、C 项错误。

根据《城市道路工程设计规范》（CJJ 37—2012（2016 年版）第 9.3.1 条或《城市道路交通工程项目规范》（GB 55011—2021）第 3.4.6 条，B 项正确。

根据《城市道路交通设施设计规范》（GB 50688—2011）（2019 年版）第 7.5.2 第 2 款，D 项正确。

答案：ABD

注册道路工程师执业资格专业考试模考试卷（三）专业知识（上）

试题解析及参考答案

1. 解答：根据《公路路线设计规范》（JTG D20—2017）表 7.9.1，停车视距最小为 160m，C 选项不符合规范。

答案：C

2. 解答：根据《公路路线设计规范》（JTG D20—2017）表 6.2.1，$v = 120\text{km/h}$，行车道宽度 3.75m。表 6.4.1，右侧硬路肩 3.0m，土路肩 0.75m，表 6.3.1，左侧路缘带 0.75m。

$W = 2 \times (26.0/2 - 0.75 - 3.0 - 0.75 - 2 \times 3.75) = 2.0\text{m}$

答案：A

3. 解答：根据《公路路线设计规范》（JTG D20—2017）第 9.5.2 条，A 选项"应"应为"宜"；B 选项"宜"应为"不宜"；C 选项"宜"应为"不宜"。

答案：D

4. 解答：根据《公路路线设计规范》（JTG D20—2017）第 8.3.3 条，$v = 100\text{km/h}$，缓和坡段的坡度 ⩽ 2.5%，坡长 ⩾ 250m。

查表 8.3.2，3%坡度，坡长最长 100m，A 不符合；

4%坡度，坡长最长 800m，均符合。

5%坡度，坡长最长 600m，D 不符合，C 不符合。

答案：B

5. 解答：根据《公路路线设计规范》（JTG D20—2017）第 12.5.8 条"不宜"应为"严禁"，A 项错误；第 12.5.5 条"不应小于 45°"应为"不宜小于 30°"，B 项错误；第 12.5.8 条"不应小于 50m"应为"不应小于 100m"，D 项错误。

答案：C

6. 解答：根据《公路工程技术标准》（JTG B01—2014）第 4.0.17、4.0.18 条条文说明。

答案：B

7. 解答：根据《公路排水设计规范》（JTG/T D33—2012）第 6.3.1 条，喷射混凝土封闭不属于地下排水设施。

答案：D

8. 解答：根据《公路路基设计规范》（JTG D30—2015）第 C.0.1 条，B、C、D 项均错误。

答案：A

9. 解答：根据《公路水泥混凝土路面设计规范》（JTG D40—2011）第 4.2.2 条，特重或极重交通荷载等级时，路床顶面综合回弹模量不应小于 80MPa。

答案：D

10. 解答：根据《公路路基设计规范》（JTG D30—2015）第 3.8.1 条，硬质岩和中硬岩可作为路床填料；根据 3.8.2 条，泥岩、凝灰岩、绢云母片岩属于软质岩石，白云岩属于硬质或中硬岩石。

答案：C

11. 解答：根据《公路水泥混凝土路面设计规范》（JTG D40—2011）第 4.5.6 条，平交口为特殊路段，构造深度为 0.8～1.2mm，D 满足。

答案：D

12. 解答：根据《公路沥青路面设计规范》（JTG D50—2017）表 3.0.6 条第 2 款，$CI \leqslant 5$。

A 选项：$2 + 1 \times 0.5 = 2.5 < 5$，B 选项：$2 + 0 = 2 < 5$，C 选项：$0 + 12 \times 0.5 = 6 > 5$，不满足，D 选项：$1 + 3 \times 0.5 = 2.5 < 5$。

答案：C

13. 解答：根据《公路水泥混凝土路面设计规范》（JTG D40—2011）第 8.6.4 条。

答案：D

14. 解答：根据《公路工程水文勘测设计规范》（JTG C30—2015）第 6.2.3 条。

$$P_{\mathrm{m}} = m_i/(n + 1) \times 100\% = 20/(39 + 1) \times 100\% = 50\%$$

答案：C

15. 解答：根据《公路桥涵设计通用规范》（JTG D60—2015）第 4.3.1 条第 4 款 1。

$$P_{\mathrm{k}} = 2 \times (L_0 + 130) = 2 \times (20 + 130) = 300\mathrm{kN}$$

答案：A

16. 解答：根据《公路桥涵地基与基础设计规范》（JTG 3363—2019）表 5.4.3。

答案：D

17. 解答：根据《公路隧道设计规范 第一册 土建工程》（JTG 3370.1—2018）表 5.2.6-1，B 项正确。

答案：B

18. 解答：根据《公路隧道设计规范 第一册 土建工程》（JTG 3370.1—2018）第 8.1.4 第 3 款，B 项正确。

答案：B

19. 解答：根据《公路隧道设计规范 第一册 土建工程》（JTG 3370.1—2018）第 8.5.4 第 3 款，C 项正确。

答案：C

20. 解答：根据《公路路线设计规范》（JTG D20—2017）表 10.1.1。

答案：B

21. 解答： 根据《公路路线设计规范》（JTG D20—2017）第 10.1.4 条第 1 款。

答案：D

22. 解答： 根据《公路立体交叉设计细则》（JTG/T D21—2014）第 4.5.2 条第 2 款。

答案：C

23. 解答： 根据《公路交通安全设施设计规范》（JTG D81—2017）表 7.2.1，$R=350$m，轮廓标设置间距为 24m，第 7.2.1 条第 3 款，设置在两侧，$960/24\times2=80$ 个。

答案：B

注意： 题目说的至少设置个数，不考虑起止点各设置 1 个，如果起止点刚好各设 1 个，个数为 $(960/24+1)\times2=82$ 个。

24. 解答： 根据《公路隧道设计规范 第二册 交通工程与附属设施》（JTG D70/2—2014）第 6.8.3 第 1 款，洞外亮度检测器安装位置离隧道洞门的距离为一个停车视距；《公路路线设计规范》（JTG D20—2017）第 7.9.1 条，设计速度 100km/h 时停车视距为 160m。

答案：B

25. 解答： 根据《公路隧道设计规范 第二册 交通工程与附属设施》（JTG D70/2—2014）第 7.2.5 条，隧道内摄像机设置间距为 150m，则$(1110-30)/150=7.2$，取整分为 7 段，需要 8 台摄像机。

答案：D

26. 解答： 根据《公路工程建设项目概算预算编制办法》（JTG 3830—2018）第 3.1.2 条。

答案：A

27. 解答： 根据《公路工程基本建设项目设计文件编制办法》第 2.0.2、2.0.3 条。

答案：C

28. 解答： 根据《城市道路交通工程项目规范》（GB 55011—2021）第 2.0.8 条。

答案：D

29. 解答： 根据《城市道路工程设计规范》（CJJ 37—2012）（2016 年版）表 4.2.2，一条机动车道设计通行能力 1750pcu/h。

$n=\frac{82600\times0.10/2}{1750}=2.36$取整为 3 条，双向为 $2\times3=6$ 条。

答案：C

30. 解答： 根据《城市道路路线设计规范》（CJJ 193—2012）第 6.3.2 条，$v=40$km/h，一般情况下即为采用不设超高圆曲线最小半径 300m。由于通行非机动车，查表 7.3.3 知，最大纵坡 3.5%。

答案：C

31. 解答： 根据《城市桥梁设计规范》（CJJ 11—2011）（2019 年版）第 9.5.1 条，或《城市道路交通设施设计规范》（GB 50688—2011）（2019 年版）第 7.5.2 条第 2 款，或《城市道路交通工程项目规范》（GB 55011—2021）第 6.0.7 条。

答案：D

32. 解答： 根据《城市道路路线设计规范》（CJJ 193—2012）。

表 6.3.4-1，圆曲线最小长度为 40m < 55.6m，满足。

表 6.3.3-2，$v = 50\text{km/h}$，缓和曲线最小长度为 45m > 40m，不满足。

表 6.3.4-1，平曲线最小长度为 130m < 135.6m，满足。

表 5.4.1，路拱 1%～2%，满足。

答案：B

33. 解答： 根据《城市道路交叉口设计规程》（CJJ 152—2010）第 4.2.3 条。

答案：A

34. 解答： 根据《城市道路交叉口设计规程》（CJJ 152—2010）第 5.4.3 条。

答案：A

35. 解答： 根据《城市道路路基设计规范》（CJJ 194—2013）第 4.3.8 条第三款，当基岩面上的覆盖层较薄时，宜先清除覆盖层再开挖台阶。

答案：D

36. 解答： 根据《城镇道路路面设计规范》（CJJ 169—2012）表 3.2.5，为特重交通等级；表 4.3.3-1，上基层 3.5～4.5MPa，下基层 ⩾ 2.5MPa。

答案：C

37. 解答： 根据《城市地下道路工程设计规范》（CJJ 221—2015）第 6.4.1 条，80km/h 的加速车道基本长度为 220m，根据 6.4.2，双车道 $220 \times 1.2 = 264\text{m}$。

答案：B

38. 解答： 根据《无障碍设计规范》（GB 50763—2012）第 3.2.2 条第 4 款，A 项正确；第 3.2.2 条第 3 款，250～500mm，B 项错误；表 3.2.3，为 50mm，C 项错误；第 4.4.1 条第 1 款，D 项错误。

答案：A

39. 解答： 根据《城市人行天桥与人行地道技术规范》（CJJ 69—95）第 2.2.1 条第 2 款，通道净宽不应小于 3.75m，A 项错误；根据《城市地下道路工程设计规范》（CJJ 221—2015）表 3.5.2，或《城市人行天桥与人行地道技术规范》（CJJ 69—95）2.3.1 条第 4 款，净高不应小于 2.5m，B 项错误；根据《城市人行天桥与人行地道技术规范》（CJJ 69—95）第 3.4.3 条第 2 款，残疾人坡道设置不宜大于 1 : 12，有特殊困难时不应大于 1 : 10，所以 C 项正确；根据《城市人行天桥与人行地道技术规范》（CJJ 69—95）第 4.8.3 条，进出口应有比原地面高出 0.15m 以上的阻水措施，D 项错误。

答案：C

40. 解答：根据《城市道路交通标志和标线设置规范》(GB 51038—2015) 表 4.2.12-1，圆形标志外径 0.6m。

标志设置在分隔带内，分隔带 1m，且垂直于道路中线安装，根据第 4.3.6 条第 2 款，标志板边缘至车行道路面边缘的侧向距离应大于或者等于 0.25，因此留给标志面板的空间为 $1-0.25\times2=0.5\text{m}$。

根据第 4.2.12 条第 4 款，分隔带内的圆形标志，可采用 0.5m。

综上，该标志直径为 0.5m。

根据第 4.3.6 条第 3 款，设置在人行道、非机动车道的路侧时，标志板下缘距离路面的高度应大于 1.8m。

答案：B

41. 解答：根据《公路路线设计规范》(JTG D20—2017) 第 7.8.2 条。

答案：AD

42. 解答：根据《公路路线设计规范》(JTG D20—2017) 第 9.2.4 条 A 项错误；第 9.2.3 条第 2、3 款，B、C 项正确；第 7.2.2 条，反向 2V，D 项错误。

答案：BC

43. 解答：根据《公路路线设计规范》(JTG D20—2017) 第 8.2.5 条 1 款，小于 100m 不受限，D 项错误。

表 8.2.1，$v=60\text{km/h}$ 时，$i_{\max}=6\%$，表 8.2.2，海拔 3500m 时，折减 1%，则 $i_{\max}=6\%-1\%=5\%$，B 项错误。

第 8.2.4 条 3 款"桥上纵坡宜适当减小"，根据《公路桥涵设计通用规范》(JTG D60—2015) 第 3.5.1 条第 2 款，C 选项正确，为规范原话。

答案：BD

44. 解答：根据《公路路线设计规范》(JTG D20—2017) 第 4.3.2 条 3 款，B 选项不可分期建设，D 选项不应大于 80km/h。

答案：AC

45. 解答：根据《公路路线设计规范》(JTG D20—2017) 第 9.2.4 条 3 款。

$A_2=450/1\sim450/2=450\sim225$

答案：CD

46. 解答：根据《公路排水设计规范》(JTG/T D33—2012) 第 6.3.1 第 3 款，A 项正确；第 2 款，B 项正确；第 4 款，C 项错误；第 6.3.2 第 1 款，D 项错误。

答案：AB

47. 解答：根据《公路路基设计规范》(JTG D30—2015) 第 5.1.2 条，A 项错误；第 5.2.1 条，B 项正确；第 5.1.6 条，C 项正确；表 G-2，D 项错误。

答案：BC

48. 解答：根据《公路路基设计规范》（JTG D30—2015）第 H.0.1 条第 7 款，A 项错误；第 8 款，B 项错误；表 H.0.1-3，C 项正确，D 项正确。

答案：CD

49. 解答：根据《公路路基设计规范》（JTG D30—2015）第 7.5.2 条第 1 款，A 项正确；第 2 款，B 项正确；第 3 款，C 项错误；第 4 款，D 项错误。

答案：AB

50. 解答：根据《公路沥青路面设计规范》（JTG D50—2017）第 4.2.6 条。

答案：ACD

51. 解答：根据《公路水泥混凝土路面设计规范》（JTG D40—2011）第 5.3.2 条 A 项错误、B 项正确；第 5.3.4 条 C 项正确，第 5.4.2 条 D 项正确。

答案：BCD

52. 解答：根据《公路沥青路面设计规范》（JTG D50—2017）第 4.7.2 条，A 项错误；第 4.4.2 条，D 项正确；《公路工程技术标准》（JTG B01—2014）第 5.0.6 条，B 项正确；第 5.0.4 条第 3 款，C 项正确。

答案：BCD

53. 解答：根据《公路桥涵设计通用规范》（JTG D60—2015）第 1.0.4 条，高速公路小桥设计使用年限为 50 年。

答案：ABC

54. 解答：根据《公路桥梁抗震设计规范》（JTG/T 2231—01-2020）第 11.4.11 条。

答案：ABC

55. 解答：根据《公路隧道设计规范 第一册 土建工程》（JTG 3370.1—2018）第 10.3.2 第 1 款，A 项正确，第 5 款，B 项正确，第 3 款，D 项正确；第 4.3.5 条，C 项错误。

答案：ABD

56. 解答：根据《公路隧道设计规范 第一册 土建工程》（JTG 3370.1—2018）第 13.1.1 条第 1 款，A、B、C 项正确，第 2 款，D 项错误。

答案：ABC

57. 解答：根据《公路路线设计规范》（JTG D20—2017）第 10.2.1 条及表 7.4.1。

答案：BD

58. 解答：根据《公路立体交叉设计细则》（JTG/T D21—2014）表 7.3.1。匝道长度 $\leqslant$ 350m 时，$400 \leqslant DDHV \leqslant 1100$；匝道长度 $>$ 500m 时，$DDHV \leqslant 400$；

答案：AD

59. 解答：根据《公路隧道设计规范 第二册 交通工程与附属设施》(JTG D70/2—2014) 第 9.2.1 条，A 项正确；第 9.4.1 条，B 项正确，第 9.3.7 条，C 项正确；第 9.7.4 条，D 项错误。

答案：ABC

60. 解答：根据《公路工程建设项目概算预算编制办法》(JTG 3830—2018) 第 3.1.8 条。

答案：ACD

61. 解答：根据《城市道路工程设计规范》(CJJ 37—2012)(2016 年版) 第 4.2.1、4.3.1 条。D 选项“相同”应为“相应”。

答案：ABC

62. 解答：根据《城市道路工程设计规范》(CJJ 37—2012)(2016 年版) 第 11.2.5 条 2 款，A 项错误；第 4 款，B 项正确；第 5 款，C 项正确；第 7 款，D 项正确。

答案：BCD

63. 解答：根据《城市地下道路工程设计规范》(CJJ 221—2015) 第 4.3.1 条，A 项正确。表 3.5.1，B 项正确。表 3.1.3 为长距离地下通道；第 4.2.3 条，C 项错误。

表 4.3.8，D 项正确。

答案：ABD

64. 解答：根据《城市道路交叉口设计规程》(CJJ 152—2010) 第 3.3.3 条，A 项满足；第 4.3.1 条及《城市道路路线设计规范》(CJJ 193—2012) 表 6.3.2，$R_{\min} = 400\text{m} < 500\text{m}$，B 项满足；第 4.3.4 条，C 项满足；表 4.3.3，应为 60m，D 项不满足（注意：按《城市道路路线设计规范》第 9.2.6 条，该表速度应为路段设计速度）。

答案：ABC

65. 解答：根据《城市道路路基设计规范》(CJJ 194—2013) 表 4.6.2 注，A、C 项正确，B 项错误；第 4.7.6 第 1 款，D 项错误。

答案：AC

66. 解答：根据《城镇道路路面设计规范》(CJJ 169—2012) 表 3.2.5，为特重交通等级，第 5.3.2 条第 1 款第 3) 条，B 项正确；第 5.3.2 条第 3 款，C 项正确。

答案：BC

67. 解答：根据《城市地下道路工程设计规范》(CJJ 221—2015) 第 8.2.5 条第 4 款，A 项正确；第 5 款，B 暴雨重现期设置为 30 年 > 20 年，高于规范要求，正确；第 5.2.5 条，C 项正确；第 8.2.5 条第 4 款，D 项错误。

答案：ABC

68. 解答：根据《无障碍设计规范》(GB 50763—2012) 第 4.3.1 条第 2 款，A 项符合；第 4.4.2 条第 1 款，应为电梯，B 项不符合；第 4.4.4 条，C 项符合；第 4.5.1 条第 2 款，D 项不符合。

答案：AC

69. 解答：根据《城市道路交通标志和标线设置规范》(GB 51038—2015) 第 7.6.4 条，A 项正确；第 13.2.2 条，应为单黄实线，C 项错误；第 8.21.1、15.3.2 条，D 项正确。

根据《城市道路交通设施设计规范》(GB 50688—2011) 表 7.2.4-2，临水路段或车辆越出路外可能发生重大事故，应设置防撞护栏，B 项正确。

答案：ABD

70. 解答：根据《市政公用工程设计文件编制深度规定》第三篇第二章第 1.2.1 条。

答案：ABC

注册道路工程师执业资格专业考试模考试卷（三）专业知识（下）

试题解析及参考答案

1. 解答： 据《公路路线设计规范》（JTG D20—2017）第 2.2.1 条，可研报告中的计划通车年 2026 年 7 月为设计初始年。一级公路设计交通量预测年限 20 年，则

2026（第 1 年）$+ 20 - 1 = 2045$（设计末年）。

答案：C

2. 解答： 根据《公路路线设计规范》（JTG D20—2017）第 3.2.1 条，交织区段服务水平可降低一级。

答案：C

3. 解答： 根据《公路路线设计规范》（JTG D20—2017）第 7.5.1 条，东北积雪冰冻地区，$v = 80\text{km/h}$，一级公路，$i_{\max} = 6\%$。查表 7.3.2，$R = 270\text{m}$。

答案：D

4. 解答： $v = 80\text{km/h}$ 的复曲线，根据《公路路线设计规范》（JTG D20—2017）第 7.4.2 条 2 款，2），$R_1/R_2 \leqslant 1.5$，则$1500/R_2 \leqslant 1.5$，得$R_2 \geqslant 1000\text{m}$（查表 7.4.2，临界圆曲线半径$R = 900\text{m}$）。

答案：D

5. 解答： 根据《公路路线设计规范》第 8.3.3 条第 1 款“设计速度小于或等于 80km/h，缓和坡段的纵坡应不大于 3%”

答案：B

6. 解答： 根据《公路路线设计规范》（JTG D20—2017）第 9.7.2 条，为“宜”，不是“应”，A 项错误。第 9.7.2 条，B 项正确。第 9.7.3 条“应”而非“宜”，C 和 D 项错误。

答案：B

7. 解答： 根据《公路排水设计规范》（JTG/T D33—2012）第 9.2.2 条，$Q = vA = 1.5 \times 0.5 \times (0.5 - 0.2) = 0.225\text{m}^3/\text{s}$。

答案：A

8. 解答： 根据《公路路基设计规范》（JTG D30—2015）第 5.4.10 第 4 款，墙高大于 3m，拉筋长度不应小于 0.8 倍墙高，且不小于 5m，只有 D 项符合要求。

答案：D

9. 解答： 根据《公路滑坡防治设计规范》（JTG/T 3334—2018）第 5.3.3 第 1 款，A 项错误；第 2 款，B 项正确，D 项错误；第 3 款，C 项错误。

答案：B

10. 解答： 根据《公路沥青路面设计规范》（JTG D50—2017）表 3.0.4。

答案：C

11. 解答： 根据《公路水泥混凝土路面设计规范》（JTG D40—2011）第 3.0.8 条。

答案：C

12. 解答： 根据《公路水泥混凝土路面设计规范》（JTG D40—2011）附录 B 第 B.1.1 条

答案：A

13. 解答： 根据《公路水泥混凝土路面设计规范》（JTG D40—2011）第 5.2.1 条，行车道路面和混凝土硬路肩之间必须设置拉杆。

答案：D

14. 解答： 根据《公路桥涵设计通用规范》（JTG D60—2015）第 3.4.5 条第 3 款第 5 项，农村道路与公路立体交叉的跨线桥桥下净空为：汽车通道的净高应大于或等于 3.5m。

答案：A

15. 解答： 根据《公路桥涵设计通用规范》（JTG D60—2015）第 4.1.5 条，γ_{Q1}取值说明。

答案：C

16. 解答： 根据《公路工程水文勘测设计规范》（JTG C30—2015）表 8.6.2，4～20m 为中桥。

答案：C

17. 解答： 根据《公路隧道抗震设计规范》（JTG 2232—2019）第 13.3.3 条第 3 款，D 项正确。

答案：D

18. 解答： 根据《公路隧道设计规范 第一册 土建工程》（JTG 3370.1—2018）第 3.6.4 条，查表可得围岩等级为Ⅴ级。

答案：D

19. 解答： 根据《公路隧道设计规范 第一册 土建工程》（JTG 3370.1—2018）第 13.2.7，D 项正确。

答案：D

20. 解答： 根据《公路路线设计规范》（JTG D20—2017）第 10.1.5 条。

答案：A

21. 解答： 根据《公路路线设计规范》（JTG D20—2017）表 10.3.1。

答案：B

22. 解答： 根据《公路立体交叉设计细则》（JTG/T D21—2014）第 6.3.1 条第 2 款，三叉以上的交叉左转弯匝道宜采用右出右进半直连式。

答案：D

23. 解答： 根据《公路隧道设计规范 第二册 交通工程与附属设施》（JTG D70/2—2014）第 11.2.5 条第 4 款，单台容量不宜大于 800kV · A，1900/800 = 2.375，取 3 台。

答案：C

24. 解答： 根据《公路交通安全设施设计规范》（JTG D81—2017）第 6.2.4 条，为Ⅱ区阴影范围，事故严重程度等级为中，查表 6.2.10，护栏防护等级为三级。

答案：B

25. 解答： 根据《公路隧道设计规范 第二册 交通工程与附属设施》（JTG D70/2—2014）第 4.2.15 条第 2 款，线形诱导标志设置间距为 1/3 停车视距，高速公路 80km/h 停车视距为 110m，则间距为 110/3 = 36.7m，140/36.7 = 3.8 段，可知最少需要 3 块诱导标。

答案：B

26. 解答： 根据《公路工程建设项目概算预算编制办法》（JTG 3830—2018）第 3.4.2 条，基本预备费 = (15863 + 3600 + 2400) × 5% = 1093.15（万元）。

答案：C

27. 解答： 根据《公路工程建设项目概算预算编制办法》（JTG 3830—2018）第 3.1.6 条。

答案：D

28. 解答： 根据《城市道路工程设计规范》（CJJ 37—2012）（2016 年版）表 4.5.1，Cd = 1800～2100 人/h · m，$n = \frac{5200}{1800\sim2100} = 2.89\sim2.48$，取整为 3.0m。

根据表 5.3.4，商业区一般值为 5.0m。

答案：A

29. 解答： 根据《城市道路工程设计规范》（CJJ 37—2012）（2016 年版）第 10.3.1 条第 2 款“公交站台的宽度应不小于 3m”，D 项错误。10.2.2 条 A、B、C 项正确。

答案：D

30. 解答：“道路标高”不能调整，因此不能改变标高，排除 A、D。根据第 12.4.3 条第 1 款，B 项错误。根据《城市道路工程设计规范》（CJJ 37—2012）（2016 年版）第 12.4.3 条，C 满足。

答案：C

31. 解答： 根据《城市道路路线设计规范》（CJJ 193—2012）第 7.2.5 条，“受沿线水文地质、驳岸桩基等控制因素影响”视为困难条件，最大纵坡 5%。

答案：C

32. 解答： 根据《城市道路交叉口设计规程》（CJJ 152—2010）第 4.1.7 条，A 项正确；第 4.1.3 条，B 项错误“不宜小于 150m”，第 4.1.6 条，C 项错误；第 4.1.2 条，D 项错误。

答案：A

33. 解答：根据《城市道路交叉口设计规程》(CJJ 152—2010)表 5.6.2-2，可能的通行能力为 1700pcu/h，根据 5.6.4 条，一般匝道服务水平宜采用Ⅱ2 级，查表 5.6.3，比率为 0.67，1700 × 0.67 = 1139pcu/h。

答案：C

34. 解答：根据《城市道路路基设计规范》(CJJ 194—2013)表 6.4.7-2，可知 D 项正确。

答案：D

35. 解答：根据《城镇道路路面设计规范》(CJJ 169—2012)表 3.2.5，2300 万次/车道交通等级为重交通；第 5.2.2 条第 3 款，公交车停靠在应提高一个交通等级，按特重交通；查表 5.2.2-3 温度分区 2-3，中面层，动稳定度 ≥ 4000 次/mm。

答案：B

36. 解答：根据《城市地下道路工程设计规范》(CJJ 221—2015)第 4.2.3 条，设计速度大于或等于 50km/h 的短距离地下道路，可设置同孔双向车道，但必须采用中央防撞设施进行隔离。

答案：A

37. 解答：根据《无障碍设计规范》(GB 50763—2012)第 4.2.1 条，A 项正确；第 4.2.3 条，B 和 C 项正确；第 4.3.1 条第 3 款，不是均应配置，D 项错误。

答案：D

38. 解答：2.15km 为特大桥，根据《城市道路交通设施设计规范》(GB 50688—2011)(2019 年版)表 4.2.3，交通设施等级为 A 级；第 9.1.5、4.2.2 条，交通监控系统按Ⅱ级。

答案：B

39. 解答：根据《城市道路交通标志和标线设置规范》(GB 51038—2015)第 9.7.2、9.24.2 条，设置 4 级，2km 出口预告标志移至上游互通主线入口加速车道渐变段终点位置，预告距离采用实际值。

答案：C

40. 解答：根据《市政公用工程设计文件编制深度规定》第二章第 1.1.5 条、第三章第 1.2 条。

答案：B

41. 解答：根据《公路路线设计规范》(JTG D20—2017)第 5.0.1 条，A 项正确；第 5.0.4 条 2 款，B 项错误；第 5.0.4 条 4 款，C 项正确；第 5.0.5 条 8 款，D 项正确。

答案：ACD

42. 解答：根据《公路路线设计规范》(JTG D20—2017)表 6.4.1 注 1，A 项正确；表 6.4.2，B 项正确(≥ 0.75m)；第 6.5.5 条 1 款 C 项正确；第 6.5.5 条 3 款，D 项错误。

答案：ABC

43. 解答：根据《公路路线设计规范》(JTG D20—2017)第 3.1.1 条第 1 款，A 项正确；第 3.1.2 条，B 项错误、C 项错误；第 3.5.4 条，D 项正确。

答案：AD

44. 解答：根据《公路路线设计规范》(JTG D20—2017)第 8.2.3 条，A 项正确；第 8.2.4 条 2 款，B 项错误，应为“不宜”；第 8.2.5 条 2 款 C 项正确；第 8.3.3 条 D 项错误。

答案：AC

45. 解答：根据《公路路基设计规范》(JTG D30—2015)第 3.3.2 条，ABC 项正确，D 项路床底部在中湿临界以上，是要考虑其厚度的。

答案：ABC

46. 解答：根据《公路路基设计规范》(JTG D30—2015)第 3.9.6 第 1 款，A 项正确，第 4 款，C 项错误，第 8 款，D 项正确；第 3.9.4 第 1 款，B 项正确。

答案：ABD

47. 解答：根据《公路工程抗震规范》(JTG B02—2013)第 7.1.3 条，A 项正确；第 7.2.2 条，B 项正确；第 7.3.4 条，C 项正确；第 7.3.1 条，D 项错误，高速公路不应采用干砌片石挡土墙。

答案：BCD

48. 解答：根据《公路沥青路面设计规范》(JTG D50—2017)第 5.5.10 条。

答案：ABC

49. 解答：根据《公路沥青路面设计规范》(JTG D50—2017)表 4.5.2，B 项正确；第 4.5.3 条，D 项正确。

答案：BD

50. 解答：根据《公路水泥混凝土路面设计规范》(JTG D40—2011)第 4.6.1 条，A 项正确；第 4.6.3 条，B、C 项正确；第 4.6.4 条，D 项错误。

答案：ABC

51. 解答：根据《公路工程技术标准》(JTG B01—2014)第 6.0.4 条，100m 不是标准跨径。

答案：ABC

52. 解答：根据《公路桥涵设计通用规范》(JTG D60—2015)第 4.1.1 条，公路桥涵设计采用的作用分为永久作用、可变作用、偶然作用和地震作用四类。

答案：BCD

53. 解答：根据《公路隧道设计规范 第一册 土建工程》(JTG 3370.1—2018)第 3.6.1 条第 1 款，B、C、D 项正确。

答案：BCD

54. 解答：根据《公路隧道设计规范 第一册 土建工程》(JTG 3370.1—2018)第 8.3.3 条第 2 款，A 项正确，第 1 款，B 项错误，第 3 款，C 项正确；第 8.3.4 条第 5 款，D 项错误。

答案：AC

55. 解答：根据《公路隧道设计规范 第一册 土建工程》（JTG 3370.1—2018）第 11.5.6 条第 1 款，A 项正确；第 3 款，B 项正确；第 2 款，C 项错误；第 4 款，D 项错误。

答案：AB

56. 解答：根据《公路路线设计规范》（JTG D20—2017）表 10.1.7、第 10.2.2 条。

答案：AD

57. 解答：根据《公路立体交叉设计细则》（JTG/T D21—2014）第 4.5.4 条。

答案：BD

58. 解答：根据《公路立体交叉设计细则》（JTG/T D21—2014）第 6.3.1 条第 1 款，A 项正确；第 6.3.1 条第 2 款，B 项错误；第 6.3.2 条第 2 款，C 项错误；第 6.3.2 条第 1 款，D 项正确。

答案：AD

59. 解答：根据《公路隧道设计规范 第二册 交通工程与附属设施》（JTG D70/2—2014）第 5.3.1 条，A 项正确，B 项错误；第 5.4.5 条第 2 款，C 项正确；第 5.6.2 条，D 项错误。

答案：AC

60. 解答：根据《公路工程建设项目概算预算编制办法》（JTG 3830—2018）第 3.1.11 条。

答案：AC

61. 解答：根据《城市道路交通工程项目规范》（GB 55011—2021）第 2.0.1 条，A 项正确；第 2.0.3 条，D 项正确，第 2.0.4 条，C 项正确，B 项错误。

答案：ACD

62. 解答：根据《城市道路工程设计规范》（CJJ 37—2012）（2016 年版）第 13.2.5 条 1 款，非机动车道最大纵坡不宜大于 2.5%，C 项错误。

根据《城市道路路线设计规范》（CJJ 193—2012）第 7.2.2 条 2 款，特大桥最小纵坡不宜小于 0.3%，B 项正确。表 6.4.1，最大超高横坡为 4%，D 项正确。第 5.3.2 条 4 款，A 项正确。

答案：ABD

63. 解答：根据《城市道路工程设计规范》（CJJ 37—2012）（2016 年版）第 9.2.4 条 1 款，A 项错误；第 9.2.4 条 3 款，C 项正确。第 9.2.4 条 4 款，D 项错误，应为"不应"。

根据《城市道路交叉口设计规程》（CJJ152—2010）第 4.5.4 条 2 款，B 项正确。

答案：BC

64. 解答：根据《城市道路路线设计规范》（CJJ 193—2012）第 10.3.5 条第 1 款，A 项正确；第 2 款，B 项错误；根据表 10.3.5，C 项正确；第 10.3.3 条，D 项正确。

答案：ACD

65. 解答： 根据《城市道路路基设计规范》(CJJ 194—2013) 第 5.3.6 条第 2 款，A 项正确；第 4 款，B 项正确；第 5 款，C 项正确；第 7 款，D 项错误，渗沟基底埋入不透水层，沟壁迎水一侧应设置反滤层汇集水流。

答案：ABC

66. 解答： 根据《城镇道路路面设计规范》(CJJ 169—2012) 第 6.7.1 条第 1 款、第 6.7.2 条第 2 款和第 4 款。

答案：CD

67. 解答： 根据《城市地下道路工程设计规范》(CJJ 221—2015) 第 8.3.3 条第 7 款，A 项正确；第 4 款，B 项错误；第 8.3.5 条第 1 款，C 项正确；第 8.3.6 条第 2 款，D 项正确。

答案：ACD

68. 解答： 根据《城市工程管线综合规划规范》(GB 50289—2016) 表 4.1.9，A、B 项错误，C 项正确；第 4.1.9 条条文说明，D 项正确。

答案：AB

69. 解答： 根据《城市道路交通设施设计规范》(GB 50688—2011)(2019 年版) 第 7.7.1 条，A 项正确、B 项错误；第 7.7.2 条，C 项错误、D 项正确（大于最小高度 2m）。

答案：AD

70. 解答： 根据《城市道路交通标志和标线设置规范》(GB 51038—2015) 第 16.3.7 条，A 项正确；第 12.4.4 条，C 项正确；第 12.4.6 条，D 项错误；根据《城市道路交通设施设计规范》(GB 50688—2011)(2019 年版) 第 8.2.3 条，B 项正确。

答案：ABC

注册道路工程师执业资格专业考试模考试卷（四）专业知识（上）

试题解析及参考答案

1. 解答：根据《公路隧道设计规范 第一册 土建工程》（JTG 3370.1—2018）表 4.4.1，$W_{\mathrm{J}}=0.75\mathrm{m}$，$W=0.75+0.75+7.5+1+0.75=10.75\mathrm{m}$

答案：C

2. 解答：根据《公路工程技术标准》（JTG B01—2014）第 1.0.8 条第 3 款及表 3.4.2。

答案：D

3. 解答：根据《公路路线设计规范》（JTG D20—2017）第 3.3.3 条，$DHV=AADT\times K$，查表 3.3.4，$K=13.5\%$，可得：

$DHV=6000\times0.135=810\mathrm{veh/h}$

答案：B

4. 解答：根据《公路工程技术标准》（JTG B01—2014）第 6.0.2 条，1～25m，中桥；4～40m，总长 160m，大桥；根据《公路路线设计规范》（JTG D20—2017）表 8.2.1 和第 8.2.4 条，桥上纵坡 $\leqslant4\%$，冰雪地区适当减少；根据《公路桥涵设计通用规范》（JTG D60—2015）第 3.5.1 条第 3 款，桥上纵坡 $\leqslant3\%$。

答案：B

5. 解答：根据《公路路线设计规范》（JTG D20—2017）第 8.3.5 条。

答案：D

6. 解答：根据《公路隧道设计规范 第一册 土建工程》（JTG 3370.1—2018）第 4.3.6 条。

$120\times1000/3600\times3\times2=200\mathrm{m}$

答案：B

注意：是洞口内外各 3s，所以应乘以 2。

7. 解答：根据《公路路基设计规范》（JTG D30—2015）第 5.4.4 第 1 款，路堑挡土墙端部嵌入路堑坡体内，土质地层不应小于 1.5m。

答案：D

8. 解答：根据《公路路基设计规范》（JTG D30—2015）第 H.0.1 第 9 款，主动土压力按库仑理论计算，A 项错误；第 11 款，B、C 项错误；第 7 款，D 项正确。

答案：D

9. 解答：根据《公路路基设计规范》（JTG D30—2015）第 7.7.7 条第 3 款，A 项正确；第 5 款，C 项正确；第 4 款，加大桩径或减小桩间距都可以提高桩土面积置换率，从而提高复合地基抗剪强度，进而提高路堤稳定系数；桩长与复合地基抗剪强度没有关系，B 项错误。

答案：B

10. 解答：根据《公路路基设计规范》（JTG D30—2015）第 7.13.2 条第 4 款，A 项正确；第 7.13.1 条第 4 款，B 项正确、D 项错误；第 7.13.6 条第 1 款，C 项正确。

答案：D

11. 解答：根据《公路沥青路面设计规范》（JTG D50—2017）表 4.5.2（注：多选还可结合第 4.5.3 条，选 OGFC）。

答案：C

12. 解答：根据《公路沥青路面设计规范》（JTG D50—2017）第 4.2.6 条第 2 款。

答案：A

13. 解答：根据《公路水泥混凝土路面设计规范》（JTG D40—2011）第 5.5.3 条。

答案：D

14. 解答：根据《公路沥青路面设计规范》（JTG D50—2017）第 7.4.4 条。

$E_d = 18664.8/350 = 53.3\text{MPa}$

答案：C

15. 解答：根据《公路工程技术标准》（JTG B01—2014）第 6.0.10 条，新建桥涵（含拼接新建部分）应满足现行设计标准的要求。

答案：B

16. 解答：根据《公路桥涵地基与基础设计规范》（JTG 3363—2019）第 6.2.2 条第 1 款，桩身混凝土强度等级不应低于 C25，当采用强度标准值 400MPa 及以上钢筋时不应低于 C30，D 项错误。

答案：D

17. 解答：根据《公路工程技术标准》（JTG B01—2014）表 6.0.2，特大桥：多孔跨径总长大于 1000m 或单孔跨径大于 150m。

答案：B

18. 解答：根据《公路隧道设计规范 第一册 土建工程》（JTG 3370.1—2018）第 10.3.5 条第 1 款。

答案：B

19. 解答：根据《公路隧道设计规范 第一册 土建工程》（JTG 3370.1—2018）第 14.2.1 条，A 项正确；第 14.2.6 条，B 项正确；第 14.2.5 条，C 项正确；第 14.2.2 条，D 项错误。

答案：D

20. 解答：根据《公路隧道设计规范 第一册 土建工程》（JTG 3370.1—2018）第 15.3.5 条第 3 款。

答案：A

21. 解答：根据《公路路线设计规范》（JTG D20—2017）表 7.9.1，停车视距 160m；根据《公路立体交叉设计细则》（JTG/T D21—2014）第 4.4.2 条，1.25 × 160 = 200m。

答案：B

22. 解答：根据《公路立体交叉设计细则》（JTG/T D21—2014）第 4.5.3 条或《公路路线设计规范》（JTG D20—2017）第 3.2.1 条。

答案：A

23. 解答：根据《公路立体交叉设计细则》（JTG/T D21—2014）第 5.8.3 条。$N_C = N_F + N_E - 1 = 4 + 2 - 1 = 5$

答案：D

24. 解答：根据《公路隧道设计规范 第二册 交通工程与附属设施》（JTG D70/2—2014）第 9.2.3 条，探测区域长度不大于报警区域长度；第 9.3.4 条第 2 款，探测器从洞口顶部以内 10m 处开始设置，有$(3220 - 20)/50 = 64$个，取 65 个。

答案：D

25. 解答：根据《公路隧道设计规范 第二册 交通工程与附属设施》（JTG D70/2—2014）第 10.2.6条。

答案：B

26. 解答：根据《公路工程建设项目概算预算编制办法》（JTG 3830—2018）第 3.1.9 条

利润 = (定额直接费 + 措施费 + 企业管理费) × 7.42%

利润 = (500000 + 30000 + 26000) × 7.42% = 41255.2 万元

答案：B

27. 解答：根据《公路工程建设项目概算预算编制办法》（JTG 3830—2018）第 1.0.4 条。

答案：B

28. 解答：根据《城市道路交通工程项目规范》（GB 55011—2021）第 2.0.8 条。

答案：C

29. 解答：根据《城市道路工程设计规范》（CJJ 37—2012）（2016 年版）第 6.2.8 条第 2 款，A 项正确、B 项错误；第 6.2.8 条第 1 款，C、D 项正确。

答案：B

30. 解答：根据《城市道路交叉口设计规程》（CJJ 152—2010）第 4.3.1 条，平面交叉口范围圆曲线半径不宜小于不设超高的最小圆曲线半径；根据《城市道路路线设计规范》（CJJ 193—2012）表 6.3.2，$R = 400\text{m} < 600\text{m}$，不满足。

答案：B

31. 解答：根据《城市道路路线设计规范》（CJJ 193—2012）表 5.3.4，路基段中分带宽 1.5m。

根据《城市道路工程设计规范》（CJJ 37—2012）（2016 年版）第 5.3.6 条，应设 3m 应急车道。

$W = (1.5/2 + 0.5 + 3.75 \times 2 + 3) \times 2 = 23.5\text{m}$

答案：D

32. 解答： 桥梁长度长 890m，属于大桥；根据《城市道路工程设计规范》（CJJ 37—2012）（2016 年版）第 13.2.5 条第 1 款或《城市道路路线设计规范》（CJJ 193—2012）第 7.2.4 条。

答案：C

33. 解答： 根据《城市道路路线设计规范》（CJJ 193—2012）表 6.6.6。

答案：D

34. 解答： 根据《城市道路交叉口设计规程》（CJJ 152—2010）第 5.6 节，$N_\text{P} = 1730$，II_1 级服务水平 $\alpha = 0.58$，$N = 1730 \times 0.58 = 1003\text{pcu/h} > 920\text{pcu/h}$；长度 $< 300\text{m}$，第 5.3.1 条第 4 款，选单车道匝道，$N_\text{C} \geqslant 3 + 1 - 1 = 3$。

答案：A

35. 解答： 根据《城市道路路基设计规范》（CJJ 194—2013）第 7.2.9 条第 3 款。$m = 0.907 \times (0.5/1.2)^2 = 0.16$

第 7.2.10 条第 6 款，$E_\text{ps} = 0.16 \times 38 + (1 - 0.16) \times 5 = 10.28\text{MPa}$

答案：C

36. 解答： 根据《城镇道路路面设计规范》（CJJ 169—2012）表 A.0.5，分区 1-4-1，降雨量 $> 1000\text{mm}$，表 3.2.8-1，$\text{TD} \geqslant 0.55\text{mm}$。

答案：D

37. 解答： 根据《无障碍设计规范》（GB 50763—2012）第 3.1.3 条，A 项错误；第 4.2.1 条第 1 款，B 项正确；第 3.1.2 条，C 项错误；第 3.1.1 条第 2 款，D 项错误。

答案：B

38. 解答： 根据《城市人行天桥与人行地道技术规范》（CJJ 69—95）第 2.4.1 条第 1 款、第 5 款，未达到可设置天桥或地道的过街人流量；根据《城市道路交通设施设计规范》（GB 50688—2011）（2019 年版）第 10.3.3 条第 1 款，应设置人行横道信号灯。

答案：B

39. 解答： 根据《城市道路交通标志和标线设置规范》（GB 51038—2015）第 4.2.5 条。

答案：C

40. 解答： 根据《城市地下道路工程设计规范》（CJJ 221—2015）第 6.4.1 条，主线 80km/h 时加速车道长度为 220m；第 6.4.2 条，双车道时应至少乘 1.2 倍，$220 \times 1.2 = 264\text{m}$；因为是下坡加速，所以不用按第 6.4.3 条进行坡度修正，B 项正确。

答案：B

41. 解答：根据《公路路线设计规范》(JTG D20—2017) 第 2.2.2 条第 3 款。

答案：AB

42. 解答：根据《公路路线设计规范》(JTG D20—2017) 表 7.5.2，60km/h 车速受到限制时最大超高值为 4%。

答案：BC

43. 解答：根据《公路路线设计规范》(JTG D20—2017) 第 9.5.2 条。

答案：BCD

44. 解答：根据《公路路基设计规范》(JTG D30—2015) 第 3.2.7 条，A 项正确；第 3.2.4 条，B 项正确，第 3 款，C 项错误，第 2 款，D 项正确。

答案：ABD

45. 解答：根据《公路路基设计规范》(JTG D30—2015) 第 3.6.8 条第 1 款，A 项正确，第 3 款，B 项错误、D 项正确；第 3.6.11 条，C 项正确。

答案：ACD

46. 解答：根据《公路路基设计规范》(JTG D30—2015) 第 5.4.7 条第 2 款，A 项正确，第 4 款，B 项错误，第 3 款，C 项正确；第 5.4.1 条，D 项正确。

答案：ACD

47. 解答：根据《公路沥青路面设计规范》(JTG D50—2017) 第 7.4.1、7.4.2、7.4.3、7.4.4 条。

答案：ABC

48. 解答：根据《公路水泥混凝土路面设计规范》(JTG D40—2011) 第 3.0.4 条。

答案：CD

49. 解答：根据《公路水泥混凝土路面设计规范》(JTG D40—2011) 第 8.6.3 条。

答案：BCD

50. 解答：根据《公路工程水文勘测设计规范》(JTG C30—2015) 第 5.2.6 条。

答案：ACD

51. 解答：根据《公路工程水文勘测设计规范》(JTG C30—2015) 第 4.3.4 条。地下河范围内不宜设桥，A 项错误。

答案：BCD

52. 解答：根据《公路交通安全设施设计规范》(JTG D81—2017) 第 6.3.5 条第 2 款。

答案：BCD

53. 解答：根据《公路隧道设计规范 第一册 土建工程》(JTG 3370.1—2018) 第 8.2.4 条第 5 款，

A 项正确；第 3 款，B 项正确；第 2 款，C 项正确；第 1 款，D 项错误。

答案：ABC

54. 解答： 根据《公路隧道设计规范 第一册 土建工程》（JTG 3370.1—2018）第 13.2.1 条第 2 款，A 项正确；第 1 款，B 项错误；第 5 款，C 项正确；第 3 款，D 项错误。

答案：AC

55. 解答： 根据《公路路线设计规范》（JTG D20—2017）第 11.1.4 条。

答案：CD

56. 解答： 根据《公路立体交叉设计细则》（JTG/T D21—2014）表 5.5.3 及表注内容，应取括号内的值。

答案：CD

57. 解答： 根据《公路立体交叉设计细则》（JTG/T D21—2014）第 7.2.1 条第 1 款。

答案：AC

58. 解答： 根据《公路隧道设计规范 第二册 交通工程与附属设施》（JTG D70/2—2014）第 4.2.16 条第 2 款，A 项正确、B 项错误；第 3 款，C 项正确、D 项错误。

答案：AC

59. 解答： 根据《公路隧道设计规范 第二册 交通工程与附属设施》（JTG D70/2—2014）第 7.2.4 条第 2 款。

答案：ABC

60. 解答： 根据《公路工程建设项目概算预算编制办法》（JTG 3830—2018）第 3.1.1 条。

答案：ABC

61. 解答： 根据《城市道路工程设计规范》（CJJ 37—2012）（2016 年版）第 12.2.3 条第 2 款或根据《城市道路路基设计规范》（CJJ 194—2013）第 7.9.1 条第 1 款。

答案：ABD

62. 解答： 根据《城市道路工程设计规范》（CJJ 37—2012）（2016 年版）第 10.2.3 条，《城市道路交叉口设计规程》（CJJ 152—2010）第 4.4.7 条第 2 款、第 4.4.5 条、第 4.4.13 条。

答案：ABC

63. 解答： 根据《城市道路交叉口设计规程》（CJJ 152—2010）表 3.1.4。

答案：AB

64. 解答： 根据《城市道路路基设计规范》（CJJ 194—2013）第 5.2.8 条，D 项正确；第 5.2.8 条条文说明表 3、表 2，A 项正确、B 项错误、C 项正确。

答案：ACD

65. 解答：根据《城镇道路路面设计规范》（CJJ 169—2012）表 A.0.5，气候分区 1-4-1 为夏炎热冬温潮湿地区，年极端最低气温 > −9℃，年降雨量 > 1000mm；根据表 5.2.2-3，A 项正确；根据表 5.2.2-5，B 项错误；根据表 5.2.2-4 注，潮湿地区重交通冻融劈裂强度比增加至 80%，C 正确；根据表 5.2.2-4，D 正确。

答案：ACD

66. 解答：根据《城市工程管线综合规划规范》（GB 50289—2016）第 3.0.7 条。A 项压力让重力，B 项小让大，C 项支让主，D 项临时让永久。

答案：AC

67. 解答：根据《城市道路交通设施设计规范》（GB 50688—2011）第 7.4.2 条，正面可选 B、C 项，顶面可选 D 项。

答案：BCD

68. 解答：根据《城市道路交通标志和标线设置规范》（GB 51038—2015）第 12.9.4 条，A 项错误；第 12.9.5 条第 5 款，B 项错误、D 项正确；根据表 16.3.1，C 项正确。

答案：CD

69. 解答：根据《城市地下道路工程设计规范》（CJJ 221—2015）第 7.2.2，预告标志和交通管理禁令标志均应设置在入口处之前，A、B 项错误；第 7.1.3 条，C 项正确；第 7.5.3 条，D 项正确。

答案：CD

70. 解答：根据《市政公用工程设计文件编制深度规定》（2013 年版）第 1.2.2 条。

答案：ACD

注册道路工程师执业资格专业考试模考试卷（四）专业知识（下）

试题解析及参考答案

1. 解答：根据《公路工程技术标准》（JTG B01—2014）第1.0.8条第5款，查表5.0.2，为1/50。

答案：B

2. 解答：根据《公路工程技术标准》（JTG B01—2014）第3.7.1条。

答案：C

3. 解答：根据《公路路线设计规范》（JTG D20—2017）第6.1.1条第1款。

答案：C

4. 解答：根据《公路路线设计规范》（JTG D20—2017）第3.1.2条，A项正确、B项错误。第3.1.1条第1款，C项错误；第3款，D项错误。

答案：A

5. 解答：根据《公路路线设计规范》（JTG D20—2017）表8.4.2。

答案：C

6. 解答：根据《公路路基设计规范》（JTG D30—2015）表H.0.1-2。

答案：D

7. 解答：根据《公路路基设计规范》（JTG D30—2015）第5.5.6条第4款，锚固段长度不宜大于10m，A项错误；第5.5.2条，B项错误；第5.5.7条第2款，C项错误；第5.5.6条第4款，锚固段长度应取L_r和L_g的较大值，不完全由L_g的决定，所以严格说D项也有问题，但因为ABC项都明显不符合规范要求，综合考虑出题专家意图，应选D。

答案：D

8. 解答：根据《公路路基设计规范》（JTG D30—2015）第7.7.2条第2款，A项正确，第5款，C项正确；第7.7.8条第5款，B项错误；第7.7.11条第5款，D项正确。

答案：B

9. 解答：根据《公路路基设计规范》（JTG D30—2015）第7.6.3条第1款，A项错误、D项正确；第7.6.1条第3款，B项错误，第4款，C项错误。

答案：D

10. 解答：根据《公路水泥混凝土路面设计规范》（JTG D40—2011）第4.4.3、4.4.6条。

答案：A

11. 解答：根据《公路水泥混凝土路面设计规范》（JTG D40—2011）表3.0.9。

答案：B

12. 解答：根据《公路沥青路面设计规范》（JTG D50—2017）第 5.5.11 条第 1 款、第 6.3.2 条第 1款。

答案：B

13. 解答：根据《公路沥青路面设计规范》（JTG D50—2017）公式（7.4.4）。

答案：D

14. 解答：根据《公路钢结构桥梁设计规范》（JTG D64—2015）第 6.2.2、6.2.3、6.2.1、6.2.4 条。设计中不得任意加大焊缝，宜避免焊缝立体交叉、重叠和过分集中，B 项不符合规定。

答案：B

15. 解答：根据《公路工程水文勘测设计规范》（JTG C30—2015）第 4.1.4 条，桥轴法线与通航主流的夹角不宜大于 5°，大于 5°时应增大通航孔的跨径。

答案：A

16. 解答：根据《公路工程水文勘测设计规范》（JTG C30—2015）第 4.3.5 条。

答案：A

17. 解答：根据《公路桥梁抗震设计规范》（JTG/T 2231-01—2020）第 11.3.6 条，柱式排架墩宜设置桩顶系梁；墩高在 20m 至 30m 之间时，宜设置两道柱间系梁。

答案：B

18. 解答：根据《公路隧道设计规范 第一册 土建工程》（JTG 3370.1—2018）第 4.3.1 条。

答案：C

19. 解答：根据《公路隧道设计规范 第一册 土建工程》（JTG 3370.1—2018）第 10.2.2 条第 2 款。

答案：C

20. 解答：根据《公路隧道设计规范 第一册 土建工程》（JTG 3370.1—2018）第 14.9.4 条。

答案：D

21. 解答：根据《公路隧道设计规范 第二册 交通工程与附属设施》（JTG D70/2—2014）第 7.3.6 条第 1 款。

答案：B

22. 解答：根据《公路立体交叉设计细则》（JTG/T D21—2014）第 5.7.2 条第 1 款，公用路段长度大于 3km 时，公用路段整体式横断面，增加的基本车道不超过 1 条，B 项正确，C、D 项错误；第 5.7.2 条第 2 款，A 项错误。

答案：B

23. 解答：根据《公路立体交叉设计细则》（JTG/T D21—2014）第 7.2.1 条第 4 款。

答案：C

24. 解答：根据《公路交通安全设施设计规范》(JTG D81—2017)第11.2.3条及《公路路线设计规范》(JTG D20—2017)表7.9.4。

$1.25 \times 190 = 237.5\text{m}$

答案：D

25. 解答：根据《公路隧道设计规范 第二册 交通工程与附属设施》(JTG D70/2—2014)第9.6.2条。

答案：A

26. 解答：根据《公路工程建设项目概算预算编制办法》(JTG 3830—2018)第3.1.3条。

答案：D

27. 解答：根据《公路工程建设项目概算预算编制办法》(JTG 3830—2018)第3.3.7条。

答案：B

28. 解答：根据《城市道路路线设计规范》(CJJ 193—2012)表7.3.3、表7.5.1。

答案：B

29. 解答：根据《城市道路工程设计规范》(CJJ 37—2012)(2016年版)第14.2.2条和第14.2.5条第2款，或根据《城市道路交通设施设计规范》(GB 50688—2011)(2019年版)第4.2.2条，主干路交通安全设施按B级，A、B、C项正确；应设置中间分隔设施，D项错误。

答案：D

30. 解答：根据《城市道路工程设计规范》(CJJ 37—2012)(2016年版)表13.3.2，为长隧道；第13.3.4条，与路段一致说明双幅路，人非与机动车同孔布置，B项不符合；第13.3.5条第3款【或《城市道路路线设计规范》(CJJ 193—2012)第7.2.5条】，A项符合；第13.3.5条第2款【或《城市地下道路工程设计规范》(CJJ 221—2015)第5.2.6条、第4.1.2条第2款】，C、D项符合。

答案：B

注意：《城市地下道路工程设计规范》(CJJ 221—2015)第5.2.2条，不能判定A项错误。

31. 解答：根据《城市道路工程设计规范》(CJJ 37—2012)(2016年版)第5.3.5条，$W_{sm} = (0.5 + 0.25) \times 2 + 1.5 = 3$。

答案：D

32. 解答：根据《城市道路路线设计规范》(CJJ 193—2012)第10.3.6条第1款。

答案：A

33. 解答：根据《城市道路交叉口设计规程》(CJJ 152—2010)图5.3.5-4、表5.3.5-4，枢纽立交$2L = 2 \times 220 = 440\text{m}$；表5.5.3-1，$80 + 50 + 160 + 50 = 340\text{m}$，取440m。

答案：D

34. 解答：根据《城市道路路基设计规范》(CJJ 194—2013)第6.4.7第3款。

答案：C

35. 解答：根据《城镇道路路面设计规范》（CJJ 169—2012）公式（5.4.2-1）、公式（5.4.7-2）。

答案：D

36. 解答：根据《无障碍设计规范》（GB 50763—2012）第 3.4.2 条，A 项错误；第 5.2.4 条，B 项正确；第 3.4.6 条，C 项错误；第 3.8.4 条，D 项错误。

答案：B

37. 解答：根据《城市工程管线综合规划规范》（GB 50289—2016）表 4.1.1。

答案：D

38. 解答：根据《城市道路交通标志和标线设置规范》（GB 51038—2015）第 6.6.2 条第 3 款、第 6.6.3条。

答案：B

39. 解答：根据《城市人行天桥与人行地道技术规范》（CJJ 69—95）第 2.2.1 条第 2 款、第 2.2.3 条、第 2.3.2 条第 2 款。地道通道净宽不宜小于 3.75m；考虑兼顾自行车推车通过时，一条推车带宽按 1m 计，天桥或地道净宽按自行车流量计算增加通道净宽，梯（坡）道的最小净宽为 2m；地道梯道踏步中间位置的最小垂直净高为 2.4m。

答案：B

40. 解答：根据《市政公用工程设计文件编制深度规定》（2013 年版）第三篇第三章第 1.3 节。

答案：D

41. 解答：根据《公路路线设计规范》（JTG D20—2017）表 7.5.1、7.4.1、7.3.2 条。

答案：BD

42. 解答：根据《公路路线设计规范》（JTG D20—2017）第 6.7.2 条。

答案：BCD

43. 解答：根据《公路路线设计规范》（JTG D20—2017）第 4.4.1 条，B、D 项正确；第 4.5.2 条，C 项正确。

答案：BCD

44. 解答：根据《公路路线设计规范》（JTG D20—2017）第 8.3.1、8.3.2 条。A 项缓长 230m < 250m，错误；D 项 3%的坡长 1100m > 1000m。

答案：BC

45. 解答：根据《公路路线设计规范》（JTG D20—2017）第 4.3.7 条第 2 款，A 项错误，一般桥梁和隧道的布设应服从路线总体走向和几何线形设计等要求，但是特大桥和特长隧道不一定；第 1 款、第 3 款，B、C、D 项正确。

答案：BCD

46. 解答：根据《公路路基设计规范》（JTG D30—2015）第 7.10.5 第 4 款第 2 条，A 项正确，第 1 款，D 项正确；第 7.10.2 第 1 款，B 项正确，第 4 款，C 项错误。

答案：ABD

47. 解答：根据《公路路基设计规范》（JTG D30—2015）第 4.3.9 第 2 款，A 项正确；第 4.3.6 第 2 款，C 项正确；第 4.2.5 第 1 款，D 项错误。

根据《公路排水设计规范》（JTG/T D33—2012）第 4.5.5 条，B 项正确。

答案：ABC

48. 解答：根据《公路路基设计规范》（JTG D30—2015）第 3.7.5 条第 5 款，A 项错误；第 2 款，B 项正确；第 3 款，C 项正确；第 4 款，D 项正确。

答案：BCD

49. 解答：根据《公路沥青路面设计规范》（JTG D50—2017）第 6.3.2、5.4.6 条。

答案：ABC

50. 解答：根据《公路水泥混凝土路面设计规范》（JTG D40—2011）第 5.2.1 条。

答案：CD

51. 解答：根据《公路水泥混凝土路面设计规范》（JTG D40—2011）第 4.4.3 条，A 项错误；第 4.4.6 条，B、C 项正确；第 4.4.9 条，D 项错误。

答案：BC

52. 解答：根据《公路桥涵设计通用规范》（JTG D60—2015）第 3.5 节（桥上线形及桥头引道）第 3.5.1 条，位于城镇混合交通繁处的桥梁，桥上纵坡及桥头引道纵坡均不得大于 3%。

答案：ABC

53. 解答：根据《公路桥梁抗震设计规范》（JTG/T 2231-01—2020）第 11.3.2 条，对于采用简支梁和桥面连续的桥梁，其墩高不宜超过 40m。对墩高超过 40m 的桥梁，宜采用连续刚构或其他对抗震有利的结构形式。

答案：BCD

54. 解答：根据《公路路线设计规范》（JTG D20—2017）第 12.2.7 条第 5 款，A 项正确；第 12.4.2 条第 1 款“必须设置通道或天桥”，B 项错误；第 12.2.6 条第 6 款，C 项正确；第 12.5.6 条，D 项正确。

答案：ACD

55. 解答：根据《公路隧道设计规范 第一册 土建工程》（JTG 3370.1—2018）第 13.3.5 条第 4 款，A 项错误；第 3 款，B 项正确；第 1 款，C 项正确；第 2 款，D 项错误。

答案：BC

56. 解答：根据《公路隧道设计规范 第一册 土建工程》(JTG 3370.1—2018)第 14.5.2 条第 7 款，A 项正确；第 3 款，B 项正确；第 4 款，C 项错误；第 1 款，D 项正确。

答案：ABD

57. 解答：根据《公路路线设计规范》(JTG D20—2017)表 10.5.3-1、表 10.5.3-2，$\geqslant 32+50=82\text{m}$。

答案：CD

58. 解答：根据《公路路线设计规范》(JTG D20—2017)第 10.5.2 条第 3 款，左转弯等候段长度应不小于 30m。

答案：BCD

59. 解答：根据《公路交通安全设施设计规范》(JTG D81—2017)第 7.2.1 条。

答案：AB

注意：区别“宜”和“应”。

60. 解答：根据《公路工程建设项目概算预算编制办法》(JTG 3830—2018)第 2.2.2 条。

答案：ACD

61. 解答：根据《城市道路工程设计规范》(CJJ 37—2012)(2016 年版)第 15.3.1、15.3.3、15.3.5条。

答案：CD

62. 解答：根据《城市道路工程设计规范》(CJJ 37—2012)(2016 年版)第 9.2.4、9.2.5 条。

答案：AB

63. 解答：根据《城市地下道路工程设计规范》(CJJ 221—2015)第 3.5.1 条，A 项正确，B 项正确；第 4.3.8 条，C 项正确；第 4.2.3 条，D 项错误。

答案：ABC

64. 解答：根据《城市道路交叉口设计规程》(CJJ 152—2010)第 5.4.1 条，A 项错误，辅助车道的宽度应与直行车道相同；第 5.5.3 条第 4 款，B、C 项正确；第 5.5.4 条第 2 款，D 项正确。

答案：BCD

65. 解答：根据《城市道路路基设计规范》(CJJ 194—2013)第 8.4.3 条，A 项错误，B 项正确；第 8.4.5 第 3 款，C 项正确、D 项错误。

答案：BC

66. 解答：$N_e=\frac{(1.07^{15}-1)\times365}{0.07}\times3000\times0.8=2201.3\times10^4$(次/车道)

重交通，根据《城镇道路路面设计规范》(CJJ 169—2012)第 5.3.2 条第 1 款，选 AD。

答案：AD

67. 解答：根据《城市道路交通设施设计规范》(GB 50688—2011)(2019 年版)第 7.2.7 条。

答案：BD

68. 解答：根据《城市地下道路工程设计规范》（CJJ 221—2015）第 3.5.2 条，A 项正确；第 4.3.1 条，B 项正确；第 3.5.1 条，C 项错误；第 4.3.8 条，D 项正确。

答案：ABD

69. 解答：根据《城市桥梁设计规范》（CJJ 11—2011）（2019 年版）表 6.0.7。

答案：ACD

70. 解答：根据《市政公用工程设计文件编制深度规定》（2013 年版）第十一篇图 1.3。

答案：ABD

注册道路工程师执业资格专业考试模考试卷（五）专业知识（上）
试题解析及参考答案

1. 解答：根据《城镇化地区公路工程技术标准》（JTG 2112—2021）第 3.3.1 条，二级公路设计交通量预测年限宜为 20 年。

答案：C

2. 解答：根据《公路路线设计规范》（JTG D20—2017）表 7.9.4。

答案：C

3. 解答：根据《公路工程技术标准》（JTG B01—2014）第 1.0.8 条第 3 款，维持通车路段的服务水平可降低一级，设计速度不宜低于 60km/h。

答案：D

4. 解答：根据《公路路线设计规范》（JTG D20—2017）第 6.2.6 条，应结合交通安全性评价论证设置避险车道。A 项错误。

第 6.2.3 条第 1 款，其宽度不应 3.5m，且不大于 4.0m。B 项正确。

第 6.2.3 条第 2 款，高速公路、一级公路的爬坡车道应紧靠车道的外侧设置，条件受限时，爬坡车道路段右侧硬路肩宽度应不小于 0.75m。C 项错误。

第 6.2.4 条第 1 款，一级公路主线流出至立体交叉匝道、观景台应设置减速车道，D 项错误。

答案：B

5. 解答：根据《公路路线设计规范》（JTG D20—2017）第 8.3.5 条，平均纵坡 3.5%，坡长超过 9.3km 时应进行安全论证，A 项错误；根据表 8.3.2，B 项错误；第 8.3.8 条第 1 款，设计速度大于 80km/h 时，缓和坡段的纵坡不应大于 2.5%，D 项错误，依据第 2 款并结合表 8.3.1，C 项正确。

答案：C

6. 解答：根据《公路路线设计规范》（JTG D20—2017）第 8.4.2 条。

答案：C

7. 解答：根据《公路路基设计规范》（JTG D30—2015）第 3.2.3 条，A 项错误、C 项正确；第 3.3.4 条，B 项错误、D 项错误。

答案：C

8. 解答：根据《公路路基设计规范》（JTG D30—2015）第 3.9.1 条。

答案：C

9. 解答：根据《公路路基设计规范》（JTG D30—2015）第 4.2.9 条，A 项错误；第 4.2.4 条第 5 款，D 项正确。《公路排水设计规范》（JTG/T D33—2012）表 9.2.5-1，B 项错误；第 4.5.2 条，C 项错误。

答案：D

10. 解答： 根据《公路路基设计规范》（JTG D30—2015）第 3.3.1 条，A、B 项错误，D 项正确；第 C.0.1 条第 3 款，C 项错误。

答案：D

注意： 根据题意这里的"路基高度"，不包括路面厚度；"平衡湿度状态"包括潮湿、中湿和干燥状态。

11. 解答： 根据《公路水泥混凝土路面设计规范》（JTG D40—2011）第 3.0.3 条。

答案：B

12. 解答： 根据《公路水泥混凝土路面设计规范》（JTG D40—2011）第 3.0.8 条。

答案：C

13. 解答： 根据《公路水泥混凝土路面设计规范》（JTG D40—2011）第 3.0.9 条和表 3.0.9。

答案：A

14. 解答： 根据《公路水泥混凝土路面设计规范》（JTG D40—2011）第 5.3.4 条，应为填缝板，A 项错误。第 5.3.5 条"传力杆应采用光圆钢筋"，B 项错误。第 5.3.4 条，C 项错误。第 5.4.2 条，D 项正确。

答案：D

15. 解答： 根据《公路工程混凝土结构耐久性设计规范》（JTG/T 3310—2019）第 5.2.1、5.2.2、5.2.4、5.2.5 条。各种外加剂中的氯离子总含量不宜大于混凝土中胶凝材料总质量的 0.02%，在硫酸钠含量不宜大于减水剂干重的 15%，C 项不符合规定。

答案：C

16. 解答： 根据《公路工程水文勘测设计规范》（JTG C30—2015）第 4.1.3、4.1.4、4.2.12、4.3.5 条。桥轴法线与通航主流的夹角不宜大于 5°，大于 5°时，应增大通航孔的跨径，B 项不符合规定。

答案：B

17. 解答： 根据《公路桥涵地基与基础设计规范》（JTG 3363—2019）第 5.1.1 条。

答案：C

18. 解答： 根据《公路隧道设计规范 第一册 土建工程》（JTG 3370.1—2018）第 4.4.6 条第 2 款。

答案：B

19. 解答： 根据《公路隧道设计规范 第一册 土建工程》（JTG 3370.1—2018）第 8.3.2 条第 4 款，A 项正确；第 8.3.3 条第 2 款，B 项错误；第 8.3.4 条第 3 款，C 项正确；第 8.3.5 条第 2 款，D 项正确。

答案：B

20. 解答： 根据《公路水下隧道设计规范》（JTG/T 3371—2022）第 5.3.3 条。

答案：C

21. 解答： 根据《公路路线设计规范》（JTG D20—2017）表 10.3.1。

答案：B

22. 解答： 根据《公路立体交叉设计细则》（JTG/T D21—2014）表 5.5.3 和图 5.5.3，结合题干强调“分流鼻端前减速车道路段”，应该以本规范的 17000m 为准。

答案：C

23. 解答： 根据《公路路线设计规范》（JTG D20—2017）第 11.3.8 条第 4 款和第 5 款，$110 \times 1.2 = 132$。

答案：C

24. 解答： 根据《公路隧道设计规范 第二册 交通工程与附属设施》（JTG D70/2—2014）第 6.2.6条。

$1500/(80 \times 1000/3600) = 67.5s > 30s$

$100/(80 \times 1000/3600) = 4.5s < 15s$

折减率取 30%，$120 \times (1 - 30\%) = 84cd/m^2$

答案：B

25. 解答： 根据《公路交通安全设施设计规范》（JTG D81—2017）第 4.3.4 条第 2 款，禁令标志没有黄色。

根据《高速公路交通工程及沿线设施设计通用规范》表 5.2.2-3，黄色仅用于警告标志。

答案：C

26. 解答： 根据《公路工程建设项目概算预算编制办法》（JTG 3830—2018）第 3.1.7 条。

答案：D

27. 解答： 根据《公路工程建设项目概算预算编制办法》（JTG 3830—2018）第 3.3.2 条第 1 款。

答案：A

28. 解答： 根据《城市道路路线设计规范》（CJJ 193—2012）第 10.2.6 条第 1 款。

答案：B

29. 解答： 根据《城市道路路线设计规范》（CJJ 193—2012）第 3.0.9 条第 2 款，应该采用同一标准 4.5m；第 5.3.1 条第 1 款和表 5.3.1，小客车专用道最小宽度 3.5m。

答案：B

30. 解答： 根据《城市道路工程设计规范》（CJJ 37—2012）（2016 年版）第 12.2.3 条第 2 款，$32 + 0.5 + 0.6 + 0.5$（安全高度）$= 33.6m$。

答案：D

31. 解答： 根据《城市道路交叉口设计规程》（CJJ 152—2010）第 4.2.9 条，困难情况下最小宽度可取 3.0m。

根据《城市道路工程设计规范》(CJJ 37—2012)(2016 年版)第 10.2.2 条第 3 款，公交专用道的宽度不应小于 3.5m(对应条文解释，交叉口范围不可压缩为 3m)。根据表 5.3.5，50km/h，路缘带宽度为 0.25m。

$0.25 + 3.5 + 5 \times 3 + 0.25 = 19\text{m}$

答案：B

32. 解答：根据《城市道路交叉口设计规程》(CJJ 152—2010)表 4.3.3。

答案：D

33. 解答：根据《城市道路交叉口设计规程》(CJJ 152—2010)表 5.3.4 条第 4 款。

$60 \times 60 \div (127 \times 150) - 0.16 = 0.0289$(取整 0.030)

答案：B

34. 解答：根据《城市道路路基设计规范》(CJJ 194—2013)第 4.3.8 条第 5 款，A 项错误；表 4.6.2，B、C 项错误；第 4.7.3 条，D 项正确。

答案：D

35. 解答：根据《城镇道路路面设计规范》(CJJ 169—2012)表 3.2.8-2，属于特殊路段。

答案：D

36. 解答：根据《城市道路交通设施设计规范》(GB 50688—2011)表 7.2.7，SA 级。

答案：C

37. 解答：根据《城市道路交通标志和标线设置规范》(GB 51038—2015)第 4.3.3 条第 4 款，A 项不符合规范规定。

答案：A

38. 解答：根据《城市地下道路工程设计规范》(CJJ 221—2015)第 4.2.3 条，A 项错误；第 4.3.3 条第 2 款，B 项错误；第 4.3.8 条，本项目为双向 6 车道，单向 3 车道，C 项正确；第 4.3.5 条，检修道兼做人行道时宽度应满足《城市道路工程设计规范》(CJJ 37—2012)(2016 年版)表 5.3.4 的要求，最小值为 2.0m，D 项错误。

答案：C

39. 解答：根据《城市桥梁设计规范》(CJJ 11—2011)表 3.0.2。该桥多孔跨径总长为 $1080\text{m} > 1000\text{m}$，为特大桥。

答案：A

40. 解答：根据《城市桥梁设计规范》(CJJ 11—2011)第 3.0.8 条、表 3.0.9、表 3.0.2。该桥跨径总长为 28m，为小桥，桥梁结构设计基准期应为 100 年，重要小桥设计使用年限为 50 年。

答案：D

41. 解答：根据《城镇化地区公路工程技术标准》（JTG 2112—2021）第 3.1.1 条第 2 款，B 项错误、D 项正确；第 3 款，A 项错误；第 4 款，C 项正确。

答案：CD

42. 解答：根据《公路工程技术标准》（JTG B01—2014）第 1.0.8 条第 4 款，A 项正确，第 1 款，D 项错误；第 5.0.1 条第 6 款，B 项正确；第 6.0.10 条第 2 款、第 3 款，C 项错误。

答案：AB

43. 解答：根据《公路工程基本建设项目设计文件编制办法》第 3.1.3 条。

答案：BCD

44. 解答：根据《公路路线设计规范》（JTG D20—2017）第 7.9.1 条，A 项错误；第 6.2.1 条，B 项正确；第 6.4.1 条，C 项正确；第 6.6.2 条第 5 款，D 项正确。

答案：BCD

45. 解答：根据《公路路线设计规范》（JTG D20—2017）第 7.4.2 条。

答案：AD

46. 解答：根据《公路路基设计规范》（JTG D30—2015）第 3.8.3 条。

答案：BC

47. 解答：根据《公路路基设计规范》（JTG D30—2015）第 6.2.4 条。

答案：BCD

48. 解答：根据《公路路基设计规范》（JTG D30—2015）第 7.14.2 条，A、B 项正确，C 项错误；第 7.14.3 条，D 项正确。

答案：ABD

49. 解答：根据《公路水泥混凝土路面设计规范》（JTG D40—2011）第 8.2.1 条。

答案：AC

50. 解答：根据《公路沥青路面设计规范》（JTG D50—2017）第 5.1.3、5.1.4 条。

答案：AC

51. 解答：根据《公路水泥混凝土路面设计规范》（JTG D40—2011）第 4.4.5 条，A 项正确；第 4.4.3 条，承受极重、特重或重交通，且上路床由细粒土组成才设粒料类底基层，所以 B 项错误；第 4.4.3 条，C 项正确；第 4.4.6 条，D 项错误。

答案：AC

52. 解答：根据《公路钢结构桥梁设计规范》（JTG D64—2015）第 6.1.1、6.2.2、6.2.12、6.3.1 条，螺栓连接可分为普通螺栓连接和高强度螺栓连接，对主要受力结构，应采用高强度螺栓摩擦型连接；对次要构件、结构构造性连接和临时连接，可采用普通螺栓连接，C 项错误；沉头和半沉头铆钉不得用于沿其杆轴方向受拉的连接，B 项错误。

答案：BC

53. 解答：根据《公路工程水文勘测设计规范》（JTG C30—2015）表 8.6.2，第 8.6.4、8.6.5、8.6.3 条及附录 A、附录 D。

答案：BCD

54. 解答：根据《公路隧道设计规范 第一册 土建工程》（JTG 3370.1—2018）第 7.2.1 条第 1 款，A 项正确，第 2 款，C 项正确；第 7.2.2 条第 4 款，B 项正确，第 1 款，D 项错误。

答案：ABC

55. 解答：根据《公路隧道设计规范 第一册 土建工程》（JTG 3370.1—2018）第 4.3.5 条，A 项正确，D 项错误；表 4.3.4，B 项错误；表 4.3.1，C 项正确。

答案：AC

56. 解答：根据《公路路线设计规范》（JTG D20—2017）第 10.1.5 条第 2 款、第 3 款，A、B 项正确。

答案：AB

57. 解答：根据《公路立体交叉设计细则》（JTG/T D21—2014）第 5.6.1、5.6.2 条，A、C 项正确。

答案：AC

58. 解答：根据《公路隧道设计规范 第二册 交通工程与附属设施》（JTG D70/2—2014）第 11.2.2、11.2.1 条，双重电源供电的有 B 项，其他三项属于特别重要负荷，可设置 UPS。

答案：ACD

59. 解答：根据《高速公路交通工程及沿线设施设计通用规范》（JTG D80—2006）表 5.2.2-2，100km/h 高速公路，指路标志汉字高度 60～70cm。

答案：CD

60. 解答：根据《公路工程建设项目概算预算编制办法》（JTG 3830—2018）第 3.1.2 条第 2 款。

答案：BCD

61. 解答：根据《城市道路交通工程项目规范》（GB 55011—2021）第 9.2.2 条，在城市救灾和应急疏散功能的道路上不得设置路内停车位，A 项正确；根据《城市道路工程设计规范》（CJJ 37—2012）（2016 年版）第 3.7.1 条，B 项正确；第 13.3.11 条，隧道必须进行防火设计，C 项错误；根据《城市道路工程设计规范》（CJJ 37—2012）（2016 年版）第 6.0.14 条，对位于通航河流或有漂流物的河流中的桥梁墩台应采取防撞措施，D 项正确。

答案：ABD

62. 解答：根据《城市道路工程设计规范》（CJJ 37—2012）（2016 年版）第 6.2.8 条第 1 款，A 项正确；第 5.3.5 条，B 项正确；第 6.3.2 条、第 13.2.5 条第 2 款，C 项正确；第 13.2.5 条第 3 款，D 项错误。

答案：ABC

63. 解答：根据《城市道路路线设计规范》（CJJ 192—2012）第 6.3.2 条条文说明。

$$R \geqslant v^2/127(\mu + i)$$

B、C、D 项不满足。

答案：BCD

64. 解答：根据《城市道路交叉口设计规程》（CJJ 152—2010）第 4.2.3 条。

答案：ABD

65. 解答：根据《城市道路路基设计规范》（CJJ 194—2013）第 6.2.8 条，B 项正确；第 7.2.14 条，D 项正确。

答案：BD

66. 解答：根据《城镇道路路面设计规范》（CJJ 169—2012）第 5.4.1 条第 1 款，结构组合为柔性基层，设计指标为路表弯沉、柔性基层沥青层层底拉应变、沥青层剪应力。

答案：AD

67. 解答：根据《城市地下道路工程设计规范》（CJJ 221—2015）第 7.3.3 条，A 项正确；第 7.2.1 条，B 项错误；第 7.1.3、7.3.7 条，C 项正确；第 7.3.1 条，D 项正确。

答案：ACD

68. 解答：根据《城市道路交叉口设计规程》（CJJ 152—2010）第 4.2.19 条第 2 款，A 项正确，第 4 款，B 项错误，出口匝道端部离下游平交进口道展宽渐变段起点的距离宜大于 100m。第 4.2.20 条，C 项正确，D 项错误。出口道展宽渐变段的下游，且最小距离不宜小于 80m。

答案：AC

69. 解答：根据《城市道路交通设施设计规范》（GB 50688—2011）第 7.2.3 条第 4 款。

答案：BCD

70. 解答：根据《城市道路交通标志和标线设置规范》（GB 51038—2015）第 4.2.12 条第 4 款，B、C、D 项正确；A 项错误，应为 0.6。

答案：BCD

注册道路工程师执业资格专业考试模考试卷（五）专业知识（下）

试题解析及参考答案

1. 解答： 根据《小交通量农村公路工程技术标准》（JTG 2111—2019）第 4.0.6 条，取括号内数值 10m。

答案：A

2. 解答： 根据《公路路线设计规范》（JTG D20—2017）第 3.2.1 条，一级公路三级，长隧道及特长隧道设计服务水平可降低一级。

答案：C

3. 解答： 根据《公路路线设计规范》（JTG D20—2017）第 6.2.3 条第 1 款。

答案：D

4. 解答： 根据《公路路线设计规范》（JTG D2—2017）第 7.4.3 条第 1 款，A 项错误，第 2 款，C 项正确，第 3 款，B 项错误；第 7.4.1 条，D 项错误，四级公路可不设回旋线。

答案：C

5. 解答： 根据《公路路线设计规范》（JTG D2—2017）第 8.2.1 条，在 4%的基础上增加 1%。

答案：C

6. 解答： 根据《公路路线设计规范》（JTG D2—2017）第 7.9.2 条，一般路段应采用会车视距 80m。

答案：B

7. 解答： 根据《公路路基设计规范》（JTG D30—2015）第 A.0.1 条，C 项正确；第 3.2.6 条，D 项错误。

答案：C

8. 解答： 根据《公路路基设计规范》（JTG D30—2015）第 3.8.3 条，A、B 项错误，$500\times2/3=333\text{mm}<350\text{mm}$，C 项错误；第 3.8.4 条，D 项正确。

答案：D

9. 解答： 根据《公路排水设计规范》（JTG/T D33—2012）表 9.2.5-1。

答案：D

10. 解答： 根据《公路滑坡防治设计规范》（JTG/T 3334—2018）第 3.2.2 条及条文说明，A、B、C 项错误；第 6.1.5 条第 2 款，D 项正确。

答案：D

11. 解答： 根据《公路沥青路面设计规范》（JTG D50—2017）第 4.5.1 条。

答案：A

12. 解答： 根据《公路沥青路面设计规范》（JTG D50—2017）第 4.4.2 条。

答案：A

13. 解答： 根据《公路沥青路面设计规范》（JTG D50—2017）第 6.1.1 条。

答案：B

14. 解答： 根据《公路沥青路面设计规范》（JTG D50—2017）第 4.6.3 条。

答案：C

15. 解答： 根据《公路桥涵设计通用规范》（JTG D60—2015）表 1.0.5、表 3.2.9。该桥跨径总长为 140m，为大桥，高速公路大桥的设计洪水频率为 1/100。

答案：B

16. 解答： 根据《公路钢筋混凝土及预应力混凝土桥涵设计规范》（JTG 3362—2018）第 9.6.10 条、《公路桥涵地基与基础设计规范》（JTG 3363—2019）第 6.2.2 条第 1 款，承台底面内宜设一层钢筋网，钢筋直径采用 12～16mm，C 项不符合规定。

答案：C

17. 解答： 根据《公路工程混凝土结构耐久性设计规范》（JTG/T 3310—2019）第 8.1.2、8.2.1、8.4.1 条，环氧涂层钢筋可与钢筋阻锈剂同时使用，但不应与阴极保护联合使用，B 项不符合规定。

答案：B

18. 解答： 根据《公路隧道设计规范 第一册 土建工程》（JTG 3370.1—2018）第 5.2.8 条。

答案：D

19. 解答： 根据《公路隧道设计规范 第二册 交通工程与附属设施》（JTG D70/2—2014）第 5.4.2 条，最大热释放率取 20MW；第 5.4.3 条，B 项正确。

答案：B

20. 解答： 根据《公路水下隧道设计规范》（JTG/T 3371—2022）第 4.1.2 条。

答案：D

21. 解答： 根据《公路路线设计规范》（JTG D20—2017）第 10.3.2 条第 2 款。

答案：B

22. 解答： 根据《公路立体交叉设计细则》（JTG/T D21—2014）第 5.7.2 条第 1 款。

答案：C

23. 解答： 根据《公路立体交叉设计细则》（JTG/T D21—2014）第 10.6.3 条。

答案：D

24. 解答： 根据《公路隧道设计规范 第二册 交通工程与附属设施》（JTG D70/2—2014）第 3.0.1

条，交通监控设施不应低于隧道计划通车年后第 5 年；第 3.0.2 条，查得配置等级为 B 级，C 项正确。

答案：C

25. 解答：根据《公路交通安全设施设计规范》(JTG D81—2017)第 11.2.3 条，条件受限路段为 1.25 倍停车视距，根据《公路路线设计规范》(JTG D20—2017) 第 7.9.1 条，100km/h 高速公路停车视距 160m，$1.25 \times 160 = 200$m。

答案：B

26. 解答：根据《公路工程建设项目概算预算编制办法》(JTG 3830—2018) 第 3.1.9 条。

答案：C

27. 解答：根据《公路工程建设项目概算预算编制办法》(JTG 3830—2018) 第 3.3.4 条。

答案：D

28. 解答：根据《城市道路工程设计规范》(CJJ 37—2012)(2016 年版) 第 3.5.1、3.5.2 条。

答案：B

29. 解答：根据《城市道路路线设计规范》(CJJ 193—2012) 第 5.3.4 条，中间带包含分隔带及两侧路缘带，分隔带包含安全带宽度和设施带。根据表 5.3.4，路缘带为 0.25m，安全带为 0.25m，设施带为桥墩墩柱 1.2m。

$0.25 + 0.25 + 1.2 + 0.25 + 0.25 = 2.2$m

答案：C

30. 解答：根据《城市道路路线设计规范》(CJJ 193—2012) 第 7.4.1 条。

答案：D

31. 解答：应满足圆曲线最小长度的要求，根据《城市道路路线设计规范》(CJJ 193—2012)表 6.3.4，40km/h 的次干路，最小平曲线长度为 110m。

$110/(2 \times 3.14) \times (360/8.5°) = 742$m

答案：D

32. 解答：根据《城市道路交叉口设计规程》(CJJ 152—2010) 表 3.1.4 机非混行，立 B 类。第 5.6.2 条，机非立交，直行非机动车流量为 2000 辆/h，可能的通行能力为 1450。第 5.6.4 条，互通立交宜采用 II2 级，根据表 5.6.3，比率 $a = 0.63$。则 $1450 \times 0.63 = 914$pcu/h。

答案：C

33. 解答：根据《城市道路路基设计规范》(CJJ 194—2013) 第 6.2.4 条。

答案：B

34. 解答：根据《城镇道路路面设计规范》(CJJ169—2012) 第 5.2.2 条第 3 款，长大陡纵坡路段，应该提高一个交通等级进行设计。根据表 5.2.2-3，1-3 区，从中交通提高到重交通，中面层动稳定度 ⩾3000 次/mm。

答案：D

35. 解答：根据《城市工程管线综合规划规范》(GB 50289—2016) 第 3.0.1 条，B、C、D 项符合规范要求。

答案：A

36. 解答：根据《城市桥梁设计规范》(CJJ 11—2011) 第 9.5.1 条，人行道或安全带临空侧的栏杆高度不应小于 1.10m，非机动车道临空侧栏杆高度不应小于 1.40m，栏杆竖直构件间的最大净间距不得大于 110mm，不宜采用有蹬踏面的结构。

答案：C

37. 解答：根据《城市道路交通标志和标线设置规范》(GB 51038—2015) 第 9.1.2 条第 3 款。

答案：B

38. 解答：根据《城市地下道路工程设计规范》(CJJ 221—2015) 第 5.2.2 条表 5.2.2 及第 1 款，C 项正确。

答案：C

39. 解答：根据《城市人行天桥与人行地道技术规范》(CJJ 69—95) 第 2.2.2 条、第 2.3.1 条第 4 款、第 2.3.3 条第 1 款。

答案：D

40. 解答：根据《市政公用工程设计文件编制深度规定》(2013 年版) 编制说明。

答案：D

41. 解答：根据《城镇化地区公路工程技术标准》(JTG 2112—2021) 第 4.2.1 条，主路车道宽度 3.5m，A 项正确；第 4.2.4 条，B 项正确；第 4.2.3 条，C 项错误；第 4.2.2 条，D 项错误。

答案：AB

42. 解答：根据《小交通量农村公路工程技术标准》(JTG 2111—2019) 第 3.1.1 条第 1 款，A 项正确，第 2 款，B 项错误；第 3.1.2 条，C 项错误，应为单车道；第 3.1.2 条第 1 款，D 项正确。

答案：AD

43. 解答：根据《公路路线设计规范》(JTG D20—2017) 第 12.5.5 条，"必须斜交时，其交叉的锐角不宜小于 30°"，包含等于 30°，故 A 项错误；第 12.5.1 条，B 项正确；第 12.3.1 条，C 项正确；第 12.4.3 条，D 项正确。

答案：BCD

44. 解答：根据《公路路线设计规范》(JTG D20—2017) 第 5.0.5 条第 1 款，A 项正确，第 7 款，B 项正确，第 5 款，C 项正确，第 5.0.6 条第 1 款，D 项错误。

答案：ABC

45. 解答：根据《公路路基设计规范》(JTG D30—2015)第 7.3.3 条，A、C 项正确；第 7.3.1 条，B、D 项错误。

答案：AC

46. 解答：根据《公路滑坡防治设计规范》(JTG/T 3334—2018)第 3.2.3 条，安全等级I级；第 5.2.3 条，安全系数取 1.3；第 5.1.5 条，B、C 项满足题意。

答案：BC

47. 解答：根据《公路路基设计规范》(JTG D30—2015)第 5.4.1 条，A 项正确、B 项错误；第 5.4.3 条，C 项错误、D 项正确。

答案：AD

48. 解答：根据《公路水泥混凝土路面设计规范》(JTG D40—2011)第 8.6.3 条。

答案：ACD

注意：本题答案不在《公路沥青路面设计规范》(JTG D50—2017)中。

49. 解答：根据《公路沥青路面设计规范》(JTG D50—2017)第 6.3.2 条，B、D 项正确。

答案：BD

50. 解答：根据《公路水泥混凝土路面设计规范》(JTG D40—2011)第 5.3.4 条，A 项正确；第 5.2.1 条第 1 款，B 项错误；第 5.3.1 条，C 项正确；第 5.3.2 条，D 项正确。

答案：ACD

51. 解答：根据《公路钢筋混凝土及预应力混凝土桥涵设计规范》(JTG 3362—2018)表 9.1.1，第 9.3.1、9.3.7、9.4.1 条。混凝土的最小保护层厚度为 35mm，A 项错误。

答案：BCD

52. 解答：根据《公路工程水文勘测设计规范》(JTG C30—2015)第 8.1.1 条，墩台冲刷应包括河床自然演变冲刷、一般冲刷和局部冲刷三部分。

答案：ABD

53. 解答：根据《公路钢结构桥梁设计规范》(JTG D64—2015)第 11.5.1、11.5.2 条，焊钉连接件的最大中心间距不宜大于 3 倍混凝土板厚度且不宜大于 300mm，B 项错误。

答案：ACD

54. 解答：根据《公路隧道设计规范 第二册 交通工程与附属设施》(JTG D70/2—2014)第 5.1.1 条，A、B、D 项正确。

答案：ABD

55. 解答：根据《公路水下隧道设计规范》(JTG/T 3371—2022)第 5.3.7 条第 2 款，A 项正确；第 3 款，B 项错误；第 4 款，C 项正确；第 1 款，D 项正确。

答案：ACD

56. 解答：根据《公路路线设计规范》（JTG D20—2017）第 10.2.3 条第 1 款。

答案：ABC

57. 解答：根据《公路立体交叉设计细则》（JTG/T D21—2014）第 7.3.1 条。

答案：ABD

58. 解答：根据《公路立体交叉设计细则》（JTG/T D21—2014）第 10.6.2 条第 4 款。

答案：AC

59. 解答：根据《公路隧道设计规范 第二册 交通工程与附属设施》（JTG D70/2—2014）第 10.2.6 条，A 项正确；第 10.2.7 条第 3 款，B 项错误；第 10.2.3 条第 2 款，C 项正确；第 10.2.7 条第 1 款，D 项正确。

答案：ACD

60. 解答：根据《公路工程建设项目概算预算编制办法》（JTG 3830—2018）第 3.1.6 条第 4 款。

答案：ACD

61. 解答：根据《城市道路工程设计规范》（CJJ 37—2012）（2016 年版）第 10.2.3 条，A 项正确；第 10.3.2 条第 5 款，B 项正确；第 10.2.3 条第 3 款，C 项错误；第 10.3.2 条第 2 款，D 项正确。

根据《城市道路交叉口设计规程》（CJJ 152—2010）第 4.4.7 条第 2 款，D 项正确。

答案：ABD

62. 解答：根据《城市道路交叉口设计规程》（CJJ 152—2010）第 5.5.1 条，B 项正确；第 5.4.2 条，C 项正确；第 5.5.4 条，D 项正确。

答案：BCD

63. 解答：根据《城市道路工程设计规范》（CJJ 37—2012）（2016 年版）第 5.3.2 条第 2 款。

答案：ABD

64. 解答：根据《城市道路交叉口设计规程》（CJJ 152—2010）附录 A.0.2 表 A.0.2-1。

答案：ABD

65. 解答：根据《城市道路路基设计规范》（CJJ 194—2013）表 6.4.6-3，A、C 项错误，B、D 项正确。

答案：BD

66. 解答：根据《城镇道路路面设计规范》（CJJ 169—2012）第 4.2.1、5.3.6 条。

答案：ABD

67. 解答：根据《城市工程管线综合规划规范》（GB 50289—2016）第 5.0.1 条，A 项正确；第 5.0.3 条，B 项正确；第 5.0.4 条，C 项正确；第 5.0.9 条，应为 9m，D 项错误。

答案：ABC

68. 解答：根据《城市地下道路工程设计规范》(CJJ 221—2015）第 7.2.3 条，A、D 项正确；第 7.2.9 条，“宜”采用，不是“应”采用，B 项错误；第 8.3.11 条，C 项正确。

《城市道路交通设施设计规范》(GB 50688—2011）第 5.1.4 条也有大概描述，可参考。

答案：ACD

69. 解答：根据《城市道路交叉口设计规程》(CJJ 152—2010）第 4.5.1 条第 1 款，A 项正确。

根据《城市道路工程设计规范》(CJJ 37—2012)(2016 年版）第 9.2.4 条第 1 款，B 项正确；第 3 款，C 项正确；第 2 款，D 项错误。

答案：ABC

70. 解答：根据《城市桥梁设计规范》(CJJ 11—2011）表 3.0.2、表 3.0.14 注、第 3.0.20 条。对特大桥和重要大桥竣工后应进行荷载试验，并应保留作为运行期间监测系统所需要的测点和参数

答案：BCD

注册道路工程师执业资格专业考试模考试卷（六）专业知识（上）
试题解析及参考答案

1. 解答：根据《公路工程技术标准》（JTG B01—2014）表 8.0.2，隧道长度 1100m，为长隧道。根据表 3.4.2，高速公路应采用三级服务水平，再根据表 3.4.2 条第 2 款，长隧道设计服务水平可降低一级，故最低服务水平可采用四级。

答案：C

2. 解答：根据《小交通量农村公路工程技术标准》（JTG 2111—2019）第 3.1.2 条第 2 款，年平均日设计交通量为 350 辆小客车，年平均日设计交通量在 400 辆小客车以下，设计速度 15km/h，故可采用四级公路（Ⅱ类）。根据表 4.0.2，车道数 1 条，车道宽 3.5m，路肩宽 0.5m，不设加宽的路基宽度为 4.5m。圆曲线半径 150m，根据表 4.0.8，加宽值为 0.25m，故最小路基宽度 $4.5 + 0.25 = 4.75$m。

答案：C

3. 解答：根据《公路路线设计规范》（JTG D20—2017）第 9.6.2 条第 5 款，隧道内外路基宽度不一致时，应在隧道进口外设置不小于 3s 设计速度形成长度的过渡段，且过渡段的最小长度不应小于 50m。设计速度 40km/h，对应 3s 行程长度为 33.3m，（< 50m），应取 50m。

《公路工程技术标准》（JTG B01—2014）第 8.0.4 条第 3 款，与以上规定一致。

答案：D

4. 解答：根据《公路路线设计规范》（JTG D20—2017）第 8.5.2 条，冬季路面有结冰、积雪的地区，合成坡度必须小于 8%。根据表 8.2.1，60km/h 的设计速度公路最大纵坡 6%；第 8.2.2 条，纵坡应折减，折减后最大纵坡 4%。故经计算可采用的最大横坡为$(64 - 16)^{1/2} = 6.93\%$。根据表 7.5.1，积雪冰冻地区最大超高值为 6%。再查表 7.3.2，60km/h，最大超高值 6%对应的圆曲线最小半径极限值为 135m。

答案：C

5. 解答：根据《公路交通安全设施设计规范》（JTG D81—2017）图 6.2.4，为Ⅱ区阴影范围；按第 6.2.4 条，事故严重程度等级为中；按表 6.2.10，路基护栏等级选三（A）级。按《公路工程技术标准》（JTG B01—2014）表 4.0.17，积雪冰冻地区最大超高 6%对应最小圆曲线半径为 270m，275m 接近最小半径的路线外侧，提高一个等级，取四（SB）级。

答案：C

6. 解答：根据《公路路线设计规范》（JTG D20—2017）第 8.3.3 条，A 项应根据载重汽车，不是标准车型。根据表 8.3.1 和第 8.3.3 条第 1 款，B 项正确。根据表 8.3.2，纵坡为 4%，对应的最大坡长为 800m，C 项错误。根据表 8.3.5，平均纵坡 3.5%，连续坡长超过 9.3km 才需要安全性评价，D 项错误。

答案：B

7. 解答：根据《小交通量农村公路工程技术标准》（JTG 2111—2019）第 5.0.4 条第 5 款，路床顶面回弹模量值不应低于 30MPa。

根据《小交通量农村公路工程技术标准》（JTG 2111—2019）第 3.1.1 条第 2 款，小交通农村公路交通组成中有大型、重载车辆时，应按现行《公路工程技术标准》（JTG B01—2014）执行。

答案：B

8. 解答： 根据《公路软土地基路堤设计与施工技术细则》（JTG/T D31-02—2013）第 5.1.5 条。

答案：B

9. 解答： 根据《公路路基设计规范》（JTG D30—2015）第 3.2.8 条。

答案：B

10. 解答： 根据《公路路基设计规范》（JTG D30—2015）表 3.1.3，二级公路路基设计洪水频率为 1/50，一级公路为 1/100。表注内容，区域内唯一救灾通道的公路提高一个等级公路的标准，故为 1/100。

答案：C

11. 解答： 根据《公路排水设计规范》（JTG/T D33—2012）第 5.1.4 条，应设置排水垫层。

答案：B

12. 解答： 根据《公路沥青路面设计规范》（JTG D50—2017）表 6.2.1 条。

答案：C

13. 解答： 根据《公路水泥混凝土路面设计规范》（JTG D40—2011）第 7.3.1 条，水泥最小用量为：

$200 \times 12 \times 0.3 \times (170 \div 1000) = 122.4\text{t}$

答案：B

14. 解答： 根据《公路沥青路面设计规范》（JTG D50—2017）第 4.5.3 条，为防水层。

答案：B

15. 解答： 根据《公路钢结构桥梁设计规范》（JTG D64—2015）表 5.1.4，桥梁主桁架仅受拉力的弦杆的容许最大长细比为 130。

答案：B

16. 解答： 根据《公路钢筋混凝土及预应力混凝土桥涵设计规范》（JTG 3362—2018）第 9.3.1 条，在装配式 T 梁桥中，应设置跨端和跨间横隔梁。当梁间横向采用刚性连接时，横隔梁间距不应大于 10m，B 项不符合规定。

答案：B

17. 解答： 根据《公路工程水文勘测设计规范》（JTG C30—2015）第 6.2.1 条第 5 款，计算洪水频率时，实测洪水流量系列不宜少于 30 年，且应有历史洪水调查和考证成果。

答案：B

18. 解答： 根据《公路隧道设计规范 第一册 土建工程》（JTG 3370.1—2018）第 4.3.6 条。$120 \times 3 \times 2 \times 1000/3600 = 200\text{m}$

答案：D

19. 解答：根据《公路水下隧道设计规范》（JTG/T 3371—2022）第 5.2.6 条。

$77.78 + 0.5 = 78.28\text{m}$

答案：C

20. 解答：根据《公路工程技术标准》（JTG B01—2014）第 8.0.5 条。

$80 \times 1000/3600 \times 6 = 133\text{m}$

答案：C

21. 解答：根据《公路路线设计规范》（JTG D20—2017）表 10.5.3-1，始速 20km/h，设计速度 100km/h，对应的加速车道长为 230m。

答案：D

22. 解答：根据《公路立体交叉设计细则》（JTG/T D21—2014）第 2.6 条第 2 款，宜采用 1.1～1.2 的系数进行修订，选项中仅 B 符合。

答案：B

23. 解答：根据《公路立体交叉设计细则》（JTG/T D21—2014）第 8.2.1 条，积雪冰冻地区匝道圆曲线半径不应小于表 8.2.1 的一般值。设计速度 40km/h 对应圆曲线半径一般值为 60m，排除 A、B 项。第 8.3.2 条，积雪冰冻地区合成坡度不应大于 7.5%，排除 D 项。

答案：C

24. 解答：根据《公路交通安全设施设计规范》（JTG D81—2017）第 11.2.3 条，避险车道入口之前的识别视距条件受限制时应大于 1.25 倍的主线停车视距。

根据《公路路线设计规范》（JTG D20—2017）表 7.9.4，货车停车视距为 190m。

则此避险车道入口处大货车识别视距的最小值为：$190 \times 1.25 = 237.5\text{m}$。

答案：C

25. 解答：根据《公路隧道设计规范 第二册 交通工程与附属设施》（JTG D70/2—2014）第 5.6.5 条，A 项正确；第 5.5.1 条，B 项正确；第 5.5.4 条，C 项错误；第 5.5.2 条，D 项正确。

答案：C

26. 解答：根据《公路工程建设项目概算预算编制办法》（JTG 3830—2018）第 3.3.2 条第 1、2、4款。

答案：A

27. 解答：根据《公路工程建设项目概算预算编制办法》（JTG 3830—2018）第 3.3.2 条第 4 款。

答案：C

28. 解答：根据《城市道路交通工程项目规范》（GB55011—2021）第 2.0.3、2.0.4 条，A 项不满足规范规定。

答案：A

29. 解答： 根据《城市道路工程设计规范》(CJJ37—2012)(2016 年版) 表 5.3.5。

分车带宽度 = 路缘带宽度 + 安全带宽度 + 分隔带宽度 = 0.5 + 0.25 + 2 + 0.25 + 0.25 = 3.25m

其中，主线侧路缘带宽度为 0.5m，辅道侧为 0.25m。

答案：C

30. 解答： 根据《城市道路工程设计规范》(CJJ 37—2012)(2016 年版) 表 3.5.2，路面结构设计工作年限为 15 年；第 12.2.2 条，路基顶面设计回弹模量不小于 30MPa。

答案：B

31. 解答： 根据《城市道路路线设计规范》(CJJ 193—2012) 根据表 6.3.3-1，60km/h 对应的不设缓和曲线圆曲线半径为 1000m。

第 6.3.4 条第 2 款，转角小于 7°，平曲线最小长度为 700/6°15′ = 112m。

根据平曲线长度反算圆曲线半径：

$$\frac{\pi R}{180} \times 6°15' = 112$$

$$R = \frac{180 \times 112}{6°15' \times \pi} = 1026.7\text{m} > 1000\text{m}$$

取整为 1030。

答案：D

32. 解答： 根据《城市道路交叉口设计规程》(CJJ 152—2010) 第 4.4.4 条，交叉口公交停靠站的纵坡不应大于 2%。

答案：B

注意： 本题根据《城市道路路线设计规范》(CJJ 193—2012) 第 9.2.8 条，平面交叉口范围内的道路纵坡不宜大于 2.5%，困难情况不应大于 3%。第 7.2.3 条，平原地区城市主干路一般会考虑非机动车道，纵坡不宜大于 2.5%，看起来 C 项也正确。但是题干明确“交叉口出口道设置一处公交停靠站”适用规范为《城市道路交叉口设计规程》(CJJ 152—2010)。

33. 解答： 根据《城市道路交叉口设计规程》(CJJ 152—2010) 第 5.4.3 条，应设辅助车道并连接。

答案：A

34. 解答： 根据《城市道路路基设计规范》(CJJ 194—2013) 第 4.3.2 条，A、D 项错误；第 4.3.1 条，B 项错误、C 项正确。

答案：C

35. 解答： 根据《城镇道路路面设计规范》(CJJ 169—2012) 表 5.2.2-2。

答案：D

36. 解答：根据《无障碍设计规范》（GB 50763—2012）第 4.4.2 条第 2 款，A 项正确；第 4.4.1 条，B 项错误；第 4.4.2 条第 2 款，C 项错误；第 4.4.3 条第 1 款，D 项错误。

答案：A

37. 解答：根据《城市桥梁设计规范》（CJJ 11—2011）（2019 年版）表 6.0.7，路缘石高度不得小于 40cm，且人行道宽度不得小于 2m。

答案：D

38. 解答：根据《城市道路交通标志和标线设置规范》（GB 51038—2015）第 14.3.4、14.2.3 条，渐变段长L为 30m，路宽缩减终点标线延长距离D为 20m。

答案：B

39. 解答：根据《城市地下道路工程设计规范》（CJJ 221—2015）表 3.1.4。

答案：C

40. 解答：根据《城市人行天桥与人行地道技术规范》（CJJ 69—95）第 2.4.5、2.4.6、2.4.7、2.2.4 条。天桥与地道的布局既要利于提高行人过街安全度，又要提高机动车道的通行能力。地面梯口不应占人行步道的空间，特殊困难处，人行步道至少应保留 1.5m 宽，应与附近大型公共建筑出入口结合，并在出入口留有人流集散用地，B 项不符合规定。

答案：B

41. 解答：根据《公路路线设计规范》（JTG D20—2017）第 7.5.5 条，A 项错误，B、C 项正确；第 8.4.2 条，D 项正确。

答案：BCD

42. 解答：根据《公路路线设计规范》（JTG D20—2017）第 8.3.5 条，B、C 项正确。

答案：BC

43. 解答：根据《公路工程技术标准》（JTG B01—2014）表 4.0.2，A 项正确。

根据《城镇化地区公路工程技术标准》（JTG 2112—2012）第 4.2.3 条，C 项正确；第 3.5.3 条，60km/h，为作为集散或者与主干路相连接的一级公路；根据表 4.2.6，右侧硬路肩宽度可采用 0.75m，B 项正确。第 4.2.5 条第 2 款，D 项错误。

答案：ABC

44. 解答：《公路路线设计规范》（JTG D20—2017）第 6.6.2 条第 5 款，净高应为 5m，A 项错误；第 2 款，C 应为 0.5m，B 项错误。

根据《公路隧道设计规范》（JTG 3370.1—2018）表 4.4.1，基本宽度应为 10.75m，C 项错误；第 4.4.2 条，D 项正确。

答案：BD

45. 解答：根据《公路路线设计规范》（JTG D20—2017）第 9.4.5 条，有条件的地区或路段符合的是 A、B 项。C、D 项不属于有条件的地区或路段。

答案：AB

46. 解答：根据《公路路基设计规范》(JTG D30—2015) 第 3.1.4 条，A 项正确；第 5.3.9 条，B 项错误；第 5.3.1 条，C 项正确；第 3.3.5 条第 3 款，D 项正确。

答案：ACD

47. 解答：根据《公路软土地基路堤设计与施工技术细则》(JTG/T D31-02—2013) 第 4.1.2 条，A 项错误；第 4.1.1 条，B 项正确；第 4.1.3 条，C 项正确；第 4.1.4 条，D 项正确。

答案：BCD

48. 解答：根据《公路水泥混凝土路面设计规范》(JTG D40—2011) 第 5.2.1 条第 1 款，A 项错误；第 5.2.1 条第 2、3 款，B、D 项正确，C 项错误。

答案：BD

49. 解答：根据《公路沥青路面设计规范》(JTG D50—2017) 第 4.2.6 条，A 项错误。

答案：BCD

50. 解答：根据《公路沥青路面设计规范》(JTG D50—2017) 第 5.5.7 条，A 项错误，应为 1500次/mm；根据表 5.5.7 注 2，当其他月份平均最高气温高于 7 月时，可使用该月平均气温，D 项错误。

答案：BC

51. 解答：根据《公路桥涵设计通用规范》(JTG D60—2015) 第 4.3.7 条，疲劳荷载计算模型I应采用等效的车道荷载，集中荷载为 $0.7p_k$，均布荷载为 $0.3q_k$，A 项错误。

答案：BCD

52. 解答：根据《公路工程水文勘测设计规范》(JTG C30—2015) 第 4.1.3、4.2.2、4.2.6、4.3.2 条，路线通过泥石流堆积扇群时，桥位宜选在各沟出山口处或横切各扇缘尾部，B 项错误。

答案：ACD

53. 解答：根据《公路隧道加固技术规范》(JTG/T 5440—2018) 第 7.6.3 条，A 项正确；第 7.6.5 条，B 项错误；第 7.7.9 条第 2 款及第 7.7.4 条，C 项错误；第 7.7.9 条第 5 款，D 项正确。

答案：AD

54. 解答：根据《公路隧道抗震设计规范》(JTG 2232—2019) 第 10.4.5 条第 1 款，A 项正确；第 2 款，B 项错误；第 4 款，C 项正确；第 5 款，D 项正确。

答案：ACD

55. 解答：根据《公路路线设计规范》(JTG D20—2017) 第 10.1.6 条，A、C 项正确。B 项应为“必须”进行渠化设计，D 项应为“宜”进行渠化设计。

答案：AC

56. 解答：根据《公路立体交叉设计细则》（JTG/T D21—2014）第 6.5.5 条，A、C 项正确。

答案：AC

57. 解答：根据《公路立体交叉设计细则》（JTG/T D21—2014）第 8.3.4 条，C 项错误。

答案：ABD

58. 解答：根据《公路隧道设计规范 第二册 交通工程与附属设施》（JTG D70/2—2014）第 6.1.5条。

答案：ACD

59. 解答：根据《公路隧道设计规范 第二册 交通工程与附属设施》（JTG D70/2—2014）表 3.0.2，附属设施配置等级为 A 或 A+；表 3.0.3-1，A、B、C 项正确。

答案：ABC

60. 解答：根据《公路工程建设项目概算预算编制办法》（JTG 3830—2018）第 3.3.4 条。

答案：ACD

61. 解答：根据《城市道路工程设计规范》（CJJ 37—2012）（2016 年版）第 10.2.2 条第 1、3 款，A、B、C 项正确。其中，专用车道宽度不应小于 3.5m，本题为 4.0m，满足规范规定。物理隔离不大于 300m，D 项错误。

答案：ABC

62. 解答：根据《城市道路工程设计规范》（CJJ37—2012）（2016 年版）第 12.3.1 条第 2 款，基层应满足强度、扩散应力的能力（承载力）、水稳定性、抗冻性要求。

答案：CD

注意：此题在《城镇道路路面设计规范》（CJJ 169—2012）第 4.3.3 条第 1 款无原文，但是也能选出正确答案。

63. 解答：根据《城市道路路线设计规范》（CJJ 193—2012）第 6.3.2 条条文解释，将各选项参数代入公式$R=\frac{V^2}{127(\mu+i)}$进行计算，D 项计算结果为 117.7m（>100m），不满足。其余选项均满足。

答案：ABC

64. 解答：根据《城市道路交叉口设计规程》（CJJ 152—2010）表 3.1.4，立 A_1 类、立 A_2 类符合。

答案：AB

65. 解答：根据《城市道路交叉口设计规程》（CJJ 152—2010）第 3.3.3 条，直行速度为 $0.7v=42$km/h，A 项符合规范规定。根据第 4.3.1 条，交叉口范围曲线半径不宜小于不设超高的最小圆曲线半径。根据《城市道路路线设计规范》（CJJ 193—2012）第 6.3.2 条，60km/h 对应不设超高的最小圆曲线半径为 600m，故 B 项不满足规范规定。

根据《城市道路交叉口设计规程》（CJJ 152—2010）第 4.3.4 条，2.4%<2.5%，C 项满足规范要求；第 3.3.3、4.3.3 条，60km/h，对应的停车视距为 75m，D 项不满足规范规定。

答案：AC

66. 解答： 根据《城市道路路基设计规范》（CJJ 194—2013）表 7.4.4-2。

答案：ABC

67. 解答： 根据《城镇道路路面设计规范》（CJJ 169—2012）表 4.3.5，A 项应为 112 次，C 项为实测。

答案：BD

68. 解答： 根据《城市道路交通设施设计规范》（GB 50688—2011）（2019 年版）第 7.2.7 条第 4 款。因桥梁线形、桥梁高度、桥下水深、车辆构成、交通量或其他不利现场条件等因素易造成更严重碰撞后果的路段应设置桥梁防撞护栏。

答案：ACD

69. 解答： 根据《城市道路交通标志和标线设置规范》（GB 51038—2015）第 4.2.9 条。

答案：ABD

70. 解答： 根据《城市地下道路工程设计规范》（CJJ 221—2015）第 4.3.3 条，A 项正确；第 4.3.5 条及《城市道路工程设计规范》（CJJ 37—2012）（2016 年版）表 5.3.4，B 项错误；第 4.3.4 条，C 项正确；第 4.2.3 条，D 项错误，是必须设置防撞护栏，而不是设置隔离护栏。

答案：AC

注册道路工程师执业资格专业考试模考试卷（六）专业知识（下）

试题解析及参考答案

1. 解答： 根据《公路路线设计规范》（JTG D20—2017）表 7.9.5，设计速度为 80km/h 时对应的识别视距为 230m。第 2 款说明：受地形、地质等条件限制路段，识别视距可采用 1.25 倍的停车视距。查表 7.9.1，停车视距为 110m，则主线出口段最小识别视距的取值为：$110 \times 1.25 = 137.5$m。

答案：A

2. 解答： 根据《城镇化地区公路工程技术标准》（JTG2112—2021）第 4.2.6 条第 3 款，设置辅路的一级公路，主路单向机动车道数大于或等于 3 条时，右侧硬路肩宽度最小值可采用表 4.2.6 规定的最小值。查表 4.2.6，右侧硬路肩宽度的最小值为 1.0m。

答案：C

3. 解答： 根据《公路路线设计规范》（JTG D20—2017）表 7.8.1，设计速度为 120km/h 时对应的最小平曲线半径$R = 600$m；第 7.8.2 条，当路线转角小于或等于 7°时，应设置较长的平曲线，其长度应大于表 7.8.2 中规定的"一般值"，即$R \geqslant 1400/\Delta = 700$m。（此处需注意当$\Delta < 2°$时，按$\Delta = 2°$计算）

答案：C

4. 解答： 根据《公路路线设计规范》（JTG D20—2017）第 9.6.1 条第 1 款、第 2 款，A、B 项正确；第 9.6.2 条第 2 款，C 项正确；第 9.6.2 条第 5 款，D 项错误。

答案：D

5. 解答： 根据《公路路线设计规范》（JTG D20—2017）第 7.10.2 条，两相邻回头曲线之间的距离，设计速度为 40km/h 时应不小于 200m，选项 A、D 项错误；查表 7.5.1，积雪冰冻地区最大超高值为 6%，查表 7.3.2 对应最小圆曲线半径为 60m，且满足表 7.10.3 要求。

答案：C

6. 解答： 根据《公路软土地基路堤设计与施工技术细则》（JTG/T D31-02—2013）第 5.4.1 条，A 项错误；第 5.11.2 条，B 项错误；第 5.3.1 条，C 项错误；第 5.8.1 条，D 项正确。

答案：D

7. 解答： 根据《公路路基设计规范》（JTG D30—2015）第 3.6.11 条。

答案：B

8. 解答： 根据《公路膨胀土路基设计与施工技术规范》（JTG/T 3331-07—2024）表 5.2.6-2，填料等级为Ⅱ，查表 5.2.7，C 项正确。

答案：C

9. 解答： 根据《公路软土地基路堤设计与施工技术细则》（JTG/T D31-02—2013）第 4.1.3 条。

答案：B

10. 解答：根据《公路水泥混凝土路面设计规范》（JTG D40—2011）第 6.2.3 条第 2 款，横向钢筋应位于纵向钢筋之下，A 项错误；第 6.2.2 条，纵横向钢筋根据直径选择光圆钢筋或螺纹钢筋，纵向和横向钢筋宜采用相同或相近的直径。

答案：D

11. 解答：根据《公路沥青路面设计规范》（JTG D50—2017）表 3.0.3，单轮接地当量圆直径为 213.0mm。

答案：C

12. 解答：根据《公路沥青路面设计规范》（JTG D50—2017）第 7.4.4 条，应根据落锤式弯沉仪测试的最大弯沉值换算既有路面顶面当量回弹模量。

答案：D

13. 解答：根据《公路沥青路面设计规范》（JTG D50—2017）第 4.6.3、4.6.6 条，沥青结合料类材料层与水泥稳定级配碎石基层间应设置封层，宜设置透层。

答案：C

14. 解答：根据《公路钢结构桥梁设计规范》（JTG D64—2015）第 14.0.6 条，在车辆荷载作用下，除验算正交异性钢桥面板的挠跨比外，钢板和铺装合成后钢桥面铺装的挠跨比不应大于 1/1000。

答案：C

15. 解答：根据《公路钢筋混凝土及预应力混凝土桥涵设计规范》（JTG 3362—2018）第 4.5.3 条。

答案：C

16. 解答：根据《公路桥梁抗震设计规范》（JTG/T 2231-01—2020）第 3.5.6、3.4.3、3.1.4、6.4.3 条。在 E1 地震作用下，线性时程法的计算结果不应小于反应谱计算结果的 80%，D 项不符合规定。

答案：D

17. 解答：根据《公路隧道设计规范 第一册 土建工程》（JTG 3370.1—2018）第 17.2.6 条，A 项正确；第 17.2.8 条，B 项正确；第 17.2.4 条，C 项正确；第 17.4.2 条第 3 款，D 项错误。

答案：D

18. 解答：根据《公路隧道设计规范 第二册 交通工程与附属设施》（JTG D70/2—2014）第 10.3.5 条第 2 款，A 项正确；第 3 款，B 项正确。

根据《公路隧道设计规范 第一册 土建工程》（JTG 3370.1—2018）第 4.5.1 条第 3 款，C 项正确；第 2 款，D 项错误。

答案：D

19. 解答：根据《公路隧道设计规范 第一册 土建工程》（JTG 3370.1—2018）第 4.2.1 条，A、B 项正确；第 4.2.4 条，C 项正确；第 4.2.5 条，D 项错误。

答案：D

20. 解答：根据《公路工程技术标准》（JTG B01—2014）第 9.3.6 条，铁路与公路平行相邻时，铁路用地界与高速公路用地界间距不宜小于 30m，与一、二级公路用地界间距不应小于 15m，与三、四级公路用地界间距不应小于 5m。

答案：C

21. 解答：根据《公路路线设计规范》（JTG D20—2017）表 11.3.8-1 或《公路立体交叉设计细则》（JTG/T D21—2014）表 10.2.5、第 10.2.6 第 4 款均可得出：加速段长度为 200m，双车道匝道采用单车道加速车道时，加速车道的长度应增加 10～20m，即最小长度为 200 + (10～20) = 210～220m。

答案：C

22. 解答：根据《公路路线设计规范》（JTG D20—2017）第 12.2.5 条第 6 款，公路与铁路立体交叉范围内的公路视距要求为：高速公路、一级公路应满足停车视距；二级、三级、四级公路应满足会车视距；查表 7.9.2，设计速度 40km/h 的三级公路会车视距最小为 80m。

答案：D

23. 解答：根据《公路立体交叉设计细则》（JTG/T D21—2014）表 8.3.3，凸形竖曲线最小半径一般值为 4500m。

答案：D

注意：此题还有一种理解，认为是考察互通式立体交叉范围内主线的竖曲线最小半径，则应根据《公路立体交叉设计细则》（JTG/T D21—2014）表 5.5.3，凸形竖曲线最小半径一般值为 45000m，据此理解无正确选项。结合工程实际，匝道在分合流鼻端为顺接主线纵断面，必然会设置竖曲线。

24. 解答：根据《公路隧道设计规范 第二册 交通工程与附属设施》（JTG D70/2—2014）第 6.7.3 条，A 项错误；第 6.6.2 条，B 项正确；第 6.6.1 条，C 项错误；第 6.4.1 条，D 项错误。

答案：B

25. 解答：根据《高速公路交通工程及沿线设施设计通用规范》（JTG D80—2006）第 5.4.4 条。

答案：C

26. 解答：根据《公路工程建设项目概算预算编制办法》（JTG 3830—2018）第 3.4.2 条。

答案：B

27. 解答：根据《公路工程建设项目概算预算编制办法》（JTG 3830—2018）第 3.3.2 条第 5 款。

答案：D

28. 解答：根据《城市道路工程设计规范》（CJJ 37—2012）（2016 年版）第 5.3.5 条第 4 款，当需要在道路分隔带中设置雨水调蓄设施时，立缘石的设置形式应满足排水的要求，连续围砌不满足排水要求，因此 B 项错误；由第 6.2.8 条第 2 款，主干路的两侧分隔带断口间距宜大于或等于 300m，路侧带缘石开口距交叉口间距应大于进出口道展宽段长度，查《城市道路交叉口设计规程》（CJJ 152—2010）第 4.2.13 条，无交通量资料时，展宽段最小长度不应小于 70～90m，C、D 项错误；根据《城市道路交叉口设计规程》（CJJ 152—2010）第 4.5.4 条第 4 款，当人行横道长度大于 16m 时，应在人行横道中央设置行人二次过街安全岛，其宽度不应小于2m，困难情况下不得小于1.5m，A项正确。

答案：A

29. 解答： 根据《城市地下道路工程设计规范》（CJJ 221—2015）第5.2.6条，A项错误；第4.3.3条第2款，B项错误；第4.1.2条，C项正确；第5.2.2条，D项错误。

答案：C

30. 解答： 根据《城市道路工程设计规范》（CJJ 37—2012）（2016年版）表5.3.5，设计速度为50km/h时，$W_{mc}=0.25\text{m}$，$W_{sc}=0.25\text{m}$，中间带最小宽度：$W_{sm}=0.25+0.25+2.5+0.25+0.25=3.5\text{m}$。

答案：C

31. 解答： 根据《城市道路交叉口设计规程》（CJJ 152—2010）第5.3.4条第3款，立交匝道超高横坡一般地区最大超高横坡不应超过6%，积雪冰冻地区不应超过3.5%；又根据第5.3.2条条文解释，积雪寒冷区$\mu=0.1$，由公式（5.3.4-1），计算最小超高值：

$$i=\frac{v^2}{127\times R}-u_{\max}=\frac{50^2}{127\times 155}-0.1=2.7\%$$

最大超高3.5%和2.7%两者的较大值。

答案：B

32. 解答： 根据《城市道路路基设计规范》（CJJ 194—2013）第4.6.4条。

答案：B

33. 解答： 根据《城镇道路路面设计规范》（CJJ 169—2012）第5.5.7条第1款。$E=\overline{E}-Z_{\alpha}S=1360-2\times 90=1180\text{MPa}$

答案：A

34. 解答： 根据《无障碍设计规范》（GB 50763—2012）第4.2.3条第2款，A项正确；第4.3.1条第2款，B项正确；第4.4.4条，C项正确；第4.5.1条第2款，D项错误。

答案：D

35. 解答： 根据《城市工程管线综合规划规范》（GB 50289—2016）表5.0.9。

答案：C

36. 解答： 根据《城市道路交通设施设计规范》（GB 50688—2011）（2019年版）表7.2.7。

答案：D

37. 解答： 根据《城市道路交通标志和标线设置规范》（GB 51038—2015）第12.5.1条第4款。

答案：A

38. 解答： 根据《城市地下道路工程设计规范》（CJJ 221—2015）第4.3.10、4.3.8条。

答案：C

39. 解答：根据《城市桥梁设计规范》（CJJ 11—2011）第 3.0.19 条。

答案：D

40. 解答：根据《市政公用工程设计文件编制深度规定》（2013 年版）第三章第 4.5 节。

答案：C

41. 解答：根据《公路工程基本建设项目设计文件编制办法》第 2.0.1 条，公路工程基本建设项目三阶段设计包括初步设计、技术设计和施工图设计。

答案：BCD

42. 解答：根据《公路路线设计规范》（JTG D20—2017）第 6.3.1 条及第 2 款，高速公路、一级公路整体式路基断面必须设置中间带，中间带由两条左侧路缘带和中央分隔带组成，作为集散的一级公路，中央分隔带宽度应根据中间隔离设施的宽度确定。

答案：AB

43. 解答：根据《公路路线设计规范》（JTG D20—2017）第 9.5.3 条，设计速度大于或等于 60km/h 的公路，应注重路线平、纵线形组合设计，设计速度小于或等于 40km/h 的公路，可参照上述要求执行，A 项错误；第 9.7.1 条、第 9.5.5 条、第 9.6.1 条第 2 款，B、C、D 项正确。

答案：BCD

44. 解答：根据《公路路线设计规范》（JTG D20—2017）第 7.4.1 条、第 7.4.2 条第 1 款，路拱横坡 $\leqslant 2\%$，40km/h 对应的不设超高（不设回旋线）的圆曲线半径为 600m，C、D 项正确；第 7.4.2 条第 2 款，设计速度小于 80km/h，大圆半径（R_1）与小圆半径（R_2）之比小于 2.0 时复曲线可不设回旋线，即$R_2 \geqslant 1000/2 = 500$m。根据表 7.4.2，复曲线小圆半径的取值$R_2 \geqslant 250$m，二者取大值，故 B 项正确。

答案：BCD

45. 解答：根据《公路路线设计规范》（JTG D20—2017）表 7.2.3、表 7.5.1，积雪冰冻地区，最大超高 6%，100km/h 对应的圆曲线半半径极限值为 440m，A 项错误；根据表 7.5.4，B 项错误，绕中间带边缘旋转即为绕边线旋转，应为 1/330～1/175；第 7.2.2 条，C 项正确；第 7.9.6 条，D 项正确。

答案：CD

46. 解答：根据《公路滑坡防治设计规范》（JTG/T 3334—2018）第 6.1.5，A 项正确；第 6.2.1 第 1 款，B 项正确，第 2 款，C 项正确；第 6.1.4 第 1 款，D 项正确。

答案：ABD

47. 解答：根据《公路路基设计规范》（JTG D30—2015）第 3.3.3 第 1 款，A 项正确，第 2 款，B 项错误，第 5 款，D 项正确；表 7.11.7，C 项错误。

答案：AD

48. 解答：根据《公路路基设计规范》（JTG D30—2015）第 5.2.1 条。

答案：BD

49. 解答： 根据《公路沥青路面设计规范》（JTG D50—2017）第 7.4.3 条，应同时对既有路面结构层和加铺层进行结构验算，B 项正确、A 项错误；第 7.4.3 条第 2 款，C 项正确；第 7.4.3 条第 1 款，将既有路面简化为由沥青结合料类材料层、无机结合料稳定层或粒料层和路基组成的三层体系，利用弯沉盆反演或芯样实测的方法确定各层结构模量，D 项正确。

答案：BCD

50. 解答： 根据《公路水泥混凝土路面设计规范》（JTG D40—2011）第 5.5.1 条，混凝土路面与桥涵、通道及隧道等固定构造物相衔接的胀缝无法设置传力杆时，可在毗邻构造物的板端部内配置双层钢筋网，或在长度为 6～10 倍板厚的范围内逐渐将板厚增加 20%。

答案：AC

51. 解答： 根据《公路沥青路面设计规范》（JTG D50—2017）第 B.5.1 条，路面低温设计温度（℃），为连续 10 年年最低气温平均值，A 项错误；查表 3.0.6-2 及注释，B、C 项正确，D 项错误。

答案：BC

52. 解答： 根据《公路桥梁抗震设计规范》（JTG/T 2231-01—2020）第 4.1.4 条，公路桥梁宜绕避抗震危险地段，当 C 类桥梁中的大桥和特大桥、B 类桥梁、A 类桥梁必须通过抗震危险地段时，应在工程场地地震安全性评价的基础上研究制定相应的对策。

答案：AB

53. 解答： 根据《公路钢结构桥梁设计规范》（JTG D64—2015）第 11.5.2 条，开孔板孔径不宜小于贯通钢筋与最大骨料粒径之和，B 项错误；当开孔板连接件多排布置时，其横向间距不宜小于开孔板高度的 3 倍，D 项错误。

答案：AC

54. 解答： 根据《公路水下隧道设计规范》（JTG/T 3371—2022）第 5.2.3 条第 1 款，A 项正确；第 5.2.4 条第 4、5 款，B 项错误；第 5.2.3 条第 3 款，C 项正确；第 5.2.4 条第 3 款，D 项正确。

答案：ACD

55. 解答： 根据《公路隧道设计规范 第一册 土建工程》（JTG 3370.1—2018）第 14.3.2 条，A 项正确；第 14.9.2 条，B 项错误；第 14.7.2 条，C 项错误；第 14.4.2、14.4.3 条，D 项正确。

答案：AD

56. 解答： 根据《公路立体交叉设计细则》（JTG/T D21—2014）第 7.3.1 条第 4 款，当减速车道上游或加速车道下游的主线设计小时交通量接近主线设计通行能力时，应对分、合流区通行能力进行验算，当不能满足设计通行能力要求时，宜增加变速车道长度或车道数，必要时，可调整匝道横断面类型。

答案：ABD

57. 解答： 根据《公路立体交叉设计细则》（JTG/T D21—2014）表 8.4.5，鼻端附近匝道竖曲线最小半径$R = 1400$m，当按匝道基本路段设计速度选取的竖曲线最小半径大于表 8.4.5 中值时，应按匝道设计速度取值，查表 8.3.3，$R \geqslant 3000$m。

答案：CD

58. 解答：根据《高速公路交通工程及沿线设施设计通用规范》（JTG D80—2006）表 5.2.2-1，三角形的标志为警告标志和减速让行标志。

答案：BD

59. 解答：根据《公路隧道设计规范 第二册 交通工程与附属设施》（JTG D70/2—2014）第 10.2.2 条第 2 款，A 项正确；第 10.3.9 条第 2 款，B 项正确；第 10.2.6 条，C 项错误；第 10.2.7 条第 1 款，D 项正确。

答案：ABD

60. 解答：根据《公路工程建设项目概算预算编制办法》（JTG 3830—2018）第 3.3.2 条。

答案：AB

61. 解答：根据《城市道路路线设计规范》（CJJ 193—2012）（2016 年版）第 6.6.3 条，当对向行驶的车辆有会车可能时，应采用会车视距；第 6.6.5 条，对设置平纵曲线可能影响行车视距路段，应进行视距验算。

答案：BD

62. 解答：根据《城市道路工程设计规范》（CJJ 37—2012）（2016 年版）第 11.2.5 条第 3 款，机动车停车场的出入口不宜设在主干路上，可设在次干路或支路上，并应远离交叉口，不得设在人行横道、公共交通停靠站及桥隧引道处，出入口的缘石转弯曲线切点距铁路道口的最外侧钢轨外缘不应小于 30m，距人行天桥和人行地道的梯道口不应小于 50m，A 项正确，D 项错误；第 11.2.5 条第 5 款，停车场进出口净宽，单向通行的不应小于 5m，双向通行的不应小于 7m，B 项错误；第 11.2.5 条第 7 款，停车场的竖向设计应与排水相结合，坡度宜为 0.3%～3.0%，C 项正确。

答案：AC

63. 解答：根据《城市道路路线设计规范》（CJJ 193—2012）（2016 年版）第 9.3.6 条，主路应采用相应道路等级的设计速度，匝道及集散车道设计速度宜为主路的 0.4～0.7 倍，即

$$v = 80 \times (0.4 \sim 0.7) = 32 \sim 56\text{km/h}$$

答案：BC

64. 解答：根据《城市道路交叉口设计规程》（CJJ 152—2010）第 5.5.3 条第 4 款，变速车道横断面位置应自主线的路缘带外侧算起，一条变速车道宽度应为 3.5m，A、B 项正确；第 5.5.4 条第 2 款，集散车道可为单车道或双车道，每条车道宽应为 3.5m，C 项错误；第 5.4.1 条，辅助车道用于互通式立交分、合流段，辅助车道的宽度应与直行车道相同，D 项正确。

答案：ABD

65. 解答：根据《城市道路路基设计规范》（CJJ 194—2013）第 7.2.4 条第 1 款，A 项正确，第 5 款，B 项错误，第 6 款，C 项错误；第 6.2.8 条，D 项错误。

答案：BCD

66. 解答：根据《城镇道路路面设计规范》（CJJ 169—2012）第 6.2.2 条，$\gamma_c(\sigma_{pr}+\sigma_{tr}) \leqslant f_r$。

答案：BD

67. 解答：根据《城市工程管线综合规划规范》（GB 50289—2016）表 4.1.1。

答案：CD

68. 解答：根据《城市道路交通设施设计规范》（GB 50688—2011）第 7.2.3 条。

答案：BCD

69. 解答：根据《城市地下道路工程设计规范》（CJJ 221—2015）第 6.4.1 条，A 项正确；第 6.4.3 条，上坡加速要修正，B 项错误；第 6.3.4 条，D 项错误。根据《城市道路交叉口设计规程》（CJJ 152—2010）表 5.5.3-1，C 项正确。

答案：AC

70. 解答：根据《城市桥梁设计规范》（CJJ 11—2011）（2019 年版）表 3.0.2、第 3.0.3 条、表 3.0.9、第 3.0.20 条。多孔跨径总长$L>1000$m 或单孔跨径$L_0>150$m 的桥梁为特大桥，A 项错误；城市桥梁设计宜采用百年一遇的洪水频率，对特别重要的桥梁可提高到 300 年一遇，B 项错误。

答案：CD

注册道路工程师执业资格专业考试模考试卷（七）专业知识（上）

试题解析及参考答案

1. 解答：根据《城镇化地区公路工程技术标准》（JTG 2112—2021）第 4.2.3 条，选项 A、B 错误；根据第 4.2.4 条，选项 C 正确；根据第 4.2.6 条，选项 D 错误，“设置辅路的一级公路，主路单向机动车道数大于或等于 3 条时，右侧硬路肩宽度最小值可采用表 4.2.6 规定的最小值”。

答案：C

2. 解答：根据《公路路线设计规范》（JTG D20—2017）第 2.2.3 条或《公路工程技术标准》（JTG B01—2014）第 3.5.1 条。

答案：B

3. 解答：根据《公路路线设计规范》（JTG D20—2017）第 8.3.5 条。

答案：B

4. 解答：根据《小交通量农村公路工程技术标准》（JTG 2111—2019）第 3.1.2 条第 2 款，应采用四级公路（Ⅱ类），查表 4.0.3，错车道行车道宽度为 6.0m，错车道路肩宽度可取 0.25m，则路基宽度为 $6.0 + 0.25 \times 2 = 6.5$m。

答案：C

5. 解答：根据《公路路线设计规范》（JTG D20—2017）第 6.6.2 条：三级公路的侧向宽度为路肩宽度减去 0.25m，选项 A 错误；根据第 6.6.2 条第 5 款及第 6.6.4 条第 2 款：三级公路、四级公路的路面采用沥青贯入、沥青碎石、沥青表面处治或采用砂石路面时，净空高度宜预留 20cm，选项 B 错误；根据第 6.6.2 条第 7 款为“应”，选项 C 错误；根据第 6.6.3 条第 2 款，选项 D 正确。（注意《公路路线设计规范》（JTG D20—2017）及《公路工程技术标准》（JTG B01—2014）均有关于建筑限界的内容，而前者更为详细、全面。）

答案：D

6. 解答：根据《公路路线设计规范》（JTG D20—2017）第 7.6.1 条第 3 款及表 7.6.1 注释，单车道公路路面加宽值应为表中规定值的一半，即 0.3m，选项 A 错误；根据第 7.6.1 条 2 款，选项 B 正确；根据第 7.6.1 条第 3 款，选项 C 错误；根据第 7.7.2 条第 2 款，“且不小于 10m”，选项 D 错误。

答案：B

7. 解答：根据《公路工程抗震规范》（JTG B02—2013）第 3.2.1 条第 1 款。

答案：D

8. 解答：根据《公路软土地基路堤设计与施工技术细则》（JTG/T D31-02—2013）第 3.1.3 条。

答案：A

9. 解答：根据《公路路基设计规范》（JTG D30—2015）第 5.3.1 条。

答案：C

10. 解答：根据《公路滑坡防治设计规范》（JTG/T 3334—2018）第 4.1.2、4.1.3 条，选项 BCD 项均为潜在滑坡，选项 A 正确。

答案：A

11. 解答：根据《公路沥青路面设计规范》（JTG D50—2017）第 5.3.7 条，粒料层的回弹模量在结构验算时应乘以 1.6～2.0 的湿度系数。则：200 × (1.6～2.0) = 320～400MPa。

答案：B

12. 解答：根据《公路沥青路面设计规范》（JTG D50—2017）第 3.0.7 条中关于抗滑技术要求。

答案：D

13. 解答：广东属于非冻地区，根据《公路水泥混凝土路面设计规范》（JTG D40—2011）第 7.4.3 条，水泥用量为：200 × 9 × 0.3 × 360 ÷ 1000 = 194.4t。

答案：C

14. 解答：根据《公路水泥混凝土路面设计规范》（JTG D40—2011）表 4.5.6 下注解。

答案：A

15. 解答：根据《公路桥涵设计通用规范》（JTG D60—2015）第 1.0.3 条，设计基准期为 100 年。根据第 1.0.4、1.0.5 条：桥梁跨径总长 = 3 × 25 = 75m，最大单孔跨径为 25m，属于中桥，一级公路上中桥设计使用年限不应低于 100 年。

答案：B

16. 解答：根据《公路桥涵设计通用规范》（JTG D60—2015）第 3.5.1、1.0.4 条及第 3.1.2 条第 3 款，选项 ABD 错误，选项 C 正确。

答案：C

17. 解答：根据《公路钢筋混凝土及预应力混凝土桥涵设计规范》（JTG 3362—2018）第 5.3.1 条，$L/b = 20/1 = 20$，查表得 0.75。

答案：C

18. 解答：根据《公路隧道设计规范 第一册》（JTG 3370.1—2018）第 8.2.10 条。

答案：A

19. 解答：根据《公路水下隧道设计规范》（JTG/T 3371—2022）第 4.3.1 条。注意非水下隧道此厚度在《公路隧道设计规范 第一册》（JTG 3370.1—2018）中规定是 1.0mm。

答案：B

20. 解答：根据《公路隧道设计规范 第二册》（JTG D70/2—2014）第 4.2.16 条第 3 款。

答案：D

21. 解答： 根据《公路路线设计规范》（JTG D20—2017）第 3.3.4 条，查表$K = 0.12$，二级公路$DHV = AADT \times K = 7000 \times 0.12 = 840veh/h$，根据第 10.1.3 条第 3 款应采用信号交叉交通管理方式。

答案：B

22. 解答： 根据《公路路线设计规范》（JTG D20—2017）第 10.3.1 条，引道视距应取各自设计速度对应的停车视距。查表 7.9.1 及表 7.9.2 可知选项 A 正确。

答案：A

23. 解答： 根据《公路立体交叉设计细则》（JTGT D21—2014）第 5.6.1、5.6.2 条，根据出口形式和分流方向一致性原则，选项 A 存在左右分流，选项 B 存在左右分流，选项 D 存在主线连续分流。

答案：C

24. 解答： 根据《公路交通安全设施设计规范》（JTG D81—2017）第 5.2.6 条。

答案：C

25. 解答： 根据《公路交通安全设施设计规范》（JTG D81—2017）第 6.2.6 条，双向 8 车道高速公路，设计时速 80km，左侧未设置硬路肩，中间带小于 2.5m，中间带内设有桥墩障碍物，需设置分设型中央分隔带护栏，且事故严重程度等级为中，查表 6.2.10，中央分隔带护栏防护等级选取四（SBm）级。25t 以上货车占比大于 20%，根据第 6.2.11 条，防护等级宜提高一级，为 SAm 级。查表 6.3.4-3，对应 SAm 混凝土护栏高度为 100cm。

答案：C

26. 解答： 根据《公路工程建设项目概算预算编制办法》（JTG 3830—2018）第 3.3.5 条。

答案：C

27. 解答： 根据《公路工程建设项目概算预算编制办法》（JTG 3830—2018）第 3.4.2 条。

答案：B

28. 解答： 根据《城市道路路线设计规范》（CJJ 193—2012）第 4.2.3 条。

答案：A

29. 解答： 根据《城市道路工程设计规范》（CJJ 37—2012）（2016 年）第 3.5.2 条。

答案：A

30. 解答： 根据《城市道路工程设计规范》（CJJ 37—2012）（2016 年版）第 5.3.5 条，$W_{sc} = 0.25m$，$W_{mc} = 0.5m$，则$W_{sm} = 0.5 + 0.25 + 2.0 + 0.25 + 0.5 = 3.5m$。

答案：D

31. 解答： 根据《城市道路路基设计规范》（CJJ 194—2013）第 4.2.1，4.2.2 条，路基应处于干燥或中湿状态，可知黏质土的稠度界限值为 0.95。

答案：B

32. 解答：根据《城镇道路路面设计规范》（CJJ 169—2012）表 3.2.8-2 注释，交叉口范围属于特殊路段。

答案：C

33. 解答：根据《城市桥梁设计规范》（CJJ 11—2011）（2019 年版）第 4.0.7、4.0.8 条。

答案：D

34. 解答：根据《城市桥梁设计规范》（CJJ 11—2011）（2019 年版）第 8.1.4 条，设计速度小于 60km/h 时，最小的安全带宽度为 25cm。

答案：B

35. 解答：根据《城市地下道路工程设计规范》（CJJ 221—2015）第 4.2.3 条，短距离城市地下道路，设计速度可以大于等于 50km/h，应设中央防撞设施，不是中央安全隔离措施；设计速度小于 50km/h，应采用中央安全隔离措施，因此，选项 B 正确。

答案：B

36. 解答：根据《城市道路交叉口设计规程》（CJJ 152—2010）第 5.5.2 条条文说明，选项 AB 正确；根据第 5.5.2 条，选项 C 错误，“减速车道宜采用直接式”；根据第 5.5.2 条条文说明，选项 D 正确。

答案：C

37. 解答：根据《城市道路交叉口设计规程》（CJJ 152—2010）第 3.3.3 条，“在交叉口视距三角形验算时，进口道直行车设计速度应与相应道路设计速度一致”，故交叉口直行速度为 40km/h；根据第 4.3.3 条，选项 D 正确。

答案：D

38. 解答：根据《城市道路交通设施设计规范》（GB 50688—2011）第 10.6.2 条第 3 款，或根据《城市道路交叉口设计规程》（CJJ 152—2010）第 4.4.11 条。

答案：D

39. 解答：根据《无障碍设计规范》（GB 50763—2012）表 3.4.4，选项 A 正确；根据第 3.4.2 条，选项 B 错误；根据第 3.4.3 条，选项 C 正确；根据第 3.4.6 条，选项 D 正确。

答案：B

40. 解答：根据《城市工程管线综合规划规范》（GB 50289—2016）第 4.1.9 条条文说明。

答案：A

41. 解答：根据《小交通量农村公路工程技术标准》（JTG 2111—2019）第 4.0.9 条。

答案：ABD

42. 解答：根据《公路路线设计规范》（JTG D20—2017）第 6.4.3 条。

答案：ACD

43. 解答：根据《公路路线设计规范》（JTG D20—2017）第 9.4.7、9.4.8、9.5.2、9.5.5 条。

答案：BC

44. 解答：根据《公路路线设计规范》（JTG D20—2017）第 9.2.2、9.2.3 条及第 9.2.1 条第 8 款，选项 CD 正确，选项 AB 错误。

答案：CD

45. 解答：根据《公路软土地基路堤设计与施工技术细则》（JTG/T D31-02—2013）第 4.1.3 条，选项 A 正确；根据第 4.1.6 条，应是小于等于 2.5m，选项 B 错误；根据第 4.3.10 条，选项 C 正确；根据第 4.2.1 条，选项 D 正确。

答案：ACD

46. 解答：根据《公路膨胀土路基设计与施工技术规范》（JTG/T 3331-07—2024）表 3.1.4，选项 BC 正确。

答案：BC

47. 解答：根据《公路路基设计规范》（JTG D30—2015）H.0.1 第 4 款第 1 点，选项 AB 正确。

答案：AB

48. 解答：根据《公路沥青路面设计规范》（JTG D50—2017）第 4.5.3 条和表 4.4.2，选项 AC 错误，选项 BD 正确。

答案：BD

49. 解答：根据《公路沥青路面设计规范》（JTG D50—2017）第 4.4.2、4.4.3 条，选项 C 应为“大于或等于”，选项 D 中“级配砾石”应为“级配碎石”。

答案：AB

50. 解答：根据《公路水泥混凝土路面设计规范》（JTG D40—2011）第 2.1.4、5.1.1 条，连续配筋混凝土路面可不设置横向缩缝。

答案：ACD

51. 解答：根据《公路桥涵设计通用规范》（JTG D60—2015）第 4.3.1 条第 2 款、第 4.1.10 条及表 4.1.5-2，车道荷载与车辆荷载的作用不得叠加，选项 A 错误。

答案：BCD

52. 解答：根据《公路钢结构桥梁设计规范》（JTG D64—2015）第 6.2.8、6.2.9、6.2.10 条。

答案：ABD

53. 解答：根据《公路隧道设计规范 第一册》（JTG 3370.1—2018）第 8.4.1 条第 1 款，选项 BCD 正确，防水层是复合衬砌的组成部分。

答案：BCD

54. 解答： 根据《公路隧道设计规范 第二册》(JTG D70/2—2014)第6.1.4条第2款，选项A错误；根据表6.4.1注1、2、3，中间段亮度不应小于1cd/m^2，选项B错误；根据第6.4.2条，选项C正确；根据第6.7.2条，选项D正确。

答案：AB

55. 解答： 根据《公路路线设计规范》(JTG D20—2017)第10.1.3条。

答案：AB

56. 解答： 根据《公路立体交叉设计细则》(JTGT D21—2014)第6.4.7条，选项B应为单向通行的分裂菱形，选项D缺少设置信号灯条件。

答案：AC

57. 解答： 根据《高速公路交通工程及沿线设施设计通用规范》(JTG D80—2006)表7.4.1或《公路工程技术标准》(JTG B01—2014)第10.4.3条，选项A正确；根据《公路隧道设计规范 第二册》(JTG D70/2—2014)第3.0.1条，选项B错误，选项C正确。

答案：ACD

58. 解答： 根据《公路交通安全设施设计规范》(JTG D81—2017)第8.2.1条第1款，选项A错误；根据第8.2.2条，选项B正确；根据第8.2.3条，选项C错误；根据第8.2.4条，选项D错误。

答案：ACD

59. 解答： 根据《公路工程地质勘察规范》(JTG C20—2011)表3.7.1，选项BCD正确。

答案：BCD

60. 解答： 根据《公路工程建设项目概算预算编制办法》(JTG 3830—2018)第3.1.1条。

答案：ACD

61. 解答： 根据《城市道路路线设计规范》(CJJ 193—2012)第8.4节。

答案：ABD

62. 解答： 根据《城市道路交叉口设计规程》(CJJ 152—2010)第4.2.10条。

答案：BC

63. 解答： 根据《城市道路工程设计规范》(CJJ 37—2012)(2016年版)第6.3.2条条文说明。

答案：ABD

64. 解答： 根据《城市道路路基设计规范》(CJJ 194—2013)第4.3.4条，可以采用石灰、水泥等稳定材料处治，选项A错误；根据表4.3.7-2，选项B正确；根据表4.4.1，选项C正确；根据第4.4.4条，碎落台宽度不宜小于1.0m，选项D错误。

答案：BC

65. 解答： 根据《城镇道路路面设计规范》(CJJ 169—2012)表6.8.2，路面损坏状况评价等级为次，选项 A 错误；根据表 6.8.3，接缝传荷能力为次，选项 B 正确；根据第 6.8.5、6.8.6 条，选项 C 错误，选项 D 正确。

答案：BD

66. 解答：根据《城市桥梁设计规范》（CJJ 11—2011）（2019 年版）第 6.0.7 条。

答案：ACD

67. 解答：根据《城市地下道路工程设计规范》（CJJ 221—2015）第 8.3.3 条第 1 款，选项 A 正确；根据第 8.3.5 条第 1 款，人行横通道间距宜为 250～300m，选项 B 错误，根据第 4 款，选项 C 正确；根据第 8.3.6 条第 2 款，水底隧道车行横通道间隔宜为 500～1000m，选项 D 错误。

答案：AC

68. 解答：根据《城市道路交叉口设计规程》（CJJ 152—2010）第 4.2.11 条。

答案：ACD

69. 解答：根据《城市道路工程设计规范》（CJJ 37—2012）第 7.2.1 条。

答案：ABC

70. 解答：根据《城市工程管线综合规划规范》（GB 50289—2016）第 5.0.7 条，选项 AC 正确；根据第 4.1.8 条，选项 D 错误；根据《城市桥梁设计规范》（CJJ 11—2011）（2019 年版）第 3.0.19 条，选项 B 正确。

答案：ABC

注册道路工程师执业资格专业考试模考试卷（七）专业知识（下）

试题解析及参考答案

1. 解答： 根据《小交通量农村公路工程技术标准》（JTG 2111—2019）第 3.1.2 条第 1 款，应采用四级公路（I类），查表 4.0.2 及 4.0.8，加宽段路基宽度为$(0.25 + 3.0) \times 2 + 0.5 = 7.0$m。

答案：C

2. 解答： 根据《公路路线设计规范》（JTG D20—2017）表 8.3.2，知$v = 100$km/h，$i = 4\%$时，最大坡长为 800m。

答案：B

3. 解答： 根据《公路路线设计规范》（JTG D20—2017）第 9.5.2 条。

答案：C

4. 解答： 根据《公路工程技术标准》（JTG B01—2014）第 4.0.4 条及条文说明，选项 ABC 正确；一级集散公路中央隔离可不具备安全防护功能，选项 D 错误。

答案：D

5. 解答： 根据《公路路线设计规范》（JTG D20—2017）第 7.5.1 条第 2 款，最小超高值应与正常路拱横坡一致。

答案：B

6. 解答： 根据《城镇化地区公路工程技术标准》（JTG 2112—2021）第 1.0.2、1.0.4、1.0.5、1.0.6 条，选项 B 正确。

答案：B

7. 解答： 根据《公路软土地基路堤设计与施工技术细则》（JTG/T D31-02—2013）第 5.2.4 条，选项 B 正确。

答案：B

8. 解答： 根据《公路路基设计规范》（JTG D30—2015）第 7.3.1 条第 2 款，选项 A 正确；根据第 7.3.3 条，选项 B 错误；根据第 7.3.4、7.3.5 条，选项 CD 正确。

答案：B

9. 解答： 根据《公路路基设计规范》（JTG D30—2015）第 5.4.4 条第 1 款，选项 B 正确。

答案：B

10. 解答： 根据《公路排水设计规范》（JTG/T D33—2012）第 4.5.6 条，泄水口间距宜取 200～500m 为宜，选项 B 正确。

答案：B

11. 解答：根据《公路沥青路面设计规范》（JTG D50—2017）第 3.0.6 条第 4 款。

答案：**A**

12. 解答：根据《公路水泥混凝土路面设计规范》（JTG D40—2011）第 5.2.1 条。

答案：**A**

13. 解答：根据《公路水泥混凝土路面设计规范》（JTG D40—2011）第 4.2.1 条条文说明，混凝土路面结构对路基承载能力的要求并不高，选项 B 错误。

答案：**B**

14. 解答：根据《公路沥青路面设计规范》（JTG D50—2017）第 4.6.2 条。

答案：**A**

15. 解答：根据《公路桥涵设计通用规范》（JTG D60—2015）第 4.3.1 条第 2 款，汽车荷载由车道荷载和车辆荷载组成。桥梁结构的整体计算采用车道荷载；桥梁结构的局部加载、涵洞、桥台和挡土墙土压力等的计算采用车辆荷载。

答案：**C**

16. 解答：根据《公路桥涵设计通用规范》（JTG D60—2015）第 4.1.4 条，制动力不与流水压力、冰压力、波浪力、支座摩阻力组合。

答案：**A**

17. 解答：根据《公路钢结构桥梁设计规范》（JTG D64—2015）第 6.1.1、6.2.12、6.2.15、6.2.20 条。

答案：**C**

18. 解答：根据《公路隧道设计规范 第一册》（JTG 3370.1—2018）表 4.3.1。

答案：**B**

19. 解答：根据《公路隧道设计规范 第二册》（JTG D70/2—2014）第 5.2.1 条第 3 款。

答案：**A**

20. 解答：根据《公路水下隧道设计规范》（JTG/T 3371—2022）第 9.5.2 条第 3 款。

答案：**B**

21. 解答：根据《公路路线设计规范》（JTG D20—2017）第 10.1.6 条。

答案：**D**

22. 解答：根据《公路立体交叉设计细则》（JTG/T 21—2014）第 5.4.2 条，选项 A 错误；根据第 5.4.3 条，选项 B 错误；根据第 5.4.1 条，选项 C 正确；根据《公路路线设计规范》（JTG D20—2017）第 11.1.6 条，应为“预告标志”，选项 D 错误。

答案：**C**

23. 解答： 根据《公路立体交叉设计细则》（JTG/T 21—2014）第 5.4.5 条第 1、2 款，选项 ABC 错误，选项 D 正确。

答案：D

24. 解答： 根据《公路交通安全设施设计规范》（JTG D81—2017）第 4.3.6 条。

答案：B

25. 解答： 根据《公路交通安全设施设计规范》（JTG D81—2017）图 6.2.4，可知该路段路侧事故严重程度等级为中，应设置护栏。查《公路交通安全设施设计规范》（JTG D81—2017）表 6.2.10，一级公路设计速度 80km/h，路侧事故严重程度等级为中时，护栏等级应为 SB 级。根据第 6.2.10 条，大于 25t 的自然车数占比大于 20%时提高一个级别即为 SA 级。

答案：C

26. 解答： 根据《公路工程建设项目概算预算编制办法》（JTG 3830—2018）第 3.1.11 条第 1 款。

答案：C

27. 解答： 根据《公路工程基本建设项目设计文件编制办法》（交公路发［2007］358 号）第 5.2.3.8 条。

答案：C

28. 解答： 根据《城市道路路线设计规范》（CJJ 193—2012）第 6.3.2、6.3.4、7.2.1、7.3.1、7.4.1 条，积雪冰冻地区最大合成坡度不应大于 6%。

答案：C

29. 解答： 根据《城市道路工程设计规范》（CJJ 37—2012）第 6.2.7 条条文解释，$S_s = S_r + S_b + S_a$，$S_r = vt/3.6 = 40 \times 1.2/3.6 = 13.3\text{m}$（或直接查附表 14），则$S_s = 13.3 + 20 + 5 = 38.3\text{m}$。

答案：C

30. 解答： 根据《城市道路工程设计规范》（CJJ 37—2012）（2016 年版）第 5.3.5 条。

答案：D

31. 解答： 根据《城市道路路基设计规范》（CJJ 194—2013）第 4.3.6 条。

答案：C

32. 解答： 根据《城镇道路路面设计规范》（CJJ 169—2012）表 4.3.2-1、4.3.3 可知选项 C 错误，应为骨架密实型。

答案：C

33. 解答： 根据《城市人行天桥与人行地道技术规范》（CJJ 69—1995）第 2.5.4 条，竖向自振频率最小为 3Hz。

答案：C

34. 解答： 根据《城市人行天桥与人行地道技术规范》（CJJ 69—1995）第 3.2.6 条，$2R + T = 0.6\text{m}$，

R为踏步高度，T为踏步宽度。

答案：A

35. 解答：根据《城市地下道路工程设计规范》(CJJ 221—2015) 第 4.3.2 条，选项 A 错误；根据表4.3.1，选项 B 错误，注意一般情况下的最小值取表中一般值，明确指出“条件受限时”，才能用表中最小值；根据第 4.3.8 条，单向两车道快速路应设连续式紧急停车带，选项 C 错误；根据第 4.3.9、3.1.3 条，应急停车港湾的设置间距为 500m，也即短距离隧道的长度，选项 D 正确。

答案：D

36. 解答：根据《城市道路交叉口设计规程》(CJJ 152—2010) 第 4.2.16、4.4.6 条，出口道最小长度$L = 60 + 20 + 30 + 20 = 130\text{m}$。

答案：A

37. 解答：根据《城市道路交叉口设计规程》(CJJ 152—2010) 第 6.2.1、6.2.2、6.2.3 条，仅选项 D 正确。

答案：D

38. 解答：《城市道路交通设施设计规范》(GB 50688—2011) 第 7.2.7 条第 4 款。

答案：D

39. 解答：根据《无障碍设计规范》(GB 50763—2012) 第 3.7.1 条，选项 A 错误；根据第 3.7.2 条，选项 B 和 C 正确；根据第 3.7.3 条，选项 D 正确。

答案：A

40. 解答：根据《市政公用工程设计文件编制深度规定》(2013 年版) 第三篇第二章 1.2。

答案：B

41. 解答：根据《公路工程技术标准》(JTG B01—2014) 第 1.0.7 条。

答案：AB

42. 解答：根据《公路路线设计规范》(JTG D20—2017) 第 9.5.2 条第 1 款，选项 A 正确；根据第 9.7.2 条，选项 B 正确；根据第 9.8.2 条，选项 C 正确；根据第 9.6.2 条第 5 款，过渡段不应小于 50m，选项 D 错误。

答案：ABC

43. 解答：根据《公路路线设计规范》(JTG D20—2017) 第 2.2.3 条，二级干线公路受地形地质条件限制时，可采用 60km/h。

答案：ABD

44. 解答：根据《公路路线设计规范》(JTG D20—2017) 第 9.8 节，选项 C 中“做成折线”应为“修整圆滑”。

答案：ABD

45. 解答： 根据《公路膨胀土路基设计与施工技术规范》(JTG/T 3331-07—2024) 表 6.2.2，中膨胀土，坡高 5m 时，最大坡率为 1∶1.75，选项 B 错误，坡高 20m 时，最大坡率为 1∶2.5，选项 C 错误。

答案：AD

46. 解答：《公路路基设计规范》(JTG D30—2015) 第 3.2.1 条，选项 A 正确；根据第 3.2.2、3.2.3 条，注意表 3.2.3 注 2，三级公路铺筑沥青混凝土路面，压实度应采用二级公路标准，题中压实度应为 95%，故选项 B 错误；根据第 3.2.4 条第 3 款，选项 C 正确；根据第 3.2.8 条第 1 款，选项 D 正确。

答案：ACD

47. 解答： 根据《公路滑坡防治设计规范》(JTG/T 3334—2018) 第 6.1.2 条，选项 A 正确；根据第 6.1.4 条，应采用透水性好的材料，选项 B 错误；根据第 6.1.6 条第 1 款，应在路基内侧设置截水渗沟或暗沟，选项 C 错误，根据第 4 款，可考虑地下排水隧洞方案，选项 D 错误。

答案：BCD

48. 解答： 根据《公路沥青路面设计规范》(JTG D50—2017) 第 3.0.7 条。

答案：BC

49. 解答： 根据《公路沥青路面设计规范》(JTG D50—2017) 第 5.2.2 条，重等交通应为 50MPa，选项 A 错误；根据《公路水泥混凝土路面设计规范》(JTG D40—2011) 第 4.2.2 条，选项 B 正确；根据《公路路基设计规范》(JTG D30—2015) 第 3.2.4 条，选项 C 中"水泥混凝土路面"应为"沥青路面"；根据第 3.0.5 条，选项 D 正确。

答案：AC

50. 解答： 根据《公路水泥混凝土路面设计规范》(JTG D40—2011) 第 5.2.1 条第 1 款，一次性铺筑宽度小于路面宽度时应设置施工缝，选项 A 错误；根据第 5.2.1 条第 2、3 款，选项 BD 正确。

答案：BD

51. 解答： 根据《公路桥涵地基与基础设计规范》(JTG 3363—2019) 第 5.4.3 条。

答案：ABD

52. 解答： 根据《公路钢筋混凝土及预应力混凝土桥涵设计规范》(JTG 3362—2018) 第 4.2.1 条。

答案：BD

53. 解答： 根据《公路隧道设计规范 第一册》(JTG 3370.1—2018) 第 13.1.1 条第 1 款，注意第 2 款中的措施都是用来治理涌水的，选项 B 错误，选项 ACD 正确。

答案：ACD

54. 解答： 根据《公路隧道加固技术规范》(JTG/T 5440—2018) 表 12.1.4。

答案：BD

55. 解答： 根据《公路路线设计规范》(JTG D20—2017) 第 10.5.4 条第 2 款。

答案：ACD

56. 解答： 根据《公路立体交叉设计细则》（JTGT D21—2014）第 3.3.3 条。

答案：AB

57. 解答： 根据《公路交通安全设施设计规范》（JTG D81—2017）第 5.2.1 条，选项 AB 正确，根据第 5.2.1 条条文说明，选项 CD 错误；根据《高速公路交通工程及沿线设施设计通用规范》（JTG D80—2006）表 5.3.2，选项 CD 错误。

答案：AB

58. 解答： 根据《公路交通安全设施设计规范》（JTG D81—2017）第 6.1.4 条，选项 A 正确；根据第 6.1.7 条，选项 B 正确，选项 C 错误；根据第 6.2.10 条，选项 D 正确。

答案：ABD

59. 解答： 根据《公路工程地质勘察规范》（JTG C20—2011）表 5.3.3，颗粒分析是选择项目，故选项 A 错误，选项 BCD 正确。

答案：BCD

60. 解答： 根据《公路工程建设项目概算预算编制办法》（JTG 3830—2018）第 3.1.6、3.1.7 条。

答案：AC

61. 解答： 根据《城市道路交通工程项目规范》（GB 55011—2021）第 3.1.7 条。

答案：ABC

62. 解答： 根据《城市道路路线设计规范》（CJJ 193—2012）第 4.2.3、4.2.4 条。

答案：BCD

63. 解答： 根据《城市道路路线设计规范》（CJJ 193—2012）第 8.2.1、8.2.2 条。

答案：AC

64. 解答： 根据《城市道路路基设计规范》（CJJ 194—2013）第 4.5.2 条，快速路路床顶面的最小强度 CBR 值应该是 8%，选项 A 错误；根据第 4.5.3 条，选项 B 正确；根据第 4.6.2 条第 2 款，选项 C 正确；根据第 4.7.4 条，选项 D 正确。

答案：BCD

65. 解答： 根据《城镇道路路面设计规范》（CJJ 169—2012）表 A.0.5，选项 A 错误；根据第 4.2.1 条，选项 D 正确；根据第 5.3.6 条，选项 B 正确，选项 C 错误。

答案：BD

66. 解答： 根据《城市桥梁设计规范》（CJJ 11—2011）（2019 年版）第 9.2.1、9.2.3 条。

答案：ACD

67. 解答： 根据《城市地下道路工程设计规范》（CJJ 221—2015）第 8.2.3 条第 1 款，采用横向通风方式可以降低 50ppm，不是增加，选项 A 错误；根据第 8.2.5 条第 3 款，选项 B 正确；根据第 8.2.10

条，选项 C 正确；根据第 8.2.16 条，长及特长距离城市地下道路宜设置运营管理中心，选项 D 错误。

答案：AD

68. 解答：根据《城市道路交叉口设计规程》（CJJ 152—2010）第 4.2.9、4.2.11、4.2.15 条。

答案：BC

69. 解答：根据《城市道路交叉口设计规程）（CJJ 152—2010）第 4.2.14 条。

答案：BC

70. 解答：根据《城市道路交通设施设计规范》（GB 50688—2011）第 10.3.2 条，选项 AC 错误，选项 D 正确，应区分“必须”和“宜”；根据第 10.3.1 条，选项 B 正确。

答案：AC

注册道路工程师执业资格专业考试模考试卷（八）专业知识（上）

试题解析及参考答案

1. 解答：根据《公路工程技术标准》（JTG B01—2014）第 4.0.1 条 2 款。

答案：C

2. 解答：根据《公路路线设计规范》（JTG D20—2017）第 6.2.1、6.4.1 条。最小路基宽度 $= (0.75 + 3.5 + 3.5) \times 2 = 15.5\text{m}$。

答案：C

3. 解答：根据《城镇化地区公路工程技术标准》（JTG 2112—2021）第 3.1.1 条第 4 款，选项 A 正确；根据第 3.4.1 条第 3 款及《公路工程技术标准》（JTG B01—2014）表 3.4.2，设计服务水平可降低一级，选项 B 正确；根据第 3.5.6 条，选项 C 正确；根据第 3.5.2 条，长度不宜大于 15km，选项 D 错误。

答案：D

4. 解答：根据《公路路线设计规范》（JTG D20—2017）第 2.2.2 条第 5 款，设计交通量达到 5000 小客车/日时，宜选用二级公路。

答案：B

5. 解答：根据《公路路线设计规范》（JTG D20—2017）第 7.9.3 条，80km/h 的 3min 行驶里程为 4km。

答案：C

6. 解答：根据《小交通量农村公路工程技术标准》（JTG 2111—2019）第 3.1.2、4.0.6 条，单车道为 12m。注意鉴别通行的车辆。

答案：B

7. 解答：根据《公路软土地基路堤设计与施工技术细则》（JTG/T D31-02—2013）第 5.11.2 条。

答案：C

8. 解答：根据《公路滑坡防治设计规范》（JTG/T 3334—2018）第 7.4.1、7.4.3、7.4.7 条，选项 ABC 正确；根据第 7.4.13 条，桩身应按受弯构件设计，选项 D 错误。

答案：D

9. 解答：根据《公路路基设计规范》（JTG D30—2015）第 7.5.2 条第 1 款，选项 A 错误；根据第 2、3、4 款，选项 BCD 正确。

答案：A

10. 解答：根据《公路路基设计规范》（JTG D30—2015）第 4.3.7 条第 3 款。

答案：C

11. 解答： 根据《公路沥青路面设计规范》（JTG D50—2017）第 3.0.2、3.0.3、3.0.4 条，累计交通量为大型客车和货车，应剔除 1 类车。

答案：D

12. 解答： 根据《公路沥青路面设计规范》（JTG D50—2017）第 5.5.10 条及条文说明，水稳定性会影响影响沥青与集料的黏附性，导致沥青结构层剥落、松散。

答案：C

13. 解答： 根据《公路水泥混凝土路面设计规范》（JTG D40—2011）附录 B.1.2。

答案：B

14. 解答： 根据《公路水泥混凝土路面设计规范》（JTG D40—2011）第 5.2.1、5.2.3、5.2.4 条。

答案：D

15. 解答： 根据《公路钢筋混凝土及预应力混凝土桥涵设计规范》（JTG 3362—2018）第 9.1.1 条及表 9.1.1，工厂预制的混凝土构件可比表中数值减少 5mm，选项 C 正确。

答案：C

16. 解答： 根据《公路桥涵地基与基础设计规范》（JTG 3363—2019）第 6.2.6 条。

答案：C

17. 解答： 根据《公路钢筋混凝土及预应力混凝土桥涵设计规范》（JTG 3362—2018）第 9.2.2、9.3.1、9.3.7、9.4.4 条。

答案：C

18. 解答： 根据《公路隧道设计规范 第一册》（JTG 3370.1—2018）第 7.3.2 条，洞门应与隧道轴线正交，选项 A 错误；根据第 7.3.3 条第 1、3、4 款，选项 BCD 正确。

答案：A

19. 解答： 根据《公路水下隧道设计规范》（JTG/T 3371—2022）表 10.2.7。

答案：B

20. 解答： 根据《公路隧道设计规范 第二册》（JTG D70/2—2014）第 10.3.8 条第 2 款。

答案：B

21. 解答： 根据《公路路线设计规范》（JTG D20—2017）第 10.1.1 条，选项 AB 正确；根据第 10.1.7 条，选项 C 错误，选项 D 正确。

答案：C

22. 解答： 根据《公路立体交叉设计细则》（JTG/T D21—2014）第 3.3.3、6.2.1、6.5.1 条。

答案：D

23. 解答：根据《公路立体交叉设计细则》（JTGT D21—2014）第 4.4.2 条。

答案：B

24. 解答：根据《公路交通安全设施设计规范》（JTG D81—2017）第 4.3.5 条。

答案：D

25. 解答：根据《公路交通安全设施设计规范》（JTG D81—2017）第 4.2.1 条。

答案：B

26. 解答：根据《公路工程建设项目概算预算编制办法》（JTG 3830—2018）第 3.3.2 条，建设单位（业主）管理费以定额建筑安装工程费为基数，由表 3.3.2-1 计算可得：$3763.515 + (520000 - 400000) \times 0.45\% = 4303.515$ 万元。

答案：B

27. 解答：根据《公路工程建设项目概算预算编制办法》（JTG 3830—2018）第 3.3.6 条。

答案：C

28. 解答：根据《城市道路工程设计规范》（CJJ 37—2012）（2016 年版）第 3.1.1、5.2.3 条。

答案：B

29. 解答：根据《城市道路路线设计规范》（CJJ 193—2012）第 4.2.7、4.2.8、4.2.9、4.2.10 条，选项 D 错误。

答案：D

30. 解答：根据《城市道路工程设计规范》（CJJ 37—2012）（2016 年版）第 4.5.1 条，$3100/800 = 3.875\text{m}$，取整为 4m。根据第 9.2.4 条第 3 款，主干路人行横道宽度不宜小于 5m，取 5m。

答案：C

31. 解答：根据《城市道路路基设计规范》（CJJ 194—2013）第 4.5.3 条。

答案：A

32. 解答：根据《城镇道路路面设计规范》（CJJ 169—2012）表 6.8.3，计算$K = 55/120 \times 100\% = 45.8\%$，对应表 6.8.3 为次等，故选项 C 正确。

答案：C

33. 解答：根据《城市桥梁设计规范》（CJJ 11—2011）（2019 年版）第 9.5.1 条。

答案：D

34. 解答：根据《城市人行天桥与人行地道技术规范》（CJJ 69—1995）第 3.2.6、3.4.1、3.4.2 条。

答案：C

35. 解答：根据《城市地下道路工程设计规范》（CJJ 221—2015）第 5.2.2 条第 1 款。

答案：D

36. 解答：根据《城市道路交叉口设计规程》（CJJ 152—2010）表 4.3.2 中注释。

答案：B

37. 解答：根据《城市道路交叉口设计规程》（CJJ 152—2010）第 3.1.5 条为立 B 型，根据第 5.6.4 条，服务水平为II2 级，查表 5.6.3，α取 0.63，查表 5.6.2-2，$N_p = 1550$pcu/h，设计通行能力为 $1550 \times 0.63 = 977$pcu/h。

答案：A

38. 解答：根据《无障碍设计规范》（GB 50763—2012）第 4.4.1 条，选项 A 错误；根据第 3.2.2、3.2.3 条，选项 BCD 正确。

答案：A

39. 解答：根据《城市工程管线综合规划规范》（GB 50289—2016）第 4.1.12 条，选项 AB 正确；根据第 4.1.5 条及条文说明，选项 C 正确，选项 D 错误。

答案：D

40. 解答：根据《城市道路交通标志和标线设置规范》（GB 51038—2015）第 3.5.2 条第 1 款。

答案：A

41. 解答：根据《公路路线设计规范》（JTG D20—2017）第 5.0.5、5.0.6、9.2.2 条，选项 A 中避免采用小偏角平曲线，选项 C 中必须进行现场核定。

答案：BD

42. 解答：根据《公路路线设计规范》（JTG D20—2017）第 1.0.10 条，高速公路、一级公路和二级干线公路应进行交通安全性评价，与原规范条文说法相比稍作改动。

答案：ABC

43. 解答：根据《公路路线设计规范》（JTG D20—2017）第 9.2.1 条第 7 款，长度不小于 10m，选项 A 错误；根据第 9.2.4 条第 2 款，R_1/R_2不宜大于 2，选项 B 错误；根据第 9.2.4 条第 7 款，选项 C 正确；根据第 9.2.3 条第 2 款，地形条件特殊困难而不得已时，方可采用圆曲线最小半径的"极限值"，并应采取措施保证视距的要求，选项 D 错误。

答案：ABD

44. 解答：根据《公路路线设计规范》（JTG D20—2017）第 2.2.6 条。

答案：ABC

45. 解答：根据《公路膨胀土路基设计与施工技术规范》（JTG/T 3331-07—2024）第 5.1.2 条，膨胀土填方路基高度不宜大于 20m，选项 A 错误；根据第 5.1.3 条，省略了前提条件，选项 B 错误；根据第 5.1.4、5.1.5 条，选项 CD 正确。

答案：CD

46. 解答： 根据《公路路基设计规范》(JTG D30—2015) 第 3.9.3 条第 1 款，选项 A 正确；根据第 3.9.4 条第 2 款，宜采用台阶式衔接，选项 B 错误；根据第 4 款，安全系数宜为 1.1～1.5，选项 C 错误；根据第 3.9.6 条第 1 款，选项 D 正确。

答案：BC

47. 解答： 根据《公路路基设计规范》(JTG D30—2015) 第 3.3.10 条第 1 款，应选用当地材料，选项 A 错误；根据第 2、3 款，选项 C 正确；根据表 3.3.10，选项 D 正确。

答案：BCD

48. 解答： 根据《公路沥青路面设计规范》(JTG D50—2017) 第 7.2.1 条，分析路基的稳定性、承载力，根据含水率可以分析排水状况，选项 ABD 正确。

答案：ABD

49. 解答： 根据《公路水泥混凝土路面设计规范》(JTG D40—2011) 第 4.7.2 条。

答案：BD

50. 解答： 根据《公路水泥混凝土路面设计规范》(JTG D40—2011) 第 5.3.3 条及条文说明，选项 AD 正确；选项 B 中“3～8mm”应为“7～10mm”，故选项 B 错误；选项 C 中“一般根据实际情况确定是否设置背衬垫条”应为“应设置背衬垫条”，故选项 C 错误。

答案：AD

51. 解答： 根据《公路桥涵设计通用规范》(JTG D60—2015) 表 4.1.5-2、表 4.1.4 及第 4.1.4 条第 4 款，选项 BCD 正确。选项 A 错误，应为“参与组合，但取值系数不同”。

答案：BCD

52. 解答： 根据《公路桥涵设计通用规范》(JTG D60—2015) 第 3.5.1 条，选项 A 错误（应为“不得大于”，要求很严格），选项 B 正确；根据第 3.1.2 条第 3 款，选项 C 错误，选项 D 正确。

答案：BD

53. 解答： 根据《公路隧道设计规范 第一册》(JTG 3370.1—2018) 第 10.2.2、10.2.3、10.2.4 条，选项 ABC 正确；根据第 10.3.2 条第 1 款，选项 D 错误，属于排水措施。

答案：ABC

54. 解答： 根据《公路隧道设计规范 第二册》(JTG D70/2—2014) 第 11.1.3 条第 4 款，选项 A 正确；根据表 11.2.1，选项 B 正确；根据第 11.2.3 条第 1 款，选项 C 错误；根据第 11.3.1 条，数字越大防护等级越高，选项 D 正确。

答案：ABD

55. 解答： 根据《公路路线设计规范》(JTG D20—2017) 第 10.1.4 条第 2 款，选项 A 错误；根据表 10.1.7，选项 B 错误；根据第 10.2.2 条第 2 款，选项 C 错误；根据第 10.1.5 条第 1 款，选项 D 正确。

答案：ABC

56. 解答：根据《公路立体交叉设计细则》(JTG/T D21—2014)第 7.2.1 条第 3、4 款，选项 ACD 正确；根据第 7.2.1 条第 3 款，条件受限时，单向单车道匝道，右侧硬路肩宽度不应小于 1.5m，选项 B 错误。

答案：ACD

57. 解答：根据《公路交通安全设施设计规范》(JTG D81—2017)第 6.3.1 条，注意区分“必须”和“应”。

答案：BD

58. 解答：根据《公路交通安全设施设计规范》(JTG D81—2017)第 4.3.1 条，选项 A 正确，选项 B 错误；根据第 4.3.3 条，选项 C 正确，选项 D 错误。

答案：AC

59. 解答：根据《公路工程地质勘察规范》(JTG C20—2011)第 5.11.4 条第 1 款第 1 点，选项 A 正确；根据第 3 款第 1 点，应至持力层或桩端以下不小于 3m，选项 B 错误；根据第 5 款第 1 点，选项 C 正确；根据表 5.11.4.2，对于砂土，天然含水率是选做项目，选项 D 错误。

答案：AC

60. 解答：根据《公路工程建设项目概算预算编制办法》(JTG 3830—2018)第 3.3.4 条。

答案：AC

61. 解答：根据《城市道路路线设计规范》(CJJ 193—2012)第 4.1.3 条。

答案：ABC

62. 解答：根据《城市道路工程设计规范》(CJJ 37—2012)(2016 年版)第 9.2.2、9.2.4、9.2.5 条。

答案：AD

63. 解答：根据《城市道路路线设计规范》(CJJ 193—2012)第 5.3.5、5.3.6、5.3.7 条。

答案：AD

64. 解答：根据《城市道路路基设计规范》(CJJ 194—2013)第 4.7.2 条第 2 款，选项 A 正确；根据第 4.7.3 条第 1 款，选项 B 正确；根据第 4.7.4 条第 2 款，应采用与新建道路相同的标准，选项 C 错误；根据第 4.7.7 条第 4 款，路基填挖交界处有地下水出露时，应设置渗沟，选项 D 错误。

答案：CD

65. 解答：根据《城镇道路路面设计规范》(CJJ 169—2012)第 6.3.7 条及第 6.4.1 条第 1、4 款。

答案：BD

66. 解答：根据《城市桥梁设计规范》(CJJ 11—2011)(2019 年版)第 7.0.4、7.0.7、7.0.8 条。

答案：BD

67. 解答：根据《城市地下道路工程设计规范》(CJJ 221—2015)第 7.3.1、7.3.4 条，选项 AB 正确；

根据第 7.3.7 条，标线涂料宜采用热熔型反光涂料，选项 C 错误；根据第 7.5.4 条第 2 款，可变信息标志宜设置在进入地下道路前，选项 D 错误。

答案：AB

68. 解答：根据《城市道路交叉口设计规程》（GJJ 152—2010）第 3.1.2 条。

答案：ACD

69. 解答：根据《城市道路交叉口设计规程》（GJJ 152—2010）第 3.1.4 条。

答案：BC

70. 解答：根据《市政公用工程设计文件编制深度规定》（2013 年版）第三篇第二章 6.5。

答案：ABC

注册道路工程师执业资格专业考试模考试卷（八）专业知识（下）
试题解析及参考答案

1. 解答：根据《城镇化地区公路工程技术标准》（JTG 2112—2021）第 3.3.1 条。

答案：D

2. 解答：根据《公路路线设计规范》（JTG D20—2017）表 7.5.1、表 8.5.2，合成坡度应小于 8%，选项 A 错误；根据第 7.5.1 条第 2 款，最小超高横坡为 2.5%，选项 B 错误；根据第 6.5.5 条第 2 款，选项 C 正确；根据第 6.5.5 条第 4 款，应采用反向横坡，选项 D 错误。

答案：C

3. 解答：根据《公路路线设计规范》（JTG D20—2017）表 7.5.1，穿越城镇路段最大超高值为 4%，则对应的最小平曲线半径值，查表 7.3.2 为 500m。

答案：D

4. 解答：根据《公路工程技术标准》（JTG B01—2014）第 4.0.17、4.0.18 条文说明，$R=\frac{V^2}{127(\mu+i)}=\frac{100^2}{127(0.035-0.02)}=5250\text{m}$。

答案：B

5. 解答：根据《公路工程技术标准》（JTG B01—2014）表 4.0.2，车道宽度取 3.75m；根据表 4.0.5，右侧硬路肩取 3.0m，右侧土路肩取 0.75m；根据第 4.0.5 条第 3 款，宜设左侧硬路肩，宽度最小为 2.5m；则路基宽度$B=(0.75+3.0+4\times3.75+2.5)\times2+3.0=45.5\text{m}$

答案：A

6. 解答：根据《公路路线设计规范》（JTG D20—2017）第 7.2.1、7.3.3 条及表 7.3.2。

答案：D

7. 解答：根据《公路膨胀土路基设计与施工技术规范》（JTG/T 3331-07—2024）表 5.2.6-1，可判断填料等级为Ⅲ级，查表 5.2.7，选项 C 正确。

答案：C

8. 解答：根据《公路路基设计规范》（JTG D30—2015）第 3.3.9 条。

答案：B

9. 解答：根据《公路路基设计规范》（JTG D30—2015）式 7.8.1-2，$I_r'=1.4+0.0066\times83=1.95$，选项 B 正确。

答案：B

10. 解答：根据《公路排水设计规范》（JTG/T D33—2012）第 4.5.3、4.5.4、4.5.6 条，选项 ABC 正确；根据第 4.5.8 条，陡坡地段的排水沟，宜设置跌水，选项 D 错误。

答案：D

11. 解答：根据《公路沥青路面设计规范》（JTG D50—2017）第 4.6.2 条。

答案：A

12. 解答：根据《公路沥青路面设计规范》（JTG D50—2017）第 3.0.7 条。

答案：C

13. 解答：根据《公路水泥混凝土路面设计规范》（JTG D40—2011）第 4.5.1 条及条文说明。

答案：B

14. 解答：根据《公路水泥混凝土路面设计规范》（JTG D40—2011）第 5.1.3 条，选项 A 虽然满足第 5.1.3 条要求，但不满足第 5.1.2 条文说明要求，故选项 A 错误；选项 B 长宽比为 $10/3.75 = 2.67 > 2.5$，不满足要求，故选项 B 错误；选项 C 长宽比为 $8/3.75 = 2.13 < 2.5$，平面面积为 $8 \times 3.75 = 30\text{m}^2 < 45\text{m}^2$，满足要求，故选项 C 正确；选项 D 既不满足第 5.1.3 条，也不满足第 5.1.2 条文说明，故选项 D 错误。

答案：C

15. 解答：按照《公路桥涵设计通用规范》（JTG D60—2015）第 3.5.5 条。

答案：D

16. 解答：根据《公路工程水文勘测设计规范》（JTG C30—2015）第 4.1.4 条。

答案：B

17. 解答：根据《公路桥涵设计通用规范》（JTG D60—2015）第 3.7.4 条及《公路钢筋混凝土及预应力混凝土桥涵设计规范》（JTG 3362—2018）第 3.1.2 条。

答案：B

18. 解答：根据《公路隧道设计规范 第二册》（JTG D70/2—2014）第 7.3.2 条第 3 款。

答案：B

19. 解答：根据《公路隧道设计规范 第一册》（JTG 3370.1—2018）表 A.0.5-1，中风化石英砂岩属于硬质岩，根据《公路水下隧道设计规范》（JTG/T 3371—2022）第 5.3.6 条第 3 款，选项 A 正确。

答案：A

20. 解答：根据《公路隧道设计规范 第一册》（JTG 3370.1—2018）第 13.3.2 条第 1 款，选项 A 正确；根据第 2 款，帷幕注浆、周边注浆的注浆圈厚度宜为隧道开挖线以外 3～6m，选项 B 错误，选项 C 正确；根据第 3 款，选项 D 正确。

答案：B

21. 解答：根据《公路路线设计规范》（JTG D20—2017）第 10.1.3 条。

答案：A

22. 解答：根据《公路路线设计规范》（JTG D20—2017）第12.2.2、12.2.3、12.2.7条。

答案：C

23. 解答：根据《公路立体交叉设计细则》（JTG/T D21—2014）第4.5.2条：$DDHV = AADT \times K$，根据《公路路线设计规范》（JTG D20—2017）表3.3.4，$K = 9\%$，$DDHV = 12000 \times 9\% = 1080$veh/d。

答案：A

24. 解答：根据《公路交通安全设施设计规范》（JTG D81—2017）第6.2.3条，事故严重程度等级为高，查表6.2.10，护栏等级为五（SA）级，根据第6.2.11条第2款，应提高一级，按六（SS）级。

答案：D

25. 解答：根据《公路交通安全设施设计规范》（JTG D81—2017）第4.5.1条条文说明，或根据《高速公路交通工程及沿线设施设计通用规范》（JTG D80—2006）第5.2.3条。

答案：B

26. 解答：根据《公路工程建设项目概算预算编制办法》（JTG 3830—2018）第3.3.2条。

答案：D

27. 解答：根据《公路工程基本建设项目设计文件编制办法》（交公路发〔2007〕358号）第4.1.1条。

答案：B

28. 解答：根据《城市道路工程设计规范》（CJJ 37—2012）（2016年版）第5.3.4条条文说明。本题中$N_w = 7800$P/h，按第4.5.1条规定，行人较多的重要区域设计通行能力宜采用低值，查表4.5.1知N_{w1}取1800P/(h·m)，代入公式$W_p = 7800/1800 = 4.33$m，取整为5m。

答案：D

29. 解答：根据《城市道路工程设计规范》（CJJ 37—2012）（2016年版）第9.3.1、9.3.3、5.3.3条。

答案：C

30. 解答：根据《城市道路交通工程项目规范》（GB 55011—2021）第3.2.3条。

答案：B

31. 解答：根据《城市道路路基设计规范》（CJJ 194—2013）第4.6.2条第2款，可降低规定1%～2%，查表4.6.2，选项D正确。

答案：D

32. 解答：根据《城镇道路路面设计规范》（CJJ 169—2012）第6.5.1条第6款，$E_t = 13739w_0 - 1.04 = 13739 \times 100 - 1.04 = 114.276$MPa

答案：A

33. 解答：根据《城市桥梁设计规范》（CJJ 11—2011）（2019年版）第9.5.1、9.5.4条。

答案：C

34. 解答：根据《城市桥梁设计规范》（CJJ 11—2011）（2019 年版）第 9.3.1 条，多跨简支梁，桥面连续长度不宜大于 100m。本桥每联长度宜为三跨，$3 \times 30 = 90$m。

全桥 1080m，共 $1080/90 = 12$ 联，则设置 13 道伸缩缝。

答案：C

35. 解答：根据《城市地下道路工程设计规范》（CJJ 221—2015）第 6.4.1 条，加速车道取 100m，根据第 6.4.2 条，双车道加速车道长度乘 1.2，故选项 B 正确。

答案：B

36. 解答：根据《城市道路交叉口设计规程》（CJJ 152—2010）第 4.2.16、4.4.6 条。

答案：C

37. 解答：根据《城市道路交叉口设计规程》（CJJ 152—2010）第 3.3.3 条。

答案：D

38. 解答：根据《城市道路交通设施设计规范》（GB 50688—2011）表 7.2.4-2，设高挡墙，设计速度 60km/h，路基段选用 SB 级；根据第 7.2.7 条第 3 款，跨越轨道交通的桥梁防撞护栏等级为 SA；根据第 7.2.9 条，不同结构形式应进行防撞护栏过渡段设计，防护等级不应低于所连接防撞护栏中较低的防护等级，故至少应采用 SB 级。

答案：A

39. 解答：根据《无障碍设计规范》（GB 50763—2012）第 3.5.2 条第 4 款，选项 AB 错误；根据第 3.8.2 条，选项 C 错误；根据第 3.8.5 条，选项 D 正确。

答案：D

40. 解答：根据《城市道路交通标志和标线设置规范》（GB 51038—2015）表 4.1.2-2 序号 13～20。

答案：D

41. 解答：根据《公路路线设计规范》（JTG D20—2017）第 3.1.4 条，行驶在公路上的拖拉机按照 4 辆小客车来折算。

答案：ACD

42. 解答：根据《公路路线设计规范》（JTG D20—2017）第 9.4.3 条。

答案：ABD

43. 解答：根据《公路路线设计规范》（JTG D20—2017）第 9.7.1、9.7.2、9.5.3、9.4.8 条。

答案：ACD

44. 解答：根据《公路路线设计规范》（JTG D20—2017）表 8.3.2，知 $v = 100$km/h，$i = 4\%$时，最大坡长为 800m；$i = 5\%$时，最大坡长为 600m，则 $600/800 + 400/600 = 1.417 > 1$，不可以直接相连，两坡段间需设置缓和坡段；

根据第 8.3.3 条第 1 款，设计速度大于 80km/h 时，缓和坡段的纵坡应不大于 2.5%，取最大纵坡为 2.5%，查表 8.3.1，$v = 100$km/h，最小坡长 250m。故选项 BD 正确。

答案：BD

45. 解答：根据《公路滑坡防治设计规范》（JTG/T 3334—2018）第 8.1.2、8.1.3 条，选项 AB 正确；查表 8.2.1，宜做支挡结构物位移，选项 C 错误；根据第 8.2.2 条，巨型I级应做降雨量监测，选项 D 错误。

答案：CD

46. 解答：根据《公路路基设计规范》（JTG D30—2015）第 3.9.7 条第 1 款，选项 A 正确；根据第 5 款，高度大于 5.0m 的粉煤灰路堤，应验算稳定性，选项 B 错误；根据第 3.10.2 条第 1 款，浸水膨胀率不应大于 2%，选项 C 错；根据第 2 款，不宜直接用，选项 D 错误。

答案：BCD

47. 解答：根据《公路路基设计规范》（JTG D30—2015）表 7.7.1-1，选项 A 正确；根据表 7.7.1-2，应小于或等于 0.3m，选项 B 错误；根据《公路软土地基路堤设计与施工技术细则》（JTG/T D31-02—2013）第 5.1.4 条，选项 C 正确；根据第 5.1.5 条，差异沉降引起的纵坡变化应控制在 0.4%以内，选项 D 错误。

答案：AC

48. 解答：根据《公路沥青路面设计规范》（JTG D50—2017）第 4.5.1 条，低透水性能为密集配沥青混合料表面层应该具备的性能，选项 D 错误。

答案：ABC

49. 解答：根据《公路水泥混凝土路面设计规范》（JTG D40—2011）第 2.1.4、5.1.1 条，连续配筋混凝土路面可不设置横向缩缝。

答案：ACD

50. 解答：根据《公路水泥混凝土路面设计规范》（JTG D40—2011）第 4.2.4 条。

答案：AB

51. 解答：根据《公路桥涵地基与基础设计规范》（JTG 3363—2019）第 6.2.1、6.2.2 条。

答案：AC

52. 解答：根据《公路桥涵设计通用规范》（JTG D60—2015）第 4.1.5 条，对持久设计状况和短暂设计状况应采用荷载的基本组合。

答案：AB

53. 解答：根据《公路隧道设计规范 第一册》（JTG 3370.1—2018）第 8.1.4 条第 6 款，选项 A 正确，根据第 4 款，选项 D 正确；根据第 8.2.4 条第 1 款，选项 B 正确，根据第 3 款，应锚固在稳定岩层，选项 C 错误。

答案：ABD

54. 解答：根据《公路隧道加固技术规范》（JTG/T 5440—2018）第 21.3.1 条第 3 款，选项 A 正确；根据第 21.4.3 条，选项 B 正确；根据第 21.5.3 条，不宜大于 300mm，选项 C 错误；根据第 21.6.2 条第 3 款，先中间后两边，选项 D 错误。

答案：AB

55. 解答：根据《公路路线设计规范》（JTG D20—2017）第 10.5.1 条。

答案：AB

56. 解答：根据《公路路线设计规范》（JTG D20—2017）第 11.4.3、11.4.4 条及《公路立体交叉设计细则》（JTG/T D21—2014）第 10.4.2 条。

答案：ACD

57. 解答：根据《公路交通安全设施设计规范》（JTG D81—2017）第 5.1.4、 5.2.1、5.2.3 条，选项 ABD 正确；根据第 5.2.4 条，选项 C 错误。

答案：ABD

58. 解答：根据《公路隧道设计规范 第二册》（JTG D70/2—2014）第 7.3.5 条第 1 款，选项 A 正确；根据第 7.3.8 条第 2 款，选项 B 错误（区分“不应”和“不宜”）；根据第 7.3.8 条第 1 款，选项 C 正确；根据《公路交通安全设施设计规范》（JTG D81—2017）第 4.4.5 条，选项 D 正确。

答案：ACD

59. 解答：根据《公路工程地质勘察规范》（JTG C20—2011）第 5.13.1 第 4 款，选项 A 正确；根据第 5.13.2 条，应进行同深度勘察，选项 B 错误；根据第 5.13.4 条第 1 款，不小于 200m，选项 C 错误；根据第 5.13.5 条第 2 款，选项 D 正确。

答案：BC

60. 解答：根据《公路工程建设项目概算预算编制办法》（JTG 3830—2018）第 3.1.7 条。

答案：BCD

61. 解答：根据《城市道路路线设计规范》（CJJ 193—2012）第 4.1.1、4.1.3、4.2.12 条。

答案：CD

62. 解答：根据《城市道路交通工程项目规范》（GB 55011—2021）第 3.2.1、3.2.2 条。

答案：ABC

63. 解答：根据《城市道路路线设计规范》（CJJ 193—2012）表 6.3.4-1，设计速度 30km/h，平曲线最小长度（极限值）70m，为：$l = R \times \alpha \times \frac{\pi}{180} = R \times 12°20'40'' \times \frac{\pi}{180} = 70$，求得满足圆曲线长度的最小半径为$R = 323.2$m，取整为 324m。根据表 6.3.3-1，40km/h 对应的不设缓和曲线的圆曲线半径为 500m > 324m，二者取大值。故选 C、D。

答案：CD

64. 解答：根据《城市道路路基设计规范》（CJJ 194—2013）第 5.2.7 条第 2 款，不宜大于 300m，选项 A 错误；根据第 5.2.8 条第 3 款，坡率不宜小于 2%，选项 B 错误；根据第 5.3.3 条，选项 C 正确；根据第 5.3.5 条第 1 款，选项 D 正确。

答案：AB

65. 解答：根据《城镇道路路面设计规范》（CJJ 169—2012）第 6.6.3 条第 1、2、3 款。

答案：ABD

66. 解答：根据《城市桥梁设计规范》（CJJ 11—2011）（2019 年版）第 3.0.19 条。

答案：BC

67. 解答：根据《城市地下道路工程设计规范》（CJJ 221—2015）第 4.2.3 条，680m 属于中距离地下道路，不能单孔双向布置，选项 A 错误；根据第 4.3.3 条第 2 款，选项 B 正确；根据第 4.3.8 条，选项 C 正确；根据第 4.3.9 条，注意图 4.3.9 有误，城市地下道路应急停车港湾有效宽度是包含路缘带宽度在内的，选项 D 错误。

答案：AD

68. 解答：根据《城市道路交叉口设计规程》（CJJ 152—2010）第 4.2.9、4.2.11、4.2.15 条。

答案：ABC

69. 解答：根据《城市道路交叉口设计规程》（CJJ 152—2010）第 4.2.13 条。

答案：BC

70. 解答：根据《城市工程管线综合规划规范》（GB 50289—2016）第 4.1.1 条文说明。

答案：ABC

注册道路工程师执业资格专业考试模考试卷（九）专业知识（上）

试题解析及参考答案

1. 解答： 根据《公路路线设计规范》（JTG D20—2017）第 1.0.4 条，各级公路均应进行总体设计，选项 A 正确；根据第 4.1.1 条，选项 C 正确；根据《公路工程技术标准》（JTG B01—2014）第 1.0.4 条，选项 D 正确。

答案：B

2. 解答： 根据《公路工程技术标准》（JTG B01—2014）第 1.0.8 条及条文说明。

答案：C

3. 解答： 根据《公路路线设计规范》（JTG D20—2017）第 8.4.1 条。

答案：B

4. 解答： 根据《公路路线设计规范》（JTG D20—2017）第 4.4.1、4.4.2、4.4.3、4.3.8 条。

答案：B

5. 解答： 根据《公路路线设计规范》（JTG D20—2017）表 3.6.1 表注，查表 3.2.2-3 知，设计速度 60km/h，不准超车区比例为 <30（%）时，$V/C=0.58$（由表 3.2.1 知二级公路设计服务水平为四级），查表 3.6.1 知，基准通行能力为 1400pcu/h，则 $\mathrm{MSFi}=1400\times0.58=812$pcu/h。

答案：D

6. 解答： 根据《公路路线设计规范》（JTG D20—2017）第 7.9.2 条，选项 A 正确；根据第 7.9.4 条，大型车比例高的二级公路下坡段，“应”采用下坡段货车停车视距对相关路段进行检验，选项 B 错误；根据第 7.9.5 条第 2 款及表 7.9.1，最小识别视距为 $110\times1.25=137.5$m，选项 C 正确；根据第 10.3.1 条第 2 款，选项 D 正确。

答案：B

7. 解答： 根据《公路软土地基路堤设计与施工技术细则》（JTG/T D31-02—2013）第 5.4.1 条。

答案：A

8. 解答： 根据《公路滑坡防治设计规范》（JTG/T 3334—2018）表 3.2.2。

答案：D

9. 解答： 根据《公路路基设计规范》（JTG D30—2015）第 3.6.8 条，选项 A 正确，注意，路堤的参数一般用不固结状态试验，即直剪快剪或三轴不固结不排水剪。

答案：A

10. 解答： 根据《公路路基设计规范》（JTG D30—2015）第 7.10.2 条，选项 ABC 坡率都大于规范要求，选项 D 较规范要求更缓，故正确。

答案：D

11. 解析：根据《公路沥青路面设计规范》(JTG D50—2017)附录 B.2.1。

答案：B

12. 解答： 根据《公路沥青路面设计规范》(JTG D50—2017)第 5.5.4 条。

答案：C

13. 解答： 根据《公路水泥混凝土路面设计规范》(JTG D40—2011)第 1.0.4 条及条文说明，选项 C 不在所包含的 6 项内容之列。

答案：C

14. 解答： 根据《公路水泥混凝土路面设计规范》(JTG D40—2011)表 3.0.1，二级公路目标可靠度为 85%，根据表 3-1，可靠度系数为 1.08～1.13。

答案：C

15. 解答： 根据《公路桥涵地基与基础设计规范》(JTG 3363—2019)第 6.2.6 条第 4 款。

答案：B

16. 解答： 根据《公路钢结构桥梁设计规范》(JTG D64—2015)第 5.5.2 条。

答案：C

17. 解答： 根据《公路桥涵设计通用规范》(JTG D60—2015)第 1.0.3 条，设计基准期为 100 年；根据第 1.0.5 条，桥梁跨径总长 900m，属于大桥；最大单孔跨径为 160m，属于特大桥，综合总跨径和最大单孔跨径，属于特大桥；根据表 4.1.5-1，大桥、特大桥、中桥的设计安全等级均为一级。

答案：A

18. 解答： 根据《公路隧道设计规范 第一册》(JTG 3370.1—2018)第 13.2.5 条第 2 款。

答案：A

19. 解答： 根据《公路隧道设计规范 第二册》(JTG D70/2—2014)表 10.2.6。

答案：B

20. 解答： 根据《公路水下隧道设计规范》(JTG/T 3371—2022)第 9.4.3 条。

答案：B

21. 解答： 根据《公路路线设计规范》(JTG D20—2017)第 10.5.1 条。

答案：B

22. 解答： 根据《公路立体交叉设计细则》(JTG/T D21—2014)表 5.5.2 及表注，最大纵坡为 3.5%。

答案：B

23. 解答： 根据《公路立体交叉设计细则》（JTG/T D21—2014）第 8.2.1 条，积雪冰冻地区匝道圆曲线半径不应小于表 8.2.1 的一般值，设计速度 50km/h 对应圆曲线半径一般值为 100m，排除选项 A、B；根据第 9.2.3 条，积雪冰冻地区最大超高不得大于 6%，故选项 D 正确。

答案：D

24. 解答： 根据《公路交通安全设施设计规范》（JTG D81—2017）第 6.3.4 条第 1 款 5）项，一级公路桥梁不宜设置路缘石，需设置时高度控制在 5～10cm 之间；根据第 6.3.4 条第 1 款 6）项，设计速度大于 60km/h 的桥梁，人行道与车行道之间应设置桥梁护栏。

答案：A

25. 解答： 根据《公路交通安全设施设计规范》（JTG D81—2017）第 4.5.2 条。

答案：B

26. 解答： 根据《公路工程建设项目概算预算编制办法》（JTG 3830—2018）第 3.1.11 条第 2 款。

答案：C

27. 解答： 根据《公路工程基本建设项目设计文件编制办法》（交公路发〔2007〕358 号）第 1.0.7 条。

答案：A

28. 解答： 根据《城市道路工程设计规范》（CJJ 37—2012）表 4.5.1，重要区域设计通行能力取低值，为 2000 人/(hg · m)，则计算最小人行横道宽度为$B = 7000/2000 = 3.5$m；根据第 9.2.4 条第 3 款，主干路人行横道最小值为 5.0m > 3.5m。

答案：C

29. 解答： 根据《城市道路工程设计规范》（CJJ 37—2012）（2016 年版）第 6.2.8 条。

答案：C

30. 解答： 根据《城市道路路线设计规范》（CJJ 193—2012）第 6.6.6 条条文说明。

答案：D

31. 解答： 根据《城市道路路基设计规范》（CJJ 194—2013）表 6.2.3。

答案：B

32. 解答： 根据《城镇道路路面设计规范》（CJJ 169—2012）公式 3.2.3-5 计算，得出$N_e = [(1 + 0.06)^{15} - 1] \times 365/0.06 \times 2000 = 1699 \times 104$ 次/车道，查表 3.2.5，为重交通。

答案：C

33. 解答： 根据《城市桥梁设计规范》（CJJ 11—2011）（2019 年版）第 6.0.7 条。

答案：B

34. 解答： 根据《城市桥梁设计规范》（CJJ 11—2011）第 3.0.8 条、表 3.0.9 和表 3.0.2，该桥跨径总长为 35m，为中桥，桥梁结构设计基准期应为 100 年，重要中桥设计使用年限为 100 年。

答案：D

35. 解答： 根据《城市地下道路工程设计规范》（CJJ 221—2015）第 6.5.1 条第 1 款，不应小于 1.5 倍主线停车视距；根据《城市道路路线设计规范》（CJJ 193—2012）表 6.6.1，停车视距为 70m，$1.5 \times 70 = 105$m，选项 B 正确。

答案：B

36. 解答： 根据《城市道路交叉口设计规程》（CJJ 152—2010）第 5.3.5 条第 6 款。

答案：A

37. 解答： 根据《城市道路交叉口设计规程》（CJJ 152—2010）第 5.3.5 条第 7 款。

答案：B

38. 解答： 根据《无障碍设计规范》（GB 50763—2012）第 3.16.1 条，选项 A 错误；根据第 4.1.1 条及条文说明，选项 B 正确；根据第 4.4.3 条，选项 C 正确；根据第 3.7.3 条，选项 D 正确。

答案：A

39. 解答： 根据《城市工程管线综合规划规范》（GB 50289—2016）第 4.2.1 条。

答案：D

40. 解答： 根据《城市道路交通标志和标线设置规范》（GB 51038—2015）第 4.3.6 条第 2 款，选项 A 错误；根据第 4.3.6 条第 1 款，选项 B 错误，根据第 3 款，选项 C 正确；根据第 4.3.7 条第 3 款，选项 D 错误。

答案：C

41. 解答： 根据《公路路线设计规范》（JTG D20—2017）第 3.2.1 条，服务水平可分为六级，选项 A 错误。

答案：BCD

42. 解答： 根据《公路路线设计规范》（JTG D20—2017）第 1.0.3 条，路网结构是确定公路功能的依据。

答案：BCD

43. 解答： 根据《公路路线设计规范》（JTG D20—2017）第 8.2.5 条第 3 款，选项 A 正确；根据《公路工程技术标准》（JTG B01—2014）第 6.0.2 条，《公路路线设计规范》（JTG D20—2017）表 8.2.1 及第 8.2.4 条第 1 款，选项 B 正确；根据根据《公路工程技术标准》（JTG B01—2014）第 6.0.2 条，《公路路线设计规范》（JTG D20—2017）表 8.2.1，最大纵坡为 3%，选项 C 错误；根据《公路路线设计规范》（JTG D20—2017）第 8.3.3 条第 1 款，选项 D 正确。

答案：ABD

44. 解答： 根据《公路路线设计规范》（JTG D20—2017）第 9.8.5、9.8.4 条。

答案：ABC

45. 解答：根据《公路膨胀土路基设计与施工技术规范》（JTG/T 3331-07—2024）第 3.1.4 条，选项 A 正确；根据第 4.1.1 条，还要满足胀缩变形的要求，选项 B 错误；根据第 5.4.1 条，大于 8m 应进行稳定性分析，选项 C 错误；根据表 6.2.2，应增设平台和碎落台，选项 D 错误。

答案：BCD

46. 解答：根据《公路路基设计规范》（JTG D30—2015）第 5.4.3 条第 3 款，条件不全，选项 A 错误；根据第 5.4.4 条第 4 款，选项 B 正确；根据第 5.4.5 条第 1 款，墙顶宽度不应小于 0.5m，选项 C 错误，根据第 5 款，宜采用片石混凝土，所示 D 错误。

答案：ACD

47. 解答：根据《公路路基设计规范》（JTG D30—2015）表 3.4.1，选项 A 中坡率小于规范要求，正确，选项 B 与规范一致，正确；根据表 3.4.2，选项 C 中坡率适用 15m 以下路堑，错误，选项 D 与规范一致，正确。

答案：ABD

48. 解答：根据《公路沥青路面设计规范》（JTG D50—2017）第 4.2.4 条及表 4.4.2。

答案：ABC

49. 解答：根据《公路水泥混凝土路面设计规范》（JTG D40—2011）第 5.3.1、5.3.2、5.3.4 条，设在缩缝处的施工缝，应采用加传力杆的平缝形式，选项 C 错误，传力杆为光圆钢筋，选项 D 错误。

答案：AB

50. 解答：根据《公路水泥混凝土路面设计规范》（JTG D40—2011）第 3.0.4 条，选项 AB 正确。

答案：AB

51. 解答：根据《公路工程水文勘测设计规范》（JTG C30—2015）第 6.3.3、6.4.2、6.1.2、5.2.4 条，选项 AB 错误，选项 CD 正确。

答案：CD。

52. 解答：根据《公路桥梁加固设计规范》（JTG/T J22—2008）第 4.6.7 条。

答案：BC

53. 解答：根据《公路隧道设计规范 第一册》（JTG 3370.1—2018）第 14.2.5 条，选项 A 正确；根据第 14.2.1 条，断面宜采用圆形或接近圆形，选项 B 错误；根据第 14.7.2 条，选项 C 正确；根据第 14.7.7 条第 1 款，选项 D 正确。

答案：ACD

54. 解答：根据《公路隧道设计规范 第一册》（JTG 3370.1—2018）第 10.3.6 条，选项 BC 正确，选项 AD 不是隧道防排水措施。

答案：BC

55. 解答：根据《公路路线设计规范》（JTG D20—2017）第 12.4.8 条，选项 A 应为 20m。

答案：BCD

56. 解答：根据《公路立体交叉设计细则》(JTG/T D21—2014)第 5.6.1、5.7.1 条。

答案：BC

57. 解答：根据《公路交通安全设施设计规范》(JTG D81—2017)第 4.3.3 条，选项 A 错误，注意区分宜和应；根据第 4.3.4 条第 2 款，选项 B 正确；根据第 4.3.2 条，选项 C 正确；根据第 4.3.7 条，选项 D 正确。

答案：BCD

58. 解答：根据《公路隧道设计规范第二册》(JTG D70/2—2014)第 4.4.3 条，隧道内轮廓标设置间距宜为 6～15m，隧道内不应按《公路交通安全设施设计规范》(JTG D81—2017)表 7.2.1 取值，选项 A 错误；根据第 4.4.4 条，选项 B 正确；根据《公路交通安全设施设计规范》(JTG D81—2017)第 7.2.1 条，选项 CD 正确。

答案：BCD

59. 解答：根据《公路工程地质勘察规范》(JTG C20—2011)表 5.13.6，Ⅲ级围岩属于岩石地层，天然含水率可不做，矿物成分分析是选做项目，选项 AD 错误，选项 BC 是必做项目。

答案：BC

60. 解答：根据《公路工程建设项目概算预算编制办法》(JTG 3830—2018)第 3.3.9 条。

答案：AB

61. 解答：根据《城市道路路线设计规范》(CJJ 193—2012)第 5.1.1、5.1.3、5.1.4 条，地域特点不属于城市道路横断面布设的主要考虑因素。

答案：ACD

62. 解答：《城市道路交通工程项目规范》(GB 55011—2021)第 2.0.10 条。

答案：ABC

63. 解答：根据《城市道路路线设计规范》(CJJ 193—2012)第 4.2.4、4.2.6、4.2.1、4.1.3 条，ABD 正确；路线走向应符合城市路网总体规划，并不是根据技术标准确定路线走向，选项 C 错误。

答案：ABD

64. 解答：根据《城市道路路基设计规范》(CJJ 194—2013)第 5.2.1 条，选项 A 为郊区道路排水措施，错误；根据表 5.2.5-1，选项 B 正确；根据第 5.2.7 条第 2 款，选项 C 正确；根据第 5.3.6 条第 10 款，检查井间隔 30～50m，选项 D 错误。

答案：BC

65. 解答：根据《城镇道路路面设计规范》(CJJ 169—2012)第 5.4.1 条，选项 BC 正确。

答案：BC

66. 解答：根据《城市桥梁设计规范》(CJJ 11—2011)(2019 年版)第 9.1.1、9.1.2 条.

答案：AC

67. 解答：根据《城市地下道路工程设计规范》(CJJ 221—2015)表 6.2.2，480m 大于规范要求，选项 A 正确；根据第 6.3.2 条，停车视距 110m，$2 \times 110 = 220m > 200m$，选项 B 错误；根据第 6.3.4 条，主线停车视距 $160m < 180m$，选项 C 正确；根据表 6.3.5，最小距离应该为 $60m > 35m$，选项 D 错误。

答案：BD

68. 解答：根据《城市道路交叉口设计规程》(CJJ 152—2010)第 4.1.6 条。

答案：ACD

69. 解答：根据《城市道路交叉口设计规程》(CJJ 152—2010)第 4.2.6、4.5.4、4.6.3 条。

答案：BD

70. 解答：根据《城市道路交通设施设计规范》(GB 50688—2011)第 9.1.5 条。

答案：ABC

注册道路工程师执业资格专业考试模考试卷（九）专业知识（下）

试题解析及参考答案

1. 解答： 根据《公路路线设计规范》（JTG D20—2017）表 3.2.2-3 注：车头时距小于或等于 5s 的车辆占总交通量的百分比。5s 车辆间距为$(60/3.6)\times5=83.3$m，则车头间距少于或等于 83.3m 的车辆百分比为 $9\%+25.2\%+18.8\%=53\%$。

答案：C

2. 解答： 根据《公路路线设计规范》（JTG D20—2017）第 6.5.4、6.5.1、6.5.5 条。

答案：A

3. 解答： 根据《公路路线设计规范》（JTG D20—2017）第 6.2.1、6.4.1、6.6.2 条，$0.25+2\times3.0+0.25-0.25-0.25=6.0$m。

答案：A

4. 解答： 根据《公路路线设计规范》（JTG D20—2017）第 7.8.1、7.8.2 条。

答案：B

5. 解答： 根据《公路路线设计规范》（JTG D20—2017）第 8.2.1 条，$9\%-2\%=7\%$。

答案：C

6. 解答： 根据《公路路线设计规范》（JTG D20—2017）第 5.0.5 条，选项 ABD 正确；根据第 5.0.6 条，选项 C 错误。

答案：C

7. 解答： 根据《公路路基设计规范》（JTG D30—2015）第 3.3.7 条，$L=(2\sim3)\times12+(3\sim5)=27\sim41$m，选项 B 正确。

答案：B

8. 解答： 根据《公路路基设计规范》（JTG D30—2015）第 5.5.7 条第 2 款，选项 A 正确；根据第 5.5.9 条第 3 款，采用水泥砂浆时不应小于 8mm，选项 B 错误；根据第 5.5.10 条，选项 C 正确；根据第 5.5.11 条第 4 款，选项 D 正确。

答案：B

9. 解答： 根据《公路膨胀土路基设计与施工技术规范》（JTG/T 3331-07—2024）第 5.2.2 条。

答案：B

10. 解答： 根据《公路排水设计规范》（JTG/T D33—2012）第 9.2.2 条，$v=0.72/(0.6\times0.4)=3$m/s，注意第 9.2.5 条第 3 款提到，水深 $\leqslant0.4$m 时，最大允许流速应乘 0.85（表 9.2.5-2），则 $3/0.85=3.53$m/s。查表 9.2.5-1，应使用水泥混凝土砌筑。

答案：A

11. 解答：根据《公路沥青路面设计规范》（JTG D50—2017）第 4.4.5、4.5.4、4.5.6 条。

答案：B

12. 解答：根据《公路水泥混凝土路面设计规范》（JTG D40—2011）第 8.2.1 条，旧混凝土路面的损坏状况应采用断板率和平均错台量两项指标评定，选项 A 正确。

答案：A

13. 解答：根据《公路水泥混凝土路面设计规范》（JTG D40—2011）第 3.0.7 条。

答案：D

14. 解答：根据《公路水泥混凝土路面设计规范》（JTG D40—2011）第 4.6.3 条，一级公路及重交通荷载等级公路的硬路肩应采用与行车道路面相同的结构层组合和组成材料类型，选项 BCD 错误。

答案：A

15. 解答：根据《公路桥涵设计通用规范》（JTG D60—2015）第 4.1.4 条表 4.1.4。

答案：C

16. 解答：根据《公路钢筋混凝土及预应力混凝土桥涵设计规范》（JTG 3362—2018）第 9.6.10 条。

答案：B

17. 解答：根据《公路工程水文勘测设计规范》（JTG C30—2015）第 4.1.1 条、第 4.1.4 条第 2 款、第 4.1.3 条第 3 款、第 4.2.2 条，选项 ACD 错误。

答案：B

18. 解答：根据《公路隧道设计规范 第二册》（JTG D70/2—2014）第 7.2.2 条第 1 款，选项 A 正确；根据第 7.2.5 条第 3 款，选项 B 正确；根据第 7.3.2 条第 3 款，选项 C 正确；根据第 7.3.3 条第 3 款，不应大于 500m，选项 D 错误。

答案：D

19. 解答：根据《公路水下隧道设计规范》（JTG/T 3371—2022）第 5.3.3 条。

答案：C

20. 解答：根据《公路隧道加固技术规范》（JTG/T 5440—2018）第 7.6.5 条。

答案：B

21. 解答：根据《公路路线设计规范》（JTG D20—2017）第 10.5.4 条第 3 款。

答案：B

22. 解答：根据《公路立体交叉设计细则》（JTG/T D21—2014）第 6.4.1 条。

答案：A

23. 解答： 根据《公路立体交叉设计细则》（JTG/T D21—2014）第6.3.2条。

答案：D

24. 解答： 根据《公路交通安全设施设计规范》（JTG D81—2017）第6.2.18条，大型车占比较大，中央分隔带需采用混凝土护栏；或根据第6.3.3条第2款，为满足最大动态位移外延值或最大动态外倾当量值要求，中分带内有桥墩时，一般采用混凝土护栏。查表6.2.21，高速公路混凝土护栏最小结构长度为36m。

答案：C

25. 解答： 根据《高速公路交通工程及沿线设施设计通用规范》（JTG D80—2006）表5.2.2-2，100km/h高速公路，指路标志汉字高度50～60cm。

答案：B

26. 解答： 根据《公路工程建设项目概算预算编制办法》（JTG 3830—2018）第2.3.5条第3款。

答案：B

27. 解答： 根据《公路工程建设项目概算预算编制办法》（JTG 3830—2018）第3.4.2条。

答案：D

28. 解答： 根据《城市道路工程设计规范》（CJJ 37—2012）（2016年版）第4.2.2条表4.2.2，快速路一条车道设计通行能力，100km/h时对应数据为2000pcu/(h · ln)，则$N \geqslant 5000/2000 = 2.5$，取整得3，双向N = 6。

答案：C

29. 解答： 根据《城市道路路线设计规范》（CJJ 193—2012）第5.3.8、5.3.9条及条文说明。

答案：C

30. 解答： 根据《城市道路交通工程项目规范》（GB 55011—2021）第4.0.8、4.0.9、3.4.3、3.4.5条。

答案：B

31. 解答： 根据《城市道路路基设计规范》（CJJ 194—2013）表5.2.5-2。

答案：D

32. 解答： 根据《城镇道路路面设计规范》（CJJ 169—2012）第5.3.7条，选项A正确；根据第5.3.3条，AC13最小压实厚度为35mm，故选项D错误。

答案：D

33. 解答： 根据《城市桥梁设计规范》（CJJ 11—2011）（2019年版）表3.0.5。

答案：B

34. 解答： 根据《城市人行天桥与人行地道技术规范》（CJJ 69—1995）第2.2.1.2、2.3.1.1、2.3.1.3、2.3.1.4条。

答案：A

35. 解答：根据《城市地下道路工程设计规范》(CJJ 221—2015) 第 8.2.3 条第 1 款，全横向通风时，CO 设计浓度可以比规范要求降低 50ppm，选项 D 正确。

答案：D

36. 解答：根据《城市道路交叉口设计规程》(CJJ 152—2010) 第 4.2.19 条。选项 A 错误，应为"展宽渐变段起点"；选项 B 错误，应为"右转车道与直行车道之间"；选项 C 错误，应为"地面道路与匝道车流的双重要求"。

答案：D

37. 解答：根据《城市道路交叉口设计规程》(CJJ 152—2010) 第 5.5.4 条，选项 C 应为分流岛。

答案：C

38. 解答：根据《无障碍设计规范》(GB 50763—2012) 第 4.4.2 条，选项 AC 错误，注意是设置提示盲道；根据第 4.6 条文说明，选项 B 正确；根据第 4.3.1 条，选项 D 错误。

答案：B

39. 解答：根据《城市道路交通标志和标线设置规范》(GB 51038—2015) 第 7.6.3 条，应设置在平曲线与直线段的切点之前，选项 A 错误；根据第 13.2.2 条，应为单黄实线，选项 C 错误；根据第 8.21.1、15.3.2 条，选项 D 正确；根据《城市道路交通设施设计规范》(GB 50688—2011) 表 7.2.4-2，临水路段或车辆越出路外可能发生重大事故，设置 B 级防撞护栏，根据第 7.2.4 条第 3 款，应提高 1 级，采用 A 级防撞护栏，选项 B 错误。

答案：D

40. 解答：根据《市政公用工程设计文件编制深度规定》(2013 年版) 第三篇第三章 1.5。

答案：C

41. 解答：根据《公路路线设计规范》(JTG D20—2017) 第 9.3.1、9.3.2 条。

答案：ACD

42. 解答：根据《公路路线设计规范》(JTG D20—2017) 第 5.0.2 条。

答案：BCD

43. 解答：根据《公路路线设计规范》(JTG D20—2017) 第 9.3.3 条。

答案：ACD

44. 解答：根据《公路路线设计规范》(JTG D20—2017) 第 7.6.1 条关于圆曲线加宽的规定。

答案：ABD

45. 解答：根据《公路路基设计规范》(JTG D30—2015) 第 5.4.4 条第 1 款，选项 A 正确；根据第 5.4.5 条第 1 款，选项 B 正确；墙高小于 10m 可用浆砌片石挡墙，选项 C 错误；根据第 5.4.6 条，永久工程应采用重镀锌钢丝，选项 D 错误。

答案：CD

46. 解答： 根据《公路滑坡防治设计规范》（JTG/T 3334—2018）第 5.3.2 条，是采用“一定年限内”，不是“一年内”，选项 A 错误；根据第 5.3.3 条第 1 款，选项 B 正确，根据第 2 款，整体滑动状态宜采用残余强度，选项 C 错误，根据第 3 款，应考虑各种因素综合取值，选项 D 错。

答案：ACD

47. 解答： 根据《公路路基设计规范》（JTG D30—2015）第 3.6.8 条第 1 款，选项 A 正确；查表 3.6.8，选项 B 正确；根据第 3.6.9 条，宜采用简化 Bishop 法，选项 C 错误；根据第 3.6.10 条，可用不平衡推力法，选项 D 错误。

答案：CD

48. 解答： 根据《公路沥青路面设计规范》（JTG D50—2017）表 6.2.1。

答案：ABD

49. 解答： 根据《公路沥青路面设计规范》（JTG D50—2017）表 3.0.6-2 注。

答案：BCD

50. 解答： 根据《公路水泥混凝土路面设计规范》（JTG D40—2011）第 4.4.2、4.4.3、4.4.5、4.4.11条。

答案：AC

51. 解答： 根据《公路钢筋混凝土及预应力混凝土桥涵设计规范》（JTG 3362—2018）第 4.1.3、4.1.4、4.1.5 条。

答案：ACD

52. 解答： 根据《公路钢结构桥梁设计规范》（JTG D64—2015）第 4.2.3、11.2.3、11.2.4、12.1.5 条。

答案：AC

53. 解答： 根据《公路隧道设计规范 第一册》（JTG 3370.1—2018）第 7.1.1 条，选项 A 正确；根据第 7.2.2 条第 1 款，选项 B 正确，根据第 4 款，不宜切削山坡，宜接长明洞，选项 C 错误；根据第 7.2.1 条第 2 款，选项 D 正确。

答案：ABD

54. 解答： 根据《公路隧道设计规范 第二册》（JTG D70/2—2014）第 4.2.3 条第 2 款，无联络通道时，宜在隧道入口前 150m，选项 A 错误；根据第 4.2.15 条第 1 款，选项 B 正确；根据第 4.2.16 条，数字越大等级越高，选项 C 正确；根据第 4.3.1 条第 3 款，入口端向洞外延伸 150m，选项 D 错误。

答案：BC

55. 解答： 根据《公路路线设计规范》（JTG D20—2017）第 10.1.5、10.1.4、10.1.7 条。

答案：CD

56. 解答：根据《公路立体交叉设计细则》（JTG/T D21—2014）第 5.8.1 条，选项 A 正确；根据第 5.8.2 条，选项 BC 错误，选项 D 正确。

答案：AD

57. 解答：根据《公路交通安全设施设计规范》（JTG D81—2017）第 6.3.3 条。

答案：ABD

58. 解答：根据《公路交通安全设施设计规范》（JTG D81—2017）第 10.2.2 条，选项 A 正确；根据第 10.2.1 条，选项 B 错误，选项 D 正确；根据第 10.2.4 条，选项 C 正确。

答案：ACD

59. 解答：根据《公路工程地质勘察规范》（JTG C20—2011）第 9.2.1 条第 1、3 款，选项 AB 正确；根据第 9.2.2 条第 1 款，选项 C 正确；D 项未在规范提及，可不调查。

答案：ABC

60. 解答：根据《公路工程基本建设项目设计文件编制办法》（交公路发〔2007〕358 号）第 3.1.3 条。

答案：ABC

61. 解答：根据《城市道路交通工程项目规范》（GB 55011—2021）第 3.2.1、3.2.2 条。

答案：ABC

62. 解答：根据《城市道路路线设计规范》（CJJ 193—2012）第 6.7.1 条。

答案：AD

63. 解答：根据《城市道路工程设计规范》（CJJ 37—2012）（2016 年版）第 16.3.2 条。

答案：BC

64. 解答：根据《城市道路路基设计规范》（CJJ 194—2013）第 8.4.3 条第 2 款，不宜小于 1.0m，选项 A 错误；根据第 8.4.5 条第 1 款，路拱坡度增大值不应大于 5%，选项 B 错误；根据第 8.4.6 条第 1 款，可加固利用、改建或拆除重建，选项 C 错误；根据第 8.4.7 条，选项 D 正确。

答案：ABC

65. 解答：根据《城镇道路路面设计规范》（CJJ 169—2012）第 3.2.5 条，判断为重交通，根据第 4.3.3 条，水稳上基层 7d 无侧限抗压强度为 3～4MPa。

答案：BC

66. 解答：根据《城市桥梁设计规范》（CJJ 11—2011）（2019 年版）第 4.0.2、4.0.4、4.0.7、4.0.8 条。

答案：ACD

67. 解答：根据《城市地下道路工程设计规范》（CJJ 221—2015）第 6.4.2 条，选项 C 正确；根据第 6.5.1 条第 2 款，注意封闭段出口与出口接地点不是同一概念，选项 D 错误；根据第 6.4.1、6.4.3 条及《城市道路交叉口设计规程》（CJJ 152—2012）表 5.5.3-2，上坡加速乘 1.2，选项 A 错误，下坡减速乘

1.1，$70 \times 1.1 = 77 < 90$m，选项 B 正确。

答案：BC

68. 解答：根据《城市道路交叉口设计规程》(CJJ 152—2010) 第 5.5.3 条。

答案：AC

69. 解答：根据《城市道路工程设计规范》(CJJ 37—2012)(2016 年版) 第 7.3.1、7.3.2 条。

答案：ABD

70. 解答：根据《无障碍设计规范》(GB 50763—2012) 第 3.7.1 条，选项 AB 正确；根据第 3.7.2 条，选项 C 正确；根据第 3.7.3 条，选项 D 错误。

答案：ABC

注册道路工程师执业资格专业考试模考试卷（一）案例分析（上）

试题解析及参考答案

1. 解答：根据《公路工程技术标准》（JTG B01—2014）第 4.0.17 条、第 4.0.18 条条文说明，$R = \frac{v^2}{127(\mu+i)}$，道路横坡 2%，不设超高时，$i$取正负值：−0.02。

$$R = 120^2/127(0.04 - 0.02) = 5669\text{m}$$

答案：C

2. 解答：根据《公路工程技术标准》（JTG B01—2014）第 3.3.2 条，将自然车辆的交通量换算成标准小客车的交通量：

$1.0 \times (390 + 100) + 1.5 \times (50 + 150) + 2.5 \times 60 + 4.0 \times 150 = 1540\text{pcu/(h} \cdot \text{ln)}$

基准通行能力 2200pcu/(h · ln)，则服务水平$v/C = 1540/2200 = 0.7$。

查表 A.0.1-1 知，$0.5 < v/C \leqslant 0.75$ 时，属于三级服务水平，且 0.7 接近于下限。

根据第 1.0.8 条第 1 款知，宜论证确定改扩建时机。

答案：A

3. 解答：根据《公路路线设计规范》（JTG D20—2017）第 3.4.2 条：

$C_\text{d} = \text{MSF}_\text{i} \times f_\text{HV} \times f_\text{p} \times f_\text{f}$

由题意知$f_\text{p} = 1.0$，$f_\text{f} = 1.0$；查表 3.4.1 知$\text{MSF}_\text{i} = 1650\text{pcu/(h} \cdot \text{ln)}$

预测年交通量为 1450pcu/(h · ln)，查表 3.4.2-2，$E_{中} = 2.5$；$E_{大} = 4.5$；$E_{列} = 6.0$。

$f_\text{HV} = 1/[1 + 0.3 \times (2.5 - 1) + 0.04 \times (4.5 - 1) + 0.02 \times (6.0 - 1)] = 0.59$

$C_\text{d} = 1650 \times 0.59 \times 1.0 \times 1.0 = 974\text{veh/(h} \cdot \text{ln)}$

双向六车道，单向三车道，设计通行能力为 $3 \times 974 = 2922\text{veh/h}$。

答案：C

4. 解答：根据《公路路线设计规范》（JTG D20—2017），三级公路，查表 6.2.2 知为双向两车道公路；设计速度 40km/h，查表 6.2.1，车道宽 3.5m；查表 6.4.1，土路肩 0.75m；圆曲线半径$R = 220\text{m}$，通行铰接列车，查表 7.6.1，采用第三类加宽，加宽值为双车道 0.8m。

路基总宽度为：

$0.75 + 0.8 + 2 \times 3.5 + 0.75 = 9.3\text{m}$

答案：D

5. 解答：根据《公路路线设计规范》（JTG D20—2017），设计速度 60km/h，则

查表 6.2.1，车道宽 3.5m；

查表 6.3.1，左侧路缘带 0.5m；

查表 6.4.1，右侧硬路肩 0.75m，右侧土路肩 0.75m。

路基总宽度：

$0.75 + 0.75 + 2 \times 3.5 + 0.5 + 2.5 + 0.5 + 2 \times 3.5 + 0.75 + 0.75 = 20.50\text{m}$

答案：C

6. 解答： 根据《公路路基设计规范》（JTG D30—2015）第 3.2.6 条，初步设计阶段路基回弹模量值可由填料的CBR值估算。

$\overline{x} = 23.0$

$s = \sqrt{\frac{(22.8-23)^2+(23-23)^2+(23.2-23)^2}{2}} = 0.2$

$C_\text{v} = \frac{s}{\overline{x}} = \frac{0.2}{23} = 0.87\% < 12\%$

$\text{CBR} = \frac{22.8+23.0+23.2}{3} = 23.0$

$M_\text{R} = 22.1CBR^{0.55} = 22.1 \times 23.0^{0.55} = 124.0\text{MPa}$

答案：B

7. 解答： 根据《公路路基设计规范》（JTG D30—2015）第 3.1.3 条及表 3.1.3，沿河及受水浸淹的路基边缘高程，应高出表 3.1.3 规定的设计洪水频率的计算水位加壅水高度、波浪侵袭高度及 0.5m 的安全高度之和。（注：区域内唯一通道的公路路基设计洪水频率可采用高一个等级公路的标准。）该题中二级公路在区域内是唯一的一条公路，因此路基设计洪水频率按高一级取值，对应的 100 年一遇的洪水位为 28.6m，故

$h = 28.6 + 0.6 + 1.2 + 0.5 = 30.9\text{m}$

答案：D

8. 解答： 根据《公路路基设计规范》（JTG D30—2015）附录 H.0.2，对于岩质地基有

$\frac{B}{6} = \frac{3}{6} = 0.5\text{m} < e_0 = 0.6\text{m} < \frac{B}{4} = \frac{3}{4} = 0.75\text{m}$

$\alpha_1 = \frac{B}{2} - e_0 = \frac{3}{2} - 0.6 = 0.9\text{m}$

$\sigma_1 = \frac{2N_\text{d}}{3\alpha_1} = \frac{2\times540}{3\times0.9} = 400\text{kPa} < [\sigma_0] = 540\text{kPa}$，满足要求

答案：C

9. 解答： 根据《公路排水设计规范》（JTG D33—2012）第 5.1.5-2 条，沥青路面$Q_\text{p} = K_\text{a}B = 0.15 \times 9 = 1.35\text{m}^3/(\text{d}\cdot\text{m})$。

答案：B

10. 解答： 根据《公路水泥混凝土路面设计规范》（JTG D40—2011）第 4.4.9 条，开级配沥青稳定碎石或水泥稳定碎石排水基层的计算厚度应满足排除表面设计渗入量的需要。排水基层的设计厚度宜依据计算厚度按 10mm 向上取整后再增加 20mm。本题中为 295.5mm，取整为 300mm，再增加 20mm，厚度为 320mm。

答案：C

11. 解答： 根据《公路水泥混凝土路面设计规范》（JTG D40—2011）第 5.2.1 条第 2 款，采用半刚性基层时：

$$\text{槽口深度} = \frac{2}{5} \times 240 = 96\text{mm}$$

答案：B

12. 解答：根据《公路桥涵设计通用规范》（JTG D60—2015）第 4.1.5 条第 1 款及表 4.1.5-2，得：

$$S_{ud} = \gamma_0 S\left(\sum_{i=1}^{m}\gamma_{G_i}G_{ik},\ \gamma_{Q_1}\gamma_L Q_{1k},\ \psi_c\sum_{j=2}^{n}\gamma_{L_j}\gamma_{qj}Q_{jk}\right)$$
$$= 1.0\times[1.2\times300+1.0\times1.4\times150+0.75\times(1.0\times1.4\times40+1.0\times1.1\times50+1.0\times1.4\times30)]$$
$$= 684.75\text{kN}\cdot\text{m}$$

答案：B

13. 解答：单侧桥面净宽 $= 3.00 + 2\times3.75 + 0.50 = 11\text{m}$。

根据《公路桥涵设计通用规范》（JTG D60—2015）表 4.3.1-4，单向布置 3 条车道，故双向布置 6 条车道。

根据表 4.3.1-5 查取横向车道布载系数为 0.55。

答案：C

14. 解答：根据《公路隧道设计规范　第一册　土建工程》（JTG 3370.1—2018）第 8.4.1 条表 8.4.1 注 1：

（1）Ⅳ级围岩两车道时，预留变形量为 50～80mm；

（2）因为是较软质岩，且岩体完整，变形量取小值 50～60mm。

答案：B

15. 解答：根据《公路隧道设计规范　第一册　土建工程》（JTG 3370.1—2018）第 6.2.2 条：

查表 6.2.2-1，$i = 0.1$

$\omega = 1 + i(B-5) = 1 + 0.1\times(11-5) = 1.6$

$h = 0.45\times2^{S-1}\omega = 0.45\times2^{5-1}\times1.6 = 11.52\text{m}$

$q = \gamma h = 20\times11.52 = 230.4\text{kPa}$，取整数 230kPa。

答案：B

16. 解答：根据《公路路线设计规范》（JTG D20—2017）第 11.4.2 条，$N_C \geqslant N_F + N_E - 1$。

选项 D，$N_C = 3 < 3 + 2 - 1 = 4$，不满足车道平衡，选项 A、B、C 均满足车道平衡原则。

答案：D

17. 解答：分合流鼻端匝道长度为：$450.31 - 132.51 = 317.8\text{m} < 350\text{m}$

根据《公路立体交叉设计细则》（JTG/T D21—2014）第 7.3.1 条，匝道设计速度 40km/h，设计小时交通量 580pcu/h 大于 400pcu/h 但小于 1100pcu/h，采用Ⅰ型匝道。

答案：A

18. 解答：根据《城市道路路线设计规范》（CJJ 193—2012）。

选项 A：设计速度 20km/h 的城市支路，$R = 35\text{m}$ 的圆曲线，查表 6.5.1，单车道加宽值为 0.6m；本题圆曲线加宽值 $(13.2-12)/2 = 0.6\text{m}$，符合规范。

选项 B：设计速度 20km/h 时，查表 6.4.1，最大超高 2%，本图为 2%，圆曲线超高符合规范。

选项 D：查表 6.3.4-1，圆曲线最小长度为 20m，本图为 $68.642 - 2 \times 20 = 28.642$m，圆曲线长度符合规范。

选项 C：查表 6.4.3，最大超高渐变率为 1/100，超高所需缓和段长：

$L_e = (3.5 + 2.5) \times (0.02 + 0.02)/(1/100) = 24$m > 本图中 20m，不符合规范。

答案：C

19. 解答：

（1）根据《城市道路交叉口设计规程》（CJJ 152—2010）第 5.6 节，Z1、Z4 为定向、半定向匝道，设计速度为 50km/h，可能通行能力为 1730pcu/h；Z6 为环形匝道，设计速度为 40km/h，可能通行能力为 1700pcu/h；立交类型为两条城市快速路相交的立 A_1 类，定向匝道服务水平采用II1 级，环形匝道服务水平采用II2 级，Z1、Z4 匝道取$a = 0.58$，Z6 匝道取$a = 0.67$，计算 Z1、Z4 匝道设计通行能力为 $1730 \times 0.58 = 1003$pcu/h，Z6 匝道设计通行能力为 $1700 \times 0.67 = 1139$pcu/h。

（2）根据《城市道路交叉口设计规程》（CJJ 152—2010）第 5.3.1 第 4 款，Z1 匝道交通量 1191pcu/h > 单车道匝道设计通行能力 1003pcu/h，选用双车道匝道；Z4 匝道交通量 887pcu/h < 单车道匝道设计通行能力 1003pcu/h，匝道长度 340m > 300m，选用双车道匝道；Z6 匝道交通量 543pcu/h < 单车道匝道设计通行能力 1139pcu/h，匝道长度 252m < 300m，且为环形匝道，选用单车道匝道。故选 D。

答案：D

20. 解答：根据《城市道路交叉口设计规程》（CJJ 152—2010）第 4.2.13 条，渐变段长度$L_t = 3 \times 60 \times 70\%/3.6 = 35$，满足主干道最小长度 30～35m 的要求；展宽段$L_d = 9 \times 9 = 81$m；进口展宽右转专用车道长度$L_y = 35 + 81 = 116$m。

答案：B

21. 解答：根据《城市道路交叉口设计规程》（CJJ 152—2010）第 5.3.5 条第 6 款，先驶入后驶出，最小间距需满足 $1.25L$～$2L$，L不宜采用极限值，取一般值 220m，枢纽立交取上限：$2L = 440$m；查表 5.5.3-1、表 5.5.3-2，出口：驶出减速段长度为 80m，纵坡修正系数为 1.1，$80 \times 1.1 + 50 = 138$；入口：主线设计速度为 80km/h，驶入加速段长 160m，纵坡修正系数 1.2，$160 \times 1.2 + 50 = 242$；$242 + 138 = 380$m < 440m。

答案：D

22. 解答：根据《城市道路路基设计规范》（CJJ 194—2013）附录 A。

机动车道最右侧：

$H_0 = 4.2 - 3.6 - 0.6 - 11.5 \times 2\% + 1.2 = 0.97$m

非机动车道最右侧：

$H_0 = 4.2 - 3.6 - 0.35 - (11.5 + 2 + 3.5) \times 2\% + 1.2 = 1.11$m

取小值$H_0 = 0.97$m

查附录 A 续表 A.0.1，粉质土IV3 区，$H_1 = 1.7$～1.9m，$H_2 = 1.2$～1.3m，$H_3 = 0.8$～0.9m，$H_3 < H_0 <$

H_2，路基为潮湿类型，应设置石灰土垫层。

答案：C

23. 解答：根据《城镇道路路面设计规范》(CJJ 169—2012)。

根据第 3.2.1 条，$t = 15$ 年。

根据第 3.2.3 条第 6 款：

$$N_e = \frac{[(1+\gamma)^t - 1] \times 365}{\gamma} \cdot N_1 \cdot \eta$$

$$= \frac{[(1+0.06)^{15} - 1] \times 365}{0.06} \times 2000 \times 0.8$$

$$= 13593166 \text{ 次/车道}$$

根据第 5.4.3 条：

$$l_d = 600 N_e^{-0.2} A_c A_s A_b$$

$$= 600 \times 13593166^{-0.2} \times 1.1 \times 1.0 \times 1.0$$

$$= 24.71 \ (0.01\text{mm})$$

答案：A

24. 解答：根据《无障碍设计规范》(GB 50763—2012) 第 3.1.1 条～第 3.2.3 条。

(1) 第 3.1.1 条 2 款，缘石坡道的坡口与车行道之间地面高差不应大于 10mm，本图缘石外露 20mm，不符合规范要求。

(2) 第 3.1.2 条 1 款，坡度不应大于 1/20，本图侧面坡为$(20-2)/300 = 1/16.7$，不符合规范要求。

(3) 第 3.2.2 条 4 款，行进盲道距离平缘石的距离不应小于 0.5m，本图距离 0.4m，不符合规范要求。

(4) 提示盲道设置位置有误，不符合规范要求。

答案：D

25. 解答：根据《城市桥梁设计规范》(CJJ 11—2011)(2019 年版) 第 3.0.5 条第 2 款及表 3.0.5 得：

桥面中心线最低设计高程 = 最高洪水位高程 + 安全高度 + 结构层厚度

$= 42.5 + 1.00 + (1.5 + 0.1 + 0.1 + 24/2 \times 1.5\%)$

$= 45.38\text{m}$

答案：C

注册道路工程师执业资格专业考试模考试卷（一）案例分析（下）

试题解析及参考答案

1. 解答：“内侧两车道仅限小客车通行”的隐含条件：以通行小客车为主。

根据《公路路线设计规范》（JTG D20—2017）：

第 6.2.1 条，设计速度 100km/h，内侧两条小客车专用道宽 3.5m，其余车道宽 3.75m。

表 6.3.1 注 2，设计速度 100km/h，多车道公路内侧仅限小型车辆通行的路段，左侧路缘带可论证采用最小值 0.50m。

表 6.4.1 注 2，以通行小客车为主时，右侧硬路肩可以采用括号内数据，查表 6.4.1 得 2.5m。

查表 6.4.1，土路肩宽 0.75m。

路基最小宽度：$0.75 + 2.5 + 2 \times 3.75 + 2 \times 3.5 + 0.50 + 2 + 0.50 + 2 \times 3.5 + 2 \times 3.75 + 2.5 + 0.75 = 38.5\text{m}$

答案：B

2. 解答：根据《公路工程技术标准》（JTG B01—2014）第 3.3.1 条第 2 款，交通量预测年限的起算年为项目计划通车年。

所以交通量预测起算年为：$2020 + 1 + 3 = 2024$ 年。

根据第 3.3.1 条 1 款，二级公路交通量的预测年限为 15 年。

该二级公路交通量预测的年份为：$2024 + 15 - 1 = 2038$ 年。

答案：C

3. 解答：根据《公路路线设计规范》（JTG D20—2017）表 6.2.1 查得设计速度 30km/h 时，车行道宽度为 3.25m；

三级公路，双向两车道，设计速度 30km/h 时，由表 6.4.1 查得路肩宽 0.5m；

根据第 6.6.2 条知侧向宽度$L = 0.5 - 0.25 = 0.25$，故建筑限界宽度为：$0.25 + 2 \times 3.25 + 0.25 = 7.0\text{m}$。

答案：A

4. 解答：县道 X201 为三级公路，根据《公路路线设计规范》（JTG D20—2017）第 6.6.2 条第 5 款，三级公路净高最小为 4.5m。

根据题意预留 0.2m 远期路面加铺空间，需要最小净高 $4.5 + 0.2 = 4.7\text{m}$。

桥梁结构厚度：$0.75 + 0.15 + 0.12 = 1.02\text{m}$。

左幅路设计高程位与超高旋转轴重合，超高横坡为 2%，则左幅路的圆曲线内侧桥底为最低点，其比超高旋转轴处的设计高程低，$(11.5 - 0.25 + 0.5) \times 0.02 = 0.235\text{m}$。

由题意，设计轴线即为超高旋转轴线，所以跨线主线设计高程为：

$1663.143 + 4.7 + 1.02 + 0.235 = 1669.098\text{m}$

答案：D

5. 解答：根据《公路路基设计规范》（JTG D30—2015）第 3.1.3 条及表 3.1.3，一级公路的路基设计洪水频率取 1/100，对应的计算水位高程为 85.21m，对应的壅水高 0.65m，对应的波浪侵袭高 0.45m，安全高度为 0.5m，沿河及受水浸淹的路基边缘高程应高出 $85.21 + 0.65 + 0.45 + 0.5 = 86.81\text{m}$。

答案：D

6. 解答：根据《公路路基设计规范》（JTG D30—2015）第 7.7.7 条，复合地基抗剪强度：

$$\tau_{\mathrm{ps}} = \eta\tau_{\mathrm{p}} + (1-\eta\tau_{\mathrm{s}}) = 0.087\times160 + (1-0.087)\times50 = 59.6\text{kPa}$$

答案：B

7. 解答：根据《公路路基设计规范》（JTG D30—2015）第 7.7.2 条：

$$\begin{aligned} m_{\mathrm{s}} &= 0.123\gamma^{0.7}(\theta H^{0.2} + vH) + Y \\ &= 0.123\times18^{0.7}(1.05\times4^{0.2} + 0.025\times4) - 0.1 \\ &= 1.28 \end{aligned}$$

$$S = m_{\mathrm{s}}S_{\mathrm{c}} = 1.28\times66 = 84.5\text{cm}$$

答案：C

8. 解答：根据《公路路基设计规范》（JTG D30—2015）式(5.5.5)：

$$P_{\mathrm{d}} = \frac{Af_{\mathrm{ptk}}}{K_1} = \frac{3\times3.14\times0.025^2\times785\times10^3}{4\times2.0} = 577.7\text{kN}$$

根据《公路路基设计规范》（JTG D30—2015）式(5.5.6-1)：

$$P_{\mathrm{d}} = \frac{\pi df_{\mathrm{r}}L_{\mathrm{r}}}{K_2} = \frac{3.14\times0.13\times400\times6}{2.0} = 489.8\text{kN}$$

根据《公路路基设计规范》（JTG D30—2015）式(5.5.6-2)：

$$P_{\mathrm{d}} = \frac{n\pi d_{\mathrm{g}}f_{\mathrm{b}}L_{\mathrm{g}}}{K_2} = \frac{3\times3.14\times0.025\times2400\times6}{2.0} = 1695.6\text{kN}$$

根据《公路路基设计规范》（JTG D30—2015）第 5.5.6 条，锚固体的承载能力由注浆体与锚孔壁的黏结强度、锚杆与注浆体的黏结强度及锚杆强度三部分控制，设计时应取小值$P_{\mathrm{d}} = 489.9\text{kN}$。

答案：B

9. 解答：根据《公路水泥混凝土路面设计规范》（JTG D40—2011）第 4.4.10 条：

采用滑模式摊铺机摊铺时，基层宽度 $= 12 + 0.65 = 12.65\text{m}$

答案：D

10. 解答：根据《公路水泥混凝土路面设计规范》（JTG D40—2011）第 5.5.1 条，在隧道口的板端厚度增加 20%，即

$$H = 250\times(1+0.2) = 300\text{mm}$$

答案：D

11. 解答：根据《公路工程水文勘测设计规范》（JTG C30—2015）表 8.3.1-1，可查桥墩水流侧向压缩系数μ值，本题中设计流速为 5m/s，单孔净跨径$L_0 = 49.2\text{m}$，单孔跨径$L_0 > 45\text{m}$ 时，可按表 8.3.1-1 注 2 计算：

$$\mu = 1 - 0.375\frac{v_s}{L_0} = 1 - 0.375 \times \frac{5}{49.2} = 0.96$$

答案：A

12. 解答：根据《公路桥涵地基与基础设计规范》（JTG 3363—2019）第 6.3.3 条：

$$R_a = \frac{1}{2}\mu\sum_{i=1}^{n} q_{ik}l_i + A_p q_r$$

设桩基进入第三层长度为l_3（m），代入数据，得

$$12000 = 1/2 \times (3.14 \times 1.5) \times (50 \times 5 + 70 \times 6 + 160 \times l_3) + (3.14 \times 1.5 \times 1.5/4) \times 2000$$

得$l_3 = 18.3\text{m}$；桩长$l = 5 + 6 + 18.3 = 29.3\text{m}$

即桩长不小于 29.3m。

答案：A

13. 解答：根据《公路隧道设计规范　第一册　土建工程》（JTG 3370.1—2018）第 8.2.7 条第 7 款：

钢架与围岩之间混凝土保护层厚度不应小于 40mm；

临空一侧混凝土保护层厚度不应小于 20mm；

初期喷混凝土厚度$= 40 + 200 + 20 = 260\text{mm} = 26\text{cm}$。

答案：D

14. 解答：根据《公路隧道设计规范　第一册　土建工程》（JTG 3370.1—2018）第 14.8.2 条，表 14.8.2-1：

$$\frac{\sigma_{\theta\max}}{R_b} = \frac{20}{26} = 0.769$$

查表 14.8.2-1，属Ⅲ级强烈岩爆。

答案：C

15. 解答：根据《公路隧道设计规范　第一册　土建工程》（JTG 3370.1—2018）第 6.2.2 条：

查表 6.2.2-1，$i = 0.1$；

$$\omega = 1 + i(B - 5) = 1 + 0.1 \times (12 - 5) = 1.7$$

$$h = 0.45 \times 2^{S-1}\omega = 0.45 \times 2^{4-1} \times 1.7 = 6.12\text{m}$$

$$q = \gamma h = 24 \times 6.12 = 146.88\text{kPa}$$

查表 6.2.2-3，$e = (0.15\sim0.3)q = (0.15\sim0.3) \times 146.88 = 22\sim44\text{kPa}$

答案：C

16. 解答：根据《公路立体交叉设计细则》（JTG/T D21—2014）第 4.5.2 条：

$$DDHV = 1000 \times 0.1 \times 60\% = 600\text{pcu/h}$$

答案：C

17. 解答：查《公路立体交叉设计细则》（JTG/T D21—2014）表 4.5.4，路基匝道设计速度为 40km/h，单车道通行能力为 1000pcu/h；设计速度为 60km/h，单车道通行能力为 1300pcu/h。A 匝道：$1150 > 1000$，

不满足要求，B、C、D 匝道均满足。

答案：A

18. 解答： 参考《公路路线设计规范》（JTG D20—2017）（2016 年版）公式(3.3.2)，单向设计交通量：

$DDHV = AADT \times K \times D = 33600 \times 0.1 \times 0.55 = 1848pcu/h$

根据《城市道路工程设计规范》（CJJ 37—2012）第 4.3.2 条条文说明，设计通行能力为基本通行能力与综合影响系数的乘积，综合影响系数为 0.5。

查表 4.3.2 知设计速度为 50km/h 时，基本通行能力为 1700pcu/(h · ln)。

设计通行能力为：$1700 \times 0.5 = 850$pcu/(h · ln)。

单向车道数$N = 1848/850 = 2.17$，取单向三车道，双向六车道。

设计速度 50km/h 时，查表 5.3.2 和表 5.3.5 知：

一条机动车道宽 3.5m，路缘带宽 0.25m。

故机动车道路面宽度为：

$0.25 + 3 \times 3.5 + 0.25 + 0.5 + 0.25 + 3 \times 3.5 + 0.25 = 22.5m$

答案：D

19. 解答： 根据《城市道路路线设计规范》（CJJ 193—2012）。

根据题意：$E_{最大} = 5.73 - 2.26 - 3 = 0.47m$

$|\omega| = |-1.8\% - 2\%| = 0.038$

由$E = T^2/2R$，$2T = R \cdot |\omega|$得$E = R\omega^2/8$，所以$R_{\max} = 8E/\omega^2 = 8 \times 0.47/0.038^2 = 2603.9m$，取整$R_{\max} = 2600m$。

查表 7.5.1，设计速度为 50km/h 时，竖曲线最小半径$R_{\min} = 900m$。

查表 7.5.1，最小竖曲线长度 40m，则对应的竖曲线最小半径$R_{\min} = 40/0.038 = 1052.6m$，取两者大值 1052.6m（取整 1100m）。

答案：B

20. 解答：

（1）计算缓和曲线长度：根据《城市道路交叉口设计规程》（CJJ 152—2010）第 5.3.5 条第 4 款，$v_0 = 55km/h$，查表 5.3.2-1，匝道最小圆曲线半径 35m 对应的匝道设计速度$v_1 = 30km/h$，车辆需要在回旋线内从分流点速度$v_0 = 55km/h$ 降速至$v_1 = 30km/h$，匝道端部缓和曲线$L = (v_0^2 - v_1^2)/2\alpha = [(55/3.6)^2 - (30/3.6)^2]/(2 \times 1) = 82m$。

（2）根据回旋线参数 A 反算缓和曲线长度：$55^2 \div 35 = 86$

以上两者取大值为 86。

答案：D

注：公式中v_0、v_1的单位均为 m/s。

21. 解答： 根据《城市地下道路工程设计规范》（CJJ 221—2015）第 6.5.2 条，当条件受限制时，城市地下道路出洞口与邻接地面道路出口匝道减速车道渐变段起点的距离不应小于 1.5 倍主线停车视距；根据《城市道路路线设计规范》（CJJ 193—2012）表 6.6.1，主线设计速度 60km/h，停车视距为 70m；

根据《城市道路交叉口设计规程》（CJJ 152—2010）表 5.5.3-1，主线设计速度 60km/h，减速车道为 1 车道时，长度为 70m，渐变段长度为 45m；上坡减速车道，无须修正。因此，$L=1.5\times70+45+70=220$（m）。

答案：B

22. 解答：根据《城市道路路基规范》（CJJ 194—2013）第 6.4.7 条条文说明，查表 7，碎石土基底与地基之间的摩擦系数μ_f取 0.50，故

$$N=G+E_y=23\times4.06+33.19=126.57\text{kN/m}$$

$$K_c=\frac{[N+(E_x-E_p')\tan\alpha_0]\mu_f+E_p'}{E_x-N\tan\alpha_0}$$

$$=\frac{[126.57+48.84\times\tan6°]\times0.50}{48.84-126.57\times\tan6°}=1.85$$

根据《城市道路路基规范》（CJJ 194—2013）表 6.4.7-2，支挡结构抗滑动安全系数不宜小于 1.3。本题中$K_c=1.85>1.3$，挡土墙稳定。

答案：C

23. 解答：根据《城镇道路路面设计规范》（CJJ 169—2012）

根据第 3.2.1 条，$t=15$ 年。

根据第 3.2.3 条第 6 款：

$$N_e=\frac{[(1+\gamma)^t-1]\times365}{\gamma}\cdot N_1\cdot\eta$$

$$=\frac{[(1+0.07)^{15}-1]\times365}{0.07}\times3000\times0.65$$

$$=17885581\text{ 次/车道}$$

根据第 5.4.3 条，$A_c=1.0$。

根据第 5.4.5 条：

$$K_{sr}=\frac{0.35N_e^{0.11}}{A_c}$$

$$=\frac{0.35\times17885581^{0.11}}{1.0}$$

$$=2.20$$

$$[\sigma_R]=\frac{\sigma_s}{K_s}=\frac{0.7}{2.2}=0.32\text{MPa}$$

答案：A

24. 解答：根据《无障碍设计规范》（GB 50763—2012）第 3.1.1 条～第 3.2.3 条。

选项 B：行进盲道与立缘石的水平距离为 0.2m，不符合规范第 3.2.2 条第 3 款最小 0.25m 规定。

选项 C：行进盲道宽度同提示盲道宽度均为 300mm，不符合规范第 3.2.3 条 1 款行进盲道宽度不大于 300mm 时提示盲道宽度应大于行进盲道宽度的规定。

选项 D：单面坡坡度 $0.15/1.5=0.1=1:10\geqslant1:20$，不符规范第 3.1.2 条 1 款的规定。

答案：A

25. 解答：根据《城市工程管线综合规划规范》（GB 50289—2016）第 4.1.9 条（表），污水和管沟

水平净距≥1.5m；选项 C 和选项 D，污水和热力的净距 = 2 − 0.4 − 1.3/2 = 0.95m，不符合第 4.1.9 条（表）的规定。

根据第 4.1.3 条，从道路红线向道路中心线宜先布置热力再布置污水，选项 A 不符合第 4.1.3 条的规定；选项 B 符合第 4.1.3 条的规定。

答案：B

注册道路工程师执业资格专业考试模考试卷（二）案例分析（上）

试题解析及参考答案

1. 解答： 短链，路线变短，即 K3 + 110 − K3 + 100 = 10m。

根据《公路路线设计规范》（JTG D20—2017）表 8.4.5-1、表 8.4.5-2 及条文说明，附加长度（坡度 1%）为 250m，分流渐变段长 50m，汇流渐变段长 90m，则最小桩号 = K3 + 000 + 50 + 800 + 250 + 90 + 10 = K4 + 200。

答案：D

2. 解答： 根据《公路路线设计规范》（JTG D20—2017）表 7.9.1，停车视距$S = 160\text{m}$。

计算实际横净距$m_{实}$（注意：依题意，视点位置为中央分隔带曲线外侧相邻车道中心线），$m_{实} = (375/2 + 75 + 25) = 287.5\text{cm} = 2.875\text{m}$。

求最小路基中心线圆曲线半径，从 1000m 开始试算：

$R = 1000 + 3.625 = 1003.625\text{m}$，$m_{1000} = 1003.625 \times \left(1 - \cos\frac{28.65\times160}{1003.625}\right) = 3.187\text{m}$，大于$m_{实} = 2.875\text{m}$，不符合；

$R = 1120 + 3.625 = 1123.625\text{m}$，$m_{1120} = 1123.625 \times \left(1 - \cos\frac{28.65\times160}{1123.625}\right) = 2.847$，小于$m_{实} = 2.875$，符合。

答案：C

注意： 此题虽然根据题意是属于路线部分的题，但出题专家的意图是考查考生对“最小横净距”这一概念的掌握，与本考点的核心内容是相同的。

3. 解答： 根据《公路路线设计规范》（JTG D20—2017）表 8.2.1，$v = 100\text{km/h}$，$i_{\max} = 4\%$；由表 8.3.1 知，缓坡段最大纵坡为 2.5%，最小坡长 250m。

当$i = 3\%$时，$L_{\max} = 1000\text{m}$；当$i = 4\%$时，$L_{\max} = 800\text{m}$；当$i = 5\%$时，$L_{\max} = 600\text{m}$。

选项 A：$\frac{500}{800} + \frac{300}{1000} + \frac{500}{800} = \frac{124}{80} > 1$，不符合。

选项 B：符合。

选项 C：$\frac{500}{800} + \frac{300}{1000} = \frac{74}{80} < 1$，符合。

选项 D：$\frac{250}{800} + \frac{300}{1000} + \frac{250}{800} = \frac{74}{80} < 1$，符合。

答案：A

4. 解答： 根据《公路路线设计规范》（JTG D20—2017）表 7.3.2，该曲线为 S 曲线（积雪冰冻地区用极限值），圆曲线最小半径极限值$R = 270\text{m}$，A、B、C、D 均符合。

根据《公路路线设计规范》（JTG D20—2017）表 7.4.3，缓和曲线最小长度为 70m，A、B、C、D 均符合。

根据《公路路线设计规范》（JTG D20—2017）第 9.2.4 条第三款，$A = \sqrt{R \times L_s}$。对于 C 选项：$A_1 = \sqrt{900 \times 100} = 300$，$A_2 = \sqrt{80 \times 500} = 200$，$A_1/A_2 = 1.5$，不符合。

答案：C

5. 解答：根据《公路路线设计规范》(JTG D20—2017)，设计速度120km/h，查表6.2.1，外侧两车道宽3.75m，内侧两车道宽3.50m。

根据第6.4.2条条文说明，高速公路同向单幅车道数达到四车道及以上时，宜设不小于2.5m左侧硬路肩，为内侧车道故障车辆提供临时停靠空间。因本题不考虑左侧紧急停车，所以不考虑设置2.5m左侧硬路肩，正常设置即可。

查表6.4.2，左侧硬路肩宽1.25m，土路肩宽0.75m。

查表6.4.1，右侧硬路肩宽2.5m，土路肩宽0.75m。

建筑限界横向总宽度：$W = 1.25 + 2 \times 3.5 + 2 \times 3.75 + 2.5 = 18.25\text{m}$

答案：C

6. 解答：根据《公路路基设计规范》(JTG D30—2015)附录C，题中路基工作区底部落在砾石层，由于砾石层阻断了毛细水，所以路基工作区不受毛细水影响，属于干燥路基。

答案：A

7. 解答：根据《公路排水设计规范》(JTG/T D33—2012)第9.2.5条第3款，查表9.2.5-1，浆砌片石流速为3m/s，水深1.2m，大于1.0m，查表9.2.5-2，修正系数为1.25，则最大允许流速为$3 \times 1.25 = 3.75\text{m/s}$。

答案：B

8. 解答：根据《公路路基设计规范》(JTG D30—2015)第H.0.2条第5款：

$E_p' = 0.3 \times 103 = 30.9\text{kN}$

根据式(H.0.2-8)：

$$K_0 = \frac{600 \times 2.75 + 33 \times 3.64 + 30.9 \times 0.5}{325 \times 3.42} = 1.606$$

结果取1.61。

答案：C

9. 解答：根据《公路水泥混凝土路面设计规范》(JTG D40—2011)第4.4.10条规定：

混凝土面层宽度为：$(3.5 + 0.75) \times 2 = 8.5\text{m}$

基层宽度为：$8.5 + 0.3 \times 2 = 9.1\text{m}$

答案：B

10. 解答：根据《公路沥青路面设计规范》(JTG D50—2017)表3.0.2，一级公路路面结构设计使用年限为15年。

本题给定条件为初始年设计车道日平均当量轴次，根据A.4.2，计算每车道累计当量轴次N_e：

$$N_e = \frac{[(1+\gamma)^t - 1] \times 365}{\gamma} \times N_1$$

$$= \frac{[(1+2.8\%)^{15} - 1] \times 365}{2.8\%} \times 2825 = 18.9 \times 10^6$$

根据表3.0.4，荷载等级为重。

答案：C

注：本题是错题，是按照《公路沥青路面设计规范》（JTG D50—2006）在出题。按照《公路沥青路面设计规范》（JTG D50—2017）交通荷载等级指标为“设计使用年限内设计车道累计大型客车和货车交通量（辆）”而不是“累计当量轴次”；如果将题干中“一级公路”改为“城市主干路”或者将“日平均当量轴次为 2825 次/d”改为“日大型客车和货车交通量为 2825 辆/d”，则题目没有错误。为了适应命题专家思路，本书给出原题，未做修正。

11. 解答：根据《公路水泥混凝土路面设计规范》（JTG D40—2011）第 5.3.3 条，不设置传力杆槽口深度宜为面层厚度的 1/5～1/4。

故其深度范围为：$1/5 \times 260\text{mm} \sim 1/4 \times 260\text{mm}$，即 52～65mm，仅答案 C 在此范围内。

答案：C

12. 解答：根据《公路桥涵设计通用规范》（JTG D60—2015）表 4.3.1-2：

$P_K = 2 \times (29.5 + 130) \times 1.2 = 382.8\text{kN}$

答案：D

13. 解答：根据《公路钢筋混凝土及预应力混凝土桥涵设计规范》（JTG 3362—2018）第 9.1.12 条第 2 款，受弯构件受拉钢筋的配筋百分率不应小于 $45f_{td}/f_{sd}$，同时不小于 0.2%。

$45f_{td}/f_{sd} = 45 \times 1.83/330 = 0.25 \geqslant 0.2$

$n = Bh_0 \times 0.25\%/A_s = 1.0 \times 1.6 \times 0.25\%/(4.91 \times 10^{-4}) = 8.14$根，取整 9 根。

答案：B

14. 解答：根据《公路桥涵设计通用规范》（JTG D60—2015）第 1.0.5 条，该桥属于大桥；根据第 3.2.9 条，大桥设计洪水频率为 1/100，设计水位为 36.00m。

根据《公路工程水文勘测设计规范》（JTG C30—2015）第 7.4.1 条，桥面高程：

$$H_{min} = H_s + \sum\Delta h + \Delta h_j + \Delta h_0 = 36 + 3.0 + 0.5(\text{桥下净空安全值}) + (2.5 + 0.15) = 42.15\text{m}$$

答案：C

15. 解答：根据《公路隧道设计规范　第一册　土建工程》（JTG 3370.1—2018）第 4.4.6 条第 5 款，双向行车，单侧间距 800～1200m，每侧 1 个，总共 2 处。

答案：C

16. 解答：根据《公路立体交叉设计细则》（JTG/T D21—2014）第 8.4.2 条，$L = 150 - 114.998 = 35.002\text{m}$；查图 8.4.2-2，$V = 100\text{km/h}$，$R = 152\text{m}$。

答案：B

17. 解答：根据《公路立体交叉设计细则》（JTG/T D21—2014）第 5.8.3 条：

选项 A：$3 + 1 - 1 = 3 \neq 4$

选项 B：$3 + 2 - 1 = 4 \neq 3$

选项 C：主线由 3 车道变成 5 车道，不符合主线增减车道数不应超过 1 条的规定。

选项 D：$3 + 2 - 1 = 4$，3 车道变 4 车道，符合。

答案：D

18. 解答：根据《城市道路路线设计规范》（CJJ 193—2012）第 8.3.1 条第 3 款，桥面车行道宽度应与两端道路车行道宽度一致，方案二不符合该条文规定。

方案三采用的路缘带宽度为 0.25m，不符合《城市道路路线设计规范》（CJJ 193—2012）第 5.3.4 条的规定（路缘带宽度最小为 0.5m）。

根据《城市地下道路工程设计规范》（CJJ 221—2015）表 3.5.1，$W_{mc} = 0.5$，$W_{sc} = 0.25$，$W_j = 0.75m$。$0.5 + 0.75 = 1.25m$，方案四采用 3.0m，远远大于规范规定的 1.25m，不符合经济节约的要求。方案一采用 1.25m，符合规范规定。

答案：A

19. 解答：$E_{max} = (0.8 - 5.0) - (-5.6) = 1.4m$

$W = i_2 - i_1 = 0.035 + 0.04 = 0.075$

$E = \frac{R\omega^2}{8} = \frac{R \times 0.075^2}{8} = 1.4$

$R_{max} = 1991m$，取$R = 1900m > 700m$（表 7.5.1 中一般值）（根据选项）

$L = 1900 \times 0.075 = 142.50m > 100m$（表 7.5.1 中一般值）

答案：D

20. 解答：根据《城市道路路线设计规范》（CJJ 193—2012）表 6.5.1，单车道加宽值 0.6m，$\Delta b = 0.6 \times 2 = 1.2m$。

K1 + 260 处，$\Delta b = 1.2 \times \frac{1260-1230}{1265-1230} = 1.028m$，则

$D = 15.5 - (4 + 2.5 + 1.028 + 3.5) = 4.47m$

答案：B

21. 解答：根据《城市地下道路工程设计规范》（CJJ 221—2015）第 5.3.2 条条文说明，《城市道路路线设计规范》（CJJ 193—2012）第 6.6.1 条，$v = 50km/h$，停车视距$S_1 = 60m$；

$S_1 = 60m < L_c = 73.7m$，查表 11，$\varphi = 60 \times \frac{180}{3.14 \times 253.85} = 13.55°$

计算横净距：$a = 253.85 \times \left(1 - \cos\frac{13.55°}{2}\right) = 1.77m$

实际横净距：$a_{实际} = 3.5/2 + 0.25 + 0.25 = 2.25m$

$a_{实际} > a$，符合规范要求。

答案：B

22. 解答：根据《城市道路路基设计规范》（CJJ 194—2013）第 7.2.9 条：

$m = 0.907 \times \left(\frac{0.5}{1.5}\right)^2 = 0.1008$

$\mu_s = \frac{1}{1+m(n-1)} = \frac{1}{1+0.1008 \times (5-1)} = 0.713$

$S_Z = 0.713 \times 0.44 = 0.314m$

总沉降 $= 0.314 + 0.12 = 0.434m$

查表 6.2.8，次干路一般路段路基容许工后变形 $\leqslant 0.5m$，$0.434m < 0.5m$，符合要求。

《城市道路路基设计规范》（CJJ 194—2013）中关于粒料桩桩长深度内地基沉降的计算与《公路路

基设计规范》(JTG D30—2015)基本一致。但解题时，应根据题意引用《城市道路路基设计规范》(CJJ 194—2013)的条文规定。

答案：C

23. 解答： 根据《城市道路交通标志和标线设置规范》(GB 51038—2015)第 9.4.2 条条文说明，信息不应过多，指路在左，禁止在右；根据第 4.2.4 条，禁令指示不多于 6 种。

答案：C

24. 解答： 根据《城市道路路线设计规范》(CJJ 193—2012)第 6.6.1 条、《城市地下道路工程设计规范》(CJJ 221—2015)第 6.3.4 条和第 6.3.5 条：

(1)设计速度 60km/h，则停车视距为 70m。隔离段长度不应小于主线的停车视距。

(2)设计速度 60km/h，地下道路洞口与汇流鼻端最小距离为 85m。

(3)入口处车道隔离段末端至洞口的最小距离为 $70 + 85 = 155$m。

答案：C

25. 解答： 根据《城市工程管线综合规划规范》(GB 50289—2016)：

水平向，按箱涵、再生水管线和雨水管线顺序布置最有利。

根据第 4.1.11 条，$L = (6 - 5)/1 + 2/2 = 2$m；查表 4.1.9，构筑物与雨水管最小水平净距：$2.5\text{m} > 2 - 1/2 - 0.1 = 1.4$m，取 2.5m；

查表 4.1.9，构筑物与再生水管线净距要求 1m，再生水管线与雨水管线净距要求 0.5m，$1 + 0.4 + 0.5 = 1.9\text{m} < 2.5$m，满足布设要求。

最小宽度 $= 5 + 2.5 + 1.2 = 8.7$m。

答案：B

注册道路工程师执业资格专业考试模考试卷（二）案例分析（下）

试题解析及参考答案

1. 解答：根据《公路路线设计规范》（JTG D20—2017）第 6.2.1 条，设计速度 30km/h，车行道宽 3.25m；

查表 6.4.1，土路肩宽 0.5m，$B = 3.25 \times 2 + 0.5 \times 2 = 7.5\text{m}$

$R = 100\text{m}$ 时，$\Delta b = 2.5\text{m}$，圆曲线加宽在内侧，该题目的解答是不计入的。$C = 1.2\text{m}$，$1.2 + 4 \times 1 + 3 \times 1.5 + 7.5 = 17.2\text{m}$

$E = 100 \times \sec\left(\frac{30°}{2}\right) - 100 = 3.53\text{m}$

$D = 17.2 - 3.53 \times 2 = 10.14\text{m}$

答案：B

2. 解答：根据《公路路线设计规范》（JTG D20—2017）表 7.5.1，积雪冰冻地区，$i_{\max} = 6\%$，$\mu = 0.12$，$v = 80\text{km/h}$，则

$$R = \frac{v^2}{127(\mu + i)} = \frac{80^2}{127(0.12 + 0.06)} = 280\text{m}$$

答案：C

3. 解答：根据《公路路线设计规范》（JTG D20—2017）第 9.5.2 条第 6 款，凸形竖曲线的顶部或者凹形竖曲线的底部不宜同反向平曲线拐点重合，选项 A 错误。

根据第 9.5.2 条第 8 款，应避免在长下坡路段的末端接小半径圆曲线，B、C 选项错误。

根据第 9.5.2 条第 1 款，随着平、竖曲线半径的同时增大，其对应程度可适当放宽，当平、竖曲线半径均较大时，可不严格对应，详见第 9.5.2 条条文说明。

选项 D 正确，符合规范。

答案：D

4. 解答：根据《公路路线设计规范》（JTG D20—2017）：

（1）$v = 60\text{km/h}$，车行道宽 3.5m，土路肩宽 0.75m，硬路肩宽 0.75m。

（2）$i_{\max} = 6\%$，根据第 6.5.5 条第 2 款知，硬路肩$i_{\max} = 5\%$，$R = 230\text{m}$，$\Delta b = 0.8\text{m}$。

（3）$H_A = 10 + 0.04 \times 0.75 - 0.05 \times 0.75 - 0.06 \times 7 - 0.06 \times 0.8 - 0.75 \times 0.05 = 9.487\text{m}$。

答案：B

5. 解答：根据《公路路线设计规范》（JTG D20—2017）表 3.3.4，$K = 0.135$；

根据第 3.3.2 条，$DDHV = 25000 \times 0.5 \times 0.135 = 1688\text{pcu/h}$，则

单车道交通量 $= 1688/2 = 844\text{pcu/(h} \cdot \text{ln)}$

根据表 3.4.2-2：$E_{中} = 2.5$，$E_{大} = 4.0$，$E_{列} = 5.0$；代入公式（3.4.2-2）得：$f_{HV} = 0.556$。

根据公式（3.4.2-1），$C_d = 1600 \times 0.556 \times 1.0 \times 1.0 = 890\text{veh/(h} \cdot \text{ln)}$

答案：C

6. 解答：根据《公路路基设计规范》（JTG D30—2015）第 5.5.5 条和第 5.5.6 条：

查表 5.5.6-3，$f_{\mathrm{b}} = 2400 \times 0.7 = 1680\mathrm{kPa}$

由式（5.5.5），$P_{\mathrm{d}} = 1.14 \times 10^{-3} \times 540 \times 10^{-3}/2 = 307.8\mathrm{kN}$

由式（5.5.6-1），$P_{\mathrm{d}} = 6 \times 3.14 \times 0.13 \times 220/2 = 269.4\mathrm{kN}$

由式（5.5.6-2），$P_{\mathrm{d}} = 6 \times 3 \times 3.14 \times 0.022 \times 1680/2 = 1044.5\mathrm{kN}$

取小值 269.4kN。

答案：B

7. 解答：根据《公路路基设计规范》（JTG D30—2015）第 H.0.2 条第 4 款：

$E_{\mathrm{p}}' = 0.3 \times E_{\mathrm{p}} = 0.3 \times 100 = 30\mathrm{kN}$

$\tan\alpha_0 = \frac{1}{5} = 0.2$

$K_{\mathrm{c}} = \frac{[600+(300-30)\times0.2]\times0.4+30}{300-600\times0.2} = 1.62$

答案：C

8. 解答：根据《公路路基设计规范》（JTG D30—2015）式（7.10.4），注意自重湿陷量计算自天然地面起算，$\delta_{\mathrm{zs}} < 0.015$ 的不算，$\beta = 0.9$。

$$\Delta_{\mathrm{zs}} = 0.9 \times (0.104 \times 1.5 + 0.098 \times 1.5 + 0.075 \times 1.5 + 0.056 \times 1.0 + 0.028 \times 2) \times 1000 = 475\mathrm{mm}$$

答案：B

9. 解答：根据《公路路基设计规范》（JTG D30—2015）第 7.2.2 条：

$T_1 = 1.2 \times 2640 \times \sin 20° + 0 - 2640 \times \cos 20° \times \tan 10° - 15 \times 24 = 286.09\mathrm{kN}$

$\Psi_2 = \cos(20° - 12°) - \sin(20° - 12°) \times \tan 10° = 0.966$

$T_2 = 1.2 \times 6200 \times \sin 12° + 0.966 \times 286.09 - 6200 \times \cos 12° \times \tan 10° - 15 \times 23 = 408.89\mathrm{kN}$

$\Psi_3 = \cos(12° - 5°) - \sin(12° - 5°) \times \tan 10° = 0.971$

$T_3 = 1.2 \times 3750 \times \sin 5° + 0.971 \times 408.89 - 3750 \times \cos 5° \times \tan 10° - 15 \times 29 = -304.48\mathrm{kN}$

当$T_i < 0$ 时，取$T_i = 0$，则$T_3 = 0$。

答案：B

10. 解答：根据《公路沥青路面设计规范》（JTG D50—2017）第 3.0.1 条，$\beta = 1.04$；

根据附录 B.4.1：

$[\varepsilon_z] = 1.25 \times 10^{4-0.1\beta}(k_{\mathrm{T3}}N_{\mathrm{e4}})^{-0.21}$

$k_{\mathrm{T3}} = 1.22$

$[\varepsilon_z] = 1.25 \times 10^{4-0.1\times1.04} \times (1.22 \times 4.132 \times 10^6)^{-0.21} = 384.93$

答案：D

11. 解答：根据《公路沥青路面设计规范》（JTG D50—2017）附录 A.4.1：

$$N_1 = AADTT \times DDF \times LDF \times \sum_{m=2}^{11}(VCDF_m \times EALF_m)$$

题干仅给出 5 类车，但是 1 类车在沥青路面结构计算中是不考虑的。

$AADTT = 1100 + 4900 + 2220 + 1200 = 9420$

如果按照给定交通量，计算如下：

$$N_1 = 9420 \times 0.55 \times 0.5 \times \left(\frac{1100}{9420} \times 0.945 + \frac{4900}{9420} \times 1.18 + \frac{2220}{9420} \times 3.27 + \frac{1200}{9420} \times 4.21\right)$$
$$= 5261.3 \text{ 次/d}$$

按此计算则没有答案。

如果按照 TTC 分类来计算，查表 A.2.3-2 知，2 类车分布系数为 9.9%，3 类车分布系数为 42.3%，4 类车分布系数为 14.8%，5 类车分布系数为 0。

$$N_1 = 9420 \times 0.55 \times 0.5 \times (9.9\% \times 0.945 + 42.3\% \times 1.18 + 14.8\% \times 3.27 + 0 \times 4.21)$$
$$= 2789 \text{ 次/d}$$

答案：C

12. 解答：根据《公路水泥混凝土路面设计规范》（JTG D40—2011）式（8.4.2-2）和式（8.4.2-1）：

$$\overline{f}_{sp} = (2.2 + 2.5 + 2.8)/3 = 2.5$$

$$f_{sp} = \overline{f}_{sp} - 1.04 s_{sp} = 2.5 - 1.04 \times 0.3 = 2.188$$

$$f_r = 1.87 f_{sp}^{0.87} = 1.87 \times 2.188^{0.87} = 3.70$$

答案：A

13. 解答：根据《公路桥涵设计通用规范》（JTG D60—2015）表 4.3.12-2 知，最高温度 34℃，最低温度−10℃，安装温度 15～20℃，则升温$34 - 15 = 19$℃，降温$20 + 10 = 30$℃。由于固定支座设置在中间的一个桥墩上，该墩为变形零点，则梁长伸缩变形较大的一侧的梁长为$80 + 50 = 130\text{m}$，故

梁长变化$= (80 + 50) \times 0.00001 \times (30 + 19) = 0.0637\text{m}$

答案：A

14. 解答：根据《公路钢筋混凝土及预应力混凝土桥涵设计规范》（JTG 3362—2018）第 5.3.1 条，受压构件正截面抗压承载力的计算应符合：

$l_0/2r = 12.75/1.5 = 8.5$，查表 5.3.1，$\varphi = 0.98$；

$A = 3.14 \times 1.5 \times 1.5/4 = 1.767$，$A_s = 3.5/100 \times 1.767 = 0.062$；

纵向钢筋配筋率为 3.5% > 3%，应按毛截面计算，$A_n = A - A_s = 1.705$；

$N_d = 0.9\varphi(f_{cd}A + f'_{sd}A'_s) = 0.9 \times 0.98 \times (20.5 \times 1.705 + 330 \times 0.062) = 48874\text{kN}$

答案：B

15. 解答：根据《公路隧道抗震设计规范》（JTG 2232—2019）表 3.1.1，二级公路隧道对应 C 类；查表 3.1.4，C 类 + Ⅶ度对应二级抗震设防措施。

答案：B

16. 解答：根据《公路路线设计规范》（JTG D20—2017）表 3.2.2-1，$v = 100\text{km/h}$，三级服务水平 $MSF = 1600\text{pcu/(h} \cdot \text{ln)}$，$5760/1600 = 3.6$，应选 4 车道；

按车道平衡，主线基本车道数增减不应超过一条，$N_F = 3$；

根据《公路立体交叉设计细则》(JTG/T D21—2014)第 5.7.2 条，共用路段$L > 3$km，方案四合理。

答案：D

17. 解答：根据《公路立体交叉设计细则》(JTG/T D21—2014)第 5.4.4 条第 1、2 款：

鼻端间距：$21655.882 - 20115.862 = 1540.02$m；

净距：$1540.02 - 245 - 980 = 315.02\text{m} < 1000\text{m}$，不应独立设置。

根据第 6.6.1 条、第 6.6.2 条、第 10.6.3 条综合判断，满足设置辅助车道相连的条件。

答案：B

注：若该题目变速车道长度和辅助车道长度均不作为已知条件，考生可根据立交细则相关规定求得。

18. 解答：根据《城市道路工程设计规范》(CJJ 37—2012)第 4.4.1 条，无分隔，通行能力 1400～1600veh/h，$N = 760/(1400 \sim 1600) < 1$，取整为 1。

根据第 5.3.3 条，最少需设 2 条非机动车道，最小宽度为 2.5m，则$B = 3.5 \times 2 + 2.5 \times 2 = 12.0$m。

答案：D

19. 解答：根据《城市道路交叉口设计规程》(CJJ 152—2010)公式(5.3.4-1)：

$i \geqslant \frac{50^2}{127 \times 100} - 0.17 = 2.7\%$，取整为 3%；

由公式(5.3.4-2)，$b = 8$，$\Delta i = 3\% + 2\% = 5\%$；

查表 5.3.4-2，$\varepsilon = 1/115$，$L_t = 8 \times 0.05 \times 115 = 46$m；

查表 5.3.2-2，按 50m。

答案：B

20. 解答：根据《城市道路交叉口设计规程》(CJJ 152—2010)：

方案①，满足第 4.2.11 条第 2 款；

方案②，根据第 4.2.13 条，$L_t = 0.7 \times 60 \times 3/3.6 = 35$m，主干路需 30～35m，25m 不满足；

方案③，根据第 4.2.13 条，展宽段主干路 70～90m，90m 满足；

方案④，根据第 4.2.15 条，出口道应不小于路段车道宽 3.5m，该项目为新建道路，3.25m 不满足；

方案⑤，根据第 4.2.16 条，渐变段最小长度不应小于 20m，满足；

方案⑥，根据第 4.2.16 条，展宽段最小长度不应小于 30～60m，交通量大的主干路取上限，为 60m，本题 50m 不满足。

所以，共 3 处不满足。

答案：B

21. 解答：根据《城市道路交叉口设计规程》(CJJ 152—2010)表 5.6.2-2、表 5.6.3。

出口：50km/h，$N_p = 1730$pcu/h；定向匝道II1 服务水平$\alpha = 0.58$，设计通行能力$N = 1730 \times 0.58 = 1003$pcu/h，小于 1378pcu/h，为双车道。

入口：60km/h，$N_p = 1750$pcu/h；定向匝道II1 服务水平$\alpha = 0.62$，设计通行能力$N = 1750 \times 0.62 = 1085$pcu/h，大于 820pcu/h，为单车道。(即使匝道较长，需要做双车道匝道，在入口也应压缩为单

车道）

则选项 A、D 不满足。

选项 C，单车道匝道合流后不需要设置辅助车道。

选项 B 满足车道数和车道平衡要求。

答案：B

22. 解答：根据《城镇道路路面设计规范》（CJJ 169—2012）第 5.4.6 条：

$$[\tau_R] = \frac{\tau_s}{K_r}$$

对于交叉口路和公交车停车站缓慢制动路段：

$$K_r = 0.39 \times (N_p^{0.15})/A_c$$

根据第 5.4.3 条，主干路$A_c = 1.0$，则

$$K_r = 0.39 \times \frac{(2.16 \times 10^6)^{0.15}}{1} = 3.477$$

容许抗剪强度为：$[\tau_R] = \frac{0.8}{3.477} = 0.23\text{MPa}$

根据 5.4.2 条第 4 款，沥青面层计算的最大剪应力应小于或等于材料的容许抗剪强度，应满足下式要求：

$$\gamma_a \tau_m \leqslant [\tau_R]$$

$$\gamma_a \tau_m = 1.1 \times 0.22 = 0.242\text{MPa}$$

计算的最大剪应力 $0.242\text{MPa} > [\tau_R] = 0.23\text{MPa}$，不符合规范要求。

答案：B

23. 解答：根据《城市地下道路工程设计规范》（CJJ 221—2015）：

（1）第 6.5.1 条第 2 款，（1～1.5）× 停车视距 =（1～1.5）× 60 = 60～90m。

（2）25 + 50 = 75m。

（3）第 6.5.3 条第 2 款及条文说明，满足交织段长度 140m。

取大值即 140m。

答案：D

24. 解答：根据《无障碍设计规范》（GB 50763—2012）：

（1）$b_2 = 0.3\text{m}$，根据第 3.2.3 条第 1 款，应大于行进盲道 0.3m，不符合；

（2）$b_3 = 0.4\text{m}$，根据第 3.2.2 条第 4 款，无树池与路缘石水平应 ⩾ 0.5m，不符合；

（3）$b_4 = 0.2\text{m}$，根据第 3.2.2 条第 3 款，应距墙无障碍 0.25～0.5m，不符合；

（4）$b_5 = 0.2\text{m}$，根据第 4.4.1 条，距坡道 0.25～0.5m，不符合；

（5）$b_6 = 0.4\text{m}$，根据第 3.2.2 条第 4 款，盲道比路缘石低，⩾ 0.25m，符合。

共 4 处不符合规范规定。

答案：C

25. 解答：根据《城市人行天桥与人行地道技术规范》（CJJ 69—1995）第 3.4.4 条，梯道宜设置休息平台，每个梯段踏步不应超过 18 级，否则必须加设缓步平台。

踏步级数$3.5/0.14=25>18$级，必须设一个平台。

根据 3.2.6.2 条，踏步高宽关系：$2R+T=0.6$，踏步宽度$T=0.6-2\times0.14=0.32\mathrm{m}$，每个梯段踏步宽比踏步高少一个，则梯道的长度为：$(25-2)\times0.32+1.5=8.86\mathrm{m}$。

答案：C

注册道路工程师执业资格专业考试模考试卷（三）案例分析（上）

试题解析及参考答案

1. 解答： 根据《公路路线设计规范》（JTG D20—2017）表 3.3.4，查得$K = 0.10$，则

$$n = \frac{38000 \times 0.10 \times 0.6}{1200} = 1.9，取 n = 2，2 \times 2 = 4 条。$$

答案：B

2. 解答： 根据《公路路线设计规范》（JTG D20—2017）表 7.6.1，二级干线公路，$R = 210\text{m}$，采用第 3 类加宽，$\Delta b = 0.8\text{m}$，K1 + 150 处加宽值：

$$\Delta b = \frac{1150-1100}{70} \times 0.8 = 0.57$$

$$B = 10.0 + 0.57 = 10.57\text{m}$$

答案：C

3. 解答： 根据《公路路线设计规范》（JTG D20—2017）表 8.4.1，$v = 80\text{km/h}$ 时，容许最低速度为 50km/h；

根据第 8.4.5 条规定，图中：K2 + 000 和 K4 + 150 分别对应爬坡道起点和终点（合并设置相距较近的两处爬坡车道）；

根据第 8.4.5 条，表 8.4.5-2，一级公路，分流渐变段长度最小为 100m，汇流渐变段长度最小为 150m。

总长度 = 4150 − 2000 + 100 + 150 = 2400m

答案：C

注意： 本题要求理解规范中关于爬坡车道起、终点的条文规定，爬坡车道合并设置条件的规定，条文说明图 8-5 标注的爬坡车道长度未包括汇流渐变段和分流渐变段，但是该真题按图 8-5 解答没有答案，命题专家认为包括了，类似变速车道长度包括了渐变段，考试过程中要随机应变。

4. 解答： 根据《公路路线设计规范》（JTG D20—2017），$v = 80\text{km/h}$，一级公路：

表 8.2.1，最大纵坡 5%，图中最大纵坡 3.8%，符合规范规定；

表 8.3.1，最小坡长 200m，图中最小坡长 500m，符合规范规定；

表 8.3.2，$i = 4\%$时最大坡长 900m，图中 3.8%的坡，最大坡长 670m，符合规范规定；

表 8.6.1，最小竖曲线长度 170m，图中 K1 + 022.50～K0 + 857.50 = 165m < 170m，不符合规范规定；

表 8.6.1，最小凸形竖曲线半径$R_{\min} = 3000\text{m}$，图中均符合规范规定。

因此，仅有一处不符合规范规定。

（注意：图中两反向平曲线夹直线长 1416.209 − 1276.209 = 140m，规范第 7.2.2 条规定反向圆曲线间以直线径相连接，直线长不小于 $2v$为宜，本题设置了缓和曲线，是否应该执行该条存在争议，且该题明确考察点为纵断面指标，因此不计入错误。）

答案：A

5. 解答：

（1）求M_R

根据《公路路基设计规范》（JTG D30—2015）第 3.2.6 条：

$M_R = 22.1 \times CBR^{0.55} = 22.1 \times 24.5^{0.55} = 128.36\text{MPa}$

（2）求E_0

根据《公路路基设计规范》（JTG D30—2015）第 3.2.5 条：

$E_0 = K_s K_\eta M_R = 0.88 \times 0.9 \times 128.36 = 101.66\text{MPa}$

答案：D

6. 解答：根据《公路路基设计规范》（JTG D30—2015）第 5.5.4 条：

$$P_d = \frac{E}{\sin(\alpha+\beta)\tan\varphi+\cos(\alpha+\beta)} = \frac{300}{\sin(27°+20°)\times\tan 15°+\cos(20°+27°)} = 341.7\text{kN}$$

答案：C

7. 解答：根据《公路路基设计规范》（JTG D30—2015）第 7.6.3 条：

（1）计算坍塌扩散角β

$K_s = 1.2$，则

$$\beta = \frac{45°+\frac{\varphi}{2}}{K_s} = \frac{45°+\frac{30°}{2}}{1.2} = 50°$$

（2）计算溶洞坍塌影响范围L_1

$L_1 = H_k \cot\beta = 8.3 \times \cot 50° = 6.96\text{m}$

（3）计算偏移距离

$6.96 - 3 = 3.96\text{m}$

答案：B

8. 解答：根据《公路水泥混凝土路面设计规范》（JTG D40—2011）第 6.2.1 条：

$$A_s = \frac{16L_s h\mu}{f_{sy}} = \frac{16 \times 5 \times 260 \times 7.5}{400} = 390\text{mm}^2$$

每米钢筋 390/113.04 = 3.45 根，3.45 × 4.5 = 15.5 根；

查表 6.2.2，350mm 最大间距：4500/350 = 12.86 根 < 15.5 根，取整为 16 根。

答案：C

9. 解答：根据《公路水泥混凝土路面设计规范》（JTG D40—2011）式（8.4.3）：

$$E_c = \frac{10^4}{0.09+\frac{0.96}{f_r}} = \frac{10^4}{0.09+\frac{0.96}{4.3}} = 31922.8\text{MPa}$$

答案：C

10. 解答：根据《公路沥青路面设计规范》（JTG D50—2017）第 B.3.4 条：

$DS = 9365 \times 1.92^{-1.48} = 3566.3$ 次/mm

答案：D

11. 解答：桥梁采用分离式，横向车道布载系数仅考虑单幅桥。

单幅桥（车辆单向行驶）全宽 12.5m，净宽$W = 11.5\text{m}$，查《公路桥涵设计通用规范》（JTG D60—2015）表 4.3.1-4，得设计车道数为 3，横向车道布载系数取 0.78。

答案：B

12. 解答：根据《公路桥涵地基与基础设计规范》（JTG 3363—2019）第 5.4.2 条：

$$k_c = \frac{\mu \sum P_i + \sum H_{iP}}{\sum H_{ia}} = \frac{0.3 \times 40000 + 20000}{25000} = 1.28$$

根据表 5.4.3，当验算使用阶段各种作用的标准值组合下的基础抗滑动稳定性时，抗滑动稳定安全系数限值为 1.2，因此满足要求。

答案：A

13. 解答：根据《公路隧道设计规范　第二册　交通工程与附属设施》（JTG D70/2—2014）第 5.2.1 条，CO 浓度内插取值：

$$\delta_{CO} = 100 + (150 - 100)\frac{2200 - 3000}{1000 - 3000} = 120\text{cm}^3/\text{m}^3$$

答案：B

14. 解答：根据《公路隧道设计规范　第一册　土建工程》（JTG 3370.1—2018）第 3.6.4 条，[BQ] = 290，围岩级别为Ⅳ级。

根据附录第 P.0.1 条，仰拱混凝土厚度为 35～40cm。

答案：C

15. 解答：根据《公路隧道设计规范　第一册　土建工程》（JTG 3370.1—2018）第 4.2.6 条，1200m 为长隧道，二级公路，可知设计洪水位是 1/50 = 124.7m。因为观测洪水位 126.2m > 124.7m，所以取观测洪水位。

答案：C

16. 解答：根据《公路立体交叉设计细则》（JTG/T D21—2014）表 5.5.2 小注，连续长下坡底部，最大纵坡按 3.5%，选项 A、D 错；根据表 5.5.3，凹形竖曲线最小半径极限值为 4000m，选项 B 错。

答案：C

17. 解答：立交交织段 1 的交织交通量为③-①和②-③左转的交织。

根据《公路立体交叉设计细则》（JTG/T D21—2014）公式（4.5.2）：

$Q_1 = (5100 + 7650) \times 0.1 \times 0.6 = 765\text{pcu/h}$

答案：C

18. 解答：根据《城市道路路线设计规范》（CJJ 193—2012）表 5.3.1，一条机动车道宽 3.5m；根据

表 5.3.4，路缘带宽 0.25m，安全带宽 0.25m；根据第 3.0.8 条的条文说明，中间花箱太高无法提供安全带宽度，不能保证车辆行驶的侧向净宽，应适当加大侧向宽度（一个安全带宽度）。

$W = 2 \times (0.5/2 + 0.25 + 0.25 + 2 \times 3.5 + 0.25) = 16.00\text{m}$

答案：D

19. 解答： 根据《城市道路路线设计规范》（CJJ 193—2012）第 6.3.3 条，不设缓和曲线最小圆半径 $R = 700\text{m}$，由题意：

$E = R\left[\sec\left(\frac{\alpha}{2}\right) - 1\right] \geqslant 30\text{m}$，$R \geqslant \frac{30}{\left[\sec\left(\frac{35°48'}{2}\right)-1\right]} \geqslant \frac{30}{0.0509} = 589.39\text{m}$

取 700m 和 589.39m 中的大值，则$R_{\min} = 700\text{m}$。

答案：D

20. 解答： 根据《城市道路路线设计规范》（CJJ 193—2012）表 7.4.1，$i_{\max} = 7\%$（合成坡度），则 $i_{k\max} = \sqrt{(7\%)^2 - (5\%)^2} = 4.9\%$；

根据$R = \frac{V^2}{127(\mu+i)}$，则$i_{\min} = \frac{V^2}{127R} - \mu = \frac{V^2}{127\times475} - 0.067 = 0.039 = 3.9\%$，取 4.0%。

同时，根据表 6.4.1，设计速度 80km/h 时，最大超高不得大于 6%。

综上，为同时满足前述三者的要求，超高横坡取 4%可满足要求。

答案：C

21. 解答： 根据《城市道路交叉口设计规程》（CJJ 152—2010）表 5.6.2-2，$N_{\text{p}} = 1730\text{pcu/h}$；根据表 5.6.3，$\alpha = 0.58$（定向匝道Ⅱ1 服务水平）。

$N = 1730 \times 0.58 = 1003\text{pcu/h} > 985\text{pcu/h}$，但长度 $328\text{m} > 300\text{m}$，根据 5.3.1 条第 4 款，采用双车道匝道。

根据表 5.3.1-2，车道宽 3.5m；根据表 5.3.1-3，$W_1 = 0.75\text{m}$。

$W = 0.6 + 0.75 + 3.5 \times 2 + 0.75 + 0.6 = 9.7\text{m}$

答案：D

22. 解答： 根据《城市道路交叉口设计规程》（CJJ 152—2010）第 4.2.13 条，$L_{\text{s}} = 9 \times 6 = 54\text{m}$，满足要求；

$L_{\text{t}} = \frac{0.7\times40}{3.6} \times 3 = 23.3 < 25$，取 25m；

进口道最小长度为：$54 + 25 = 79\text{m}$。

答案：C

注意： 此题计算出展宽段长度为 54m 后可不再与 50m 做比较，因为仅当无交通量资料时，才需保证次干路展宽段最小长度不小于 50～70m；当有交通资料时，保证左转或右转车不受相邻候驶车辆排队长度的影响即可。

23. 解答： 根据《城市道路路基设计规范》（CJJ 194—2013）第 6.2.8 条和第 7.2.14 条：

工后沉降应小于 100mm，则控制沉降为 $970 - 100 = 870\text{mm}$，对应月份是 4 月。

同时，应满足连续两个月沉降不大于 5mm/月，对应月份是 6 月。

所以，应选 6 月。

答案：D

24. 解答：根据《城镇道路路面设计规范》（CJJ 169—2012）第 5.5.7 条第 3 款，$Z_a = 2$，计算层为基层底。

基层：$E = \overline{E} + Z_a S = 2768 + 2 \times 620 = 4008\text{MPa}$

底基层：$E = \overline{E} - Z_a S = 1980 - 2 \times 366 = 1248\text{MPa}$

答案：A

25. 解答：

（1）根据《城市地下道路工程设计规范》（CJJ 221—2015）第 6.2.2 条，入口＋出口组合，速度 60km/h，间距应为 760m。

（2）根据第 6.4.1 条，加速车道长 140m，减速车道长 70m。

（3）根据《城市道路交叉口设计规程》（CJJ 152—2010）表 5.5.3-2，加速车道上坡坡度为 2.5%，取系数 1.2，则$140 \times 1.2 = 168\text{m}$。

（4）渐变段，根据《城市道路交叉口设计规程》（CJJ 152—2010）表 5.5.3-1，速度 60km/h，长度取 45m。

（5）渐变段之间的距离：$760 - (168 + 45) - (70 + 45) = 432\text{m}$。

答案：B

注册道路工程师执业资格专业考试模考试卷（三）案例分析（下）

试题解析及参考答案

1. 解答： 根据《公路工程技术标准》（JTG B01—2014）表 4.0.2，$V = 60\text{km/h}$，车道宽 3.5m；根据表 4.0.5，右侧硬路肩 0.75m，右侧土路肩 0.75m。

根据《公路路线设计规范》（JTG D20—2017）表 8.1.2，二级公路，设计洪水频率为 1/50。

根据《公路路线设计规范》（JTG D20—2017）第 8.1.2 条第 1 款：

控制高程 $= 84.82 + 0.69 + 0.43 + 0.5 + 0.75 \times 4\% + (3.5 + 0.75) \times 2\% = 86.555\text{m}$

答案：D

2. 解答： 根据《公路路线设计规范》（JTG D20—2017）第 7.5.7 条的条文说明：

$B = 0.75 + 2 \times 3.75 + 3 = 11.25\text{m}$，$\Delta_i = 3\% + 1.5\% = 4.5\%$，$L_c = 130\text{m}$，则

$P = \frac{\Delta_i \times B}{L_c} = \frac{11.25 \times 0.045}{130} = \frac{1}{256.8}\left(\frac{1}{200} > P > \frac{1}{300}，符合规范要求\right)$

答案：C

3. 解答： 根据《公路工程技术标准》（JTG B01—2014）第 3.3.2 条：小车，1.0；中车，1.5；大车，2.5；汽车列车，4.0。

$AADT = 12000 \times 1.0 + 5000 \times 1.5 + 2000 \times 2.5 + 1000 \times 4.0 = 28500\text{pcu/d}$

根据《公路路线设计规范》（JTG D20—2017）表 3.3.4，查得$K = 0.13$，则

$DDHV = 28500 \times 0.55 \times 0.13 = 2037.8\text{pcu/h}$

答案：C

注意： 例题 1-3-6a 考查的知识点是：由平均日交通量计算设计小时交通量（考点 3.2）+ 自然车辆转换成标准车辆。此题目为真题原题，选项中的单位有误，此处非本教材有误。

4. 解答： 根据《公路路线设计规范》（JTG D20—2017）第 7.4.2 条第 2 款、表 7.4.2，小圆临界圆曲线半径为 500m；$R_{\min} = 580\text{m} > 500\text{m}$，为复曲线。

第 7.4.2 条第 2 款第 3 项，大圆半径R_1与小圆半径R_2之比小于 2。

则：$R_1 < 2 \times 580 = 1160\text{m}$，由$R_2 < R_1 < 2R_2$，得 $580\text{m} < R_1 < 1160\text{m}$。

答案：B

注意： 例题 1-9-2、1-9-2a 考查的是公路路线复曲线中的大、小圆曲线半径之间的关系；

5. 解答： 根据《公路路基设计规范》（JTG D30—2015）公式（H.0.2-6）：

$E_p' = 40 \times 0.3 = 12\text{kN}$

$K_c = \frac{N_y \mu + E_p'}{E_x} = \frac{480 \times 0.5 + 12}{150} = 1.36$

答案：C

6. 解答：根据《公路路基设计规范》（JTG D30—2015）第 7.10.4 条：

$$\Delta_{zs} = \beta_0 \sum_{i=1}^{n} \delta_{zsi} h_i = 1.5 \times (0.122 + 0.085 + 0.058 + 0.028) = 0.4395\text{m}$$

$$= 439.5\text{mm} > 70\text{mm}$$

同时，$\Delta_s = 560\text{mm}$，查表 7.10.4 可知湿陷性等级为Ⅲ级。

答案：C

7. 解答：根据《公路路基设计规范》（JTG D30—2015）第 7.7.7 条：

$$\mu_s = \frac{1}{1+\eta(n-1)} = \frac{1}{1+0.1007\times(4-1)} = 0.768$$

$$S_z = \mu_s S = 43 \times 0.768 = 33\text{cm}$$

答案：A

8. 解答：根据《公路水泥混凝土路面设计规范》（JTG D40—2011）第 8.4.2 条：

$$f_{sp} = \overline{f}_{sp} - 1.04 S_{sp} = 2.88 - 1.04 \times 0.2 = 2.672\text{MPa}$$

$$f_r = 1.87 f_{sp}^{0.87} = 1.87 \times 2.672^{0.87} = 4.40\text{MPa}$$

答案：B

9. 解答：根据《公路沥青路面设计规范》（JTG D50—2017）第 5.4.6 条，水泥稳定碎石基层回弹模量取值为：14000/2 = 7000MPa，

根据《公路沥青路面设计规范》（JTG D50—2017）第 5.3.7 条，湿度调整系数为 1.6～2，故级配碎石底基层的回弹模量取值为：350 × (1.6～2) = 560～700MPa。

答案：B

10. 解答：根据《公路沥青路面设计规范》（JTG D50—2017）第 B.5.1 条：

$T = -11.2$℃，$S_t = 165\text{MPa}$，$h_a = 180\text{mm}$，路基为粉质黏土，$b = 3$，则

$$CI = 1.95 \times 10^{-3} \times 165 \times \lg 3 - 0.075 \times (-11.2 + 0.07 \times 180) \times \lg 165 + 0.15 = 0.071$$

答案：B

11. 解答：根据《公路桥涵地基与基础设计规范》（JTG 3363—2019）第 5.2.5 条：

$$e_0 = M/N = 3000/5000 = 0.6\text{m}$$

查表 5.2.5，对于承受作用标准值组合的非岩石地基上的墩台，基底的合力偏心距容许值$[e_0] = \rho = L/6$（题中提示）= 0.67m。

因此，$e_0 = 0.6m \leqslant [e_0] = 0.67$，满足要求。

答案：C

12. 解答：本桥为 4 跨 30m，固定墩设在一联的中间墩，则温度零点就在该固定墩处，计算一个伸缩缝伸缩量所采用的梁体长度则为一联长度的一半，即 4 × 30/2= 60m。

根据《公路钢筋混凝土及预应力混凝土桥涵设计规范》（JTG 3362—2018）第 8.8.2 条计算伸缩量。

根据《公路桥涵设计通用规范》（JTG D60—2015）表 4.3.12-2 查得桥梁所在区域的有效温度：对于寒冷地区的混凝土桥，$T_{max} = 34$℃，$T_{min} = -10$℃。

由公式（8.8.2-7）、（8.5.2-5）、（8.8.2-6）及（8.5.2-1）、（8.8.2-2），有

$$\begin{aligned}C &\geqslant C^+ + C^- \\ &= \beta(\Delta l_t^+ + \Delta l_t^-) = \alpha_c l(T_{\max} - T_{\text{set,l}}) + \alpha_c l(T_{\text{set,u}} - T_{\min}) \\ &= 1.3 \times [0.00001 \times 60 \times (34-10) + 0.00001 \times 60(20+10)] \\ &= 0.042\text{m}\end{aligned}$$

答案：C

13. 解答： 根据《公路钢筋混凝土及预应力混凝土桥涵设计规范》（JTG 3362—2018）第 9.1.13 条，部分预应力混凝土受弯构件普通受拉钢筋最小配筋率不应小于 0.003，即：$A_s \geqslant 0.003bh_0$。

其中，b为腹板宽度（箱形截面梁为各腹板宽度之和，第 9.1.12 条第 3 款），$b = 500 \times 2 = 1000\text{mm}$；$h_0$为箱梁有效高度，$h_0 = 1200\text{mm}$。

则所需配筋数最少为：

$n = (500 \times 2 \times 1200) \times 0.003/490.63 = 7.34$，取整为 8 根。

答案：C

14. 解答： 根据《公路隧道设计规范　第一册　土建工程》（JTG 3370.1—2018）第 15.3.4 条第 5 款，隧道路面属于特殊路段；根据《公路水泥混凝土路面设计规范》（JTG D40—2011）表 4.5.6，特殊路段，二级公路，构造深度取 0.6～1.1mm。因为隧道纵坡达到 2.9%，比较大，构造深度应取大值 1.1mm。

答案：D

15. 解答： 根据《公路隧道设计规范　第一册　土建工程》（JTG 3370.1—2018）第 6.2.2 条第 2 款。

（1）计算系数

$\omega = 1 + i(B-5) = 1 + 0.1 \times (12-5) = 1.7$

（2）计算$[S]$

BQ = 320，$S = 4$，则

$$[S] = S + \frac{\dfrac{\text{BQ}_{\text{上}} + \text{BQ}_{\text{下}}}{2} - \text{BQ}}{\text{BQ}_{\text{上}} - \text{BQ}_{\text{下}}} = 4 + \frac{\dfrac{350+250}{2} - 320}{350-250} = 3.8$$

（3）计算垂直均布压力

$h = 0.45 \times 2^{S-1}\omega = 0.45 \times 2^{3.8-1} \times 1.7 = 5.328\text{m}$

$q = 5.328 \times 23 = 122.539\text{kN/m}^3$

答案：B

16. 解答： 根据《公路路线设计规范》（JTG D20—2017）表 3.4.1-1，三级服务水平，100km/h，$MSF = 1600\text{pcu/(h} \cdot \text{ln)}$，车道数 = 7210/1600 = 4.5 条，取整单向 5 条车道。

根据《公路立体交叉设计细则》（JTG/T D21—2014）第 5.7.2 条第 2 款，相邻高速公路为单向 3 车道，共用路段需增加的基本车道数为 2 条，超过一条，直行车道应分开设置。

答案：B

17. 解答： 根据《公路立体交叉设计细则》（JTG/T D21—2014）：

（1）第 10.6.1 条，辅助车道与主线车道同宽，$3.5\text{m} \neq 3.75\text{m}$，不合理；

（2）表 7.3.1，匝道设计速度 50km/h，$DDHV = 1950\text{pcu/h} > 1200\text{pcu/h}$，应采用双车道变速车道，图中入口连接部压缩为单车道，不合理；

（3）第 10.6.2 条，入口为双车道，合流前匝道交通量 1950pcu/h 接近设计通行能力 2000pcu/h，辅助车道应向下延伸一段（≥150m）后渐变结束，按图 10.6.2c），出口连接部不合理。

所以，存在的问题共有 3 个。

答案：C

18. 解答：根据《城市桥梁设计规范》（CJJ 11—2011）（2019 年版）表 3.0.5，无大漂流物的非通航河流，梁底应高出计算水位 0.5m，高出最高流冰面 0.75m。则桥面最低高程最小应为（设计水位和流冰水位双控）：

按设计水位控制：$H_{\text{min1}} = 43.5 + 0.5 + 2.1 = 46.1\text{m}$；

按流冰水位控制：$H_{\text{min1}} = 43 + 0.75 + 2.1 = 45.85\text{m}$；

双控取大值，$H_{\text{min}} = 46.1\text{m}$。

根据下图中路线计算的几何关系：$E = 46.5 - 46.1 = 0.4\text{m}$；

$\omega = i_2 - i_1 = 2\% + 1.6\% = 0.036$；

$R = 8E/\omega^2 = 8 \times 0.4/0.036^2 = 2469\text{m}$。

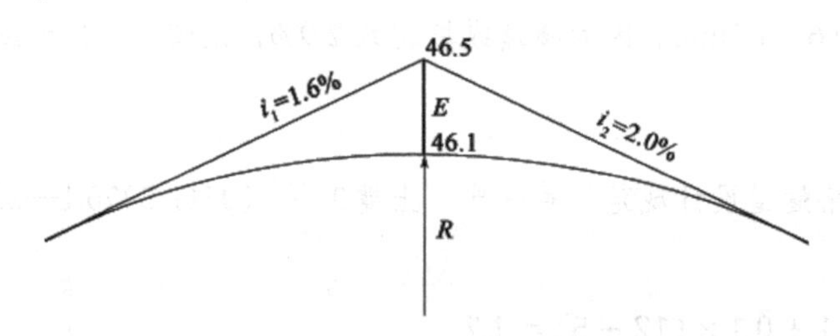

竖曲线半径R越大，E值越大，桥面高程就越低，所以曲线半径R应小于 2469m，题中选项仅有 2400m 符合要求。

答案：A

19. 解答：根据《城市道路交叉口设计规程》（CJJ 152—2010）表 5.6.2-2、表 5.6.3。

出口：60km/h，$N_{\text{p}} = 1750\text{pcu/h}$；定向匝道II1 服务水平$\alpha = 0.62$，设计通行能力$N = 1750 \times 0.62 = 1085\text{pcu/h} > 1010\text{pcu/h}$，出口为单车道。

入口：40km/h，$N_{\text{p}} = 1700\text{pcu/h}$；定向匝道II1 服务水平$\alpha = 0.55$，设计通行能力$N = 1700 \times 0.55 = 935\text{pcu/h} < 1510\text{pcu/h}$，入口为双车道。

所以，选项 A、C 不满足。

选项 D，入口合流后$3 < 3 + 2 - 1 = 4$，不满足车道平衡。

选项 B 满足通行能力和车道平衡要求。

答案：B

20. 解答：根据《城市道路交叉口设计规程》（CJJ 152—2010）第 4.7.8 条和第 4.2.13 条：

$L_{\text{t}} = \frac{0.7V}{3.6} \times 3 = \frac{0.7 \times 30}{3.6} = 17.5\text{m} < 25\text{m}$，取 25m；次干路，$L_2 = 2\text{m}$；

$L = 2 \times 25 + 2 = 52\text{m}$

答案：D

21. 解答： 根据《城市道路路基设计规范》（CJJ 194—2013）第 B.0.2 条，100mm 板，λ取 0.59。

（1）计算E_{0S}

$E_{0S} = 0.59 \times 77.2 = 45.548\text{MPa}$

（2）查表得Z、K

次干路$Z = 0.59$，查表 4.2.1-1，$w_{c1} = 1.01$，$w_{c2} = 0.95$；查表 B.0.2，$w_{c2} < w_c < w_{c1}$，K取 1.6。

（3）计算E_{0D}

$E_{0D} = \frac{0.59}{1.6} \times 45.548 = 16.8\text{MPa}$

（4）根据第 4.5.3 条，16.8MPa < 20MPa，应进行处理。

答案：B

22. 解答：（1）计算未加宽之前的横净距

$$a_{实} = \frac{3.5}{2} + 0.25 + 0.25 = 2.25\text{m}$$

（2）计算停车视距中心角

根据《城市道路路线设计规范》（CJJ 193—2012）第 6.6.1 条，速度为 50km/h 时停车视距$S_1 = 60\text{m}$。

根据《城市地下道路工程设计规范》（CJJ 221—2015）第 5.3.3 条的条文说明：

$$\psi = S_1 \frac{180}{\pi R_1} = 60 \times \frac{180}{\pi \times 143.25} = 24°$$

（3）计算横净距

$$a = R_1\left(1 - \cos\frac{\psi}{2}\right) = 143.25 \times \left(1 - \cos\frac{24°}{2}\right) = 3.13\text{m}$$

（4）判断是否满足要求

$a > a_{实}$，不满足停车视距要求。

$a - a_{实} = 3.13 - 2.25 = 0.88\text{m}$，圆曲线内侧的第一条车道加宽 0.88m。

根据《城市道路路线设计规范》（CJJ 193—2012）第 6.5.1 条，第二条车道加宽 0.6m。

圆曲线内侧路面最少加宽$0.88 + 0.6 = 1.48\text{m}$。

答案：D

23. 解答： 根据《无障碍设计规范》（GB 50763—2012）：

（1）第 4.5.1 条第 2 款，公交站在非机动车道应设降坡；

（2）第 4.5.2 条第 1 款，站台应在车站长度范围设提示盲道，不应设置进行盲道；

（3）第 4.5.2 条第 1 款，站台盲道长度应与公交站长度对应，不应在 0.5m 前结束。

所以，共有 3 处不符合。

答案：C

24. 解答： 根据《城市道路工程设计规范》（CJJ 37—2012）（2016 年版）第 15.2.2 条第 4 款，管线不应布置在快速路主路，现状雨水管应迁移；给水管与侧石净距 $8.5 + 4.5 + 2 - 5 - 4 - 1.5 - 3 - 0.6/2 = 1.2\text{m} < 1.5\text{m}$，不满足《城市工程管线综合规划规范》（GB 50289—2016）表 4.1.9 规定；其他管线净距均满足要求。

所以，共有 2 处错误。

答案：B

25. 解答：根据《城市道路交通设施设计规范》(GB 50688—2011)(2019 年版)：

①根据第 7.5.2 条第 1 款，人行护栏高度不低于 1.1m，$h_1 = 1.2$m，满足。

②根据第 7.6.1 条第 1 款，分隔栏高度不低于 1.1m，在行人路口 $\leqslant 0.7$m，$h_3 = 0.9\text{m} > 0.7$m，不满足；$h_4 = 1.1$m，满足。

③根据《城市桥梁设计规范》(CJJ 11—2011)(2019 年版)表 6.0.7，主干路设计速度为 50km/h，路缘石高度应 $\geqslant 40$cm，$h_2 = 0.25$m，不满足。

答案：B

注册道路工程师执业资格专业考试模考试卷（四）案例分析（上）

试题解析及参考答案

1. 解答：

（1）超高缓和段$L_c = 558.69 - 478.69 = 80m$，$\Delta i = (2\% + 0\%) = 2\%$，$B = 0.75 + 3.75 \times 2 + 3 = 11.25m$，$P = 2\% \times 11.25/80 = 1/355.56 < 1/330$，不满足《公路路线设计规范》(JTG D20—2017)第7.5.6条的要求。

（2）478.69处，横坡0%，纵坡0.4%，合成坡度0.4% < 0.5%，不满足《公路路线设计规范》(JTG D20—2017)第8.5.3条的要求。

（3）根据《公路路线设计规范》(JTG D20—2017)表8.6.1：竖曲线$R = 5500m < 6000m$，不满足规范要求；

（4）根据《公路路线设计规范》(JTG D20—2017)表8.6.1：$T = 69.3m < 250/2 = 125m$，不满足规范要求。

综上，共有4处不满足规范要求。

答案：C

2. 解答：根据《公路工程技术标准》(JTG B01—2014)表3.3.2：

$N_0 = 1 \times 2000 + 1.5 \times 800 + 2.5 \times 500 + 4 \times 200 = 5250pcu/d$

根据《公路工程技术标准》(JTG B01—2014)第3.1.2条，主要集散公路宜选用一、二级公路，$n =$ 15年或20年。

$N_d = 5250 \times (1 + 0.05)15{-}1 = 10395pcu/d$

$N_d = 5250 \times (1 + 0.05)20{-}1 = 13266pcu/d$

均在5000～15000pcu/d之间，根据《公路工程技术标准》(JTG B01—2014)第3.1.1条，选二级公路。

答案：C

3. 解答：圆曲线1的切线长：

$T_1 = R_1 \tan\frac{\alpha}{2} = 2050 \times \tan\frac{15°}{2} = 269.89m$

如果为同向圆曲线，直线长应为$6V = 6 \times 60 = 360m$，与$651.68 - 269.89 = 381.79m$接近，因此线形不能采用同向曲线。

线形采用复曲线，$T_2 = 381.79m$，$R_2 = 381.79/\tan\frac{17°}{2} = 2554.63m$

$R_2/R_1 = 2554.63/2050 = 1.246 < 2$，且小圆半径大于临界圆曲线半径500m，满足《公路路线设计规范》(JTG D20—2017)第7.4.2条的要求。

答案：D

4. 解答：

（1）计算变异系数

根据《公路土工试验规程》(JTG 3430—2020)中“T 0139—2019”的5.7，变异系数应小于12%，否则去掉偏离大的值。

平均值：$\overline{x} = (11.7 + 11.0 + 10.6)/3 = 11.1$

标准差：$s = \sqrt{\frac{1}{2}[(11.7 - 11.1)^2 + (11.0 - 11.1)^2 + (10.6 - 11.1)^2]} = 0.56$

变异系数：$C_v = 0.56/11.1 = 5\% < 12\%$

注：严谨的解题，以上步骤是需要的；但《公路土工试验规程》(JTG 3430—2020)不是考试规范，因此求变异系数这一步可以省略。

(2)计算CBR

CBR取平均值，$11.1\% < 12\%$。

(3)计算M_R

根据《公路路基设计规范》(JTG D30—2015)式(3.2.6-1)，$M_R = 17.6 \times 11.1^{0.64} = 82.13\text{MPa}$。

(4)计算E_0

由式(3.2.5-1)，$E_0 = 0.7 \times 0.9 \times 82.13 = 51.74\text{MPa}$。

答案：A

5. 解答：

(1)计算被动土压力

$E_0 = \frac{1}{2} \times 19 \times 3^2 \times \tan^2\left(45° + \frac{40°}{2}\right) = 393.2\text{kN}$

(2)被动土压力折减

根据《公路路基设计规范》(JTG D30—2015)表H.0.1-5，荷载增大对挡墙起有利作用，分项系数取0.3。

$E_p' = 393.2 \times 0.3 = 117.96\text{kN}$

答案：B

6. 解答：

(1)计算基底倾角

$\tan\alpha_0 = \frac{1}{5} = 0.2$

(2)计算被动土压力

根据《公路路基设计规范》(JTG D30—2015)第H.0.2条第4款：

$E_p' = 100 \times 0.3 = 30\text{kN}$

(3)计算抗滑移稳定系数

根据《公路路基设计规范》(JTG D30—2015)式(H.0.2-6)：

$K_c = \frac{[700+(400-30)\times0.2]\times0.4+30}{400-700\times0.2} = 1.31$

答案：A

7. 解答： 根据《公路路基设计规范》(JTG D30—2015)第7.10.4条：

$\Delta_{zs} = 1.2 \times (0.104 \times 1.5 + 0.098 \times 1.5 + 0.075 \times 1.5 + 0.056 \times 1 + 0.028 \times 2) = 0.633\text{m}$

答案：D

8. 解答： 根据《公路沥青路面设计规范》(JTG D50—2017)第A.4.1条：

$N_1 = AADTT \times DDF \times LDF \times \sum_{2}^{11}(VCDF_m \times EALF_m)$

1 类车不计入，$AADTT = 3620 + 1460 + 1230 + 1100 + 980 + 860 = 9250$ 辆/d

根据表 A.2.6-2，对于 TTC5：

$N_1 = 9250 \times 0.55 \times 0.5 \times (9.9\% \times 0.935 + 42.3\% \times 1.105 + 14.8\% \times 3.21 + 0 + 22.7\% \times 8.575 + 2\% \times 4.84) = 7830.6$ 次/d

答案：C

注意：本题与 2021 年真题类似，严格来说属于错题。

9. 解答：根据《公路沥青路面设计规范》（JTG D50—2017）第 B.6.1 条：

$a = 1.25$，$b = 0.95$，$c = 1.05$，$Z_{\mathrm{d}} = 1.6\mathrm{m}$

$Z_{\max} = abcZ_{\mathrm{d}} = 1.25 \times 0.95 \times 1.05 \times 1.6 = 1.995\mathrm{m}$

根据表 B.6.2，水稳层较厚，为 450～550mm，取 550mm。

$H_{底} = 550 - 40 - 60 - 80 - 150 \times 2 = 70\mathrm{mm}$

根据表 4.4.5，级配碎石最小厚度为 100mm，故采用 100mm。

答案：A

10. 解答：根据《公路水泥混凝土路面设计规范》（JTG D40—2011）第 8.4.1 条：

$h_{\mathrm{e}} = \overline{h}_{\mathrm{e}} - 1.04 s_{\mathrm{h}}$

$$h_{\mathrm{e}} = \frac{235 + 236 + 238 + 238 + 239 + 240 + 241}{7} - 1.04 \times 2.115 = 235.94\mathrm{mm}$$

答案：D

11. 解答：根据《公路钢筋混凝土及预应力混凝土桥涵设计规范》（JTG 3362—2018）第 9.1.12 条第 1 款，取最小配筋率为 0.6%。

设需要x根钢筋，$\rho = 0.6\% = x \times \pi r_1^2/\pi r_2^2 = x \times 0.0125^2/1.5^2$，计算得$x = 86.4$。

答案：D

12. 解答：根据《公路工程水文勘测设计规范》（JTG C30—2015）第 7.4.1 条、式 (7.4.1-1)：

按支座垫石顶面控制：$H_{\min} = H_{\mathrm{s}} + \sum \Delta h + \Delta h_j + \Delta h_0 = 5 + 0.8 + 0.25 + 3.0 + 0.3 = 9.35\mathrm{m}$

按梁底控制：$H_{\min} = H_{\mathrm{s}} + \sum \Delta h + \Delta h_j + \Delta h_0 = 5 + 0.8 + 0.5 + 3.0 = 9.3\mathrm{m}$

因此，最小高度为 9.35m。

答案：B

13. 解答：根据《公路隧道设计规范　第一册　土建工程》（JTG 3370.1—2018）第 15.3.8 条第 2 款：短隧道路面过渡段取 3s 行程长度或 50m。

$80/3.6 \times 3 = 66.7\mathrm{m} > 50\mathrm{m}$

答案：D

14. 解答：根据《公路隧道设计规范　第一册　土建工程》(JTG 3370.1—2018) 第 8.2.6 条条文说明：

$T \geqslant 280 - 75 = 205\text{kN}$

$t = \dfrac{60}{1.1} = 54.55\text{kN}$

$n = \dfrac{205}{54.55} = 3.76$ 根

取 4 根。

答案：C

15. 解答：

（1）确定预留变形量

根据《公路隧道设计规范　第一册　土建工程》(JTG 3370.1—2018) 第 8.4.1 条，预留变形量为 80～120mm，因为是软岩且破碎，取大值 120mm。

（2）确定开挖宽度

$B = 10 + 0.6 \times 2 + 0.12 \times 2 = 11.44\text{m}$

答案：D

16. 解答

$$DDHV = AADT \times K \times D = 13500 \times 0.6 \times 0.11 = 891\text{pcu/h}$$

$$400\text{pcu/h} < 891\text{pcu/h} < 1300\text{pcu/h}$$

匝道长：$460.115 - 112.365 = 347.75\text{m}$，小于 350m。

根据《公路立体交叉设计细则》(JTG/T D21—2014) 表 7.3.1，60km/h，选用Ⅰ型，单车道。

答案：A

17. 解答：根据各方向交通量去向：

$Q_{出}$ = ①到被交路左右转弯交通量 + ②到被交路左右转弯交通量 = ①→④ + ①→③ + ②→④ + ②→③ = 204 + 306 + 204 + 102 = 816pcu/h

答案：D

18. 解答：根据《城市道路路线设计规范》(CJJ 193—2012) 第 6.5.4 条，加宽缓和段等于超高缓和段或缓和曲线长 L_s。

①根据表 6.3.3-2，设计速度 50km/h，$L_{smin} = 45\text{m}$。

②$b = 15/2 = 7.5\text{m}$，$\varDelta_i = (2 + 2) = 4\%$。

根据表 6.4.3，$\varepsilon = 1/160$。

$L_e = b \cdot \varDelta_i / \varepsilon = 7.5 \times 4\% \times 160 = 48\text{m}$

取大值 48m。

答案：B

19. 解答：根据《城市道路工程设计规范》(CJJ 37—2012) 第 4.4.1 条，单向自行车高峰时段预测流量为 880 辆/h，小于 1400～1600 辆/h，非机动车道 1 车道，根据第 5.3.3 条，宽度不小于 2.5m。

根据《城市道路交叉口设计规程》(CJJ 152—2010)第4.4.8条，公交站车道宽3m，站台宽2m。

公交站和站台设置在机动车道和非机动车道中间，根据《城市道路工程设计规范》(CJJ 37—2012)第5.3.2条第2款，机动车道路面宽度还应包括分隔物的宽度，因此包括站台宽度2m在内的路面宽度为：

$L = 2.5 + 2 + 3 + 3.5 \times 2 + 0.25 + 0.5 + 0.25 + 3.5 \times 2 + 2.5 = 25\text{m}$

答案：D

20. 解答：根据《城市道路交叉口设计规程》(CJJ 152—2010)表5.6.2-2、第5.6.3条、第5.6.4条：设计速度为30km/h，$N_{\text{p}} = 1550\text{pcu/h}$，机非混行，为立B类，按II2服务水平，$\alpha = 0.63$。

$N = 1550 \times 0.63 = 976.5\text{pcu/h}$，取整，为977pcu/h。

答案：C

21. 解答：

(1)根据《城市道路交叉口设计规程》(CJJ 152—2010)表5.5.3-1，主线80km/h，变速段长160m；根据表5.5.3-2，2.2%，修正系数为1.2，1.2×160 = 192m，小于220m，满足规范要求。

(2)根据表5.5.3-1，宽度缓和段长50m，满足规范要求。

(3)根据图5.3.5-1，匝道入口端部通视区视距，主线长100m，满足规范要求。

(4)根据图5.3.5-1，匝道入口端部通视区视距，匝道长60m，满足规范要求。

答案：D

22. 解答：根据《城镇道路路面设计规范》(CJJ 169—2012)表3.2.1、表3.2.4：

$$N_{\text{e}}' = \frac{N_1' \times [(1+\gamma)^t - 1] \times 365}{\gamma}\eta_{\text{s}} = \frac{2960 \times (1.03^{30} - 1) \times 365}{0.03} \times (0.17 \sim 0.22)$$

$= 873.8 \sim 1130.8$ 万次

选项B的1028万次，符合要求。

答案：B

23. 解答：根据《城市工程管线综合规划规范》(GB 50289—2016)表4.1.9：

①电力管线与乔木的最小水平净距为0.7m，$1 + 0.75 - 0.84/2 = 1.33\text{m} > 0.7\text{m}$，符合规范要求。

②通信管线与乔木的最小水平净距为1.5m，$6.5 - 3.75 - 0.66/2 = 2.42\text{m} > 1.5\text{m}$，符合规范要求。

③通信管线与燃气管线的净距为 $4 - 0.4/2 - 0.66/2 = 3.47\text{m}$，大于最小水平净距1～1.5m，符合规范要求。

④燃气管线与给水管线的净距为 $3.5 - 0.6/2 - 0.4/2 = 3.0\text{m}$，大于最小水平净距0.5～1.5m，符合规范要求。

⑤污水与给水管线的最小水平净距为1.5m，$4 - 0.6/2 - 0.6/2 = 3.4\text{m} > 1.5\text{m}$，符合规范要求。

⑥雨水与污水管线的最小水平净距符合规范要求。

⑦雨水管线与乔木的最小水平净距为1.5m，$3.5 - 1.2/2 = 2.9\text{m} > 1.5\text{m}$，符合规范要求。

⑧燃气管线与乔木和灌木的水平净距为0m，不符合最小水平净距0.75～1.2m的要求。

⑨给水与侧石的水平净距为 $2 + 11.5 - 2 - 2.5 - 3.5 - 4 - 0.6/2 = 1.2\text{m}$，不符合最小水平净距1.5m的要求。

综上，共有2处不符合规范规定。

答案：B

24. 解答：根据《城市地下道路工程设计规范》（CJJ 221—2015）：

（1）第4.3.1条，设计速度50km/h，对应车道宽度为3.25m。

（2）第4.3.10条，应设连续式紧急停车带；第4.3.8条，小客车专用连续式紧急停车带宽2.5m。

（3）第3.5.1条，右侧检修道宽0.75m，左侧路缘带宽0.25m，左侧安全带宽0.25m。

（4）计算总宽度：$3.25+2.5+0.75+0.25+0.25=7m$。

答案：D

注意：因为右侧有连续式紧急停车带和检修道，所以不用考虑右侧路缘带和安全带了。

25. 解答：根据《城市人行天桥与人行地道技术规范》（CJJ 69—1995）第3.1.13条、式(3.1.13)：

$$P=\frac{W\cdot v}{g\cdot T}=\frac{200\times 50\times 0.278}{9.18\times 1}=303kN<350kN$$

在快速路、主干道及次干道顺行车方向上，估算撞击力不足350kN，按350kN计。

答案：B

注册道路工程师执业资格专业考试模考试卷（四）案例分析（下）

试题解析及参考答案

1. 解答： 根据《公路路线设计规范》（JTG D20—2017）表 6.4.1、第 6.4.3 条：

（1）设港湾式紧急停车带

右侧硬路肩 1.5m，小于 2.5m，则

路基最小宽度 $= 0.5 + 0.25 + 1.5 + 3.75 \times 2 + 0.5 + 2 + 0.5 + 3.75 \times 2 + 1.5 + 0.25 + 0.5 = 22.5\text{m}$

（注：求一般路段，所以未计入紧急停车带宽。）

（2）不设港湾式紧急停车带

右侧硬路肩 2.5m，则

路基最小宽度 $= (0.5 + 0.25 + 2.5 + 3.75 \times 2 + 0.5 + 2/2) \times 2 = 24.5\text{m}$

答案：A

2. 解答： 根据《公路路线设计规范》（JTG D20—2017）第 9.4.3 条，按 1：100 渐变率。

原中间带宽度：$2 + 0.5 \times 2 = 3\text{m}$。

$(4.5 - 3)/2 \times 100 = 75\text{m}$

答案：B

注意： 题目只说了改扩建段左侧路缘带宽度按正常条件设计，未明确局部受限段如何设计，该题的考查点可能是中间带渐变包括了左侧路缘带宽度，局部受限路段的断面不做改造。

3. 解答： 根据《公路路线设计规范》（JTG D20—2017）第 9.2.4 条第 3 款第 3 项：

S 形曲线，$R_1/R_2 \leqslant 2$，$R_2 \geqslant 850/2 = 425\text{m}$。

根据表 7.5.1、表 7.3.2，积雪冰冻地区，$i_{\max} = 6\%$，$R_{\min} = 440\text{m}$。

综上，取 440m。

答案：C

4. 解答： ZH 点，假设该处设计高程为 100.000m。

该处最外缘处高程：$H_1 = 100 - (3.5 + 0.75) \times 0.02 - 0.75 \times 0.03 = 99.893\text{m}$。

X点，该处横坡为$(5\% - 2\%)/2 = 1.5\%$，$R = 200\text{m}$，内侧加宽不影响外缘点高程；

X点最外缘处高程：$H_2 = 100 + (3.5 + 0.75) \times 0.015 - 0.75 \times 0.03 = 100.041\text{m}$。

$H_2 - H_1 = 100.041 - 99.893 = 0.148\text{m}$

答案：C

注意： 该真题无可选答案，为完全还原真题，答案暂时选择最接近的选项。

5. 解答： 根据《公路路基设计规范》（JTG D30—2015）第 5.5.6 条：

（1）计算P_d

$P_\text{d} = 750/\cos 20° = 798.13\text{kN}$

（2）计算锚固段长度

$L_r = \frac{2\times798.13}{3.14\times0.13\times440} = 8.89\text{m}$

取 9m。

答案：B

6. 解答：根据《公路路基设计规范》（JTG D30—2015）计算。

（1）计算桩土置换率

$\eta = 0.785\times\left(\frac{0.6}{1.6}\right)^2 = 0.11$

注:《公路路基设计规范》（JTG D30—2015）里没有面积置换率的计算公式，但《城市道路路基设计规范》（CJJ 194—2013）第 7.2.9 条有。

（2）计算复合地基抗剪强度

$\tau_{ps} = 0.11\times160 + (1-0.11)\times55 = 66.55\text{kPa}$

取 67kPa。

答案：C

7. 解答：根据《公路滑坡防治设计规范》（JTG/T 3334—2018）第 5.4.9 条：

$T_1 = 1.2\times2600\times\sin20° - 2600\times\cos20°\times\tan10° - 18\times24.05 = 203.4\text{kN}$

$\Psi_1 = \cos(20°-12°) - \sin(20°-12°)\times\tan10° = 0.966$

$T_2 = 1.2\times6200\times\sin12° - 6200\times\cos12°\times\tan10° - 18\times23.18 + 0.966\times203.4 = 256.77\text{kN}$

答案：B

8. 解答：根据《公路沥青路面设计规范》（JTG D50—2017）第 B.3.2 条：

$z_2 = 15 + 20/2 = 25\text{mm}$

$h_a = 95\text{mm}$

$d_1 = -1.35\times10^{-4}\times95^2 + 8.18\times10^{-2}\times95 - 14.5 = -7.947$

$d_2 = 8.79\times10^{-7}\times95^2 - 1.5\times10^{-3}\times95 + 0.9 = 0.765$

$k_{Ri} = (-7.947 + 0.765\times25)\times0.9731^{25} = 5.658$

答案：C

9. 解答：根据《公路沥青路面设计规范》（JTG D50—2017）第 B.4.1 条：

查表 3.0.1，一级，$\beta = 1.28$，$k_{T3} = 1.09$，$N_{e4} = 1.876\times107$

$[\varepsilon_Z] = 1.25\times10^{4-0.1\times\beta}\times(k_{T3}N_{e4})^{-0.21} = 1.25\times10^{4-0.1\times1.28}\times(1.09\times1.876\times10^7)^{-0.21} = 271(10^{-6})$

答案：B

10. 解答：根据《公路沥青路面设计规范》（JTG D50—2017）第 G.2.1 条：

h_a =180mm；

根据表 G.1.2，武汉，T_ξ =23.3，则

$T_{pef} = T_\xi + 0.016h_a = 23.3 + 0.016\times180 = 26.18℃$

答案：A

11. 解答： 根据《公路水泥混凝土路面设计规范》(JTG D40—2011)第 4.3.2 条：

路基宽度 $= (0.75 + 1.5 + 3.5) \times 2 = 11.5\text{m}$

级配碎石用量 $= 11.5 \times 100 \times 0.15 = 172.5\text{m3}$

答案：B

12. 解答： 根据《公路桥涵地基与基础设计规范》(JTG 3363—2019)表 5.4.2，得基底摩擦系数为 0.35。根据《公路桥涵地基与基础设计规范》(JTG 3363—2019)第 5.4.2 条，得基底的滑动稳定系数：

仅计永久作用(不计混凝土收缩及徐变、浮力)和汽车、人群作用的标准值组合：

根据《公路桥涵地基与基础设计规范》(JTG 3363—2019)第 5.4.2 条，得基底的滑动稳定系数：

$$k_c = \frac{\mu\sum P_i + \sum H_{ip}}{\sum H_{ia}} = \frac{0.35 \times (2500 + 1000 + 1500) + 300}{300 + 1200} = 1.367 > 1.3$$

根据表 5.4.3，$k_c > [k_c]$，故滑动稳定性满足要求。

各种作用的标准值组合：

稳定系数：$k_c = \dfrac{\mu\sum P_i + \sum H_{ip}}{\sum H_{ia}} = \dfrac{0.35 \times (2500 + 1000 + 1500 + 500) + 300}{300 + 350 + 1200} = 1.203 > 1.2$

根据表 5.4.3，$k_c > [k_c]$，故滑动稳定性满足要求。

根据《公路桥涵地基与基础设计规范》(JTG 3363—2019)表 5.2.5，得：

仅承受永久作用标准值组合：$0.75\rho = 2.25 > 0.2$，偏心距满足规范要求；

承受作用标准值组合：$\rho = 3 > 2.5$，偏心距满足规范要求。

答案：A

13. 解答： 根据《公路桥涵地基与基础设计规范》(JTG 3363—2019)第 6.3.3 条：

$$R_a = \frac{1}{2}\mu\sum_{i=1}^{n} q_{ik} l_i + A_p q_r$$

设桩基进入第三层长度为 l_3 (m)，代入数据：

$15000 = 1/2 \times (3.14 \times 2) \times [50 \times (6 - 4) + 70 \times 8 + 160 \times l_3] + (3.14 \times 2 \times 2/4) \times 2200$

得 $l_3 = 12\text{m}$；桩长 $l = 3 + 8 + 12 = 23\text{m}$，即桩长不小于 23m。

答案：B

14. 解答： 根据《公路隧道设计规范　第一册　土建工程》(JTG 3370.1—2018)计算。

(1) 计算坍落拱高度

根据第 6.2.2 条：

$h = 0.45 \times 2^{5-1} \times 1.5 = 10.8\text{m}$

(2) 判断深埋与浅埋

$10.8 > 9.2$，属于浅埋。

(3) 计算围岩压力

$q = 21 \times 9.2 = 193.2\text{kN/m}^2$

答案：C

15. 解答： 根据《公路隧道设计规范　第一册　土建工程》(JTG 3370.1—2018)第 14.8.2 条第 2 款：

$$\frac{U_a}{a}=\frac{48}{1150}=4.2\%$$

属于中等大变形。

答案：B

16. 解答：根据《公路立体交叉设计细则》(JTG/T D21—2014)表 5.4.4，设计速度 100km/h，净距 ≥ 1100m。

选项 A，$K40+710-(K40+030)=680m<1100m$，不满足规范要求。

选项 D，$K47+716-(K46+713)=1003m<1100m$，不满足规范要求。

根据表 5.5.3，最小竖曲线半径$R_{竖\ min}=8000\sim12000m$。

选项 B，$7000m<R_{竖\ min}=8000\sim12000m$

选项 C，均满足规范要求。

答案：C

17. 解答

$$DDHV=AADT\times K\times D=25812\times0.65\times0.09=1510pcu/h>1500pcu/h$$

根据《公路立体交叉设计细则》(JTG/T D21—2014)第 6.3.4 条，$DDHV\geqslant1500pcu/h$，宜选内转弯半直连式。

答案：B

18. 解答：即使该处有路面加宽，由于一般采用内侧加宽，外侧半幅宽不计加宽值。

外侧半幅宽：$4+2.5+3.5\times2+0.25+0.5/2=14m$；

设计线处：$E=14+5+1.5=20.5m$；

$R=E/\left(\sec\frac{\alpha}{2}-1\right)=20.5/\left(\sec\frac{29°36'}{2}-1\right)=597m>500m$

满足不设缓和曲线的要求，且不用加宽。

答案：C

19. 解答：根据《城市人行天桥与人行地道技术规范》(CJJ 69—1995)第 2.1.2 条，取设计通行能力为 2400；根据第 2.1.2 条第 1 款，取折减系数为 0.75；根据第 2.2.2 条，取每端梯道的最小净宽之和比桥面最小净宽大 1.2 倍。

$L_{桥面}=2950\times4/2400\times\eta=2950\times4/2400\times0.75=6.56m$，取 7m。

$L_{梯道}=1.2\times L_{桥面}=8.4m$

答案：C

20. 解答：根据《城市道路交叉口设计规程》(CJJ 152—2010)第 5.6 节：

枢纽互通，主线按II1 服务水平，一般匝道按II2 服务水平，$\alpha_1=0.69$，$\alpha_2=0.67$

$N_S=0.69\times1950=1345.5pcu/h$

$N_R=0.67\times1700=1139.0pcu/h$

$N=(n-m_1)N_S+m_1N_R=(6-3)\times1345.5+3\times1139=7454pcu/h$

答案：B

注：喇叭立交的 AB 面为主线上行、下行方向，C 面为被交路，如下图：

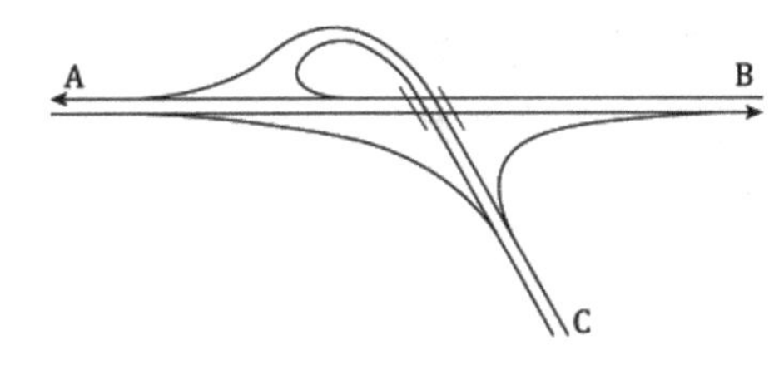

21. 解答： 根据《城市道路路基设计规范》（CJJ 194—2013）

（1）方案一

①根据第 7.2.8 条，8 个月 > 6 个月，符合要求。

②根据第 6.2.8 条，次干路、桥台，工后沉降 ⩽ 0.2m，$0.44-0.26=0.18\text{m}<0.2\text{m}$，符合要求。

（2）方案二

①根据第 7.2.9 条第 4 款计算，符合地基沉降。

$m=0.907\times\left(\frac{0.8}{1.5}\right)^2=0.258$

$\mu_s=\frac{1}{1+0.258\times(4.8-1)}=0.505$

$S_z=0.505\times0.39=0.197\text{m}$

②计算工后沉降。

$0.44-0.39+0.197=0.247\text{m}>0.2\text{m}$，不符合要求。

答案：A

22. 解答： 根据《城镇道路路面设计规范》（CJJ 169—2012）第 5.4.5 条：

$K_{sr}=0.35N_e^{0.11}/A_c=0.35\times(1280\times10^4)^{0.11}/1=2.118$

$[\sigma_R]=\sigma_s/K_s=0.5/2.118=0.24\text{MPa}$

$\gamma_a\sigma_m=1.1\times0.17=0.187\text{MPa}<[\sigma_R]=0.24\text{MPa}$，满足要求。

答案：C

23. 解答： 根据《无障碍设计规范》（GB 50763—2012）：

第 3.2.3 条，提示盲道大于 300mm，符合规范要求；

第 3.1.3 条，正面坡宽度 ⩾ 1.2m，图中 1m < 1.2m，不符合规范要求；

第 3.1.2 条，正面坡坡度 $0.15:(2.5-1)=1:10>1:12$，不符合规范要求；

第 3.1.2 条，侧面坡坡度 $0.15:1.5=1:10>1:12$，不符合规范要求；

第 3.2.2 条第 4 款，盲道距路缘石 0.5m > 0.25m，符合规范要求；

共有 3 处不符合规范要求。

答案：B

24. 解答： 根据《城市道路交通标志和标线设置规范》（GB 51038—2015）第 7.6.1 条、第 5.5.1 条，$R_1=70\text{m}$，$R_2=150\text{m}$。

JD1：$R=300\text{m}>70\text{m}$，$\alpha<45°$，不设急弯路标；

JD2：$R = 110\text{m} < 150\text{m}$，$\alpha = 46°27'37'' > 45°$，需设急弯路标；

JD3：$R = 90\text{m} < 150\text{m}$，$\alpha > 45°$，需设急弯路标；

JD4：$R = 300\text{m} > 70\text{m}$，$\alpha < 45°$，不设急弯路标；

综上，共有2处不符合规范要求。

答案：B

25. 解答：根据《城市地下道路工程设计规范》（CJJ 221—2015）计算。

（1）根据6.3.5条，入洞口到鼻端的距离：165m。

（2）根据6.4.1条，加速车道长度：220m。

（3）根据6.4.3条，加速车道按《城市道路交叉口设计规程》（CJJ 152—2010）修正。

（4）根据《城市道路交叉口设计规程》（CJJ 152—2010）表5.5.3-2，上坡加速修正系数为1.2，$220 \times 1.2 = 264\text{m}$。

（5）根据《城市道路交叉口设计规程》（CJJ 152—2010）表5.5.3-1，渐变段长度：50m。

（6）入洞口到渐变段末端：$165 + 264 + 50 = 479\text{m}$。

答案：C

注册道路工程师执业资格专业考试模考试卷（五）案例分析（上）

试题解析及参考答案

1. 解答： 根据《公路路线设计规范》（JTG D20—2017）表 6.4.1，双侧土路肩各宽 0.5m。

根据《城镇化地区公路工程技术标准》（JTG 2112—2021）第 4.2.3 条，机动车和非机动车混行，路面宽度 4.0m。

路基最小宽度：$W = 4 + 0.5 \times 2 = 5.0$m。

答案：B

2. 解答： 根据《公路路线设计规范》（JTG D20—2017）第 6.2.1 条第 4 款，慢车道宽 3.5m；根据第 6.1.3 条第 4 款，慢车道可采用加宽硬路肩的方式设置，因此最小宽度时慢车道替换硬路肩宽度。

路基宽度为：$0.75 + 3.5 + 2 \times 3.5 + 3.5 + 0.75 = 15.5$m

答案：C

3. 解答：

（1）根据《公路路线设计规范》（JTG D20—2017）表 8.6.1，最小竖曲线长度一般值为 250m，由此反算竖曲线半径为 $250/(0.8\% - 0.3\%) = 50000$m。

（2）根据表 8.6.1，最小竖曲线半径为 17000m。

（3）根据表 9.3.4，满足视觉所需的最小竖曲线半径为 20000m。

满足以上三者的最小竖曲线半径为 50000m。

答案：D

4. 解答： 根据《公路路基设计规范》（JTG D30—2015）第 3.9.4 条：

$$F_{\mathrm{f}} = \frac{24\times0.8+8\times6.7}{10\times(27.5-20.5-0.5)} = 1.12$$

答案：B

5. 解答： 根据《公路路基设计规范》（JTG D30—2015）式(H.0.2-8)：

$$E_x = 132 \times \cos 20° = 124.04\mathrm{kN}$$

$$E_y = 132 \times \sin 20° = 45.15\mathrm{kN}$$

$$K_0 = \frac{640\times2.85+45.15\times4.3}{124.04\times7.92} = 2.05$$

答案：C

6. 解答： 根据《公路路基设计规范》（JTG D30—2015）第 C.0.1 条：

毛细浸润面高度：$2.0 + 0.6 = 2.6$m；

路基工作区底面高度：$5.5 - 3.2 = 2.3$m。

$2.6\mathrm{m} > 2.3\mathrm{m}$，可判断为中湿状态。

答案：B

7. 解答： 根据《公路滑坡防治设计规范》（JTG/T 3334—2018）第 5.4.9 条：

$$\psi_6 = \cos(26° - 20°) - \sin(26° - 20°) \times \tan 16° = 0.96455$$

$$T_6 = 1.2 \times 2635 \times \sin 20° - 2635 \times \cos 20° \times \tan 16° - 19 \times 14.1 + 0.96455 \times 2780 = 2785\text{kN}$$

$$\psi_7 = \cos(20° - 15°) - \sin(20° - 15°) \times \tan 16° = 0.9712$$

$$T_7 = 1.2 \times 2472 \times \sin 15° - 2472 \times \cos 15° \times \tan 16° - 19 \times 13.49 + 0.9712 \times 2785 = 2531.56\text{kN}$$

答案：B

8. 解答：根据《公路沥青路面设计规范》（JTG D50—2017）表 B.1.1，采用插值计算。

$F = 800 \sim 50$，$k_a = 0.8 \sim 1.0$。

$$k_a = 0.8 + \frac{800 - 300}{800 - 50} \times (1 - 0.8) = 0.93$$

答案：C

9. 解答：根据《公路水泥混凝土路面设计规范》（JTG D40—2011）表 3.0.1，二级公路设计基准期为 20 年。

根据第 A.2.4 条：

$$N_e = \frac{N_s \times [(1 + g_r)^t - 1] \times 365}{g_r} \times \eta = \frac{130 \times [(1 + 0.045)^{20} - 1] \times 365}{0.045} \times 0.6 = 89.3 \times 10^4$$

根据表 3.0.7，为中等交通荷载。

答案：C

10. 解答：根据《公路沥青路面设计规范》（JTG D50—2017）表 3.0.2，路面结构设计使用年限$t = 15$，$N_1 = 5000$。

根据式(A.4.2)：

$$N_e = \frac{[(1 + \gamma)^t - 1] \times 365}{\gamma} \times N_1 = \frac{[(1 + 0.07)^{15} - 1] \times 365}{0.07} \times 5000 = 45.85 \times 10^6 \text{次}$$

答案：B

11. 解答：根据《公路桥涵地基与基础设计规范》（JTG 3363—2019）第 5.4.1 条：

$$e_0 = \frac{\sum P_i e_i + \sum H_i h_i}{\sum P_i} = \frac{3000 \times 0.3 - 4000 \times 0.5 + 1000 \times 6}{3000 + 4000 + 1000} = 0.6125\text{m}$$

$$k_0 = \frac{s}{e_0} = \frac{1}{0.6125} = 1.63$$

答案：C

12. 解答：根据《公路钢筋混凝土及预应力混凝土桥涵设计规范》（JTG 3362—2018）第 5.2.11 条：

$$\gamma_0 V_d \leqslant 0.51 \times 10^{-3} \sqrt{f_{cu,k}} b h_0$$

$$1.1 \times 2700 = 2970 > 0.51 \times 10^{-3} \sqrt{26.8} \times 950 \times 1150 = 2884.42\text{kN}$$

答案：无

13. 解答：根据《公路桥涵设计通用规范》（JTG D60—2015）表 4.3.1-4，桥面净宽 13.5m，车辆单向行驶，设计车道数为 3。

根据第 4.3.1 条，16m 跨的桥梁，车道荷载$q_k = 10.5\text{kN/m}$，集中荷载$P_k = 292\text{kN}$。

根据第 4.3.5 条，一个设计车道上的汽车制动力标准值为：

$(10.5 \times 16 + 292) \times 10\% = 46\text{kN} < 165\text{kN}$，取为 165kN。

同向行驶三个车道的制动力为$165 \times 2.34 = 386.10\text{kN}$。

答案：C

14. 解答：根据《公路隧道设计规范　第一册　土建工程》（JTG 3370.1—2018）第 D.0.2 条：

$$\omega = 1 + 0.1 \times (6.4 - 5) = 1.14$$

$$h = 0.45 \times 2^{4-1} \times 1.14 = 4.104\text{m} > H = 3\text{m}$$

$$q = 20 \times 3 = 60\text{kN/m}^2$$

$$e = 20 \times \left(3 + \frac{1}{2} \times 8\right) \times \tan^2\left(45 - \frac{53^\circ}{2}\right) = 15.67\text{kN/m}^2$$

答案：B

15. 解答：根据《公路隧道设计规范　第二册　交通工程与附属设施》（JTG D70/2—2014）第 6.2.1 条：

$$k = 0.025 + \frac{650 - 350}{1200 - 350}(0.035 - 0.025) = 0.02853$$

$$L_{\text{TH1}} = 0.02853 \times 4500 = 128.4\text{cd/m}^2$$

$$L_{\text{TH2}} = 0.5 \times 128.4 = 64.2\text{cd/m}^2$$

答案：A

16. 解答：

（1）根据《公路路线设计规范》（JTG D20—2017）第 10.2.1 条，宜不设超高半径。

根据表 7.4.1，$R_{\min} = 2500\text{m}$，选项 A 不符合规范。

（2）根据表 10.3.1，满足引道视距的凸形竖曲线半径$R_{凸\min} = 5100\text{m}$，选项 A 和 B 不符合规范规定。

（3）根据第 10.2.2 条第 2 款，主要公路在交叉范围主线纵坡坡度应在 0.15%～3%，选项 D 不符合规范规定。

综上，选项 C 符合规范规定。

答案：C

17. 解答：根据《公路立体交叉设计细则》（JTG/T D21—2014）表 10.2.5：

（1）双车道匝道辅助车道长度，$L_3 = 300\text{m}$，$260\text{m} < 300\text{m}$，不满足规范要求；

（2）单车道加速车道长度，$L_1 = 230\text{m}$，$235\text{m} > 230\text{m}$，满足规范要求；

（3）单车道平行式加速车道渐变段长度，$L_2 = 90\text{m}$，满足规范要求；

（4）根据第 10.6.4 条，延伸段长度$\geqslant 150\text{m}$，本题 $200\text{m} > 150\text{m}$，满足规范要求；

（5）根据第 10.6.4 条，渐变率应$\leqslant 1/50$，$1/25 > 1/50$，不满足规范要求。

（6）双车道匝道减速车道渐变段长度，$L_2 = 90\text{m}$，满足规范要求；

（7）双车道匝道减速车道变速段长度，$L_1 = 225\text{m}$，图中 232m 满足规范要求。

综上，共有2处不满足规范要求。

答案：B

18. 解答：根据《城市地下道路工程设计规范》(CJJ 221—2015)：

第4.3.8条，连续式停车带：3m。

第3.5.1条，路缘带＋安全带：$W_{sc} = 0.25\text{m} \times 2$，$W_{mc左} = 0.5\text{m}$。

根据《城市道路路线设计规范》(CJJ 193—2012)第5.3.1条，车道宽：$3.75\text{m} \times 2$。

合计：$3 + 0.25 \times 2 + 0.5 + 3.75 \times 2 = 11.5\text{m}$。

注意：连续式停车带宽度包含右侧路缘带，《城市地下道路工程设计规范》(CJJ 221—2015)此处有误。

答案：A

19. 解答：

(1)根据《城市道路路线设计规范》(CJJ 193—2012)表6.3.3-2，缓和曲线长度最小值为25m。

根据表6.3.2，不设超高的圆曲线最小半径为150m＞70m；根据表6.4.1，最大超高2%，取2%计算，根据第6.4.2条单幅路超高旋转轴宜采用中线；根据表6.5.1，每车道加宽0.45m，则外侧加宽后宽度为7.45m。

$\Delta i = 2\% + 2\% = 4\%$

根据表6.4.3，最大超高渐变率为1/125。

满足超高的缓和曲线长度：$7.45 \times 4\% \times 125 = 37.25\text{m}$。

综上，取大值37.25m，选项D满足规范要求。

答案：D

20. 解答：

(1)根据《城市道路交叉口设计规程》(CJJ 152—2010)第4.3.1条，圆曲线半径应满足不设超高的圆曲线半径；根据《城市道路路线设计规范》(CJJ 193—2012)表6.3.2，$R_{min} = 400\text{m} > 300\text{m}$，不满足规范要求。

(2)根据《城市道路路线设计规范》(CJJ 193—2012)表6.3.3-2，缓和曲线最小长度为45m，此处50m满足规范要求。

(3)根据《城市道路交叉口设计规程》(CJJ 152—2010)第4.3.4条，平交进口道纵坡坡度应≤2.5%，困难情况≤3%，此题3.1%大于3%，不满足规范要求。

(4)根据《城市道路交叉口设计规程》(CJJ 152—2010)第4.3.1条，平交口平曲线半径不宜小于不设超高的最小圆曲线半径，故不宜设置超高，设置超高不满足规范要求。

综上，共有3处不满足规范要求。

答案：C

21. 解答：根据《城市道路交叉口设计规程》(CJJ 152—2010)：

(1)根据第5.3.5条第6款，一般值$L = 280\text{m}$，枢纽立交取上限，$2L = 560\text{m}$。

(2)根据表5.5.3-1，单车道匝道加速段为180m，按表5.5.3-2进行修正，修正系数为1.2；渐变段长 60m。入口变速车道最小长度为 $180 \times 1.2 + 60 = 276$m。

（3）根据表 5.5.3-1，单车道匝道减速段为 90m，渐变段为 60m，出口变速车道最小长度为 $90 + 60 = 150$m。

综上，$276 + 150 = 426\text{m} < 560\text{m}$，取 560m。

答案：D

22. 解答： 根据《城市道路路基设计规范》（CJJ 194—2013）第 7.2.9 条：

$m = 0.907 \times \left(\frac{0.5}{1.5}\right)^2 = 0.1$

$\tau_p = 210 \times \cos 18° \times \tan 38° = 156.04\text{kPa}$

$\tau_{ps} = 0.1 \times 156.04 + (1 - 0.1) \times 55 = 65.2\text{kPa}$

答案：D

23. 解答： 根据《城市道路路面设计规范》（CJJ 169—2012）第 5.6.1 条第 6 款：

$E_1 = 1600$，$E_{n-1} = E_2 = 1000$

$h' = \sum_{i=1}^{n-1} h_i (E_i/E_{n-1})^{0.25} = 4 \times (1600/1000)^{0.25} + 8 \times (1000/1000)^{0.25} = 12.5\text{cm}$

答案：C

24. 解答： 根据《城市地下道路工程设计规范》（CJJ 221—2015）计算。

根据第 6.3.5 条，洞口到汇流鼻端取 165m，①正确。

根据第 6.3.4 条，隔离段长度应取 110m，②错误。

根据第 6.4.1 条，加速车道应取 220m，③错误。

根据第 6.2.2 条，出入口净距应取 $1020 > 160 + 50 + 520 + 50 + 80 = 860$m，⑤错误。

根据第 6.4.1 条，减速车道取 80m，⑦正确。

根据《城市道路交叉口设计规程》（CJJ 152—2010）表 5.5.3-1，渐变段取 50m，④和⑥正确。

答案：A

25. 解答： 根据《城市道路交通标志和标线设计规范》（GB 51038—2015）：

（1）第 12.6.2 条，待行区线符合规范要求；线段及间隔均为 0.5m，线宽 15cm，符合规范要求。

（2）第 12.6.2 条，待行区停止线线宽为 20cm 或 30cm，符合规范要求。

（3）第 12.7.2 条，路口导向线，线宽及间隔长均应为 2m，0.5m 不符合规范要求。

（4）第 12.8.2 条，50km/h 的导向车道线线宽 10cm，15cm 不符合规范要求。

（5）第 12.3.2 条，50km/h 的可跨越同向车行道分界线，线段长 2m，间隔 4m，线宽 10cm，15cm 不符合规范要求。

综上，共有 3 处不符合规范要求。

答案：C

注册道路工程师执业资格专业考试模考试卷（五）案例分析（下）

试题解析及参考答案

1. 解答：根据《小交通量农村公路工程技术标准》（JTG 2111—2019）表 4.0.2，正常路段的路基宽度：$3.5 + 0.5 \times 2 = 4.5\text{m}$。

根据表 4.0.3，错车道路基宽度：$6 + 0.25 \times 2 = 6.5\text{m}$。

采用直线线性过渡，正中处路基宽度：$(4.5 + 6.5)/2 = 5.5\text{m}$。

答案：C

2. 解答：根据《公路路线设计规范》（JTG D20—2017）表 3.6.2-1，车辆折算系数：中型车 2.0，大型车 2.5，汽车列车 2.5。

$$f_{\text{HV}} = \frac{1}{1 + \sum P_i(E_i - 1)} = \frac{1}{1 + 0.4 \times (2 - 1) + 0.15 \times (2.5 - 1) + 0.08 \times (2.5 - 1)} = 0.573$$

查表 3.6.2-2、表 3.6.2-3、表 3.6.2-4 得：$f_{\text{d}} = 0.94$，$f_{\text{w}} = 0.84$，$f_{\text{f}} = 0.75$。

基准通行能力根据表 3.6.1 取 1400pcu/h［按《公路工程技术标准》（JTG B01—2014）表 A.0.1-3 为 2500pcu/h，本题暂按路线规范解答］。

根据第 3.6.2 条：

$MSF_i = C_{\text{d}}/(f_{\text{HV}} \times f_{\text{d}} \times f_{\text{w}} \times f_{\text{f}}) = 200/(0.573 \times 0.94 \times 0.84 \times 0.75) = 589.4\text{pcu/h}$

$v/C = 589.4/1400 = 0.42$（大于 0.28 且小于 0.43）

根据表 3.2.2-3，禁止超车比例 70%，服务水平为四级。

答案：D

注意：本题按MSF求的设计服务水平，即预期应达到的服务水平，另有一种思路供读者参考，实际服务水平的交通量：

$185 \times (0.37 + 0.4 \times 1.5 + 0.15 \times 2.5 + 0.08 \times 4) = 308\text{pcu/h}$

此时，$v/C = 308/1400 = 0.22$，属于二级服务水平下限，三级服务水平上限。

《公路路线设计规范》（JTG D20—2017）表 3.6.2-3 中“路肩宽度”未明确是单侧宽度还是双侧宽度，考生需结合出题环境灵活判断。实际上，该表中的路肩宽度为双侧硬路肩宽度之和更为合理。根据《公路工程技术标准》（JTG B01—2014）表 A.0.1-3 的注 1：“设计速度为 80km/h 时，路面宽度为 9m 的双车道公路，其基准通行能力 2800pcu/h”，这表明路面宽度为 9m（$2 \times 3.75\text{m}$ 车道 $+ 2 \times 0.75\text{m}$ 路肩）时，无需进行宽度修正，与《公路路线设计规范》（JTG D20—2017）表 3.6.2-3 中硬路肩宽度 1.5m、修正系数为 1 是吻合的。本题中，路肩宽度 $2 \times 1\text{m}$，包含了土路肩和硬路肩，如果硬路肩和土路肩宽度均为 0.5m，则双侧硬路肩之和为 1m，按路肩宽 1m 直接查表才有答案。

3. 解答：路基宽度：$[(4.5/2) + 3.75 \times 2 + 3 + 0.75] \times 2 = 27\text{m}$。

根据《公路路线设计规范》（JTG D20—2017）第 6.7.2 条，沿线为农田耕地，用地加宽 1m。

总用地宽度为：$27 + (3 \times 1.5 + 1 + 0.6 + 1) \times 2 = 41.2\text{m}$。

答案：B

4. 解答：根据《公路路基设计规范》（JTG D30—2015）式(5.4.11)：

$h_i = 8 - 0.25 = 7.75\text{m}$

$L_0 = \frac{0.5\times151.5}{2\times[5+(18\times7.75+24\times0.5)\times\tan5°]} = 2.07\text{m}$

注意计算竖向力时应加入路面的重量。

答案：C

5. 解答：根据《公路路基设计规范》（JTG D30—2015）式(3.9.5-1)：

$\sigma_z = \frac{50\times(1+0.3)}{(0.52+2\times0.8\times\tan40°)(0.55+2\times0.8\times\tan40°)} + 24\times0.8 = 37.6\text{kPa}$

答案：B

6. 解答：根据《公路路基设计规范》（JTG D30—2015）表 H.0.1-5，荷载增大对挡墙结构起不利作用，分项系数取 0.5。

$E_0 = \frac{1}{2}\times18\times3^2\times\tan^2\left(45+\frac{40°}{2}\right) = 372.5\text{kN/m}$

$0.5E_0 = 0.5\times372.5 = 186.25\text{kN/m}$

答案：C

7. 解答：根据《公路路基设计规范》（JTG D30—2015）第 3.3.2 条：

$(h_{sw} - h_0) + h_w + h_{bw} + \Delta h = (32.9 - 29) + 0.7 + 0.3 + 0.5 = 5.4\text{m}$

$h_l + h_p = 2.6 + 0.8 = 3.4\text{m}$

$h_{wd} + h_p = 2.8 + 0.8 = 3.6\text{m}$

取最大值：5.4m。

答案：D

8. 解答：根据《公路水泥混凝土路面设计规范》（JTG D40—2011）第 B.2.5 条：

$$\overline{\omega} = \frac{83+77+96+66+78+88}{6} = 81.3$$

$\omega_0 = \overline{\omega} + 1.04s = 81.3 + 1.04\times9.375 = 91.05$

$E_t = 18621/\omega_0 = 18621/91.05 = 204.5\text{MPa}$

答案：D

注意：题干中标准差 9.375 单位有误，应为 0.01mm。

9. 解答：根据《公路沥青路面设计规范》（JTG D50—2017）第 B.1.1 条：查表 3.0.1，$\beta = 1.65$。代入题干数据：

$$N_{f1} = 6.32\times10^{15.96-0.29\beta}k_a k_b k_T^{-1}\left(\frac{1}{\varepsilon_a}\right)^{3.97}\left(\frac{1}{E_a}\right)^{1.58}(VFA)^{2.72}$$

$$= 6.32\times10^{15.96-0.29\times1.65}1\times0.49\times1.27^{-1}\left(\frac{1}{103.9}\right)^{3.97}\left(\frac{1}{10000}\right)^{1.58}65^{2.72} = 2.98\times10^6\text{次}$$

答案：D

10. 解答：根据《公路沥青路面设计规范》（JTG D50—2017）第 G.2.1 条、第 G.1.2 条，对于广州：

$T_\xi = 26.5$，$h_a = 40 + 60 + 100 = 200\text{mm}$

$T_{pef} = T_{\xi} + 0.016h_a = 26.5 + 0.016 \times 200 = 29.7℃$

答案：D

11. 解答：根据《公路桥涵地基与基础设计规范》（JTG 3363—2019）第 6.3.3 条：

$q_r = 0$

$$R_a = \frac{1}{2}\mu\sum_{i=1}^{n} q_{ik}l_i + A_p q_r = \frac{1}{2} \times 3.14 \times 1.5 \times 60 \times (60 - 15) + 0 = 6358.5\text{kN}$$

答案：A

12. 解答：根据《公路钢筋混凝土及预应力混凝土桥涵设计规范》（JTG 3362—2018）第 5.3.2 条计算，考虑间接钢筋：

$N_u = 0.9(f_{cd}A_{cor} + f'_{sd}A'_s + kf_{sd}A_{so}) = 0.9 \times (18.4 \times 3.14 \times 500 \times 500 + 250 \times 20 \times 3.14 \times 16 \times 16 + 2 \times 250 \times 0.3 \times 20 \times 3.14 \times 16 \times 16) = 18787\text{kN}$

根据《公路钢筋混凝土及预应力混凝土桥涵设计规范》（JTG 3362—2018）第 5.3.1 条计算，不考虑间接钢筋：

$N_u = 0.9\varphi(f_{cd}A + f'_{sd}A'_s) = 0.9 \times 0.99 \times (18.4 \times 3.14 \times 600 \times 600 + 250 \times 20 \times 3.14 \times 16 \times 16) = 22124\text{kN}$

因为不考虑间接钢筋的抗压承载力大于考虑间接钢筋的抗压承载力，所以取 22124kN。

答案：C

13. 解答：根据《公路隧道设计规范　第一册　土建工程》（JTG 3370.1—2018）第 12.3.2 条：

$0.75 + 0.25 + 3.25 + 1.25 = 5.5\text{m}$

答案：D

14. 解答：根据《公路隧道设计规范　第二册　交通工程与附属设施》（JTG D70/2—2014）第 5.2.1条：

$$\delta_{co} = \frac{3000 - 2600}{3000 - 1000}(150 - 100) + 100 = 110\text{cm}^3/\text{m}^3$$

根据表 5.2.2-2，$K = 0.0065\text{m}^{-1}$

答案：C

15. 解答：根据《公路水下隧道设计规范》（JTG/T 3371—2022）第 9.2.6 条：

$$\begin{aligned} W_s &= (H - H_b)BL\gamma_w - W_f \\ &= (7.5 - 0.2) \times 25 \times 180 \times 10 - 17460 \\ &= 311040\text{kN} \end{aligned}$$

$W_G = 2 \times 25 \times 1 \times 180 \times 25 + 3 \times 0.8 \times (7.5 - 2) \times 180 \times 25 = 284400\text{kN}$

$$h = \frac{311040 - 284400}{4 \times 180 \times 10 \times 2} = 1.85\text{m}$$

答案：D

16. 解答：根据《公路路线设计规范》（JTG D20—2017）：

（1）表 10.5.3-2，渐变段长 50m，均满足规范要求。

（2）第 10.5.2 条第 3 款，左转交通量大，等候段应 ⩾ 30m，25m 不满足规范要求。

（3）表 10.5.3-1，主要公路，40km/h 加速到 80km/h，加速段长度应为 80m，50m 不满足规范要求。

（4）表 10.5.3-1，主要公路，80km/h 减速到 40km/h，减速段长度应为 32m，40m 满足规范要求。

（5）主要公路西进口左转减速车道，始速为 80km/h，末速为 0km/h，查表 10.5.3-1 可知，减速段长度为 60m，设计方案满足规范要求。

综上，共有 2 处不满足规范要求。

答案：B

17. 解答： $Q_{左}$ = ①→③ + ②→③的交通量。

$DDHV = AADT \times D \times K = (5559 + 6990) \times 0.55 \times 0.1 = 690\text{pcu/h}$

答案：C

注意： 本题默认为无论左转弯还是右转弯，都是交通量大的方向，因为无论哪个方向按 45%计算，均没有答案。

18. 解答： 根据竖曲线计算公式可知：

$E = \frac{T^2}{2R} = \frac{R^2\omega^2}{8R} = \frac{R\omega^2}{8}$

$E = 0.8 + 5.6 - 5 = 1.4\text{m}$

$R = \frac{8E}{\omega^2} = \frac{8\times1.4}{(0.04+0.035)^2} = 1991.1\text{m}$

取 1990m。

$L = 1990 \times (0.04 + 0.035) = 149.25\text{m}$

根据《城市道路路线设计规范》（CJJ 193—2012）第 7.5.1 条：

1991m > 1050m，149.25m > 100m

满足规范要求。

答案：B

19. 解答： 根据《城市道路交叉口设计规程》（CJJ 152—2010）：

（1）第 4.2.11 条第 2 款，压缩后中分带至少 2m，2.5m 满足规范要求；

（2）第 4.2.13 条，渐变段长度$L_t = (0.7V/3.6) \times 3 = (0.7 \times 60/3.6) \times 3 = 35\text{m}$，30m 不满足规范要求；

（3）第 4.2.13 条，$L_s = 9N = 9 \times 8 = 72\text{m}$，70m 不满足规范要求；

（4）第 4.2.15 条，新建道路，出口道应为 3.5m，3.25m 不满足规范要求；

（5）第 4.2.16 条，出口展宽 30～60m，交通量大的主干路取上限，应为 60m，55m 不满足规范要求。

综上，共有 4 处不满足规范要求。

答案：C

20. 解答： 根据《城市道路交叉口设计规程》（CJJ 152—2010）：

（1）Z1 定向匝道，II1 服务水平，根据表 5.6.3，$\alpha = 0.58$，$N_p = 1730$，$N_1 = 1730 \times 0.58 = 1003\text{pcu/h}$。

南→东交通量 934pcu/h < 1003pcu/h，根据第 5.3.1 条第 4 款，采用单车道匝道。

（2）Z2 半定向匝道，II2 服务水平，根据表 5.6.3，$\alpha = 0.71$，$N_p = 1730$，$N_1 = 1730 \times 0.71 =$

1228pcu/h。

北→东交通量 898pcu/h < 1228pcu/h，长度 340m > 300m，根据第 5.3.1 条第 4 款，采用单车道出入口的双车道匝道。

（3）断面 1 交通量 934 + 898 = 1832m，1832/1003 = 1.8，采用双车道匝道。

答案：C

21. 解答：根据《城市道路路基设计规范》（CJJ 194—2013）第 7.7.3 条，粉砂层中冻结厚度：

$2.54 - 0.66 - 0.8 - 0.66 = 0.42\text{m}$

$Z_j = 800 \times 0.028 + 660 \times 0.035 + 420 \times 0.01 = 49.7\text{mm}$

根据第 7.7.2 条，容许冻胀厚度 60mm > 49.7mm，符合规范规定。

答案：A

22. 解答：根据《城镇道路路面设计规范》（CJJ 169—2012）第 3.2.3 条：

（1）前轴：$C_1' = 1$，$C_2' = 18.5$，则

$$N_{s1} = \sum_{i=1}^{K} C_1'C_2'n_1\left(\frac{P_i}{P}\right)^8 = 1 \times 18.5 \times \left(\frac{70}{100}\right)^8 \times 260 = 277.3$$

（2）后轴：双联轴$C_1' = 1 + 2(m-1) = 1 + 2 \times 1 = 3$，$C_2' = 1$，则

$$N_{s2} = \sum_{i=1}^{K} C_1'C_2'n_1\left(\frac{P_i}{P}\right)^8 = 3 \times 1 \times \left(\frac{180/2}{100}\right)^8 \times 260 = 335.8$$

$$N_s = N_{s1} + N_{s2} = 277.3 + 335.8 = 613\ 次/\text{d}$$

答案：D

23. 解答：根据《城市地下道路工程设计规范》（CJJ 221—2015）第 5.3.3 条条文说明：

$$a_{实} = \frac{3.5}{2} + 0.5 + 0.25 = 2.5\text{m}$$

$$S_1 = 110\text{m} < L_c = 120\text{m}$$

$$\psi = 110 \times \frac{180}{3.14 \times 700} = 9°$$

$$a = 700 \times \left(1 - \cos\frac{9°}{2}\right) = 2.16\text{m}$$

答案：A

24. 解答：根据《城市工程管线综合规划规范》（GB 50289—2016）表 4.1.9：

（1）燃气管线至乔木距离：2 + 12 + 2 − (2 + 2.5 + 5 + 6 + 0.2) = 0.3m < 0.75m，不满足规范要求；

（2）侧石边至通信管线距离：3.5 + 1.5 + 3 − (4.5 + 2) − (0.66/2) = 1.17m < 1.5m，不满足规范要求；

（3）侧石边至燃气管线距离：4 + 3.5 + 1.5 + 3 − (4 + 4.5 + 2) − (0.4/2) = 1.3m < 1.5m，不满足规范要求。

综上，共有 3 处不满足规范要求。

答案：C

25. 解答： 根据《城市桥梁设计规范》（CJJ 11—2011）（2019 年版）第 10.0.2 条、第 10.0.3 条：

$P_k = 0.8 \times 1.2 \times 0.75 \times 2 \times (L_0 + 130) = 0.8 \times 1.2 \times 0.75 \times 2 \times (30 + 130) = 230.4\text{kN}$

$q_k = 0.8 \times 0.75 \times 10.5 = 6.3\text{kN/m}$

答案：B

注册道路工程师执业资格专业考试模考试卷（六）案例分析（上）

试题解析及参考答案

1. 解答： 根据《公路路线设计规范》（JTG D20—2017）：

（1）根据表 7.3.2，最小圆曲线半径为 700m，$R_2 = 1200\text{m}$，满足；

（2）根据 9.2.4 条第 2 款，$R/3 \leqslant A \leqslant R$，$400 \leqslant A \leqslant 1200$

$L_{S2} = A^2/R$，$A = \sqrt{L_{S2} \times R} = \sqrt{200 \times 1200} = 489.90$，满足；

（3）根据 7.2.2 条第 1 款，反向圆曲线间最小直线长度不小于 $2v = 200\text{m}$，$L_1 = 400\text{m}$，满足；

（4）根据表 7.4.1，路拱横坡为 2%，不设超高圆曲线半径为 4000m > 3800m，不满足。

答案：D

2. 解答： 根据《城镇化地区公路工程技术标准》（JTG 2112—2021）

（1）根据表 4.2.5 路缘带最小宽度为 0.5m，路侧带路缘带宽度均为 0.25m，不满足规范；

（2）根据表 4.2.6，一级公路硬路肩最小宽度 0.75m，本题 0.25m，不满足规范；

（3）根据 4.2.3 条，设计速度大于等于 50km/h 时，机动车与非机动车不宜混行，本题辅路设计速度 60km/h，不满足规范；

（4）根据 4.2.1 条，辅路设计速度 60km/h，车道最小宽度 3.25m，本题为 3.5m，不满足规范；

答案：D

3. 解答：《公路路线设计规范》（JTG D20—2017）：

根据表 6.2.1 车道宽度 3.75m；

根据表 6.3.1 左侧路缘带 0.75m，已包含在中间带，不另计；

根据表 6.4.1 土路肩宽 0.75m，硬路肩宽 3m。

路基总宽度：$(0.75 + 3 + 3.75 \times 3) \times 2 + 4.5 = 34.5\text{m}$。

根据 6.7.2 条，最小用地范围为截水沟或排水沟外 1m。

故用地宽为：$1 + 2.4 + 1 + 4 \times 0.25 + 1 + 1.5 \times 3 + 34.5 + 0.8 + 2 + 0.75 \times 6 + 2 + 4 + 5 + 0.6 + 1 = 65.3\text{m}$

答案：C

4. 解答： 根据《公路工程技术标准》（JTG B01—2014）：

（1）根据表 3.3.2，该公路的年平均日交通量为：$3400 \times (10\% \times 4 + 11\% \times 2.5 + 18\% \times 1.5 + 60\% \times 1) = 5389\text{pcu/d}$，根据 3.1.1 条，该公路为二级公路或三级公路，根据《公路路线设计规范》（JTG D20—2017）2.2.2 条，无论次要干线、集散还是支线，交通量大于 5000 小客车/日，均可选用二级公路，故该公路按二级公路；

（2）根据 6.0.2 条，单孔跨径大于 150m，为特大桥；

（3）根据表 6.0.5 为二级公路上的特大桥，设计洪水频率 1/100；

（4）根据表 6.0.5 注第 1 条，河床比降较大、易于冲刷宜提高一级设计洪水频率验算基础冲刷深度，故从 1/100 提高至 1/300。

答案：A

5. 解答： 根据《公路路基设计规范》（JTG D30—2015），第 5.5.4 条：

$$
\begin{aligned}
E &= P_d(\sin(\alpha+\beta)\tan\varphi+\cos(\alpha+\beta)) \\
&= 600\times\left(\sin(32^\circ+15^\circ)\tan 18^\circ+\cos(32^\circ+15^\circ)\right) \\
&= 551.8\text{kN}
\end{aligned}
$$

答案：C

6. 解答： 根据《公路软土地基路堤设计与施工技术细则》（JTG/T D31-02—2013），第 4.3.7 条：

$b = 2.8\times1.5+12/2-2\times1.5 = 7.2\text{m}$

$\frac{a}{2} = \frac{2\times1.5}{2} = 1.5\text{m}$

$B = 7.2+1.5 = 8.7\text{m}$

$P = 2\times20 = 40\text{kN/m}^2$

$S_d = 0.6\times40\times8.7\times10^3/1.5\times10^3 = 139.2\text{mm}$

答案：C

7. 解答： 根据《公路路基设计规范》（JTG D30—2015），

第 5.5.5 条：

$P_d = \frac{Af_{ptk}}{K_1} = \frac{3.14\times0.032^2/4\times930\times10^3}{2} = 373.78\text{kN}$

第 5.5.6 条第 2 款：

$P_d = \frac{L_r\pi df_{rb}}{K_2} = \frac{5\times3.14\times0.13\times480}{2} = 489.84\text{kN}$

第 5.5.6 条第 3 款：

$P_d = \frac{L_g n\pi d_g f_b}{K_2} = \frac{5\times1\times3.14\times0.032\times2400}{2} = 602.88\text{kN}$

取最小值：$P_d = 373.78\text{kN}$。

答案：B

注意： 预应力螺纹钢筋抗拉强度标准值f_{ptk}应取 930MPa，原题中此处单位错了。

8. 解答： 根据《公路路基设计规范》（JTG D30—2015），第 5.4.11 条

$h_i = 9.8-0.6/2 = 9.5\text{m}$

$L_0 = \frac{0.6\times180.5}{2\times(5+19\times9.5\times\tan 5^\circ)} = 2.6\text{m}$

答案：C

注意： 此题中，最下面一层填料中心的水平土压力应为 180.5kPa，此处原题单位有误。

9. 解答： 根据《公路水泥混凝土路面设计规范》（JTG D40—2011）

（1）根据 3.0.1 一级公路采用水泥路面的设计基准期为 30 年。

（2）根据附录 A.2.4：

$$N_e = \frac{N_S \times [(1+g_r)^t - 1] \times 365}{g_r} \times \eta = \frac{750 \times [(1+0.045)^{30} - 1] \times 365}{0.045} \times 0.2 = 334.0 \times 10^4 次$$

（3）根据 3.0.7 条为重交通；

（4）根据 4.5.4 条，钢纤维混凝土路面的厚度为普通混凝土面层厚度的 0.75～0.65 倍，故：$24 \times (0.75 \sim 0.65) = 18 \sim 15.6$cm；

（5）根据 4.5.4 条，特重或重交通时，钢纤维混凝土路面的最小厚度为 18cm。

（6）综上，最小厚度为 18cm。

答案：C

10. 解答： 根据《公路沥青路面设计规范》（JTG D50—2017）

根据 B.2.1、3.0.1 目标可靠度$\beta = 1.65$

$$N_{f2} = k_a k_{T2}^{-1} 10^{a - b\frac{\sigma_t}{R_s} + k_c - 0.57\beta}$$

$k_a = 1$，$k_{T2} = 1.23$，$a = 13.24$，$b = 12.52$，$\sigma_t = 0.3$，$R_s = 1.4$，$k_c = -1.239$，代入上式：

$$N_{f2} = 1 \times 1.23^{-1} \times 10^{13.24 - 12.52 \times \frac{0.3}{1.4} - 1.239 - 0.57 \times 1.65} = 1.94 \times 108 次$$

答案：C

11. 解答： 根据《公路沥青路面设计规范》（JTG D50—2017）B.5.1：

$$CI = 1.95 \times 10^{-3} S_t \lg b - 0.075(T + 0.07h_a) \lg S_t + 0.15$$

$$CI = 1.95 \times 10^{-3} \times 180 \times \lg 3 - 0.075(-22 + 0.07 \times 100) \lg 180 + 0.15 = 2.85$$

答案：B

12. 解答：

（1）根据《公路桥涵设计通用规范》（JTG D60—2015）表 1.0.5，该桥跨径总长为 120m，属于大桥；

（2）根据《公路桥涵设计通用规范》（JTG D60—2015）表 3.2.9，二级公路大桥设计洪水频率为 1/100。

（3）根据《公路工程水文勘测设计规范》（JTG C30—2015），7.4.1 条，按设计水位计算桥面最低高程时，梁底的桥下净空安全值为 0.5m：

$$H_{min1} = 209.42 + 0.90 + 0.5 = 210.82\text{m}$$

按设计最高流冰水位计算桥面最低高程，梁底的桥下净空安全值为 0.75m：

$$H_{min2} = 205.10 + 0.75 = 205.85\text{m}$$

（4）$H_{min} = \max\{H_{min1}, H_{min2}\} = 210.82\text{m}$

答案：A

13. 解答： 根据《公路桥涵设计通用规范》（JTG D60—2015）

（1）根据表 4.3.1-4，桥面净宽 8m，车辆双向行驶，设计车道数为 2。

（2）根据 4.3.1，90m 跨的桥梁，车道荷载$q_k = 10.5$kN/m，集中荷载$P_k = 360$kN。

（3）根据 4.3.5，一个设计车道上的汽车制动力标准值为：

$(10.5 \times 90 + 360) \times 10\% = 130.5\text{kN} < 165\text{kN}$，取为 165kN。

（4）两个墩台平均承担制动力，则一个墩台承受一个车道的制动力 = 165/2 = 82.5kN。

答案：C

14. 解答：

根据《公路隧道设计规范　第一册》（JTG 3370.1—2018），第 3.6.4 条：$[BQ]=237$，判断为Ⅴ级围岩；

第 6.2.2 条第 2 款：

$$[S]=5+\frac{\frac{250}{2}-237}{250}=4.552$$

第 1 款：$B=15\text{m}$，三台阶开挖，i取 0.12

$\omega=1+0.12\times(15-5)=2.2$

$h=0.45\times2^{4.552-1}\times2.2=11.61\text{m}$

$q=11.61\times22=255.46\text{kN/m}$

第 3 款：$e=0.3\times255.46=76.6\text{kN/m}$

答案：B

15. 解答：

根据《公路隧道设计规范　第一册》（JTG 3370.1—2018），第 11.5.7 条第 2 款：

$208.6-0.2=208.4\text{m}$

$210.5-1.6-0.25=208.65\text{m}$

取小值：208.4m

答案：B

16. 解答：

根据《公路隧道设计规范　第一册》（JTG 3370.1—2018），

第 4.4.1 条　三级公路，40km/h，基本宽度取 9m，紧急停车带宽 3m。

第 4.4.6 条第 1 款：$3+0.25=3.25\text{m}<3.5\text{m}$，则需要再加宽 0.25m。

总宽 $=9+3+0.25=12.25\text{m}$

答案：C

17. 解答：根据《公路立交设计细则》（JTG/T D21—2014）：

（1）根据 10.2.6 条第 3 款，35km/h < 40km/h，减速车道长度按高一级主线设计速度取值，取 120km/h；

（2）根据表 10.2.5，该减速车道的长度为$L_1=145\text{m}$；

（3）根据表 10.2.6，下坡修正系数取 1.1；

（4）减速车道长度为 $145\times1.1=159.5=160\text{m}$。

答案：A

18. 解答：

（1）根据《城市道路工程设计规范》（CJJ 37—2012）4.1.2 条交通量折算成小客车：

$4600\times1+320\times2+80\times2.5+20\times3=5500\text{pcu/h}$；

（2）根据表 4.2.3，设计速度 80km/h，三级服务水平下的最大服务交通量为 1750pcu/(h · ln)；

（3）$5500/1750 = 3.14$，单向需要 4 条车道，双向 8 条车道。

答案：D

19. 解答： 根据《城市道路工程设计规范》（CJJ 37—2012）表 5.3.2 机动车道宽 3.5m；

根据表 5.3.5，路缘带 0.25m；

根据 5.3.3 条，非机动车道 2.5m（包含两侧路缘带）；

根据 5.5.2，底座宽 50cm、高 18cm（< 20cm）的分隔护栏可以提供安全带宽度；

$W = (2.5 + 0.5 + 0.25 + 3.5 \times 3 + 0.25) \times 2 + 0.5 = 28.5\text{m}$

答案：C

注意： 本题高 18cm（< 20cm）的分隔护栏暗示不需要单独考虑 25cm 安全带宽度。

20. 解答：

（1）根据E值算圆曲线半径：$R = E/[\sec(\alpha/2) - 1]$，$E = 14 + 3 + 5 = 22\text{m}$，圆曲线最小半径$R = 22/[\sec 31.2°/2 - 1] = 575\text{m}$；

（2）根据《城市道路路线设计规范》（CJJ 193—2012）表 6.3.3-1，设计速度 40km/h，不设缓和曲线的最小圆曲线半径为 500m；

（3）根据圆曲线最小长度反算圆曲线半径：根据 6.3.4 条，圆曲线最小长度一般值为 110m（不设缓和曲线时按平曲线取值），反算$R = \frac{L}{\alpha} = \frac{110}{\frac{31.2 \times 3.14}{180}} = 202\text{m}$。

综上，圆曲线最小半径取值为 575m，取整为 580m。

答案：C

21. 解答： 根据《城市道路交叉口设计规程》（CJJ 152—2010）表 5.6.2-2，$N_\text{p} = 1700\text{pcu/h}$；

根据 5.6.4 条枢纽型立交的定向匝道采用Ⅱ1 级服务水平，$\alpha = 0.55$；

设计通行能力$C_\text{d} = 1700 \times 0.55 = 935\text{pcu/h}$；

匝道车道数 $= 1350/935 = 1.45$，采用双车道；

根据表 5.3.1-2，匝道设计速度 40km/h，车道宽度 3.25m；

根据表 5.3.2-4，通行普通汽车，采用双车道匝道时，加宽值为 $0.45 \times 2 = 0.9\text{m}$；

根据表 5.3.1-3，路缘带最小宽度 0.25m，安全带最小宽度 0.25m；

匝道最小宽度：$0.25 + 0.25 + 3.25 \times 2 + 0.25 + 0.25 + 0.9 = 8.4\text{m}$；

改造加宽值：$8.4 - 7 = 1.4\text{m}$。

答案：B

注意： 改造前原匝道长度小于 300m，设计初期交通量小，为单车道匝道，单车道匝道由于硬路肩较宽，参考《公路立体交叉设计细则》，可不加宽，推测的路幅分配：$7 = 0.5 + 3.5 + 2.5 + 0.5$。

22. 解答： 根据《城市道路路基设计规范》（CJJ 194—2013）第 7.2.4 条：

$S_\text{t} = (1.44 - 1 + 0.85) \times 65 = 83.85\text{cm}$

$S = 1.44 \times 65 = 93\text{cm}$

$S_{\text{工后}} = 93.6 - 83.85 = 9.75\text{cm}$

根据第 6.2.8 条：

9.75cm < 10cm（桥台路基），符合要求。

答案：C

23. 解答： 根据《城市道路路面设计规范》（CJJ 169—2012）3.2.3 条，沥青层层底拉应变和设计弯沉值所采用的当量轴次一致，为 1123 万次/车道。

根据 5.4.4 条，$M = 4.84\left(\frac{V_\text{b}}{V_\text{b}+V_\text{a}} - 0.69\right) = 4.84\left(\frac{4.17}{4.17+3.9} - 0.69\right) = -0.839$

$[\varepsilon_\text{R}] = 0.15E_\text{m}^{-1/3}10^{M/4}N_\text{e}^{-1/4} = 0.15 \times 4300^{-1/3} \times 10^{-0.839/4} \times (1123 \times 10^4)^{-1/4} = 98.3 \times 10^{-6}$

答案：B

24. 解答： 根据《城市道路交通标志和标线设计规范》（GB 51038—2015）：

①类，第 12.3.2 条，可跨越同向分界线，速度 60km/h 为 6-9 线，2-4 线不符合规范要求。

②类，第 14.5.6 条，纵向减速标线菱形块方向应顺行车方向，图中方向反了，不符合规范要求。

③类，第 14.5.2 条，减速标线设置在下坡路段，图中设置在上坡路段，且菱形块的方向也反了，不符合规范要求。

④类，第 7.6.3 条，急弯路标志应设置在弯道平曲线与直线段的切点之前，图中设置在了圆曲线中间，并且，按第 7.6.1 条，图中$R = 200$，转角 $39°18'15'' < 45°$，不需要设置急弯路标志，不符合规范要求。

⑤类，线形诱导标应设置在弯道外侧，便于驾驶员看到，图中设置在弯道内侧，不符合规范要求。

⑥类，线形诱导标，均符合规范要求。

综上，共有 5 处不符合规范要求。

答案：D

25. 解答：

根据《城市地下道路工程设计规范》（CJJ 221—2015），

第 6.3.5 条：设计速度 60km/h，洞口与汇流鼻端最小距离应为 85m > 75m，①错；

第 6.2.2 条：出入口最小间距应为 760m > 160m，②错；

第 6.3.4 条：隔离段长度应为 70m < 85m，③对；

第 6.3.3 条：识别距离应为$1.5 \times 70 = 105$m，④对。

答案：B

注册道路工程师执业资格专业考试模考试卷（六）案例分析（下）

试题解析及参考答案

1. 解答： 连续3km平均纵坡最大，则应从K0 + 150开始计算；

[(650 − 150) × 4% + 150 × 3% + 700 × 6% + 150 × 3% + 650 × 6% + 150 × 3% + 700 × 6%]/3000 = 5.22%，符合《公路路线设计规范》(JTG D20—2017) 8.3.4连续3km平均纵坡小于5.5%的规定；

根据表8.3.2，6%的最大坡长为600m，本题表中为700m、650m，不满足规范；

综上所述，连续3km路段的最大平均纵坡是5.22%，6%的最大坡长不满足。

答案：D

2. 解答： 根据《公路路线设计规范》(JTG D20—2017)表3.6.1，不准超车比例40%，设计服务水平下的最大服务交通量$MSF = 650$pcu/h；

根据表3.6.2-1，$E_{中} = 2.5$，$E_{大} = 3.0$，$E_{列} = 3.5$；

$$f_{HV} = \frac{1}{1 + \sum P_i(E_i - 1)} = \frac{1}{1 + (0.35 \times 1.5 + 0.1 \times 2 + 0.08 \times 2.5)} = 0.519$$

根据表3.6.2-2，方向修正系数0.97；

根据表3.6.2-3，车道宽度系数0.84；

根据表3.6.2-4，路侧干扰系数0.65；

$C_d = MSF_i \times f_{HV} \times f_d \times f_w \times f_f = 650 \times 0.519 \times 0.97 \times 0.84 \times 0.65 = 179$veh/h

答案：B

注意： 此题为错题，按照表3.6.2-1取折算系数的交通量单位为veh/h。

3. 解答： 竖曲线长度$L = 6 \times 80 = 480$m

$R = 480/(2.5 + 1.3)\% = 12631.6$m

符合《公路路线设计规范》(JTG D20—2017)表8.6.1所规定的最小凸曲线半径极限值3000m，一般值4500m；符合最小竖曲线长度极限值70m，一般值170m的规定；

$H = 130.52 - 480/2 \times 2.5\% = 124.52$m。

答案：C

4. 解答： 根据《公路路线设计规范》(JTG D20—2017)表7.6.1，$R = 95$m，加宽值为2m。

根据6.2.1条，车道宽度为3.25m；

根据表6.4.1，30km/h，四级公路，硬路肩为0m，土路肩为0.5m。

一般路段路基宽：0.5 + 3.25 + 3.25 + 0.5 = 7.5m；

圆曲线路基宽：7.5 + 2 = 9.5m 即YZ点路基宽度为9.5m；

根据7.6.4条第2款，加宽渐变率1：15，加宽缓和段长度为2 × 15 = 30m；

考虑超高过渡段长度：根据条文说明表7-1，积雪冰冻地区，$R = 95$m对应的圆曲线超高5%，根据

7.5.5，新建公路采用绕内侧车道边缘旋转，根据 7.5.4 条，则超高缓和段长度为：$75 \times 6.5 \times 5\% = 24.4\text{m} < 30\text{m}$，加宽过渡段取 30m。

图中 K0 + 253.492 为 YZ 点，为加宽过渡段起点，宽度为 9.5m，$270 - 253.492 = 16.508\text{m}$；

$$\frac{16.508}{30} \times 2 = 1.1\text{m}$$

K0 + 270 的路基宽度为 $9.5 - 1.1 = 8.4\text{m}$

答案：B

5. 解答：根据《公路路基设计规范》（JTG D30—2015），第 7.10.4 条第 1 款：

$$\begin{aligned}\Delta_{ZS} &= 1.2 \times (0.128 \times 0.5 + 0.107 \times 1 + 0.082 \times 1 + 0.075 \times 1 + 0.048 \times 1 + 0.035 \times 1) \\ &= 0.4932\text{m} = 493.2\text{mm}\end{aligned}$$

表 7.10.4：$\Delta_S = 520\text{mm}$，属于Ⅲ级。

答案：C

6. 解答：根据《公路路基设计规范》（JTG D30—2015），第 7.7.7 条第 5 款：

$\mu_s = \frac{1}{1+0.1341\times(3-1)} = 0.789$

$S_z = 0.789 \times 420 = 331.2\text{mm}$

答案：A

7. 解答：根据《公路路基设计规范》（JTG D30—2015），第 H.0.2 条第 8 款：

$E_x = 98 \times \cos 25° = 88.8\text{kN}$

$E_y = 98 \times \sin 25° = 41.4\text{kN}$

$K_0 = \frac{612\times2.12+41.4\times3.1}{88.8\times6.95} = 2.31$

答案：A

8. 解答：根据《公路路基设计规范》（JTG D30—2015），第 5.5.6 条第 2 款：

$P_{d1} = \frac{L_{g1} n\pi d_{g1} f_b}{K_2} = 320.28\frac{L_{g1}}{K_2}$

$P_{d2} = \frac{L_{g2} n\pi d_{g2} f_b}{K_2} = 241.2\frac{L_{g2}}{K_2}$

$L_{g2} = \frac{320.28}{241.2} L_{g1} = 1.33L_{g1}$

可知锚固段变长了。

答案：C

9. 解答：根据《公路水泥路面设计规范》（JTG D40—2011）6.1.4 条，管顶至面层底面距离：$0.5 + 0.2 + 0.3 = 1\text{m} < 1.2\text{m}$，需要设置钢筋网

$H = 1.5 + 0.15 \times 2 + 0.5 + 0.2 + 0.3 = 2.8\text{m}$

$1.5H + 1.5 = 1.5 \times 2.8 + 1.5 = 5.7\text{m} > 4\text{m}$

$L_{min} = 2 \times 5.7 + 1.5 + 0.15 \times 2 = 13.2\text{m}$

答案：D

10. 解答：根据《公路沥青路面设计规范》（JTG D50—2017）G.1.1：

$$E^*=\frac{E_1h_1^3+E_2h_2^3}{(h_1+h_2)^3}+\frac{3}{h_1+h_2}\left(\frac{1}{E_1h_1}+\frac{1}{E_2h_2}\right)^{-1}$$

$$E^*=\frac{12000\times40^3+11000\times60^3}{(40+60)^3}+\frac{3}{40+60}\left(\frac{1}{12000\times40}+\frac{1}{11000\times60}\right)^{-1}=11481\text{MPa}$$

答案：C

11. 解答：根据《公路沥青路面设计规范》（JTG D50—2017）B.7.1，

$$p=\frac{50\times10^3}{\pi\times150^2}=0.708\text{MPa}$$

$$l_g=\frac{176pr}{E_0}=\frac{176\times0.708\times150}{58.2}=321.1\ (0.01\text{mm})$$

答案：B

12. 解答：

（1）根据《公路钢筋混凝土及预应力混凝土桥涵设计规范》（JTG 3362—2018）5.3.2 条第 1 款计算，考虑间接钢筋：

$$\begin{aligned}N_u&=0.9(f_{cd}A_{cor}+f'_{sd}A'_s+kf_{sd}A_{so})\\&=0.9\times(13.8\times3.14\times600\times600+250\times30\times3.14\times14\times\\&\quad14+2\times250\times0.25\times30\times3.14\times14\times14)\\&=20271\text{kN}\end{aligned}$$

（2）根据《公路钢筋混凝土及预应力混凝土桥涵设计规范》（JTG 3362—2018）5.3.1 条计算，不考虑间接钢筋：

$$\begin{aligned}N_u&=0.9\varphi(f_{cd}A+f'_{sd}A'_s)\\&=0.9\times0.98(13.8\times3.14\times750\times750+250\times30\times3.14\times14\times14)\\&=25569\text{kN}\end{aligned}$$

（3）当按 5.3.2-1 算得的抗压承载力小于按 5.3.1 算得的抗压承载力时，正截面抗压承载力应按 5.3.1 条计算，所以取 25569kN。

答案：C

13. 解答：根据《公路工程水文勘测设计规范》（JTG C30—2015）

（1）特大洪水（7650m3/s），根据式 6.2.3-2 估算

$$P_M=\frac{M}{N+1}\times100=\frac{2}{2018-1820+1+1}\times100=1$$

重现期$T_1=100$年

（2）实测洪水（5120m3/s），根据式 6.2.3-1 估算

$$P_m=\frac{m_i}{n+1}\times100=\frac{2}{2018-1970+1+1}\times100=4$$

重现期$T_2=25$年

答案：C

14. 解答：

根据《公路隧道设计规范　第一册》（JTG 3370.1—2018），

第 4.5.1 条第 3 款：车行横通道间距1000m > 745m，A 满足要求；（见本章考点 6）

第 4.3.4 条：凸形竖曲线最小半径4500m < 16000m，最小长度70m < 160m，C 满足要求；（见本章考点 5）

根据《公路隧道设计规范　第二册》（JTG D70/2—2014），

第 5.4.4 条：烟雾行程5000m < 6000m，B 不满足要求

第 5.4.2 条：同一时间按一次火灾设计，热释放率 30MW，D 满足要求。

答案：B

15. 解答：

根据《公路隧道设计规范　第一册》（JTG 3370.1—2018），

第 A.0.1 条：$R_c = 22.82 \times 1.3^{0.75} = 27.8\text{MPa}$；

第 A.0.5 条第 4 款：属较软岩；

第 A.0.2 条第 2 款：$K_v = \left(\frac{3500}{4900}\right)^2 = 0.51$；

第 A.0.6 条第 4 款：属较破碎。

答案：B

16. 解答：

根据《公路立体交叉设计细则》（JTG/T D21—2014）5.5.2 条，当互通式立体交叉位于主线连续长大下坡路段底部时，减速车道下坡路段取表中括号内的值，即对应 80km/h，最大纵坡为 3.5%，A 不符合。

根据表 5.5.3，80km/h，互通式立体交叉范围内主线竖曲线最小半径凹曲线极限值为 4000m，一般值为 8000m，C、D 不符合。

B 均符合规范。

答案：B

17. 解答：根据《公路立体交叉设计细则》（JTG/T D21—2014）：

（1）10.6.2 条第 3 款，合流前匝道交通量接近设计通行能力时，辅助车道应向下游延伸不小于 150m，渐变率不应大于 1/40。图中仅延伸 120m，不满足规范。渐变率 1/45 满足规范；

（2）根据表 10.2.5，双车道加速车道渐变率 1/45，图中 1/40 不满足规范。

（3）根据 10.6.3，匝道有双车道，辅助车道长度取表 10.6.3 的一般值 1200m，本题为 1250m，满足规范。

故本题共 2 处不满足。

答案：B

18. 解答：根据《城市道路路线设计规范》（CJJ 193—2012）

（1）直线段车道宽度：$3.5 + 3.5 + 3.5 + 3.5 = 14\text{m}$，根据 6.5.1 条，$R = 150\text{m}$，需考虑加宽，路面宽度 14m，未考虑加宽，不满足规范。

（2）根据表 6.3.2，不设超高的最小圆曲线半径为 300m，R = 150m，需要设置超高；根据表 6.4.1，40km/h 对应最大超高横坡 2%，满足规范。

（3）根据表 6.4.3，绕中线旋转的超高渐变率为 1/150，$\Delta i = (2\% + 2\%) = 4\%$，$B = 14/2 = 7$，超高渐变段最小长度为：$150 \times 7 \times 4\% = 42$m，35m 不满足；

（4）根据表 7.3.1，机动车最小坡长 110m，根据表 7.3.3，纵坡为 2.5%，非机动车最大坡长为自行车 300m，三轮车 150m，符合规范。

故本题 2 处不符合。

答案：B

19. 解答：

（1）题干为城市支路，但是未明确为小客车专用，故要考虑大车，题目给出的备选项均不考虑铰接车。根据《城市道路路线设计规范》（CJJ 193—2012）表 6.5.1 条，单车道加宽值取 0.6m，A 和 C 不符合。

（2）按照两侧加宽：单侧加宽值 0.6m，超高缓和段最小长度$L = (6+0.6) \times 4\% \times 125 = 33$m

（3）按照内侧加宽考虑：超高缓和段最小长度$L = 6 \times 4\% \times 125 = 30$m。

（4）根据 6.5.4 条第 1 款，加宽缓和段与超高缓和段采用一样的数值，B 选项为最小值，D 选项不为最小值，故 B 满足题意，D 不满足。

答案：B

20. 解答：根据《城市道路交叉口设计规程》（CJJ 152—2010）表 5.5.3-1

（1）加速段长度 160m，按表 5.5.3-2 修正系数 1.2，则修正后加速车道长 $1.2 \times 160 + 50 = 242$m；

（2）减速段长 80m，修正系数 1.0，减速车道长 $80 + 50 = 130$m；

（3）净距：$860 - 242 - 130 = 488 < 500$m。按照 5.4.3 应设置辅助车道。

答案：D

21. 解答：根据《城市道路交叉口设计规程》（CJJ 152—2010）

①4.2.11 第 2 款，压缩后的中央分隔带宽度对于新建交叉口至少应为 2m，1m 不满足规范；

②根据 4.2.13 条，$L_s = 9N = 9 \times 8 = 72$m，渐变段$0.7 \times 60/3.6 \times 3 = 35$m，左转专用道的总长：$72 + 35 = 107\text{m} > 105$m，不满足规范。

③根据 4.2.9 条，进口道 3.25m，符合规范。

④根据 4.2.15 条，出口道 3.5m 符合规范，根据 4.2.14 进口道有右转专用道时，出口道应展宽一条右转专用车出口道，不满足规范。

故本题①②④共 3 项不满足规范。

答案：C

22. 解答：根据《城镇道路路面设计规范》（CJJ 169—2012）式 5.4.5-1

$$[\sigma_R] = \frac{\sigma_S}{K_S}$$

$$K_{sr} = (0.35N_e^{0.11})/A_c = 0.35 \times (2420 \times 10^4)^{0.11}/1 = 2.27$$

$[\sigma_{R}] = 0.45/2.27 = 0.198 = 0.2$

$\gamma_{a}\sigma_{m} = 0.2 \times 1.06 = 0.212 > [\sigma_{R}] = 0.2$

故不符合规范规定，选C。

答案：C

23. 解答：

根据《城市地下道路工程设计规范》(CJJ 221—2015)，

第3.5.1条：设计速度80km/h，车道宽W =3.75，$W_{mc左} = 0.5m$，$W_{sc左} = 0.25m$，$W_{j右} = 0.75m$，合计为9m。

第4.3.8条：右侧应设连续式紧急停车带，混行车道最小值2m，$9 + 2 = 11m$。

答案：C

注意：原题中没有指出“条件受限制”的情况，紧急停车带宽度原则上应取一般值3m，但$9 + 3 = 12m$，没有答案选项。

24. 解答：根据《无障碍设计规范》(GB 50763—2012)：

①第3.2.1条，盲道铺设应连续，变电箱不应占用盲道，不符合规范规定；

②该处为隐形井盖（装饰性井盖），盲道仍然连续，符合规范规定；

③第3.1.3条，三面坡缘石坡道的正面坡道宽度不应小于1.2m，图中为1m，不符合规范要求；

④第3.1.2条，侧面坡坡度$0.15 : 1.5 = 1 : 10 > 1 : 12$，不符合规范要求；

⑤第3.2.2条第4款，绿化带立缘石外露10cm，盲道距路缘石$0.5m > 0.25m$，符合规范要求；

综上，有①③④不符合规范要求。

答案：B

25. 解答：根据《城市工程管线综合规划规范》(GB 50289—2016)表4.1.9：

(1) 通信：与乔木净距$3.25 - 2 - 0.66/2 = 0.92m < 1.5m$，不符合规范要求；

(2) 再生水：与侧石净距$(3 + 2 - 3.25 - 0.75) - 0.4/2 = 0.8m < 1.5m$，不符合规范要求；

(3) 直埋电力：第4.1.11条，$L = (H - h)/\tan\alpha + B/2 = (2 - 1.05)/\tan 30° + 1.2/2 = 2.25$，图中$1.75 < 2.25$，不符合规范要求；

(4) 给水：与侧石净距$(4.25 + 1.75 - 3.25 - 0.75) - 0.3/2 = 1.85m > 1.5m$，符合规范要求，距电力等均符合规范要求。

综上，给水管线布置符合规范要求。

答案：D

注册道路工程师执业资格专业考试模考试卷（七）案例分析（上）

试题解析及参考答案

1. 解答： 根据《公路路线设计规范》（JTG D20—2017）条文说明 2.2.1 节，里程比率$R_{\mathrm{k}} = 28/4800 = 0.583\%$，路网服务指数$R = 7\%/0.583\% = 12$，根据公路功能分类指标，该公路为次要干线公路。

（1）根据《公路工程技术标准》（JTG B01—2014）表 3.3.2，车辆折算系数分别为：中型车 1.5，大型车 2.5，汽车列车 4.0，拖拉机 4.0，预测年度的年平均日交通量为：

$$7500 \times (65\% \times 1 + 20\% \times 1.5 + 10\% \times 2.5 + 4.9\% \times 4 + 0.1\% \times 4) = 10500\text{pcu/d}$$

（2）根据《公路路线设计规范》（JTG D20—2017）第 2.2.2 条第 2 款，次要干线公路作为主要干线公路的补充，应选用二级及二级以上公路。

设计交通量达到 10000 辆小客车/日，且沿线纵横向干扰较大时，宜选用一级公路。

（3）根据《公路路线设计规范》（JTG D20—2017）第 2.2.3 条，作为干线的一级公路设计速度宜采用 100km/h。

答案：A

2. 解答： 竖曲线长度$L = 6 \times 80 = 480\text{m}$；$R = 480/(2.5 + 1.5)\% = 12000\text{m}$；符合《公路路线设计规范》（JTG D20—2017）表 9.3.4 所规定的视觉所需最小凸曲线半径值 12000m；外距$E = \frac{R \times \omega^2}{8} = \frac{12000 \times 0.04^2}{8} = 2.4\text{m}$；$H = 130.52 - 2.4 = 128.12\text{m}$。

答案：C

3. 解答： 根据《小交通量农村公路工程技术标准》（JTG 2111—2019）表 3.3.2，交通量为：

$$250 + 100 + 200 + 100 \times 1.5 + 50 \times 1 + 100 + 200 \times 0.5 = 950\text{pcu/d}$$

400pcu/d＜950pcu/d＜1000pcu/d，无大型、重载型车辆

根据第 3.1.2 条，采用四级公路（Ⅰ类），双车道，已经具备错车条件；

根据第 4.0.2 条，标准路基宽度$0.25 + 3 \times 2 + 0.25 = 6.5\text{m}$；

根据第 4.0.8 条，圆曲线应加宽0.4m，$6.5 + 0.4 = 6.9\text{m}$。

答案：C

4. 解答： 长链，路线变长，桩号比实际小，K4 + 060 − K4 + 040 = 20m。

根据《公路路线设计规范》（JTG D20—2017）表 8.4.5-1、8.4.5-2 及条文说明，附加长度（坡度-0.5%）为 100m，分流渐变段长 50m，汇流渐变段长 90m。汇流渐变段终点最小桩号为：K4 + 000 + 50（分流渐变段长）+ 910（爬坡车道长）+ 100（延伸后附加长度）+ 90（汇流渐变段长）− 20（长链）= K5+130

答案：B

5. 解答： 根据《公路路基设计规范》（JTG D30—2015）第 3.2.6 条，初步设计阶段路基回弹模量值可由填料的 CBR 值估算。

$$\text{CBR} = \frac{21.5 + 22 + 22.3}{3} = 21.93$$

$$M_{\mathrm{R}} = 22.1\text{CBR}^{0.55} = 22.1 \times 21.93^{0.55} = 120.8\text{MPa}$$

答案：B

6. 解答：根据《公路路基设计规范》(JTG D30—2015）附录 H.0.2，基底合力偏心距e_0，对于土质地基不应大于$B/6$，基底压应力不应大于基底的容许承载力$[\sigma_0]$。

$$e_0=\frac{M_d}{N_d}=\frac{E_xZ_y-G\cdot\left(Z_G-\frac{B}{2}\right)-E_y\left(Z_x-\frac{B}{2}\right)}{G+E_y}$$
$$=\frac{61.3\times2.17-158.4\times\left(1.35-\frac{1.2}{2}\right)-10.5\times\left(1.74-\frac{1.2}{2}\right)}{158.4+10.5}$$
$$=0.013<\frac{B}{6}=0.2\text{m}\ (\text{满足要求})$$

$$\sigma_1=\frac{N_d}{A}\left(1+\frac{6e_0}{B}\right)=\frac{158.4+10.5}{1.2}\times\left(1+\frac{6\times0.013}{1.2}\right)=149.9\text{kN/m}^2<[\sigma]=196\text{kN/m}^2\ (\text{满足要求})$$

$$\sigma_2=\frac{N_d}{A}\left(1-\frac{6e_0}{B}\right)=\frac{158.4+10.5}{1.2}\times\left(1-\frac{6\times0.013}{1.2}\right)=131.6\text{kN/m}^2<[\sigma]=196\text{kN/m}^2$$

答案：B

7. 解答：

（1）根据《公路排水设计规范》(JTG/T D33—2012）式（5.1.5-2)，沥青路面表面水渗入量：

$$Q_P=K_a\cdot B=0.15\times7.5=1.125\ \text{m}^3/(\text{d}\cdot\text{m})$$

（2）根据第 5.1.3 条第 1 款，排水基层泄水能力：

$$Q_{\text{cb}}\geqslant2Q_P=2\times1.125=2.25\ \text{m}^3/(\text{d}\cdot\text{m})$$

（3）根据式（5.3.3)，排水基层设计渗透系数：

$$H_b\geqslant\frac{Q_{cb}}{K_bi_h}=\frac{2.25}{1892\times0.012}=0.099\text{m}=99\text{mm}$$

答案：C

8. 解答：根据《公路沥青路面设计规范》(JTG D50—2017)，路面结构验算仅考虑 2-11 类车，不考虑 1 类车。

根据第 A.3.1 条、第 A.4.1 条和第 A.4.2 条，各类车辆当量设计轴载换算时可采用水平三。查表 A.3.1-2，2 类、4 类车辆非满载与满载比例（取中值）为 0.85/0.15、0.65/0.35，查表 A.3.1-3 得，对应无机结合料稳定层层底拉应力分析的 2 类、4 类车辆当量设计轴载换算系数为 0.5/35.5、0.3/137.6。利用式（A.3.1-5)，计算得到各类车辆的当量设计轴载换算系数：

2 类车：$0.85\times0.5+0.15\times35.5=5.75$；4 类车：$0.65\times0.3+0.35\times137.6=48.36$

$$N_1=\text{AADTT}\times\text{DDF}\times\text{LDF}\times\sum_{2}^{11}(\text{VCD}\cdot F_{\text{m}}\times\text{EAL}\cdot F_{\text{m}})$$
$$=2500\times0.55\times1.0\times(0.3\times5.75+0.5\times48.36)=35619\ \text{次}$$

$$N_e=\frac{[(1+\gamma)^t-1]\times365}{\gamma}N_1$$
$$=\frac{[(1+0.055)^{12}-1]\times365}{0.055}\times35619=2.13\times10^8\text{次}$$

答案：C

9. 解答：根据《公路水泥混凝土路面设计规范》(JTG D40—2011）第 6.2.1 条、第 E.0.3 条和第

E.0.4条。

$$A_s = \frac{16L_s h\mu}{f_{sy}}$$

式中：L_s——计算纵向钢筋时，为横向间距，L_s =7m；

h——面层厚度，$h = 220$mm；

μ——面层与基层之间的摩阻系数，按附录表 E.0.3-3 选用，基层使用水泥稳定砂砾，为无机结合料稳定粒料，$\mu = 8.9$；

f_{sy}——钢筋的屈服强度，按附录 E 中表 E.0.4 选用，钢筋使用 HPB235 时，$f_{sy} = 235$；

$A_s = \frac{16L_s h\mu}{f_{sy}} = \frac{16\times7\times220\times8.9}{235} = 933.2\text{mm}^2$。

实配纵向钢筋最大间距为 100mm，实际配筋。

$A = 1000/100 \times 3.14 \times (12/2)^2 = 1130\text{mm}^2$

答案：A

10. 解答： 根据《公路水泥混凝土路面设计规范》（JTG D40—2011）。

（1）根据第 3.0.1 条，二级公路采用水泥路面的设计基准期为 20 年；

（2）根据附录 A.2.4：

$$N_e = \frac{N_S \times [(1+g_r)^t - 1] \times 365}{g_r} \times \eta = \frac{1050 \times [(1+0.05)^{20} - 1] \times 365}{0.05} \times 0.5 = 633.6 \times 10^4\text{次}$$

（3）根据第 3.0.7 条为重交通；

（4）根据第 4.5.4 条，钢纤维混凝土路面的厚度为普通混凝土面层厚度的 0.75～0.65 倍，故：30 ×（0.75～0.65）= 22.5～19.5cm；

（5）根据第 4.5.4 条，特重或重交通时，钢纤维混凝土路面的最小厚度为 18cm。

经计算的最小厚度 19.5cm > 18cm，取 19.5cm，按 10mm 向上取整为 200mm。

答案：D

11. 解答： 根据《公路桥涵设计通用规范》（JTG D60—2015）。

查表 4.3.1-4，$14\text{m} \leqslant W = 14.25\text{m} < 17.5\text{m}$，车道数为 4，根据表 4.4.1-5，取横向分布系数为 0.67。

在计算主跨跨中弯矩时，汽车荷载加载长度为主跨的跨径，即 175m，查表 4.3.1-6 得，纵向折减系数为 0.97。

计算跨径为 175m，一个车道的均布荷载集度为 10.5kN/m，集中荷载为 360kN。

汽车车道荷载均布荷载集度 = 10.5 × 4 × 0.67 × 0.97 = 27.3kN/m

集中荷载取值 = 360 × 4 × 0.67 × 0.97 = 935.9kN

答案：C

12. 解答： 根据《公路桥涵地基与基础设计规范》（JTG 3363—2019）第 5.4.1 条，

$e_0 = \frac{\sum P_i e_i + \sum H_i h_i}{\sum P_i} = \frac{5000\times0.4 - 3500\times0.25 + 1500\times6}{5000+3500+2000} = 0.9643\text{m}$

$k_0 = \frac{s}{e_0} = \frac{1.5}{0.9643} = 1.56$

答案：C

13. 解答：根据《公路隧道设计规范 第一册 土建工程》（JTG 3370.1—2018）第4.2.5条、第4.2.6条，高速公路长隧道设计洪水频率为1/100，观测洪水位（780.80m）> 百年一遇洪水位（779.9m），采用观测洪水位设计。

路基高度 = 780.80 + 0.5 + 0 + 0.5 = 781.80m

答案：C

14. 解答：根据《公路隧道设计规范 第二册 交通工程与附属设施》（JTG D70 2—2014）第6.8.3条第2款。

（1）亮度检测器距离洞门一倍隧道净高，为7.75m；

（2）检测器探头方向指向离检测器一个停车视距位置路面中心处，根据《公路路线规范》（JTG D20—2017）表7.9.1，停车视距为110m；

（3）检测器指向路面位置到洞门的距离，为 7.75 + 110 = 117.75m

答案：B

15. 解答：

（1）根据《公路路线设计规范》（JTG D20—2017）第10.5.3条，题中一级公路为主要公路，设计速度80km/h且直行交通量较大时采用附渐变段的等宽式变速车道。

（2）查表10.5.3-1，变速车道长度取32m；查表10.5.3-2，渐变段长度取50m；减速车道总长为 32 + 50 = 82m。右转弯曲线长度为60m。

（3）根据第10.5.3条第2款，设计速度小于80km/h采用渐变式变速车道，加速时按0.6m/s的侧移率变化车道。加速车道总长为$\frac{v\times B}{3.6J}=\frac{\frac{40+60}{2}\times3.75}{3.6\times0.6}=86.8\text{m}$

从起点到终点最小长度 = 82 + 60 + 86.8 = 228.8m，取整为229m。

答案：D

16. 解答：根据《公路路线设计规范》（JTG D20—2017）第3.3.4条，可知$K=0.09$；

根据《公路立体交叉设计细则》（JTG/T D21—2014）第4.5.2条，

$\text{DDHV}=\text{AADT}\times K\times D=5000\times0.09=450\text{pcu/h}$；

400pcu/h < DDHV = 450pcu/h < 1000pcu/h，匝道长度 630 − 160 = 470m > 350m；

查表7.3.1选择II型，单车道变速车道。

答案：B

17. 解答：根据《公路立体交叉设计细则》（JTGT D21—2014）第10.2.2条第2款，主线与变速车道之间的路缘带宽度为0.5m；

根据第10.2.2条第3款，变速车道右侧硬路肩取主线和匝道的大值，为3m；

根据第7.2.1条第3款，匝道左侧硬路肩宽度为1m。

（1）减速车道起点的路面宽度为：

主线左侧路缘带 + 主线行车道 + 路缘带 + 匝道行车道 + 匝道硬路肩 = 0.75 + 3.75 × 3 + 0.5 + 3.5 + 3 = 19m

（2）减速车道鼻端的路面宽度为：

主线左侧路缘带 + 主线行车道 + 主线侧偏置加宽 + 2 × 鼻端半径 + 匝道偏置加宽 + 匝道左侧硬

路肩＋匝道行车道＋匝道右侧硬路肩 $=0.75+3.75\times3+3.5+2\times1+0.6+1+3.5+3=25.6\text{m}$。

答案：D

18. 解答： 根据《城市道路路线设计规范》（CJJ 193—2012），设计速度 30km/h，一条机动车道宽度为 3.5m，非机动车道宽为 2.5m，则路面总宽度 $=2.5+3.5+3.5+2.5=12\text{m}$；

根据第 6.3.2 条条文说明公式（1），超高值 $i=30\times30/(127\times86.5)-0.067=0.015$；

查表 6.4.3，$\varepsilon=1/125$，根据第 6.4.3 条公式，超高缓和段长 $Le=6\times(0.015+0.015)/(1/125)=22.5\text{m}$；

查表 6.5.1，一条车道加宽值为 0.65m，两条车道 $2\times0.65=1.3\text{m}$；

根据第 6.5.4 条第 1 款，当设置超高缓和段时，加宽缓和段应采用超高缓和段长度相同的数值，所以加宽缓和段长为 22.5m。

答案：D

19. 解答： 根据《城市道路路线设计规范》（CJJ 193—2012）。

选项 A：设计速度 20km/h 的城市支路，$R=35\text{m}$ 的圆曲线，查表 6.5.1 知，单车道加宽值为 0.6m；本题圆曲线加宽值 $=(13.2-12)/2=0.6\text{m}$，符合规范。

选项 B：设计速度 20km/h 时，查表 6.4.1，最大超高 2%，本图为 2%，圆曲线超高符合规范。

选项 C：查表 6.4.3，渐变率为 1/125，超高所需缓和段长 $Le=(3.5+2.5)\times(0.02+0.02)/(1/125)=30\text{m}$，本图中 $25\text{m}<30\text{m}$，不符合规范。

选项 D：查表 6.3.4-1，圆曲线最小长度为 20m，本图为 $73.642-2\times25=23.642\text{ m}>20\text{m}$，圆曲线长度大于规范规定值，符合规范。

答案：C

20. 解答： 根据《城市道路路基设计规范》（CJJ 194—2013）第 6.2.1 条条文说明，

$$E_i=W_{Qi}\sin\alpha_i-\frac{c_il_i+W_{Qi}\cos\alpha_i\tan\varphi}{F_s}+E_{i-1}\psi_{i-1}$$

$$\psi_{i-1}=\cos(\alpha_{i-1}-\alpha_i)-\frac{\tan\varphi}{F_s}\sin(\alpha_{i-1}-\alpha_i)$$

$$\psi_3=\cos(21.5°-6°)-\frac{\tan21°}{1.25}\sin(21.5°-6°)=0.88$$

$$E_4=W_{Q4}\sin\alpha_4-\frac{W_{Q4}\cos\alpha_4\tan\varphi}{F_s}+E_3\psi_3=29-\frac{105.8}{1.25}+455\times0.88=345.4\text{kN/m}$$

答案：D

21. 解答： 根据《城镇道路路面设计规范》（CJJ 169—2012）第 9.2.5 条，

由题意知：$(0.2-0.15)/(i+0.1\%)+(0.2-0.15)/(i-0.1\%)=30$

解得：$i=0.36\%$

分水点间距 $=(0.2-0.15)/(0.36\%+0.1\%)=10.8\text{m}$

雨水口间距 $=(0.2-0.15)/(0.36\%-0.1\%)=19.2\text{m}$

答案：A

22. 解答： 根据《城市人行天桥与人行地道技术规范》（CJJ 699—1995）第 2.2.2 条，每端梯道（或坡道）的净宽之和应大于桥面净宽的 1.2 倍以上，梯道的最小净宽为 1.8m。

故$b = 1.2 \times 5/2 = 3m > 1.8m$，应取为3.0m。

答案：D

23. 解答：根据《城市地下道路工程设计规范》（CJJ 221—2015）第6.5.2条，条件受限时不应小于1.5倍主线停车视距，根据《城市道路路线设计规范》（CJJ 193—2012）表6.6.1可知停车视距为70m，洞口与出口匝道距离$= 1.5 \times 70 = 105m$。

根据《城市道路交叉口设计规程》（CJJ 152—2010）第5.5.3条第3款，变速车道长度为加速或减速车道长度与过渡段长度之和。查表5.5.3-1，减速车道长为70m，上坡减速车道，不用修正，加上过渡段长度60m，则该段变速车道长度$= 70 + 60 = 130m$。同时要满足1∶15渐变率角度，鼻端处$C_1 = 3m$，$C_2 = 0.6m$，$W_3 = 3 + 2 \times 0.6 + 0.5 + 0.6 = 5.3m$，减速段起点处$W_2 = 0.5m$（路缘带宽），减速段长度$=$（$5.3 - 0.5$）$\times 15 = 72m > 70m$。所以变速车道长度$= 72 + 60 = 132m$。

洞口与匝道鼻端距离$L = 105 + 132 = 237m$

答案：D

24. 解答：根据《城市道路交叉口设计规程》（CJJ 152—2010）表3.1.5，快速路与快速路交叉，为立A1类，根据第5.6.4条，宜采用服务水平II1级，查表5.6.3，主线设计速度100km/h对应比率$\alpha = 0.76$，主线设计速度80km/h对应比率$\alpha = 0.69$，匝道设计速度40km/h对应比率$\alpha = 0.55$。

分别查表5.6.2-1及表5.6.2-2，主线$N_{p1} = 1760pcu/h$，$N_{p2} = 1800pcu/h$，匝道$N_p = 1700pcu/h$。

$N_{S1} = 1760 \times 0.76 = 1338pcu/h$

$N_{S2} = 1800 \times 0.69 = 1242pcu/h$

$N_R = 1700 \times 0.55 = 935pcu/h$

直行无附加车道，立交通行能力为：

$N = 1338 \times (6 - 2) + 1242 \times (6 - 2) + 4 \times 935 = 14060pcu/h$

答案：C

25. 解答：根据《城市工程管线综合规划规范》（GB 50289—2016）第4.1.3条，从外到中心合理布置顺序为：给水、污水、雨水，选项A和B均不满足；根据表4.1.9，热力与电力管道最小水平净距应为2m，选项C热力和电力管道净距$= 2.5 - 0.25 - 0.4 = 1.85m$，不满足规范，选项D满足规范要求。

答案：D

注册道路工程师执业资格专业考试模考试卷（七）案例分析（下）

试题解析及参考答案

1. 解答： 根据《公路路线设计规范》（JTG D20—2017）计算预测年限末的标准小客车交通量DDHV。

查表 3.3.4，$K = 8.5\%$，根据 3.3.2 条，

DDHV = (10800 + 9440 + 5160 + 1800) × 0.56 × 0.085=1295veh/h

DDHV=(10800 × 1.0 + 9440 × 1.5 + 5160 × 2.5 + 1800 × 4.0) × 0.56 × 0.085 = 2145pcu/h

初拟断面为双向 4 车道。

则单车道交通量 = 2145/2 = 1073pcu/(h · ln)

查表 3.4.2-2，$E_{中} = 2.0$，$E_{大} = 3.5$，$E_{列} = 4.5$，

$f_{hv} = 1/(1 + 0.347 \times 1.0 + 0.1897 \times 2.5 + 0.066 \times 3.5) = 0.487$

查表 3.4.1-1，MSFi = 1650；根据 3.4.2-1，$C_d = 1650 \times 0.487 \times 1 \times 1 = 803$veh/(h · ln)，$N = 1295/803 = 1.61$，取 2。即双向 4 车道。

根据表 6.3.1、表 6.4.1：设计速度 120km/h，车道宽 3.75m，左侧路缘带 0.75m，右侧硬路肩 3.0m，土路肩 0.75m，则该道路的一般标准断面的路基宽度 = 0.75 + 3 + 2 × 3.75 + 0.75 + 3 + 0.75 + 2 × 3.75 + 3.0 + 0.75 = 27.0m

答案：C

2. 解答： 根据《公路工程技术标准》（JTG B01—2014）第 3.3.1 条第 2 款，交通量预测年限的起算年为项目计划通车年。

所以交通量预测起算年为：2020 + 1 + 2 = 2023 年

根据第 3.3.1 条 1 款，二级公路交通量的预测年限为 15 年。

该二级公路交通量预测的年份为：2023 + 15 − 1 = 2037 年。

交通量预测年份的日设计交通量为：$7600 \times (1 + 3\%)^{(2037-2020)} = 12561.6$veh/d，取整 12562veh/d。

查《公路路线设计规范》（JTG D20—2017）表 3.3.4，设计小时交通量系数为 17.5%，则设计小时交通量为：12562 × 0.175 = 2198veh/h

答案：C

3. 解答： 根据《公路路线设计规范》（JTG D20—2017）。

根据第 6.1.3 条，二级公路可根据需要采用加宽硬路肩方式设置慢车道；

根据第 6.2.1 条 4 款，设置慢车道的二级公路，慢车道宽度为 3.5m，不再单独考虑硬路肩；

查表 6.2.1，一个机动车道宽度 3.5m；

查表 6.4.1，土路肩 0.75m；

根据《公路工程技术标准》（JTG B01—2014）第 4.0.11 条及条文说明，设置慢车道后仍然属于双车道，加宽也按双车道考虑。

$R = 160$m，采用第二类加宽，查表 7.6.1，路面加宽值为 0.7m。则公路路基平面宽度 = 2 × 3.5 + 2 × 3.5 + 0.7 + 2 × 0.75 = 16.20m

答案：B

4. 解答： 根据：《公路路线设计规范》（JTG D20—2017）第 8.6.1 条、12.3.4 条。

变坡角$\omega = i_2 - i_1 = 0.02 > 0$，为凹形竖曲线；根据规范第 12.3.4 条，道口两侧公路的水平路段长度（不包括竖曲线），从铁路钢轨外侧算起不应小于 16m。

竖曲线切线长$T \leqslant (60 - 16) = 44\text{m}$，竖曲线半径$R = \frac{2T}{\omega} \leqslant \frac{2\times 44}{0.02} = 4400\text{m}$；

根据第 8.6.1 条，设计速度为 60km/h 时，凹形竖曲线最小半径的一般值为 1500m，4400m 半径满足要求。

竖曲线长度$L = R\omega = 4400 \times 0.02 = 88\text{m} > 50\text{m}$，满足竖曲线长度最小半径要求。

答案：D

5. 解答： 根据《公路软土地基路堤设计与施工技术细则》（JTG/T D31-2—2013）第 5.5.4 条。

（1）面积置换率

$$m = 0.907\left(\frac{d}{s}\right)^2 = 0.907 \times \left(\frac{0.8}{1.6}\right)^2 = 0.227$$

（2）处理后桩长范围沉降

$$\mu_s = \frac{1}{1 + m(n-1)} = \frac{1}{1 + 0.227 \times (3-1)} = 0.688$$

$$S_z = 0.688 \times 25 = 17.2\text{cm}$$

注意：面积置换率m计算公式参见《城市道路路基设计规范》（CJJ 194—2013）第 7.2.9 条第 3 款，此情况在历年真题中出现过。

答案：C

6. 解答： 根据《公路路基设计规范》（JTG D30—2015）式（5.5.5），

$$P_d = \frac{Af_{ptk}}{K_1} = \frac{3 \times 3.14 \times 0.025^2 \times 785 \times 10^3}{4 \times 2.0} = 577.7\text{kN}$$

根据式（5.5.6-1），

$$P_d = \frac{\pi d f_r L_r}{K_2} = \frac{3.14 \times 0.13 \times 400 \times 7}{2.0} = 571.5\text{kN}$$

根据式（5.5.6-2），

$$P_d = \frac{n\pi d_g f_b L_g}{K_2} = \frac{3 \times 3.14 \times 0.025 \times 2400 \times 7}{2.0} = 1978.2\text{kN}$$

根据第 5.5.6 条第 1 款，锚固体的承载能力设计时应取三者最小值，故$P_d = 571.5\text{kN}$。

答案：B

7. 解答： 根据《公路路基设计规范》（JTG D30—2015）第 7.8.1 条，

$$I_r = \frac{w_L}{w_P} = \frac{57}{34} = 1.68, \qquad I_r' = 1.4 + 0.0066w_L = 1.4 + 0.0066 \times 57 = 1.77$$

$I_r < I_r'$，复浸水类别为II类。

答案：B

8. 解答：根据《公路路线设计规范》（JTG D20—2017）第 6.2.1 条，单车道宽度为 3.75m；

根据《公路沥青路面设计规范》（JTG D50—2017）第 3.0.6 条第 4 款及条文说明。

（1）横向裂缝条数 $1+0.5\times2+0=2$ 条

（2）纵向裂缝不计入。

则低温开裂指数 $CI<3$，满足要求，A 正确。

答案：A

9. 解答：根据《公路水泥混凝土路面设计规范》（JTG D40—2011）第 3.0.9 条表 3.0.9，路基土的塑性指数为 15，根据注 2 中湿路基很易冻胀土，水泥混凝土路面结构层最小防冻厚度为 0.60～0.85m，根据注 3，本路段为挖方路基且当地最大冰冻深度为 2.0m，故应选择上限值，即 85cm。

水泥混凝土路面结构厚度为 $25+30+20=75$cm。

根据《公路水泥混凝土路面设计规范》（JTG D40—2011）第 4.3.1 条，结构层最小防冻厚度超出面层和基层厚度的总厚度部分可用基层下的垫层（防冻层）来补足。因此路面总厚度小于防冻厚度要求时，应以垫层厚度补足，且垫层厚度不得小于 15cm。垫层厚度为 $85-75=10\text{cm}<15\text{cm}$，故选 15cm。

答案：B

10. 解答：根据《公路水泥混凝土路面设计规范》（JTG D40—2011）第 3.0.6 条、第 A.1.2 条、第 A.1.3 条和第 A.2.4 条。

η为临界荷位处的车辆轮迹横向分布系数，查表 A.2.4，取为 0.54～0.62，交通量大取高值 0.62。

需剔除 2 轴 4 轮及以下的客、货运车辆交通量，因此不计算小客车轴载。方向分配系数取 0.55；车道分配系数取 1。设计车道各种车型车道平均日交通量分别为：中客车 $2000\times0.55\times0.5=550$ 辆/d；铰接挂车 $2000\times0.55\times0.2=220$ 辆/d。

根据式（3.0.6），

$$N_s=\sum_{i=1}^{n}N_i\left(\frac{P_i}{P_s}\right)^{16}$$

$$=550\times[(17/100)^{16}+(26.5/100)^{16}]+220\times[(50.7/100)^{16}+3\times(113.3/100)^{16}]$$

$=4867$ 次

$$N_e=\frac{N_s\times[(1+g_r)^t\text{-}1]\times365}{g_r}\times\eta=\frac{4867\times[(1+0.05)^{20}\text{-}1]\times365}{0.05}\times0.62=3.64\times107 \text{ 次}$$

答案：D

11. 解答：根据《公路钢筋混凝土及预应力混凝土桥涵设计规范》（JTG 3362—2018）第 5.2.11 条，

$$\gamma_0V_d\leqslant0.51\times10^{-3}\sqrt{f_{cu,k}}bh_0$$

$1.1\times3400=3740\leqslant0.51\times10^{-3}\sqrt{26.8}\times1000\times1450=3828.30\text{kN}$，满足要求。

答案：D

12. 解答：根据《公路工程抗震规范》（JTG B02—2013）第 3.1.1 条，二级公路，主跨 100m，属于 B 类桥梁，查表 3.1.3 和表 3.1.4，重要性系数为 1.3，8 度设防。

答案：D

13. 解答： 根据《公路隧道设计规范 第一册 土建工程》（JTG 3370.1—2018）第 3.6.4 条、第 A.0.3 条、第 3.6.4 条、第 P.0.1 条。

（1）围岩基本质量指标修正值$[BQ] = BQ - 100(K_1 + K_2 + K_3)$；

（2）K_1为地下水修正系数，根据附录 A 表 A.0.3-1，BQ = 290，淋水，出水量为 8 × 10 = 80L/min · 10m，取$K_1 = 0.4$～0.6。注：表 A.0.3-1 中Q的单位是 L/min · 10m。

（3）K_2为主要软弱结构面产状影响系数，取$K_2 = 0$～0.2。

（4）K_3为初始应力状态影响修正系数，初始应力不高，取$K_3 = 0$。

（5）[BQ] = 290 − 100（0.4～0.8）= 210～250。查表 3.6.4，为 V 级围岩。

（6）查表 P.0.1，V 级围岩拱部、边墙喷射混凝土厚度应为 18～28cm。

答案：D

14. 解答： 根据《公路隧道设计规范第一册土建工程》（JTG 33701—2018）第 14.8.2 条表 14.8.2-2，

$$\frac{U_a}{a} = \frac{35}{1100} = 0.032 = 3.2\%$$

查表 14.8.2-2，属II级中等大变形。

答案：B

15. 解答： 由题意知此公路为四川城郊高速公路，根据《公路路线设计规范》（JTG D20—2017）表3.3.4，设计小时交通量系数K取 0.09，匝道为单向右转匝道，根据第 3.3.2 条，DDHV = 10000 × 0.09 = 900pcu/h。

匝道长度：480 − 125 = 355m > 350m

根据《公路立体交叉设计细则》（JTG/T—2014）表 7.3.1，应选用II型横断面，即无紧急停车带的单向双车道匝道。

答案：B

16. 解答： 根据《公路立体交叉设计细则》（JTG/T D21—2014）表 4.5.4 和第 6.4.2 条，主要公路左转流量为 600pcu/h，次要公路左转流量为 200pcu/h，匝道设计速度为 40km/h 时，单车道设计通行能力为 1000pcu/h，左转车道流量均小于单车道设计通行能力，远期向北延伸形成四岔交叉且规划为苜蓿叶形，近期采用叶形互通，后期改造工作最小，最经济。

答案：D

17. 解答： 根据《公路路线设计规范》（JTG D20—2017）表 3.2.2-1，$v = 100$km/h，四级服务水平 MSF = 1850pcu/h，3980/1850 = 2.15，合流前应选 3 车道。（按三级服务水平解答不给分）

合流后需要的车道数：(3980 + 360)/1850 = 2.35，至少需要 3 条。

根据《公路立体交叉设计细则》（JTGT D21—2014）表 7.3.1，匝道设计速度 = 40km/h，匝道长度 = 945 − 155 = 790m，DDHV = 360pcu/h，采用双车道匝道，单车道变速车道。

根据《公路立体交叉设计细则》（JTGT D21—2014）第 5.8.2 条，公路立体交叉在分合流连接部应保持车道平衡，对于合流连接部，合流前与合流后车道数之间应满足$N_C = N_F + N_E - 1$或$N_C = N_F + N_E$。

当匝道为单车道变速车道，即$N_E = 1$，$N_C = N_F + N_E - 1 = 3 + 1 - 1 = 3$ 条或$N_C = N_F + N_E = 3 + 1 = 4$条。

综上，合流后连接部车道数可能为 3 条或 4 条。

答案：B

18. 解答：根据《城市道路工程设计规范》（CJJ 37—2012）（2016 年版）第 4.1.2 条，大型客车换算系数为 2，大型货车换算系数为 2.5，铰接车换算系数为 3。

单向高峰小时预测交通量 $= 4250 \times 1 + 200 \times 2 + 60 \times 2.5 + 80 \times 3 = 5040$pcu/h。

查表 4.2.2，设计通行能力为 1750pcu/h，则：$N = 5040/1750 = 2.88$，取 3，双向 6 车道。

根据《城市道路路线设计规范》（CJJ 193—2012）第 5.3.1 条，机动车道宽度 = 3.75m，根据第 5.3.1 条 3 款，机动车道路面宽度包括分隔物宽。查表 5.3.4，路缘带宽 0.5m。

故机动车道路面总宽 $W = 0.5 + 3 \times 3.75 + 0.5 + 0.7 + 0.5 + 3 \times 3.75 + 0.5 = 25.2$m。

答案：B

19. 解答：根据《城市道路路线设计规范》（CJJ 193—2012）第 6.4.6 条，缓和曲线的计算长度应取超高缓和段长度与缓和曲线长度两者中的大值。

查表 6.3.3-2，$v = 100$km/h 时，缓和曲线最小长度应为 85.0m；

查表 6.4.3，$v = 100$km/h，绕边缘旋转时，超高渐变率 $\xi_{\max} = 1/175$，宽度为 8.5m。

超高横坡度与路拱横坡度的代数差为 $2\%-(-2\%) = 4\%$；根据第 6.4.3 条，计算超高缓和段长度 $L_{\text{emin}} = b \cdot \Delta i/\xi_{\max} = 8.5 \times 0.04 \times 175 = 59.5$m。

取 85.0m 与 59.5m 两者大值，即 85.0m。

答案：D

20. 解答：根据《城市道路路基设计规范》（CJJ 194—2013）附录 A。

机动车道最低点路基相对高度：$H_{01} = 3.97 - 3.6 - 0.6 + 1.2 = 0.97$m

非机动车道最低点路基相对高度：$H_{02} = 3.86 - 3.6 - 0.35 + 1.2 = 1.11$m

取 $H_0 = H_{01}$

查附录 A 续表 A.0.1，粉质土IV3 自然区划，$H_1 = 1.7$～1.9m，$H_2 = 1.2$～1.3m，$H_3 = 0.8$～0.9m，$H_3 < H_0 < H_2$ 路基处于潮湿状态，应设置石灰土垫层。

答案：C

21. 解答：根据《城镇道路路面设计规范》（CJJ 169—2012）第 6.8.4 条，

$\overline{f}_{\text{sp}}$ 为旧混凝土面层的劈裂强度测定值的均值，根据题目取 2.54；

s_{sp} 为旧混凝土面层的劈裂强度测定值的标准差，根据题目取 0.08；

$f_{\text{sp}} = \overline{f}_{\text{sp}} - 1.04 s_{\text{sp}} = 2.54\text{-}1.04 \times 0.08 = 2.45$MPa

$$f_r' = 0.621 f_{\text{sp}} + 2.64 = 0.621 \times 2.45 + 2.64 = 4.16\text{MPa}$$

查表 3.2.5，95 万次，为中等交通；

查表 6.2.5，水泥混凝土弯拉强度标准值不低于 4.5MPa，故旧路混凝土强度不满足规范要求。

答案：D

22. 解答：根据《城市桥梁设计规范》（CJJ 11—2011）（2019 年版）第 10.0.2 条、第 10.0.3 条。

城市主干路，采用城-A 级荷载，车道及车道同通用规范，净宽 8m，单向行驶，双车道。

集中荷载：$P_k = 270 + \frac{360-270}{50-5} \times (29.4-5) = 2 \times (130+29.4) = 318.8\text{kN}$

主梁支点汽车荷载作用下的剪力标准值（含冲击系数）为

$$(1+0.25) \times \left[\left(1.2 \times 318.8 + \frac{29.4}{2} \times 10.5\right) \times 2\right] = 1342.3\text{kN}$$

答案：D

23. 解答：根据《城市地下道路工程设计规范》（CJJ 221—2015）表 3.5.1，$W_{sc} = 0.25\text{m}$；

根据《城市道路工程设计规范》（CJJ 37—2012）第 6.2.7 条，$S_1 = 70\text{m} < \text{Lc} = 180\text{m}$；

根据第 5.3.3 条条文说明，当$S_1 < L_c$，则根据表 11，

$$\psi = S_1 \frac{180}{\pi R_1} = 70 \times \frac{180}{3.14 \times 998.25} = 4.02°$$

$$a = R_1\left(1 - \cos\frac{\psi}{2}\right) = 998.25 \times \left(1 - \cos\frac{4.02}{2}\right) = 0.614\text{m}$$

取$a = 0.62\text{m}$。

$a_{实} = 3.5/2 + 0.5 + 0.25 = 2.5\text{m} > a$，符合要求。

答案：A

24. 解答：根据《城市道路交叉口设计规程》（CJJ 152—2010）表 5.6.3，定向匝道设计速度 30km/h，服务水平比率α为 0.51；

查表 5.6.2-2，匝道$N_p = 1550 - [(1550-1450) \div (2000-1000)] \times 1800 = 1470\text{pcu/h}$；

单车道匝道设计通行能力$N_R = 1470 \times 0.51 = 750\text{pcu/h}$；

交通量 $700 < 750$，但是匝道长度大于 300m 米，应设置双车道；

根据《城市道路工程设计规范》（CJJ 37—2012）（2016 年版）第 4.4.1 条，自行车道通行能力为 1400～1600，车道数$N \geqslant 1800/(1400-1600) = 1.29$～$1.13$ 条，取 2 条；

根据《城市道路工程设计规范》（CJJ 37—2012）（2016 年版）第 5.3.3 条第 2 款，非机动车道宽 2.5m；

根据《城市道路交叉口设计规程》（CJJ 152—2010）表 5.3.1-4，加宽值 $= 1.9 \times 2 = 3.8\text{m}$；

根据《城市道路交叉口设计规程》（CJJ 152—2010）表 5.3.1-2 及表下注释，设计速度不超过 40km/h 时，或在困难情况下可采用最小宽度为 3.25m（为括号内数值）。

弯道处路面宽度为：0.25（路缘带）+ 3.25 × 2（车行道）+ 2.5（自行车道）+ 3.8（加宽值）= 13.05m。

答案：B

25. 解答：根据《城市工程管线综合规划规范》（GB 50289—2016）式（4.1.11），

$L = (H-h)/\tan\alpha + B/2 = (2-1)/0.45 + 2/2 = 3.22\text{m}$

查表 4.1.9，燃气压力$P = 0.6\text{MPa}$，为次高压 B 燃气管线，次高压 B 燃气管与建筑物最小水平净距为 5m，根据表注 2，该净距为至外墙面距离，则管线中心与建筑物基础之间距离为 $5 + 0.3/2 - 0.5$（扩展基础宽）$= 4.65\text{m} > 3.22\text{m}$。

综上，燃气管线中心与建筑物基础之间的最小水平距离为 4.65m。

答案：C

注册道路工程师执业资格专业考试模考试卷（八）案例分析（上）

试题解析及参考答案

1. 解答：根据《公路工程技术标准》（JTG B01—2014）表 A.1.1-3，基准通行能力 2800pcu/h；$v/C=1660/2800=0.592$，禁止超车区比例 35%；

$0.34<v/C\leqslant 0.6$ 时为四级服务水平，$0.6<v/C\leqslant 1.0$ 时为五级服务水平，所以$v/C=0.592$ 时为四级服务水平，根据第 1.0.8 条第 1 款，宜论证确定改扩建时机。

答案：A

2. 解答：根据《公路路线设计规范》（JTG D20—2017）第 3.4.2 条，$C_d=MSF_i\times f_{HV}\times f_p\times f_f$

由题意知$f_p=1.0$；$f_f=1.0$；查表 3.4.1，MSF_i =1650pcu/(h · ln)

预测年交通量为 1445pcu/(h · ln)，查表 3.4.2-2，$E_{中}=2.5$；$E_{大}=4.5$；$E_{列}=6.0$

$f_{HV}=1/[1+0.3\times(2.5-1)+0.04\times(4.5-1)+0.02\times(6.0-1)]=0.59$

C_d =1650 × 0.59 × 1.0 × 1.0 = 974veh/(h · ln)

双向 6 车道，单向 3 车道，设计通行能力为 3 × 974 = 2922veh/h。

答案：C

3. 解答：根据《小交通量农村公路工程技术标准》（JTG 2111—2019）。

（1）根据第 3.1.2 条，应采用四级公路（Ⅱ）类，查表 4.0.2 及第 3.5.1 条，正常情况下建筑限界宽度 $B=3.5+0.5+0.5-0.25-0.25=4.0$m，不符合规范；

（2）根据第 4.0.6 条及第 4.0.7 条，横坡为 2%，$R=80$m 需设置超高，最大超高 4%，不符合规范；

（3）根据第 9.0.1 条第 5 款，隧道长度不应大于 500m，且按照《公路工程技术标准》（JTG B401—2014）第 8.0.3 条第 3 款，单车道四级公路的隧道应按双车道四级公路标准修建，不符合规范；

（4）根据第 4.0.9 条第 1 款，最大纵坡可在 12%基础上增加 2 个百分点，符合规范。

答案：D

4. 解答：根据题意：采用的平曲线半径$R=80\times 80/127(0.04+0.03)=719.91$m；

根据《公路路线设计规范》（JTG D20—2017）第 9.6.2 条第 3 款，隧道洞口内外侧各 3s 行程范围内线形应一致，洞口内外至少各 3 × 80/3.6 = 66.667m 范围均为缓和曲线；

平曲线总长最小应为$L=350$（隧道内圆曲线 + 缓和长）+ 66.667 × 2（隧道外缓和曲线长）= 483.334m；

缓和曲线长$L_s=L-\alpha\frac{\pi}{180^\circ}R=483.334-719.91\times 26\pi/180=156.814\text{m}>66.667\times 2=133.334\text{m}$

答案：B

5. 解答：根据《公路路基设计规范》（JTG D30—2015）第 3.1.3 条，二级公路 + 唯一通道，路基设计洪水频率取 1/100。

根据第 3.3.2 条，

$H_{op1}=29.5-27.4+0.3\text{m}+1.1\text{m}+0.5\text{m}=4\text{m}$

H_{op2} =2.5 + 0.6 = 3.1m

H_{op3} =1.2 + 0.6 = 1.8m

H_{op4} =1.5 + 0.6 = 2.1m

取最大值H_{op} = 4m

答案：D

6. 解答： 根据《公路路基设计规范》（JTG D30—2015）第 3.6.10 条。

$$E_1 = W_1 \sin\,\alpha_1 - \frac{1}{F_s}[cl_1 + W_1 \cos\,\alpha_1 \tan\,\varphi]$$
$$= 550 \times \sin\,30° - \frac{1}{1.25} \times [10 \times 12 + 550 \times \cos\,30° \times \tan\,15°]$$
$$= 76.90\text{kN}$$

$$\psi_1 = \cos\,(\alpha_1 - \alpha_2) - \frac{\tan\varphi}{F_s}\sin\,(\alpha_1 - \alpha_2)$$
$$= \cos\,(30° - 10°) - \frac{\tan 15°}{1.25}\sin\,(30° - 10°)$$
$$= 0.87$$

$$E_2 = W_2 \sin\,\alpha_2 - \frac{1}{F_s}[cl_2 + W_2 \cos\,\alpha_2 \tan\,\varphi] + E_1\psi_1$$
$$= 820 \times \sin\,10° - \frac{1}{1.25}[10 \times 10 + 820 \times \cos\,10° \times \tan\,15°] + 76.9 \times 0.87$$
$$= -43.8\text{kN}$$

答案：B

7. 解答： 根据《公路路基设计规范》（JTG D30—2015）第 7.10.4 条，

埋深 0～1.5m，不计；1.5～6.5m，$\beta = 1.5$；6.5m 以下，$\beta = 1.0$。

$$\varDelta_s = \sum_{i=1}^{n} \beta \delta_{si} h_i$$
$$= 1.5 \times (0.041 \times 1.0 + 0.033 \times 1.0 + 0.031 \times 1.0 + 0.022 \times 1.0) +$$
$$1.0 \times 0.02 \times 1.0$$
$$= 210.5\text{mm}$$

注意：1. $\delta_s < 0.015$ 的地层不应累计；2. 初勘阶段的总湿陷量计算自地面以下 1.5m 开始算起。

答案：A

8. 解答： 根据《公路沥青路面设计规范》（JTG D50—2017）公式（B.3.2）。

$d_1 = -1.35 \times 10 - 4 \times 1002 + 8.18 \times 10{-}2 \times 100 - 14.5 = -7.67$

$d_2 = 8.78 \times 10{-}7 \times 1002{-}1.5 \times 10{-}3 \times 100 + 0.9 = 0.759$

k_{Ri} =（$-7.67 + 0.759 \times 15$）$\times$ 0.973115 = 2.468（第一分层z_i取 15mm）

R_{ai} =2.31 × 10−8 × 2.468 × 28.12.93 × 0.71.8 × 1 ×（108）0.48 ×（20/50）× 5 = 7.29mm

答案：A

9. 解答： 根据《公路水泥混凝土路面设计规范》（JTG D40—2011）第 B.1.1 条、第 B.2.1 条、第 B.2.2 条、第 B.2.3 条和第 E.0.3 条。

$$D_c = \frac{E_c h_c^3}{12(1-\nu_c^2)} = \frac{29000 \times 0.25^3}{12 \times (1-0.15^2)} = 38.6\text{MN} \cdot \text{m}$$

$$r = 1.21\left(\frac{D_c}{E_t}\right)^{1/3} = 1.21 \times \left(\frac{38.6}{125}\right)^{1/3} = 0.82\text{m}$$

$\sigma_{ps} = 1.47 \times 10^{-3} r^{0.70} h_c^{-2} P_s^{0.94} = 1.47 \times 10{-}3 \times 0.820.7 \times 0.25{-}2 \times 1000.94 = 1.553\text{MPa}$

答案：A

10. 解答：根据《公路沥青路面设计规范》（JTG D50—2017）第 5.5.11 条，沥青路面结构验算时，沥青混合料试验温度采用 20℃，面层沥青混合料加载频率采用 10Hz，基层沥青混合料加载频率采用 5Hz，根据第 B.1.1 条，

$$k_b = \left[\frac{1+0.30E_a^{0.43}(\text{VFA})^{-0.85}e^{0.024h_a-5.41}}{1+e^{0.024h_a-5.41}}\right]^{3.33}$$

$$= \left[\frac{1+0.30\times 11000^{0.43}\times 67^{-0.85}e^{0.024\times 180-5.41}}{1+e^{0.024\times 180-5.41}}\right]^{3.33}$$

$$= 0.615$$

答案：C

11. 解答：

（1）依据《公路桥涵设计通用规范》（JTG D60—2015）第 4.3.5 条第 1 款，一个设计车道上的汽车制动力标准值为 10% ×（40 × 10.5 + 340）= 76kN < 165kN，应取 165kN。

（2）双向 6 车道，桥面净宽 24m，单侧桥面净宽 12m，根据《公路桥涵设计通用规范》（JTG D60—2015）表 4.3.1-4，单侧设计车道数为 3 车道。

（3）根据《公路桥涵设计通用规范》（JTG D60—2015）第 4.3.5 条第 2 款，同向行驶 3 车道，制动力标准值为 165 × 2.34 = 386.1kN。

制动力由两个桥台平均承担，每个桥台承担 386.1/2 = 193kN。

答案：D

12. 解答：根据《公路钢筋混凝土及预应力混凝土桥涵设计规范》（JTG 3362—2018）第 5.3.1 条。

按受压构件计算，$L_0/2r = 18/1.5 = 12$，$\varphi = 0.95$，

$A = 3.14 \times 1.5 \times 1.5/4 = 1.767$，$A'_s = 3.5/100 \times 1.767 = 0.062$，$A_n = 1.706$

根据式 5.3.1，$\gamma_0 N_d \leqslant 0.9\varphi\,(f_{cd}A + f'_{sd}A'_s)$

$N_d = 0.9 \times 0.95 \times (20.5 \times 1.706 + 330 \times 0.062)/1.1 = 43087\text{kN}$

答案：B

13. 解答：根据《公路隧道设计规范第一册土建工程》（JTG 3370.1—2018）第 6.2.2 条。

查表 6.2.2-1，$i = 0.1$

$\omega = 1 + i(B-5) = 1 + 0.1 \times (12-5) = 1.7$

$h = 0.45 \times 2^{S-1}\omega = 0.45 \times 2^{5-1} \times 1.7 = 12.24\text{m}$

$q = \gamma h = 20 \times 12.24 = 244.8\text{kPa}$

取整为 245kPa。

答案：C

14. 解答：根据《公路隧道设计规范 第二册 交通工程与附属设施》（JTG D70/2—2014）第 6.2.1 条。

根据表 6.2.1-1，设计速度 80km/h，设计交通量 1200veh/(h · ln)，$k = 0.035$；

根据表 6.2.1-2，设计速度 80km/h，洞口朝南，天空面积 25%，可取洞外亮度 $L_{20}(S) = 4000\text{cd/m}^2$，则

$L_{th1} = k \times L_{20}(S) = 0.035 \times 4000 = 140cd/m^2$

$L_{th2} = 0.5 \times k \times L_{20}(S) = 0.5 \times 0.035 \times 4000 = 70cd/m^2$

根据第 6.2.4 条，400m 的非光学隧道入口亮度应折减 50%，所以有：

$L_{th1} = 0.5 \times 140 = 70cd/m^2$

$L_{th2} = 0.5 \times 70 = 35cd/m^2$

答案：C

15. 解答： 根据《公路路线设计规范》（JTG D20—2017）第 10.5.2 条第 3 款，左转弯车道应由渐变段、减速段和等候段组成。左转弯等候段长度应不小于 30m。当左转弯交通量较大时，等候段长度最小取 30m；主线设计速度为 80km/h，末速为 0，根据表 10.5.3-1，查得减速段长 60m；根据表 10.5.3-2，查得渐变段长度为 50m；计算得左转弯车道长度 = 30 + 50 + 60 = 140m。

答案：D

16. 解答： 根据:《公路路线设计规范》（JTG D20—2017）第 8.6.1 条。

（1）路面标高：27.1 + 0.7 = 27.8m；

（2）外距$E \geqslant (27.8 - 26.4)m = 1.4m$；

（3）变坡角$\omega = i_2 - i_1 =0.06 > 0$，为凹曲线；

（4）$R = \frac{8E}{\omega^2} = \frac{8\times1.4}{0.06^2} = 3111.11m$，百位取整为 3200m；根据第 8.6.1 条，当设计速度为 100km/h 时，凹形竖曲线最小半径的一般值为 4500m，取大值，即$R = 4500m$；

（5）切线长$L = R\omega = 4500 \times 0.06 = 270m$，满足竖曲线一般值，因此取$R = 4500m$。

答案：C

17. 解答： 根据《公路立体交叉设计细则》（JTG/T D21—2014）第 5.7.2 条，共用路段长度$L \leqslant 3km$ 或共用路段需增加的基本车道数超过 1 条时，两条高速公路的直行车道应分开设置，并应保持各直行车道的连续性。

根据《公路路线设计规范》（JTG D20—2017）表 3.2.2-1，$v = 100km/h$，三级服务水平$MSF = 1600pcu/(h \cdot ln)$。

选项 A 中 DDHV = 3100pcu/h，G11 高速为双向 6 车道不经济；

选项 B 符合题意；

选项 C、D 中$L > 3km$，增加车道数为 1 条，采用整体式断面更经济，不符合题意。

答案：B

18. 解答： 根据《城市道路路线设计规范》（CJJ 193—2012）。

A. 查表 6.3.2，设计速度 60km/h，不设超高圆曲线最小半径一般值为 600m，超高最小半径一般值为 300m，本题R =350m 符合规范；

B. 查表 6.3.3-2，设计速度 60km/h，查表 5.3.4，路缘带宽度 0.5m，车道宽 3.5m，机动车道路面宽度 = 0.5 + 3.5 × 4 + 0.5 = 15m，且平曲线半径大于 250m，无需设置加宽，图中符合规范；

C. i =60 × 60/(127 × 350) − 0.067 = 0.014，取 2%（且表 6.4.1 中超高最大值 4%），符合规范要求；

D. 查表 6.4.3，$\xi_{max} = 25$，按题意b =15m；Δi =2.0%−(−2.0%) = 4%，代入公式$L_{emin} = b \cdot \Delta i/\xi_{max} \times 0.04 \times 125 = 75m > 73.143m$，缓和曲线长度不满足超高所需缓和段长度要求，不满足规范要求。

答案：D

19. 解答：根据《城市道路路线设计规范》（CJJ 193—2012）表 6.3.3-1，不设缓和曲线的最小圆曲线半径$R_{\min} = 1000\text{m}$。

中心线转角 6°28′30″ < 7°，为小转角平曲线，根据第 6.3.4 条第 2 款，$L_{\min}$ =700/6.475° = 108.108m。

此时对应的最小圆曲线半径$R_{\min}$ =108.108/(6.475° × π/180) = 957.108m，取整为 960m。

取 1000m 和 960m 的大值，即 1000m。

答案：A

20. 解答：根据《城市道路路基设计规范》（CJJ 194—2013）第 7.2.9 条。

$m = 0.785 \times \left(\frac{0.5}{1.5}\right)^2 = 0.087$

$\mu_s = \frac{1}{1+m(n-1)} = \frac{1}{1+0.087\times(5-1)} = 0.742$

$S_Z = 0.742 \times 0.54 = 0.401\text{m}$，总沉降 = 0.401 + 0.12 = 0.521m

查表 6.2.8，次干路一般路段路基容许工后变形不得大于 0.5m，0.521m > 0.5m，不符合要求。

答案：D

21. 解答：求半刚性材料基层容许拉应力，查表 C.2，4.0%水泥稳定碎石劈裂强度取 0.4MPa。

根据《城镇道路路面设计规范》（CJJ 169—2012）第 5.4.5-1 条，4.0%水泥稳定碎石基层层底容许拉应力为：

$[\sigma_R] = \frac{\sigma_s}{K_{sr}} = \frac{0.4}{0.35\times\frac{N_e^{0.11}}{A_c}} = 0.178\text{MPa}$

$\gamma_a = 1.1$，根据第 5.4.1 条第 3 款：$\gamma_a\sigma_m \leqslant [\sigma_R]$

4%水泥稳定碎石基层底计算的最大拉应力应小于或等于：0.178/1.1 = 0.162

根据第 5.5.4 条，$\sigma_m = P\bar{\sigma}_m$，$P = 0.7\text{MPa}$，故满足要求的$\bar{\sigma}_m \leqslant 0.231$。

0.217 < 0.231，最经济合理的为 28cm。

答案：C

22. 解答：根据《城市桥梁设计规范》（CJJ 11—2011）（2019 年版）第 9.2.3 条，纵坡小于 1%时，桥面泄水管的截面积不小于 100mm²。

每孔应设置泄水管截面积为 100 × 20 ×（24 + 3 × 2）= 60000mm²。

N =60000/(3.14/4 × 150 × 150) = 3.4，采用 4 个。

答案：A

23. 解答：根据《城市地下道路工程设计规范》（CJJ 221—2015）表 6.3.5，洞口与汇流鼻最小间距为 85m，根据表 6.4.1，加速车道长 140m；根据《城市道路交叉口设计规程》（CJJ 152—2010）表 5.5.3-1，渐变段长 45m，根据表 5.5.3-2，上坡 4%的加速车道需要修正，修正系数 1.3。要求的最小距离 = 85 + 1.3 × 140 + 45 = 312m。

答案：D

24. 解答：根据《城市道路交叉口设计规程》（CJJ 152—2010）第 5.3.5 条第 4 款，分流点行驶速度

$v_0 = 50$km/h；查表 5.3.2-1，积雪冰冻区匝道最小圆曲线半径 35m 对应的匝道设计速度$v_1 = 25$km/h，车辆需要在回旋线内从分流点速度$v_0 = 50$km/h 降速至$v_1 = 25$km/h。

匝道端部回旋线长度计算：

$L = (v_0^2 - v_1^2)/2a$ =[(50/3.6)^2 − (25/3.6)^2]/(2 × 1) = 72.3m，取整为 72m。

回旋线参数符合：

$A = (72 \times 35)^{0.5} = 50.2\text{m} > 50\text{m}$，满足表 5.3.5-1 中对回旋线参数的要求。

答案：C

25. 解答：根据《无障碍设计规范》（GB 50763—2012）第 3.2.2 条，行进盲道距离路缘石不应小于 25～50cm，图中 15cm 不符合；距离障碍物不应小于 25cm，图中 20cm 不符合；根据第 3.2.3 条及表 3.2.3，圆点高度应为 4mm，图中 2mm 不符合。共有 3 处不符合规范。

答案：C

注册道路工程师执业资格专业考试模考试卷（八）案例分析（下）

试题解析及参考答案

1. 解答：根据《公路路线设计规范》（JTG D20—2017）第 6.2.3 条 2 款及表 6.4.1，v =60km/h 的一级集散公路，设置爬坡车道可论证采用最小值，且右侧硬路肩宽度不小于 0.75m，土路肩 0.5m；不设置爬坡车道一侧，硬路肩 0.25m，土路肩 0.5m。左侧路缘带最小 0.5m，爬坡车道宽度不应小于 3.5m。

故最小路基宽度B =0.5 + 0.25 + 3.5 × 2 + 0.5 + 4.0 + 0.5 + 3.5 × 2 + 3.5 + 0.75 + 0.5 = 24.5m

答案：A

2. 解答：根据《公路路线设计规范》（JTG D20—2017）第 8.4.3 条。

（1）K0 + 000～K6 + 200 段

$L_1 = 6200$m，$h_1 = 310.0$m，$i_1 = 310.0/6200 = 5.0\%$

符合第 8.3.4 条，相对高差 200～500m 时，平均纵坡应不大于 5.5%。

（2）K6 + 200～K12 + 250 段

L_2 =12250 − 6200 = 6050m，h_2 =320.8m，i_2 =320.8/6050 = 5.3%

符合第 8.3.4 条，相对高差 200～500m 时，平均纵坡应不大于 5.5%。

$L_{总}$ =12250m，$h_{总}$ =310 + 320.8 = 630.8m，$i_{总}$ =630.8/12250 = 5.15%

不符合第 8.3.4 条，相对高差大于 500m 时，平均纵坡应不大于 5.0%。

答案：B

3. 解答：$v_{行}$ =80 × 0.85 = 68km/h

根据《公路路线设计规范》（JTG D20—2017）第 7.9.1 条条文说明。

（1）停车视距：$S_{停} = \frac{v}{3.6}t + \frac{(v/3.6)^2}{2gf_1} = 68 \times 2.5/3.6 + (68/3.6)^2/(2 \times 9.81 \times 0.35) = 47.22 + 51.96 =$ 99.18m，为了安全，向上取整为 100m；

（2）根据《公路路线设计规范》（JTG D20—2017）第 7.9.2 条，二级、三级、四级公路的视距应采用会车视距；根据第 7.9.2 条条文说明，双向行驶的二级、三级、四级公路按相向的两辆汽车会车同时制动停车的视距考虑，所以会车视距一般应不小于对应设计速度下的停车视距的 2 倍。所以会车视距 = 2 × 100 = 200m。

答案：D

4. 解答：根据《公路路线设计规范》（JTG D20—2017）表 7.9.1，停车视距$S = 210$m。

计算实际横净距$m_{实}$（注意：依题意视点位置为中央分隔带曲线外侧相邻车道中心线），$m_{实}$ = (375/2 + 50 + 75)/100 = 3.125m；

求最小路基中心线圆曲线半径，从 1800m 开始试算：

$R = 1800 + 1 + 0.75 + 3.75/2 = 1803.625\text{m}, m_{1800} = 1803.625 \times \left(1 - \cos\frac{28.65\times210}{1803.625}\right) = 3.056\text{m} <$ $m_{实}$ =3.125m，符合；

$R = 1500 + 1 + 0.75 + 3.75/2 = 1503.625\text{m}, m_{1500} = 1503.625 \times \left(1 - \cos\frac{28.65\times210}{1503.625}\right) = 3.665\text{m} >$ $m_{实}$ = 3.125m，不符合；

答案：C

5. 解答：根据《公路路基设计规范》(JTG D30—2015) 第 H.0.1 条第 9 款。

(1) 计算车辆荷载

$q = 10 + (20 - 10) \times \frac{10-8}{10-2} = 12.5\text{kN/m}$

(2) 计算主动土压力 E_a

$E_a = \frac{1}{2}\gamma H^2 K_a + qHK_a = \frac{1}{2} \times 18 \times 8^2 \times 0.432 + 12.5 \times 8 \times 0.432 = 291.739\text{kN}$

(3) 计算水平分力

$E_x = E_a \cos(\alpha + \delta) = 291.739 \times \cos(15° + 15°) = 252.653\text{kN}$

(4) 计算竖直分力

$E_y = E_a \sin(\alpha + \delta) = 291.739 \times \sin(15° + 15°) = 145.869\text{kN}$

答案：A

6. 解答：根据《公路软土地基路堤设计与施工技术细则》(JTG/T D31-2—2013) 公式 (4.3.5)。

根据公式 (4.3.5-2)，$m_s = 0.123\gamma^{0.7}(\theta H^{0.2} + vH) + Y$

常规预压时 θ =0.9，则 $m_s = 0.123 \times 20^{0.7} \times (0.9 \times 4.2^{0.2} + 0.025 \times 4.2) + 0 = 1.306$

根据公式 (4.3.5-1)，地基最终沉降量为：$S_\infty = m_s S_c = 1.306 \times 23 = 30.038\text{cm}$

答案：C

7. 解答：根据《公路路基设计规范》(JTG D30—2015) 第 7.6.3 条，

$\beta = \frac{45° + \frac{\varphi}{2}}{K} = \frac{45° + \frac{40°}{2}}{1.25} = 52°$

根据第 7.6.3 条第 2 款，溶洞顶板岩层上有覆盖层时，沿坍塌扩散线与地面相交，路基坡脚应处于交点 5m 以外。

$L \geqslant \frac{H}{\tan\beta} + hm + 5 = \frac{2.5}{\tan 52°} + 3 \times 1.2 + 5 = 10.55\text{m}$

答案：B

8. 解答：根据《公路沥青路面设计规范》(JTG D50—2017) 表 A.1.2，5 类车辆后轴为双轮组，3 联轴 P_{mij} =360/3 = 120kN，查表 A.3.1-1，设计指标为路基顶面竖向压应变时，3 联轴的轴组系数为 c_1 =8.7，则 $\text{EALF}_{\text{mij}} = 8.7 \times 1 \times (120/100)^5 = 21.65$。

答案：D

9. 解答：根据《公路沥青路面设计规范》(JTG D50—2017) 第 B.1.1 条，

$k_b = \left(\frac{1 + 0.3 \times 12000^{0.43} \times 68^{-0.85} \times e^{0.024 \times 100 - 5.41}}{1 + e^{0.024 \times 100 - 5.41}}\right)^{3.33} = 0.917$

答案：D

10. 解答：根据《公路沥青路面设计规范》(JTG D50—2017) 第 3.0.6 条和第 5.5.9 条。

$$\begin{aligned}\psi_g &= 20.16 h_a^{-0.642} + 820916 h_b^{-2.84} \\ &= 20.16 \times 180^{-0.642} + 820916 \times 550^{-2.84} \\ &= 0.732\end{aligned}$$

查表 3.0.6-1，$[R_a] = 10\text{mm}$

$$R_{\mathrm{rg}} \geqslant \left(\frac{0.35\lg N_{\mathrm{e5}}-1.16}{\lg[R_{\mathrm{a}}]-1.62\lg T_{\mathrm{d}}-\lg\psi_{\mathrm{g}}+2.76}\right)^{1.38}$$
$$=\left(\frac{0.35\lg 32400000-1.16}{\lg[10]-1.62\lg 20.8-\lg 0.705+2.76}\right)^{1.38}$$
$$=0.77\mathrm{MPa}$$

答案：C

11. 解答：根据《公路工程水文勘测设计规范》（JTG C30—2015）第6.2.3条。

（1）特大洪水（10480m^3/s）按式（6.2.3-2）估算：

$P_{\mathrm{m}}=\frac{M}{N+1}\times 100$

$N=2018-1870+1=149$ 年，$M=3$

$P_{\mathrm{m}}=\frac{3}{(149+1)}\times 100=2$，即$P_{\mathrm{m}}=2\%=1/50$，重现期$T_1=50$年。

（2）实测洪水（6378m^3/s）不是特大洪水，但其位于1980～2018年的流量连续系列中，按式（6.2.3-1）估算：

$P_{\mathrm{m}}=\frac{M_i}{(N+1)}\times 100=\frac{2}{(39+1)}\times 100=5$，即$P_{\mathrm{m}}=5\%=1/20$，重现期$T_2=20$年。

答案：C

12. 解答：根据《公路桥涵地基与基础设计规范》（JTG 3363—2019）第5.4.2条，得基底的滑动稳定系数：

$k_{\mathrm{c}}=\frac{\mu\sum P_{\mathrm{i}}+\sum H_{\mathrm{iP}}}{\sum H_{\mathrm{ia}}}=(0.30\times 14200+0)/2980=1.43>1.3$

根据表5.4.3，$k_{\mathrm{c}}>[k_{\mathrm{c}}]$，故滑动稳定性满足要求。

答案：B

13. 解答：根据《公路隧道设计规范 第一册 土建工程》（JTG 3370.1—2018）第8.2.7条第7款。

钢架与围岩之间混凝土保护层厚度不应小于40mm；

临空一侧混凝土保护层厚度不应小于20mm；

根据附录C.0.1，I22b截面高220mm；

初期喷混凝土厚度$=40+220+20=280\mathrm{mm}=28\mathrm{cm}$。

答案：D

14. 解答：根据《公路隧道设计规范》（JTG 3370.1—2018）第4.5.1条第2款，人行横通道设置间距不应大于350m，1550/350=4.43，取整等于4。

答案：C

15. 解答：先减速再加速。

（1）等宽减速车道

根据《公路路线设计规范》（JTG D20—2017）表10.5.3-2，主要道路设计车速60km/h，渐变段长40m，根据表10.5.3-1，减速车道长取30m，等宽减速车道长$=40+30=70\mathrm{m}$。

（2）等宽加速车道

根据《公路路线设计规范》（JTG D20—2017）表10.5.3-2，次要道路设计车速40km/h，渐变段长30m，根据表10.5.3-1，加速车道长取15m，等宽减速车道长$=30+15=45\mathrm{m}$。

（3）全长计算：$70 + 40 + 45 = 155\text{m}$

答案：A

16. 解答：

（1）根据《公路路线设计规范》（JTG D20—2017）表 3.3.4，陕西城间一级公路$K = 15\%$；

（2）根据《公路立体交叉设计细则》（JTG TD21—2014）第 4.5.2 条，$\text{DDHV} = \text{AADT} \times K \times D = 8000 \times 0.15 \times 1 = 1200\text{pcu/h}$，查表 7.3.1，匝道横断面应采用Ⅱ型；

（3）根据《公路立体交叉设计细则》（JTG TD21—2014）第 9.4.2 条，匝道无需加宽，根据第 7.2.2 条，横断面宽度为 9.0m，路缘带为 0.5m；

（4）根据《公路立体交叉设计细则》（JTG TD21—2014）表 9.2.5，超高值采用 4%，查表 9.3.2，最大渐变率采用 1/100；

（5）根据《公路立体交叉设计细则》（JTG TD21—2014）第 9.3.4 条，$H = B_2 \times i_2 - B_1 \times i_1$，$H = (9 - 0.5) \times (4\% - 2\%) = 0.17\text{m}$，$\text{L} = 0.17 \times 100 = 17\text{m}$；

（6）匝道超高宜在缓和曲线全长范围进行，根据《公路立体交叉设计细则》（JTG TD21—2014）第 8.2.3 条，缓和曲线最小为 40m；

（7）实际渐变率为$\rho = 0.17\text{m}/40\text{m} \times 100\% = 1/235$，满足规范表 9.3.3 要求，即超高过渡段长度取 40m。

答案：C

17. 解答：主线设计速度为 80km/h，匝道设计速度为 35km/h，匝道长度为 $748 - 245 = 503\text{m}$，匝道交通量为 350pcu/h。

根据《公路立体交叉设计细则》（JTG/T D21—2014）表 7.3.1，为Ⅱ型双车道匝道，单车道变速车道；根据表 10.2.5，变速段长度 180m，渐变段长度 70m。上坡加速车道长度修正系数 1.2，修正后长度为 $180 \times 1.2 = 216\text{m}$，双车道匝道单车道变速车道应至少再增加 10m，增加后总长为 $216 + 70 + 10 = 296\text{m}$。

注意：如果为减速车道应按主线 100km/h 设计速度取值，本题目为加速车道，无须提高。

答案：B

18. 解答：根据《城市道路工程设计规范》（CJJ 37—2012）表 5.3.1，设计速度为 60km/h，大型车或混行车道宽 3.5m，小客车专用道为 3.25m；

根据表 5.3.4，路缘带为 0.5m；

根据第 5.5.2 条，底座宽 50cm、高 28cm（$> 20\text{cm}$）的分隔护栏，不可以提供安全带宽度；

根据表 5.3.3，火车站附近的人行道最小宽度一般值为 5m；

故该道路横断面最小宽度$W = (5 + 2.5 + 2 + 0.5 + 3.5 \times 2 + 3.25 + 0.5 + 0.25) \times 2 + 0.5 = 42.5\text{m}$。

答案：C

19. 解答：根据《城市道路路线设计规范》（CJJ 193—2012）表 7.4.1，设计速度 60km/h，最大合成坡度为 7.0%；根据第 7.4.1 条条文说明，合成坡度$i_\text{h} = \sqrt{i_\text{N}^2 \times i_\text{z}^2} = \sqrt{i_\text{N}^2 \times 5^2} = 7.0\%$，满足最大合成坡度的超高横坡为$i_\text{N} = 4.9\%$；由表 6.4.1 可知，设计速度 60km/h，最大超高横坡度为 4%，取超高横坡度

为 4%；

根据第 6.3.2 条及条文说明，圆曲线最小半径$R=\frac{v^2}{127(\mu+i)}=\frac{60^2}{127(0.1+0.04)}=202\text{m}$，地形条件特别困难时，圆曲线最小半径可采用设超高圆曲线最小半径的极限值，查表 6.3.2，设计速度 60km/h 时$R=150\text{m}$（此时$u=0.14$），不符合题意，应取计算值。故圆曲线最小半径$R=202\text{m}$。

答案：C

20. 解答：根据《城市道路路基设计规范》（CJJ 194—2013）第 5.3.6 条条文说明。

$$I_0=\frac{1}{3000\sqrt{k}}=\frac{1}{3000\times\sqrt{1\times10^{-5}}}=0.1054$$

$$r_s=\frac{H_g}{I_0}=\frac{2.12}{0.1054}=20.11\text{m}$$

$$Q_s=\frac{\pi kH_g}{2\ln\left(\frac{2r_s}{r_g}\right)}=\frac{3.14\times1\times10^{-5}\times2.12}{2\times\ln\left(\frac{2\times20.11}{\frac{28}{2}}\right)}=3.154\times10^{-5}$$

答案：B

21. 解答：根据《城镇道路路面设计规范》（CJJ 169—2012）第 3.2.1 条、第 3.2.3 条，$t=15$，$\eta=0.5$，

$$N_1=600\div0.1\times0.55=3300\text{ 次/d}$$

$$N_e=\frac{[(1+\gamma)^t-1]\times365}{\gamma}\times N_1\times\eta=\frac{[(1+0.05)^{15}-1]\times365}{0.05}\times3300\times0.5=1.3\times10^7$$

该次干路结构为沥青类基层，采用公式（5.4.3）计算设计弯沉，$A_c=1.1$、$A_s=1.0$、$A_b=1.6$。

根据第 5.4.3 条，设计弯沉值为：

$$l_d=600N_e^{-0.2}A_cA_sA_b=600\times(1.3\times10^7)^{-0.2}\times1.1\times1\times1.6=39.891\ (0.01\text{mm})$$

注意：本题如果沥青碎石层改为 20cm，根据第 5.4.3 条条文说明，半刚性基层上柔性层厚度：20cm > 18cm，应进行插值计算：$A_b=1.0+\frac{20-18}{30-18}\times(1.6-1.0)=1.1$，结果为$l_d=27.425$（0.01mm）

答案：D

22. 解答：根据《城市人行天桥与人行地道技术规范》（CJJ 69—1995）第 2.2.2 条，每端梯道的净宽之和应大于桥面净宽的 1.2 倍以上，最小净宽为 1.8m。

因此，两侧的梯道合计净宽度应大于$1.2\times3.5=4.2\text{m}$。

已知一侧最小净宽 2.2m，则另一侧最小净宽应大于$4.2-2.2=2.0\text{m}$。

答案：C

23. 解答：根据《城市地下道路工程设计规范》（CJJ 221—2015）表 3.5.1、表 4.3.1 及第 4.3.8 条。

左侧检修道 0.75m，左侧路缘带 0.5m，车道宽度$3.5\times2=7\text{m}$，紧急停车带 2.5m（右侧路缘带包含在内），右侧检修道 0.75m。

建筑限界宽度$=0.75+0.5+3.5\times2+2.5+0.75=11.5\text{m}$

答案：D

24. 解答：根据《城市道路交叉口设计规程》（CJJ 152—2010）第 5.3.5 条第 6 款，城市道路干道上先驶入后驶出的匝道口最小间距一般值为 1.25 倍的相邻匝道口最小净距L（不适用极限值）；

设计速度为 60km/h 的先驶出后驶入的匝道口最小净距L的一般值为 160m，因此$1.25\times160=200\text{m}$；

查表 5.5.3-1、表 5.5.3-2，纵坡修正系数为 1，驶入加速车道长为 120 + 45 = 165m，驶出减速车道长为 70 + 45 = 115m，165 + 115 = 280m > 200m，取 280m。

根据第 4.2.20 条第 2 款，入口匝道的入口端在出口展宽渐变段下游不宜小于 80m。

故L =280 + 80 = 360m

答案：C

25. 解答： 根据《城市工程管线综合规划规范》（GB 50289—2016）第 4.1.12 条，自上到下，给水管线在上，污水管线在下。根据表 4.1.1 注，聚乙烯给水管线在机动车下最小覆土厚度为 1m，查表 4.1.14，污水管和给水管垂直最小净距为 0.40m，交叉处管道最底部高程 = 102.2 − 1.0 − 0.2 − 0.4 − 0.5 = 100.10m

答案：D

注册道路工程师执业资格专业考试模考试卷（九）案例分析（上）

试题解析及参考答案

1. 解答：

（1）根据《公路路线设计规范》（JTG D20—2017）第 3.4.2 条表 3.4.2-2，中型车折算系数为 3，大型车折算系数为 5，汽车列车折算系数为 7。

$$f_{HV}=\frac{1}{1+\sum P_i(E_i-1)}=\frac{1}{[1+0.16\times(3-1)+0.12\times(5-1)+0.16\times(7-1)]}=0.362$$

（2）根据表 3.1.4 及表 3.4.2-1，路侧干扰修正系数为 0.9。

（3）三级服务水平下设计速度 80km/h，MSF_i取 1250。

（4）则该一级公路路段设计通行能力为：

$$C_D=MSF_i\times f_{HV}\times f_P\times f_f=1250\times 0.362\times 0.9\times 0.95=387\text{veh/(h}\cdot\text{ln)}$$

答案：B

2. 解答：根据《城镇化地区公路工程技术标准》（JTG 2112—2021）。

（1）根据表 4.2.6，一级公路硬路肩最小宽度 0.75m，本题 0.5m，不满足规范；

（2）根据第 4.2.1 条，辅路设计速度 40km/h，车道最小宽度 3m，图中为 3.25m，不符合题意，未体现节约用地；

（3）中央隔离护栏，未提供足够的 C 值宽度，不满足规范；

（4）人行道与非机动车道合并设置，最小宽度为 3m，图中为 2.5m，不符合规范；

（5）辅道靠人非混行道未设置路缘带，不满足规范。

故不符合标准规定的共有 5 处。

答案：D

3. 解答：根据《公路路线设计规范》（JTG D20—2017），设计小时交通量系数K缺乏观测数据时，可以查表 3.3.4，$K=0.15$；

根据《公路路线设计规范》（JTG D20—2017）第 3.3.2 条，$DDHV=AADT\times K\times D=24000\times 0.15\times 0.55=1980\text{pcu/h}$；

根据《公路工程技术标准》（JTG B01—2014）第 3.3.2 条，车辆折算系数中型车 1.5，大型车 2.5，汽车列车 4.0；

pcu 换算为 veh：$DDHV=1980/(0.56+0.16\times 1.5+0.06\times 2.5+0.22\times 4)=1082\text{veh/h}$；

查表 3.4.1-2，$MSF_i=1400\text{pcu/(h}\cdot\text{ln)}$；3 级路侧干扰等级，查表 3.4.2-1 修正系数 0.9；

根据公式（3.4.2-1），设计通行能力：$C_d=1400\times 0.67\times 0.96\times 0.9=810.4\text{veh/(h}\cdot\text{ln)}$；

单向车道数$N=1082/810=1.3$，取整 2 条，双向 4 条。

答案：A

4. 解答：

（1）根据《公路路线设计规范》（JTG D20—2017）第 12.4.8 条，可知交叉公路两侧的直线长度应都不小于 20m；

（2）乡村道路按四级公路技术标准采用技术指标，根据《公路路线设计规范》（JTG D20—2017）第 7.4.1 条，半径 400m 大于不设超高最小半径，切线长$T = 400 \times \tan 10° = 70.53$m；

（3）该平曲线交点距乡村道路的最小距离为 $20 + 70.53 = 90.53$m，取整为 91m；

（4）根据《公路路线设计规范》（JTG D20—2017）第 12.4.8 条，交叉公路两侧的乡村道路应分别设置不小 10m 的水平段；

（5）竖曲线的切线长$T = 1200 \times 0.05/2 = 30$m；

（5）该变坡点距乡村道路的最小距离为 $10 + 30 = 40$m。

答案：D

5. 解答：根据《公路路基设计规范》（JTG D30—2015）第 5.4.11 条第 7 款。

$$L_0 = \frac{0.6 \times 40}{2(19 \times 6 \times \tan 14.5°)} = 0.41\text{m} < 2\text{m}$$

取$L_0 = 2$m。

答案：C

6. 解答：根据《公路滑坡防治设计规范》（JTG/T 3334—2018）第 5.4.9 条。

$$T_1 = 1.2 \times 2800 \times \sin 21 + 0 - 2800 \times \cos 21 \times \tan 10 - 15 \times 24 = 383.2\text{kN}$$

$$\psi_2 = \cos(21 - 15) - \sin(21 - 15) \times \tan 10 = 0.976$$

$$T_2 = 1.2 \times 6500 \times \sin 15 + 0.976 \times 383.2 - 6500 \times \cos 15 \times \tan 10 - 15 \times 23 = 940.7\text{kN}$$

$$\psi_3 = \cos(15 - 5) - \sin(15 - 5) \times \tan 10 = 0.954$$

$$T_3 = 1.2 \times 3750 \times \sin 5 + 0.954 \times 940.7 - 3750 \times \cos 5 \times \tan 10 - 15 \times 29 = 196.1\text{kN}$$

取整为 196kN。

答案：C

7. 解答：根据《公路排水设计规范》（JTG/T D33—2012）第 5.1.3、第 5.1.5 条，K1 + 000～K1 + 350 段为直线段，则该段无超高，单向坡行车道路面宽 $2 \times 3.75 = 7.5$m 设置中央分隔带，路面与中央分隔带的接缝按 1 条算，即$n_z = 3$。

$$Q_p = K_c\left(n_z + n_h \frac{B}{L_c}\right) = 0.36 \times \left(3 + 1 \times \frac{2 \times 3.75}{5}\right) = 1.62\text{m}^3/(\text{d} \cdot \text{m})$$

$$Q_{cb} \geqslant 2Q_p = 2 \times 1.62 = 3.24\text{m}^3/(\text{d} \cdot \text{m})$$

$$H_b \geqslant \frac{Q_{cp}}{k_b i_h} = \frac{3.24}{1375 \times 0.02} = 0.118\text{m} > 80\text{mm}$$

根据《公路水泥混凝土路面设计规范》（JTG D40—2011）第 4.4.9 条，取$H_b = 140$mm。

答案：D

8. 解答：根据《公路沥青路面设计规范》（JTG D50—2017）第 B.3.1 条，沥青混合料层永久变形量计算时，应进行分层并分别计算各分层的永久变形量。

表面层厚度为 40mm，要求分层 10～20mm，则可分为 10mm、15mm、15mm 三层或 20mm、20mm 两层。

中面层厚度为 60mm，分层厚度不应大于 25mm，则可分为 20mm、20mm、20mm 三层。

下面层厚度为 80mm，分层厚度不大于 100mm，作为一层。

答案：D

9. 解答： 根据《公路沥青路面设计规范》(JTG D50—2017) 附录 G 第 G.1.2 条、第 G.1.3 条。

$A_h = 0.67\lambda_h + 0.70 = 0.67 \times 0.25 + 0.70 = 0.8675$

$B_h = 0.38\ln(\lambda_h/0.45) = 0.38 \times \ln(0.25/0.45) = -0.2234$

查表 G.1.2，海口市路基顶面竖向压应变分析时基准温度调整系数为 1.65，则

$$\begin{aligned} k_{Ti} &= A_h A_E \hat{k}_{Ti}^{1+B_h+B_E} \\ &= 0.8675 \times 0.8945 \times 1.65^{1-0.394-0.2234} \\ &= 0.940 \end{aligned}$$

答案：B

10. 解答： 根据《公路水泥混凝土路面设计规范》(JTG D40—2011) 第 3.0.1 条、第 3.0.7 条和第 A.2.4 条。

η为临界荷位处的车辆轮迹横向分布系数，按表 A.2.4，取为 0.17～0.22，车道、行车道较宽，取低值为 0.17。

$$N_e = \frac{N_s \times [(1+g_r)^t - 1] \times 365}{g_r} \times \eta = \frac{6000 \times [(1+0.065)^{30} - 1] \times 365}{0.065} \times 0.17 = 3216 \times 10^4$$

查表 3.0.7，为特重交通；查表 3.0.8，水泥混凝土弯拉强度不小于 5MPa。

答案：C

11. 解答： 根据《公路桥涵设计通用规范》(JTC D60—2015) 第 4.3.3 条。

(1) 离心力标准值取车辆荷载（不计冲击力）标准值，乘以离心力系数C；

(2) $C = \frac{v^2}{127R} = \frac{40^2}{127 \times 65} = 0.194$

(3) 车辆载荷标准值为 550kN；

(4) 计算汽车载荷离心力需考虑横向车道布载系数，本题单车道应取 1.2，则 $0.194 \times 550 \times 1.2 = 128$kN。

答案：C

12. 解答： 根据《公路桥涵地基与基础设计规范》(JTG 3363—2019) 第 5.3.3 条，桩端处土的承载力容许值：

$$\begin{aligned} q_r &= m_0\lambda[[f_{a0}] + k_2 r_2(h-3)] \\ &= 0.8 \times 0.8 \times [1000 + 5.0 \times 10 \times (32-3)] \\ &= 1568\text{Kpa} < 2750\text{Kpa} \end{aligned}$$

$$\begin{aligned} [R_a] &= \frac{1}{2}u\sum_{i=1}^{n} q_{ik} l_i + A_p q_r \\ &= 0.5 \times 3.14 \times 1.0 \times (60 \times 15 + 100 \times 15 + 160 \times 2) + 3.14 \times 0.5 \times 0.5 \times 1568 \\ &= 5501\text{KN} \end{aligned}$$

答案：A

13. 解答： 根据《公路隧道设计规范第一册》(JTG 3370.1—2018) 第 6.2.2 条。

$$[S] = S + \frac{\frac{[BQ]_{上} + [BQ]_{下}}{2} - [BQ]}{[BQ]_{上} - [BQ]_{下}} = 4 + \frac{\frac{350+250}{2} - 279}{350-250} = 4.21$$

$\omega = 1 + i(B-5) = 1 + 0.1 \times (12-5) = 1.7$

$h = 0.45 \times 2^{S-1}\omega = 0.45 \times 2^{4.21-1} \times 1.7 = 7.08$ (m)

$q = \gamma = 23 \times 7.08 = 162.82$（kPa）

答案：C

14. 解答：根据《公路隧道设计规范 第二册交通工程与附属设施》（JTG D70/2—2014）第 6.4.1 条。

（1）查表 6.4.1，设计速度 80km/h，交通量 700veh/(h · ln)，亮度取 2.5cd/m^2；

（2）LED 灯亮度折减 50%，$2.5 \times 0.5 = 1.25$cd/m^2。

答案：D

15. 解答：

（1）根据《公路路线设计规范》（JTG D20—2017）第 10.5.3 条第 2 款，一级公路设计速度 80km/h，直行交通量较大，右转弯减速分流车道应采用附渐变段的等宽车道；

（2）查表 10.5.3-1，变速车道长度为 32m；应设置渐变段，查表 10.5.3-2 渐变段长度为 50m；

（3）右转弯减速车道长度为 $50 + 32 = 82$m。

答案：D

16. 解答：根据《公路路线设计规范》（JTG D20—2017）表 3.3.4，北京地区设计小时交通量系数为 0.08，则集散车道设计小时交通量 DDHV $= 12000 \times 0.08 = 960$pcu/h；

根据《公路立体交叉设计细则》（JTG/T D21—2014）第 10.7.3 条，集散车的横断面设计参照匝道执行；

根据《公路立体交叉设计细则》（JTG/T D21—2014）表 7.3.1，集散车道长度 2300m $>$ 350m，集散车道设计速度 60km/h，采用Ⅱ型，单车道变速车道。

答案：B

17. 解答：根据《公路路线设计规范》（JTG D20—2017）表 3.2.2-3 注，延误率为车头时距小于或等于 5s 的车辆占总交通量的百分比。

5s 车辆间距为$(40/3.6) \times 5 = 55.5$m，则车头间距少于或等于 55.5m 的车辆百分比为$(70 + 100 + 200)/1000 = 37\%$

答案：B

18. 解答：根据《城市道路路线设计规范》（CJJ 193—2012）。

（1）查表 6.3.2，设计速度 80km/h，设超高最小半径一般值为 400m，本设计采用半径 600m，符合规范要求；

（2）查表 6.3.4-1，平曲线最小长度及圆曲线最小长度均满足规范要求；

（3）查表 7.2.2，机动车道最大纵坡 4%；但根据第 7.2.1 条第 4 款，积雪、冰冻地区快速路最大纵坡不应大于 3.5%，K2 + 980～K3 + 530 段纵坡为 3.6%，不符合规范要求；

（4）查表 7.4.1 表注：积雪或冰冻地区道路合成纵坡应小于或等于 6%，

该路合成坡度$i = \sqrt{0.036^2 + 0.05^2} = 0.0616 = 6.16\% > 6.0\%$，不符合规范要求。

因此，纵坡和合成坡度均不符合。

答案：D

19. 解答： 超高值计算：$i = 100^2/(127 \times 800) - 0.068 = 0.03$。

根据《城市道路路线设计规范》（CJJ 193—2012）表 6.4.3，超高渐变率为 1/175，超高渐变段最小长度为$L = 12 \times (0.015 + 0.03) \times 175 = 94.5\text{m}$。

设计速度为 100km/h，查表 6.3.3-2，缓和曲线最小长度为 85m。

以上二者取大值 94.5m，取整为 95m。

答案：D

20. 解答： 根据《城市道路路基规范》（CJJ 194—2013）第 6.4.7 条条文说明，查表 7，碎石土基底与地基之间的摩擦系数μ_f取 0.50

$$E_x = E_a \cos(\delta + \alpha) = 70 \times \cos(39 + 16.7) = 39.45\text{kN}$$

$$E_y = E_a \sin(\delta + \alpha) = 70 \times \sin(39 + 16.7) = 57.83\text{kN}$$

$$K_c = \frac{[N + (E_x - E_p')\tan\alpha_0]\mu_f + E_p'}{E_x - N\tan\alpha_0}$$

$$= \frac{[151.21 + 39.45 \times \tan 6°] \times 0.50}{39.45 - 151.21 \times \tan 6°} = 3.29$$

根据《城市道路路基规范》（CJJ 194—2013）表 6.4.7-2，支挡结构抗滑动安全系数不宜小于 1.3。

答案：C

21. 解答： 根据《城镇道路路面设计规范》（CJJ 169—2012）表 3.2.1，次干路沥青路面设计基准期 15 年。

双向 4 车道，则单向为 2 车道。根据表 3.2.3，车道分布系数为 0.65～0.95。

$$N_e = \frac{365N_1[(1+r)^t - 1]}{r}\eta$$

$$= \frac{365 \times \left(\frac{2000}{2}\right)[(1+0.05)^{15} - 1]}{0.05}(0.65 \sim 0.95)$$

$$= (5.12 \sim 7.48) \times 10^6$$

答案：B

22. 解答： 根据《城市人行天桥与人行地道技术规范》（CJJ 69—1995）第 3.1.3 条，$B = 8.5/2 > 4$，取 4m。

人群荷载$W = [5 - 2 \times (30 - 20)/80] \times [(20 - 4)/20] = 3.80\text{kN}$

答案：C

23. 解答： 根据《城市道路路线设计规范》（CJJ 193—2012）表 6.6.1，主线设计速度 60km/h，停车视距为 70m。

根据《城市地下道路工程设计规范》（CJJ 221—2015）第 6.5.2 条，城市地下道路出洞口与邻接地面道路出口匝道减速车道渐变段起点的距离应满足设置出口预告标志的需要。当条件受限时，不应小于 1.5 倍主线停车视距，则洞口与出口匝道距离 = $1.5 \times 70 = 105\text{m}$。

根据《城市地下道路工程设计规范》（CJJ 221—2015）表 6.4.1，减速车道长 70m。

鼻端桩号：K2 + (100 + 105 + 50 + 70) = K2 + 325。

答案：C

24. 解答：

（1）根据《城市道路交叉口设计规程》（CJJ 152—2010）第 5.6.2 条、第 5.6.3 条，Z2、Z5 设计速度为 50km/h，可能通行能力为 1730pcu/h；Z6 为环形匝道，设计速度为 40km/h，可能通行能力为 1700pcu/h；

（2）立交类型为两条城市快速路相交的立 A1 类，定向匝道服务水平采用II1 级，环形匝道服务水平采用II2 级，Z2、Z5 匝道取a =0.58，Z7 匝道取a =0.67，计算 Z2、Z5 匝道设计通行能力为 $1730 \times 0.58 = 1003$pcu/h，Z7 匝道设计通行能力 $1700 \times 0.67 = 1139$pcu/h；

（3）根据第 5.3.1 条 第 4 款，Z2 匝道交通量（934pcu/h）< 单车道匝道设计通行能力（1003pcu/h），匝道长 280m < 300m，但是匝道纵坡 7%，为表 5.3.3-1 极限值，应选用双车道匝道；

（4）Z5 匝道交通量（928pcu/h）< 单车道匝道设计通行能力（1003pcu/h），匝道匝道长 655m > 300m，选用双车道匝道；

（5）Z7 匝道交通量（543pcu/h）< 单车道匝道设计通行能力（1139pcu/h），匝道长度 292m < 300m，且为环形匝道，选用单车道匝道。

答案：C

25. 解答：根据《城市工程管线综合规划规范》（GB 50289—2016）式（4.1.11），热力管中心距离建筑的水平距离$L = (H - h)/\tan\alpha + B/2 = (4 - 3)/0.45 + 2/2 = 3.22$m，净距为 $3.22 - 0.6/2 = 2.92$m；查表 4.1.9，直埋热力管道与建筑物最小水平净距为 3m，则 3m > 2.92m，所以热力管距离建筑物的最小水平净距离为 3m。

根据表 4.1.9，燃气压力P =0.005MPa < 0.01MPa，为低压燃气管线，低压燃气管距离热力管最小水平净距离 1.0m。

因此，燃气管距离建筑物最小净距离为：$3 + 0.6 + 1 = 4.6$m。

答案：C

注册道路工程师执业资格专业考试模考试卷（九）案例分析（下）

试题解析及参考答案

1. 解答：

（1）汽车行驶在曲线上力的平衡公式：

$i = v^2/(127R) - \mu = 100^2/(127 \times 800) - 0.04 = 0.058$，取整为 6%。

（2）$\Delta_i = 6\% - (-2\%) = 8\%$；$B = 0.75 + 3.75 \times 2 + 0.75 = 9\text{m}$

根据《公路路线设计规范》（JTG D20—2017）第 7.5.4 条，设计速度 100km/h，绕边线旋转，$P = 1/150$。

超高缓和段长：$L_{\text{emin}} = B \cdot \Delta i / P = 9 \times 0.08 \times 150 = 108\text{m}$。

（3）查表 7.4.3 知设计速度为 100km/h 时，回旋线最小长度为 85m。

取超高缓和段长度和回旋线最小长度中两者的大值，即 108m。

答案：C

2. 解答：

（1）中间带单侧渐变宽度为$(4.0 - 1.5 - 2 \times 0.5)/2 = 0.75\text{m}$；

（2）根据《公路路线设计规范》（JTG D20—2017）第 9.4.3 条，条件受限制，且中间带宽度变化小于 3.0m 时，可采用中间带宽度渐变方式，渐变率不应大于 1/100，则两端渐变段长度为 $2 \times 0.75 \times 100 = 150\text{m}$；

（3）对中间带宽度影响范围为 $150 + 40 = 190\text{m}$。

答案：C

3. 解答： 竖曲线长度$L = 6 \times 80 = 480\text{m}$，$R = 480/(2.5 + 1.5)\% = 12000\text{m}$，符合《公路路线设计规范》（JTG D20—2017）表 9.3.4 所规定的视觉所需最小凸曲线半径值 12000m。

外距$E = R\omega^2/8 = 12000 \times 0.04^2/8 = 2.4\text{m}$

切线长$T = 480 \div 2 = 240\text{m}$

变坡点位置设计高程为：$130.52 - 2.4 = 128.12\text{m}$

变坡点位置桥下净空：$128.12 - 2.8 - 118 = 7.32\text{m}$

跨越河道起点位置设计高程为：$H = H_0 - (T - x)i_t - \frac{x^2}{2R} = 130.52 - 50 \times 2.5\% - \frac{(240-50)^2}{2 \times 12000} = 130.52 - 1.25 - 1.5 = 127.77\text{m}$

跨河起点位置桥下净空：$127.77 - 2.8 - 118 = 6.97\text{m}$

跨越河道终点位置设计高程为：

$H = H_0 - (T - x)i_t - \frac{x^2}{2R} = 130.52 - 50 \times 1.5\% - \frac{(240-50)^2}{2 \times 12000} = 130.52 - 0.75 - 1.5 = 128.27\text{m}$

跨河终点位置桥下净空：$128.27 - 2.8 - 118 = 7.47\text{m}$

以上各点取最小值，为 6.97m。

答案：A

注意： 此题主要告诉考生凸型竖曲线的最高点不一定是变坡点。解答过程可以直接判断最低点为跨越河道起点进行解答。

4. 解答：根据《公路路线设计规范》（JTG D20—2017）第 8.2.1 条，设计速度 60km/h 的最大纵坡为 6%。

根据第 8.2.2 条，海拔 3000m 以上应进行最大纵坡折减，3200m 折减 1%，则最大纵坡为 5%。

根据第 8.5.2 条，非机动车交通量较多，其合成坡度最大值为 8.0%。设纵坡为i_l、横坡为i_h，合成坡度为I；即$I^2=i_l^2+i_h^2$，则$i_1=(I^2-i_h^2)^{0.5}=(8^2-6^2)^{0.5}=5.3\%$。

以上二者取小值，为 5%。

答案：B

5. 解答：根据《公路路基设计规范》（JTG D30—2015）第 3.3.2 条。

（1）考虑洪水位的路堤高度应为 $192.66-189.96+0.82+0.5=4.02$m；

（2）考虑路基平衡湿度状态的路堤高度应为：$2.1+(0.09+0.18+0.18)=2.55$m；

（3）考虑路基工作区的路堤高度为 $0.8+(0.09+0.18+0.18)=1.25$m。

取三者大值，则路堤高度最小应为 4.02m。

答案：C

6. 解答：根据《公路路基设计规范》（JTG D30—2015）第 5.5.4 条。

$$P_d=\frac{E}{\sin(\alpha+\beta)\tan\varphi+\cos(\alpha+\beta)}$$
$$=\frac{1200}{\sin(36°+28°)\tan 20°+\cos(36°+28°)}$$
$$=1567.6\text{kN}$$

答案：C

7. 解答：根据《公路软土地基路堤设计与施工技术细则》（JTG/T D31-2—2013）第 4.3.5 条。

$m_s=0.123\gamma^{0.7}(\theta H^{0.2}+\upsilon H)+Y=0.123\times18^{0.7}(1.05\times4^{0.2}+0.025\times4)-0.1=1.28$

$S=m_sS_c=1.28\times66=84.5$cm

答案：C

8. 解答：根据《公路沥青路面设计规范》（JTG D50—2017）第 B.7.1 条。

（1）承载板施加荷载为 50kN，承载板半径 150mm，承载板压强为：

$\frac{50000}{\pi\times150\times150}=0.707$MPa

（2）计算路基弯沉的平衡湿度状态下路基回弹模量，不考虑干湿与冻融循环：

$E_0=100\div0.9=111.1$MPa

（3）则路基顶面验收弯沉值为：

$\frac{176pr}{E_0}=\frac{176\times0.707\times150}{111.1}=168$（0.01mm）

答案：A

9. 解答：该路面结构中沥青结合料类材料层总厚度为 180mm，根据《公路沥青路面设计规范》（JTG D50—2017）附录 B 第 B.5.1 条、第 B.5.2 条。

$b=5$，$T=-4$，$S_t=270$

$\mathrm{CI}=1.95\times10^{-3}\times270\times\lg5-0.075\times(-4+0.07\times180)\times\lg270+0.15=-1.05$

结果取 1 位小数为−1.1。

答案：B

10. 解答： 根据《公路水泥混凝土路面设计规范》（JTG D40—2011）第 8.4.4 条及附录 B.2.5，路面基层顶面的当量回弹模量标准值：

$E_t=13739\omega_0^{-1.04}=13739\times1.49^{-1.04}=9074.89\mathrm{MPa}$，取整为 9075MPa。

答案：A

11. 解答：

（1）根据《公路桥涵设计通用规范》（JTG D60—2015）第 1.0.5 条，3～13m 石拱桥属于中桥，无铰拱；根据《公路工程水文勘测设计规范》（JTG C30—2015）第 1.0.8 条，一级公路中桥设计洪水频率 1/100，则设计水位为 127.23m；

（2）该桥矢高为 13/4 = 3.25m，根据《公路工程水文勘测设计规范》（JTG C30—2015）表 7.4.1 注 1，三分之一矢高为 3.25/3 = 1.08m > 1.0m，所以该桥设计洪水位可位于拱圈矢高三分之二处；

（3）则最低桥面高程为：127.23 + 1.08 + 0.6 + 0.9 = 129.81m。

答案：D

12. 解答： 根据《公路钢筋混凝土及预应力混凝土桥涵设计规范》（JTG 3362—2018）第 9.1.12 条第 1 款，取最小配筋率为 0.5%。

设需要x根钢筋，

$\rho=0.5\%=\frac{x\times\pi r_1^2}{\pi r_2^2}=\frac{x\times0.0125^2}{2^2}$

$x=128$

答案：D

13. 解答： 根据《公路隧道设计规范》（JTG 3370.1—2018）第 4.4.1 条及表 4.4.1。

（1）车道宽度 $2\times3.75=7.5\mathrm{m}$；

（2）左侧侧向净宽 0.75m，右侧侧向净宽 1.00m；

（3）两侧检修道宽度均为 1.0m。

则建筑限界净宽为 $7.5+0.75+1.0+2\times1.0=11.25\mathrm{m}$。

答案：B

14. 解答： 根据《公路隧道设计规范》（JTG 3370.1—2018）第 3.6.3 条、第 A.0.3 条、第 3.6.4 条、第 P.0.1 条。

$K_1=0.6$，$K_2=0.2$，$K_3=0$，$[\mathrm{BQ}]=\mathrm{BQ}-100（K_1+K_2+K_3）=210$。

查表 3.6.4，可知为Ⅴ级围岩；查表 8.4.1，预留变形量应取为 100～150cm。

答案：D

15. 解答： 根据《公路路线设计规范》（JTG D20—2017）第 10.5.3 条，因二级公路设计速度为

60km/h，则其右转减速车道宜采用渐变式变速车道。减速时侧移率取 1.0m/s，减速车道平均行驶速度为$(60+40)/2=50$km/h，则减速车道长度为$(50/3.6)\times(5/1)=69.5$m。

答案：C

16. 解答：根据《公路路线设计规范》(JTG D20—2017)表 3.3.4，杭州城郊的设计小时交通量系数为 0.085，则匝道设计小时交通量 DDHV $=5000\times0.085=425$pcu/h >400pcu/h，分、合流鼻端之间的匝道长度为 $670-120=550$m >350m，匝道设计速度为 40km/h，根据《公路立体交叉设计细则》(JTG/T D21—2014)表 7.3.1，采用II型，单车道变速车道。

答案：B

17. 解答：由题意知此公路为四川城郊高速公路，根据《公路路线设计规范》(JTG D20—2017)表 3.3.4，设计小时交通量系数K取 0.09，根据平面图示，C 匝道为双向匝道，其双向交通量为 A 匝道与 B 匝道之和，则 AADT $=(728+889)/0.09=17967$pcu/d。

答案：D

18. 解答：

(1)根据《城市道路路线设计规范》(CJJ 193—2012)表 6.3.4-2，设计速度为 60km/h 时，平曲线最小长度$L=700/6°=116.67$m；$L_{\min}=R_{\min}\alpha\pi/180°=116.67$m，得$R_{\min}=116.67\times180°/6°\pi=1114.15$m，向上取整 1120m；

根据表 6.3.3-1，不设缓和曲线的最小圆曲线半径为 1000m $<$ 1120m，取 1120m。

答案：C

19. 解答：根据《城市道路路线规范》(CJJ 193—2012)表 6.5.1，单车道加宽值 0.6m，$\Delta b=0.6$m。

K1 + 260 处，$\Delta b=0.6\times\frac{1260-1230}{1265-1230}=0.514$m

$D=16.2-(4+2.5+0.514+3.5)=5.686$m

答案：D

20. 解答：根据《城市道路路基设计规范》(CJJ 194—2013)第 7.8.2 条，地下溶洞顶板岩层上有上覆土层，可自土层底部采用覆盖土层稳定休止角向上绘斜线，求出其与地面的交点，即$L_{土}=\frac{h_{土}}{\tan50°}$。

$$L=H_{k}\cot\beta+\frac{h_{土}}{\tan50°}=H_{k}\cot\left(\frac{45°+\frac{\varphi}{2}}{K_{s}}\right)+\frac{h_{土}}{\tan50°}=2\times\cot\left(\frac{45°+\frac{40°}{2}}{1.2}\right)+\frac{3}{\tan50°}=3.96\text{m}$$

答案：C

21. 解答：根据《城镇道路路面设计规范》(CJJ 169—2012)第 3.2.1 条，$t=15$年；

根据第 3.2.3 条第 6 款，

$N_{e}=\frac{[(1+\gamma)^{t}-1]\times365}{\gamma}\cdot N_{1}\cdot\eta=\frac{[(1+0.07)^{15}-1]\times365}{0.07}\times3000\times0.65=17885581$ 次/车道；

根据第 5.4.3 条，$A_{c}=1.1$；

根据第 5.4.5 条，

$K_{sr}=\frac{0.35N_{e}^{0.11}}{A_{c}}=\frac{0.35\times17885581^{0.11}}{1.1}=1.997$，

$[\sigma_R]=\frac{\sigma_s}{K_s}=\frac{0.7}{1.997}=0.35\text{MPa}$。

答案：B

22. 解答：根据《城市桥梁设计规范》（CJJ 11—2011）（2019 年版）第 10.0.2 条、第 10.0.3 条，小型汽车专用道路，最低可采用城-B 级车道荷载 × 0.6 折减系数，车道及车道同通用规范，净宽 12m，单向行驶，3 车道。

集中荷载$P_k=270+\frac{360-270}{50-5}\times(39.2-5)=2\times(130+39.2)=338.8\text{kN}$

本桥采用的均布荷载为 $0.6\times0.75\times10.5=4.725\text{kN/m}$

采用的集中荷载为 $0.6\times0.75\times338.8=152.5\text{kN}$

主梁跨中汽车荷载作用下的弯矩标准值（含冲击系数）为

$(1+0.2)\times\left[\left(\frac{152.5\times39.2}{4}+\frac{4.725\times39.2^2}{8}\right)\times3\times0.78\right]=6745\text{kN}\cdot\text{m}$

答案：A

23. 解答：根据《城市地下道路工程设计规范》（CJJ 221—2015）第 6.3.5 条及《城市道路交叉口设计规程》（CJJ 152—2010）第 5.5.3 条。

（1）洞口到汇流鼻端距离

根据《城市地下道路工程设计规范》（CJJ 221—2015）表 6.3.5，设计速度 80km/h，取 165m。

（2）加速段距离

根据《城市地下道路工程设计规范》（CJJ 221—2015）表 6.4.1，设计速度 80km/h，加速段取 220m。

（3）渐变段距离：

根据《城市地下道路工程设计规范》（CJJ 221—2015）第 6.4.4 条及《城市道路交叉口设计规程》（CJJ 152—2010）表 5.5.3-1，渐变段取 50m。

（4）洞口至渐变段末端

$165+220+50=435\text{m}$

答案：D

24. 解答：根据《城市道路交叉口设计规程》（CJJ 152—2010）。

①根据第 4.2.11 条第 2 款，压缩后的中央分隔带宽度对于新建交叉口至少应为 2m，1.5m 不符合规范；

②依题意，右转不受灯控，展宽长度受直行或者左转车道长度影响，左转交通量为 6 辆 < 直行交通量 8（24 ÷ 3）辆；根据《城市道路交叉口设计规程》（CJJ 152—2010）第 4.2.13 条，展宽段最小长度为 $8\times9=72\text{m}$，渐变段长度为 $0.7\times60/3.6\times3=35\text{m}$；规范规定，渐变段长度 30～35m，与计算出来的 35m 取大值，取 35m；进口道渠化长度最小应为 $72+35=107\text{m}>102\text{m}$，不符合规范；

③根据第 4.2.9 条，困难条件（用地受限）进口道 3m，符合规范；

④根据第 4.2.15 条，出口道 3.25m，不符合规范，根据第 4.2.14 条，进口道有右转专用道时，出口道应展宽一条右转专用车出口道，不符合规范；

⑤根据第 4.3.5 条，主要道路的纵坡度宜保持不变，且调整后影响主要道路行车舒适度，不符合

规范。

故本题①②④⑤共 4 项不满足规范。

答案：D

25. 解答： 根据《城市工程管线综合规划规范》（GB 50289—2016）第 4.1.3 条，从外到中心合理布置顺序为：给水、污水、雨水，选项 B 和 D 均不满足；根据表 4.1.9，热力与电力管道最小水平净距应为 2m，热力和电力管道间距最小应为 $2 + 1.2/2 + 0.4/2 = 2.8$m，选项 C 为 2m 不满足规范，选项 A 满足规范要求。

答案：A

附录一 历年知识真题在考试规范各章节分布情况和分值占比——汇总

1 路线工程

1.1 各章节历年知识题真题数分布

真题年份	2020年		2021年		2022年		2022年补考		2023年		2024年	
	单选	多选	单选	多选	单选	多选	单选	多选	单选	多选	单选	多选
一、公路工程技术标准												
1. 总则		2		2		1	3		1	1		
3. 基本规定	1						2		1		2	
4. 路线	2				1						1	1
8. 隧道											2	
9. 路线交叉											1	
小计	3	2	0	2	1	1	5	0	2	1	6	1
二、公路路线设计规范												
1. 总则		1										
2. 公路分级与等级选用		1										
2.2 公路技术等级与设计速度选用	1		2		1			2				
3 公路通行能力												
3.1 一般规定						1	1					
3.2 服务水平		1			1		1		1			
3.3 设计小时交通量			4				1					
3.4 高速公路、一级公路设计通行能力		1										
4. 总体设计												
4.1 一般规定		1										
4.2 公路功能与技术标准				2						1		
4.3 建设规模和建设方案	2	1		2		1		1				1
4.4 环境保护与资源节约								1				
4.5 设计检验与安全评价								1				
5. 选线						1		1		2		
6. 公路横断面												
6.1 一般规定							1					
6.2 车道		1			1				2	1		

续上表

真题年份	2020年		2021年		2022年		2022年补考		2023年		2024年	
	单选	多选	单选	多选	单选	多选	单选	多选	单选	多选	单选	多选
6.3 中间带	1				1							1
6.4 路肩					1	1	1			1		
6.5 路拱横坡	1					1						
6.6 公路建筑限界	1		2			1				1		1
6.7 公路用地范围								1				
7. 公路平面						3						
7.2 直线			2	2					1			1
7.3 圆曲线	1			2	1	1		1			1	
7.4 回旋线					1	1		1	1	1		1
7.5 圆曲线超高	1			4	1			2			2	2
7.6 圆曲线加宽			2									
7.8 平曲线长度						1					1	
7.9 视距				2	1				2	1	2	1
7.10 回头曲线											1	
8. 公路纵断面												
8.2 纵坡		2	2	2	1	2	1		1		1	
8.3 坡长	1	1	2		2		1	1	1		1	1
8.4 爬坡车道	1						2		1			1
8.5 合成坡度											1	
9. 线形设计												
9.2 平面线形设计						1						
9.4 横断面设计											1	1
9.5 线形组合设计					1			1				1
9.6 线形与桥、隧的配合				2							2	1
9.7 线形与沿线设施的配合												1
13. 公路沿线设施												
13.2 收费站					1							
小计	10	10	16	18	14	15	9	13	10	8	13	14
三、公路工程基本建设项目设计文件编制办法（交公路发〔2007〕358号）												
2. 设计阶段					2							1
3. 初步设计										1		
小计	0	0	0	0	2	0	0	0	0	1	0	1
四、公路项目安全性评价规范												
3. 公路可行性研究阶段								1				

续上表

真题年份	2020年		2021年		2022年		2022年补考		2023年		2024年	
	单选	多选	单选	多选	单选	多选	单选	多选	单选	多选	单选	多选
4. 初步设计阶段							1	1				
小计	0	0	0	0	0	0	1	2	0	0	0	0
五、小交通量农村公路工程技术标准												
3. 基本规定												
3.1 公路等级类型选用										1	2	
4. 路线									1		1	
5. 路基											1	
小计	0	0	0	0	0	0	0	0	1	1	4	0
六、城镇化地区公路工程技术标准												
3. 基本规定												
3.1 公路分级及设施设置										1		
3.3 设计交通量预测年限									1			
3.5 设计速度												1
4. 路线												
4.2 横断面										1	1	1
小计	0	0	0	0	0	0	0	0	1	2	1	2
七、城市道路工程设计规范												
3.1 道路分级				2								
3.2 设计速度		1										
3.4 道路建筑限界	1											
3.5 设计年限		1							1		1	
3.7 防灾标准		1								1		
4. 通行能力和服务水平	3					1						
4.1 一般规定	1		2									
4.2 快速路			2		1							
4.5 人行设施					1							
5.3 横断组成及宽度		1					2			2	3	
5.4 路拱与横坡											1	
6. 平面和纵断面	1											
6.2 平面设计							1			1	1	
6.3 纵断面设计										1		
9.2 行人交通		1				1		1		1		
9.3 非机动车交通												
10. 公共交通设施		1			1			1				

续上表

真题年份	2020年		2021年		2022年		2022年补考		2023年		2024年	
	单选	多选	单选	多选	单选	多选	单选	多选	单选	多选	单选	多选
10.2 公共交通专用车道										1		1
10.3 公共交通车站										1		
11. 公共停车场和城市广场	1											1
12. 路基和路面												
14. 交通安全和管理设施							1					
15.3 排水								1				
小计	7	6	4	2	3	2	4	3	1	8	6	2
八、城市道路路线设计规范												
3.0									1			
5.2 横断面布置				2								
5.3 横断组成及宽度	1		4			1	1		2			
5.4 路拱及横坡	1	1			1							
6.3 平曲线	1				2				1	1	1	1
6.4 圆曲线超高						1						
6.5 圆曲线加宽		1										
6.6 视距	1	2					1		1			
7.2 纵坡		1			1	1	1					
7.3 坡长		1					1					
7.4 合成坡度		1							1			
7.5 竖曲线	1						1					
10.2 立体交叉									1			
小计	5	7	4	2	4	3	5	0	7	1	1	1
九、城市道路绿化规划与设计规范（2024年已取消，2025若未恢复，可不复习）												
4. 道路绿带设计					1		1					
6. 道路绿化与有关设施							1		1			
小计	0	0	0	0	1	0	2	0	1	0	0	0
十、城市道路交通工程项目规范												
2. 基本规定					1	1	1				1	
小计	0	0	0	0	1	1	1	0	0	0	1	0
十一、《市政公用工程设计文件编制深度规定》（2013年版）												
编制说明									1			
第三篇道路工程												
第二章道路工程初步设计文件编制深度					1	1						
第三章道路工程施工图设计文件编制深度							1					
小计	0	0	0	0	1	1	1	0	1	0	0	0

1.2 知识题总量占比

真题年份	题型	公路路线及术标准	公路工程编制办法	城镇化地区公路	小交通量农村公路	公路安评	城市道路设计规范及路线	城市绿化	市政深度规定	城市道路项目规范	分值占比
2020 年	单选题	10					15				19.58%
	多选题	6					5				
2021 年	单选题	14					10				23.33%
	多选题	11					5				
2022 年	单选题	10	1				5	1	1	1	22.08%
	多选题	11	1				3		1	1	
2022 年补考	单选题	11	1			1	9	1	1	1	22.08%
	多选题	9					5				
2023 年	单选题	11		1	1		8	1	1		23.75%
	多选题	8	1	2	1		5				
2024 年	单选题	10		1	2		8		1	1	22.92%
	多选题	9	1	1			5		0		

2 路基工程

2.1 各章节历年知识题真题数分布

真题年份	2020 年		2021 年		2022 年		2022 年补考		2023 年		2024 年	
	单选	多选	单选	多选	单选	多选	单选	多选	单选	多选	单选	多选
一、公路路基设计规范												
3.1 一般规定	1										2	1
3.2 路床		1						1	2		1	
3.3 填方路基	1		2			1		2	3			3
3.6 高路堤与陡坡路堤	1	2		2				1		1	1	
3.7 深路堑		1		2				1				
3.8 填石路堤		1		2	1				1	1		
3.9 轻质材料路堤				2	1	1			1			1
3.10 工业废渣路堤	1											
4.2 地表排水	1	1							1			
4.3 地下排水	1							1				
5.1 一般规定						1						
5.2 坡面防护	1		2			1						1
5.3 沿河路基防护												1
5.4 挡土墙		1			1		1	1		1		
5.5 边坡锚固			2				1					

续上表

真题年份	2020年		2021年		2022年		2022年补考		2023年		2024年	
	单选	多选	单选	多选	单选	多选	单选	多选	单选	多选	单选	多选
6.2 既有路基状况调查评价										1		
7.3 崩塌地段路基										1		
7.5 泥石流地段路基						1						
7.6 岩溶地区路基	1						1					
7.7 软土地区路基	1						3					
7.10 黄土地区路基								1				
7.11 盐渍土地区路基												1
7.13 风沙地区路基							1					
7.14 雪害地段路基										1		
附录C 路基平衡湿度预估方法					1							
附录G 排水、防护、支挡结构材料强度要求						1						
附录H 挡土墙设计计算	1	1	2	2		1	2					
小计	10	8	8	10	4	7	9	8	8	6	4	8
二、公路软土地基路堤设计与施工技术细则												
4.1 稳定与沉降计算一般规定											1	1
5.1 地基处理设计一般规定											1	
5.3 竖向排水体											1	
5.4 真空预压											1	
5.8 刚性桩											1	
5.11 强夯和强夯置换											1	
小计	0	0	0	0	0	0	0	0	0	0	6	1
三、公路膨胀土路基设计与施工技术规范												
5.2 膨胀土填料分类及利用											1	
6.2 边坡坡率设计及稳定性验算												1
小计	0	0	0	0	0	0	0	0	0	0	1	1
四、公路工程抗震规范												
1.0 总则		1										
3.1 桥梁工程抗震设防标准		2	2					1				
3.2 其他公路工程构筑物抗震设防标准	1											
7.1（挡土墙）一般规定						1						
7.2（挡土墙）强度和稳定性验算						1						
7.3（挡土墙）抗震措施						1						
8.3（路基）抗震措施			2									
小计	1	3	4	0	0	3	0	1	0	0	0	0

续上表

真题年份	2020年		2021年		2022年		2022年补考		2023年		2024年	
	单选	多选	单选	多选	单选	多选	单选	多选	单选	多选	单选	多选
五、公路滑坡防治设计规范												
3.2 防治工程安全等级							1		1			
5.1 滑坡稳定分析评价一般规定										1		
5.3 滑坡岩土体抗剪强度指标					1							
6.1 滑坡防治设计要点一般规定												1
6.2 滑坡预防设计要点												1
7.5 预应力锚索设计										1		
小计	0	0	0	0	1	0	1	0	1	2	0	2
六、季节性冻土地区公路设计与施工技术规范（2024年已取消，2025若未恢复，可不复习）												
5.3 冰冻条件下路基临界高度					1	1						
6.5 路面最小防冻厚度的确定						1						
6.7								1				
小计	0	0	0	0	1	2	0	1	0	0	0	0
七、公路排水设计规范												
3.0 总体要求				2								
4.5 坡面排水								1	1			
5.1（路面内部排水）一般规定											1	
5.3 排水基层												1
6.3 地下排水设施					1	1						
9.2 沟和管的水力计算					1				1		1	
小计	0	0	0	2	2	1	0	1	2	0	2	1
八、城市道路工程设计规范												
12. 路基和路面城市路基规范												1
4.2 路基干湿类型	1											
4.3 填方路基					1						1	
4.6 路基压实						1			1		1	
4.7 特殊部位的路基填筑与压实		1				1						
5.2 地表水								1				
5.3 地下水						1						
6.2 路基稳定与变形分析									1			1
6.4 支挡加固					1		1			1		
7.2 软土地区路基				2			1			1		1
7.4 膨胀土地区路基												1
7.9 浸水路基		1										
8.4 路基拓宽								1				

续上表

真题年份	2020年		2021年		2022年		2022年补考		2023年		2024年	
	单选	多选	单选	多选	单选	多选	单选	多选	单选	多选	单选	多选
附录A 路基临界高度			2									
小计	1	2	2	2	2	3	2	2	2	2	2	4

2.2 知识题总量占比

真题年份	题型	公路路基设计规范	公路排水规范	公路抗震规范	公路软土地基路堤设计与施工技术细则	公路膨胀土路基设计与施工技术规范	公路滑坡防治规范	季节性冻土地区公路设计与施工技术规范	城市路基规范	分值占比
2020年	单选题	9		1					1	12.92%
	多选题	7		2					1	
2021年	单选题	6		2					2	11.67%
	多选题	6	1						2	
2022年	单选题	5	2				1	1	2	13.75%
	多选题	5	1	1				2	2	
2022年补考	单选题	9	1				1		2	16.25%
	多选题	8	1	1				1	2	
2023年	单选题	8	2				1		2	14.58%
	多选题	6	1				2		2	
2024年	单选题	5	2		3	1			2	13.75%
	多选题	4	1		1	1	1		2	

3 路面工程

3.1 各章节历年知识题真题数分布

真题年份	2020年		2021年		2022年		2022年补考		2023年		2024年	
	单选	多选	单选	多选	单选	多选	单选	多选	单选	多选	单选	多选
一、公路沥青路面设计规范												
3. 设计标准	3	1	4		3					1	1	1
4. 结构组合设计												
4.1 一般规定	1			2								
4.2 路面结构组合						1	1					1
4.4 基层和底基层		1							1		1	
4.5 面层	1					1	1		1		1	
4.6 功能层	1								1		1	
5. 材料性质要求和设计参数												

续上表

真题年份	2020 年		2021 年		2022 年		2022 年 补考		2023 年		2024 年	
	单选	多选	单选	多选	单选	多选	单选	多选	单选	多选	单选	多选
5.1 一般规定										1		
5.2 路基			2									
5.4 无机结合料稳定材料								1				
5.5 沥青混合料类材料				2		2	1					1
6. 路面结构验算												
6.1 一般规定	1								1			
6.2 设计指标											1	
6.3 交通、材料和环境参数							1	1		1		
7. 改建设计												
7.2 既有路面调查与分析		1										
7.3 改建方案				2						1		
7.4 改建路面结构验算							2	1			1	
附录 A 交通荷载参数分析			2									
附录 B 路面结构验算方法									1			1
小计	7	3	8	6	3	4	6	3	5	4	6	4
二、公路水泥混凝土路面设计规范												
3. 设计参数			2		2			1	3		1	
4. 结构组合设计												
4.2 路基	1				1							
4.3 垫层	1											
4.4 基层和底基层		1					1	1		1		
4.5 面层					1							
4.6 路肩						1						
4.7 路面排水		1										
5. 接缝设计												
5.2 纵向接缝					1			1		1		1
5.3 横向接缝						1			1	1		1
5.4 交叉口接缝布设						1			1			
5.5 端部处理	1			2			1					1
5.6 填缝材料												1
6. 混凝土面层配筋												
6.2 钢筋混凝土面层配筋设计											1	
6.3 连续配筋混凝土路面配筋									1			
7. 材料组成与材料参数												
7.3 基层材料											1	

续上表

真题年份	2020年		2021年		2022年		2022年补考		2023年		2024年	
	单选	多选	单选	多选	单选	多选	单选	多选	单选	多选	单选	多选
8. 加铺层结构设计					1							
8.2 路面损坏状况调查										1		
8.6 沥青加铺层结构设计								1		1		
附录B 混凝土板应力分析及厚度计算					1							
小计	3	2	2	2	7	3	2	4	6	5	3	4
三、排水沥青路面设计与施工技术规范（2024年已取消，2025若未恢复，可不复习）												
3. 结构设计												
3.1 一般规定							1					
3.2 结构组合			2				1					
3.4 旧路改造的排水沥青路面设计								1				
小计	0	0	2	0	0	0	2	1	0	0	0	0
六、季节性冻土地区公路设计与施工技术规范（2024年已取消，2025若未恢复，可不复习）												
6.5 路面最小防冻厚度的确认							1	0	0	0		
6.7 桥面沥青铺装层							0	1	0	0		
小计	0	0	0	0	0	0	1	1	0	0	0	0
四、城镇道路路面设计规范												
3 基本规定												
3.1 一般规定		1		2								
3.2 设计要素	2		2		2	1	1		1			
4. 路基、垫层与基层												
4.1 路基			2									
4.2 垫层	1									1		
4.3 基层												1
5. 沥青路面												
5.1 一般规定	1											
5.2 面层类型于材料	1				1			1	1		1	
5.3 路面结构组合设计			2			1		1		1		
5.4 路面结构设计指标与要求							1			1		
5.5 路面结构层的计算											1	
5.6 加铺层结构设计		1										
6. 水泥混凝土路面												
6.2 设计指标与要求												1
6.7 接缝设计	1											
6.8 加铺层结构设计		1		2								
9. 路面排水												

续上表

真题年份	2020 年		2021 年		2022 年		2022 年补考		2023 年		2024 年	
	单选	多选	单选	多选	单选	多选	单选	多选	单选	多选	单选	多选
9.2 路面排水设计	1											
条文说明												
3. 基本规定			2									
3.1 一般规定												
小计	7	3	8	4	3	2	2	2	2	3	2	2
五、城市道路路线设计规范												
5. 横断面设计												
5.4 路拱与横破	1											
小计	1	0	0	0	0	0	0	0	0	0	0	0

3.2 知识题总量占比

真题年份	单选题（道）		多选题（道）		分值占比
	公路路面	城市路面	公路路面	城市路面	
2020 年	10	5	7	1	12.92%
2021 年	10	4	8	3	15.00%
2022 年	10	2	6	2	11.67%
2022 年补考	12	2	6	2	12.50%
2023 年	10	2	8	2	13.33%
2024 年	10	2	7	3	13.33%

4 桥梁工程

4.1 各章节历年知识题真题数分布

真题年份	2020 年		2021 年		2022 年		2022 年补考		2023 年		2024 年	
	单选	多选	单选	多选	单选	多选	单选	多选	单选	多选	单选	多选
一、公路桥涵设计通用规范												
1. 总则												
1.0.4 设计使用年限						1			1			
3. 设计要求												
3.1 一般规定		1	2									
3.2 桥涵布置						1			1			
3.3 桥涵孔径												
3.4 桥涵净空					1							
3.5 桥上线形及桥头引道	2							1				

续上表

真题年份	2020 年		2021 年		2022 年		2022 年补考		2023 年		2024 年	
	单选	多选	单选	多选	单选	多选	单选	多选	单选	多选	单选	多选
4. 作用												
4.1 作用分类、代表值和作用组合	1	1	2		1	1						
4.3 可变作用					1							1
小计	3	2	4	0	3	3	0	1	2	0	0	1
二、公路工程水文勘测设计规范												
4. 桥位选择									1			1
4.1 一般规定							1					
4.2 各类河段上的桥位选择	1											
4.3 特殊地区的桥位选择							1	1				
5. 水文调查与勘测												
5.2 水文调查								1				
6. 设计洪水分析与计算		1										
6.2 利用实测流量系列推算设计流量					1						1	
6.3 利用历史洪水位推算设计流量												
6.4 设计流量计算的其它方法												
7. 桥孔设计												
7.3 桥孔布设					1							
8. 墩台冲刷计算及基础埋深												
8.1 一般规定										1		
8.6 墩台基底最小埋置深度		1			1					1		
小计	1	2	0	0	3	0	2	2	1	2	1	1
三、公路钢筋混凝土及预应力混凝土桥涵设计规范												
3. 材料												
3.1 一般规定	1											
4.5 耐久性设计要求											1	
5.2 受弯构件												
6. 持久状况正常使用极限状态计算										1		
6.1 一般规定				2								
6.4 裂缝宽度验算	1		2									
9. 构造规定										1		
9.1 一般规定	2		2						1			
9.3 梁											1	
9.6 柱、墩台和桩基承台									1			
小计	4	0	4	2	0	0	0	0	2	2	2	0

续上表

真题年份	2020年		2021年		2022年		2022年补考		2023年		2024年	
	单选	多选	单选	多选	单选	多选	单选	多选	单选	多选	单选	多选
四、公路桥涵地基与基础设计规范												
5. 浅基础												
5.1 埋置深度									1			
5.3 沉降验算												1
5.4 稳定性验算					1							
6.2 桩基础构造							1				1	
小计	0	0	0	0	1	0	1	0	1	0	1	1
五、公路工程抗震规范												
1. 总则												
1.0.4 地震安全性评价要求		1										
3. 基本规定												
3.1 桥梁工程抗震设防标准		1	2									
小计	0	2	2	0	0	0	0	0	0	0	0	0
六、公路工程技术标准												
6. 桥涵						1	2					
小计	0	0	0	0	0	1	2	0	0	0	0	0
七、公路桥梁抗震设计规范												
3. 基本要求											1	
3.1 桥梁抗震设防分类和设防标准												
3.4 桥梁结构抗震体系												
3.5 抗震概念设计												
4.1 场地												1
6.4 时程分析方法												
11. 抗震措施												
11.3 二级抗震措施							1	1				
11.4 三级抗震措施						1						
小计	0	0	0	0	0	1	1	1	0	0	1	1
八、公路桥梁抗风设计规范（2024年已取消，2025若未恢复，可不复习）												
3. 基本要求												
3.1 一般规定				2								
小计	0	0	0	2	0	0	0	0	0	0	0	0
九、公路工程混凝土结构耐久性设计规范												
5. 材料												
5.2 原材料									1			
5.3 混凝土				2								

续上表

真题年份	2020年		2021年		2022年		2022年补考		2023年		2024年	
	单选	多选	单选	多选	单选	多选	单选	多选	单选	多选	单选	多选
8.1 防腐蚀附加措施一般规定									1			
小计	0	0	0	2	0	0	0	0	2	0	0	0
十、公路钢结构桥梁设计规范												
4. 结构分析												
4.2 结构强度、稳定与变形计算					1		1					
5 构件设计												
5.1 一般规定											1	
6 连接的构造和计算										1		
6.1 一般规定												
6.2 焊接连接							1					
6.3 栓、钉连接												
11.5 钢-混凝土组合梁构造										1		1
14 钢桥面铺装											1	
小计	0	0	0	0	1	0	2	0	0	2	2	1
十一、公路桥梁加固设计规范												
8. 体外预应力加固法												
8.2 加固计算											1	1
小计	0	0	0	0	0	0	0	0	0	0	1	1
十二、公路涵洞设计规范（2024年已取消，2025若未恢复，可不复习）												
3. 基本规定												
3.2 涵洞选型						1						
6.1 涵洞水文计算一般规定							1					
小计	0	0	0	0	0	1	1	0	0	0	0	0
公路桥梁小计	8	6	10	6	8	6	9	4	8	6	8	6
十三、城市桥梁设计规范												
3. 基本规定	1								2	1		1
4. 桥位选择							1					
6. 桥梁的平面、纵面和横断面设计								1			1	
9.5 桥梁栏杆									1		1	
10. 桥梁上的作用												
10.0.5 城市桥梁设计人群荷载	1		2									
10.0.8 桥路侧防撞护栏												
小计	2	0	2	0	0	0	1	1	3	1	2	1
十四、城市人行天桥与人行地道技术规范												
2 一般规定			2						1			

续上表

真题年份	2020年		2021年		2022年		2022年补考		2023年		2024年	
	单选	多选	单选	多选	单选	多选	单选	多选	单选	多选	单选	多选
2.2 净宽							1					
2.3 净高												
2.4 设计原则							1				1	
2.6 附属设施												
3.4 梯（坡）道、平台												
小计	0	0	2	0	0	0	2	0	1	0	1	0
城市桥梁小计	2	0	4	0	0	0	3	1	4	1	3	1

4.2 知识题总量占比

真题年份	单选题（道）		多选题（道）		分值占比
	公路桥梁	城市桥梁	公路桥梁	城市桥梁	
2020年	8	2	6	0	9.17%
2021年	8	3	6	1	10.42%
2022年	8	1	6	1	9.58%
2022年补考	9	3	4	1	9.17%
2023年	8	4	6	1	10.83%
2024年	8	3	6	1	10.42%

5 隧道工程

5.1 各章节历年知识题真题数分布

真题年份	2020年		2021年		2022年		2022年补考		2023年		2024年	
	单选	多选	单选	多选	单选	多选	单选	多选	单选	多选	单选	多选
一、公路工程技术标准												
8.0 隧道											1	
小计	0	0	0	0	0	0	0	0	0	0	1	0
二、公路隧道设计规范 第一册												
1.0 总则	1											
3.5 工程环境调查		1										
3.6 围岩分级					1	1						
4.2 隧道位置选择	1				1						1	
4.3 隧道线形设计	1		2				2			1	1	1
4.4 隧道横断面设计									1			
4.5 横通道及平行通道											1	
5.2 材料性能					1				1			

续上表

真题年份	2020年		2021年		2022年		2022年补考		2023年		2024年	
	单选	多选	单选	多选	单选	多选	单选	多选	单选	多选	单选	多选
6.1（荷载）一般规定						1						1
6.2 永久荷载												
7.1（洞口及洞门）一般规定		1										
7.2 洞口工程		1								1		
7.3 洞门工程		2										
8.1（衬砌结构设计）一般规定	1				1						1	
8.2 喷锚衬砌		1					1	1	1		1	
8.3 整体式衬砌						1			1			
8.4 复合式衬砌			2									
8.5 明洞衬砌					1							
10.1 防排水一般规定										1		
10.2 防水	2						1					
10.3 排水						1	1					
11.4 分岔隧道												1
11.5 棚洞						1						
12.2 竖井								1				
12.5 风道及地下机房					1							
13.1（辅助工程措施）一般规定		1				1						
13.2 围岩稳定措施					1		1	1				
13.3 涌水处理措施								1	1			
14.2 膨胀性围岩							1					
14.3 岩溶		1										1
14.4 采空区												1
14.5 流沙								1				
14.6 瓦斯及有害气体	1											
14.7 黄土												1
14.8 高地应力区				2								
14.9 多年冻土							1					1
15.3 隧道路面							1					
17.2 隧道改扩建方案设计				2							1	
17.4 隧道改建				2							1	
18.2 预留预埋					1							
小计	7	8	4	6	8	6	9	5	5	3	7	7
三、公路隧道设计规范 第二册												
3.0 公路隧道交通工程与附属设施配置等级	1		2						1			1
4.2 标志					1			1				
5.1 通风设施一般规定										1		

续上表

真题年份	2020年		2021年		2022年		2022年补考		2023年		2024年	
	单选	多选	单选	多选	单选	多选	单选	多选	单选	多选	单选	多选
5.2 通风标准			2									
5.3 设计风速						1						
5.4 排烟				2		1			2			
5.5 风机			2								1	
5.6 通风控制						1					2	
6.1（照明设施）一般规定	1											1
6.2 入口段照明									1			
6.4 中间段照明											1	
6.6 紧急停车带和横通道照明											1	
6.7 应急照明和洞外引道照明											1	
6.8 照明控制					1							
7.2 交通监测设施					1			1				
7.3 交通控制及诱导设施							2					
9.2 报警区域和探测区域的划分						1	1					
9.3 火灾探测器						1						
9.4 手动报警按钮						1						
9.6 火灾声光警报器							1					
9.7 系统供电与通信要求						1						
10.2 消防灭火设施							1			1		1
10.3 通道											1	1
11.2 供电设施					1			1		1		
小计	2	0	6	2	4	7	5	3	4	3	7	4
四、公路隧道抗震设计规范												
3.1 抗震设防分类和设防标准	1							1				
10.4（盾构隧道）抗震措施												1
13.3（隧道洞门）抗震措施					1							
小计	1	0	0	0	1	0	0	1	0	0	0	1
五、公路水下隧道设计规范												
4.1 建筑材料一般规定									1			
5.1 总体设计一般规定										1		
5.2 隧道位置选择											1	1
5.3 隧道线形设计									1	1		
小计	0	0	0	0	0	0	0	0	2	2	1	1
六、公路隧道加固技术规范												

续上表

真题年份	2020 年		2021 年		2022 年		2022 年补考		2023 年		2024 年	
	单选	多选	单选	多选	单选	多选	单选	多选	单选	多选	单选	多选
4.2（总体设计）加固设计											1	
7.6 锚杆加固设计												1
7.7 套拱加固设计												1
小计	0	0	0	0	0	0	0	0	0	0	1	2
七、城市地下道路工程设计规范												
3.1 城市地下道路分类						1					1	
3.5 建筑限界	1			2		1		2				
4.1（横断面）一般规定	1						1				1	
4.2 横断面布置	1			2	1	1						1
4.3 横断面组成及宽度	2			2		1			1		2	1
5.2 平面及纵断面设计	1								1		1	
6.3 分合流端			2									1
6.4 变速车道					1		1					1
7.2 交通标志								1		1		
7.3 交通标线								1		1		
8.2 机电及其他设施												
8.3 防灾设计						1						
小计	6	0	2	6	2	5	2	4	2	2	5	4

5.2 知识题总量占比

真题年份	题型	公路工程技术标准	公路隧道抗震规范	公路隧道规范第一册	公路隧道规范第二册	水下隧道规范	公路隧道加固技术规范	城市地下道路规范	分值占比
2020 年	单选题		1	7	2	—	—	2	11.67%
	多选题			7				1	
2021 年	单选题			6	4			2	11.67%
	多选题			4	2			2	
2022 年	单选题		1	8	3			2	15.00%
	多选题			6	2			3	
2022 年补考	单选题			9	5			2	17.50%
	多选题		1	5	3			4	
2023 年	单选题			6	4	2		2	14.17%
	多选题			3	3	2		2	
2024 年	单选题	1		4	4	1	1	3	14.17%
	多选题		1	2	3	1	1	2	

6 交叉工程

6.1 各章节历年知识题真题数分布

真题年份	2020年		2021年		2022年		2022年补考		2023年		2024年	
	单选	多选	单选	多选	单选	多选	单选	多选	单选	多选	单选	多选
一、公路路线设计规范												
7.9 视距							1				1	
10. 公路与公路平面交叉												
10.1 一般规定	3	1			3	2		1		1		1
10.2 平面交叉处公路线形	1					2				1		
10.3 视距		1			1		1		2			
10.4 转弯设计				2					1			
10.5 附加车道及交通岛			2					2			1	
11. 公路与公路立体交叉												
11.1 一般规定		1					1	1				
11.3 匝道设计									1		1	
12. 公路与铁路、乡村道路、管线交叉												
12.2 公路与铁路立体交叉		1	2	2	1				1		1	
12.3 公路与铁路平面交叉										1		
12.4 公路与乡村道路交叉										1		
12.5 公路与管线交叉										1		
小计	4	4	4	4	5	4	3	4	5	5	4	1
二、公路立体交叉设计细则												
3. 功能与分类												
3.2 分类			2									
3.3 功能与类型选择							1					
4. 控制要素												
4.4 视距							1					
4.5 交通量与服务水平	1	1		2	1	1	1					
5. 总体设计												
5.4 间距控制	1		2									
5.5 主线线形条件								1	1			
5.6 出口形式	2									1		
5.7 车道连续	1						1		1			
5.8 车道平衡				2			1					
6. 互通立交形式												
6.3 匝道形式					1	1						

续上表

真题年份	2020年		2021年		2022年		2022年补考		2023年		2024年	
	单选	多选	单选	多选	单选	多选	单选	多选	单选	多选	单选	多选
6.4 一般互通立交			2	2								
6.5 枢纽互通立交	1											1
7. 匝道横断面												
7.2 横断面组成与类型							1	1			1	
7.3 横断面类型选用		1				1				1		1
8. 匝道平纵面线形												
8.2 匝道平面										1	1	
8.3 匝道纵断面											2	2
8.4 出口匝道												1
10. 连接部												
10.2 变速车道		1									2	
10.6 辅助车道									1	1		
小计	6	3	6	6	2	3	6	2	3	4	6	5
三、城市道路交叉口设计规程												
3. 基本规定												
3.1 道路交叉 的分类 及其选择								1	1			1
3.3 设计车辆、设计速度、设计年限						1						1
4. 平面交叉												
4.1 设计原则					1					1		
4.2 交通组织与进出口道设计		1		2	1		1		1	1	1	
4.3 平面与竖向设计	2		2			1	1		1			1
4.4 公交停靠站与专用道设置					1						1	
4.5 行人与非机动车过街设施										1	1	
4.6 环形交叉口		1										
5. 立体交叉												
5.3 匝道	1	2		2			2		1		1	
5.4 辅助车道			2		1			1		1	1	
5.5 变速车道和集散车道		2	2					1		1		1
5.6 服务水平与通行能力					1		1					
附录 A.0.2										1		
小计	3	6	6	4	5	2	5	3	4	6	5	4
四、城市道路路线设计规范												
5. 横断面设计												
5.3 横断面组成宽度			1									
6. 平面设计												

续上表

真题年份	2020年		2021年		2022年		2022年补考		2023年		2024年	
	单选	多选	单选	多选	单选	多选	单选	多选	单选	多选	单选	多选
6.3 平曲线							1					
6.6 视距			1									
9. 道路与道路交叉												
9.1 一般规定												
9.2 平面交叉												
9.3 立体交叉												1
10. 道路与轨道交通线路交叉												
10.2 立体交叉				1								
10.3 平面交叉		1				1						
小计	0	1	2	1	0	1	1	0	0	0	0	1

6.2 知识题总量占比

真题年份	单选题（道）			多选题（道）			分值占比
	公路平交	公路立交	城市交叉	公路平交	公路立交	城市交叉	
2020年	5	5	3	2	4	4	13.75%
2021年	2	6	7	2	5	4	15.42%
2022年	5	2	5	3	3	3	12.50%
2022年补考	3	4	4	2	3	2	10.42%
2023年	4	4	3	2	4	2	11.25%
2024年	4	4	3	2	4	3	12.08%

7 交通设施

7.1 各章节历年知识题真题数分布

真题年份	2020年		2021年		2022年		2022年补考		2023年		2024年	
	单选	多选	单选	多选	单选	多选	单选	多选	单选	多选	单选	多选
一、公路交通安全设施设计规范												
3. 总体设计												
3.1 一般规定					1							
4.3 版面设计									1		1	
6. 护栏和栏杆												
6.2 路基护栏	1		2		1				1		1	
6.3 桥梁护栏和栏杆		2						1				
7. 视线诱导设施												

续上表

真题年份	2020 年		2021 年		2022 年		2022 年补考		2023 年		2024 年	
	单选	多选	单选	多选	单选	多选	单选	多选	单选	多选	单选	多选
7.2 设置原则					1			1				
10. 防眩设施												
10.2 设置原则						1						
11. 避险车道												
11.2 设置原则	1		2				1		1		1	
小计	2	2	4	0	3	1	1	2	3	0	3	0
二、高速公路交通工程及沿线设施设计通用规范												
5. 交通安全设施												
5.2 标志									1	1		1
5.4 视线诱导标	1										1	
5.8 护栏		1			1							
6. 服务设施												
6.1 一般规定	1	1										
7. 管理设施												
7.3 监控系统		1										
小计	2	3	0	0	1	0	0	0	1	1	1	1
三、高速公路改扩建交通工程及沿线设施设计细则（2024 年已取消，2025 若未恢复，可不复习）												
5. 交通安全设施												
5.1 一般规定												
7. 管理设施												
7.1 一般规定												
7.5 供配电照明							1					
9. 临时交通工程及沿线设施												
9.3 临时服务设施												
小计	0	0	0	0	0	0	1	0	0	0	0	0
四、公路限速标志设计规范（2024 年已取消，2025 若未恢复，可不复习）												
5.2 限速路段划分										1		
小计	0	0	0	0	0	0	0	0	0	1	0	0
五、城市道路交通设施设计规范												
4. 总体设计												
4.2 交通设施分级		1			1					1		
4.3 总体设计要求			2									
5. 交通标志												
5.1 一般规定										1		
5.2 分类及设置		1										

续上表

真题年份	2020年		2021年		2022年		2022年补考		2023年		2024年	
	单选	多选	单选	多选	单选	多选	单选	多选	单选	多选	单选	多选
7. 防护设施												
7.2 防撞护栏	1			2	1	1		1	1	2	1	2
7.4 限界结构防撞设施								1				
7.6 分隔设施			2									
7.7 隔离栅和防落物网						1					1	
8.2 信号灯设置							1					
8.3 交通信号控 系统										1		
9. 交通监控系统												
9.1 一般规定					1							
9.4 信息采集设施	1											
9.5 信息发布和控制设施												
10.3							1					
小计	2	2	4	2	3	2	2	2	1	5	2	2
六、无障碍设计规范												
3. 无障碍设施的设计要求												
3.1 缘石坡道		1					1					
3.2 盲道	1	1	2		1							
3.3 无障碍出入口					1							
3.4 轮椅坡道							1					
3.8 扶手							1					
4. 城市道路												
4.2 人行道		2			1		1				1	
4.3 人行横道	1										1	
4.4 人行天桥及地道	2	1			1						1	
4.5 公交车站												
5.2 实施部位和设计要求							1					
小计	4	5	2	0	4	0	5	0	0	0	3	0
七、城市工程管线综合规划规范												
3. 基本规定								1	1			
4. 地下敷设												
4.1 直埋、保护管及管沟敷设		1		2			1					1
4.2 综合管廊敷设		1										
5. 架空敷设	1									1	1	

续上表

真题年份	2020年		2021年		2022年		2022年补考		2023年		2024年	
	单选	多选	单选	多选	单选	多选	单选	多选	单选	多选	单选	多选
八、城市道路交通标志和标线设置规范												
小计	1	2	0	2	0	0	1	1	1	1	1	1
4. 交通标志的基本要求												
4.2 标志版面布置					1		1					1
4.3 标志的设置位置与数量					1				1			
6.6 禁止各类或某类机动车驶入标志							1					
7. 警告标志												
7.6 急弯路标志												
9. 快速路指路标志												
9.1 一般规定									1			
9.7 出口预告标志												
9.24 特殊情况下指路标志的设置												
12. 指示标线												
12.4 潮汐车道线												
12.5 车行道边缘线											1	
12.9 人行横道线								1				
13. 禁止标线												
13.2 禁止跨越对向车行道分界线												
14. 警告标线												
14.2 路面（车行道）宽度渐变段标线											1	
14.3 接近障碍物标线											1	
15. 其他标线												
15.3 轮廓标												
16. 交通标志和标线协调设置												
16.3 路段标志标线协调设置								1				
小计	0	0	0	0	2	0	2	2	2	0	3	1
九、建筑与市政工程无障碍通用规范（2024年已取消，2025若未恢复，可不复习）												
2.1 一般规定									1			
2.2 无障碍通道									2			
2.3 轮椅坡道									1			
2.6 无障碍电梯和升降平台									1			
2.9 无障碍机动车停车位/落客区									1			
小计	0	0	0	0	0	0	0	0	6	0	0	0

7.2 知识题总量占比

真题年份	题型	公路交安规范	高速交通设施规范	高速公路改扩建交通工程及沿线设施设计细则	公路限速标志设计规范	城市设施规范	无障碍设计	城市工程管线综合规划规范	城市道路交通标志和标线设置规范	分值占比
2020 年	单选题	2	2	0		2	4	1	0	17.08%
	多选题	3	3	0		2	5	2	0	
2021 年	单选题	2	1	0		2	2	1	0	9.17%
	多选题	1	2	0		2	0	2	0	
2022 年	单选题	3	1	0		3	4	0	2	12.08%
	多选题	1	0	1		2	1	0	3	
2022 年补考	单选题	0	0	0	0	2	2	1	2	7.92%
	多选题	2	0	0	0	2	0	1	1	
2023 年	单选题	1	1	0	0	1	1	1	2	7.92%
	多选题	0	1	0	1	2	0	1	1	
2024 年	单选题	3	1	0	0	2	3	1	2	9.17%
	多选题	0	1	0	0	2	0	1	1	

8 概预算

8.1 各章节历年知识题真题数分布

真题年份	2020 年		2021 年		2022 年		2022 年补考		2023 年		2024 年	
公路工程建设项目概预算编制办法	单选	多选	单选	多选	单选	多选	单选	多选	单选	多选	单选	多选
1. 总则	1		2				1					
2. 概算预算编制方法												
2.2 编制依据								1				
2.3 文件组成							1					
2.5 费用组成		1									1	
3. 概算预算费用标准及计算方法												
3.1 建筑安装工程费	2	1	2		2	2	3	1	3	2	1	
3.3 工程建设其他费				2			1		2		3	2
3.4 预备费					2				1		1	
小计	3	2	4	2	4	2	6	2	6	2	6	2

8.2 知识题总量占比

真题年份	概预算单选题（道）	概预算多选题（道）	分值占比
2020 年	3	2	2.92%

续上表

真题年份	概预算单选题（道）	概预算多选题（道）	分值占比
2021 年	4	2	3.33%
2022 年	4	2	3.33%
2022 年补考	6	2	4.17%
2023 年	6	2	4.17%
2024 年	6	2	4.17%

附录二　考试大纲及新旧考纲对比

2025年版考试大纲 （2025年度正式执行）	2021年版考试大纲 （征求意见）	2019年版考试大纲
1 路线设计	1 路线设计	1 道路路线设计
1.1 一般要求 1.1.1 掌握道路分级、设计车辆、设计速度、建筑限界、设计交通量预测年限和设计使用年限、荷载标准、抗震防灾的规定和要求。 1.1.2 掌握交通量、通行能力与服务水平的基本规定及相关计算。 1.1.3 掌握城市道路工程无障碍设施的设计规定和要求。 1.1.4 熟悉城市公共交通、非机动车交通、行人交通的主要设计规定和要求	1.1 一般要求 1.1.1 熟悉公路和城市道路分级、设计车辆、设计速度、建筑限界、设计年限、荷载标准、抗震防灾的规定。 1.1.2 熟悉公路和城市道路交通量、通行能力与服务水平的基本规定，并掌握交通量、通行能力、服务水平等相关计算。 1.1.3 熟悉现行标准、规范中有关路线设计的内容及其主要技术指标的规定。 1.1.4 了解公路和城市道路勘察设计的阶段和任务	1.1 一般要求 1.1.1 熟悉道路分级、设计车辆、交通量、设计速度、建筑限界、抗震设计。 1.1.2 熟悉路线设计中通行能力与服务水平的分析与运用。 1.1.3 熟悉城市道路工程无障碍设计的内容和要求。 1.1.4 熟悉现行标准、规范中有关路线设计的内容及其主要技术指标的规定。 1.1.5 了解道路勘测设计的阶段和任务
1.2 总体设计 1.2.1 掌握总体设计的内容和目的。 1.2.2 掌握总体设计应考虑的因素与设计要点。 1.2.3 熟悉速度分段、建设规模、建设方案、横断面布置等总体方面的规定和要求。 1.2.4 熟悉项目在环境保护与资源节约、设计检验与安全评价方面相关规定和要求。 1.2.5 了解城市道路工程与国土空间规划、城市总体规划、控制性详细规划、交通专项规划、排水专项规划、管线综合规划等方面的相互关系	1.2 总体设计 1.2.1 掌握总体设计的内容和目的。 1.2.2 熟悉总体设计应考虑的因素与设计要点。 1.2.3 熟悉速度分段、建设规模、建设方案、横断面布置等总体方面的规定。 1.2.4 熟悉项目与沿线路网、建设条件、路线方案论证、改扩建项目等在总体方面的要求。 1.2.5 熟悉项目在环境保护与资源节约、设计检验与安全评价方面相关要求。 1.2.6 了解城市道路工程与国土空间规划、城市总体规划、控制性详细规划、交通专项规划、排水专项规划、管线综合规划等方面的相互关系。 1.2.7 熟悉城市道路工程在敷设形式、交叉口设置、出入口设置以及公共交通设施、人行与非机动车设施、交通设施、安全和运营管理设施、施工方法等方面的总体要求	1.2 总体设计 1.2.1 掌握总体设计的内容和目的。 1.2.2 熟悉总体设计应考虑的因素与设计要点。 1.2.3 了解城市道路工程与城市总体规划、交通专项规划、市政管线规划等的相互关系
1.3 选线 1.3.1 掌握选线的原则、要求与方法。 1.3.2 掌握选线所包括的确定路线基本走向、起终点、控制点、走廊带及路线方案选定等全过程的基本内容和设计要求。 1.3.3 了解选线采用遥感、航测、数字技术等新技术的方法和步骤	1.3 选线 1.3.1 掌握不同设计阶段选线所必须遵循的原则与要点。 1.3.2 熟悉选线所包括的确定路线基本走向、起终点、控制点、走廊带及路线方案选定等全过程的基本内容和设计要求。 1.3.3 掌握常用的选线方法及应符合的规定。 1.3.4 了解公路选线采用遥感、航测、GPS、数字技术等新技术的方法和步骤	1.7 选线 1.7.1 掌握不同设计阶段选线所必须遵循的原则与要点。 1.7.2 熟悉选线所包括的确定路线基本走向、路线走廊带、路线方案以至选定线位等全过程的基本设计要求和内容。 1.7.3 了解道路选线采用遥感、航测、GPS、数字技术等新技术的方法和步骤
1.4 平面设计 1.4.1 掌握平面线形要素的组合类型及其设计方法。 1.4.2 掌握平面线形设计中超高、加宽、视距、回头曲线等的规定与运用。 1.4.3 熟悉平面设计中各线形要素的性质与作用	1.4 路线平面设计 1.4.1 掌握平面线形要素的组合类型及其设计方法。 1.4.2 熟悉平面设计中各线形要素的性质与作用。 1.4.3 熟悉平面线形设计中超高、加宽、视距、回头曲线等的规定与运用	1.3 路线平面设计 1.3.1 掌握平面设计线形要素的组合类型及其设计方法。 1.3.2 熟悉平面设计中各线形要素的性质与作用。 1.3.3 了解各线形要素主要技术指标的规定与运用

2025年版考试大纲 （2025年度正式执行）	2021年版考试大纲 （征求意见）	2019年版考试大纲
1.4.4 熟悉各线形要素主要技术指标的规定与运用。 1.4.5 熟悉平面设计结合交通组织设计的相关规定和要求	1.4.4 熟悉各线形要素主要技术指标的规定与运用。 1.4.5 熟悉平面设计结合交通组织设计的相关要求	1.3.4 了解平面线形设计中超高、加宽、视距、回头曲线等的规定与运用
1.5 纵断面设计 1.5.1 掌握纵断面设计标高与路基设计洪水频率、城市竖向规划及管线控制等方面的有关规定和要求。 1.5.2 掌握竖曲线要素、纵坡、坡长、合成坡度、桥隧及两端路线纵坡、非机动车道纵坡等方面的一般规定与运用。 1.5.3 熟悉连续长、陡下坡路段纵断面的设计要求。 1.5.4 熟悉爬坡车道的设计要求	1.5 路线纵断面设计 1.5.1 掌握纵断面设计标高与路基设计洪水频率、城市竖向规划及管线控制等方面的有关规定。 1.5.2 掌握竖曲线要素、纵坡、坡长、合成坡度、桥隧及两端路线纵坡、非机动车道纵坡等方面的一般规定与运用。 1.5.3 熟悉连续长、陡下坡路段纵断面的设计方法和相关要求。 1.5.4 熟悉爬坡车道的设置原则和相关技术要求	1.4 路线纵断面设计 1.4.1 掌握纵断面设计标高与路基设计洪水频率的有关规定。 1.4.2 掌握竖曲线、最大纵坡、最小坡长、桥隧两端路线纵坡、合成坡度等的一般规定与运用。 1.4.3 熟悉纵断面的设计方法和步骤
1.6 横断面设计 1.6.1 掌握各级道路横断面布置（包括高架桥、隧道）的原则和要求。 1.6.2 掌握横断面各组成部分的功能和技术要求。 1.6.3 熟悉城市道路分隔带、缘石开口设置的相关规定和要求。 1.6.4 熟悉城市道路公共交通设施设计的有关规定和要求。 1.6.5 了解道路用地的有关规定和要求	1.6 路线横断面设计 1.6.1 掌握各级公路和城市道路路基标准横断面布置（包括高架桥、隧道）的特点和要求。 1.6.2 掌握车道、中间带、两侧带、路侧带、路肩、路拱坡度、加速车道、减速车道、辅助车道、紧急停车带、错车道、爬坡车道、避险车道、缘石等横断面各组成部分的一般规定与运用。 1.6.3 掌握公路和城市道路建筑限界的有关要求和相关规定。 1.6.4 熟悉城市道路公共交通设施的设计规定。 1.6.5 了解公路和城市道路用地的有关要求和相关规定	1.5 横断面设计 1.5.1 掌握各级道路路基标准横断面组成的特点和要求。 1.5.2 熟悉路基宽度各个组成部分，如：车道、中间带、路肩、路拱坡度、加速车道、减速车道、紧急停车带、错车道、爬坡车道、避险车道等的一般规定与运用。 1.5.3 了解横断面设计方法和要求
1.7 线形设计 1.7.1 掌握线形设计的原则、要求和内容。 1.7.2 熟悉平、纵、横设计及其组合设计，线形与桥隧的配合、与沿线设施的配合，及其与环境的协调等的一般规定与运用	1.7 路线线形设计 1.7.1 掌握线形设计的原则、要求和内容。 1.7.2 熟悉平、纵、横线形设计及其组合设计，线形与桥隧的配合、与沿线设施的配合，及其与环境的协调等的一般规定与运用	1.6 线形设计 1.6.1 掌握线形设计的原则、要求和内容。 1.6.2 熟悉平、纵、横线形设计及其组合设计，线形与桥隧的配合、与沿线设施的配合、及其与环境的协调等的一般规定与运用
1.8 环境保护与景观设计 1.8.1 了解各分项专业环保要求。 1.8.2 了解环境保护技术。 1.8.3 了解环境影响评价的主要内容。 1.8.4 了解景观设计的内容。 1.8.5 了解海绵城市建设对城市道路设计的相关要求	1.8 环境保护与景观设计 1.8.1 了解公路和城市道路各分项专业环保要求。 1.8.2 了解公路和城市道路环境保护技术。 1.8.3 了解公路和城市道路环境影响评价的主要内容。 1.8.4 了解公路和城市道路景观设计的内容	1.8 环境保护与景观设计 1.8.1 了解道路各分项专业环保要求。 1.8.2 了解公路环境保护技术。 1.8.3 了解道路环境影响评价的主要内容。 1.8.4 了解公路景观设计的内容
2 路基工程	2 路基工程	2 路基工程
2.1 一般要求 2.1.1 掌握路基设计的原则和要求。 2.1.2 掌握路基干湿类型的划分与确定方法，路基设计高度确定方法。 2.1.3 掌握路基设计指标回弹模量及压应变的控制要求，新建路基回弹模量设计值的确定方法。 2.1.4 掌握公路工程水文调查的内容及要求。	2.1 一般要求 2.1.1 掌握路基土的工程性质，路基设计的基本内容和原则要求。 2.1.2 掌握路基干湿类型的划分与确定方法，路基设计高度确定方法。 2.1.3 掌握路基设计指标回弹模量及压应变的控制要求，新建路基回弹模量设计值确定方法。 2.1.4 熟悉公路自然区划，了解路基的破	2.1 总论 2.1.1 掌握路基设计的基本内容、路基土的工程性质。 2.1.2 掌握路基干湿类型的划分与确定方法，公路自然区划，路基设计指标 CBR、回弹模量(动态和静态）及压应变。 2.1.3 了解路基的破坏形式与原因

2025年版考试大纲 （2025年度正式执行）	2021年版考试大纲 （征求意见）	2019年版考试大纲
2.1.5 掌握城市道路路基排水、路基与管线设施敷设的有关规定。 2.1.6 熟悉自然区划，了解路基的破坏形式与原因。 2.1.7 了解路基工程的抗震设计原则和要求	坏形式与原因。 2.1.5 掌握城市道路路基排水、路基与管道、窨井敷设的一般规定	
2.2 一般路基设计 2.2.1 掌握高路堤、陡坡路堤、深路堑、路基填挖交界的设计原则及要求。 2.2.2 掌握路基填料选用原则、CBR和压实度的控制标准及测定方法。 2.2.3 熟悉轻质材料路堤的用途、适用条件及常用轻质材料的要求，工业废渣路堤的使用条件。 2.2.4 掌握城市道路沟槽路基回填、掘路路基回填、管道检查井和桥梁承台等特殊部位、桥涵台背、地铁等浅埋构筑物的路基填筑与压实要求。 2.2.5 熟悉路基拓宽改建的设计原则与要求，既有路基状况调查与评价，既有路基利用与处治。 2.2.6 熟悉路基边坡坡度的确定依据，砌石路基、护肩、护脚的构造与使用条件	2.2 一般路基设计 2.2.1 掌握填方路基、挖方路基、路基填挖交界、高路堤与陡坡路堤、深路堑的设计原则及要点，路床（路基结构）设计要点，以及路基监测要求。 2.2.2 掌握路基填料选用原则、CBR和压实度的控制标准及测定方法。 2.2.3 熟悉填石路基的岩石分类、构造与使用条件；轻质材料路堤的用途、适用条件及常用轻质材料的要求；工业废渣路堤的使用条件。 2.2.4 熟悉城市道路沟槽路基回填、掘路路基回填、管道检查井和桥梁承台等特殊部位、桥涵台背、地铁等浅埋构筑物的路基填筑与压实要求。 2.2.5 熟悉路基拓宽改建的设计原则与要点，既有路基状况调查与评价，既有路基利用与处治，以及路基拓宽处理等方面的要求。 2.2.6 了解路基边坡坡度的确定依据；砌石路基、护肩、护脚的构造与使用条件	2.2 一般路基设计 2.2.1 掌握路基、高路堤、一般路堤及深路堑和一般路堑的设计原则及要点；与路床（路基结构）设计要点。 2.2.2 熟悉路基填料选择的原则及最小强度和最大粒径要求；路基最小填土高度要求及原因。 2.2.3 了解路基边坡坡度的确定依据；填石路基、砌石路基、护肩、护脚的构造与使用条件；轻质材料路堤的用途、适用条件及常用轻质材料种类；工业废渣路堤的使用条件；路基压实的影响因素、压实度测定方法与压实标准。 2.2.4 了解路基拓宽改建时的主要工程问题、拓宽形式及适用条件
2.3 路基边坡稳定性设计 2.3.1 掌握路基稳定性计算工况及使用条件，以及路基稳定安全系数控制标准。 2.3.2 掌握路基边坡稳定性计算所需岩土物理、力学参数及其确定原则	2.3 路基边坡稳定性设计 2.3.1 掌握路基稳定性计算工况及使用条件，以及路基稳定安全系数控制标准。 2.3.2 掌握路基边坡稳定性计算所需岩土强度参数及其确定原则。 2.3.3 熟悉简化 Bishop 法与不平衡推力法的适用条件，了解计算方法	2.3 路基边坡稳定性设计 2.3.1 掌握边坡稳定性验算所需土性参数及确定原则。 2.3.2 了解边坡稳定性分析的三种工况及使用条件，工程地质比拟法，简化 Bishop 法与不平衡推力法的适用条件
2.4 路基排水设计 2.4.1 掌握路基排水设计原则、设计内容与要求。 2.4.2 熟悉路基地表排水、地下排水设施的设置条件和设计要求	2.4 路基排水设计 2.4.1 掌握路基排水设计原则、设计内容与要求；排水明沟的水力计算方法。 2.4.2 掌握边沟、截水沟、排水沟的设置条件，断面形式及设计要求；渗沟的类型、构造、适用条件及设计要求；熟悉城市道路管道、偏沟、雨水口和连接管道等排水设施以及绿化带排水的一般规定和设计要求。 2.4.3 熟悉跌水、急流槽、蒸发池、油水分离池、排水泵站等路基地表排水设施的使用条件，排水垫层、隔离层、暗沟、暗管、仰斜式排水管、渗井、排水隧洞等地下排水设施的使用条件	2.4 路基排水设计 2.4.1 掌握边沟、截水沟、排水沟的构造以及加固类型；渗沟的类型、构造及适用条件。 2.4.2 掌握路基排水设计的目的与一般原则；排水明沟的水力计算方法。 2.4.3 熟悉路基地面排水设施和地下排水设施的使用条件；排水系统综合设计的内容与要求
2.5 路基防护与支挡设计 2.5.1 掌握路基防护与支挡结构的设计原则、设计内容与要求。 2.5.2 掌握挡土墙的类型及适用条件，挡土墙的稳定性验算方法，熟悉挡土墙的构造要求。 2.5.3 熟悉边坡预应力锚固的适用条件、构造要求，以及预应力锚杆的锚固力、锚杆体截面积和长度的确定方法。	2.5 路基防护与支挡设计 2.5.1 掌握路基防护与支挡结构的设计原则、设计内容与要求；路基坡面防护和冲刷防护的主要工程类型与适用条件。 2.5.2 掌握挡土墙的类型及适用条件，熟悉重力式挡土墙和悬臂式挡土墙的构造要求、土压力计算和稳定性验算方法。 2.5.3 熟悉边坡预应力锚固的适用条件、	2.5 路基防护、加固与支挡结构设计 2.5.1 掌握植物防护与工程防护的作用；重力式挡墙的构造要求和稳定性验算。 2.5.2 熟悉路基坡面主要防护与支挡工程的类型与适用条件；各种挡墙的使用条件与场合；重力式挡土墙土压力计算方法。 2.5.3 了解加筋土挡墙和钢筋混凝土轻型挡墙的构造；路基冲刷防护工程的类型与

2025年版考试大纲（2025年度正式执行）	2021年版考试大纲（征求意见）	2019年版考试大纲
2.5.4 了解加筋土挡墙、钢筋混凝土轻型挡墙、土钉墙、抗滑桩的构造要求和适用条件	构造要求，以及预应力锚杆的锚固力、锚杆体截面积和长度的确定方法。 2.5.4 了解加筋土挡墙和钢筋混凝土轻型挡墙的构造，土钉、抗滑桩的适用条件和构造要求	适用条件
2.6 特殊路基设计 2.6.1 掌握软土地区路基设计原则、路基稳定性和沉降控制要求，熟悉软土地基沉降计算方法，熟悉常用软基方法的适用条件与设计要求。 2.6.2 熟悉滑坡的防治设计及要求。 2.6.3 了解膨胀土、湿陷性黄土、红黏土、高液限土、盐渍土、多年冻土、季节性冻土、崩塌、泥石流、岩溶、风沙、雪害等地段路基的主要工程问题与防治措施	2.6 特殊路基设计 2.6.1 掌握软土地区路基设计原则、路基稳定性和沉降控制要求，熟悉软土地基沉降计算方法，及粒料桩、加固土桩、水泥粉煤灰碎石桩、刚性桩处理地基的适用条件与设计要求。 2.6.2 熟悉滑坡防治设计要求，滑坡稳定性计算工况、使用条件及稳定控制标准。 2.6.3 熟悉黄土路基设计原则，湿陷性黄土的湿陷类型判别方法和常用的湿陷性黄土地基处理措施的适用条件。 2.6.4 了解红黏土与高液限土、膨胀土、盐渍土、季节冻土、崩塌、泥石流、岩溶、风沙、雪害等地段路基的主要工程问题与防治措施	2.6 特殊路基工程 2.6.1 熟悉软土路基设计；滑坡防治措施和综合治理。 2.6.2 了解红黏土与高液限土、黄土、膨胀土、盐渍土、季节冻土、崩塌、泥石流、岩溶、风沙、雪害等地段路基工程问题
3 路面工程	3 路面工程	3 路面工程
3.1 一般要求 3.1.1 掌握路面的基本性能要求及影响因素，路面的分类，路面的结构层次与功能，路面的设计方法与内容。 3.1.2 熟悉交通荷载和环境影响因素对路面的影响、路面排水的基本要求和设计方法。 3.1.3 了解路面的破坏形式与原因、路面材料与试验方法。 3.1.4 熟悉道路改扩建工程路面设计的规定与要求	3.1 一般要求 3.1.1 掌握公路和城市道路路面的基本性能要求及影响因素；路面的分级、分类及相应面层类型；路面的结构层次与功能；路面的设计方法与内容。 3.1.2 熟悉汽车荷载和环境影响因素对路面的影响；路面排水设计。 3.1.3 了解路面的破坏形式与原因及路面材料与试验方法	3.1 总论 3.1.1 掌握路面基本性能要求及影响因素；路面的结构层次与功能；路面的分级、分类及相应面层类型。 3.1.2 熟悉汽车荷载和环境影响因素对路面的影响；路面排水设计
3.2 沥青路面 3.2.1 掌握道路沥青路面的设计标准、结构组合设计、材料性质和设计参数、结构验算等规定和要求。 3.2.2 熟悉道路沥青路面改建设计、桥面铺装设计、钢桥面铺装结构设计、交通荷载参数分析、结构方案、路面结构验算方法及材料设计参数确定方式等规定和要求。 3.2.3 了解粒料类材料回弹模量试验方法、温度调整系数和等效温度等规定和要求	3.2 沥青路面 3.2.1 掌握公路和城市道路沥青路面的设计标准、结构组合设计、材料性质和设计参数、结构验算等规定和要求。 3.2.2 熟悉公路和城市道路沥青路面改建设计、桥面铺装设计、交通荷载参数分析、结构方案、路面结构验算方法等规定和要求。 3.2.3 了解粒料类材料回弹模量试验方法、温度调整系数和等效温度等规定和要求	3.2 沥青路面 3.2.1 掌握沥青路面的种类、特点及选择；沥青路面设计的内容；沥青路面结构组合设计；沥青路面的破坏状态及设计标准；沥青路面厚度计算。 3.2.2 掌握沥青路面改建设计。 3.2.3 了解沥青路面设计理论与方法
3.3 排水、透水沥青路面 3.3.1 熟悉排水、透水沥青路面的结构设计、排水系统及附属设施设计等规定和要求。 3.3.2 了解排水、透水沥青路面的材料、沥青混合料配合比设计等规定和要求		
3.4 水泥混凝土路面 3.4.1 掌握水泥混凝土路面的设计参数、结构组合设计、接缝设计、混凝土面层配筋设计、材料组成与参数等规定和要求	3.3 水泥混凝土路面 3.3.1 掌握水泥混凝土路面的设计参数、结构组合设计、接缝设计、混凝土面层配筋设计、材料组成与参数等规定和要求	3.3 水泥混凝土路面 3.3.1 掌握水泥混凝土路面的种类、特点；水泥混凝土路面设计的内容；水泥混凝土路面结构组合设计

2025年版考试大纲（2025年度正式执行）	2021年版考试大纲（征求意见）	2019年版考试大纲
3.4.2 熟悉水泥混凝土路面加铺层结构设计和交通荷载分析、混凝土板应力分析及厚度计算、连续配筋混凝土面层纵向配筋计算等规定和要求。 3.4.3 了解材料设计参数经验参考值的相关规定和要求	3.3.2 熟悉水泥混凝土路面加铺层结构设计和交通荷载分析、混凝土板应力分析及厚度计算、连续配筋混凝土面层纵向配筋计算等规定和要求。 3.3.3 了解材料设计参数经验参考值的相关规定和要求	3.3.2 熟悉水泥混凝土路面平面布置与接缝设计；水泥混凝土路面厚度设计；水泥混凝土路面加铺层设计。 3.3.3 了解水泥混凝土路面设计理论与方法
3.5 其他路面 3.5.1 熟悉城市道路透水人行道的设计规定和要求。 3.5.2 了解城市道路砌块路面适用条件、材料性能和设计参数、结构层与结构组合设计方法	3.4 其他路面 3.4.1 了解城市道路砌块路面适用条件、材料性能和设计参数、结构层与结构组合设计方法	
4 桥涵工程	4 桥涵工程	4 桥梁工程
4.1 一般要求 4.1.1 掌握桥梁的设计原则，桥梁设计荷载种类及其组合。 4.1.2 掌握桥涵分类、桥涵布置、桥涵净空、桥上线形及桥头引道等设计要求。 4.1.3 掌握城市天桥、地道的设计规定和要求。 4.1.4 掌握涵洞布置原则，类型、构造与选型，结构设计。 4.1.5 熟悉混凝土结构耐久性设计的规定和要求。 4.1.6 熟悉桥梁抗震设计的规定和要求。 4.1.7 熟悉桥涵工程与其他交通线路邻近或相交时的设计要求，包括公路、市政、铁路、轨道交通等	4.1 一般要求 4.1.1 掌握公路和城市桥梁的设计原则；桥梁设计荷载种类及其组合。 4.1.2 掌握桥梁的组成与分类；桥梁纵、横断面设计及平面布置；桥梁勘测、设计内容。 4.1.3 掌握混凝土结构耐久性设计的要求。 4.1.4 掌握桥梁抗震设计的原则和要求。 4.1.5 掌握城市天桥、地道设计原则及梯（坡）道、踏步设计要点。 4.1.6 掌握桥梁支座及墩台类型。 4.1.7 掌握涵洞布置原则；涵洞的结构设计；涵洞的类型、构造与选型	4.1 一般要求 4.1.1 掌握桥梁的设计原则；桥梁设计荷载种类及其组合。 4.1.2 掌握桥梁的组成与分类；桥梁纵、横断面设计及平面布置；桥梁勘测、设计内容
4.2 桥面构造 4.2.1 熟悉桥面组成与布置，桥面铺装与桥面防排水设施作用、布设，桥面伸缩缝构造与选型。 4.2.2 熟悉城市桥梁人行道和路缘石、桥梁栏杆（防撞护栏及人行道护栏）、照明设施与其他附属设施的设计要求。 4.2.3 熟悉桥梁桥面铺装的构造要求及其特点。 4.2.4 熟悉交通工程、电气工程、监控工程、声屏障等与桥梁的接口设计要求	4.2 桥面构造 4.2.1 熟悉桥面组成与布置；桥面铺装与桥面防排水设施作用、布设；桥面伸缩缝构造与选型。 4.2.2 熟悉城市桥梁人行道和路缘石、桥梁栏杆（防撞护栏及人行道护栏）、照明设施与其他附属设施的设计要求。 4.2.3 熟悉桥梁桥面铺装的构造要求及其特点	4.2 桥面构造 4.2.1 熟悉桥面组成与布置；桥面铺装与桥面防排水设施作用、布设；桥面伸缩缝构造与选型。 4.2.2 了解人行道、栏杆（防撞护栏）与照明设施设计
4.3 桥梁构造与设计 4.3.1 熟悉各类中小跨径桥梁的结构体系、受力特点、适用场合、构造要求、抗震构造措施。 4.3.2 熟悉下部结构的类型及其构造要求，了解下部结构的设计计算方法	4.3 梁桥的构造与设计 4.3.1 掌握弯桥、斜桥、坡桥的受力特点与构造。 4.3.2 熟悉连续梁桥、先简支后连续结构桥梁受力特点、构造设计。 4.3.3 熟悉简支梁桥受力特点、构造设计。 4.3.4 了解桥梁下部结构的设计计算方法。 4.3.5 熟悉桥梁下部结构的类型及其构造要求	4.3 梁桥的构造与设计 4.3.1 掌握弯桥、斜桥、坡桥的受力特点与构造。 4.3.2 熟悉连续梁桥、先简支后连续结构桥梁受力特点、构造设计。 4.3.3 熟悉简支梁桥受力特点、构造设计
4.4 桥涵地基与基础 4.4.1 掌握桥梁的基础形式及使用条件。	4.4 钢结构和构造与设计 4.4.1 掌握钢结构桥梁的基本构造要求。	4.4 桥梁支座与墩台 4.4.1 掌握桥梁支座及墩台类型

2025年版考试大纲 （2025年度正式执行）	2021年版考试大纲 （征求意见）	2019年版考试大纲
4.4.2 掌握桥梁浅基础和桩基础的计算方法	4.4.2 熟悉钢结构桥梁疲劳裂缝的主要类型。 4.4.3 了解钢结构桥梁抗震构造措施	
4.5 桥涵水文 4.5.1 掌握河流的特征，河段分类、各类河段及特殊地区的桥位选择原则。 4.5.2 掌握综合考虑水文、地质、气象、水利、通航、环境等影响因素，合理选择桥位的规定。 4.5.3 熟悉水位、流速、流量、设计洪水频率、设计水位、通航水位、设计流量计算及桥面标高确定。 4.5.4 熟悉天然冲刷、一般冲刷、局部冲刷的计算方法，以及桥梁墩台基底最小埋置深度的确定。 4.5.5 熟悉桥位与管线设置的安全距离要求	4.5 桥涵水文 4.5.1 了解河流的特征，河段分类、桥位选择原则。 4.5.2 了解综合考虑水文、地质、气象、水利、通航、环境等影响因素，合理选择桥位。 4.5.3 熟悉水位、流速、流量、设计洪水频率、设计水位、通航水位、设计流量计算及桥面标高确定。 4.5.4 熟悉天然冲刷、一般冲刷、局部冲刷的计算方法，以及桥梁墩台基底最小埋置深度的确定。 4.5.5 熟悉城市桥位与管线设置的关系	4.5 涵洞 4.5.1 掌握涵洞布置原则；涵洞的结构设计。 4.5.2 熟悉涵洞的类型、构造与选型。 4.6 桥涵水文 4.6.1 掌握气象站、水文站的观测资料搜集和历史洪水痕迹调查。 4.6.2 熟悉水位、流速、流量、设计洪水频率及设计水位、通航水位、设计流量计算。 4.6.3 了解河流的特征，河段分类。 4.7 桥位选择与布置 4.7.1 熟悉桥位选择原则。 4.7.2 了解综合考虑水文、地质、气象、水利、通航、环境等影响因素，合理选择桥位。 4.8 大中桥桥孔设计 4.8.1 熟悉按设计洪水频率和桥位河段的特征，进行桥长设计与孔跨布置； 4.8.2 了解结合桥位河段地形、地质、河段类型、桥梁上部结构、墩台基础型式、桥梁冲刷深度、调治构造物布置等综合经济比选确定桥位。 4.9 墩台冲刷计算及基础埋深 4.9.1 掌握天然冲刷、一般冲刷、局部冲刷的计算方法；确定墩台基底最小埋置深度
5 隧道工程	5 隧道工程	5 隧道工程
5.1 一般要求 5.1.1 掌握隧道功能和分类，隧道设计应考虑的因素与设计要点。 5.1.2 熟悉隧道调查内容和要求，隧道围岩分级综合评判要求，隧道工程建筑材料性能和选用要求，隧道结构上的荷载分类和组合。 5.1.3 了解盾构、顶管、沉管、明挖隧道的特点和用途。 5.1.4 了解隧道抗震设计的原则和要求。 5.1.5 熟悉城市地下道路分类、设计原则、技术指标等基本规定	5.1 一般要求 5.1.1 熟悉隧道功能和分类；隧道设计应考虑的因素与设计要点。 5.1.2 熟悉隧道调查内容和要求；隧道围岩分级综合评判要求；隧道工程建筑材料性能和选用要求；隧道结构上的荷载分类和组合。 5.1.3 掌握混凝土结构耐久性设计的要求。 5.1.4 了解现行标准、规范中有关隧道设计的内容及其主要技术指标的规定。 5.1.5 熟悉城市地下道路分类、设计原则等基本规定	5.1 概述 5.1.1 熟悉隧道在道路建设中的作用和分类。 5.1.2 了解盾构、顶管、沉管、明挖隧道的特点和用途；隧道勘测设计阶段的划分、工作内容及要求
5.2 工程设计 5.2.1 掌握隧道总体设计原则，隧道位置选择、线形设计、横断面设计规定和要求，城市地下道路横断面、平面及纵断面设计要求。 5.2.2 熟悉隧道洞口位置选择、衬砌结构设计、防水排水设计的规定和要求。 5.2.3 熟悉隧道洞门设计、辅助通道设计、特殊形式隧道设计的规定和要求。 5.2.4 熟悉城市地下道路出入口设计的规定和要求。 5.2.5 了解隧道抗震设防分类、标准及抗震设防措施，特殊地质地段隧道设计要求，隧道结构设计计算方法，隧道路基路面设计要求。	5.2 隧道工程设计 5.2.1 掌握隧道总体设计原则；隧道位置选择、线形设计、横断面设计规定和要求；城市地下道路横断面、平面及纵断面设计要求。 5.2.2 掌握隧道洞口位置选择、衬砌结构设计、防水排水设计的规定和要求。 5.2.3 熟悉隧道洞门设计、辅助通道设计、特殊形式隧道设计的规定和要求。 5.2.4 熟悉城市地下道路出入口设计的规定和要求。 5.2.5 了解隧道抗震设防分类、标准及抗震措施；隧道特殊地质分类及设计要求；隧道结构设计计算方法；隧道路基路面设计要求。	5.2 山岭隧道 5.2.1 掌握隧道选址的原则和要求；隧道平面设计、纵断面设计、横断面设计的基本要求和方法；隧道洞口位置的选择原则；喷锚支护的基本原理和基本原则、喷锚支护类型的选择。 5.2.2 熟悉隧道洞门各部位结构要求；隧道衬砌结构构造要求；隧道防排水设计的原则和洞内、外防排水系统的布置要求；特殊地质地段的辅助工程措施设计原则。 5.2.3 了解隧道洞门结构计算原则和计算方法；各种隧道洞门的类型及适用条件。 5.2.4 了解隧道围岩、围岩分级；作用在

2025年版考试大纲（2025年度正式执行）	2021年版考试大纲（征求意见）	2019年版考试大纲
5.2.6 了解隧道辅助工程措施规定，隧道洞内预留构造物、预埋构件要求，隧道施工计划制订的规定和要求。 5.2.7 了解隧道改扩建设计方案选择原则及要求	5.2.6 了解隧道辅助工程措施规定；隧道洞内预留构造物、预埋构件要求；隧道施工计划制订的规定和要求。 5.2.7 了解隧道改扩建设计方案选择原则及要求	隧道上的各种荷载和围岩压力确定方法；隧道结构设计的方法和各类计算模型的特点及适用条件；现场监控量测的意义、监控量测设计的内容和方法。 5.2.5 了解隧道运营通风、照明的主要要求和标准
5.3 交通工程与附属设施设计 5.3.1 掌握隧道和地下道路交通工程与附属设施配置等级的规定和要求。 5.3.2 熟悉隧道和地下道路交通安全设施、通风设施、照明设施、消防设施设计的规定和要求。 5.3.3 了解隧道和地下道路交通监控设施、火灾探测报警设施、供配电设施、中央控制管理系统设计的规定和要求	5.3 交通工程与附属设施设计 5.3.1 掌握隧道交通工程与附属设施配置等级的规定和要求。 5.3.2 熟悉隧道交通安全设施、通风设施、照明设施、消防设施设计的规定和要求。 5.3.3 了解隧道交通监控设施、火灾探测报警设施、供配电设施、中央控制管理系统设计的规定和要求	
6 交叉工程	6 交叉工程	6 交叉工程
6.1 一般要求 6.1.1 掌握路线交叉分类体系及各类交叉设置要点。 6.1.2 掌握路线交叉类型选择要点	6.1 一般要求 6.1.1 掌握公路和城市道路交叉工程分类体系及各类交叉设置要点。 6.1.2 了解公路和城市道路交叉工程类型选择的主要依据	6.1 一般要求 6.1.1 掌握路线交叉的分类。 6.1.2 熟悉路线交叉类型选择的主要依据
6.2 交通量与服务水平 6.2.1 掌握交叉节点设计交通量换算方法、交通量分布图的应用。 6.2.2 掌握互通式立体交叉匝道、分流区、合流区、交织区和集散道，以及平面交叉的设计服务水平。 6.2.3 熟悉互通式立体交叉匝道基本路段的设计通行能力	6.2 服务水平与通行能力 6.2.1 掌握公路互通式立体交叉匝道、分流区、合流区、交织区和集散道设计服务水平。 6.2.2 熟悉公路互通式立体交叉匝道基本路段的设计通行能力	6.2 服务水平与通行能力 6.2.1 熟悉年平均日交通量和设计小时交通量的应用及换算方法。 6.2.2 熟悉基本路段、匝道的设计通行能力
6.3 平面交叉 6.3.1 掌握公路平面交叉的交通管理方式及选择要点、城市道路平面交叉的交通组织方式。 6.3.2 掌握公路平面交叉的路线交叉要求，公路和城市道路平面交叉渠化设计要求、技术指标及设计方法。 6.3.3 掌握公路平面交叉间距、公路和城市道路平面交叉范围路线线形条件和视距要求。 6.3.4 掌握公路平面交叉立面设计，城市道路平面交叉平面与竖向设计、公交停靠站与专用道设置、人行与非机动车过街设施设计要求。 6.3.5 了解城市道路环形交叉口、交叉口附属设施设计要求	6.3 平面交叉 6.3.1 掌握公路平面交叉间距、公路和城市道路平面交叉范围路线线形条件和视距要求。 6.3.2 熟悉公路平面交叉的交通管理方式及选择要点；掌握城市道路平面交叉交通组织方式及交叉分类。 6.3.3 熟悉公路和城市道路平面交叉渠化设计要求及设计方法。 6.3.4 掌握城市道路平面交叉范围平面与竖向设计、公交停靠站与专用道设置、人行与非机动车过街设施设计要求。 6.3.5 了解城市道路环形交叉口、交叉口附属设施设计要求	6.3 平面交叉 6.3.1 掌握公路平面交叉的交通管理方式及选择要点。（城市道路：平面交叉交通组织方式及交叉分类。） 6.3.2 熟悉公路平面交叉渠化设计要点（城市道路：进、出口车道设计要点。）
6.4 立体交叉 6.4.1 掌握公路互通式立体交叉间距、城市快速路相邻出入口间距、公路和城市道路交叉范围主线线形条件。 6.4.2 掌握出口形式的一致性、车道连续和车道平衡原则。	6.4 立体交叉 6.4.1 掌握公路互通式立体交叉间距、城市快速路相邻出入口间距、公路和城市道路交叉范围主线线形条件。 6.4.2 掌握公路和城市道路互通式立体交叉出口形式的一致性、车道连续和车道平	6.4 立体交叉 6.4.1 掌握公路立体交叉分类及各级公路选择立交的依据。（城市道路：立体交叉分类及选型要点。） 6.4.2 掌握公路互通式立体交叉间距规定。（城市道路：快速路主线上相邻出入口间距。）

2025年版考试大纲（2025年度正式执行）	2021年版考试大纲（征求意见）	2019年版考试大纲
6.4.3 掌握匝道形式、互通式立体交叉常用形式及方案选择要点。 6.4.4 熟悉匝道横断面组成、类型及选择条件。 6.4.5 熟悉一般匝道和出口匝道平、纵面线形技术指标及设计要点。 6.4.6 熟悉变速车道、连续分合流路段、辅助车道和集散车道技术指标及设计要点。 6.4.7 熟悉匝道设计速度取值要求。 6.4.8 熟悉匝道超高与加宽设计要点	衡原则。 6.4.3 掌握公路和城市道路匝道形式、互通式立体交叉常用形式及方案选择要点。 6.4.4 熟悉公路和城市道路互通式立体交叉匝道横断面组成、类型及选择条件。 6.4.5 熟悉公路和城市道路互通式立体交叉变速车道、辅助车道和集散道设计要点。 6.4.6 熟悉公路和城市道路互通式立体交叉出口匝道线形设计要点	6.4.3 掌握互通式立体交叉一致性设计和车道平衡设计原则等。 6.4.4 熟悉公路（城市道路）互通式立体交叉常用形式及方案选择要点。 6.4.5 了解公路（城市道路）互通式立体交叉连接部设计要点
6.5 公路与铁路、管线等交叉 6.5.1 掌握公路与铁路交叉形式选择、设置及设计要点。 6.5.2 熟悉公路与乡村道路、公路与管线交叉设置及设计要点。 6.5.3 熟悉公路与铁路和管线并行时的设置及设计要点	6.5 公路与铁路、管线等交叉 6.5.1 掌握公路与铁路交叉形式及设计要点。 6.5.2 熟悉公路与乡村道路、公路与管线交叉设计要点。 6.5.3 熟悉公路与铁路并行段相关要求及设计要点	6.5 公路与铁路、乡村道路及管线交叉 6.5.1 熟悉公路与铁路（城市道路与轨道交通线路）的交叉形式及设计要点。 6.5.2 了解公路与乡村道路、公路（城市道路）与管线等的交叉设计要点
6.6 城市道路与轨道交通、管线交叉 6.6.1 掌握城市道路与轨道交通设计要点。 6.6.2 掌握城市道路与管线交叉设计要点	6.6 城市道路与轨道交通、管线交叉 6.6.1 掌握城市道路与轨道交通设计要求。 6.6.2 掌握城市道路与管线交叉设计要求	
7 交通工程及沿线设施	7 交通工程及沿线设施	7 交通工程及沿线设施
7.1 一般规定 7.1.1 掌握交通工程及沿线设施的设计内容和要求	7.1 一般规定 7.1.1 了解交通工程概况，研究范围、内容和目的。 7.1.2 了解城市道路交通设施、附属设施的概况，研究范围、内容和目的、交通调查	7.1 一般规定 7.1.1 了解交通工程概况，研究范围、内容和目的
7.2 交通安全设施 7.2.1 掌握交通安全设施的种类、作用和设置要求。 7.2.2 掌握交通标志、标线、防护设施及其他交通安全设施的作用、设置、分类分级、技术指标和设计要求	7.2 交通安全设施 7.2.1 掌握公路和城市道路交通安全设施的种类、作用、基本规定和设置要求。 7.2.2 掌握公路和城市道路交通标志、标线、防护设施及其他附属设施的设置内容、作用、分类分级、技术指标和设计要求	7.2 交通安全设施 7.2.1 掌握交通安全设施的种类、作用和设置条件。 7.2.2 熟悉道路交通标志、标线、防护设施及其他附属设施的内容、作用、分类和设置原则。 7.2.3 熟悉城市道路交通安全设施的种类、作用和设置方法
7.3 服务设施 7.3.1 掌握公路服务设施的种类、作用和设置条件。 7.3.2 掌握城市广场、公共停车场的种类、作用和设计要求	7.3 服务设施 7.3.1 掌握公路服务设施的种类、作用和设置条件。 7.3.2 掌握城市广场、公共停车场的种类、作用和设计要求	7.3 服务设施 7.3.1 掌握服务设施的种类、作用和设置条件。 7.3.2 掌握城市广场、停车场设计
7.4 管理设施 7.4.1 掌握公路管理设施的种类、作用和设置条件。 7.4.2 熟悉城市道路管理设施的种类、作用、基本规定和总体设计要求	7.4 管理设施 7.4.1 掌握公路管理设施的种类、作用和设置条件。 7.4.2 掌握城市道路管理设施的种类、作用、基本规定和总体设计要求	7.4 管理设施 7.4.1 掌握管理设施的种类、作用和设置条件
7.5 城市道路其他设施 7.5.1 熟悉城市道路管线、排水和照明的设计要求。 7.5.2 了解城市道路绿化和景观的基本规定和设计要求	7.5 城市道路其他设施 7.5.1 掌握城市道路管线、排水和照明的种类、作用和设置原则。 7.5.2 熟悉城市道路绿化和景观的基本规定和设计要求。	1.1.3 熟悉城市道路工程无障碍设计的内容和要求

2025年版考试大纲 （2025年度正式执行）	2021年版考试大纲 （征求意见）	2019年版考试大纲
	7.5.3 熟悉城市道路工程无障碍设施的设置范围、设置内容和设计要求	
7.6 城市管线综合 7.6.1 熟悉城市地上杆线、地下管线的类型、基本规定、布置原则、覆土深度要求、管线间及管线与建（构）筑物之间的最小水平净距及垂直净距要求。 7.6.2 熟悉桥梁、地下通道敷设管线的规定和要求	7.6 城市管线综合 7.6.1 熟悉城市地上、下管线的类型、基本规定和覆土深度要求。 7.6.2 熟悉城市地上、下管线布置原则、管线间及管线与建（构）筑物之间的最小水平净距及垂直净距要求	1.9 城市管线综合 1.9.1 熟悉城市地上、下管线的类型、覆土厚度要求。 1.9.2 了解城市排水对道路工程的要求。 1.9.3 了解城市地上、下管线布置原则、管线间及管线与其它构筑物之间的最小水平距离及垂直净距
8 工程地质勘察	8 公路勘测与工程地质勘察	
8.1 掌握工程地质勘察的基本内容、各类勘察技术基本要求。 8.2 熟悉工程项目勘察各阶段的勘察要求，以及所使用的基本技术。 8.3 了解各种勘察方法的基本要求和内容	8.1 公路勘测 8.1.1 掌握公路勘测的基本要求和内容等。 8.1.2 熟悉公路控制测量、地形测绘、路线敷设的基本技术，熟悉公路勘测各阶段勘测的基本内容、要求和方法。 8.1.3 了解航空摄影、数字地面模型等基本要求和内容。 8.2 工程地质勘察 8.2.1 掌握公路工程地质勘察的基本内容、各类勘察技术基本要求。 8.2.2 熟悉工程项目勘察各阶段的勘察要求，以及所使用的基本技术。 8.2.3 了解各种勘察方法的基本要求和内容。 8.2.4 掌握市政工程勘察的基本要求	
9 公路项目安全性评价	9 公路项目安全性评价	
9.1 掌握公路项目安全性评价的基本内容。 9.2 熟悉公路项目工程可行性研究、初步设计、施工图设计阶段安全性评价的基本要求、主要内容以及所使用的主要方法。 9.3 了解公路项目交工、后评价阶段的一般要求和评价方法	9.1 掌握公路项目安全性评价的基本原理和基本内容。 9.2 熟悉公路项目工程可行性研究、初步设计、施工图设计阶段安全性评价的基本要求、主要内容以及所使用的主要方法。 9.3 了解公路项目交工、后评价阶段的一般要求和评价方法	
10 施工组织与概预算	10 道路工程施工组织与概预算	8 道路工程施工组织与概预算
10.1 施工组织 10.1.1 了解施工组织设计文件编制原则，机械化施工组织设计内容和特点，材料供应计划编制方法。 10.1.2 了解道路施工程序，道路施工组织调查	10.1 道路施工组织 10.1.1 了解施工组织设计文件编制原则；机械化施工组织设计内容和特点；材料供应计划编制方法。 10.1.2 了解道路建设内容及程序；道路施工程序；道路施工组织调查	8.1 道路施工组织 8.1.1 了解施工组织设计文件编制原则；机械化施工组织设计内容和特点；材料供应计划编制方法。 8.1.2 了解道路建设内容及程序；道路施工程序；道路施工组织调查
10.2 工程概预算 10.2.1 了解定额的种类和应用方法，概预算各部分费用计算。 10.2.2 了解概预算编制依据、费用与文件组成，概预算所需资料的调查方法	10.2 道路工程概预算 10.2.1 了解定额的种类和应用方法；概预算各部分费用计算。 10.2.2 了解概预算编制依据、费用与文件组成；概预算所需资料的调查方法	8.2 道路工程概预算 8.2.1 熟悉定额的种类和应用方法；概预算各部分费用计算。 8.2.2 了解概预算编制依据、费用与文件组成；概预算所需资料的调查方法
11 其他		
11.1 熟悉道路工程前期工作和工程设计		

2025年版考试大纲 （2025年度正式执行）	2021年版考试大纲 （征求意见）	2019年版考试大纲
各阶段的依据、主要任务、文件编制深度的基本要求。 11.2 熟悉现行标准、规范的内容及主要技术指标的规定和要求。 11.3 了解道路工程的新技术、新材料、新工艺、新要求		
考试时间分配、题量、分值及题型特点	考试时间分配、题量、分值及题型特点	考试时间分配、题量、分值及题型特点
1. 考试时间分配题量及分值 勘察设计注册土木工程师（道路工程）执业资格专业考试分2天，每天上、下午各3个小时。第一天为专业知识考试，第二天为专业案例考试。 第一天，专业知识考试，上、下午各70题。其中单选题40题，每题1分；多选题30题，每题2分。上、下午合计计分，试卷满分为200分。 第二天，专业案例考试，上、下午各25题，每题2分，上、下午合计计分，试卷满分为100分。 2. 题型特点 考题由知识题、综合能力题、简单计算题、连锁计算题及案例分析题组成，连锁计算题中各小题的计算结果一般不株连	1. 考试时间分配题量及分值 勘察设计注册土木工程师（道路工程）执业资格专业考试分2天，每天上、下午各3个小时。第一天为专业知识考试，第二天为专业案例考试。 第一天，专业知识考试，上、下午各85题，选答70题，多选无效。其中单选题50题，选答40题，每题1分；多选题35题，选答30题，每题2分。如单选题作答题量超过40题，或多选题作答题量超过30题，则按题目序号从小到大的顺序分别对单选题作答的前40题、多选题作答的前30题进行机读。上、下午合计计分，试卷满分为200分。 第二天，专业案例考试，上、下午各30题，选答25题，多选无效。如作答题量超过25题，则按题目序号从小到大的顺序对作答的前25题进行机读和人工评分。每题2分，上、下午合计计分，试卷满分为100分。 2. 题型特点 考题由知识题、综合能力题、简单计算题、连锁计算题及案例分析题组成，连锁计算题中各小题的计算结果一般不株连	1. 考试时间分配题量及分值 勘察设计注册土木工程师（道路工程）资格专业考试分2天，每天上、下午各3个小时。第一天为专业知识考试，第二天为专业案例考试。第一天，专业知识考试，上、下午各70题，其中单选题40题，每题1分，多选题30题，每题2分，上、下午合计计分，试卷满分为200分；第二天，专业案例考试，上、下午各30题，选答25题，多选无效。即如作答题量超过25题，则按题目序号从小到大的顺序对作答的前25题进行机读和人工评分，其他作答题无效。每题2分，上、下午合计计分，试卷满分为100分。 2. 题型特点 考题由知识题、综合能力题、简单计算题、连锁计算题及案例分析题组成，连锁计算题中各小题的计算结果一般不株连